개정판

UML로 배우는 시스템 분석 설계

최은만 지음

생능출판

저자 소개

최은만

현재 동국대학교 컴퓨터공학과 교수로 재직 중이며 S/W 공학, 객체지향 설계, S/W 품질 및 테스팅, 관점지향 프로그래밍 등을 연구하며 가르치고 있다. 저서로 『새로 쓴 소프트웨어 공학』(정익사, 2014), 『객체지향 소프트웨어공학』(한빛출판사, 2017)이 있다.

약력

KAIST 전산학과(전산학 석사)
미국 일리노이공과대학 컴퓨터과학과(컴퓨터과학 박사)
한국표준과학연구소 연구원
충남대, 목원대, 한밭대 강사
DACOM 주임연구원
시카고주립대 강사
카네기멜론대학교 소프트웨어공학 단기연수
콜로라도주립대 컴퓨터과학과 방문교수
베일러대 컴퓨터과학과 방문교수
현재 동국대학교 컴퓨터공학과 교수

UML로 배우는 시스템 분석 설계

초판발행 2010년 8월 10일
제2판4쇄 2025년 7월 31일

지은이 최은만
펴낸이 김승기, 김민수
펴낸곳 (주)생능출판사 / **주소** 경기도 파주시 광인사길 143
출판사 등록일 2005년 1월 21일 / **신고번호** 제406-2005-000002호
대표전화 (031)955-0761 / **팩스** (031)955-0768
홈페이지 www.booksr.co.kr

책임편집 신성민 / **편집** 이종무, 최동진 / **디자인** 유준범, 노유안
마케팅 최복락, 심수경, 차종필, 백수정, 송성환, 최태웅, 명하나, 김민정
인쇄 · 제본 상지사P&B

ISBN 978-89-7050-954-9 93560
정가 34,000원

- 이 도서의 국립중앙도서관 출판예정도서목록(CIP)은 서지정보유통지원시스템 홈페이지(http://seoji.nl.go.kr)와 국가자료공동목록시스템(http://www.nl.go.kr/kolisnet)에서 이용하실 수 있습니다.
(CIP제어번호: 2018020132)

머리말

시스템 분석 설계(Systems Analysis and Design)는 컴퓨터를 기반으로 한 정보 시스템을 효과적으로 개발하기 위한 기술과 방법을 다루는 분야입니다. 정보 시스템을 개발하려면 계획, 분석, 설계, 구현 단계에 필요한 여러 가지 기법을 습득하여야 합니다. 요구를 모아서 모델을 만들고 시스템을 어떻게 구축할 것인지 설계도로 나타내야 합니다. 컴퓨터 프로그램만이 아니라 분석, 설계 원리를 잘 이해하고 적용하는 능력이 있어야 IT 분야에서 일할 수 있습니다.

이 책은 시스템 구축을 위한 추상적 원리와 실제적인 프로그래밍 기술 사이의 거리를 좁히고 잘 이해시키려는 목적을 가지고 있습니다. 경영정보나 산업 시스템적인 관점은 추상적인 분석과 모델링에서 머물러 컴퓨터 프로그램이라는 구현까지 잘 상세화 되지 않습니다, 반면에 컴퓨터 엔지니어링은 컴퓨터 프로그래밍에 집착하여 정보 시스템의 추상적인 원리와 큰 그림을 그리는데 미숙할 수 있습니다. 이 책은 두 가지 관점을 모두 다루면서 상호 관계를 상세히 설명하는데 목표를 두고 있습니다.

소프트웨어 분야는 기술 발전 속도가 매우 빠릅니다. 이 분야에서 일하려면 정확한 최신 기술 습득이 필요합니다. 시스템 분석 설계 분야의 책 중에는 최근에는 잘 사용하지 않는 자료 흐름도를 중심으로 한 구조적 방법이나 데이터 모델링 중심의 정보공학 방법을 다루는 책이 있습니다. 점점 복잡해지는 정보 시스템을 구축하기 위하여 최근에는 모듈화, 캡슐화가 용이한 객체지향적인 방법을 다루어야 합니다.

이 책은 객체지향적인 시스템 분석 설계 방법을 소개하면서 UML(Unified Modeling Language)을 사용합니다. UML은 정보 시스템의 설계를 시각화 하는데 사용되는 표준 언어입니다. 이 책에서는 UML의 표현 방법이나 도구 사용 수준에 그치지 않고 비즈니스 요구 분석과 설계, 모델링에 활용하는 방법을 심도 있게 서술하였습니다. 특히 시스템 개발 각 단계에 UML을 이용하여 어떻게 작업하는지 비즈니스 실제 사례를 활용하여 자세히 설명하였습니다.

이 책은 크게 네 부분으로 구성되어 있으며 그 내용은 다음과 같습니다.

- **소개와 계획** – 시스템 분석과 설계 작업에 대한 개요와 비즈니스 목표 설정, 타당성 분석, 비용 산정 등 프로젝트 시작 전에 준비 단계에서 필요한 개념과 작업에 대하여 소개합니다(1, 2장).
- **분석** – 사용자 요구와 추출 방법, 비즈니스 업무 프로세스 분석 방법을 다룹니다. 특히 UML을 활용하여 시스템의 기능적 관점과 구조적인 관점, 동작적인 관점으로 분석하는 방법을 다루고 있습니다(3, 4, 5, 6장).
- **설계** – 분석 모델을 기초로 솔루션에 해당되는 컴포넌트를 추가하는 작업을 다룹니다. 아키텍처 설계, 데이터 설계, UI 설계 작업에 대하여 설명합니다(7, 8, 9장).
- **구현** – 설계 이후에 이루어지는 구현과 운영에 대한 작업을 다룹니다. 특히 분석 모델과 코드와의 관계는 객체지향 시스템 구현 작업을 위하여 필히 이해하여야 할 내용입니다(10, 11장).

이 책은 저자가 삼성전자 인재원의 OOAD/UML 강의를 준비하면서 만들었던 슬라이드를 기초로 쓴 것입니다. 따라서 상아탑의 입장에서 쓴 이론서가 아니라 산업체 현장에서 사용될만한 스킬을 소개하는 기술서입니다. UML이라는 설계 비주얼화 도구를 이용하여 시스템을 분석하고 설계하는 기술을 자세히 설명하려고 노력하였습니다.

따라서 이 책은 학부 과정의 시스템 분석 설계 과목의 수강을 위해서만이 아니라 산업 현장에서 소프트웨어 설계 기술을 익히려는 개발자에게도 꼭 필요한 책입니다. 교과서나 수험서로도 쓰일 수 있도록 다양한 퀴즈와 연습 문제를 각 장의 끝에 첨부하였으며 강의를 위한 자료를 출판사 웹사이트에 준비하였습니다.

이 책이 독자들의 소프트웨어 개발 능력과 지식 향상에 많은 도움이 되기를 바라며 출판될 때까지 수고해주신 생능출판사 편집부 외 직원 여러분께 감사드립니다.

저자 최은만

강의 계획

이 책을 이용하여 15주 한 학기 동안 강의하기 위한 두 가지 샘플 강의 계획을 제시합니다. 시스템 분석 설계라는 과목을 강의할 때 정보 시스템을 강조하는 방법과 소프트웨어 개발에 관심을 두는 방법이 있습니다.

정보 시스템이 강조된 일정은 정보 시스템의 소개, 비즈니스 목표 설정, 프로젝트 계획, 요구 분석, 모델링, 설계에 더 비중을 두고 있습니다. 반면에 소프트웨어 개발이 강조된 일정은 객체지향의 이해, 요구분석, 정적 및 동적 모델링, 아키텍처 설계, 모델과 코딩에 더 시간을 할애하도록 계획되어 있습니다.

강의 계획 #1: 정보 시스템이 강조된 일정

주	강의 주제	책 목차
1	정보 시스템과 개발 개요	1장
2	비즈니스 목표 설정, 프로젝트 제안 및 선정	2.1~2.4
3	프로젝트 관리 도구, 인력 산정, 조직 구성	2.5~2.7
4	요구 분석	3장
5	기능적 모델링	4장
6	정적 모델링 기초	5.1~5.5
7	정적 모델링 실제	5.6, 5.7
8	중간 시험	
9	동적 모델링	6장
10	아키텍처 설계	7장
11	데이터 설계	8장
12	사용자 인터페이스 설계	9장
13	구현	10장
14	시스템 운영, 유지보수, 보안	11장
15	정보시스템 설계 사례 연구	

강의 계획 #2: 소프트웨어 개발이 강조된 일정

주	강의 주제	책 목차
1	정보 시스템과 프로젝트 개요	1장
2	프로젝트 계획	2장
3	요구 분석	3장
4	기능적 모델링	4장
5	정적 모델링	5장
6	동적 모델링(시퀀스 다이어그램)	6.1~6.3
7	동적 모델링(커뮤니케이션, 상태 다이어그램)	6.4~6.6
8	중간 시험	
9	아키텍처 설계	7장
10	데이터 설계	8장
11	사용자 인터페이스 설계	9장
12	UML과 코딩, 구현	10.1~10.3
13	데이터 변환 및 사용자 교육	10.4~10.6
14	시스템 운영, 유지보수, 보안	11장
15	정보시스템 구현 사례 연구	

차례

CHAPTER 04 기능적 모델링

CHAPTER 05 정적 모델링

CHAPTER 06 동적 모델링

CHAPTER 07 아키텍처 설계

CHAPTER 08 데이터 설계

CHAPTER 09 사용자 인터페이스 설계

CHAPTER 10 구현

CHAPTER 01

정보 시스템과 개발 개요

첫 장에는 정보 시스템이 무엇인지 소개하고 일반적인 정보 시스템 개발 과정을 구성하는 네 단계(계획, 분석, 설계, 구현)를 설명한다. 또한 개발 각 단계에 대한 초점과 접근 방법에 따라 달라지는 개발 방법론들을 소개한다. 시스템 개발 시작에서 완성에 이르기까지의 작업 순서를 제시하는 대표적인 프로세스 모델들을 학습하고 마지막으로 프로젝트 팀을 이루기 위하여 필요한 기술과 역할에 대하여 알아본다.

contents

01 정보 시스템과 개발 개요

학습목표

- 정보 시스템이 무엇인지 정의하고 그 요소를 이해한다.
- 시스템 분석의 목적을 이해한다.
- 시스템 분석가의 역할을 이해한다.
- 시스템 개발 주기를 이해한다.

1.1 정보 시스템이란?

정보 시스템은 연관된 컴포넌트들의 집합체로 특별한 목적을 위하여 요구된 정보를 제공하는 기능을 가진다.

정보 시스템은 자료를 기록하고 정보를 전달하는 것으로 오래 전부터 인간 생활에 매우 중요한 역할을 담당해 왔다. 자료가 유용한 정보가 되어 전달되면 인간이 소통하거나 의사결정 하는데 효율적이 된다. 예를 들어 3만 년 전 돌에 새겨진 동굴 벽화도 일종의 정보 시스템이다. 사냥과 동물에 대한 자료를 포착하여 잘 조직화하고 보관하였기 때문에 원시인들의 사냥과 식생활에 도움이 되는 중요한 정보가 된 것이다.

오늘날 정보 시스템은 정보 기술의 발전으로 크게 변하고 있다. 산업 혁명에 이어 정보 혁명이라고도 불리는 변화의 중심에 컴퓨터가 있다. 컴퓨터가 수집하고 고속으로 처리하여 인터넷으로 제공하는 정보는 행정, 금융, 운송, 교육, 문화 등 각 분야의 업무와 생활을 바꾸어 놓고 있다. 컴퓨터와 산업화의 결합으로 정보 혁명이 이루어진 것이다.

오늘날 비즈니스 경영 활동에서 정보 시스템에 대한 이해는 매우 중요하다. 경영관리를 하려면 정보의 수집, 보관, 활용이 절대적으로 필요하며 이러한 정보 시스템이 이용되어야 적시에 의사결정과 거래가 이루어지기 때문이다. 행정, 교통, 교육, 출판, 영화, 방송 등 대부분의 비즈니스에 정보 시스템이 기초가 되고 있다. 따라서 어떤 비즈니스든 자료를 잘 정리하여 처리 저장하고 효율적인 정보를 제공하는 정보 시스템을 잘 구축할 수 있는 능력이 있어야 한다.

정보 시스템의 정의

정보 시스템이란 비즈니스 업무를 처리하기 위하여 정보를 모으고 처리하고 저장하고 제공하기 위한 관련 있는 컴포넌트의 집합체이다. 예를 들어 편의점 비즈니스를 생각해 보자. 편의점을 위한 판매 시스템은 매우 많은 정보를 처리하기 위한 요소들의 집합체이다. 편의점은 팔고 있는 상품과 가격의 정보를 가지고 있어야 하며 구매가 이루어질 때마다 바코드를 읽고 거래를 기록하는 요소들이 필요하다. 이뿐 아니라 상품 재고에 대한 정보와 본사 주문을 처리하는 요소도 포함되어야 한다.

[그림 1.1] 판매 정보 시스템

편의점에서 효과적으로 상품을 팔고 관리하려면 정보 시스템이 필수적이다. 이런 정보 시스템을 구축하려면 무엇보다 컴퓨터 소프트웨어를 활용하여야 하고 시스템적인 접근 방법이 필요하다. 정보 시스템을 구축하려면 특징을 이해하고 정보 시스템을 구성하는 컴포넌트를 찾아내야 한다. 즉 정보 시스템에 대한 비즈니스 요구를 분석하고 이를 소프트웨어 컴포넌트로 설계하여 구현하는 작업으로 이어져야 한다.

정보 시스템의 특징

정보 시스템은 다음과 같은 특징을 가진다.

- 시스템 경계 – 시스템은 주변 환경으로부터 구분되는 경계가 있다. 이곳이 입력과 출력이 만나는 곳이다.
- 입출력 – 시스템은 환경으로부터 입력을 받아 내부에서 처리하여 출력을 생성한다.
- 서브시스템 – 시스템은 관련 깊은 서브시스템들로 구성되어 있다. 서브시스템도 하나의 시스템이다.
- 제어 메커니즘 – 시스템은 출력의 피드백을 받아 입력과 처리를 규정할 수 있는 제어 장치가 있다.
- 저장 장치 – 시스템은 처리하는 자료를 보관할 수 있는 곳이 있다.

정보 시스템의 특징은 시스템이 공유하는 컴포넌트로 이해할 수 있으며 이를 그림으로 나타낸 것이 그림 1.2이다.

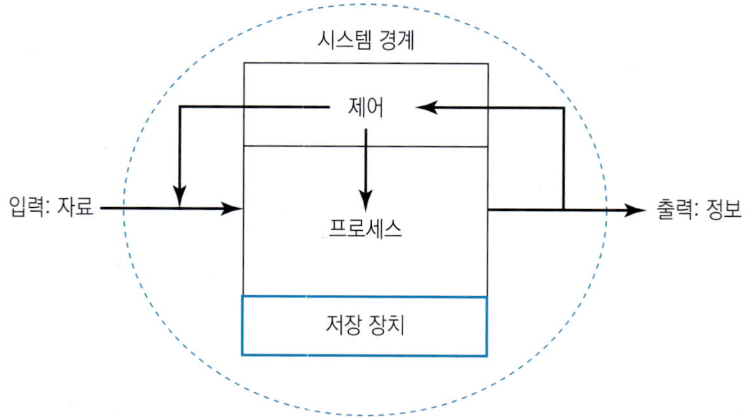

[그림 1.2] 시스템의 요소와 관계

시스템 경계는 시스템이 처해 있는 외부 환경과 밀접하다. 시스템은 외부 환경에서 제공된 입력 자료를 받아 내부에서 정보로 가공하여 다시 외부 환경에 출력으로 제공하기 때문이다. 편의점에 설치된 판매 시스템을 예로 들어보자. 고객이 신용카드로 지불하는 경우 카드 승인은 외부의 일이다. 또한 매상 보고와 상품 주문을 위한 편의점 본사의 시스템도 판매 시스템의 밖에 있다.

시스템은 외부 요소와 상호작용한다. 상호 작용은 입력을 기초로 하여 출력을 생산해 내는 것이다. 예를 들어 판매 시스템은 외부에서 제공되는 입력, 즉 상품 바코드, 신용카드 정보 등을 받아 내부 처리 과정을 거쳐 결제 정보나 영수증을 시스템 밖으로 내보낸다. 급여 시스템은 근로자의 근무 시간과 공제액, 세금을 입력받아 월 급여를 계산하고 명세를 출력한다.

시스템	입력	출력
판매 시스템	상품 코드 신용카드 정보 지불 금액	결제 정보 영수증
급여 시스템	근무 시간 공제액 세금	월 급여 명세

[그림 1.3] 시스템의 입력과 출력

입력에서 출력으로 변환하고 처리하는 과정은 정보 시스템의 중요한 특징이다. 특히 비즈니스에서 사용되는 정보 시스템이라면 변환 과정은 비즈니스 목적을 만족시키는 본질이다. 따라서 정보 시스템을 구축하려면 이런 변환 과정을 고안하여야 하며 복잡한 과정은 서브시스템으로 분할하여 정의한다.

정보 시스템의 복잡한 내부를 잘 구성할 수 있는 개념이 서브시스템이다. 복잡한 시스템은 서브시스템으로 나누어지며 서브시스템이 서로 유기적으로 협력하여 목적을 달성한다. 예를 들어 편의점 판매 시스템은 상품 관리, 거래 처리, 매상 집계, 재고 관리 등의 서브시스템으로 구성될 수 있다. 시스템은 그림 1.4에 나타낸 것처럼 작은 서브시스템으로 분할된다.

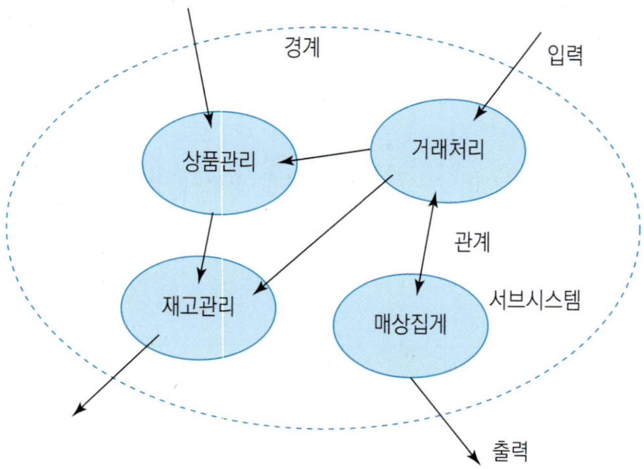

[그림 1.4] 서브시스템

서브시스템은 하나의 시스템으로 더 작은 서브시스템으로 나누어질 수 있다. 따라서 시스템은 계층 관계로 나타낼 수 있는데 이것이 시스템 설계 작업에서 중요하다.

시스템의 기능을 제어하는 특수한 임무를 맡은 서브시스템이 있다. 이를 제어 메커니즘이라 한다. 예를 들어 신경망 시스템에서 각 신경 세포들을 중앙에서 제어하거나 냉난방 시스템에서 온도의 차이를 감지하여 중앙에서 제어하는 것과 같다. 즉 제어 메커니즘은 자동 온도 조절 장치의 역할인데 센서에서 입력된 값들을 비교하여 차이가 있다면 제어 동작을 결정한다.

대규모의 자료를 처리하는 정보 시스템은 데이터를 보관할 필요가 있다. 본격적으로 처리하기 전에 자료를 모아 보관하기도 하고 처리 과정에 발생한 정보를 기억장치에 담아두는 보관소가 필요하다. 이러한 보관소를 효과적으로 관리하기 위하여 데이터베이스 관리 시스템(DBMS)을 도입하기도 한다.

이제까지 설명한 정보 시스템의 요소를 급여 시스템에 적용하여 보자. 급여 시스템의 입력은 사원들의 근무 시간과 세금, 공제액이다. 입력된 정보는 저장소에 이미 저장된 호봉이나 연봉, 사원 정보들을 이용하여 사원의 월 급여 명세를 산출해 낸다. 따라서 시스템 내부에는 '급여 산출'과 '세금 산출' 같은 처리 요소들이 존재한다. 출력인 급여 명세는 미래의 세금 계산을 위하여 사용되며 이것이 피드백이다.

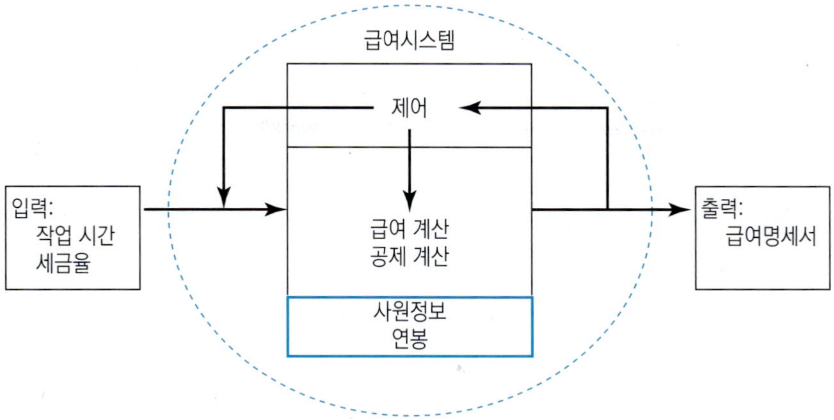

[그림 1.5] 급여 시스템 사례

정보 시스템과 비즈니스

정보 시스템은 비즈니스와 관련이 깊다. 비즈니스는 품질 좋은 제품이나 서비스를 제공하여 이윤을 추구하는 합리적인 활동이다. 따라서 비용 절감과 효율적인 작업을 통하여 경쟁력을 확보하기 위하여 자연히 정보 시스템을 도입한다.

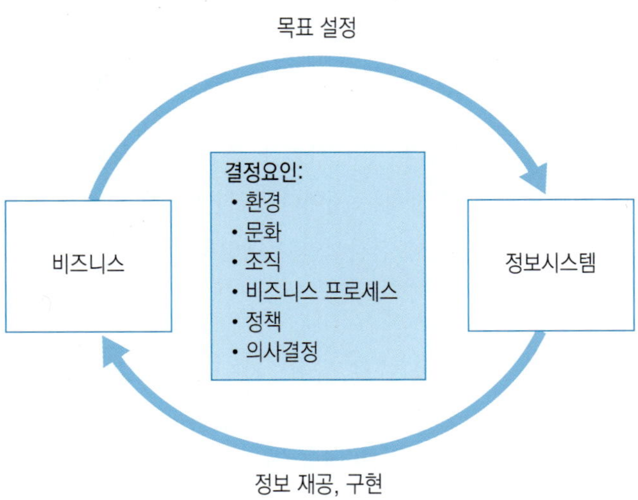

[그림 1.6] 정보시스템과 비즈니스 관계

비즈니스는 자료를 기업의 중요한 자산으로 간주한다. 따라서 자료를 효과적으로 처리하는 정보 시스템을 도입하여 비즈니스 전략을 구현하고 업무 프로세스를 개선하려 한다. 결국 그림 1.6과 같이 비즈니스 목표와 전략은 정보 시스템의 구성에 영향을 주고 반대로 정보 시스템은 비즈니스 목표의 구현과 달성에 기여한다.

정보 시스템을 결정하는 비즈니스 전략은 여러 가지 결정 요인이 있다. 비즈니스가 처한 경제 및 경영 환경, 문화, 경영 조직, 비즈니스 프로세스, 정책, 관리자의 의사 결정 등이다. 기업의 업무 프로세스는 정보 시스템에 직접적인 영향을 준다.

정보 시스템의 종류

정보 시스템은 사용자 그룹을 기준으로 분류할 수 있는데 기관 내의 비즈니스를 중심으로 전사적 정보를 효율적으로 운용하려는 ERP 시스템과 매일 발생하는 트랜잭션을 처리하는 시스템, 중간 관리층의 경영과 관련된 의사결정에 도움을 주는 의사결정 지원 시스템이 있다.

1) ERP 시스템

ERP(Enterprise Resource Planning) 시스템은 기업 전반에 걸친 운용과 관리 정보를 지원하는 시스템이다. 예를 들어 대형 할인마트의 판매와 물류 창고를 관리하는 시스템, 휴대폰을 제조하는 회사의 제품 생산에서부터, 판매, 고객 관리, 회계 재정 관리까지 망라하는 정보를 관리하는 시스템이 ERP 시스템에 속한다.

ERP 시스템의 주요 목적은 회사의 여러 기능을 통합하여 의사결정을 효율적으로 하여 비용을 줄이고 이윤을 극대화하려는 것이다. 또한 ERP 시스템은 기업의 귀중한 자료를 저장하고 이용하는 데 있어서 전사적인 프레임워크를 구축하여 보안성과 신뢰성을 높일 수 있다.

제조 회사에 필요한 정보 시스템을 예로 들어보자. ERP 시스템은 실제 아주 큰 시스템으로 그림 1.7에 있는 것처럼 여러 가지 서브시스템이 존재한다. 고객의 구매에 대한 기록이나 구매 경향 등 판매에 관한 시스템과 회계 및 제품 정보, 기술 지원 등 고객과 관계되는 시스템이 있다. 또한 기업의 장기적인 재정을 관리하는 시스템, 제품 생산 라인과 생산된 제품에 관계되는 시스템, 사원의 인사 정보를 관리 하는 시스템 등이다.

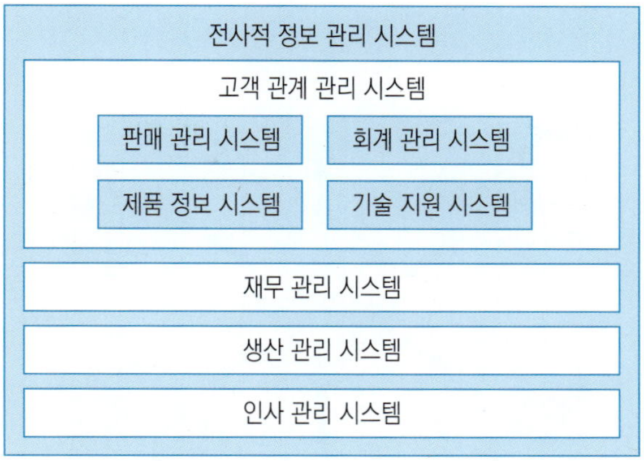

[그림 1.7] ERP 시스템의 예

2) 트랜잭션 처리 시스템

트랜잭션 처리(transaction processing) 시스템은 매일 발생하는 비즈니스 거래에 의하여 생성되는 데이터를 처리하는 시스템이다. 예를 들어 인터넷에서 고객이 주문한 정보를 처리하는 시스템이나 인터넷 뱅킹과 같이 출금, 입금, 이체와 같은 거래를 처리하는 시스템이다.

트랜잭션 처리 시스템은 비즈니스에서 어떤 거래가 일어났을 때 미리 정해진 순서의 작업이 수행된다. 예를 들어 그림 1.8에 있는 것처럼 판매 트랜잭션 시스템은 고객의 데이터를 입력받고 상품이 있는지 확인하고 고객의 신용 상태를 체크하여 회계 시스템에 판매금액을 기록하고 판매를 반영하여 재고 상태를 수정하고 매출 정보를 기록한다. 트랜잭션 처리 시스템은 대규모의 데이터를 처리하는 특징을 가지며 미션 중심 시스템이다. 트랜잭션 처리 시스템 없이는 비즈니스 업무가 제대로 기능을 발휘할 수 없다.

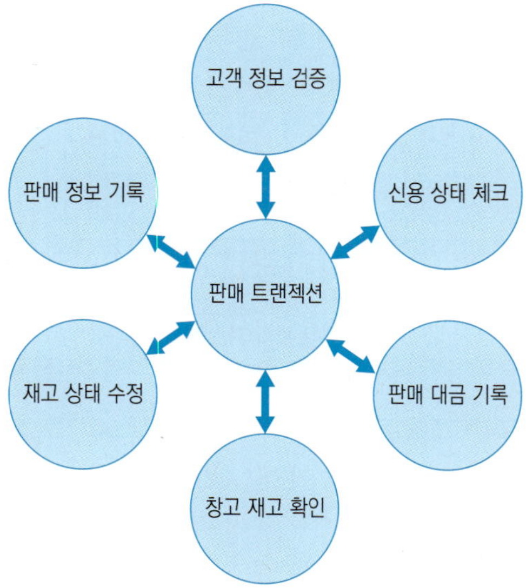

[그림 1.8] 판매 트랜잭션 관리 시스템

3) 의사결정 지원 시스템

의사결정 지원 시스템은 기업의 모든 수준의 사용자에게 직무관련 정보를 제공하는 시스템이다. 즉 거래에서 일어난 데이터를 이용하여 비즈니스 프로세스를 관리하고 조정할 수 있게 한다. 의사결정 시스템을 사용하여 더 합리적이고 효율적인 의사결정을 할 수 있는 것이다.

초기의 컴퓨터 시스템은 단순히 수작업 처리를 대치하는 수준이었다. 예를 들면 급여 지급을 위한 수작업을 프로그래밍 하는 수준이다. 그러나 소프트웨어 기술이 발전하면서 컴퓨터는 더욱 가치 있는 정보를 생산할 수 있다는 점을 인지하였고 기업 경영에 필요한 많은 정보를 제공하는 경영 정보 시스템(MIS)을 구축하기 시작하였다. 오늘날 거의 모든 직장 근무자들이 직무 수행에 컴퓨터가 제공한 정보를 이용하고 있으며 업무 수행에 컴퓨터의 지원을 받고 있다.

최근에는 더욱 효과적으로 제조, 판매, 운송에 관한 데이터를 모으고 여기에 대한 신속한 의사결정을 위하여 IoT(Internet of Things)나 빅데이터 기술을 동원하고 있다. IoT는 인터넷 기술을 이용하여 물류 및 상품의 배송 추적만이 아니라 사용 상태 또는 발생하는 고장 등을 파악하여 더욱 효과적으로 상품 판매와 유지보수를 지원한다. 또한 연결된 기기나 컴퓨터를 통하여 수집하는 대규모 데이터를 잘 분석하고 가공하여 비즈니스 의사결정에 큰 도움을 주고 있다.

[그림 1.9] 빅데이터와 IoT

1.2 분석과 설계

대규모 정보 시스템을 개발하려면 단순히 프로그래밍만이 아니라 많은 종류의 작업이 필요하다. 프로젝트 초기에는 계획이 필요하다. 그 이후에 사용자의 요구를 분석하고 요구에 맞게 모델링 하여 시스템을 자세히 설계한다. 다음엔 프로그래밍 하고 이를 테스트 한 후 통합하여 빌드 하는 일 등 수많은 작업을 거친다. 많은 일 중에 분석과 설계 작업은 매우 중추적인 작업으로 다음과 같이 정의할 수 있다.

- 시스템 분석 – 정보 시스템이 "무엇을" 하여야 하는지 자세히 이해하고 명세로 나타내는 작업.
- 시스템 설계 – 정보 시스템이 "어떻게" 구현되어야 하는지 자세히 나타내는 작업.

소프트웨어를 개발하는 과정은 한 마디로 정보 시스템을 비즈니스 니즈에 맞도록 설계하고 구축하여 사용자에게 배포하는 과정이다. 소프트웨어를 개발한다는 것은 초보 프로그래머나 일반인에게는 매우 간단한 작업일 것 같이 보이나 실제는 많은 시행착오에 의한 경험과 전문적 지식이 필요한 작업이다. IT 프로젝트에 대한 국내외 여러 조사 결과에서도 매우 낮은 성공률을 기록하고 있다. 불행하게도 많은 프로젝트가 사용 단계에 이르지 못하고 지연되거나 비용이 상당히 초과되거나 원래 계획된 기능을 갖추지 못하여 실패로 끝나는 것이 현실이다.

이런 문제가 우리 개발 조직과는 상관없는 이야기로 외면할 수만은 없는 이유는 Box 1.1에 예를 든 것처럼 우리가 잘 알고 있는 많은 회사들이 IT 프로젝트의 실패로 막대한 손해를 입었다는 사실이다. 마이크로소프트도 실패의 경험과 지연 사례(윈도우 1.0과 윈도우 95)를 가지고 있다.

Box 1.1 | IT 프로젝트 실패 사례

- 맥도날드의 이노베이트 프로젝트 - 본사에서 전 세계 지점을 관리할 수 있도록 본사의 매니저가 특정지역의 매출이 떨어질 경우 즉시 파악할 수 있는 글로벌 ERP 애플리케이션을 개발하는 프로젝트이다. 심지어 어떤 지점의 그릴 온도가 조리하기에 적당한 온도인지 아닌지를 본사에서 파악할 수 있게 하자는 멋진 청사진을 세웠었다. 120 여개 국가의 3만 여 매장을 연결하려는 이 프로젝트는 2001년 1억 7천만 달러의 예산을 세우고 시작했으나 2003년 실패로 종료되었다.
- 영국 국가보건 서비스 IT 현대화 프로젝트 - 디지털 시대에 발맞추어 환자의 기록과 의료 데이터를 새로운 시스템으로 구축하려는 계획으로 시작하였으나 예정보다 2년이 지나 100억 달러의 예산이 초과된 프로젝트이다. 문제의 원인은 초대형 프로젝트의 실패 위험을 줄이기 위하여 여러 업체에 일을 맡겨 위험을 줄이려 하였으나 너무 많은 업체에게 일을 분산하여 서로 호환되지 않고 개통 후에도 심각한 문제점들이 노출되어 80여 의료설비에서 4일간 서비스를 중단하는 사례가 있었다.
- 덴버 공항의 자동 수화물 처리 시스템 - 1995년 덴버 공항이 개장하기 이전 소프트웨어를 개발한 후 처음으로 온라인 테스트를 시작했을 때 짐 카트를 제대로 탐지하지 못했다. 짐 카트와 시스템이 동기화 되지 않아 빈 카트는 여전히 짐을 싣지 않은 채로 돌아다니는 데 반해 꽉 찬 카트는 용량이 초과되었음에도 불구하고 짐을 실었다. 결국 넘쳐 떨어진 가방 때문에 시스템이 멈춰버렸다. 이런 소프트웨어의 결함 때문에 공항은 11개월 지난 후에야 개장할 수 있었다. 개발 초기에 테스트를 철저히 하지 못한 대가로 하루에 100 만 달러의 비용을 지불한 셈이다.
- 한국통신의 고객통합시스템 - 국내 시스템 통합 역사상 획기적인 대규모 프로젝트로 대표적인 클라이언트/서버 형태로 1999년에 관심을 모았던 프로젝트이다. 그러나 프로젝트 관리가 제대로 이루어지지 않아 수백억을 쏟아 넣고도 실패로 끝난 사례가 되었다.

소프트웨어 프로젝트는 여러 가지 실수나 무지에 의하여 공들인 탑이 무너지는 것과 같고 프로젝트를 회복할 수 없게 된다. 이 책에서 소개하는 개념과 기술이 IT 프로젝트 실패에 대한 만병통치약과 같은 것은 아니다. 기본적인 개념을 잘 이해할 수 있도록 설명하고 실무 기술을 쉽게 소개함으로써 프로젝트 성공의 가능성을 높이게 하려는 것이다.

시스템 분석과 설계 작업이 중요한 이유는 정보 시스템의 성패가 크게 좌우되기 때문이다. Box 1.1에서 본 것처럼 실패로 끝난 많은 작업들이 정확한 분석과 좋은 설계가 되지 못하였다. 시스템을 개발하기 전에 먼저 분석하고 설계하는 일은 현장에서 많이 쓰이는 작업 방법이며 또한 검증된 방법이다. 또한 IT 분야가 성장하면서 분석과 설계 작업의 요구가 커지고 분석가의 기술이 더욱 대우 받고 있다.

분석과 설계가 얼마나 중요한 일인지를 간단한 비유로 설명해 보자. 어떤 유치원에서 아이들을 위한 그네를 나무 그늘 아래 만들기로 하였다. 유치원의 선생님은 (a)와 같은 형태의 그네를 만들어 달라고 설명했고 분석가는 (b)와 같은 그네로 알아듣고 (c)와 같은 형태로 설계하였다면 완성된 그네는 올바른 그네가 되기 어려울 것이다. 개발하려는 시스템이 무엇을 하여야 하는지 잘 이해하고 또한 이를 잘 설계하는 것은 소프트웨어 분야에서 매우 중요한 작업이다.

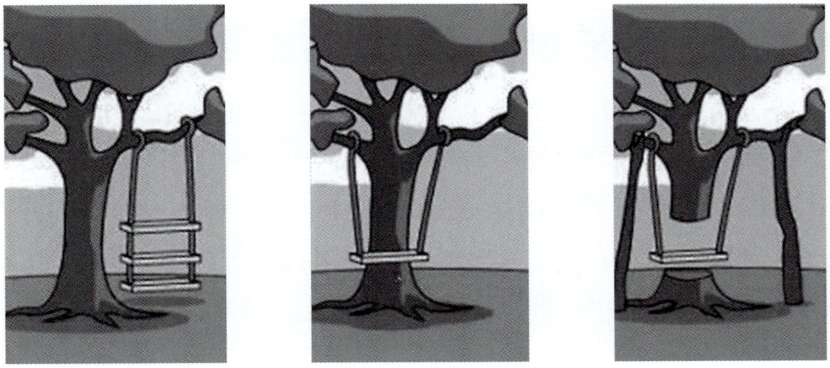

(a) 고객이 설명한 요구　　(b) 분석가가 이해한 요구　　(c) 분석가가 설계한 요구

[그림 1.10] 분석과 설계 작업의 중요성

1.3 개발 과정

정보 시스템을 구축하는 것은 건축에 비유할 수 있다. 건물이나 정보 시스템은 기본 콘셉트로부터 시작한다. 예를 들면 4인 가족이 거주할 집을 신축하여 필요한 거주 공간을 만들려 한다면 반드시 목적성이 있는데 이것이 바로 콘셉트이다. 기본 콘셉트는 도면으로 그려서 사용자에게 보여주며 만족할 때까지 수정하고 의견을 묻는 과정을 반복한다. 다음 단계는 건축물에 대한 더욱 자세한 정보를 담고 있는 설계도면, 즉 청사진을 만든다. 예를 들면 수도꼭지의 종류라든지 전화 콘센트가 설치될 위치 같은 자세한 정보를 여기에 표시한다. 그 후에는 완성된 청사진을 따라 건축하면 된다. 건물이 세워

지면서 고객의 결정이 변경될 수도 있다.

시스템 개발 과정은 기본적으로 네 단계, 계획, 분석, 설계, 구현으로 구성된다.

- 계획 – 개발 목표와 방향을 설정하고 일정, 비용, 조직 등에 대한 계획을 수립한다.
- 분석 – 시스템에 대한 요구를 찾아내고 분석하여 정리한다.
- 설계 – 시스템이 어떻게 구성되고 동작하여야 하는지 자세히 명세를 만든다.
- 구현 – 설계에 따라 프로그래밍하고 검증한다.

프로젝트에 따라 다른 단계를 강조할 수도 있고 각 단계에 다른 접근법을 사용하는 경우가 있다. 각 단계가 더 작은 단계들로 구성되어 특수 기술이나 방법을 사용하여 프로젝트에 관한 문서나 파일 등 결과물을 만들 수 있다.

그림 1.11은 시스템 개발의 처음부터 완료되고 설치되어 사용되다가 폐기되기까지의 거쳐야할 단계를 나타낸 것이다. 대부분의 프로젝트에서는 이러한 단계들이 순차적으로 수행된다. 경우에 따라서 점증적으로 수행되기도 하며 반복적으로 또는 다른 패턴으로 수행되기도 한다. 이 절에서는 각 단계를 개괄적으로 설명하고 다음 절에서 각 단계에 변화를 주어 강조한 개발 프로세스 모델을 설명한다.

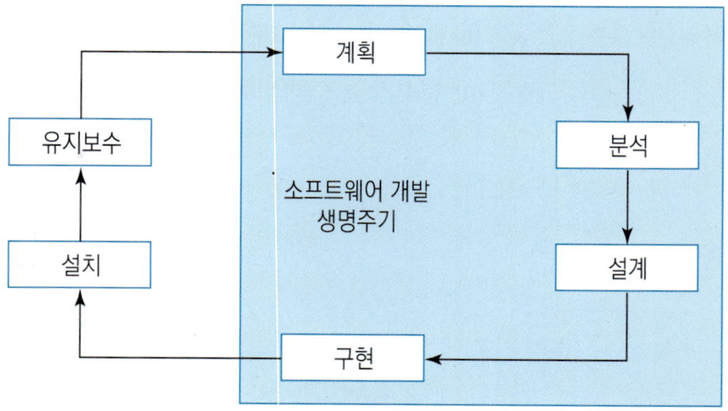

[그림 1.11] 시스템 개발 생명주기

개발 과정을 이해하기 위하여 두 가지 점이 중요하다. 첫째는 시스템 개발 프로젝트가 밟아 나아가는 각 단계와 각 단계에서 결과물을 생성하는 테크닉에 대하여 이해하여야 한다. 둘째는 개발 과정은 점진적으로 구체화하는 과정이라는 점이다. 분석 단계에 생성된 결과물은 새로운 시스템의 외적인 모양에 대한 포괄적인 아이디어를 담고 있다. 이것은 다시 설계 단계의 입력으로 사용되는데 설계 단계는 시스템이 어떻게 구축될 것인지를 자세한 용어로 표현한다. 결국 각 단계는 이전 단계에서 작업한 것을 기초로 구체화 되고 발전되는 것이다. 각 단계의 작업의 초점과 주요 작업 및 생성되는 결과물은 표 1.1과 같다.

표 1.1 단계별 주요 작업과 결과물

단계	초점	주요작업과 기술	결과물
계획	• 왜 시스템을 구축하여야 하나? • 프로젝트 팀을 어떻게 구성할 것인가?	프로젝트 문제 정의(2장) 타당성 분석(2장) 작업 계획 수립(2장) 팀 조직 수립(2장) 프로젝트 관리 계획	프로젝트 계획서
분석	• 시스템을 위하여 무엇을 만들 것인가?	분석 전략 수립(3장) 요구 결정(3장) 사용 사례 분석(4장) 구조적 모델링(5장) 동적 모델링(6장)	시스템 제안서
설계	• 시스템을 어떻게 구축할 것인가?	설계 전략 수립(7장) 아키텍처 설계(7장) 인터페이스 설계(9장) 프로그램 설계 데이터베이스, 파일 설계(8장)	시스템 설계 명세서
구현	• 완성된 시스템의 설치와 지원	프로그래밍(10장) 통합 및 테스팅 시스템의 설치(10장) 시스템 안정화 및 유지보수(11장)	새 시스템, 유지보수 계획

1. 계획

계획 단계는 왜 정보 시스템을 구축하여야 하는지를 이해하고 시스템을 구축하기 위하여 프로젝트 팀이 어떻게 해 나갈 것인지를 결정하는 준비 단계다. 계획은 프로젝트 착수와 프로젝트 관리, 두 가지 단계로 나누어 생각할 수 있다.

■ 프로젝트 착수

프로젝트 착수 단계 동안에는 완성될 시스템의 비즈니스 가치를 파악한다. 비용을 절감한다든지 매출을 높이는 효과가 얼마나 있을 것인지 목표를 정한다. 새로운 시스템에 대한 대부분의 아이디어는 정보 시스템과 관련되지 않은 부서, 예를 들면 마케팅 부서나 회계 부서에서 나온다. 아이디어는 시스템에 대한 요구형태를 띠게 된다. 시스템에 대한 요구는 비즈니스 요구 사항을 요약하여 정리한 것이며 비즈니스 가치를 창조하기 위하여 시스템이 요구를 어떻게 만족시킬 것인지를 설명한다. 정보 시스템 관련 부서는 개발을 요청한 부서(이를 스폰서라 함)와 함께 다음과 같은 세 가지 측면의 타당성 분석을 실시한다.

- 기술적 타당성(개발할 수 있는 능력이 있나?)
- 경제적 타당성(비즈니스 가치를 제공할 수 있는가?)
- 조직적 타당성(구축한다면 사용될 것인가?)

■ 프로젝트 관리

프로젝트를 진행하기로 결정하였다면 프로젝트 관리 단계로 진입한다. 프로젝트 관리 단계에 프로젝트 관리자는 작업 계획을 세우고 프로젝트 팀을 구성한다. 또한 프로젝트 팀이 개발 과정에 프로젝트를 컨트롤 하고 진행시킬 수 있도록 여러 가지 기술을 투입하여 돕는다.

2. 분석

분석단계는 다음과 같은 질문에 대답을 찾는 단계이다. 누가 시스템을 사용할 것인지, 시스템이 무엇을 하여야 하는지, 시스템을 언제 어디서 사용할 것인지에 대한 대답이다. 표 1.1에 표현된 것처럼 프로젝트 팀은 분석 단계에 현재 시스템을 조사하고 개선시킬 점을 찾아낸다. 또한 새 시스템을 위한 콘셉트를 개발한다. 분석 단계는 다음 세 가지 단계로 나눌 수 있다.

- 분석 전략 수립 – 프로젝트 팀의 작업을 가이드하기 위하여 분석 전략을 수립한다. 이러한 전략에는 대체로 현재 시스템(as–is system)에 대한 분석과 그 문제점, 새로운 시스템(to–be system)의 설계 방향이 포함된다.

- 요구 수집 – 인터뷰나 설문 등을 통하여 요구 사항을 수집한다. 프로젝트 스폰서나 기타 관련자로부터 받은 정보들을 분석하면 새로 개발할 시스템의 콘셉트를 개발하는 데 도움이 된다. 시스템 콘셉트는 새 시스템이 완성되어 사용될 때 비즈니스가 어떻게 운용되는지를 나타내는 비즈니스 분석 모델을 개발하는 데 기초가 된다. 모델은 일반적으로 비즈니스 프로세스를 지원하는 데 필요한 자료나 프로세스를 나타내는 모델을 포함하고 있다.
- 문서화 – 분석한 내용과 시스템 콘셉트, 모델을 합하여 시스템 제안서라는 문서를 작성한다. 제안서는 프로젝트 스폰서와 그 외의 의사결정자에게 발표하여 프로젝트의 진행 여부를 결정하는데 사용한다.

시스템 제안서는 프로젝트의 첫 결과물로써 개발된 시스템이 만족하여야 할 비즈니스 요구를 나타낸다. 이 단계에는 새로운 시스템을 설계하는 초기 단계도 포함하고 있어 분석이라는 이름이 적합하지 않다는 의견이 있다. 즉 더욱 정확히 부른다면 분석 및 초기 설계이다. 대부분의 경우 이 단계를 분석이라 부르고 있기 때문에 여기서도 분석이라고 쓰기로 한다. 그러나 분석단계의 결과는 분석과 새로운 시스템의 상위 초기 설계를 포함하고 있다.

3. 설계

설계 단계는 시스템이 어떻게 동작하는지를 결정하는 단계이다. 하드웨어, 소프트웨어, 네트워크 인프라, 사용자 인터페이스, 입력 양식, 리포트, 프로그램, 데이터베이스, 파일 등 필요한 것을 결정한다. 시스템에 대한 대부분의 전략적인 결정은 분석 단계의 시스템 콘셉트 개발 단계에 이루어진다. 설계 단계에서는 시스템이 어떻게 동작하는지를 결정한다. 설계 단계는 다음과 같이 네 단계로 구성된다.

- 설계 전략 수립 – 설계 작업을 위한 전략을 세운다. 시스템을 사내 프로그래머들이 개발할 것인지 아웃소싱 할 것인지, 아니면 소프트웨어 패키지를 구입할 것인지 결정한다.
- 아키텍처 설계 – 다음은 시스템의 하드웨어, 소프트웨어, 네트워크 인프라 등을 나타내는 아키텍처 설계를 개발한다. 대부분의 경우 개발하는 시스템은 현재 기관에 존재하는 인프라를 추가시키거나 변경시킨다. 인터페이스 설계는 사용자가 어떻게

시스템의 메뉴나 스크린의 버튼을 사용하여 이동할 것인가를 나타내며 시스템이 사용할 입력 양식이나 출력 리포트를 포함한다.

- 데이터 설계 – 어떤 데이터를 어디에 저장할 것인지 데이터베이스와 파일을 설계한다.
- 프로그램 설계 – 작성될 프로그램을 정의하고 각 프로그램이 무엇을 할 것인지 설계한다.

아키텍처 설계, 인터페이스 설계, 데이터베이스 설계나 파일 설계 작업의 결과물이 바로 시스템 명세이다. 시스템 명세는 프로그래밍 팀에게 넘겨져 구현 작업에 사용된다. 설계 단계의 끝자락에 타당성 분석과 프로젝트 계획을 다시 검토하고 수정한다. 프로젝트 스폰서나 실행위원회는 이 결과를 토대로 프로젝트의 진행 여부를 다시 결정할 수도 있다.

4. 구현

소프트웨어 개발 주기의 마지막 단계는 구현이다. 시스템을 실제로 구축하는 단계로 패키지 소프트웨어를 사용하기로 한 경우는 구입, 커스터마이징 하는 단계이다. 대부분의 시스템은 이 단계가 가장 길고 개발 프로세스에 드는 비용이 높기 때문에 매우 중요하다. 구현 단계는 다음 세 가지 단계로 나눌 수 있다.

- 시스템 구축 – 시스템을 구현하고 설계대로 구현되었는지 테스트하는 단계이다. 버그에 대한 비용이 막대하므로 테스트는 구현에서 가장 중요한 단계이다. 대부분의 기관은 처음에 프로그램을 작성할 때 드는 것보다 더 많은 시간과 관심을 기울인다.
- 시스템 설치 – 설치는 사용하던 시스템을 끄고 새로 개발된 시스템을 가동시키는 작업이다. 예전 시스템에서 새 시스템으로 전환하는 방법은 세 가지가 있다.
  ① 동시 전환 – 개발과 동시에 새 시스템으로 전환하는 방법
  ② 단계적 전환 – 버그가 발견되지 않을 때까지 일정한 기간 병행 사용하여 새 시스템을 안정화하는 방법,
  ③ 점증적 확대 – 새 시스템을 시스템의 기관에 부분적으로 적용하여 보고 점증적으로 확대해 나가는 방법

  전환하는 데 있어서 가장 중요한 포인트는 사용자 교육 계획이다. 새로운 시스템을

사용하는 방법과 새 시스템 도입에 따른 변화를 잘 관리하는 방법 등을 가르친다.

- 지원 계획 - 분석 팀은 개발한 시스템을 위한 지원 계획을 확립한다. 지원 계획은 구현 후 공식 또는 비공식으로 이루어지는 평가를 포함할 뿐 아니라 시스템에 요구되는 수정 사항 들을 파악하는 체계적인 방법도 포함된다.

1.4 방법론

정보 시스템을 구현하기 위하여 따라야 할 절차, 가이드라인, 정형화된 접근 방법의 집합을 방법론(methodology)이라 한다. 방법론에는 각 개발 절차에 사용하는 모델과 도구, 기술을 실무적으로 지정하고 있다. 그림 1.12에 있는 것과 같이 세 요소는 밀접하게 관련되어 있어 사용하는 기술에 따라 모델과 도구가 다르다.

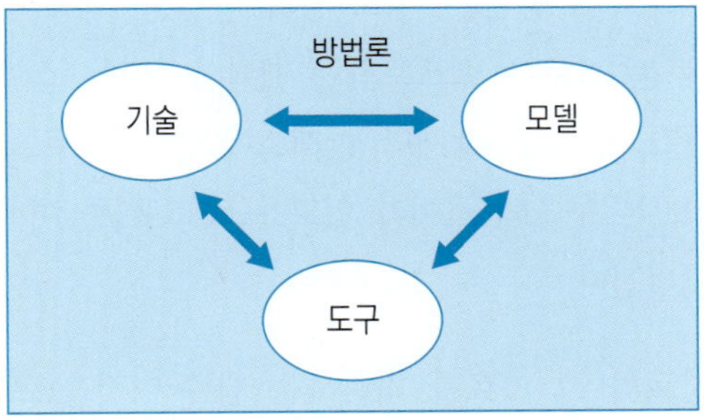

[그림 1.12] 방법론의 구성요소와 관계

모델, 도구, 기술

방법론을 구성하는 세 가지 요소를 설명하면 다음과 같다.

- 모델 - 모델이란 실세계를 특정한 관점으로 표현한 것이다. 지형을 표현하는 지도도 관점에 따라 등고선만을 표시한 지도가 있고, 도로망 위주로 표시한 지도가 있으며 관광지, 유적지 등을 중심으로 표현한 지도가 있는 것과 유사하다. 시스템 개발에 사용되는 모델은 입력, 출력, 프로세스, 데이터, 객체, 객체 상호작용, 네트워크, 위치, 장치 등을 표현한다. 소프트웨어와 관련된 대부분의 모델은 그림으로 다이어그램과 차트 같은 것이다. 시스템에 대한 모델로는 흐름도, 자료 흐름도, 엔티티 관계도, 구조도, 유스케이스, 클래스 다이어그램, 시퀀스 다이어그램 등이 있다. 개발

프로세스를 모델화 한 것도 있는데 예를 들면 PERT 차트, 간트 차트, 조직도 같은 것들이 여기에 해당된다.

- 도구 – 모델을 작성하고 프로젝트에 필요한 컴포넌트를 생산해 내는 데 도움을 주는 소프트웨어를 도구라 한다. 예를 들면 프로젝트 관리 도구, 그림판 도구, 워드프로세서, CASE(Computer–aided Software Engineering) 도구, 통합 개발 도구(IDE), 데이터베이스 관리 도구, 역공학 도구, 코드 생성 도구 등이 있다.
- 기술 – 분석가가 시스템 개발 작업을 완성할 수 있도록 도움을 주는 가이드라인을 뜻한다. 시스템 개발 생명주기 각 단계에 필요한 여러 가지 기술이 있다. 예를 들면 전략 계획 기술, 프로젝트 관리 기술, 사용자 인터뷰 기술, 데이터 모델링 기술, 데이터베이스 설계 기술, 구조적 분석 기술, 구조적 프로그래밍 기술, 테스트 기술, 객체지향 분석 설계 기술 등이 있다.

시스템 개발 방법론은 구조적 방법론, 정보 공학 방법론, 객체지향 방법론 등 여러 가지가 있다. 이렇게 나누는 기준은 소프트웨어 개발을 프로세스에 중점을 두느냐 아니면 데이터에 중점을 두느냐, 혹은 객체나 클래스에 중점을 두느냐에 차이가 있다. 즉 프로그램을 구성하는 기본 구조의 차이가 있고 프로그램 중 어떤 요소에 초점을 두느냐에 따라 방법론이 달라진다.

프로그램의 요소는 자료와 그 자료를 처리하는 함수(이것을 프로세스라고 부르기도 함)이다. 모든 시스템 개발 방법론은 시스템의 개념을 자료와 프로세스의 개념으로 표현하는데 어떤 부분을 강조하느냐에 따라 달라진다. 프로세스, 함수 부분을 강조하면 구조적 방법론이며 자료 부분을 강조한 것이 정보공학 방법론이고 자료와 관련 함수를 묶어 클래스로 선언하는 객체 중심의 방법론이 객체지향 방법론이다.

방법론마다 소프트웨어 개발 과정의 각 단계에서 사용하는 방법이 다르다. 그림 1.13에 나타낸 것처럼 계획, 분석, 설계, 구현 각 단계에 사용하는 기법을 제시하고 있으며 각 단계의 방법이 강조하는 측면에 초점을 맞추어 잘 정돈되어 있다. 그림 1.13의 오른편에 있는 객체지향 단계는 반복적인 생명주기(Unified Process)에서 부르는 각 단계의 명칭이다.

	구조적 방법론	정보공학 방법론	객체지향 방법론	객체지향 단계
계획 단계	타당성 분석	정보 전략 분석	프로젝트 문제 분석과 사용 사례 분석	
분석 단계	구조적 분석	비즈니스 영역 분석	요구 분석 및 모델링	개념 정립 단계
설계 단계	구조적 설계	비즈니스 시스템 설계	시스템 설계와 객체 설계	발전 단계
구현 단계	구조적 프로그래밍	구축 전환	객체지향 프로그래밍	구축 단계
사용 단계	유지 보수	생산	재사용, 유지 보수	전환 단계

[그림 1.13] 세 가지 방법론의 개발 단계와 방법

■ 구조적 방법론

구조적 방법론(structured methodology)은 이해가기 쉽고 오래전부터 사용되어 온 전통적인 방법론이다. 소프트웨어가 주로 메인프레임에서 실행될 때 발전된 방법론으로 자세한 계획과 설계를 기초로 하기 때문에 작업의 예측이 용이한 접근 방법이라 할 수 있다.

구조적 방법론은 시스템과 관련된 처리, 즉 프로세스에 먼저 관심을 두는 방법이다. 프로세스 중심 방법론은 프로세스 모델을 시스템 컨셉트의 핵심으로 삼는다. 따라서 시스템 분석가는 시스템의 개념을 프로세스의 집합으로 나타내되 각 프로세스에 흘러들어가고 나가는 입력과 출력 자료를 같이 표시한다. 그림 1.14에 표시한 것처럼 프로세스로 들어오고 나가는 자료흐름을 파악하고 데이터를 변환시키는 비즈니스 규칙들을 찾아낸다. 그림 1.14는 사원의 급여를 계산하는 프로세스를 나타낸 것이다.

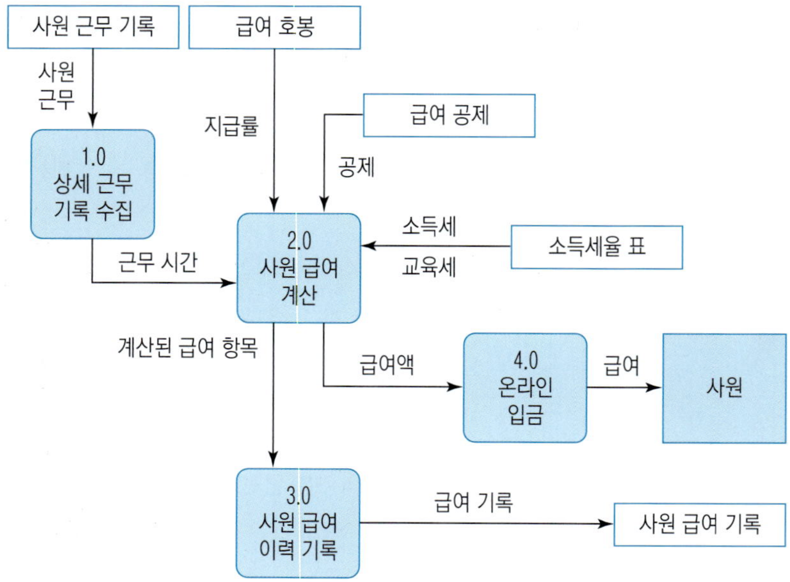

[그림 1.14] 프로세스 모델

■ 정보공학 방법론

정보공학(information engineering) 방법론은 자료저장 구조에 먼저 초점을 두는 방법이다. 즉 데이터 모델을 시스템 컨셉트의 중심에 놓고 이를 기초로 프로세스를 설계한다. 예를 들면 급여 시스템에서 급여를 지급하기 위하여 준비해야할 자료(호봉, 수당, 초과 근무시간, 세율, 각종 공제)를 먼저 파악하는 데 집중하고 이를 잘 정의된 구조로 바꾸어 나간다.

시스템이 저장할 정보 자체만을 파악하는 모델링 방법이 엔티티-관계(Entity-Relationship) 모델이다. E-R 모델은 그림 1.15에 표시한 것처럼 저장할 데이터 자체(이를 엔티티라 부름)에만 전념할 수 있다. E-R 모델은 데이터베이스 설계에도 사용될 수 있으며 정보공학 방법론에서는 이를 기초로 애플리케이션의 프로세스 요소를 찾아낸다.

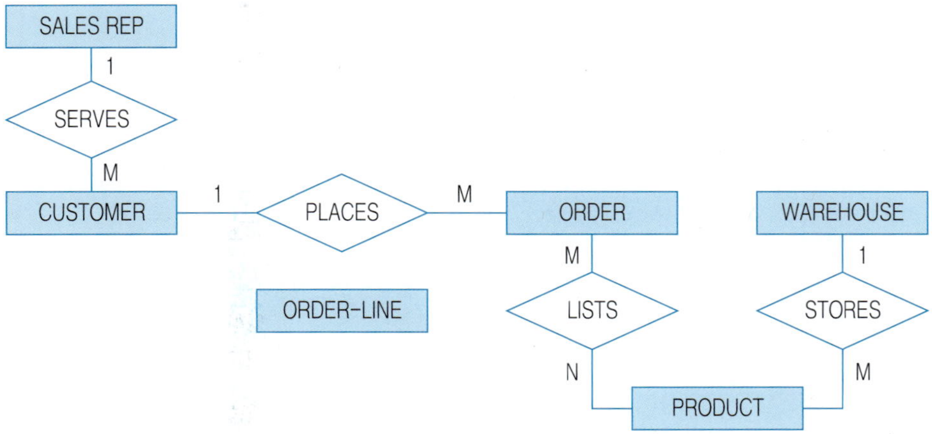

[그림 1.15] E-R 다이어그램

■ 객체지향 방법론

구조적 방법론은 그림 1.14에 표현된 것처럼 프로세스와 데이터를 별개의 컴포넌트로 간주한다. 한편 객체지향 방법은 데이터와 그 데이터에 대하여 작동하는 프로세스를 객체라 불리는 것 안에 묶어 놓았다. 따라서 시스템 분석가는 실세계의 비즈니스 프로세스나 오퍼레이션을 객체로 모델링하여야 한다. 실세계에 존재하는 사람, 사물, 트랜젝션, 이벤트 등이 모두 객체가 될 수 있다. 객체지향 프로그래밍을 사용하는 프로그래머는 이러한 객체들을 코딩하는 작업이라 할 수 있다.

객체는 클래스의 멤버이다. 즉 클래스는 같은 객체들이 가지고 있는 공통의 자료와 오퍼레이션을 정의한 것이다. 객체는 속성을 결정하는 고윳값들을 가지고 있는데 이것이 객체의 자료값이다. 또한 객체의 속성값은 자신이 속한 클래스 이외에서도 상속받을 수 있다. 그림 1.16에 있는 것처럼 PERSON 클래스가 INSTRUCTOR와 STUDENT 클래스가 부모 자식 관계에 있어서 PERSON 클래스에 정의되어 있는 Address 속성을 STUDENT 객체가 가질 수 있는 것이다. 또한 STUDENT 객체는 다른 클래스에는 정의되어 있지 않은 Major라는 고유 속성을 갖는다.

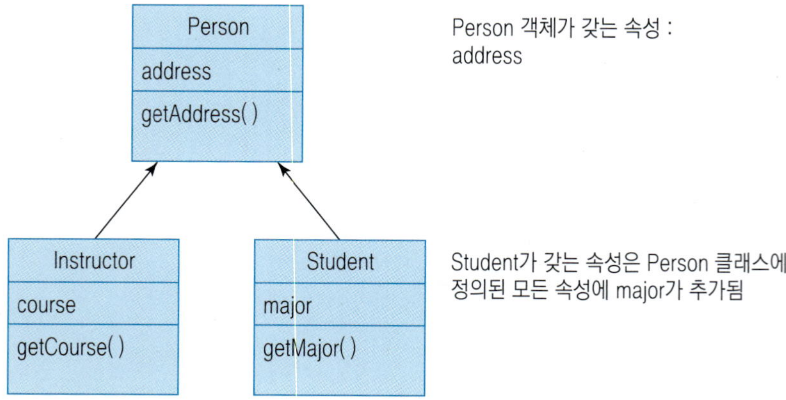

[그림 1.16] 객체지향 개념

객체지향 프로그램에서는 메소드라 불리는 프로세스가 객체의 속성값을 바꾼다. 예를 들면 웹기반 쇼핑몰에서 ORDER 객체는 CUSTOMER 객체가 상품을 주문하거나 취소시켰을 때 STATUS라 불리는 속성의 값을 변화시킨다. 여기서 주문하거나 취소와 같은 동작들이 비즈니스 프로세스이며 이것이 객체지향 프로그램에서는 메소드로 구현된다.

객체지향 분석은 데이터와 오퍼레이션을 나타내기 위하여 객체 모델을 사용하며 어떤 객체들이 다른 객체에 정보를 보내고 받는지를 보여준다. 비즈니스 오퍼레이션을 지원하기 위하여 필요한 객체와 메소드를 찾아내고 나타내는 것이다. 객체지향 방법은 재사용 가능한 컴포넌트를 만들기 쉽고 복잡한 시스템을 구성하는 데 있어서 레고-블록식으로 접근하기 때문에 융통성이 많고 빠른 개발에 적합하다.

표 1.2 방법론의 비교

	구조적 방법론	정보공학 방법론	객체지향 방법론
프로그램에 대한 관점	프로그램=함수+자료	프로그램=자료+함수	프로그램=클래스+클래스+......... 클래스 = 자료 + 함수
설계 관심사	함수위주	자료 위주	클래스 위주
설계의 핵심	모듈	엔티티	객체
중심 방법	프로그래밍 기법	기업의 전략 및 산출물 중심	설계의 표현

Box 1.2 | 방법론의 장단점

- 구조적 방법
  - 장점: 오래 사용되어 검증된 방법. 프로젝트의 계획과 모니터링이 비교적 쉬움. 요구 분석에 대한 방법이 이해하기 쉬움.
  - 단점: 분석에서 설계 과정에 대한 전환이 쉽지 않음.
- 정보공학 방법
  - 장점: 데이터 중심으로 업무절차 및 환경변화에 유연함. 정보 전략 계획, 업무 영역 분석 등 기업에 맞는 접근법
  - 단점: 효과를 위해 장기간 필요. 소규모 자동화 사업영역에는 시간이 오래 걸림. 특정 사업영역으로부터 독립된 시스템 개발에는 부적합.
- 객체지향 방법
  - 장점: 실세계와 밀접한 모델링. 유지보수 쉬움. 설계, 코딩으로의 전환이 쉬움. 신뢰성과 융통성, 코드 재사용성 증가.
  - 단점: 광범위한 응용 분야에 효용이 증명되지 못함. 충분히 훈련된 프로그래머 부족.

1.5 프로세스

소프트웨어 개발의 성패에 영향을 미치는 중요한 요소 중의 하나는 개발주기 각 단계의 순서이다. 또한 각 단계에 투입하는 시간과 인력에 따라 성과가 달라진다. 컴퓨터를 사용하기 시작한 초기에는 정형적으로 잘 계획된 개발주기가 프로그래머들에게 잘 이해되지 않았다. 프로그래머들은 간단히 계획하여 바로 구현 단계로 넘어가곤 했다. 다시 말해 막연하고 잘 알지 못하는 상태에서 코딩 단계로 바로 넘어간 것이다.

이와 같은 개발 방법은 일단 코딩해 보고 오류가 있으면 고치는 형태, 즉 짜보고 고치기(code-and-fix)로, 프로그래밍 과목에서 초보자를 교육할 때 많이 사용하는 방식이다. 이 방법은 한 명, 또는 소수의 프로그래머가 하는 소규모 작업에는 통용될 수 있다. 그러나 규모가 복잡하고 사용자의 요구가 확실하지 않은 경우에는 문제의 중요한 측면을 간과할 수도 있으며 작성된 프로그램을 폐기하고 다시 작성하여야 하는 손해를 보기 쉽다. 그때그때 코딩하고 버그가 있으면 고치는 이런 방법은 개발 팀의 멤버들 사이에 무엇을 하여야 하는지 또는 어떻게 코드를 완성시킬 것인지에 대한 공통 이해가 부족하게 되기 때문이다.

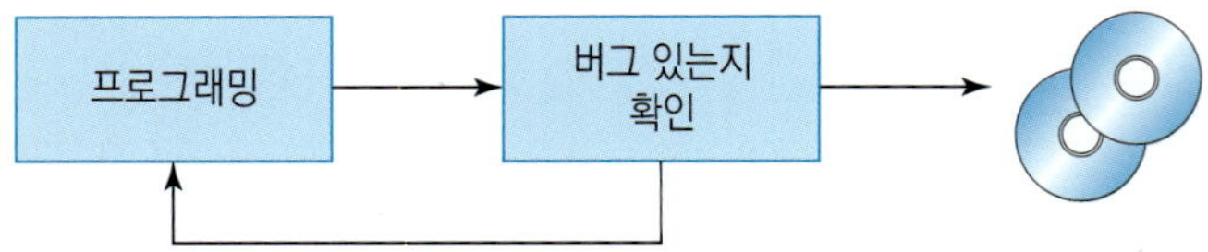

[그림 1.17] 짜보고 고치기

시스템 개발의 문제점

시스템 개발 프로젝트는 실패의 위험이 많다. 계획과 설계 과정이 생략된 짜보고 고치는 경우 실패의 위험은 매우 크다. 실패의 결과는 정보 시스템의 문제점으로 드러나는데 크게 품질 문제와 생산성 문제로 나눌 수 있다.

시스템의 품질을 넓게 본다면 '목적에 부합한 정도'라고 할 수 있다. 개발하는 정보 시스템은 목적과 사용자가 원하는 방향, 요구가 있다. 높은 품질의 시스템이 되려면 의도한 목적을 잘 파악하고 맞추어 나가야 한다. 프로젝트의 준비와 설계에 대한 궁리 과정이 없이 짜보고 고치기만 한다면 프로젝트의 실패 원인이 되는 문제가 생길 가능성이 많다.

무조건 짜보고 고치기는 일관적인 생산성을 발휘하기 어렵다. 언제 시스템이 배포되어 사용 가능할지 예상하기 어렵다. 시스템을 적용하여 혁신하거나 확장하려는 비즈니스의 관점으로 본다면 불확실하여 사업에 손해를 끼칠 수도 있다.

표 1.3 프로젝트 실패의 원인

실패의 유형	실패의 원인	설명
품질 문제	• 문제 인식 오류 • 영향 분석 무시 • 부적절한 분석 • 잘못된 이유로 수행된 프로젝트	• 시스템이 비즈니스 정책과 충돌 • 기관 문화가 무시됨 • 기술 부족, 부적절한 인사 • 정치적인 압력, 기술 미성숙
생산성 문제	• 사용자의 요구 변경 • 외부 요인에 의한 환경 변화 • 구현의 부적절 • 잘못된 프로젝트 관리	• 환경, 기술, 시장 상황의 변경 • 새로운 법, 규칙 • 시스템 오픈 전까지 알려지지 않음 • 관리자의 경험 부족

이러한 문제를 피하고 실패를 줄이기 위하여 시스템 개발은 단순히 코딩이 아니라 문제 해결 과정이 되어야 한다. 문제 해결 과정은 자료를 모으고 문제를 재인식하고 아이디어를 찾는 작업이 필요하다. 개발 과정을 여러 단계로 나누고 각 단계에 필요한 일과 방법을 정의한 것을 개발주기라고 한다.

전통적으로 사용하던 개발주기는 건축이나 하드웨어 개발에 사용되었던 폭포수 모델이다. 기술 발전과 함께 개발주기도 계속 발전하여왔다. 변경되는 요구를 프로토타입으로 만들어 본 후 피드백을 받아 개발하는 프로토타이핑 모델과 시스템을 여러 번의 개발주기에 나누어 릴리스하는 단계적 모델이 있다. 최근에는 사용자의 요구를 짧은 주기에 개발하여 누적된 시스템으로 완성하는 애자일 모델이 많이 쓰이고 있다.

폭포수 모델

모든 생명주기 모델의 조상인 폭포수(waterfall) 모델은 한 단계의 작업이 끝난 뒤 다음 단계로 넘어가는 순차적인 개발 프로세스를 가진다. 즉 계획 단계에서 구현, 설치 운용 단계에 이르기까지 다음 단계로 넘어갈 준비가 되어 있는지 검토하고 결정하는 과정이 있다. 각 단계의 주요 결과물은 다음 단계로 넘어가기 위하여 검토되고 프로젝트 스폰서에게 허가를 받기 위하여 그 내용을 발표한다. 검토를 통하여 다음 단계로 넘어갈 수 없다고 판단되면 준비될 때까지 현재 단계의 작업에 머문다. 그림 1.18의 폭포수가 아래로 흘러가는 것처럼 작업 단계가 앞으로 진행된다는 뜻을 함축하고 있다.

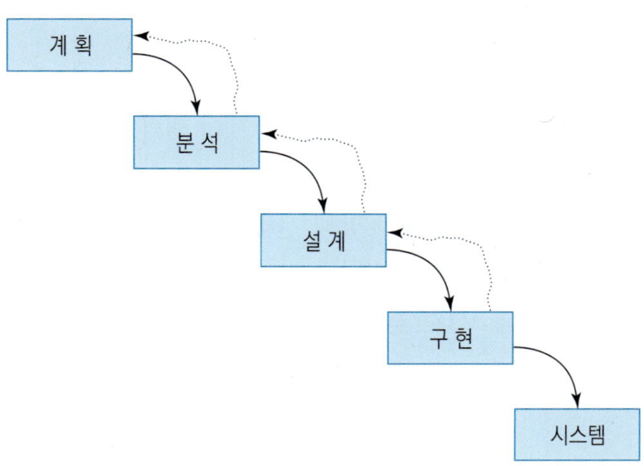

[그림 1.18] 폭포수 모델

폭포수 모델의 모든 작업은 문서 중심으로 이루어진다. 한 단계에서 다음 단계로 넘어가는 결정의 기초는 주로 문서의 내용이며 개발 초기 단계에 주로 작성된다.

폭포수 개발 생명주기 모델의 두 가지 장점은 프로그래밍이 시작되기 이전에 요구에 대하여 충분히 파악하고 문서화 한다는 점과 프로젝트가 진행되면서 요구의 변경을 최소화 할 수 있다는 점이다. 각 단계의 종료 시점에 확인하는 의미로 서명이 이루어지므로 앞 단계로 되돌아가거나 큰 폭의 변경이 어렵기 때문이다.

폭포수 모형의 두 가지 단점은 프로그래밍을 시작하기 전 설계가 완전히 명시 되어야 한다는 점과 대부분의 경우 분석 단계 종료 후 시스템을 완성하여 설치될 때까지 많은 시간이 경과한다는 점이다. 또한 결과물이 대부분 문서로 이루어지기 때문에 신속한 의사소통이 이루어지지 않으며 중요한 요구 사항이 간과될 수 있다. 일반적으로 사용자에게 새 시스템에 대한 소개가 충분히 되지 않으며 새로운 시스템에 대한 아이디어를 내기 위하여 준비되어 있는 것이 아니라 프로젝트가 시작된 후 상당한 기간이 지나고 새 시스템에 대한 소개가 있어야 아이디어를 내기 시작한다. 만일 프로젝트 팀이 중요한 요구를 빠뜨렸다면 구현이 끝난 후에 프로그래밍 하여야 하는데 작업 비용이 상당히 커진다.

오늘날 비즈니스 환경은 빠르게 변하고 있다. 따라서 분석 단계에 비즈니스 환경 조건에 맞추어 설계된 시스템은 구현 단계에 이르렀을 때 많이 변한다. 즉 구현 단계에 이르렀을 때의 비즈니스 환경에 맞추려면 상당한 재작업이 필요할 수 있다. 재작업이란 초기 단계로 되돌아가 변경이 필요한 작업을 다시 하여 다음 이어지는 단계로 넘어가는 것이다.

폭포수 모델은 여러 가지 변형이 있는데 대표적인 것이 병렬 개발 폭포수 모델이다. 대규모 시스템이거나 시스템을 보다 빨리 개발하기 위하여 설계와 구현을 순차적으로 하는 것이 아니라 병렬로 작업한다. 다시 말해 전체 시스템을 위한 종합 설계를 먼저 하고 프로젝트를 작은 규모로 쪼개어 서브 프로젝트가 각각 설계하고 구현하는 작업을 병행하게 하는 것이다. 전체 서브프로젝트가 종료된 후에는 모아서 통합하여 시스템을 릴리스한다.

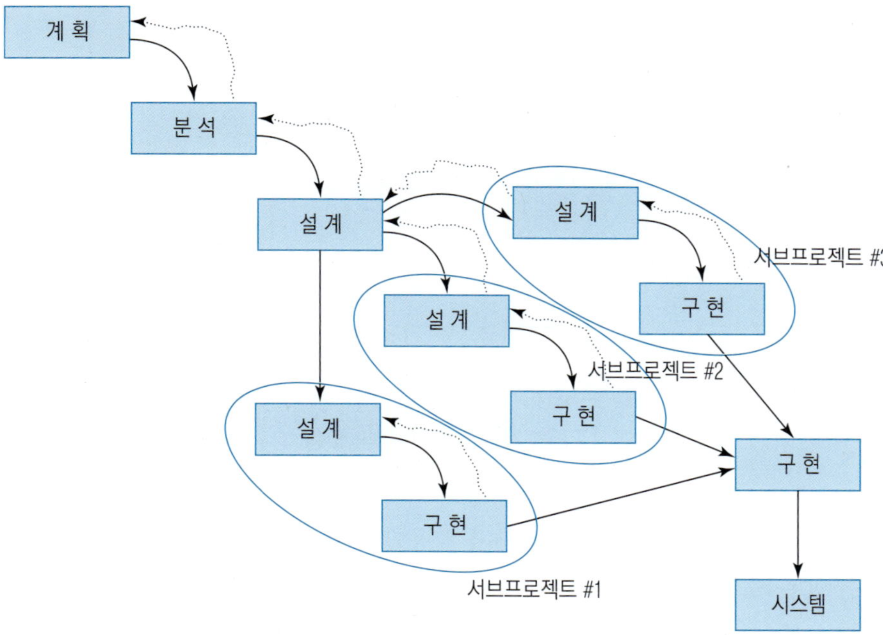

[그림 1.19] 병렬 개발 모델

프로토타이핑 모델

프로토타이핑 모델은 시스템의 프로토타입, 즉 시제품을 빨리 만들어 보는 프로토타이핑 작업을 근간으로 하고 있다. 분석, 설계, 구현 단계가 병행으로 이루어져 시스템이 완성될 때까지 세 단계를 반복한다. 개발자의 입장에서는 프로토타입은 빠르게 만든 깔끔하지 못한(quick-and-dirty) 프로그램이라 할 수 있다. 기본적인 분석과 설계가 수행된 후에는 바로 시스템 프로토타입을 기반으로 작업을 진행해 나간다. 초기 버전의 프로토타입은 사용자에게 보이는 시스템의 부분으로, 완성된 후 사용자나 프로젝트 스폰서에게 제시된다. 사용자는 프로토타입을 사용해 본 결과 수정이나 새로운 아이디어를 제시한다. 이를 분석하고 다시 디자인하여 구현 한 후 새로운 기능을 추가한 두 번째 프로토타입을 완성한다. 이런 작업을 반복하는데 그림 1.20과 같이 프로토타입이 충분히 사용할만한 수준이 되면 새 시스템으로 설치한다.

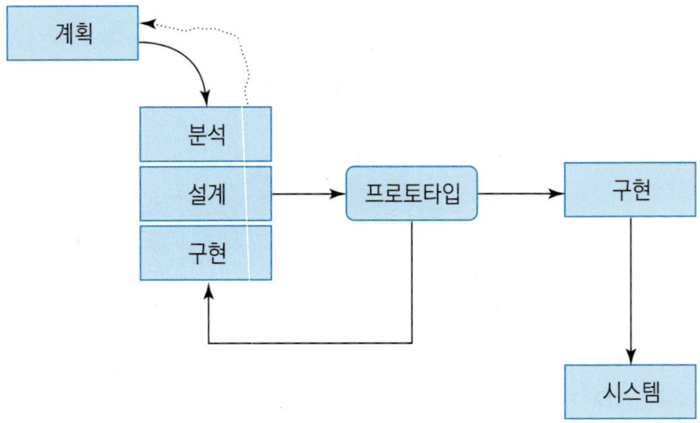

[그림 1.20] 프로토타이핑 모형

프로토타이핑 모델의 장점은 기관 전체가 사용할 준비는 되지 않았지만, 사용자가 체험할 수 있는 시스템을 빨리 제공한다는 점이다. 프로토타이핑은 사용자에게 프로젝트 개발 팀이 시스템 개발 작업을 계속 하고 있다는 확신을 줄 수 있다. 이런 접근 방법은 사용자가 바로 원하는 요구를 빠르게 구체화 해 나갈 수 있도록 해 준다. 또한 시스템 명세를 기술한 문서를 해독하는 대신에 사용자가 프로토타입을 직접 사용해 봄으로써 시스템이 무엇을 할 수 있고 무엇이 안되는지 쉽게 이해할 수 있다.

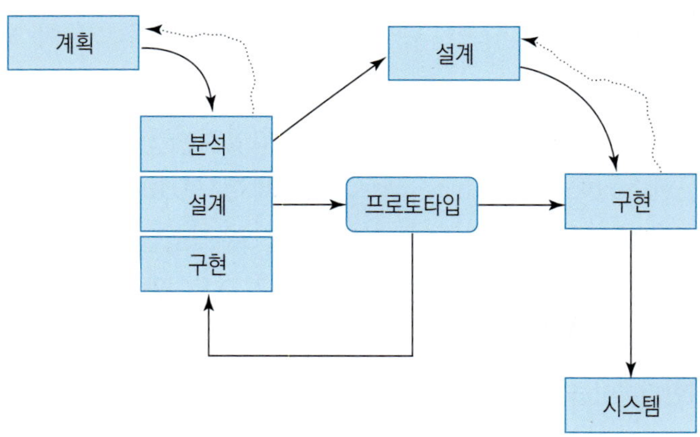

[그림 1.21] 쓰고 버리는 프로토타이핑 모델

프로토타입을 기반으로 최종 시스템을 구축하지 않고 단지 사용자의 피드백을 받기 위하여 프로토토입을 만든 후 버리고 최종 시스템을 별도로 구축하는 변형된 방법도 있다. 이를 쓰고 버리는 프로토타이핑(throwaway prototyping)이라고 한다. 쓰고 버리는 프로토타입은 정보를 수집하거나 시스템의 컨셉트를 위한 아이디어를 개발하기 위하여 만들며 프로토타이핑 작업이 상대적으로 철저하다. 사용자가 제안한 기능의 대부분은 충분히 이해되지 않을 수도 있으며 해결하여야 하는 기술적 문제가 있을 수도 있다. 이런 문제들은 분석하고 설계한 후 디자인 프로토타입을 만들어서 검토한다.

디자인 프로토타입은 작동하는 시스템이 아니라 더 개선할 점이 있는 시스템의 일부이다. 예를 들어 사용자가 주문 입력 시스템에 대하여 어떻게 작동하는지 명확히 하기 위하여 모의 HTML 페이지를 작성하여 웹브라우저를 이용하여 보여주는 경우에 이것이 디자인 프로토타입이다. 여기서 모의 페이지는 이렇게 만들 수 있다는 확신을 사용자에게 심어주기 위한 것이며 실제 작동되지는 않는다.

디자인 프로토타입은 분석 및 설계 단계에 설계 이슈마다 여러 개 작성할 수도 있다. 최종 시스템을 설계하고 구현하기 전에 설계 작업에서 대두되는 중요한 결정을 미리 리뷰하고 신중히 결정하여 위험을 줄이려는 것이다. 한 가지 이슈가 해결되면 디자인 프로토타입을 버리고 그 내용을 최종 시스템에 반영한다.

쓰고 버리는 프로토타이핑 방법은 폭포수 모델에서 분석과 설계를 충분히 한다는 장점과 시스템을 개발하기 전에 프로토타이핑을 하여 주요 이슈를 해결한다는 장점을 살린 것이라 할 수 있다. 프로토타입을 그대로 최종 시스템으로 발전시켜 나가는 방법보다는 기간이 더 걸리겠지만 더욱 안정적이고 신뢰성 높은 시스템을 만들 수 있다.

진화적 모델

진화적 모델(evolutionary model)은 전체 시스템을 여러 개의 버전으로 나누고 각 버전을 순차적으로 개발하는 방법이다. 분석 단계에는 전체 시스템의 콘셉트를 정하고 프로젝트 팀과 사용자들이 요구를 여러 개의 버전으로 나눈다. 아주 중요하고 기초가 되는 요구 사항은 첫 번째 버전에 모아 둔다. 다음은 버전 1에 대한 분석, 설계, 구현 단계가 이어진다.

버전 1의 구현이 끝나면 버전 2에 대한 작업이 시작된다. 버전 1을 사용해 본 사용자들의 경험으로부터 새로운 아이디어나 의견을 기초로 버전 2를 만들게 된다. 버전 2를 설계하고 구현하여 사용자에게 즉시 배포하고 사용단계에 들어간다. 이러한 과정을 시스템이 완성될 때까지 반복한다.

진화적 모델의 장점은 유용한 시스템을 빠른 기간 내에 사용자의 손에 들려준다는 점이다. 처음에 사용자가 필요한 모든 기능을 다 수행 하지는 못하지만 구현하기 전에 모든 요구를 완벽히 하여야 하는 폭포수 모형보다는 비즈니스 가치를 빠르게 제공할 수 있다. 또한 사용자들이 시스템을 조기에 만져볼 수 있기 때문에 폭포수 모형보다는 중요한 추가 요구를 조기에 발견할 수 있다.

진화적 모형의 단점은 사용자가 의도적인 미완성 시스템을 가지고 작업하기 시작한다는 것이다. 따라서 사용자의 기대치를 계속 관리해 나가면서 중요하고 유용한 대부분의 기능을 잘 파악하여 첫 버전에 포함시키는 것이 중요하다.

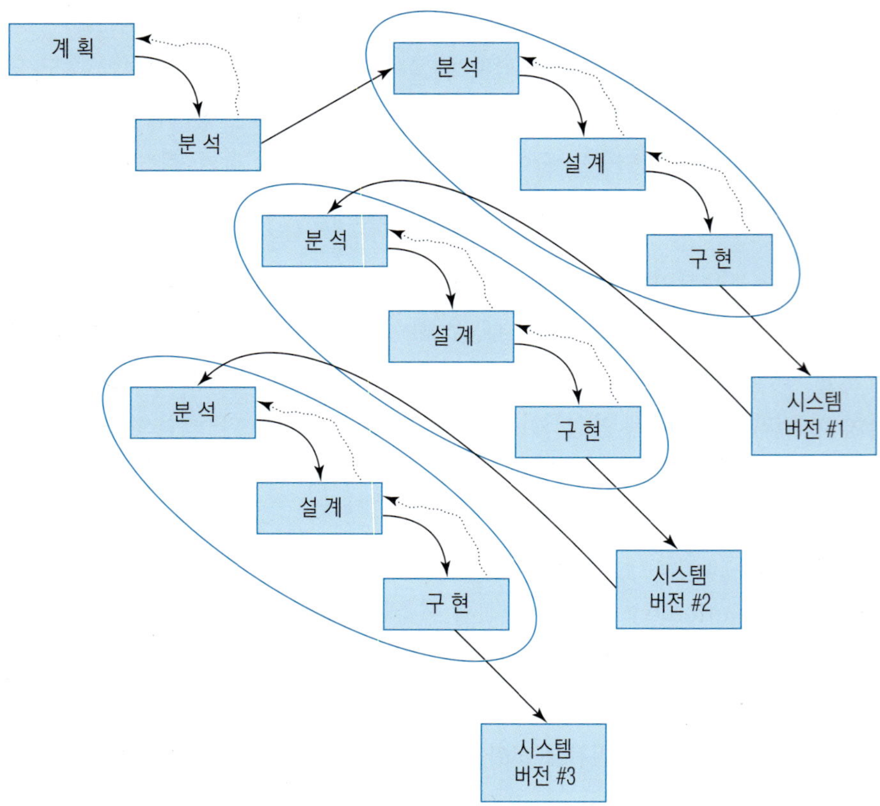

[그림 1.22] 진화적 모델

애자일 모델

마지막으로 설명하는 시스템 개발주기 모델은 애자일 모델로 현재도 계속 발전 중이다.

이 방법은 프로그래밍 중심 모형으로 따라 하기 쉬운 몇 가지 규칙과 결과가 좋은 개발 방법으로 구성되어 있다. 애자일 모델은 과도한 모델링과 문서화의 짐을 과감히 생략하여 저축한 시간을 개발 작업에 집중하는 방법이다.

프로세스는 단순함을 강조하고 반복적인 애플리케이션 개발 방법을 취하고 있다. 애자일 모델의 대표적인 사례가 익스트림 프로그래밍(Extreme Programming)이다. 이 외에도 스크럼, DSDM(Dynamic Systems Development Method)와 같은 것이 있다. 여기에서는 스크럼을 소개하기로 한다.

애자일 모델은 소규모의 프로토타입을 진화적으로 만들어 나간다. 스크럼이라 불리는 관련자들과의 리뷰를 통하여 만족할만한 제품이 될 때까지 반복한다. 설계, 코딩, 테스트가 반복되는 주기는 2주 내지 4주의 짧은 기간이며 이를 스프린트라고 부른다. 이렇게 짧은 주기를 반복하는 이유는 변경하는 요구를 잘 반영할 수 있는 적응형 계획을 하기 위함이다. 또한 가능하면 빨리 실행되는 시스템을 보여주어 정확한 사용자 리뷰를 받으려는 목적이 있다.

애자일 모델은 시스템에 무엇이 필요한지를 사용자 스토리라는 것으로 작성하면서 시작한다. 개발자는 이 스토리를 기초로 스프린트에서 하여야 할 작업들을 백로그로 정의한다. 각 스프린트에서 완성된 것을 사용자에게 보여주고 원하는 것임을 확인하거나 의견을 제시하게 된다. 따라서 애자일 모델은 프로토타이핑 개발주기 보다 빠르게 결과를 릴리스 할 수 있고 복잡한 시스템 요구를 취합하기 위하여 어려움을 겪는 일이 별로 없다.

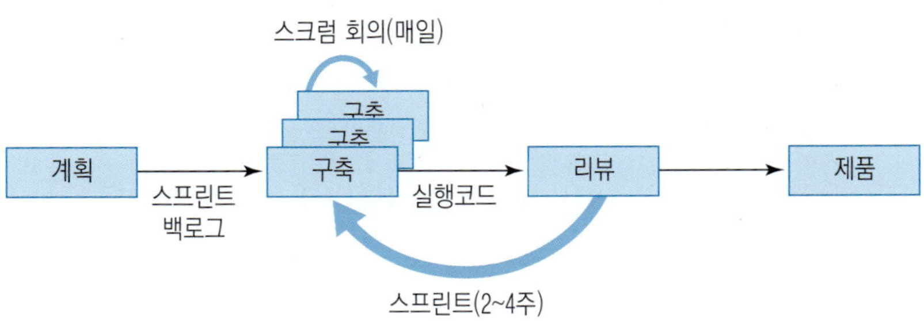

[그림 1.23] 애자일 모델의 생명주기

애자일 모델의 핵심은 개발한 코드를 매일 테스트하고 통합 테스트 환경으로 빌드하는 것이다. 버그가 있다면 완전히 오류가 없을 때까지 다시 코딩한다. 특히 리팩토링 작업을 강조하는데 리팩토링이란 코드를 단순화하고 최적화하기 위하여 수정하고 재구성하는 작업을 말한다.

애자일 모델은 프로젝트가 작고 안정적이며 경험 많고 의욕적인 팀인 경우에 사용하는 것이 좋다. 그러나 프로젝트가 크거나 팀워크가 다져지지 않은 경우 프로젝트를 성공적으로 마칠 확률은 떨어진다. 결국 애자일 모델을 사용할 때 외주 용역과 함께 진행하는 경우는 팀워크가 다져있지 않아 결과에 문제가 생길 수 있다.

프로젝트에 대한 비전을 확실히 하고 결과에 대한 목표를 백로그로 잘 정의하여 프로젝트 팀이 혼란을 방지하고 있다. 애자일 모델은 개발 인원이 소수인 경우에만 추천할 수 있고 아주 중요하고 민감한 애플리케이션 개발에는 적합하지 않다. 또한 애자일 모델에서는 분석과 설계 문서가 거의 작성되지 않기 때문에 코드 문서화가 전부라 할 수 있다.

따라서 애자일 모델을 사용하여 개발된 대규모 시스템의 유지보수는 어려울 수 있다. 아주 중요한 기능을 하는 비즈니스 정보 시스템은 오랜 기간 존재하기 때문에 애자일 모델을 비즈니스 정보 시스템 개발의 방법론으로 삼는 것은 무리가 있다. 상당한 기간 동안 사용자가 개발 팀에 상주하면서 의견을 제시 하여야 하기 때문이다.

Box 1.3 | 개발 모델의 선택

개발 모델이 다양하기 때문에 시스템 분석가가 부딪히는 첫 번째 도전은 어떤 개발 모델을 사용할 것인지 결정하는 것이다. 어떤 프로젝트에도 다 맞는 개발 모형은 없기 때문에 개발 모델의 선택은 단순하지 않다.

대부분의 기관이 개발 모델 선택을 가이드 하는 표준이나 정책을 가지고 있지만 한 가지 모델만을 승인하여 쓰는 기관부터 여러 개의 모델을 선택하여 사용하는 기관, 아무 공식적인 모델이 없는 경우도 있다.

개발 주기 모델의 선택에 영향을 줄 수 있는 시스템 개발 환경 요소들을 살펴보면 다음과 같다.

- 요구 명확성 - 시스템이 어떤 기능을 할지 사용자의 요구가 불확실할 때는 사용자와 같이 요구에 대하여 이야기 하거나 문서로 작성하기가 어렵다. 따라서 프로토타이핑 모형이 적합한데 사용자 요구가 불확실할 때 사용자에게 프로토타입을 제시하여 무엇을 요구할 것인지 제시할 수 있게 하기 때문이다. 애자일 방법도 사용자를 개발 팀에 상주시켜 불명확성을 해소시킬 수 있다.
- 기술 숙련도 - 분석가나 프로그래머가 익숙하지 않은 새로운 기술을 사용할 경우, 개발 주기의 초기 단계라면 성공 확률을 높일 수 있다. 그러나 기초 기술을 잘 모르는 상태에서 설계를 한다면 도구를 적재적소에 사용하기 어려워 실패의 위험이 크다. 따라서 쓰고 버리는 프로토타이핑 모형이 기술에 익숙하지 않을 때 적합하다. 진화적 개발 방법 또한 설계를 완전히 마치기 전에 기술을 충분히 익힐 수 있는 기회가 있기 때

문에 적합하다. 반면 프로토타이핑 개발 방법은 초기 프로토타입이 새로 기술을 도입하는 단계에 만들어진 것이기 때문에 문제가 있을 수 있어 부적합하다.

- 시스템 복잡도 – 복잡한 시스템은 신중하고 자세한 분석과 설계가 요구된다. 쓰고 버리는 프로토타이핑 방법은 상세한 분석과 설계에 잘 맞는다. 그러나 순수 프로토타이핑 방법은 적합하지 않다. 폭포수 모델은 복잡한 시스템 개발은 가능하지만 사용자에게 프로토타입이나 시스템을 조기에 보여주지 않는 한 시스템 개발에 관련된 중요한 이슈를 간과할 수 있다. 진화적 개발 방법은 시스템을 사용자에게 조기에 보여줄 수 있으나 개발 팀이 시스템 전반에 걸친 문제의 분석에 주의를 덜 기울일 염려가 있어 다른 개발 모델을 사용하는 것이 더 효과적일 수 있다.

- 시스템 신뢰도 – 시스템 신뢰도는 시스템 개발에서 중요한 요인이다. 높은 신뢰도를 마다할 사용자는 없으나 신뢰도는 다른 여러 요인 중의 하나이다. 의료 기기나 미사일 제어 시스템과 같은 애플리케이션에서는 신뢰도가 결정적이지만 게임이나 인터넷 비디오와 같은 시스템에서는 덜 중요하다. 시스템의 신뢰도가 높은 우선순위를 요구한다면 쓰고 버리는 프로토타이핑 모델이 적합하다. 설계를 완성하기 전에 디자인 프로토타입을 통해 여러 가지 다른 접근 방법을 시험할 수 있기 때문이다. 순수한 프로토타이핑 모형은 신뢰도를 요구하는 경우에 좋은 선택이 될 수 없다. 왜냐하면 프로로타입 설계 단계에 신중한 분석과 설계 단계가 결여되어 있기 때문에 신뢰도가 결정적인 경우에는 좋은 선택이 아니다.

- 짧은 개발 일정 – 짧은 개발 일정을 가진 프로젝트는 프로토타이핑 형태가 좋다. 왜냐하면 방법 자체가 개발 속도를 높이기 위하여 설계되었기 때문이다. 프로토타이핑이나 진화적 개발 모델은 시간이 촉박할 경우 특정한 날짜에 맞추어 시스템의 기능을 조절할 수 있기 때문에 적합하다. 만일 프로젝트 일정이 조금 늦기 시작한다면 개발하고 있는 시스템의 버전이나 프로토타입의 기능을 축소하여 조정할 수 있다. 폭포수 모델은 일정을 쉽게 바꿀 수 없기 때문에 일정이 빡빡한 경우 가장 나쁜 선택이다.

- 일정 투명성 – 시스템 개발에서 가장 어려운 일 중의 하나는 프로젝트가 정상 스케줄인지 아닌지 알아내는 것이다. 폭포수 모델인 경우 설계와 구현이 맨 나중에 이루어지므로 일정 예측이 가능하다. 프로토타이핑 모형은 프로젝트 초기에 중요한 설계 결정이 옮겨져 있어 프로젝트 관리자가 위험 요인을 잘 인식하고 예상 결과를 체크할 수 있다.

1.6 팀 역할

개발 생명주기 동안 각 단계에서 명확한 작업을 수행하려면 프로젝트 팀은 여러 가지 다양한 역할이 필요하다. 분석가 이외에도 여러 역할이 필요한 데, 예를 들면 프로젝트 진행을 계획하고 모니터링 하여 전반적으로 진척을 관리하는 관리자가 있다. 또한 분석가가 설계한 내용을 애플리케이션으로 개발하는 프로그래머가 있고 이를 테스트하는 엔지니어가 있으며 시스템 개발에 필요한 여러 가지 요소(데이터베이스, 네트워크, 보안 등)에 대한 기술적 지원 그룹이 있다. 최근에는 사용자 인터페이스나 웹 기술의 발전으로 이런 부분에 대한 기술적 지원이 또한 필요하다.

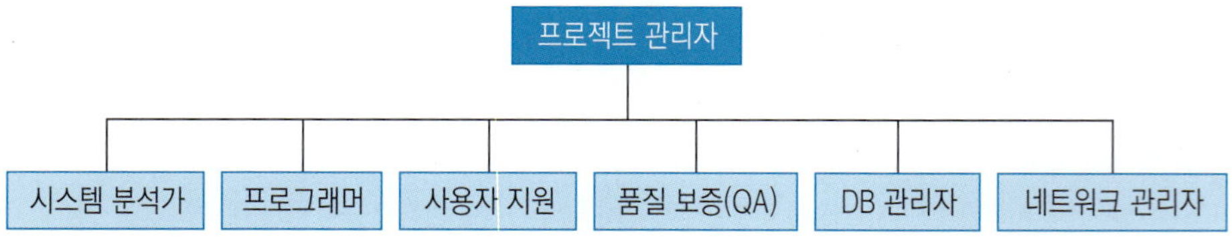

[그림 1.24] 프로젝트 팀의 구성

시스템 분석가

시스템 분석가는 시스템 개발에서 문제로 제기된 이슈를 다룬다. 특히 정보 시스템을 구축하여 어떻게 비즈니스 프로세스를 개선하겠는가에 대한 아이디어와 제안을 낸다. 즉 분석가는 비즈니스 요구를 소프트웨어로 설계해 내는 핵심 역할을 담당한다. 따라서 비즈니스 프로세스 분석만이 아니라 새로운 시스템에 대한 요구 분석과 아키텍처 설계 등을 담당한다.

시스템 분석가는 프로그래밍뿐만 아니라 분석과 설계 작업에 대한 훈련과 경험이 많아야 하며 애플리케이션이 사용될 비즈니스 분야에 대한 지식도 있어야 한다. 개발하려는 시스템에 대한 전반적인 청사진을 그려야 하며 그 내용을 프로그래머나 기타 참여자에게 설명하고 구현하게 한다.

결국 시스템 분석가는 그림 1.24와 같이 다재다능하여야 하는 데 기술, 비즈니스, 분석, 대인관계, 관리, 윤리 등 여섯 가지 측면의 능력을 갖추어야 한다.

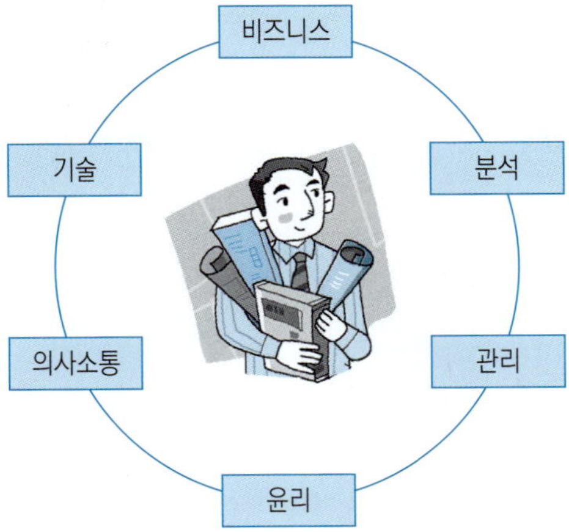

[그림 1.25] 시스템 분석가의 능력

- 기술적 능력 – 분석가는 비즈니스가 처한 기술 환경과 새로운 시스템의 기술 인프라를 잘 이해하여 맞춤 솔루션으로 통합할 수 있는 기술적 지식이 있어야 한다.
- 비즈니스 능력 – 정보기술이 어떻게 비즈니스 상황에 적용될 수 있는지 이해하고 정보기술이 비즈니스 가치를 창조할 수 있음을 확신시키기 위하여 비즈니스에 관한 자질이 필요하다.
- 분석적 능력 – 분석가는 프로젝트 팀 내부나 기관 내부의 문제를 해결하는 해결사이다. 분석적 자질을 정기적으로 발휘한다.
- 관리적 능력 – 프로젝트의 여러 가지 자원과 일정을 잘 관리하는 능력이 필요하다.
- 의사소통 능력 – 분석가는 사용자나 비즈니스 관리자, 또는 프로그래머와 효과적으로 일대일 대화가 가능해야 한다. 대규모 또는 소규모 모임에 발표할 수 있어야 하며 보고서를 잘 써야 한다. 원활한 대인관계 능력이 필요하며 같이 일하는 사람을 잘 관리하고 스트레스와 불확실한 환경에 관련된 위험을 잘 관리 하여야 한다.
- 윤리적 능력 – 분석가는 다른 프로젝트 팀 멤버, 관리자, 사용자를 공평하고 정직하게 대해야 한다. 분석가는 간혹 보안 정보, 즉 다른 사람과 공유한다면 해가 될 수 있는 정보를 다룬다. 따라서 다른 사람에게 신뢰감을 주는 것이 중요하다.

시스템 분석가는 여섯 가지 능력 이외에도 프로젝트 수행과 관련된 여러 가지 수행 능력이 필요하다. 계획단계에 본격적인 소프트웨어의 개발을 앞두고 필요성 및 타당성을 분석하는 정보시스템의 전략 계획을 수립하기도 한다. 소규모 시스템의 개발 초기에는 투입 인력은 매우 적은데 시스템 분석가가 여러 가지 일을 담당해야 하기 때문이다.

Box 1.4 | 분석가의 분류

시스템 분석 작업도 기술이 다양해지면서 세분화 되고 있다. 분석가 역할의 카테고리를 다음과 같이 나눌 수 있다.

- 비즈니스 분석가 – 시스템의 비즈니스 측면을 분석한다. 시스템이 어떻게 비즈니스 가치를 제공할 것인지 파악한다. 새로운 비즈니스 프로세스나 정책을 설계한다.
- 시스템 분석가 – 기술이 비즈니스 프로세스를 어떻게 개선시킬 수 있는지 파악하고 새로운 비즈니스 프로세스를 설계한다. 정보 시스템을 설계하고 표준에 적합하도록 확립한다.
- 인프라 구조 분석가 – 시스템이 인프라 표준에 적합하도록 보장한다. 시스템을 지원하기 위하여 인프라를 변경하여야 하는지 파악한다.
- 형상 관리 분석가 – 형상 관리 계획을 개발하고 집행한다. 사용자 훈련 계획을 개발하고 집행한다.

프로젝트 관리자

분석가, 프로그래머, 기술문서 작가, 기타 전문 역할로 구성된 개발 팀으로 관리한다. 프로젝트의 계획을 수립하고 이를 수행하며 모니터링하는 작업이 중요하다. 프로젝트를 진행하며 필요한 자원, 즉 인원, 예산, 시간 등을 조달하고 관리한다. 프로젝트를 시작할 때 계약이란 관점에서 제안서를 작성하고 이를 추진하는 작업을 한다.

사용자 지원

사용자 지원은 사용자에게 기술적 정보나 교육, 생산성 지원을 제공한다. 사용자 지원 기능을 헬프 데스크 또는 고객 센터라고도 부른다. 헬프 데스크의 스텝은 애플리케이션 소프트웨어의 사용자들을 교육한다. 또한 고객의 질의나 사용 중 발생한 문제에 대한 답변을 하여 고객의 불만을 해소하고 문제를 해결하는 역할을 한다.

사용자 지원 팀은 소프트웨어의 설치나 옵션 설정을 도와주기도 하며 기술지원 팀과 협력하여 사용자 비즈니스 프로세스의 생산성을 높이기 위한 노력을 기울인다.

품질 보증

품질 보증 팀은 모든 결과물을 품질 관점에서 체크하고 개발된 소프트웨어를 테스트하는 작업을 담당한다. 프로젝트를 시작할 때 각 단계에서 작업한 결과물을 어떻게 리뷰하고 테스트 할 것인지 계획한 후 이를 실행한다. 즉 미리 정해진 가이드라인이나 표준에 맞추어 개발되었는지 체크한다. 품질보증 팀은 개발 작업을 담당하는 조직과 별도로 구성하는 것이 일반적이다.

데이터베이스 관리자

데이터베이스 관리자는 데이터베이스를 설계하고 관리하며 데이터에 대한 보안, 백업, 사용자 접근을 제어한다. 시스템 분석가와 협력하여 데이터 모델링 작업을 주재하여 데이터베이스를 설계하는 작업이 중요하고 시스템이 개발된 후 데이터베이스를 튜닝하고 백업하는 등 성능 개선을 위하여 노력한다.

네트워크 관리자

일반적인 경영 업무는 기관 전체를 네트워크로 연결한 정보 시스템에 도움을 받고 있다. 따라서 네트워크 관리자는 하드웨어와 소프트웨어의 유지보수, 지원, 보안 등을 담당한다. 사용자 접근을 제어하며 네트워크 애플리케이션을 설치하고 모니터링 하여 관리 및 유지 보수한다.

요약

- 정보 시스템은 비즈니스 업무를 처리하기 위하여 정보를 모으고 처리하고 저장하고 제공하기 위한 관련 있는 컴포넌트의 집합체이다.
- 시스템을 개발하는 주기는 네 가지 작업, 계획, 분석, 설계, 구현으로 구성된다.
- 개발 주기 모델에는 폭포수 모델, 프로토타이핑 모델, 진화적 모델, 애자일 모델이 있다.
- 시스템을 개발하는 프로젝트에는 관리자를 비롯하여 시스템 분석가, 프로그래머, 사용자 지원, 품질 보증, 데이터베이스 관리자, 네트워크 관리자가 필요하다.

퀴즈

1. 비즈니스 니즈를 만족시키기 위하여 분석과 설계 기술을 사용하는 프로페셔널을 ______________라고 한다.

2. 비즈니스 업무를 처리하기 위하여 정보를 모으고 처리하고 저장하고 제공하기 위한 시스템을 ______________라고 부른다.

3. ______________ 시스템은 기업 전반에 걸친 운용과 관리 정보를 지원하는 시스템이다.

4. 시스템 개발 과정은 기본적으로 네 단계 ______________, ______________, ______________, ______________으로 구성된다.

5. 시스템 개발 생명주기를 구현하기 위하여 따라야 할 가이드라인이나 정형화된 접근 방법을 ________________ 라 한다.

6. 시스템과 관련된 처리, 즉 프로세스에 먼저 관심을 두는 방법을 ______________라 한다.

7. 프로세스와 데이터를 묶어 모델링하는 방법론은 ______________이다.

8. 한 단계의 작업이 끝난 뒤 다음 단계로 넘어가는 순차적인 개발 프로세스를 가지며 문서 위주의 개발이 이루어지는 개발 모형은 ______________ 모형이다.

9. ______________은/는 요구를 찾아내기 위하여 빠르게 만든 깔끔하지 못한 프로그램, 또는 시제품이다.

10. 모델링과 문서화의 짐을 과감히 생략하고 저축한 시간을 개발 작업에 집중하는 형태의 방법론을 ______________이라 부른다.

11. 시스템에 대한 설명으로 바르지 않은 것은?

가. 공통의 목표를 가진 여러 요소들의 집합체

나. 시스템의 구성 요소들이 또 다른 시스템을 이룸

다. 시스템 내부 설계를 위하여 상충 요구와 이해관계는 타협한다.

라. 시스템은 여러 요소들이 포함되어 있어 경계가 불분명할 수 있음

12. 소프트웨어 개발 생명주기에 대한 설명으로 잘못된 것은?

가. 계획 단계 – 프로젝트를 어떻게 진행해 나갈 것인지를 계획하는 단계

나. 분석 단계 – 프로젝트 결과를 분석하고 평가하는 단계

다. 설계 단계 – 소프트웨어가 어떻게 동작하게 할 것인지 결정하는 단계

라. 구현 단계 – 설계를 기초로 프로그래밍하고 테스트하는 단계

13. 시스템 개발 순서를 바르게 나타낸 것은?

㉠ 시스템 구조 설계	㉡ 타당성 검토
㉢ 요구 정의	㉣ 프로그래밍 설계
㉤ 프로그래밍	

가. ㉠ → ㉢ → ㉤ → ㉣ → ㉡

나. ㉠ → ㉣ → ㉤ → ㉢ → ㉡

다. ㉡ → ㉢ → ㉠ → ㉣ → ㉤

라. ㉡ → ㉢ → ㉣ → ㉠ → ㉤

14. 다음 중 시스템 분석가가 갖추어야 할 능력과 요건으로 가장 거리가 먼 것은?

가. 기계 중심적인 분석 능력

나. 거시적 관점에서 세부적 요소들을 관찰할 수 있는 능력

다. 사용자와 개발 요구자의 환경 이해 능력

라. 서술 형식으로 혹은 구술 형식으로 의사소통 할 수 있는 능력

15. 다음은 시스템 개발 방법론을 설명한 것이다. 바르게 설명한 것은?

가. 구조적 방법론은 데이터 위주의 개발 방법이다.

나. 정보 공학 방법론은 프로세스 위주의 개발 방법이다.

다. 객체지향 방법론은 반복적 개발 단계를 많이 사용하여 객체 위주의 개발 방법이다.

라. 방법론마다 소프트웨어 개발 과정의 각 단계와 방법은 다르나 프로그램의 관점은 같다.

16. 소프트웨어 개발 생명주기 모형에 대한 설명으로 바르게 설명한 것은?

가. 폭포수 모형의 모든 작업은 프로그래밍 중심으로 이루어진다.

나. 프로타이핑 모형은 사용자 요구가 무엇인지 뚜렷하게 확립되지 않은 경우 사용한다.

다. 단계적 개발 모형은 여러 단계 걸쳐서 완성되므로 사용자에게 시스템이 느리게 전달된다.

라. 애자일 모형은 문서가 중심이 되며 빠른 개발보다는 연구 중심의 문제에 적합하다.

17. 다음에 설명한 프로젝트에 적합한 소프트웨어 개발 모형은 무엇인가?

사용자의 요구는 프로젝트 시작 단계에 확실하지 않다. 그러나 짧은 일정이므로 사용자에게 먼저 버전 1을 손에 들려주고 계속적으로 피드백을 받아 버전을 업그레이드 하고 싶다.

가. 폭포수 모델

나. 프로토타입 모델

다. 병렬 모델

라. 진화적 모델

18. 소프트웨어 개발 주기 모델의 선택에 영향을 줄 수 있는 시스템 환경 요소가 아닌 것은?

가. 불명확한 요구

나. 생소한 기술

다. 자동화 된 도구

라. 짧은 일정

19. 시스템을 개발하기 위한 프로젝트 팀의 구성원 역할이 아닌 것은?

가. 시스템 분석가

나. 사용자 지원

다. DB 관리자

라. 회계 관리자

20. 시스템 개발 방법론에 대한 다음 설명 중 바르게 설명한 것은?

가. 구조적 방법론은 데이터를 중시하며 비즈니스 영역 분석을 통하여 설계한다.

나. 정보공학 방법은 프로세스를 중요하게 생각하며 ER 다이어그램이 중심이 된다.

다. 객체지향 방법은 유스케이스를 중심으로 클래스의 정적, 동적 모델링이 핵심이다.

라. 방법론은 시스템을 개발하는 기술 또는 방법의 총칭으로 도구와 모델과는 구별되는 것이다.

퀴즈 정답

1. 시스템 분석가 2. 정보 시스템 3. ERP 4. 계획, 분석, 설계, 구현 5. 방법론 6. 구조적 방법론 7. 객체지향 방법론 8. 폭포수 9. 프로토타입 10. 애자일 모델 11. 라 12. 나 13. 다 14. 가 15. 다 16. 나 17. 나 18. 다 19. 라 20. 다

연습문제

1. 소프트웨어 개발 프로젝트는 실패 사례가 많이 있다. 실패 사례들을 찾아보고 그 원인을 분석해 보라.

2. 시스템 분석과 설계 작업은 무엇인지 설명하고 얼마나 중요한 일인지 비유로 설명하라.

3. 시스템 분석가가 소프트웨어 시스템을 완성하기 위하여 협력해야 하는 사람들을 나열하고 어떤 측면에서 어떻게 협력하는지 기술하라.

4. 시스템이라고 불리기 위하여 갖추어야 할 네 가지 성질을 나열하고 각각 설명하라.

5. 시스템을 개발하는 과정을 건축하는 과정과 비교하고 각 단계에 하여야 할 작업과 결과물이 어떻게 다른지 설명하시오.

6. 프로세스 중심 방법론과 데이터 중심 방법론, 객체지향 방법론을 비교하고 차이점을 설명하시오.

7. 쓰고 버리는 프로토타이핑 방법과 익스트림 프로그래밍을 비교하고 차이점을 설명하시오.

8. 어떤 작은 회사에서 이제까지 수작업으로 정리한 장부를 대치하는 회계 관리 시스템을 개발하려고 한다. 당신이 시스템 분석가로 고용되었다고 할 때 적합한 개발 생명주기 모형은 무엇이라 생각하는가? 또한 그 이유는?

9. 곧 개장할 어떤 할인매장의 판매와 창고를 관리하는 정보 시스템을 개발하려고 한다. 프로젝트에 충분한 시간이 없다고 할 때 적합한 개발 모형은 어떤 것인가? 그 이유는 무엇인가?

10. 개발 모형의 선택에 영향을 주는 요인들을 나열하고 각 요인들에 가장 적합한 모형은 무엇인가?

CHAPTER 02

프로젝트 계획

둘째 장에서는 시스템 개발 주기의 첫 번째 단계인 계획에 대하여 설명한다. IT 프로젝트 착수 단계에 비즈니스 목표를 어떻게 설정하고 시스템 분석가가 새로운 시스템에 대한 기본 정보를 어떻게 수집하여 정리하는지 소개한다. 또한 새로운 정보 시스템의 기술적, 경제적 타당성을 분석하는 방법을 기술한다. 프로젝트 수행이 결정되었다면 계획 단계에서 이루어져야 할 비용 산정과 일정 계획 수립에 대해서도 알아본다.

contents

02 프로젝트 계획

학습목표

- 프로젝트 계획 작업의 단계와 순서를 이해한다.
- 정보 시스템을 비즈니스 요구에 연결시키는 방법을 알게 한다.
- 비즈니스 목표를 근거로 새로운 시스템의 작업을 정의할 수 있게 한다.
- 기술적 측면과 경제적 측면, 일정 측면의 타당성이 있는지 분석하는 방법을 습득하게 한다.
- 프로젝트 계획서를 어떻게 작성하는지 알게 한다.

새로운 프로젝트의 첫 스텝은 관리자 또는 영업 부서, 시스템 분석가 어느 누구든 비즈니스 개선의 기회를 찾는 것이다. 정보 시스템은 비즈니스 요구나 기회를 찾으려는 선구자적 노력에 의하여 시작된다. 새 시스템에 대한 아이디어나 사용하고 있는 시스템의 개선은 단순히 최신 기술을 적용하려는 목적 보다는 비즈니스를 근본적으로 다시 이해하고 목표를 정하는 것으로부터 출발하여야 한다.

비즈니스의 이해와 탐구가 먼저 이루어져야 하지만 불행하게도 대부분의 프로젝트가 새로운 시스템이 어떻게 비즈니스를 개선시킬 것인지 확실한 이해 없이 시작한다. IT 분야는 항상 수천가지의 유행어(buzzword)와 약어로 가득하다. 예를 들면 CRM(Customer Relationship Management), RFID, IT 거버넌스, SOA(Service-Oriented Architecture), IoT(Internet of Things), 빅데이터와 같은 단어들이다.

이런 유행되는 기술 용어들이 관심을 끌게 되면 마치 모든 문제를 해결해 줄 것 같은 착각을 가지게 된다. 프로젝트가 관련된 비즈니스의 실질적 가치를 창조하지 못함에도 이노베이션을 약속하는 것처럼 보인다. IT 프로젝트의 많은 실패 사례들을 살펴보면 문제의 핵심은 개발 생명주기 초기에 비즈니스 가치를 찾지 못했기 때문이다. 또한 프로젝트와 관련된 위험 요소를 이해하는 데 충분한 관심을 기울이지 않았기 때문이다.

[그림 2.1] 계획 단계에 귀 기울여야 할 것

일반적으로 프로젝트란 비즈니스 가치를 창조하는 시스템을 만드는 모든 작업의 집합으로 생각할 수 있다. 프로젝트 착수 단계에는 정보 기술을 사용하여 얻을 수 있는 비즈니스 가치를 찾아내는 작업을 한다. 비즈니스 가치는 새로운 시스템을 사용하는 기관의 장기적인 전략 계획을 분석함으로 찾아낼 수 있다. 프로젝트 제안은 개발 요청서로 정리하여 프로젝트 수행 여부를 결정하는 위원회나 관리자에게 제출한다.

타당성 분석 작업이 프로젝트 수행 여부를 결정하는 데 중요하다. 기술적인 측면, 경제

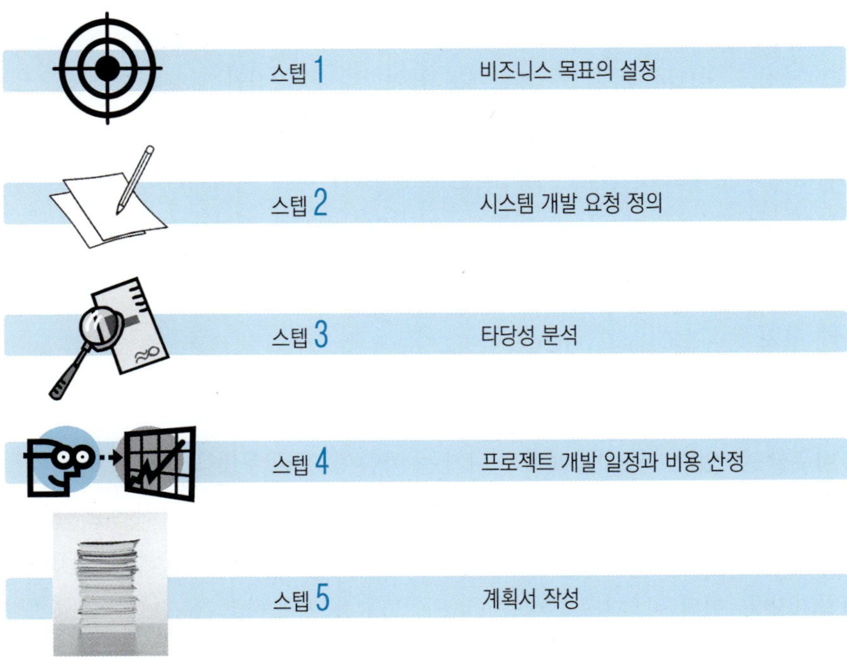

[그림 2.2] 계획 단계의 작업 과정

적인 측면, 조직 측면 등 여러 측면을 검토하되 시스템을 개발하였을 때의 이점을 자세히 그려볼 뿐만 아니라 발생할 수 있는 장애물도 생각해 본다. 대부분 프로젝트의 타당성 분석 작업은 스폰서 혼자서 하는 것이 아니라 분석가와 협력한다. 타당성 분석 작업 결과를 가지고 프로젝트 수행을 승인할 것인지 기각할 것인지 결정하게 된다. 결정된 후에는 프로젝트의 일정과 비용을 산정하고 계획 단계의 결과물로 계획서를 작성하여 마무리 한다.

2.1 비즈니스 목표 설정

대부분의 회사나 관공서는 현재 또는 미래의 경영 활동을 지원하기 위한 정보 시스템을 개발하고 운용한다. 그 이유는 정보 시스템에 대하여 요구가 있기 때문이다. 급여 시스템에 있는 문제를 해결하는 단기적인 요구도 있고 새 공장 건설, 기업 합병, 구조조정 등과 같이 장기적인 계획에 의한 요구도 있다. 대부분의 기업은 이러한 요구가 비즈니스 가치가 있는 것인지를 결정하기 위하여 IT 팀에서 이와 관련된 제안이나 프로젝트 또는 시스템 개발 요청을 검토한다.

대부분의 정보 시스템 관리자나 분석가는 매일 매일 처리해야 하는 유지보수나 기술지원을 담당하고 있으나 장기적인 계획에도 참여한다. 장기적인 계획을 효과적으로 수립하기 위하여 회사의 전략적 계획을 이해하여야 한다. 전략적 계획(strategic plan)은 기관의 장기적인 목표나 전략, 이를 위한 자원 들을 찾는 과정이다. 전략적 계획은 일상 업무에 대한 관점을 벗어나 3년 혹은 5년, 10년 미래를 바라보는 것이다.

전략적 계획

왜 시스템 분석가는 전략적 계획을 알아야 할까? 그 대답은 오랜 우화에 나오는 대답으로 비유할 수 있다. 두 석공에게 지나가는 사람이 지금 무엇을 하고 있습니까? 라고 물으니 한 사람은 "나는 돌을 쪼고 있습니다."라고 답했다. 또 다른 사람은 "나는 역사에 남을 궁전 건축을 하고 있습니다."라고 답했다고 한다. 정보 시스템을 개발하는 것도 마찬가지다. 어떤 분석가는 "나는 CASE 도구를 사용하고 있습니다."라고 답할 수 있고 다른 분석가는 "나는 회사의 사활이 걸린 시스템을 만드는 데 일조하고 있습니다." 시스템 분석가는 매일 수행하는 일상적인 업무와 함께 IT 시스템의 광범위하고 전략적인 역할에 초점을 두어야 한다.

전략 계획을 수립할 때 다음과 같은 질문이 유용하다. 그 기관의 강점(Strong), 약점(Weak), 기회(Opportunity), 위기(Threat)을 파악하는 SWOT 분석이 그것이다. 각 질문은 해당 기관의 IT와 관련된 이슈를 제기할 수 있고 더 깊은 리뷰와 분석, 계획이나 다음과 같은 질문으로 이어질 수 있다.

- 주된 강점이 무엇인가? 앞으로 어떻게 이 강점을 최대화 할 수 있을까? IT 기능을 강하게 하기 위하여 인력, 기술, 인프라 등 무엇을 할 수 있는가?
- 주된 약점은 무엇이며 어떻게 극복할 수 있는가? IT 자원과 능력에서 약점은 무엇인가?
- 성공할만한 분위기는 무엇인가? 어떻게 기회를 이용할 수 있는가? 어떤 IT 계획이 비즈니스 기회를 확대하는데 도움이 되는가?
- 우리가 당면한 주요 위협은 무엇인가? IT 성공에 대한 잠재적인 위험에 대처하기 위하여 무엇을 할 수 있나?

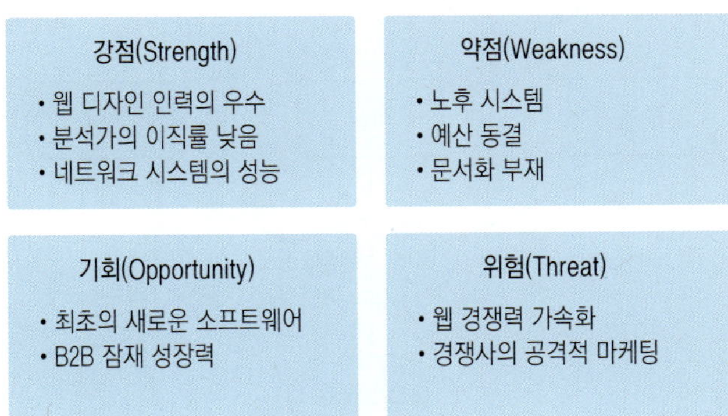

[그림 2.3] SWOT 분석 결과 사례

SWOT 분석을 하면 기술, 인력, 재정에 대하여 파악하게 되어 전략적 계획 작업에 큰 도움을 준다. IT 자원의 경쟁력이 어떤지 파악하기 위하여 SWOT 분석한 사례가 그림 2.3에 있다.

경영 목표

기업이나 공공기관은 추구하는 경영 이념이나 가치를 근거로 미션 선언문(mission statement)이나 비전 선언문을 가지고 있다. 미션 선언문은 기관의 장기적 전략이나 단기 목표, 일상 비즈니스 활동을 위한 기초가 된다.

미션 선언문은 기관에 대한 설명과 설립 목적, 제품, 서비스, 가치들이 기술되어 있다. 이는 기업의 관련자를 위한 것으로 고객, 사원, 주주, 협력 업체, 이웃 주민을 위한 것이다. 바로 이 미션 선언문이 프로젝트 계획의 시작점이다. 기관은 미션을 성취하기 위하여 정해 놓은 목표가 있다. 예를 들면 기업은 1년, 3년 혹은 5년 동안의 시장 점유율을 높이기 위한 계획을 설정해 놓고 있다. 이런 목표를 성취하기 위하여 기관은 단기 목표를 세워 놓았을 것이다. 예를 들면 내년에 인터넷 주문을 30 퍼센트 높일 것을 목표로 삼았다면 월말 목표와 함께 분기별 목표를 세워 놓았을 것이다. 목표라 함은 전술적인 계획을 말하는 것으로 예를 들면 새 웹 시스템을 구축한다든지 고객의 불만을 접수하고 처리할 고객 지원 부서를 교육하는 것이다. 단기 목표는 IT나 다른 자원을 지원받아 일상 업무 또는 경영 활동으로 이어진다. 최종적으로 나오는 것은 관련자들의 손에 들려질 비즈니스 실적이다.

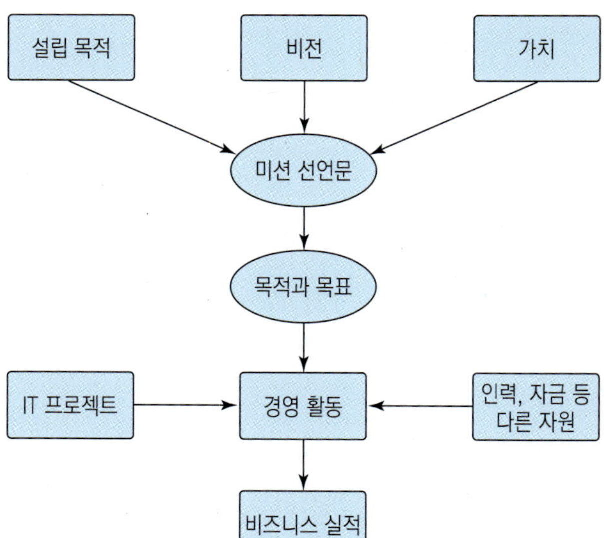

[그림 2.4] 경영 목표

인재와 기술을 바탕으로	최고의 제품과 서비스를 창출하여	인류사회에 공헌한다
• 인재육성과 기술우위 확보를 경영의 원칙으로 삼는다. • 인재와 기술의 조화를 통하여 경영 전반의 시너지 효과를 증대한다.	• 고객에게 최고의 만족을 줄 수 있는 제품과 서비스를 창출한다. • 동종업계에서 세계 1군의 위치를 확보한다.	• 인류의 공동이익과 풍요로운 삶을 위해 기여한다. • 인류공동체 일원으로서의 사명을 다한다.

[그림 2.5] 미션 선언문 사례(삼성 그룹)

2.2 프로젝트 제안

프로젝트는 시스템을 구축하여 얻는 비즈니스 가치를 기관의 누군가가 감지했을 때 시작된다. 이런 작업을 IT 부서가 제안할 수도 있고 경영 조직이 제안할 수도 있다. 비즈니스 가치와 필요는 새로운 마케팅 캠페인을 한다든지 새로운 고객층을 창출한다든지 협력업체와의 업무를 개선하는 작업을 지원할 때 발생한다. 또한 기관의 위기의식으로부터 필요성이 제기될 수도 있고 새로운 경영 전략이나 경쟁으로부터 요구될 수도 있다.

프로젝트 선정에 중요한 열쇠를 쥐고 있는 사람은 프로젝트 스폰서이다. 프로젝트 스폰서는 주로 마케팅이나 회계부서의 경영진이며 이들이 새로운 시스템의 비즈니스 가치를 강하게 인식하는 사람들이다. 일부의 경우 IT 부서의 관리자가 프로젝트의 스폰서가 되는 경우도 있다.

비즈니스 필요성의 제기는 시스템에 대한 요구를 창출한다. 요구란 정보 시스템이 무엇을 하는가, 즉 시스템이 제공하는 기능을 말한다. 프로젝트 스폰서는 어떤 비즈니스 실적을 원하는지 프로젝트 팀이 잘 이해하기를 바란다. 요구는 고객의 주문을 온라인으로 취합하는 기능, 주문을 받아 판매가 이루어지면서 협력사가 재고 정보를 받을 수 있는 기능 등 정보 시스템이 가진 기능, 성능을 뜻한다.

다음은 정보 시스템을 개발하는 프로젝트를 어떤 이유로 시작하게 되는지 일반적인 필요성에 대하여 설명한다.

프로젝트의 필요성

소프트웨어 시스템을 개발하여야 하겠다는 필요는 기업 내부나 외부에서 일어나는 여러 가지 요인들로부터 나온다. 이러한 필요성을 공식으로 문서로 요청한 것이 시스템 개발 요청서이다. 개발 요청은 현재 시스템을 개선하는 것에서부터 문제를 해결하기 위한 것, 노후 시스템을 교체하기 위한 것, 또는 미래의 비즈니스 수요를 충족시키기 위하여 새로운 시스템을 개발하는 것까지 다양하다.

그림 2.6은 소프트웨어 프로젝트에서 흔히 볼 수 있는 여섯 가지 개발 요청 요인 들이다.

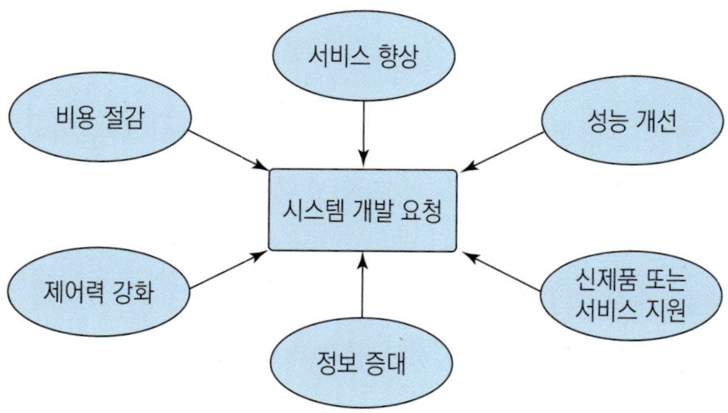

[그림 2.6] 시스템 개발을 요청하는 여섯 가지 주된 요인

- 서비스 향상 – 시스템 개발 요청이 고객이나 사용자에 대한 서비스의 향상에 목적을 두는 경우가 있다. 예를 들면 펀드에 가입한 투자자들이 웹 사이트에서 자신의 평가 잔액을 확인하게 하는 것, 렌트카를 이용하는 고객들이 어떤 차를 선호하는지 그 데이터를 저장하는 것, 대학생들이 온라인으로 수강신청을 할 수 있게 하는 시스템 등이 바로 가치 있는 서비스를 제공하여 고객의 만족도를 높이는 것이다.
- 신제품 또는 서비스 지원 – 신제품이나 서비스는 새로운 수준의 IT 지원을 요청하는 것이다. 예를 들면 소프트웨어 제품 회사가 구입 사용자들에게 자동 업그레이드 서비스를 제공하거나 택배회사가 RFID를 붙인 배송 물건에 대한 추적 서비스를 지원하는 것과 같은 것이 여기에 속한다. 제품이 시장에서 사라지는 것이 IT 계획에

대한 중요한 요인이다. 새 제품이 시장에 출시되면 구형은 더 이상 지원하지 않음을 공시한다. 따라서 판매자의 지원이 없다면 시스템을 업그레이드 할 것인지를 신중히 결정하여야 한다.

- 성능 개선 – 시스템이 성능 요구를 만족하지 못 할 수 있다. 예를 들면 데이터의 요청에 매우 느리게 반응 하거나 회사의 확장 속도를 따라가지 못하는 경우에 일어난다. 성능 제약은 새 하드웨어가 출시됨에 따라 개발된 시스템의 하드웨어 사양이 구형이 되어버린 경우에 발생한다.
- 정보 증대 – 시스템은 충분하지 않거나, 불완전하거나 기업의 변경된 정보에 대한 수요를 잘 지원하지 못할 수 있다. 예를 들어 고객 주문을 추적하는 시스템이 마케팅 트랜드를 분석하고 예측하지 못하는 경우에 해당된다. 극심한 경쟁과 빠른 제품 개발 사이클에 놓인 경우 관리자는 신제품이나 서비스의 계획, 설계, 마케팅에 대한 중요한 결정을 내리기 위하여 최선의 정보가 필요하다.
- 제어력 강화 – 시스템은 데이터가 정확하고 안전한지 확인하기 위한 효과적인 제어력을 가져야 한다. 일반적인 보안 제어는 인증되지 않은 사용자의 침입으로부터 보호하기 위하여 패스워드, 사용자 접근 수준, 암호화, 데이터의 코드화 방법을 사용한다. 하드웨어 기반 보안 제어는 지문을 인식하거나 얼굴을 인식하여 사람을 구별할 수 있는 생체인식 장치를 사용한다.
- 비용절감 – 현재 사용하는 시스템이 기술적 문제, 설계 문제나 비즈니스 수요 변경으로 인하여 유지 운용하는 데 비용이 많이 들 수 있다. 이런 경우 새로운 기술로 시스템을 개선하거나 업그레이드 한다. 한편 비용수익을 분석하여 새 시스템이 더 효과적이며 장기적인 측면에서 더 좋은 지원을 제공한다는 것을 보일 수 있다.

시스템 개발 요청

시스템 개발 요청은 시스템을 구축하기 위한 필요성과 시스템이 제공할 것으로 예상하는 가치를 정리한 문서이다. 프로젝트 스폰서는 이 문서를 완성함으로써 프로젝트 선정을 위한 공식 위원회를 소집하게 된다.

시스템 요청은 일반적으로 다섯 가지 요소, 즉 프로젝트 스폰서, 비즈니스 필요성, 비즈니스 요구, 비즈니스 가치, 제한 조건을 갖추어야 한다. 스폰서는 프로젝트를 위한 자금을 지원하고 결과를 인수하는 주 계약자를 말한다. 비즈니스 필요성은 프로젝트를 수행하는 이유를 표현한 것이다. 프로젝트를 위한 비즈니스 요구는 시스템이 제공해야 할 기능과 성능을 의미한다. 제한 조건은 프로젝트를 평가할 때 고려해야 할 별도의 정보를 제공하는 부분으로 예를 들면 어느 날까지 프로젝트를 마쳐야 한다는 조건과 같은 것이다. 프로젝트 팀은 시스템의 결과에 영향을 줄 수 있는 특별한 조건을 알아야 한다.

표 2.1 시스템 개발 요청서의 다섯 가지 요소

요소	설명	예
프로젝트 스폰서	프로젝트를 착수시키며 프로젝트의 주된 계약자로 되어 있는 경영 관리자	• 재정부서의 관리자 • 마케팅 담당 상무 • IT 관리자 • CIO(IT 최고 관리자) • CEO(최고 경영자)
비즈니스 필요성	시스템을 가동시키는 경영과 관련 이유	• 매출 증대 • 시장 점유율 확대 • 정보 제공 확대 • 제품 결함 억제 • 구매 조달 절차 슬림화
비즈니스 요구	시스템이 제공할 비즈니스 능력	• 정보를 온라인으로 접근 • 고객의 정보를 취합 • 제품 탐색 기능 • 관리 보고를 작성 • 온라인 사용자 지원
비즈니스 가치	기관을 위하여 시스템이 생산하는 가치	• 매출 3% 증대 • 시장 점유율 1% 증대 • 구매 비용 낮추어 비용 절감 • 시스템 교체로 비용 절감
제한 사항	시스템 구현과 관련된 이슈로 프로젝트 선정에 대한 결정	• 제한된 기간 • 성탄절 시즌 전 필요한 시스템 • 극비 보안 수준의 자료

완성된 시스템 요구는 위원회에 제출하여 프로젝트 승인을 받는다. 위원회는 정보 시스템에 관련된 결정을 내리는 내부 위원회이며 기관의 자원을 관리하는 최고경영층이 참여한다. 위원회는 시스템 요청을 검토하고 제공된 정보를 기초로 제안된 프로젝트를 조사할 것인지 말 것인지 결정한다. 조사한다면 다음 단계는 타당성 분석이다. .

	시스템 개발 요청서		
프로젝트 명	인터넷 주문 시스템 프로젝트		
프로젝트 스폰서	홍 길 동	직 위	마케팅 담당 상무
비즈니스 필요성	이 프로젝트는 새로운 고객을 유치하여 매출을 올리고 웹 기반 판매 지원 애플리케이션을 사용하여 고객에게 더 나은 서비스를 제공하기 위한 것이다.		

비즈니스 요구

웹을 이용하여 고객이 매장에 있는 의류 제품을 찾을 수 있고 재고가 있는지 확인할 수 있게 한다. 또한 고객이 어느 매장에 있는 아이템을 예약해 둘 수 있고 재고가 없거나 취급하지 않는 상품이라고 하더라도 주문을 낼 수 있게 한다.
시스템이 가져야 할 자세한 기능은 다음과 같다.

- 의류 제품의 재고를 탐색
- 재고가 있는 매장을 확인
- 매장에 있는 상품을 예약하고 구매하기 위하여 방문할 일정을 약속
- 재고가 부족하거나 없는 상품을 주문
- 주문이 이루어졌는지 확인하고 언제 입고될 것인지 알게 됨

비즈니스 가치

재고 부족이나 아이템을 가진 매장을 찾지 못하여 의류 판매 기회의 상실을 막고 인터넷 주문을 도입하여 새로운 고객을 창출함으로써 매출을 높일 수 있다. 또한 개선된 서비스로 고객의 불만을 해소시킬 수 있을 것으로 판단된다. 고객 불만의 50%가 재고 부족이나 없는 경우에 발생하기 때문이다. 의류 인터넷 판매 시스템은 고객의 만족도를 향상시킬 수 있고 인터넷을 통하여 브랜드 인지도를 높이는 효과가 있다.
결론적으로 이 시스템이 회사에 가져다줄 수 있는 이익은

- 새 고객의 창출로 인한 매출 증대 예상 77,000,000원
- 현 고객의 매출 증대 1,875,000,000원
- 고객 서비스를 위한 비용 감축 50,000,000원

제한 사항

- 마케팅 부서에서는 이 사항을 전략적 시스템으로 생각하고 있음. 인터넷 시스템은 현재 판매 비즈니스 모델에 가치를 더할 것이며 미래에 추구할 인터넷 모델 역할을 할 것으로 판단됨. 예를 들어, 향후 인터넷을 통하여 직접 의류를 판매할 수 있음.
- 이 시스템은 올해 추석 시즌을 목표로 설치되어야 함.

[그림 2.7] 시스템 개발 요청서의 사례

그림 2.7이 시스템 개발 요청서의 사례이다. 다른 항목과는 달리 비즈니스 요구는 포괄적이다. 이 시스템에 대한 비전은 오프라인 매장에 새로운 고객을 더 유치하려는 것이다. 즉 고객이 인터넷을 통하여 제품을 검색할 수 있게 하고 제품을 가지고 있는 오프라인 매장을 찾을 수 있고 미리 예약해 둘 수도 있으며 재고가 없는 제품도 주문할 수 있게 하는 것이다.

비즈니스 가치에는 요구가 경영에 어떤 효과를 줄 수 있는지를 기술한다. 우선 정성적인 가치로 인터넷이 핫 토픽이며 이를 통하여 고객의 인지도와 만족도를 향상시킬 수 있다고 기술하고 있다. 정량적인 가치의 정확한 예측은 어렵지만 조사를 통하여 가능하다. 매장에 고객이 찾는 상품이 없어 못 파는 경우가 총매출의 5% 정도라는 것을 알아냈다. 이로부터 얼마의 매출이 증가할 수 있을 것이라는 것을 추산하였다.

2.3 타당성 분석

시스템에 대한 필요성과 비즈니스 요구를 정의하였다면 다음으로는 시스템 분석가가 수행할 프로젝트와 관련된 기회나 제약 시항을 더 깊이 이해하도록 상세한 분석을 한다. 타당성 분석은 프로젝트를 계속할 것인지 말 것인지를 위원회가 결정하는 데 도움이 되는 작업이다. 타당성 분석은 프로젝트가 승인되었을 때 언급되어야 할 프로젝트와 관련된 중요한 위험 요소를 찾는 것이다. 시스템 개발이 요청된 후에 기관마다 타당성을 분석하는 절차와 양식이 다르지만 대부분의 타당성 분석은 다음 세 가지 측면의 분석이 필요하다. 즉 기술적 측면과 경제적 측면, 조직적 측면이다. 프로젝트를 착수 하려면 그림 2.8과 같은 여러 요소를 분석한 결과가 타당성 분석의 결과로 집약되어야 한다.

기술적 타당성

타당성 분석 작업의 첫째 단계는 시스템을 성공적으로 설계하고 개발하여 설치할 수 있는지 프로젝트의 기술적 타당성을 평가하는 것이다. 기술적 타당성 분석은 "우리가 구축할 수 있을까?"라는 질문에 대하여 답하는 일종의 기술적 위험 분석이라고 할 수 있다.

프로젝트의 성공적인 완료를 위협하는 리스크가 많다. 타당성 검증의 첫 번째 사항은 사용자와 분석가가 응용 분야에 익숙한지를 따져보는 것이다. 분석가가 비즈니스 응용 분야에 익숙하지 않다면 사용자를 잘못 이해할 수 있는 가능성이 크며 업무효율 향상의 기회를 놓칠 수 있다. 사용자 자신이 응용 분야에 익숙하지 않는 경우 새로운 비즈니스 이노베이션을 지원하는 시스템을 개발한다면 위험도는 급격히 증가한다. 일반적으로 새로운 시스템의 개발은 현재 존재하는 시스템을 확장하는 것보다 더 위험하다.

왜냐하면 현존 시스템은 익숙하여 크게 실패할 위험이 적지만 새로운 시스템은 이해하기 어렵고 실패의 위험이 크기 때문이다.

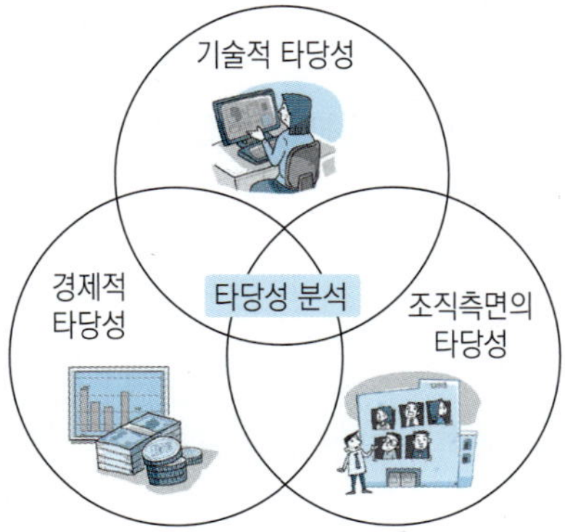

1. 기술적 타당성: 개발할 수 있는가?
   - 응용 분야에 익숙한가?: 미숙할수록 많은 위험
   - 기술에 익숙한가?: 미숙할수록 많은 위험
   - 프로젝트 크기: 클수록 많은 위험
   - 호환성: 현재 가동되는 시스템과 연동, 통합 시도가 많을수록 위험이 큼
2. 경제적 타당성: 개발하여야 하는가?
   - 개발 비용
   - 연간 운영 비용
   - 연간 이익(비용 절감과 매출)
   - 정성적 비용과 이익
3. 조직 측면의 타당성: 우리가 개발할 수 있는가?, 참여할 수 있는가?
   - 프로젝트 관리자
   - 고위 경영층
   - 사용자
   - 기타 관련자
   - 비즈니스와 전략적으로 정렬시킬 수 있는가?

[그림 2.8] 타당성 분석

기술에 익숙한지 따지는 것이 기술 타당성 검토의 두 번째 사항이다. 시스템이 조직 내에서 이전에 사용하지 않았던 기술을 사용할 때는 문제가 발생할 소지가 많으며 기술을 어떻게 사용할지 알 필요가 있기 때문에 지연될 것이다. 기술 자체가 새로운 것이라면 위험도는 급속히 올라간다.

프로젝트 크기는 중요한 고려 사항으로 개발팀에 인원이 얼마나 필요한지, 프로젝트를 완성하는 데 시간이 얼마나 걸리는지, 시스템에 얼마나 많은 기능이 포함되는지를 결정한다. 대형 프로젝트는 관리하기가 복잡하고 중요한 시스템 요구가 빠지거나 잘못 이해될 수 있기 때문에 더 많은 위험 부담이 있다. 프로젝트가 다른 시스템과 통합될 부분이 많으면 많은 시스템이 협동하여야 하므로 복잡해져서 문제를 일으킬 수 있다.

마지막으로 프로젝트 팀은 조직에 이미 존재하는 기술과 새 시스템 사이의 호환성을 고

려할 필요가 있다. 시스템은 아무 것도 없는 상태에서 만들지는 것이 아니라 이미 여러 가지 시스템이 존재하는 조직 내에 구축된다. 새 기술과 응용은 여러 이유로 현재의 환경과 호환될 필요가 있다. 현재 시스템에서 발생된 자료에 의존할 수도 있고 다른 응용에 제공하기 위한 자료를 생산할 수도 있다. 예를 들면 새로운 고객 관리 시스템은 현재 조직 내의 판매 시스템에 저장된 고객 정보를 사용하지 않는다면 쓸모가 없을 것이다.

프로젝트의 기술적 타당성에 대한 평가는 대부분의 경우 환경 조건에 대한 해석이 필요하므로 명확히 보이지 않는다. 한 가지 방법은 기관에서 이전에 수행된 프로젝트와 비교해 보는 것이다. 또 다른 방법은 회사 내외의 경험 있는 전문가의 컨설트를 받는 것이다. 기술적인 관점에서 프로젝트가 타당성이 있는지 판단할 수 있을 것이다.

경제적 타당성

타당성 분석의 두 번째 단계는 경제적인 타당성을 분석하는 것이다. 비용수익 분석이라고도 하는 데 프로젝트와 관련된 재정적인 위험을 파악하는 작업이다. "시스템을 꼭 개발 하여야 하는가?"에 대한 답을 찾는 과정이라 할 수 있다. 경제적인 타당성은 시스템과 관련된 비용과 이익을 파악하여 결정한다. 프로젝트를 위한 투자금과 투자 회수금

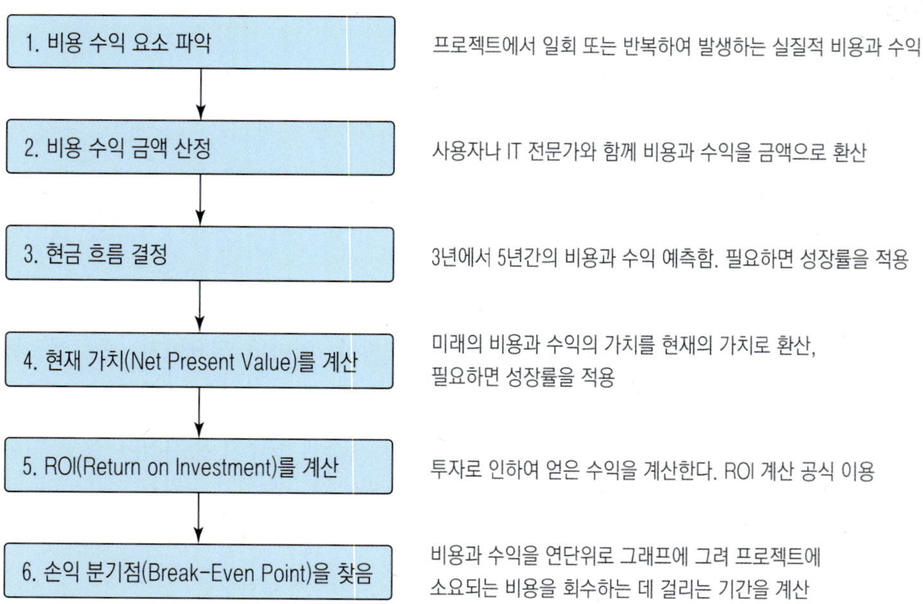

[그림 2.9] 경제적 타당성 분석 단계

을 값으로 계산하여 추이를 보는 것이다. 경험이 많을수록 더 자세한 분석을 할 수 있다. 그림 2.9는 비용수익 분석의 각 단계를 설명한 것이다.

1. **비용 수익 요소 파악** – 경제적 타당성을 분석할 때 첫 번째 작업은 시스템 개발로 인한 비용과 수익을 찾아내는 것이다. 비용이나 수익이 될 만한 요소는 그림 2.10에 나와 있다.

   비용과 수익은 네 가지로 나눌 수 있다. 비용은 개발 비용과 운용비용으로 나눌 수 있고 수익은 눈에 보이는(tangible) 이익과 눈에 보이지 않는(intangible) 이익으로 나눌 수 있다. 개발 비용은 시스템을 개발하는 동안 발생하는 눈에 보이는 비용이다. 예를 들어 프로젝트 팀의 급여, 하드웨어 소프트웨어 비용, 컨설트 비용, 교육비, 사무실 집기 비용 등이 여기에 속한다. 개발 비용은 대개 일회성 비용이나 운영비는 반복 발생하는 비용으로 운영 요원의 급여나 소프트웨어 라이센스 비용, 장비 업그레이드, 통신비 등이 여기에 속한다.

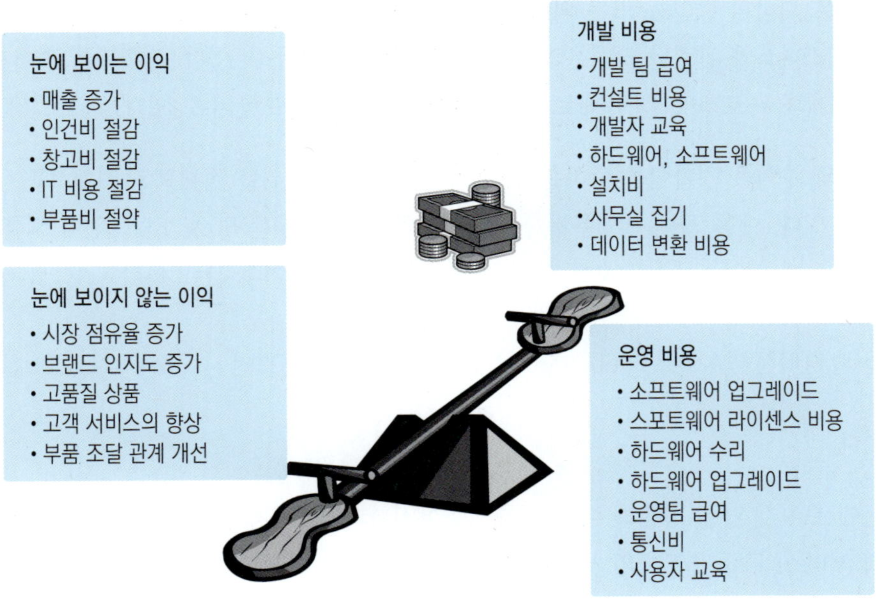

[그림 2.10] 경제적 타당성 분석에 사용되는 비용과 수익 요소

눈에 보이는 이익은 시스템이 기관에 매출을 증대시키는 것과 같은 수입원을 말한다. 또한 시스템은 비용의 절감을 가져올 수도 있는데 이것도 일종의 눈에 보이는 이익이

라 할 수 있다. 예를 들어 시스템의 개발로 필요한 인력이 줄었다면 인건비를 절약한 것이다. 마찬가지로 새로운 시스템으로 재고 수준을 낮추었다면 창고비용을 절약한 것이 된다.

물론 눈에 보이지 않는 수익을 거두어들이거나 계속 발생하는 보이지 않는 비용으로 인하여 프로젝트가 기업의 결산에 영향을 줄 수 있다. 보이지 않는 비용과 수익은 직관이나 믿음에 의한 것이기 때문에 경제적 타당성에 고려하기가 더 어렵다. 하지만 결정에 영향을 줄 수 있기 때문에 보이는 수익과 함께 나열하여야 한다.

2. **비용 수익 금액 산정** – 비용과 수익의 요소를 파악된 후에는 각 요소를 금액으로 산정하여야 한다. 아직 발생하지 않은 비용과 수익을 어떻게 산정하는가? 라고 반문할 수 있으나 원가 분석 등을 통하여 적당한 값을 산출해 내야 한다.

   비용과 수익을 예측하는 가장 좋은 전략은 프로젝트를 가장 잘 이해하고 있는 사람에게 의뢰하는 방법이다. 예를 들어 기술과 관련되어 있거나 프로젝트 자체의 비용, 수익은 회사의 IT그룹 또는 외부 컨설턴트가 제공할 수 있다. 또한 매출이나 구매력 등 비즈니스와 관련된 금액은 영업 관련 부서가 산정할 수 있다. 정확도는 떨어지지만 과거의 프로젝트, 산업계 보고서, 벤더 정보 등을 참조할 수도 있다.

   비용과 수익을 정확이 예측하는 것이 어렵다면 값의 범위를 정해보고 기대치를 구할 수도 있다. 예를 들어 영업부서가 매출이 5억 오를 확률은 30%, 6억 5천이 오를 확률은 50%, 7억 5천으로 오를 확률은 20%라고 한다면 기대치는

   500,000천원 × 0.3 + 650,0000천원 × 0.5 + 750,000천 × 0.2 = 625,000천원

   이다.

   눈에 보이지 않는 비용과 수익은 어떻게 계산할까? 보이지 않는 수익, 예를 들면 고객 서비스의 향상과 같은 것으로 이것이 얼마만큼의 값어치가 있느냐를 금액으로 환산한다. 고객 서비스 향상으로 고객 불만이 3년에 걸쳐서 매해 10%씩 감소되었다고 하자. 그런데 고객의 불만을 접수하는 콜센터의 비용이 2천만 원이라면 쉽게 숫자로 가시화 할 수 있을 것이다.

   그림 2.11이 비용과 수익을 금액으로 환산한 것이다.

비용	단위: 천 원
1. 개발 비용(일회성)	1,632,295
서버 2대	250,000
프린터	100,000
소프트웨어	34,825
서버 소프트웨어	10,945
개발 인건비	1,236,525
2. 운영비(반복)	185,000
하드웨어	50,000
소프트웨어	20,000
운영 인건비	115,000

수익	단위: 천 원
1. 매해 5억의 수입, 6%씩의 증가	
2. 고객 불만 전화 감소	70,000/년
창고 비용 절감	68,000/년

[그림 2.11] 비용과 수익 분석 사례

3. **현금 흐름 결정** – 비용 대 수익을 분석하려면 현금의 흐름을 보여야 하는데 3~5년 동안 비용과 수익의 추이를 나타낸다. 표 2.2와 같이 현금 흐름 방법을 이용하여 연도를 위쪽에 표시하고 숫자를 스프레드시트 안에 알맞은 셀에 숫자를 입력한다. 예를 들어 고객 불만 전화를 위한 비용 절감 효과, 창고비용 절감 효과, 하드웨어 소프트웨어 비용 등을 4년간 입력한다. 매년 일정 비율 증가 또는 감소하는 항목, 예를 들어 매출 6% 증가, 인건비 4% 상승과 같은 것은 전년도 대비 일정 비율을 올려 적는다. 비용과 수익의 총합을 내고 비교한다.

표 2.2 비용 수익 분석표(단위 천원)

	A	B	C	D	E	F	G
1		당해년도	1차년도	2차년도	3차년도	4차년도	총합
2	수익						
3	매출증가		500,000	530,000	561,800	595,508	2,187,308
4	고객불만 감소		70,000	70,000	70,000	70,000	280,000
5	창고비 절감		68,000	68,000	68,000	68,000	272,000
6	합계		638,000	668,000	699,800	733,508	2,739,308
7	비용						
8	개발 비용	1,632,295					1,632,295
9	- 서버 2대	250,000					250,000
10	- 프린터	100,000					100,000
11	- 소프트웨어	34,825					34,825
12	- 서버 소프트웨어	10,945					10,945
13	- 개발 인건비	1,236,525					1,236,525
14	운영 비용		185,000	189,600	194,384	199,359	768,343
15	- 하드웨어		50,000	50,000	50,000	50,000	200,000
16	- 소프트웨어		20,000	20,000	20,000	20,000	80,000
17	- 운영인건비		115,000	119,600	124,384	129,359	488,343
18	합계	1,632,295	185,000	189,600	194,384	199,359	2,400,638
19	수익-비용	(1,632,295)	453,000	478,400	505,416	534,149	338,670
20	현금수익누계		(1,179,295)	(700,895)	(195,479)	338,670	

4. **현재 가치로 계산** – 투자 대 수익률, 손익 분기점은 현재가치를 가지고 비용과 수익을 계산하여야 현실적이다. 투자수익률, 손익분기점은 모두 화폐의 가치가 변한다는 중요한 사실이 반영되기 때문이다. 즉 현재 1만원의 가치는 3년 후에 물가 상승 등의 이유로 같은 가치를 가진다고 보기 어렵다.

따라서 비용 수익 분석 결과의 모든 금액을 현재 가치로 환산한다. 즉 1만원을 현재 가지고 있는 데 이것을 정기예금에 저축한다면 1만원 원금과 이자를 받는다. 미래의 1만원은 그 이자만큼의 가치가 빠진 것으로 보아야 한다.

미래의 수익을 현재의 가치로 환산하는 공식은 다음과 같다.

$$\text{현재가치} = \frac{\text{금액}}{(1+\text{이자율})^n} \qquad n=\text{년도}$$

미래의 수익과 비용을 현재의 가치로 전환하여 비용과 수익을 다시 분석하면 표 2.3과 같이 된다. 순수한 현재 이익은 수익의 현재 가치에서 비용의 현재가치를 뺀 것이다.

표 2.3 현재 가치로 환산한 비용 수익 분석

	A	B	C	D	E	F	G
1		당해년도	1차년도	2차년도	3차년도	4차년도	총합
2	**수익**						
3	매출증가		500,000	530,000	561,800	595,508	
4	고객불만 감소		70,000	70,000	70,000	70,000	
5	창고비 절감		68,000	68,000	68,000	68,000	
6	합계		638,000	668,000	699,800	733,508	
7	현재가치		601,887	594,518	587,566	581,007	2,364,977
8	**비용**						
9	개발 비용	1,632,295					
10	- 서버 2대	250,000					
11	- 프린터	100,000					
12	- 소프트웨어	34,825					
13	- 서버 소프트웨어	10,945					
14	- 개발 인건비	1,236,525					
15	운영 비용		185,000	189,600	194,384	199,359	
16	- 하드웨어		50,000	50,000	50,000	50,000	
17	- 소프트웨어		20,000	20,000	20,000	20,000	
18	- 운영인건비		115,000	119,600	124,384	129,359	
19	합계	1,632,295	185,000	189,600	194,384	199,359	
20	현재가치	1,632,295	174,528	168,743	163,209	157,911	2,296,686
21	현금수익누계						68,291

5. **ROI를 계산** – 경제적 가치를 계산하여 지표로 나타내는 과정이다. 우선 투자 대비 수익(Return on Investment)을 계산한다. ROI는 프로젝트로 투자한 금액이 수익으로 회수되는 평균율로 계산한다. 즉 총 수익을 비용으로 나누면 된다.

$$\text{ROI(수익률)} = \frac{\text{총 수익} - \text{총비용}}{\text{총비용}}$$

표 2.3의 예제에서 ROI는 68,291,000/2,296,686,000 = 2.973% 이다. ROI는 많이 사용되지만 모든 것을 화폐가치로 환산하여야 한다는 중요한 제약이 있기 때문에 프로젝트의 경제적 가치를 따지는 유일한 지표로 삼아서는 안된다.

6. **손익분기점을 찾음** – 프로젝트의 가치를 측정하는 또 다른 접근 방법은 손익분기점(break-even point)이다. 손익분기점은 비용-수익 구조에서 초기 투자비용을 회수하는 데 소요되는 기간을 말한다. 즉 표 2.2에서 수익의 누계가 흑자로 돌아서는 시점을 말한다. 계산하는 방법은 다음과 같다. 우선 흑자로 돌아서는 시점이 3년 후이며 3년차에 걸리는 기간을 다음의 식을 이용 계산한다.

$$\text{손익분기점 잔여기간} = \frac{\text{년간수익} - \text{누적수익}}{\text{년간수익}}$$

표 2.3의 예에서는 (423,096,000-68,291,000)/423,096,000 = 0.83 이다. 따라서 손익분기점을 정확히 말하면 3.83년이다.

손익분기점은 계산하기 쉽고 이해하기 쉬우며 프로젝트의 유동성이나 프로젝트가 이익을 실현하기 시작하는 시점을 표시해 준다. 조기에 이익을 실현하는 프로젝트일수록 장기적인 계획보다는 더 정확하게 단기적인 계획을 실천할 수 있기 때문에 위험도가 낮다. 그러나 손익분기점 이후의 손익은 간과되고 있어 장기 프로젝트에는 반대되는 특징을 가진다.

조직 측면의 타당성

타당성 분석의 마지막 단계는 시스템의 조직적 측면의 타당성을 분석하는 것이다. 시스템이 완성된 후 사용자에게 얼마나 잘 받아들여질 것인가, 또한 조직에서 진행 중인 운영에 얼마나 잘 융합될 수 있는가를 평가한다. 프로젝트에 영향을 줄 수 있는 조직적인 요인이 많이 있다. 개발자에게 조직 측면의 타당성이 제일 평가하기 어려운 부분이다.

프로젝트의 조직적 타당성을 평가하는 한 가지 방법은 프로젝트의 목표와 비즈니스 목표를 얼마나 잘 맞추었는지 분석하는 것이다. 프로젝트와 비즈니스 전략을 맞추는 것을 전략적 정렬(strategic alignment)라고 한다. 이것을 잘 맞출수록 조직적인 타당성 측면에서 볼 때 프로젝트의 위험도가 준다. 예를 들어 마케팅 부서에서 좀 더 고객 중심으로 가려고 기획한 고객 정보를 통합하는 CRM 프로젝트는 마케팅 목표와 잘 일치된 것이다. 프로젝트가 비즈니스 단위조직이나 조직의 전략에 맞지 않는 데도 IT 프로젝트를 시작하였을 때 실패한다.

조직측면의 타당성을 평가하는 두 번째 방법은 새 시스템에 영향을 주거나 받을 수 있는 프로젝트 관련자들에 대한 분석이다. 새로운 시스템과 관련 있는 중요한 당사자들은 프로젝트 관리자, 시스템 사용자, 조직 내 경영층(스폰서) 등이다. 그 이외에도 영향을 줄 수 있는 역할은 많이 있다. 예를 들면 국가의 소프트웨어와 정보통신을 관리하는 부서가 정책의 변화를 주어 프로젝트 환경을 바꿀 수 있다.

프로젝트 스폰서는 시스템 개발 요구를 제안한 관리자이다. 스폰서는 기간과 예산 등의 자원을 프로젝트에 제공하는 사람으로 시스템의 중요성에 대하여 다른 의사결정자들과 논의를 할 수 있는 인물이다.

프로젝트 관리자는 개발을 위한 일상적인 지원을 하는 반면 스폰서는 프로젝트를 재정적으로 지원하여야 한다. 관리자의 지원은 시스템이 가치 있는 결과물이 될 수 있고 필요한 자원이 제공될 것이라는 믿음을 다른 구성원에게 주게 된다. 관리는 조직에 있는 사람들에게 시스템을 사용하고 시스템이 가져올 변화를 받아들이도록 격려한다.

[그림 2.12] 조직적 타당성을 검토하기 위한 프로젝트 관련자

세 번째 중요한 관련자는 궁극적으로 시스템을 사용하는 사용자이다. 프로젝트 팀은 프로젝트 초기에 사용자와 만나서 작업하고 시스템이 완전히 개발될 때까지 사라진다. 이러한 경우 최종 프로덕트는 사용자가 예상하였던 기대와 요구에 맞지 않는 경우가 많다. 프로젝트가 진행되는 도중에 요구가 바뀌고 사용자의 지식이 늘어가기 때문이다. 사용자가 최종 시스템을 수용하고 사용할 수 있도록 시스템 개발에 적극 참여하도록 독려하여야 한다.

최종 타당성 분석 결과는 기관이 정보 시스템에 대하여 더욱 현명한 투자를 할 수 있도록 도와준다. 프로젝트 팀이 시스템에 영향을 주는 기술적, 경제적, 조직적 요소를 철저히 고려하였기 때문이다. 또한 IT 전문가의 의사결정에 대하여 경영 조직이 이해하고 의사결정 결과로 인정함으로써 비난받는 것을 막아준다. 타당성 분석은 프로젝트 팀이 시스템에 대한 중요한 결정을 내릴 때 여러 차례 수정되어야 한다. 또한 시스템 개발 사이클 전반에 걸쳐 중요한 결정을 뒷받침하고 설명할 때 사용될 수 있다.

2.4 프로젝트 선정

타당성 분석이 끝난 후에는 프로젝트 선정 단계로 넘어간다. 프로젝트 선정은 대개 위원회가 결성되어 수정된 제안서를 검토하고 프로젝트를 수행할 것인지 말 것인지 결정한다. 프로젝트 수행 여부를 결정할 때 위원회는 비즈니스의 필요성과 시스템 구축에 대한 리스크를 따져보고 결정한다.

프로젝트를 선정할 때 위원회는 조직 전반적인 측면에서 검토한다. 즉 제안서에 나온 규모, 비용, 목적, 기간, 리스크, 프로젝트 범위, ROI 등을 기업 전반적인 측면에서 따져본다. 이러한 사항을 프로젝트 포트폴리오라고 하는데 프로젝트가 진행되었을 때 포트폴리오에 대한 관리가 중요하다. 포트폴리오의 항목의 특성에 따라 프로젝트 성격이 나뉜다. 예를 들면 대규모, 소규모, 리스크가 큰 것, 리스크가 작은 것, 전략적인 것, 기술적인 것 등이다.

기업에서 진행되는 여러 프로젝트에 대한 성격을 나누어 프로젝트 포트폴리오를 구성한다. 좋은 포트폴리오는 기업의 상황에 맞도록 적절히 조화된 구성이어야 한다. 비용 대 수익이 최대로 되어야 하며 리스크가 큰 것과 작은 것을 적절히 혼합하여 잘 관리한

다. 이 때 포트폴리오를 구성하는 룰을 정할 수도 있는데 예를 들면 리스크가 큰 프로젝트의 비율이 20%를 넘지 않게 할 수 있다.

크기	프로그램의 크기, 프로젝트에 필요한 인력 규모
비용	프로젝트에 투입되는 금액
목적	기술적 인프라 개선을 위한 것인가? 영업 전략을 지원하는 것인가? 운영을 개선하는 것인가? 새로운 개혁을 보여주는 것인가?
기간	완성하는데 소요되는 기간은? 영업 실적으로 나타날 때까지 걸리는 기간은?
리스크	프로젝트가 성공하거나 실패할 가능성은?
범위	시스템에 의하여 기관이 얼마나 영향받는가? 팀, 부서, 전체?
ROI	비용 대비 예상되는 수익의 비율

[그림 2.13] 프로젝트 분류 요소

프로젝트 선정 위원회는 한정된 자원을 각 프로젝트에 효율적으로 할당하여야 한다. 그렇게 하기 위하여 저울질과 거래(Trade-off)가 필요하다. 프로젝트 포트폴리오의 균형을 잘 유지하기 위하여 어떤 프로젝트는 포기할 수도 있다. 예를 들어 고수익이 예상되는 프로젝트이지만 리스크가 큰 프로젝트가 세 개 있다면 20%를 넘지 않기 위하여 하나만 채택한다. 프로젝트 수준에서는 긍정적이었지만 전사적인 수준에서는 부정적인 경우도 있다. 높은 ROI를 보이고 기업의 일부 업무를 위하여 필요하지만 선택되지 않을 수도 있다. 그 이유는 새로운 시스템을 개발하기에 충분한 자금이 없을 수도 있고 또는 기업 합병 등의 변혁기일 수도 있다. 현재의 비즈니스 요구를 잘 만족시키고 있는 프로젝트이지만 미래의 기업 전략과 배치될 수도 있다.

2.5 프로젝트 관리 도구

프로젝트를 효과적으로 관리하고 조정하기 위한 작업 계획을 수립하려면 프로젝트 관리 도구를 사용하여야 한다. 작업을 파악하기 위한 WBS(Work Breakdown Structure), 일정을 나타내기 위한 간트 차트, 소요 기간을 파악하기 위한 작업 네트워크 등이다.

프로젝트 관리의 기본이 되는 개념은 작업(task)이다. 개발 팀이 하여야 할 일의 단위를 작업이라 한다. 예를 들면 타당성 분석 같은 것이 작업 단위가 될 수 있다. 작업 계획은 프로젝트 전반에 걸쳐 성취하여야 할 모든 작업을 기록하고 추적할 일정이다. 작업 계획을 하려면 각 작업이 언제 완성되어야 하고 누가 작업할 것인지, 어떤 결과가 나와야 하는지 등 중요한 정보가 필요하다. 작업에 대하여 파악되어야 할 정보의 분량과 상세함은 프로젝트마다 다르며 프로젝트가 진행되면서 더욱 구체화 된다. 작업은 프로젝트 관리 소프트웨어의 중요한 컴포넌트이다.

표 2.4 작업에 대한 정보

작업 계획 정보	사례
작업 이름	경제적 타당성
착수일	2017년 3월 5일
완성일	2017년 3월 12일
작업 담당자	프로젝트 스폰서
결과물	비용-수익 분석
완성 상태	Open
우선순위	높음
필요한 자원	스프레드시트 소프트웨어
예상 시간	16 시간
소요 시간	14.5 시간

WBS

프로젝트 수행 계획을 수립하기 위하여 먼저 수행하여야 일은 작업을 파악하고 얼마나 걸릴 것인지 결정하는 일이다. 이렇게 작업을 분할하여 자세히 정의한 것을 작업 분할 구조(Work Breakdown Structure)라고 한다. WBS는 프로젝트 관리자가 프로젝트의 진행 과정을 이해하고 관리하는 데 많은 도움이 되는 도구이다.

작업을 파악하는 방법 중 하나는 이미 완료된 프로젝트의 작업 리스트를 가져다가 수정하는 것이다. 여기에는 프로젝트 시작부터 사용이 가능한 표준 작업 리스트가 있다. 1장에서 언급한 것처럼 방법론은 작업 단계와 결과물의 리스트로써 소프트웨어 개발 사이클을 구현하기 위한 정형화된 접근 방법이다. 따라서 방법론을 택하여 단계와 결과물을 선정할 수 있고 이를 작업 계획에 추가할 수 있다. 기관에서 사용하는 방법론이 없다면 컨설트 받을 수도 있고 책을 이용하여 가이드 받을 수도 있다. 대부분의 기관은 프로젝트에 사용하는 방법론이 있는 데 현재 존재하는 방법론이 작업 계획을 생성하기 위한 가장 보편적인 방법이다.

처음부터 새로 작성하는 것을 더 선호한다면 하향식 방법으로 먼저 상위층의 작업을 정의하고 다음에 부수 작업으로 나누어 나간다. 예를 들면 표 2.5에 있는 것처럼 소프트웨어 개발을 위한 작업을 구조적으로 나열한다. 프로젝트의 주요 작업 단계는 요구를 정의하고 설계한 후, 구현과 테스트 작업이 이어진다. 각 작업은 계층적으로 번호가 매겨지는데 이를 작업 분할 구조(Work Breakdown Structure)라고 부르며 프로젝트 작업계획의 뼈대가 된다.

작업 분할 구조는 표 2.5와 같이 소프트웨어 개발 생명주기를 이루는 단계를 따라 정의할 수도 있고 제품의 구성요소를 따라 정의할 수도 있다. 예를 들어 웹 사이트를 개발한다고 할 때, 구성요소가 애플릿, 애플리케이션 서버, 데이터베이스 서버, 웹 페이지, 사이트 맵 등으로 구성된다고 하자. 각 구성요소를 개발하는 작업을 하나의 작업 단위로 보고 WBS를 정의할 수 있다.

작업의 개수나 상세수준은 프로젝트의 규모나 복잡도에 따라 다르다. 큰 프로젝트일수록 작업을 자세히 정의하여 중요한 작업이 빠지지 않게 하는 것이 중요하다.

표 2.5 작업 파악

작업번호	작업 이름	선행작업	기간(주)	상태
A	프로젝트 개발 팀 구성		1	
B	소프트웨어 요구 추출	A	2	완료
C	요구 명세서 작성	B	1	완료
D	아키텍처 설계	C	1	완료
E	DB 설계	C	3	완료
F	UI 설계	C	2	
G	모듈 설계	D	4	완료
H	UI 프로토타입 구현 및 리뷰	F	2	완료
I	엔진 모듈 코딩	G, E	12	

J	UI 모듈 코딩	H	8	
K	단위 테스팅	I	1	
L	주요 사용자 교육 계획 개발	H	1	
M	통합 테스팅	J, K	2	진행
N	주요 사용자 교육	L	2	계획
O	시스템 테스팅	M	1	계획
P	소프트웨어 베타버전 릴리스	O	1	
Q	결함제거 최종 릴리스	P	2	
R	소프트웨어 개발 프로젝트 종료	Q		

프로젝트 관리자는 표 2.5에 있는 작업계획을 통하여 프로젝트를 관리한다. 작업 리스트에 있는 정보들, 작업을 담당하는 사람, 걸리는 시간, 예상 완료일과 실제 완료일 등을 이용하여 프로젝트의 진척을 관리할 수 있다. 또한 작업의 완료 및 진행 여부 상태나 작업의 의존관계를 파악할 수 있다. 프로젝트의 중간결과를 점검하는 시점을 표시하는 데 이를 마일스톤(milestone)이라 한다. 예를 들면 요구분석 결과 리뷰, 설계 리뷰, 시스템 프로토타입 완성 등이 이에 해당된다.

간트 차트

간트 차트(Gantt chart)는 프로젝트의 작업 계획에 대한 정보를 제공해 주는 수평 막대형 차트이다. 그림으로 표현하면 여러 말로 표현하여야 하는 의미를 한 곳에 담을 수 있고 프로젝트에 관련된 작업 상태 정보를 빠르고 쉽게 표현할 수 있다. 간트 차트를 생성하는 방법은 스프레드시트를 이용하거나 MS Project와 같은 프로젝트 관리 소프트웨어를 사용하는 것이다.

먼저 작업 이름을 그림 2.14의 왼쪽에 나열하며 작업에 필요한 기간을 다음 열에 표시한다. 소규모 프로젝트는 작업 기간을 일별로 기록하나 대규모의 경우 주간 또는 월별로 표시한다. 수평막대는 각 작업을 수행하는 기간을 나타내며 막대의 시작과 끝이 작업의 시작일과 종료일을 나타낸다. 작업을 수행하면서 작업이 얼마나 수행되었는지 각 작업에 대한 자세한 정의를 불러내어 기록할 수 있다. 너무 많은 작업을 간트 차트에 표시하면 혼돈을 초래할 수 있어 20개 내지 30개 정도의 작업이 적합하다. 더 많은 작업이 필요할 경우 소작업으로 나누어 정의하고 이를 숨길 수 있다.

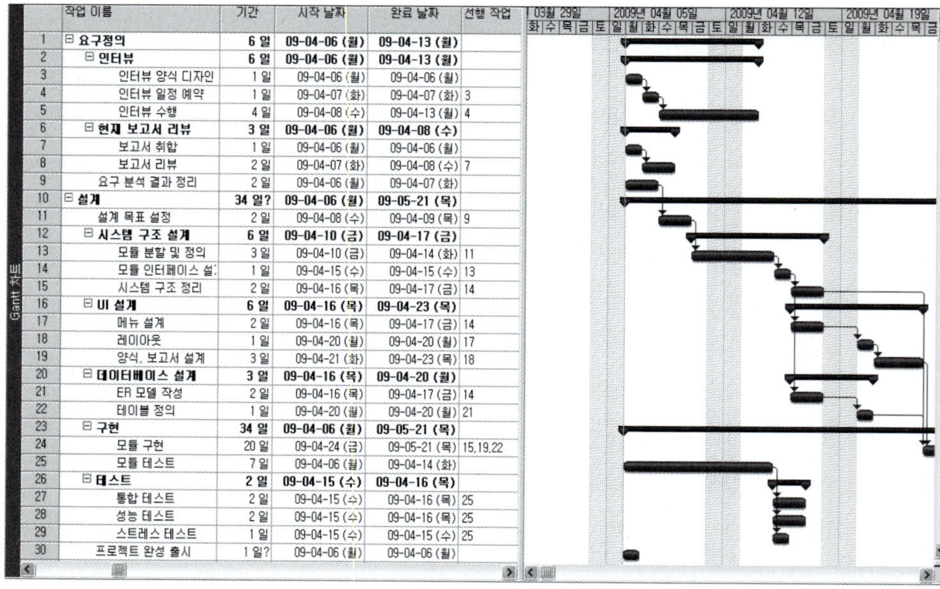

	작업 이름	기간	시작 날짜	완료 날짜	선행 작업
1	⊟ **요구정의**	**6 일**	**09-04-06 (월)**	**09-04-13 (월)**	
2	⊟ **인터뷰**	**6 일**	**09-04-06 (월)**	**09-04-13 (월)**	
3	인터뷰 양식 디자인	1 일	09-04-06 (월)	09-04-06 (월)	
4	인터뷰 일정 예약	1 일	09-04-07 (화)	09-04-07 (화)	3
5	인터뷰 수행	4 일	09-04-08 (수)	09-04-13 (월)	4
6	⊟ **현재 보고서 리뷰**	**3 일**	**09-04-06 (월)**	**09-04-08 (수)**	
7	보고서 취합	1 일	09-04-06 (월)	09-04-06 (월)	
8	보고서 리뷰	2 일	09-04-07 (화)	09-04-08 (수)	7
9	요구 분석 결과 정리	2 일	09-04-06 (월)	09-04-07 (화)	
10	⊟ **설계**	**34 일?**	**09-04-06 (월)**	**09-05-21 (목)**	
11	설계 목표 설정	2 일	09-04-08 (수)	09-04-09 (목)	9
12	⊟ **시스템 구조 설계**	**6 일**	**09-04-10 (금)**	**09-04-17 (금)**	
13	모듈 분할 및 정의	3 일	09-04-10 (금)	09-04-14 (화)	11
14	모듈 인터페이스 설:	1 일	09-04-15 (수)	09-04-15 (수)	13
15	시스템 구조 정리	2 일	09-04-16 (목)	09-04-17 (금)	14
16	⊟ **UI 설계**	**6 일**	**09-04-16 (목)**	**09-04-23 (목)**	
17	메뉴 설계	2 일	09-04-16 (목)	09-04-17 (금)	14
18	레이아웃	1 일	09-04-20 (월)	09-04-20 (월)	17
19	양식, 보고서 설계	3 일	09-04-21 (화)	09-04-23 (목)	18
20	⊟ **데이터베이스 설계**	**3 일**	**09-04-16 (목)**	**09-04-20 (월)**	
21	ER 모델 작성	2 일	09-04-16 (목)	09-04-17 (금)	14
22	테이블 정의	1 일	09-04-20 (월)	09-04-20 (월)	21
23	⊟ **구현**	**34 일**	**09-04-06 (월)**	**09-05-21 (목)**	
24	모듈 구현	20 일	09-04-24 (금)	09-05-21 (목)	15,19,22
25	모듈 테스트	7 일	09-04-06 (월)	09-04-14 (화)	
26	⊟ **테스트**	**2 일**	**09-04-15 (수)**	**09-04-16 (목)**	
27	통합 테스트	2 일	09-04-15 (수)	09-04-16 (목)	25
28	성능 테스트	2 일	09-04-15 (수)	09-04-16 (목)	25
29	스트레스 테스트	1 일	09-04-15 (수)	09-04-15 (수)	25
30	프로젝트 완성 출시	1 일?	09-04-06 (월)	09-04-06 (월)	

[그림 2.14] 간트 차트

프로젝트 네트워크

프로젝트 작업 계획을 나타내는 다른 방법이 그림 2.15에 있는 프로젝트 네트워크이다. 프로젝트 네트워크는 노드와 간선으로 구성된 그래프로 노드에는 개별 작업이 표현되고 간선에는 작업의 선후 관계가 표현된 것이다. 프로젝트 네트워크를 그리는 주된 이유는 임계 경로를 구하기 위함이다. 임계 경로란 프로젝트 시작에서부터 종료될 때까지 최장 경로를 말한다. 임계 경로 위에 있는 작업이 예상보다 지연되면 프로젝트 전체 일정이 지연되므로 프로젝트 관리자 입장에서는 아주 중요한 의미가 있다.

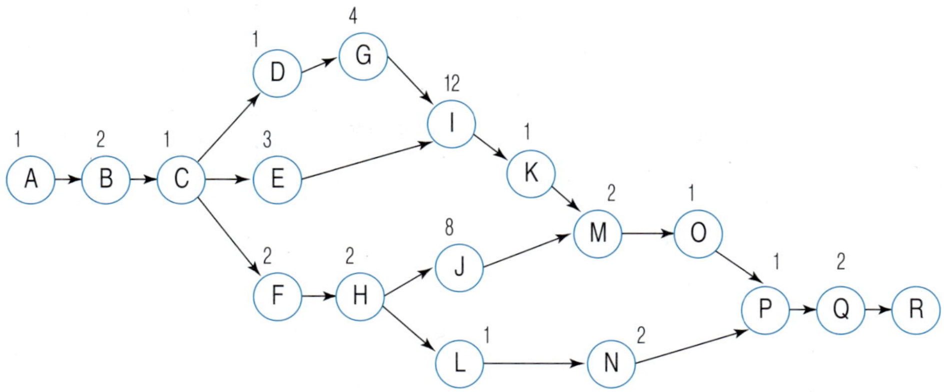

[그림 2.15] 프로젝트 네트워크

그림 2.15에 나타낸 것이 표 2.5에 정의한 프로젝트 작업의 선후 관계를 나타낸 프로젝트 네트워크이다. 그래프의 시작 노드 A부터 종료 노드 R까지는 표 2.6과 같이 네 가지 경로가 존재한다. 이 중에 제일 긴 경로는 A-B-C-D-G-I-K-M-O-P-Q-R 이며 총 28주가 소요된다. 따라서 이 프로젝트는 최소 28주가 소요된다는 것을 알 수 있다. 최장 경로, 즉 임계 경로 위에 있는 작업은 하루라도 늦어지면 전체 프로젝트를 지연시킨다. 임계 경로 위에 있는 작업은 여유 시간이 없고 따라서 지연되지 않도록 잘 관리하여야 한다.

표 2.6 경로 분석과 임계 경로

경로 번호	노드	길이(총 소요 기간: 주)
1	A-B-C-D-G-I-K-M-O-P-Q-R	28 → 임계 경로
2	A-B-C-E-I-K-M-O-P-Q-R	26
3	A-B-C-F-H-J-M-O-P-Q-R	22
4	A-B-C-F-H-L-N-P-Q-R	14

CP/M 네트워크는 다른 용어로 PERT(Program Evaluation and Review Technique)라고도 하는데 개별적인 작업의 시간을 예측하는 것이 어려울 때 사용한다. 작업 기간을 하나의 값으로 예측하기 어려우면 낙관적, 최적, 비관적 세 개의 값을 결합하여 다음 공식에 적용하여 평균 예측값을 구한다.

$$\text{FERT 가중 평균값} = \frac{\text{낙관적 예측값} + 4 \times \text{최적 예측값} + \text{비관적 예측값}}{6}$$

네트워크 다이어그램은 프로젝트가 끝날 때까지 수행할 작업의 순서와 의존관계를 나타내는 좋은 도구이다. CPM 네트워크를 이용하여 총 소요 기간과 임계 경로를 찾아내고 각 작업의 여유 시간을 구하여 이를 바탕으로 간트 차트를 작성한다.

2.6 소요 인력 예측

프로젝트 관리 기술은 세 가지 중요한 요소의 균형을 잘 잡는 데 달려 있다. 프로젝트 관리에 많은 영향을 미치는 중요한 세 가지 요소는 시스템의 규모, 프로젝트에 걸리는 시간, 소요되는 비용이다, 이 세 가지 요소가 프로젝트 진행하는 동안 잘 관리되어야 한다. 세 가지 변수는 서로 밀접히 관련이 있고 영향을 주는 상충관계(trade-off)에 있어 잘 저울질하여 균형을 맞추어야 한다. 예를 들어 프로젝트를 조금 빨리 끝내기 위하여 시간을 줄이면 시스템의 규모를 줄이거나 인원을 더 투입하여 비용을 증가시켜야 한다.

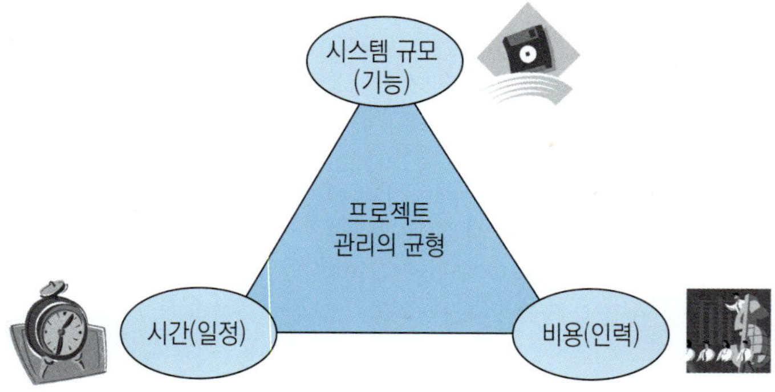

[그림 2.16] 프로젝트의 삼각 균형

위 세 가지 요소는 프로젝트 초기에 예측해 보고 프로젝트가 진행되면서 필요에 따라 계속 수정되고 보완하여야 한다. 예측(estimation)이란 프로젝트에 소요되는 기간이나 비용을 미리 예상되는 값으로 나타내 보는 것을 의미한다. 이런 작업은 일일이 직접 계산할 수도 있고 Costar나 Construx와 같은 도구를 이용하여 자동으로 계산할 수도 있다. 프로젝트 초기에는 소요되는 시간을 범위값으로(예를 들면 3개월에서 4개월) 예측하나 프로젝트가 진행되면서 특정한 날(예를 들어 3월 말일)로 구체화 된다.

예측값을 구하려면 여러 출처로부터 자료값이 필요하다. 과거에 수행했던 유사한 프로젝트, 같은 기술을 사용한 프로젝트, 또는 경험 있는 개발자로부터 제공되기도 한다. 개발 생명주기 동안 투입된 시간과 인력값을 꼼꼼하게 기록하여 보관하면 다음 프로젝트의 계획 작업에서 인력을 예측할 때 많은 도움이 된다. 프로젝트에 대한 컨설팅을 한다고 할 때에도 과거 프로젝트의 많은 경험, 쌓여진 데이터, 다양하게 경험한 방법론이 강점이 되는 것과 같다.

시스템을 구축하는데 필요한 인력 규모를 산정하는 방법은 여러 가지가 있다. 과거에는 프로그램의 라인수를 예측하고 이를 기반으로 한 인력 예측이 많이 사용되었으나 개발 초기에는 정확한 라인수를 예측하기 어렵기 때문에 한계가 있다. 또한 같은 기능을 구현하였을 때 프로그래밍 언어마다 그 크기가 모두 다르다. 따라서 프로그래밍 언어와 독립된 기능 점수 방법이 사용되고 있다. 최근에는 UML에서 기능을 표현할 때 유스케이스가 이용되면서 유스케이스에 근거한 노력 추정 방법도 제안되었다.

기능 점수 방법

설계가 충분히 이루어지지 않은 상태에서 정확한 라인 수의 예측은 불가능하다. 기능 점수 방법은 소프트웨어가 갖는 기능을 점수로 환산하여 소프트웨어 규모를 나타내고 이를 시스템 개발에 필요한 기간과 소요 인력 계산의 기초로 삼는 방법이다.

기능점수 방법은 계획에 걸린 시간을 가지고 추정하는 것보다 더 복잡하지만 더 신뢰할 수 있는 값을 예측할 수 있다. 기능 점수 방법은 그림 2.17과 같은 세 가지 단계로 구성된다.

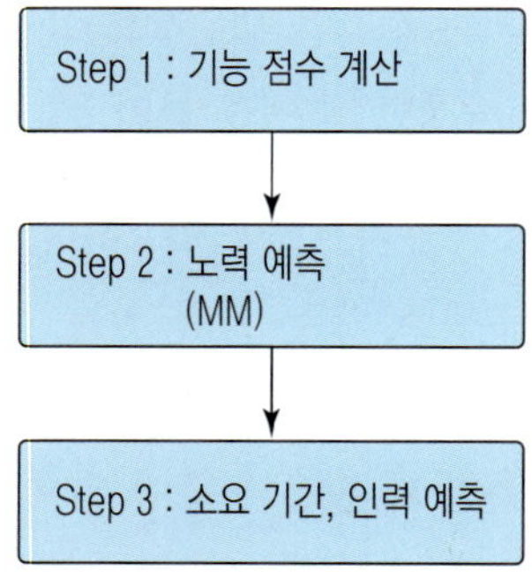

[그림 2.17] 기능 점수를 이용한 프로젝트 소요 기간 산정

Step 1: 기능 점수 계산

기능 점수 산정 방법은 1979년 IBM사의 알란 알브레히트(Allan Albrecht)에 의하여 고안되었다. 기능 점수는 시스템의 일반적인 주요 기능, 즉 입력, 출력, 질의, 파일, 인터페이스의 개수와 난이도를 기초로 프로그램의 크기를 예측해보는 방법이다.

프로젝트를 위한 기능 점수를 계산하려면 우선 시스템의 주요 요소를 파악하기 위하여 다음과 같은 컴포넌트들을 나열한다. 즉 자료 입력 화면과 같은 입력, 보고서와 같은 출력, 데이터베이스 질의, 파일, 프로그램 인터페이스와 같은 기능을 파악한다. 프로젝트 관리자는 시스템에 포함될 각 컴포넌트의 개수를 기록하고 복잡도에 따라 상, 중, 하로 나눈다. 표 2.7에 예를 든 시스템은 19개의 출력 컴포넌트 중에 4개는 낮은 복잡도를 가지고 있고 10개는 중간 복잡도, 5개는 높은 복잡도를 가진다. 여기에 복잡도에 따라 정해진 가중치를 곱하여 컴포넌트별 총합을 낸다. 가중치는 임의로 정한 것이 아니라 기능 점수에 대하여 연구한 결과이며 낮은 복잡도 입력은 기능점수 3점에 해당되고 높은 복잡도 출력은 7점에 해당된다. 종류별 컴포넌트의 기능점수를 합하면 보정하지 않은 총 기능점수(Total Unadjusted Function Points)를 구할 수 있다.

표 2.7 컴포넌트 파악과 보정되지 않는 기능점수

요소	복잡도				
	총 개수	하	중	상	총점
입력	6	3 x 3	2 x 4	1 x 6	23
출력	19	4 x 4	10 x 5	5 x 7	101
질의	10	7 x 3	0 x 4	3 x 6	39
파일	15	0 x 7	15 x 10	0 x 15	150
프로그램 인터페이스	3	1 x 5	0 x 7	2 x 10	25
보정 전 기능점수(TUFP)					338

Step 2: 기능 점수 보정

전체 시스템의 복잡도는 컴포넌트들의 합보다 크다. 프로젝트 팀이 비즈니스 영역에 대한 친근성이나 프로젝트 구현을 위하여 사용할 기술은 프로젝트가 얼마나 복잡할 것인지에 영향을 줄 수 있다. 경험이 거의 없는 팀에게 매우 복잡한 프로젝트는 경험이 많은 팀에게는 복잡하지 않다. 프로젝트의 규모를 더 정확히 생성하려면 시스템에 영향을 미치는 다른 요소, 예를 들면 사용자 작업 효율, 재사용성, 데이터 통신 같은 것을 고려하여 이들이 얼마나 프로그램의 복잡도를 증가시키는지 평가한다. 표 2.8에 총 14가지의 시스템 특성이 나열되어 있으며 각 특성이 시스템 복잡도에 얼마만큼의 영향을 미치는지 가중치의 총합을 구한다.

표 2.8 전체 시스템의 복잡도 영향 계산

특성	영향도	특성	영향도
데이터 통신	3	성능	
과중한 사용 환경		분산 기능	2
트랜젝션 비율		온라인 데이터 입력	2
사용자 효율		온라인 변경	
복잡한 처리		재사용성	
설치 용이성		운용 용이	
다중 사이트		확장성	
총 처리 복잡도(TPC)			7

이것을 보정된 프로젝트 복잡도(Adjusted Project Complexity)라고 한다. APC의 기본값은 0.65이며 전체 복잡도는 기본값에 APC의 100분의 1이 더해진다. 즉 위 예에 대한 APC 값은

보정된 프로젝트 복잡도(APC) = 0.65 + (0.01 × 7) = 0.72

보정되기 않은 총 처리 복잡도에 APC를 곱하면 비로소 우리가 구하고자 하는 보정된 총 처리 기능점수를 구할 수 있다. 이 값이 바로 프로젝트가 얼마나 큰지를 나타내는 기능점수 값이다.

보정된 총 기능 점수(TAFP) = 0.72(APC) × 338(TUFP) = 243

프로젝트의 복잡도를 결정하는 간단한 방법이 있다. 정확한 APC를 구하지 않고 어림짐작 하는 방법으로 APC 값은 가장 단순한 프로젝트는 최소 0.65에서부터 정상적인 프로젝트는 1.00, 복잡한 프로젝트는 1.35까지 가질 수 있다. 예를 들어 보정되지 않는 200 기능점수를 가진 시스템이 아주 단순한 스타일이라면 최종 기능점수는 200 × 0.65 = 130 으로 추정할 수 있다. 반대로 매우 복잡한 스타일이라면 200 × 1.35 = 270 이 된다.

계획 단계에 시스템의 정확한 특성이 결정되지 않는 경우도 있어 입력, 출력, 질의 등이 시스템에 몇 개나 있을지 평정하기 어려울 수도 있다. 이런 이유로 기능점수 방법은 프로젝트 착수 단계에 적용하는 데 무리가 있다는 의견도 있다. 그러나 기능점수는 어떤 프로그래밍 언어를 사용하느냐에 좌우되지 않고 시스템의 규모를 파악할 수 있다는 면에서 유용한 방법이다. 프로젝트를 진행하면서 시스템에 대하여 좀 더 알게 된다면 상세한 지식을 이용하여 더 정확한 예측을 할 수 있게 된다.

Step 3: 규모 추정

기능점수를 산정한 후에는 이를 프로그램 줄 수(lines of code)로 바꿀 필요가 있다. 프로그램 줄 수는 사용하는 언어마다 다르다. 표 2.9에 있는 것은 기능 점수를 프로그램 줄 수로 바꾸는 환산표이다. 예를 들어 기능점수 243인 시스템을 COBOL 언어로 프로그래밍 한다면 대략 26,730 줄이 되며, Visual Basic으로 프로그래밍 한다면

7290 줄이 된다. 만일 Excel이나 Access와 같은 패키지를 사용하면 2,430이나 9,720 줄이 소요된다. 패키지는 각각 다른 용도로 사용되며 시스템 전체를 어떤 패키지만을 사용하여 만들 수는 없기 때문에 패키지의 범위가 크다. 패키지는 필요한 기능이 없을 때 코드를 써서 추가하여 기능을 만든다.

표 2.9 기능점수 당 라인수

언 어	기능점수 당 라인 수
C	130
COBOL	110
Java	55
C++	50
Turbo Pascal	50
Visual Basic	30
PowerBuilder	15
HTML	15
Package(Access, Excel)	10~14

표 2.9에 있는 데이터는 매우 중요한 의미를 담고 있다. 라인 수와 시스템 개발에 필요한 시간이나 노력이 직접적으로 관련되기 때문에 개발 언어를 선택하는 일이 프로젝트 시간과 노력에 큰 영향을 미친다.

Step 4: 노력 산정

시스템의 규모에 대한 이해가 된 후에는 시스템 개발에 소요되는 노력을 산정한다. 노력은 시스템의 크기와 단위 시간 당 작업량, 즉 생산성을 곱한 것이다. 소프트웨어 생산성에 대한 연구가 많이 수행되었는데 그 중에 배리 보엠(W. Boehm)이 제안한 COCOMO 모델이 많이 알려져 있다. COCOMO 모델은 소프트웨어의 복잡도, 시스템의 크기, 개발자의 경험, 개발하는 소프트웨어의 종류에 따라 여러 가지 버전이 있다. 10만 라인의 10명 이하의 인원이 소요되는 소규모에서 중규모의 소프트웨어 프로젝트에 대한 모델은 다음과 같다.

$$노력(인원-월) = 1.4 \times 천\ 줄의\ 코드$$

예를 들어 비즈니스 소프트웨어를 개발하는데 1 만 줄의 코드가 필요하다고 산정했다고 하자. 이 프로젝트는 1.4 × 10 천 줄의 코드 = 14 인원-월이 소요된다. 표 2.7의 시스템을 COBOL로 작성한다면 243 × 110 = 26,730 줄의 코드가 필요하며 1.4 × 26.73 = 37.42 인원-월이 소요된다.

Step 5: 소요 기간 산정

소요되는 노력값을 산정한 후에는 프로젝트를 위한 적합한 일정을 산정한다. 과거 데이터나 자동 산정 소프트웨어가 도움이 될 수 있으나 간단한 방법은 다음과 같은 식을 사용하여 일정을 결정할 수 있다.

$$소요\ 일정(개월) = 3.0 \times 인원-월^{1/3}$$

이 식은 상수값 3.0 대신에 3.5나 2.5를 넣어 다양하게 사용한다. 이 식은 14 인원-월의 노력이 소요되는 프로젝트는 7 개월 이상은 소요되며 이에 맞는 일정을 계획하여야 한다는 것을 제안하고 있다. 37.42 인원-월이 소요되는 표 2.5의 프로젝트는 10개월 조금 넘는 기간이 소요된다. 이 예측값은 분석, 설계, 구현 모든 단계의 작업이 포함된 것이며 계획 단계는 포함되지 않은 것이다.

유스케이스 점수 방법

유스케이스 점수 방법은 UML의 유스케이스를 기초로 한 노력 예측 방법이다. 유스케이스 모델링은 두 가지 중요한 요소, 액터와 유스케이스로 구성된다. 액터는 시스템을 사용하는 사용자의 역할을 나타낸다. 즉 구체적인 사람이 아닌 관리자, 고객 등이 액터가 된다. 개발하려는 시스템과 상호 작용하는 다른 시스템도 액터가 될 수 있다.

Step 1: 유스케이스 점수 계산

유스케이스 점수 방법에서 액터는 세 가지 수준, 단순, 중간, 복잡으로 나눌 수 있다. 단순 액터는 잘 정의된 API(Application Program Interface)로 시스템과 통신한다.

중간 액터는 TCP/IP, FTP, HTTP와 같은 표준화 된 프로토콜 또는 표준 SQL로 접근할 수 있는 외부 데이터베이스를 사용하여 상호작용한다. 복잡한 액터는 시스템과 사용자 고유의 방법으로 상호작용한다.

액터의 복잡도 수준이 정해지면 액터의 개수를 세고 액터 수준별 가중치를 곱하여 점수화 한다. 표 2.10과 같이 모든 액터의 가중치를 더하면 미보정 액터 가중치(Unadjusted Actor Weighting)가 구해진다. 표 2.10의 사례에서는 복잡한 액터만 4개가 존재하므로 UAW는 12가 된다.

표 2.10 미보정 액터 가중치 계산표

액터 타입	특성	가중치	개수	점수
단순	잘 정의된 API를 가진 외부 시스템	1	0	0
중간	프로토콜 기반의 인터페이스를 가진 외부 시스템	2	0	0
복잡	사용자	3	4	12
미보정 액터 가중치(UAW)				12

유스케이스는 시스템이 액터에게 제공하는 중요한 비즈니스 프로세스를 나타낸다. 유스케이스가 다루어야 하는 고유한 트랜잭션의 개수에 따라 단순, 중간, 복잡으로 나눈다. 트랜잭션의 수가 1~3개면 단순, 4~7개는 중간, 7개가 넘으면 복잡한 유스케이스로 분류된다. 표 2.11의 사례에서는 단순한 유스케이스가 3개, 중간이 4개, 복잡한 것이 1개이므로 미보정 유스케이스 가중치(Unadjusted Use Case Weighting)는 $3 \times 5 + 4 \times 10 + 1 \times 15 = 70$이다.

표 2.11 비보정 유스케이스 가중치 계산표

액터 타입	특성	가중치	개수	점수
단순	1~3개 트랜젝션	5	3	15
중간	4~7개 트랜젝션	10	4	40
복잡	〉7 트랜젝션	15	1	15
미보정 유스케이스 가중치(UUCW)				70

Step 2: 보정을 위한 인자 분석

이렇게 구한 UAW와 UUCW를 합하면 미보정 유스케이스 점수(Unadjusted Use Case Point)를 구할 수 있는데 표 2.7, 표 2.8의 사례는 82이다.

$$UUCP = UAW + UUCW, 12 + 70 = 82$$

유스케이스 점수는 프로젝트의 기술적, 환경적 요인에 의하여 영향을 받는다. 따라서 유스케이스 점수를 두 가지 종류의 인자, 즉 기술적 복잡 인자(Technical Complexity Factor)와 환경적 인자(Environmental Factor)로 보정하여야 한다. 기술적 복잡 인자는 13 개이며 환경적 인자는 8 개로 구성되어 있다. 이렇게 보정하는 목적은 개발하는 시스템의 복잡도와 개발 팀의 경험 수준을 노력 예측에 반영하려는 것이다. 각 인자는 아무 관련이 없는 경우는 0이며 프로젝트 성공에 영향이 많이 끼치는 경우 5까지의 값을 부여한다. 각 인자에 부여한 값에 각 인자에 정해진 가중치를 곱하면 TFactor 값과 EFactor 값을 구할 수 있다.

표 2.12 기술 복잡 인자

인자번호	특성	가중치	영향도(0~5)	점수
T1	분산 시스템	2.0	0	0
T2	반응 시간 또는 처리량 성능 목표	1.0	5	5
T3	사용자 온라인 효율	1.0	3	3
T4	복잡한 내부 처리	1.0	1	1
T5	코드 재사용	1.0	1	1
T6	설치 용이함	0.5	2	1
T7	사용 용이함	0.5	4	2
T8	이식성	2.0	0	0
T9	변경 용이함	1.0	2	2
T10	병렬처리	1.0	0	0
T11	보안 특수 목적이 포함됨	1.0	0	0
T12	다른 시스템을 위한 직접 접근	1.0	0	0
T13	사용자 특수 교육 필요	1.0	0	0
총 기술인자(TFactor)				15

기술 복잡 인자(Technical Complexity Factor)를 구하는 공식에 대입하여 TCF를 구하면 0.75다.

$$TCF = 0.6 + (0.01 * TFactor),\ \ 0.6 + (0.01 * 15) = 0.75$$

다음은 프로젝트 환경에 대한 인자에 대하여 가중치를 구한다. 표 2.13과 같이 8개의 환경 인자에 대하여 영향도를 평가하고 가중치를 곱한다.

표 2.13 환경 인자

인자번호	특성	가중치	영향도(0~5)	점수
E1	개발 프로세스의 친근함	1.5	4	6
E2	응용 분야 경험	0.5	4	2
E3	객체지향 경험	1.0	4	4
E4	리더의 분석 경험	0.5	5	2.5
E5	성취 의욕	1.0	5	5
E6	요구의 안정성	2.0	5	10
E7	비정규직	−1.0	0	0
E8	프로그래밍 언어의 어려움	−1.0	4	−4
총 환경인자 값(EFactor value)				25.5

EFactor 값은 TFactor와 같이 단순히 가중치를 더한다. 환경 인자를 구하는 공식에 EFactor 값을 대입하면 다음과 같이 0.635라는 값을 구할 수 있다.

$$EF = 1.4 + (-0.03 * EFactor),\ 1.4 + (-0.03 * 24.4) = 0.635$$

Step 3: 보정된 유스케이스 점수 계산

이제 TCF와 EF 값을 가지고 앞에서 계산한 UUCP 값에 적용하여 보정된 유스케이스 점수를 구한다. 계산식은 다음과 같다.

UCP = UUCP * TCF * EF, 82 * 0.75 * 0.635 = 33.3375

Step 4: 노력 추정

유스케이스 점수당 프로그램의 크기에 관한 통계를 적용하면 시스템의 규모를 추정할 수 있다. 또한 생산성에 대한 통계 자료가 있다면 시스템 개발에 필요한 노력도 예측할 수 있다. 유스케이스 점수를 제안한 카너(Karner)에 의하면 유스케이스 점수에 단순한 생산성 20을 곱하면 시스템 개발에 필요한 총 소요 시간(person-hours)을 구할 수 있다고 한다.

유스케이스 점수를 사용한 경험에 의하면 유스케이스 점수 생산성 승수(person-hours multiplier)는 환경 인자에 배정된 값에 따라 20 또는 28을 적용할 수 있다고 한다. 생산성 승수를 결정하는 규칙은 다음과 같다.

```
If (E1부터 E6까지 3보다 작게 배정된 값의 개수) 와
    (E7과 E8에 3보다 크게 배정된 값의 개수) 합이
    <= 2
    PHM = 20
Else If (E1에서 E6까지 3보다 작게 배정된 값의 개수) 와
    (E7과 E8에 3보다 크게 배정된 값의 개수) 합이
    = 3 또는 4
    PHM = 28
Else 프로젝트가 실패로 끝날 위험이 커서 프로젝트를 다시 고려함.
```

위의 규칙을 위 사례에 적용하면 환경 인자 E1에서 E6까지 3보다 작은 수를 가진 것은 없으며 E8만 3보다 큰 값을 가지므로 EFactor의 개수의 합은 1이다. 따라서 생산성 승수(PHM)는 20이다. 유스케이스 점수(UCP) 33.3375에 생산성 승수(PHM) 20을 곱하면 노력 예측값은 666.75 인원/시간이다.

2.7 조직 구성

프로젝트 조직 구성은 얼마나 많은 인원을 프로젝트에 투입하여야 하는지 결정하며 각 인원이 프로젝트 수행에 필요한 기술이 무엇인지 결정하는 것이다. 또한 프로젝트의 목표를 달성하기 위하여 참여자에게 어떻게 동기부여를 할 것인지 프로젝트 팀원 사이의 갈등은 어떻게 최소화 할 것인지 결정한다. 프로젝트 계획서에 포함되는 조직 구성 부분은 어떤 사람이 프로젝트에 참여하며 몇 명이 동원되고 업무 보고 체계와 프로젝트 수행의 목표와 규칙은 무엇인지 기술한다.

팀 조직

조직을 구성하는 첫 번째 단계는 프로젝트에 필요한 스탭의 평균 인원을 결정하는 일이다. 이 값을 계산해 내려면 소요 예상되는 인원-월(Man-Month)을 최적으로 진행될 때 일정 기간으로 나누면 된다. 40 인원-월 규모의 프로젝트를 10개월에 완성하려면 4명의 정규직 인력이 필요하다. 경우에 따라서 분석가, 프로그래머, 테스트 엔지니어 등이 프로젝트에 투입되었다가 빠지면서 구성원이 바뀔 수 있다.

프로젝트 팀에 인원을 배당할 때 빠지기 쉬운 유혹은 프로젝트를 빨리 끝내기 위하여 더 많은 인원을 할당하려는 유혹이다. 그러나 이것은 현명한 결정이 아니다. 인력을 많이 투입한다고 해서 바로 생산성을 높일 수 없기 때문이다. 팀 인원과 생산성의 관계는 비례하지 않는다. 왜냐하면 프로젝트에 많은 인원이 참여하면 서로 협력하기가 더 어렵기 때문이다. 팀 인원이 증가할수록 관리하기도 어려워진다. 그림 2.18에 나타낸 것처럼 2명이 팀으로 일할 때와 4명, 6명 그 이상이 일할 때 의사소통 경로가 기하급수적으로 늘어난다.

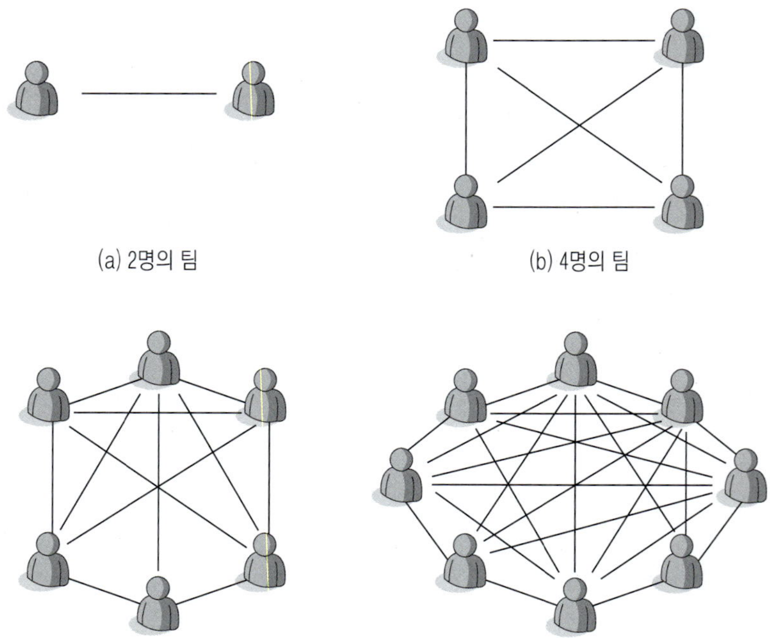

(a) 2명의 팀 (b) 4명의 팀

(c) 6명의 팀 (d) 8명의 팀

[그림 2.18] 팀 의사소통 경로의 복잡도

팀의 의사소통 경로를 줄여서 효율적으로 만드는 방법은 모든 구성원과 의사교환을 하지 않고 보고 경로를 만들어 효율적이 되도록 하는 것이다. 즉 8명 내지 10명의 작은 조직으로 만들고 작은 팀들이 모여 큰 프로젝트를 담당하게 한다. 그러면 작은 팀 안에서는 의사소통이 효율적이 되고 팀 사이의 의사소통은 리더가 대신하게 된다.

프로젝트 관리자는 수행 프로젝트에 필요한 인원을 파악하고 참여자의 역할을 정하며 보고 구조(reporting structure)를 제안한다. 프로젝트 조직의 전형적인 형태는 그림 2.19와 같이 한 명의 프로젝트 관리자가 전체 개발 과정을 감독하고 분석가들을 관리하는 기능팀장과 기술팀장이 각각 분석가와 프로그래머나 기술 지원 스탭을 관리하게 하는 것이다.

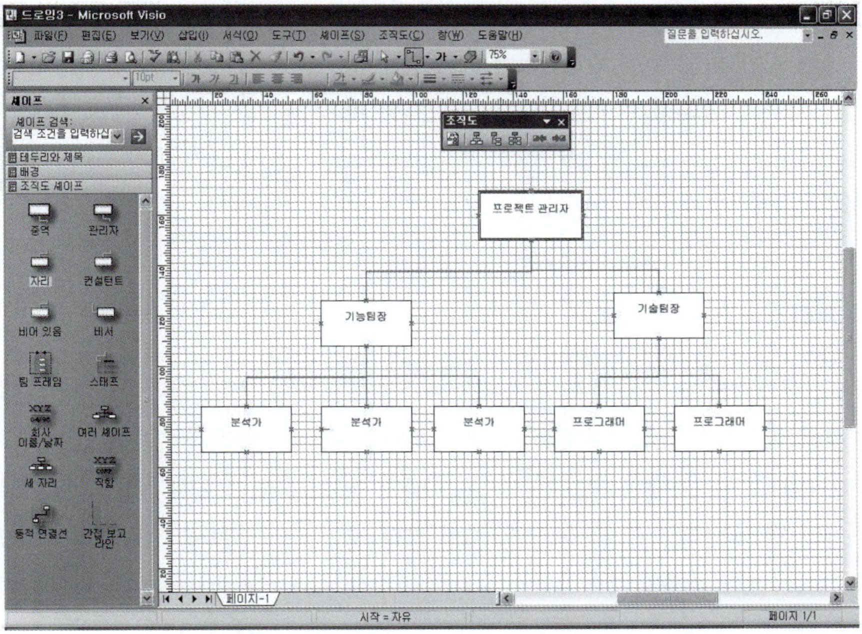

[그림 2.19] 조직도

프로젝트 팀 조직에는 여러 가지가 있다. 그림 2.19는 그 중에 한 가지 유형이다. 역할을 정하고 구조를 결정한 후에는 어떤 사람이 그 역할에 적합한지 찾는다. 때에 따라서 동일인이 프로젝트 팀의 여러 가지 역할을 맡는 경우도 있다.

인원을 배치할 때는 그 사람이 가진 기술적 능력과 인간관계 능력을 고려한다. 두 가지 능력 모두 프로젝트 수행에 중요한데 기술적 능력은 프로그래밍, 또는 웹서버가 고객의 접속률에 따라 어떻게 구성되어야 하는지 판단해 내는 것과 같은 기술적 작업을 말하며 특정 프로젝트에 어떤 기술이 필요한지 잘 살펴야 한다.

한편 인간관계 능력은 비즈니스 사용자, 고위 관리자, 프로젝트 팀 멤버 등과 함께 일할 때 사용되는 대인 또는 의사소통 능력을 말한다. 요구 취합이나 조직의 타당성을 파악하는 일에는 이러한 능력이 아주 중요하다. 각 프로젝트에는 고유한 기술적 능력과 인간관계 능력이 필요하다. 예를 들어 웹 기반 프로젝트에는 인터넷 경험이나 Java 프로그래밍 지식이 필요하며 반론이 많은 프로젝트에는 논란이 많은 상황에 정통한 분석가가 필요하다.

프로젝트 역할은 작업에 적합한 능력을 가진 사람으로 채워야 이상적이다. 그러나 적합한 사람이 없다면 여러 가지 방안을 생각해 보아야 한다. 다른 프로젝트에서 차출할 수도 있고 기관 밖에 있는 컨설턴트나 계약 근로자의 도움을 받아 팀 멤버를 교육하여 투입할 수도 있다. 교육은 기술적 측면과 인간관계 측면 모두 필요하다. 또 다른 방법으로 멘토링은 프로젝트 팀 멤버를 다른 유사 프로젝트에 보내 현재의 프로젝트에 이를 적용시킬 수 있게 하는 것이다.

동기 부여

참여자들에게 작업을 할당하는 것만으로는 충분하지 않다. 프로젝트 관리자는 참여자들이 프로젝트를 성공시킬 수 있도록 동기를 부여하여야 한다. 동기부여란 참여자의 생산성에 영향을 줄 수 있는 최고의 가치로 알려져 왔다. 그러나 실제 팀원에게 동기부여를 어떻게 할 것인가를 결정하는 일은 쉽지 않다. 좋은 프로젝트 관리자는 돈이나 보너스로 참여자에게 동기를 부여한다고 생각하지만 대부분의 관리자는 이런 방법은 단지 최후 수단이라는 것이다. 금전적으로 자주 보상할수록 참여자는 더욱 기대하고 그 후에는 금전적인 동기부여는 작동하지 않는다고 한다.

팀 구성원들이 공평한 대우를 받고 있다고 가정할 때 기술 분야의 고용자는 인지도나

피할 사항		이유
	비현실적 일정	마감에 맞추지 못할 것임을 체감하였을 때 열심히 하는 사람은 거의 없음
	좋은 열심을 무시함	일하는 것에 대하여 칭찬받으면 열심히 일한다.
	형편없는 제품 만들기	질 낮은 프로젝트를 위하여 일하는 것을 자랑스러워 할 사람은 없음
	참여자 모두에게 같은 보상	모두 같은 보상을 준다면 비범한 사람들의 생각에는 불공평함
	중요한 결정을 팀원 의사 묻지 않고 결정	팀 구성원에게 크게 영향을 줄 수 있는 문제는 의사결정에 참여하게 하여야
	작업 환경 열악	좋은 작업 환경을 제공해야 그렇지 않으면 동기부여가 무효화 됨

[그림 2.20] 동기부여를 위하여 하지 말아야 할 것

성취감, 일 자체, 도약, 새로운 기술을 익히는 기회에 의하여 더 동기부여 된다. 동기부여의 목적으로 보상을 하려면 간식이나 멋진 저녁식사, 격려 편지나 시상을 해보라. 훨씬 효과적일 수 있다. 그림 2.20은 동기부여를 높이기 위하여 피해야 할 사항을 예로 든 것이다.

갈등 해소

조직 구성을 이루는 세 번째 요소는 구성원 사이의 갈등을 최소화하기 위한 프로젝트 팀조직이다. 팀 소속감, 즉 다른 멤버와 한 팀이라는 강력한 의식은 생산성을 높일 수 있다. 프로젝트의 역할을 명확히 정의하고 작업을 담당할 만한 인력을 확보하는 것이 프로젝트에 내재된 갈등을 완화하는 출발점이다. 어떤 프로젝트 관리자는 프로젝트의 행동원칙이나 헌장 같은 것을 작성한다. 예를 들면 언제 프로젝트 팀이 근무하여야 하며 회의는 언제 할 것이고 그룹은 서로 어떻게 의사 교환할 것인지, 작업이 종료된 후에 작업계획은 어떻게 수정할 것인지를 작성한다.

요약

- 정보 시스템 개발 프로젝트의 계획은 비즈니스 업무를 처리하는 것이므로 먼저 경영 목표 분석과 전략적 계획 수립이 필요하다.
- 프로젝트는 시스템 개발에 대한 필요성을 비즈니스 가치 측면의 여러 가지 정보를 분석하여 제공함으로써 제안한다.
- 프로젝트를 선택하기 위해서는 기술적, 경제적, 조직적 타당성을 분석하여야 한다.
- 프로젝트는 조직의 제한된 자원을 효과적으로 투자하기 위하여 모든 프로젝트에 대한 포트폴리오 구성을 고려하여 선정하여 리스크를 최소화하여야 한다.
- 프로젝트 일정을 관리하기 위하여 WBS, 간트차트, 프로젝트 네트워크 등의 도구를 사용한다.
- 계획 단계에 중요한 프로젝트 소요 비용 산정은 노력에 대한 예측이다. 일반적으로 기능 점수를 기반으로 하여 예측하나 UML을 사용하면 유스케이스 점수를 기반으로 노력을 예측할 수 있다.
- 프로젝트 계획에는 개발 팀의 조직 구성이 포함된다. 인원뿐만 아니라 구성원의 역할, 동기부여 방법, 갈등 해소법이 강구되어야 한다.

퀴즈

1. 프로젝트는 ______________________________ 를 창조하는 처음부터 마지막까지의 작업이다.

2. 타당성 검토는 _______________ 측면, _______________ 측면, _______________ 측면을 고려하여 가능성을 검토한다.

3. _______________ 은 기관의 장기적인 목표나 전략, 이를 위한 자원 들을 찾는 과정이다.

4. 기업의 목적, 비전, 가치를 근거로 작성한 선언문을 ______________ 이라 부른다.

5. ______________ 은 시스템을 구축하기 위한 필요성과 시스템이 제공할 것으로 예상하는 가치를 정리한 문서이다.

6. 프로젝트에 영향을 주는 상충관계에 있는 세 가지 변수는 ______________, ______________, ______________ 이 있다.

7. 투자 대비 수익률을 ______________________ 라 한다.

8. 기능점수는 시스템의 주요 기능, 즉 ____________, ____________, ____________, 파일, ______________ 의 개수와 난이도를 기초로 프로그램의 크기를 예측하는 방법이다.

9. ______________ 는 프로젝트의 각 작업이 언제 완성되어야 하고 누가 작업할 것인지, 어떤 결과가 나와야 하는지 등 중요한 정보를 담고 있다.

10. 조직 구성은 참여자의 역할을 할당하는 것 이외에 ______________ 하는 방법과 ______________ 하는 방법이 필요하다.

11. 프로젝트 계획에 대한 설명으로 바르지 않은 것은?

가. 무엇보다도 비즈니스를 이해하고 목표를 정하는 것부터 출발한다.

나. 프로젝트 착수 단계에는 정보기술을 사용하여 얻을 수 있는 비즈니스 가치를 찾는 작업을 한다.

다. 계획 단계에는 무엇보다 위험 요소와 비즈니스 가치에 중점을 두어야 한다.

라. 계획 단계의 결과물은 타당성 분석 결과이다.

12. 전략적 계획을 수립할 때 분석하는 SWOT 방법에 포함되지 않는 것은?

가. 강점(Strength) – 주된 장점이 무엇인가?

나. 약점(Weakness) – 주된 약점은 무엇이며 어떻게 극복할 수 있는가?

다. 관찰(Observation) – 관찰된 사실 중 어떤 중요한 이슈가 있는가?

라. 위험(Threat) – 우리가 당면한 주요 위협을 무엇인가? 대처하기 위해 할 수 있는 것은 무엇인가?

13. 계획 단계의 순서를 바르게 나타낸 것은?

㉠ 시스템 개발 요청 정의	㉡ 타당성 분석
㉢ 비즈니스 목표 설정	㉣ 계획서 작성
㉤ 프로젝트 개발 일정과 비용 산정	

가. ㉢ → ㉠ → ㉡ → ㉤ → ㉣

나. ㉠ → ㉢ → ㉡ → ㉤ → ㉣

다. ㉡ → ㉢ → ㉠ → ㉣ → ㉤

라. ㉡ → ㉢ → ㉣ → ㉠ → ㉤

14. 다음 중 경제적 타당성을 분석하는 과정을 올바로 나열한 것은?

㉠ 연도별 수익 계산	㉡ 비용 수익 금액 산정
㉢ 비용 수익요소 파악	㉣ 프로젝트 경제적 가치 계산

가. ㉢ → ㉠ → ㉡ → ㉣

나. ㉢ → ㉡ → ㉠ → ㉣

다. ㉡ → ㉠ → ㉣ → ㉢

라. ㉡ → ㉠ → ㉢ → ㉣

15. 기능 점수 방법의 바른 세 단계를 나열한 것은?

가. 기능점수 계산 → 소요 기간 예측 → 노력 예측

나. 기능점수 계산 → 노력 예측 → 소요기간 계측

다. 소요기간 예측 → 기능점수 계산 → 노력 예측

라. 소요기간 예측 → 노력 예측 → 기능점수 계산

16. 다음 중 작업 계획에 표현되어야 할 정보로만 모아 놓은 것은?

가. 작업 이름, 착수일, 작업 담당자, 우선순위, 작업 도구

나. 작업 이름, 착수일, 작업 담당자, 작업 순서, 우선순위

다. 작업 이름, 착수일, 완성일, 결과물, 완성 상태, 필요한 자원

라. 작업 이름, 착수일, 완성일, 결과물, 예상시간, 작업 순서

17. 다음에 나열한 이익이 눈에 보이는 이익인지 눈에 보이지 않는 이익인지 올바로 구별한 것은?

ㄱ. 매출 증가	ㄴ. 시장 점유율 증가	ㄷ. IT 비용 절감
ㄹ. 부품비 절약	ㅁ. 브랜드 인지도 증가	ㅂ. 고객 서비스 향상

	눈에 보이는 이익	눈에 보이지 않는 이익
가.	ㄱ, ㄹ, ㅁ	ㄴ, ㄷ, ㅂ
나.	ㄱ, ㄷ, ㅂ	ㄴ, ㄹ, ㅁ
다.	ㄱ, ㄷ, ㄹ	ㄴ, ㅁ, ㅂ
라.	ㄱ, ㄷ, ㅁ	ㄴ, ㄹ, ㅂ

18. 다음 중 시스템 개발 요청서에 포함되어야 할 정보가 아닌 것은?

가. 프로젝트 스폰서
나. 프로젝트 개발자
다. 비즈니스 요구
라. 비즈니스 가치

19. 첫해에 이익이 5000만원이고 다음 4년 동안 500만원씩 증가하는 이익을 내는 정보시스템이 있다고 가정해 보자. 일회적 개발 비용은 9000만원이었고 첫 해에 시작한 운영비용은 매해 4000만원이 소요되었다. 이 회사의 할인율을 10%로 적용하고 5년 동안의 비용과 이익의 순 현재 가치는 얼마인가?

가. 10%
나. 11%
다. 11.1%
라. 22%

20. 다음 프로젝트 조직 구성에 대한 설명에서 옳지 않은 것은?

가. 프로젝트를 빨리 끝내기 위하여 더 많은 인원을 할당하는 것은 오히려 의사소통에 장애가 되어 작업이 지연될 수 있다.
나. 프로젝트 팀 조직을 정할 때는 사람을 정하고 각 사람에 맞는 조직 구조를 정한다.
다. 동기부여를 위하여 참여자 모두에게 똑같은 보상을 하는 것은 피해야 한다.
라. 팀원들 사이에 갈등 해소를 위하여 역할을 명확히 정하고 행동 원칙 또는 헌장을 정한다.

퀴즈 정답

1. 비즈니스 가치 2. 기술적, 경제적, 조직적 3. 전략적 계획 4. 미션 선언문 5. 시스템 개발 요청서 6. 규모, 시간, 비용 7. ROI 8. 입력, 출력, 질의, 프로그램 인터페이스 9. 간트 차트 10. 동기 부여, 갈등 해소 11. 라 12. 다 13. 가 14. 나 15. 나 16. 다 17. 다 18. 나 19. 나 20. 나

연습문제

1. 왜 많은 프로젝트가 이해할 수 없는 데드라인에 맞추게 되는가? 프로젝트 관리자는 이해할 수 없는 요구에 어떻게 반응하여야 할까?

2. SWOT 분석이란 무엇이며 어떤 경우에 사용하는가?

3. 경영목표란 무엇이며 경영 목표와 IT 프로젝트 선정과의 관계를 설명하라.

4. 프로젝트가 선정되기까지의 과정에 대하여 설명하라.

5. 시스템 개발을 요청하는 여섯 가지 주된 요인은 무엇인가? 나열하고 각각을 설명하라.

6. 시스템 개발 요청서의 내용과 필요성에 대하여 설명하라.

7. 프로젝트 타당성을 평가하는 다양한 방법들에 대하여 나열하고 설명하라.

8. 비용수익을 분석하고 화폐의 시간 가치와 할인율, 순 현재 가치, 투자 수익률, 손익분기점 분식 등이 무엇을 의미하는지 설명하라.

9. 어떤 할인 매장의 판매와 창고를 관리하는 정보 시스템을 개발하려고 한다. 다음과 같이 비용에 대하여 초기 분석하였을 때 투가 대비 수익률(ROI)과 손익분기점을 구하라. 단, 할인율은 10%로 가정한다.

	당해년도	1년차	2년차	3년차	4년차	5년차
순이익	0	50,000	55,000	55,000	55,000	55,000
개발 비용	47,500					
운영 비용		30,000	30,000	30,000	30,000	30,000

10. 프로젝트 일정 계획을 위하여 간트 차트를 작성하기까지의 과정을 설명하라.

CHAPTER 03

요구 분석

요구 분석 단계에서는 새로운 시스템을 위한 비즈니스 요구 사항을 결정한다. 이 장에서는 요구란 무엇이며 어떻게 파악할 수 있는지, 또한 새로운 시스템이 갖추어야 할 기능과 성능을 나열하는 문서를 어떻게 작성하는지 설명한다. 특히 비즈니스 요구를 파악하기 위하여 비즈니스 프로세스를 분석하고 리엔지니어링하는 방법과 인터뷰, JAD 방법, 설문, 서류 분석, 관찰 등 요구 추출 방법에 대하여 알아본다.

contents

03 요구 분석

학습목표

- 요구를 어떻게 정의하는지 알게 한다.
- 요구 분석 기술에 대하여 익숙하게 한다.
- 비즈니스 프로세스 분석 기술에 대하여 익숙하게 한다.
- 인터뷰, JAD 방법, 설문, 서류 분석, 관찰을 이용하여 요구를 찾아내는 방법을 알게 한다.
- 각 요구 추출 방법을 언제 사용하는지 알게 한다.
- 요구 문서화 방법을 알게 한다.

3.1 소개

소프트웨어 개발 생명주기는 현재의 시스템(as-is)으로부터 새로운 시스템(to-be)으로 옮겨가는 과정이라 할 수 있다. 2장에서 다룬 계획 단계의 결과인 시스템 개발 요청, 타당성 분석, 프로젝트 계획은 새로운 시스템에 대한 일반적인 아이디어나 프로젝트 범위, 작업 계획을 제공하는 것이다. 이제 더 구체적으로 시스템 요구를 찾아내는 분석 단계로 넘어가 보자.

분석이란 어떤 것을 이해할 목적으로 쪼개고 나누어 구성요소의 특징이나 기능, 관계를 파악하는 것이다. 따라서 분석 작업은 새로운 시스템에 대한 일반적인 요구를 분해하여 더 구체화하며 새로운 시스템이 무엇을 하여야 하는지를 상세히 찾아내는 것이다. 상세한 내용을 기술하는 방법은 그림 3.1과 같이 네 가지 방법, 요구 사항 정의(3장), 기능적 모델링(4장), 정적 모델링(5장), 동적 모델링(6장)이 있다.

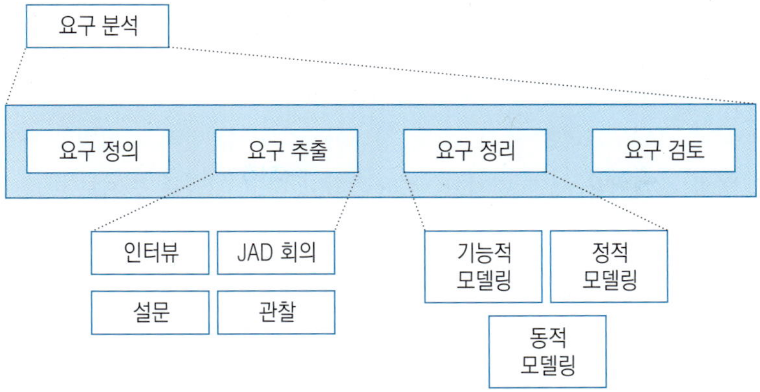

[그림 3.1] 요구 분석 단계의 작업

요구 정의

요구 분석 작업은 요구 취합 기법을 사용하여 시스템을 위한 정보를 모아서 적절한 비즈니스 요구를 찾아내어 정의하는 것으로 시작한다. 찾아낸 요구를 프로젝트 팀원과 사용자가 새 시스템을 명확히 이해할 수 있도록 모델로 잘 정리하여 검토하는 것으로 끝난다.

새로운 시스템을 개발하기 위하여 현재 비즈니스 프로세스를 파악하고 개선하는 일도 필요하다. 이를 비즈니스 프로세스 분석이라 한다. 또한 새로운 시스템을 위한 요구, 즉 입력, 출력, 처리, 성능, 보안 등을 파악하기 위하여 조사하여야 한다. 출력은 시스템이 제공하는 인쇄된 정보나 전자화 된 정보를 말한다. 입력은 수동이던 자동이던 시스템에 들어와야 할 자료이다. 처리는 자료를 의미 있는 정보로 변환하기 위하여 적용되는 논리적인 규칙을 뜻한다. 성능은 속도, 크기, 용량, 가용성, 신뢰성 등 시스템의 특성을 말한다. 보안은 내부 또는 외부의 위협으로부터 시스템을 보호하기 위한 하드웨어와 소프트웨어 및 절차적인 제어를 뜻한다.

요구 추출

요구를 찾아내기 위한 정보는 여러 가지 방법으로 찾을 수 있다. 인터뷰, 관찰, 회의, 서류 검토, 설문 등 방법으로 정보를 모은다. 이런 작업을 통하여 목표 시스템의 다양한 요구 사항을 파악하고 우선 순위를 정하여 시스템의 요구로 확정한다.

요구 정리

시스템이 복잡할수록 다양한 관점으로 정리할 필요가 있다. 마치 빌딩 건축을 위하여 수천 개의 설계도면을 그리는 것과 같다. 장님이 코끼리를 만지고 정의할 때 몸통만을 만져 보고 벽과 같다거나 코만 만지고 뱀과 같다고 하고 꼬리를 만져보고 로프와 같다고 하는 것은 실체를 제대로 파악한 것이 아니다. 여러 가지 다양한 측면의 모델을 완성해 나가면서 개발하려는 복잡한 시스템을 이해해 가면 요구를 잘 정리할 수 있다. 일반적으로 소프트웨어 시스템은 세 가지 측면의 모델을 작성한다.

- 기능적 모델링 – 4장에서 다루는 기능적 모델링 작업은 정보 시스템의 기능을 사용자와 환경이라는 관점에서 작성한 것이다. 즉 시스템이 외부에 제공하는 기능을 유스케이스라는 단위로 파악하여 나타내고 시스템이 사용된 후 비즈니스 프로세스를 액티비티 단위로 나타내는 과정이다. 분석가는 기능적 모델링 작업을 통하여 요구를 잘 이해하여 문서화 할 수 있고 시스템의 외부에 드러나는 기능적 동작을 이해할 수 있다.
- 정적 모델링 – 5장에서 소개한 정적 모델링은 비즈니스 프로세스를 지원할 자료와 이를 이용하는 오퍼레이션 묶음(즉 클래스) 구조에 대하여 표현한다. 분석 단계에는 자세한 저장 방법이나 생성 방법, 조작 보다는 논리적인 데이터와 오퍼레이션 구성에 초점을 둔다. 주로 클래스와 그들 사이의 관계를 나타내는 클래스 다이어그램으로 나타내며 클래스의 역할을 찾아내기 위하여 CRC(Class-Responsibility-Collaboration) 카드를 사용한다.
- 동적 모델링 – 6장에 기술한 동적 모델링 작업은 비즈니스 프로세스를 지원하는 시스템 내부에서 일어나는 동작을 나타낸다. 즉 시스템이 어떤 기능을 수행되는 동안 내부 요소들이 어떤 동작과 상호작용을 하는지를 표시한다. 동적 모델링은 주로 인터랙션 다이어그램과 상태 다이어그램으로 나타낸다.

Box 3.1 | 모델링이란?

모델링은 어떤 실체를 축약하여 표현하는 작업이다. 예를 들어 넓은 영역의 지형을 다 표현하지 않고 도로나 경사도 등 필요한 것만 축약하여 표현한 것이 지도인데 대표적인 모델이다. 마찬가지로 아직 개발하지 않은 시스템의 실체는 아직 없지만 여러 가지 관점에서 파악한 내용을 그림 3.2에 있는 도면과 같이 나타낸 것이라 할 수 있다. 모델링은 주로 다이어그램을 이용하여 비주얼로 표현하며 이 책에서는 UML(Unified Modeling Language)이라는 표준 방법을 사용한다.

하드웨어 엔지니어가 이해하는 모델

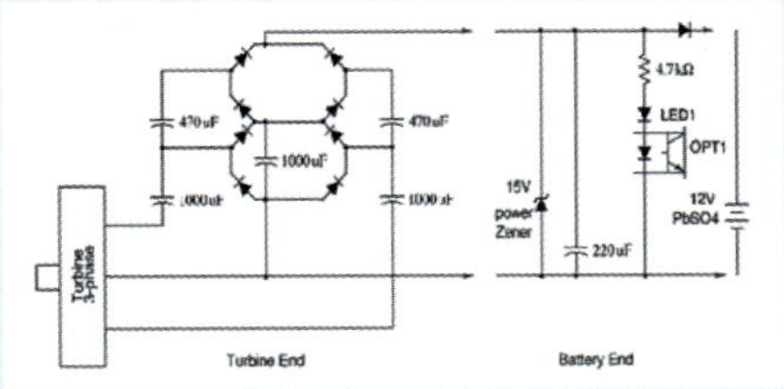

소프트웨어 엔지니어가 이해하는 모델

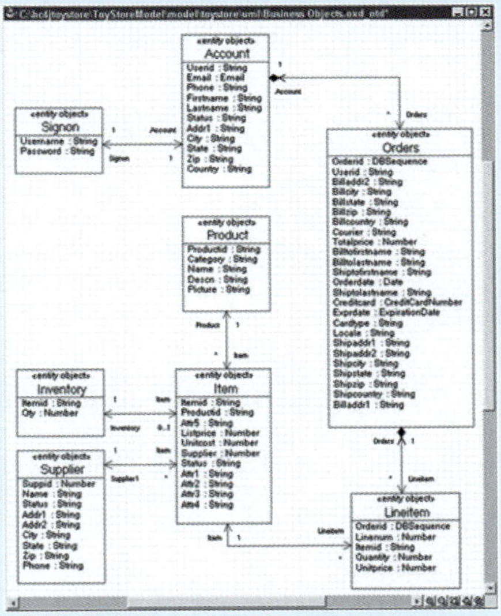

[그림 3.2] 모델링

분석 단계는 시스템에 대한 자세한 제안을 사용자, 관리자, 그 밖의 관련자가 참석한 회의에서 발표함으로 끝난다. 이러한 회의를 워크스루(walk-through)라고 하는데 새로운 시스템의 개념적 내용을 의사결정 관련자들에게 발표함으로써 명확히 이해시키고 어떤 개선이 필요한지 알게 하고 프로젝트를 계속 진행할 것인지 판단하게 한다. 이 회의에서 승인된다면 시스템 개발은 설계 단계로 넘어가고 요구 정의, 프로세스 모델, 데이터 모델은 설계 작업의 입력으로 사용되어 시스템을 어떻게 구축할 것인지를 나타내도록 발전된다.

요구 정의 단계는 소프트웨어 개발 생명주기에서 가장 운명적인 단계이다. 이 단계에서 시스템의 중요한 요소들이 처음으로 출현하기 때문이다. 요구를 결정하는 단계에서는 아직 이루어진 작업이 적어 시스템을 쉽게 변경할 수 있다. 소프트웨어 개발 생명주기의 연속된 단계를 진행하면서 요구 결정은 더욱 더 어렵고 변경하기 힘들게 된다. 왜냐하면 모두 재작업이 필요하기 때문이다. 시스템 개발 프로젝트가 실패하는 이유는 많은 경우 요구에 문제가 있기 때문이라고 보고되고 있다. 이러한 이유로 프로토타이핑이나 애자일 방법론이 요구의 변경에 대한 효과적인 접근 방법이 될 수 있다. 작은 요구를 파악하여 점증적으로 구현하여 전체 시스템이 계속 변경되고 발전될 수 있게 하기 때문이다.

이 장에서는 분석단계에 요구를 결정하는 작업에 초점을 둔다. 요구가 무엇인지를 설명하고 요구 분석과 요구 취합 전체 과정을 기술한다. 요구를 분석하고 취합하는 방법들도 다룬다.

3.2 요구 정의

요구 정의 작업은 시스템 개발 요청에 포함된 높은 수준의 비즈니스 요구를 상세한 정의로 확장하는 것이다. 작성된 자세한 요구 리스트는 다른 작업의 입력, 예를 들면 기능적 모델이나 동적 모델을 구축하는 데 사용될 수 있다. 먼저 요구가 무엇인지 소개하고 요구 정의를 만들기 위한 과정을 설명한다.

요구란?

요구란 시스템이 무엇을 하여야 하는지 또는 어떤 특성을 가져야 하는지를 기술한 문장이다. 요구는 분석 단계를 진행하는 동안 비즈니스 관점에서 시스템이 무엇을 하느냐에 초점을 맞추어 작성한다. 즉 비즈니스 사용자의 니즈에 초점을 맞춘다. 따라서 분석단계의 요구를 일반적으로 비즈니스 요구 또는 사용자 요구라고 부른다. 한편 설계 단계로 넘어가면 비즈니스 요구는 더 기술적인 내용으로 진화되어 시스템이 어떻게 구현될 것인지를 나타낸다. 설계 단계의 요구는 개발자의 관점에서 작성하며 시스템 요구라고 부른다.

비즈니스 요구와 시스템 요구를 무 자르듯 정확히 나눌 수는 없다. 두 용어를 혼용하는 경우도 많이 있다. 중요한 것은 요구는 시스템이 무엇을 하느냐에 대한 정의이며 프로젝트 분석 단계로부터 설계, 구현에 이르면서 계속 변경된다는 사실이다. 요구는 시스템이 가져야 할 비즈니스 성능을 상세히 선언한 것으로부터 어떤 성능이 새로운 시스템에 구현될 것인지 기술적인 방법으로 자세히 선언한 것으로 발전한다.

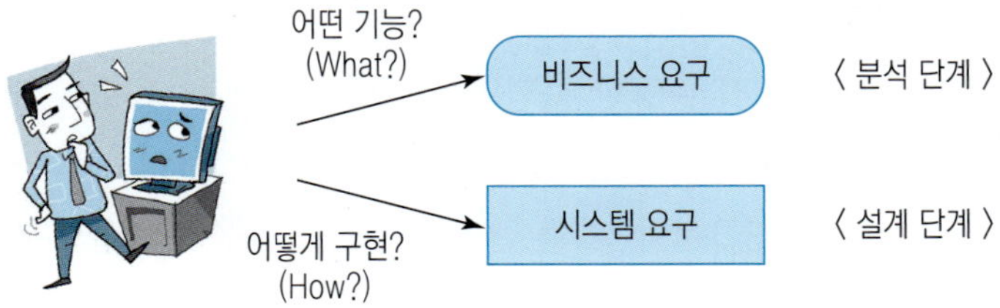

[그림 3.3] 비즈니스 요구와 시스템 요구

요구는 기능적이거나 기능 외적인 것으로 나눈다. 따라서 요구 분석 문서에는 기능적 요구와 비기능적 요구 모두 포함시킨다.

[그림 3.4] 기능적 요구와 비기능적 요구

기능적 요구

기능적 요구는 시스템이 수행해야 할 처리나 보관하여야 할 정보와 밀접하게 관련된다. 예를 든다면 시스템이 상품 재고를 검색할 수 있다는 것은 처리 중심 기능 요구이다. 시스템이 지출 예산과 실제 지출을 포함하여야 한다는 것은 정보 중심의 기능적 요구이다. 기능적 요구는 분석 단계로 바로 넘어가 정확히 정의된다.

비기능적 요구

비기능적인 요구는 시스템이 작동되면서 가져야 할 특성, 예를 들면 성능이나 사용용이성을 말한다. 웹브라우저를 이용하여 시스템을 접근하는 능력은 비기능적인 요구다.

비기능적 요구는 분석 이후의 작업에 영향을 준다. 특히 설계 단계에 사용자 인터페이스를 정한다든지 하드웨어 소프트웨어 및 시스템의 내부 구조를 결정할 때 주로 사용된다.

표 3.1에는 비기능적 요구의 사례를 나열하였다. 비기능적 요구는 시스템에 대한 운용, 성능, 보안, 문화 또는 정책적 다양한 측면의 특성을 나타내는 것이다. 이러한 특성은 비즈니스 프로세스나 정보를 나타내는 것이 아니라 최종 시스템이 어떤 성질을 갖추어야 하는지를 이해하는 데 중요하다. 예를 들면 시스템이 높은 보안을 유지하여야 하며 0.1초 단위의 반응 시간이 나와야 하고 다국적 고객이 사용할 수 있어야 한다면 프로젝트 팀이 이를 잘 이해하고 있어야 한다. 이러한 요구들은 설계 단계에 의사결정에, 특히 아키텍처 설계에 영향을 미친다. 자세한 내용은 7장에 다루었다.

표 3.1 비기능적 요구

비기능적 요구 종류	설명	사례
운용	시스템이 실행되는 물리적, 기술적 환경	• 시스템은 휴대용 장치 위에 실행된다. • 시스템은 현재 창고관리 시스템과 통합될 수 있어야 한다. • 시스템이 어떤 웹브라우저에도 작동되어야 한다.
성능	속도, 용량, 신뢰도	• 사용자와 시스템 사이의 상호작용이 2초를 넘어서는 안된다. • 시스템은 변경 후 5분 내에 새로운 상태 파라미터를 다운받아야 한다.
보안	시스템에 누가 어떤 조건에 접근이 허용될 것인가?	• 직속상관만이 개인 기록을 열람할 수 있음 • 고객은 영업시간 내에만 주문 내역을 볼 수 있음
문화적, 정책적	시스템에 영향을 주는 문화적, 정책적, 법적 요구	• 시스템이 원화와 외화를 구별할 수 있어야 한다. • 회사의 규정에 특정한 하드웨어만을 구입하여야 한다. • 개인 정보는 법률적으로 보호되어야 한다.

요구 정의

요구 정의는 기능적 요구와 비기능적 요구를 개조식으로 나열한 보고서라고 할 수 있다. 그림 3.5에 있는 것이 상품 판매 시스템(Point of Sales System)의 요구 정의 사례이다. 요구는 개조식으로 작성하되 숫자를 매겨 각 요구 하나 하나가 명확하게 구별되어야 한다. 요구는 우선 기능적 요구와 비기능적 요구로 나누며 그 다음 단계는 요구의 타입이나 기능으로 그루핑하여 기술한다.

POS(Point of Sales) 시스템

기능적 요구

1. 판매 처리
   1.1 상품 입력
      1.1.1 시스템은 상품의 바코드를 스캔하여 입력할 수 있다.
      1.1.2 상품 등록 코드를 입력하여 판매 목록에 상품을 추가할 수 있다.
   1.2 수량 입력
      1.2.1 상품의 수량을 증가 및 감소시킬 수 있다.
   1.3 지불
      1.3.1 상품 입력이 끝나면 총액에 대하여 현금으로 지불하는 것을 처리한다.
      1.3.2 총액에 대하여 신용/체크 카드로 지불하는 것을 처리한다.
   1.4 영수증 발급 - 거래에 대하여 영수증을 발급한다.
2. 취소 및 환불 처리
   2.1 발급된 영수증을 입력하거나 거래 리스트에서 선택하여 거래를 찾을 수 있다.
   2.2 찾은 거래에 사용된 신용카드를 스캔하고 취소 승인을 요청한다.
   2.3 취소된 거래에 대하여 영수증을 발급한다.
3. 정산 처리
   3.1 사용자(캐셔)가 정산을 요청하면 거래가 시작된 후 모든 거래에 대한 판매, 입금, 환불(취소)에 대한 내역과 총합을 화면에 출력한다.
   3.2 정산 내역을 저장할 수 있다.
   3.3 정산 내역을 인쇄할 수 있다.
4. 사용자 로그인
   4.1 캐셔가 로그인 할 수 있다.
   4.2 관리자가 로그일 할 수 있다.

...

비기능적 요구

1. 운용
   1.1 POS 시스템은 네트워크 연결이 중단되더라도 판매정보를 유지하도록 강인하여야 한다.
   1.2 전원이 갑자기 나간 경우 배터리의 백업에 의하여 판매 정보를 저장할 수 있도록 설계하여야 한다.
2. 성능
   2.1 POS의 반응 속도는 5초 이내를 유지하여야 한다.
   2.2 하나의 거래에서 판매 아이템이 개수는 제한이 없어야 한다.
   2.3 하루에 이루어지는 판매 거래 정보도 제한이 없다.
3. 융통성
   3.1 시스템은 무선 인터넷이나 단말기 기술의 변경이 미래의 릴리스에 잘 통합되도록 설계되어야 한다.

...

[그림 3.5] POS 시스템

비즈니스 요구는 요구 정의에 우선순위가 매겨져 있다. 중요도에 따라 '상', '중', '하'로 나누거나 '릴리스 1', '릴리스 2', '릴리스 3' 등으로 요구를 커버하는 시스템의 버전을 다르게 한다. 이런 방법은 시스템을 점증적으로 개발하지만 요구 사항을 한꺼번에 만들어 넘기는 RAD(Rapid Application Development) 방법을 사용할 때 특히 중요하다.

요구를 정의하는 가장 명확한 목적은 분석단계에 다른 결과물, 즉 프로세스 모델이나 데이터 모델 등을 작성하는 데 필요한 정보를 제공하기 위함이다. 또한 요구를 정의하는 가장 중요한 목적은 시스템의 범위를 정하는 것이다. 요구를 정의한 문서는 최종 시스템이 무엇을 하여야 하는지를 분석가에게 설명한다. 또한 시스템에 대한 사용자의 기대를 확립하는 역할을 한다. 만일 일치하지 않는 점이나 잘못 이해하게 된다면 문서가 해명의 실마리를 제공해준다.

Box 3.2 | 요구사항 개발

요구사항을 개발하는 동안 UI 컴포넌트 타입과 요구 명세서를 여러 버전으로 작성하면 개발할 시스템이 더욱 명확해진다. 요구 사항을 잘 개발하는 것은 단순히 기능을 잘 찾아냈다는 것보다 시스템의 아키텍처를 잘 만드는 기초가 된다.

따라서 요구 사항을 수집하는 작업은 사용자가 원하는 것을 기록하는 활동이 아니다. 사용자 자신이 원하는 것이 무엇인지를 알 수 있게 도와주는 하나의 탐색 작업이며 개발 차원의 활동이 되어야 한다.

요구 정의 작성

요구 정의를 작성하는 일은 반복적이며 계속적인 작업이다. 분석가가 요구 취합 기술을 사용하여 정보를 모으고 시스템의 적절한 요구를 찾아내기 위하여 분석하고 이러한 요구들을 요구 정의 보고서에 추가하는 작업을 계속한다. 요구 정의는 최신의 것으로 유지하여 프로젝트 팀과 사용자들이 참조할 수 있게 하고 새로운 시스템을 이해할 수 있게 한다.

요구 정의를 작성하기 위하여 프로젝트 팀은 먼저 시스템에 대한 기능적 요구인지 아니면 비기능적 요구인지를 결정하여야 한다. 다음에는 정보를 모으기 위하여 요구 취합 기법을 사용하여 요구를 찾아내어 나열한다. 마지막으로 전체 프로젝트 팀과 사용자와 함께 요구 리스트를 검토하고 수정하고 완성시켜서 요구의 우선순위를 정할 수 있게 한다.

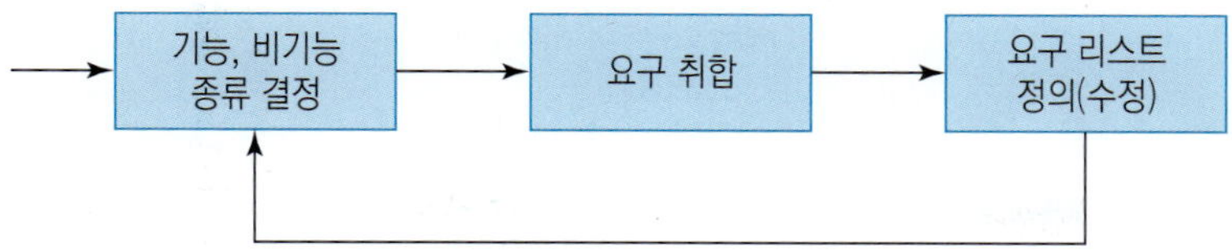

[그림 3.6] 요구 작성 과정

새 요구가 발견되면 이 과정을 분석 단계가 끝날 때까지 요구 정의를 계속 발전시켜 나간다. 중요한 점은 요구 정의를 진화시켜 나가는 것은 신중히 관리해 나가야 한다는 것이다. 요구 리스트를 작게 유지하고 초점을 맞추는 것이 프로젝트 성공의 관건이다. 프로젝트 팀은 요구 정의를 끝없이 추가할 수가 없다. 시스템이 계속 커지면 끝낼 수 없기 때문이다. 요구를 신중히 파악하여 그 요구가 시스템 안에 있는 것이 맞는지 평가하여야 한다. 어떤 요구가 비즈니스 니즈를 만족하지만 현재 시스템의 범위 밖에 있는 것이라면 미래의 요구로 편입시키거나 낮은 우선순위를 준다. 요구 관리는 프로젝트 관리에서 어려운 부분 중의 하나다.

요구 결정

요구를 정의하기 위하여 먼저 비즈니스나 IT 측면에서 요구 자체를 결정하여야 한다. 시스템 분석가는 사용자를 위한 진정한 비즈니스의 니즈를 이해하지 못할 수도 있다. 최근의 연구 보고에 의하면 IT 프로젝트의 실패 원인 중 하나는 사용자 참여가 잘 이루어지지 않는 것이라고 한다. 한편 비즈니스 사용자는 새 기술이 제안되고 현재 사용하는 비효율적인 절차를 자동화할 수 있는 기회를 인지하지 못할 수 있다.

요구 결정 작업은 개인주택이나 아파트를 짓는 작업에 비유할 수 있다. 개인주택이나 아파트에 살아 온 사람들 대부분 건물 안에 무엇이 있어야 하는지 이해하고 있다. 그러나 만일 건축을 잘 모르는 사람에게 당장 아무것도 없이 설계를 하라고 한다면 설계 기술과 엔지니어링 기술이 없어 꽤 어렵고 도전적인 작업이 될 것이다. 마찬가지로 건축 작업 자체만으로는 사용자의 고유한 요구를 만족시키지 못할 것이다.

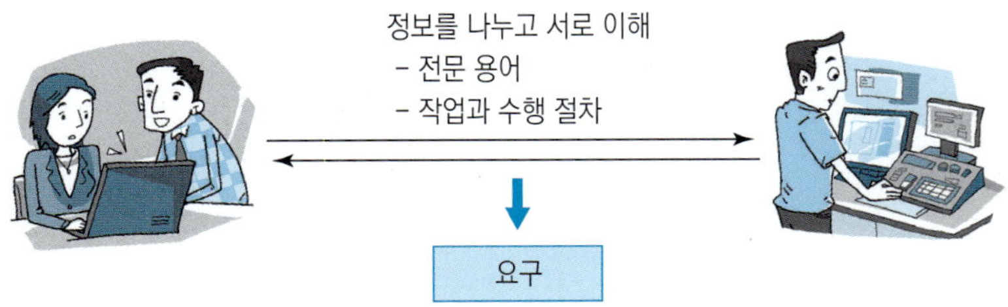

[그림 3.7] 요구 결정

따라서 비즈니스 요구를 결정하기 위하여 가장 효과적인 접근 방법은 경영 관련자와 분석가가 협력하는 것이다. 사용자가 무엇을 원하는지 잘 모르고 왜 그것이 필요한지 이해하지 못할 경우가 있다. 분석가는 요구 리스트를 확정시켜 부풀려진 위시 리스트가 되지 않도록 한다. 사용자가 그들의 진정한 니즈를 발견하도록 분석가에게 도움을 주는 다양한 도구가 있다.

목표 시스템에 담겨진 변화의 정도에 따라 세 가지 부류로 나눌 수 있다. 비즈니스 프로세스 자동화(Business Process Automation)는 소규모 변경이 포함된 것이며 비즈니스 프로세스 개선(Business Process Improvement)은 중간 규모, 비즈니스 프로세스 리엔지니어링(Business Process Reengineering)은 보다 많은 규모의 변경이 포함된다. 분석가는 시스템 개발 요청서에 기술된 상위 수준의 비즈니스 요구를 기초로 가장 프로젝트에 적합한 기술을 선택할 수 있다.

프로세스 분석 기법		설명
	비즈니스 프로세스 자동화	범위가 한정된 비즈니스 프로세스의 문제를 해결하기 위한 원인 분석 기반 기법
	비즈니스 프로세스 개선	비즈니스 프로세스의 효율을 개선하기 위한 기간 분석, 작업 비용 계산, 벤치마킹 기법
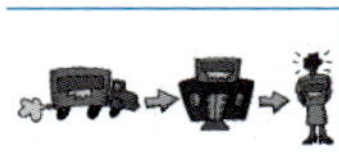	비즈니스 프로세스 리엔지니어링	비즈니스 프로세스의 효과 분석, 기술 분석, 작업 삭제에 의한 프로세스 재정의

[그림 3.8] 비즈니스 프로세스 분석 기법

세 가지 기술의 작업은 유사하다. 먼저 시스템과 프로세스의 현재 상태(as-is)를 면밀히 조사하고 어떤 변화가 필요한지 정확히 파악하여 새로운 시스템(to-be)의 개념을 정립한다. 세 가지 기술 모두 3.3절 비즈니스 프로세스 분석에서 자세히 기술하였다.

BPA, BPI, BPR 모두 분석가에게 새로운 시스템을 위한 비전을 창조하는 데 도움을 주지만 새로운 시스템 구축에 필요한 자세한 비즈니스 요구에 대한 정보를 추출하기 위해서는 충분하지 않다. 따라서 분석가는 사용자로부터 정보를 획득하기 위하여 다양한 요구 취합 기술을 사용한다. 예를 들면 인터뷰, 설문, 관찰, 협력 응용 개발(Joint Application Development) 회의, 서류 분석 같은 방법이다. 이러한 기법을 사용하여 취합된 정보는 신중하게 분석하여 요구 정의서를 꾸미는 데 사용한다. 요구 취합 기법은 마지막 절에 자세히 다룬다.

3.3 비즈니스 프로세스 분석

요구 분석의 기본 과정은 그림 3.9와 같이 세 가지 단계로 이루어진다. 먼저 현재 상황(as-is system)을 이해한다. 다음으로는 개선할 점을 파악한다. 마지막으로 새로운 시스템(to-be system)을 위한 요구를 정의한다.

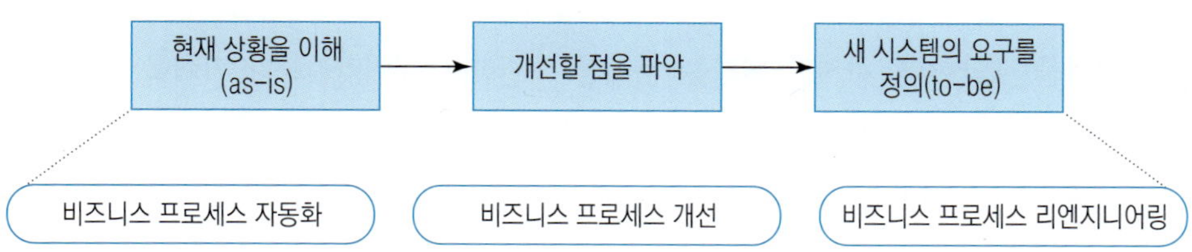

[그림 3.9] 요구 분석 작업 과정

비즈니스 프로세스 자동화, 비즈니스 프로세스 개선, 비즈니스 프로세스 리엔지니어링, 세 가지 요구 분석 방법은 분석가가 요구분석 세 단계를 통하여 사용자에게 시스템의 비전이 개발되도록 도와준다.

경우에 따라 첫 단계, 즉 현재 시스템을 이해하는 단계는 생략하거나 간단하게 한다. 현재 시스템이나 프로세스가 미래 시스템과 관련이 없다면 이 단계를 생략한다. 구조적 설계 방법은 새 시스템의 요구를 모델링 하기 전에 현재 시스템의 이해를 위하여 모델로 표현해 보며 이해하는 데 시간을 소요하기도 한다. 그러나 프로토타이핑이나 애자일 방법은 거의 전적으로 개선할 점과 새 시스템의 요구에 집중하고 현재 시스템에 대하여 시간을 투자하지 않는다.

사용자들을 현재 시스템에서 목표 시스템으로 전환시키기 위하여 분석가는 몰입이 필요하다. 몰입은 강점과 약점을 잘 파악하고 아이디어를 개선이라는 형식으로 잘 포장하여야 한다. 또한 중요한 이슈를 이해하고 새로운 비즈니스 프로세스를 개발한다. 이러한 기술은 요구 취합의 결과를 검토하고 비즈니스 요구를 파악하며 요구를 새로운 시스템의 콘셉트로 탄생시키기 위하여 필수적이다.

비즈니스 프로세스 자동화

비즈니스 프로세스 자동화(BPA)는 업무 절차는 변경하지 않고 일부 작업에 컴퓨터 기술이 도입하는 것이다. BPA는 조직의 효율을 높일 수 있지만 비즈니스 자체에 영향은 적다. BPA 프로젝트의 기획자는 개선과 목표 시스템의 요구보다는 현재 시스템의 이해에 더 많은 시간을 할애한다. 문제 분석과 원인 분석이 BPA에서 많이 사용하는 기법이다.

- 문제 분석 – 가장 직관적인 요구 분석 방법이 문제 분석이다. 문제 분석은 사용자나 관리자에게 현재 시스템의 문제점이 무엇인지 물어 새 시스템에서 어떻게 해결할 수 있는지 찾아내는 것이다. 대부분의 사용자는 변화를 보고 싶어 하며 자신의 아이디어를 제안한다. 하지만 변화는 문제를 해결하는 것이라기보다 기회를 활용하는 것이다. 문제 분석으로 시작한 개선은 작고 점증적이다. 이런 개선 방법은 시스템의 효율과 사용용이성을 개선하는데 효과적이다. 하지만 비즈니스 자체의 가치를 높이지는 못한다. 과거 시스템에 비하여 새 시스템이 좋지만 획기적인 금전 이익을 찾을 수 없기 때문이다.
- 근본 원인 분석 – 문제 분석이 제공하는 아이디어는 솔루션인 것처럼 보인다. 모든 솔루션은 문제에 대한 가설이 있고 그 가설은 참일 수도 있고 거짓일 수도 있다. 대부분의 경우 문제에 대한 철저한 고찰 없이 솔루션으로 빠르게 옮겨가는 경향이 있다. 문제의 근본 원인(root cause)은 파악하지 못하고 문제의 현상만 건드리게 된다. 그렇게 되면 다시 문제가 발생하고 원인은 찾지 못하게 된다. 예를 들어 재고 소진이 자주 발생하여 회사에 불만이 접수되었다하자. 창고의 재고가 소진되면 그 비용은 크다.

  이런 문제가 자주 일어나면 빨리 해결하기 위하여 또 다른 상품 조달처를 찾을 수도 있다. 회사가 당장의 원인에만 집중한다면 재고 보유량을 늘리는 방법과 같은 근본적인 해결책을 찾지 못한다. 이와 같이 사용자가 제안한 해결책은 문제의 증상만을 고려하고 근본 원인을 찾아내지 못한다.

근본 원인 분석은 해결책이 아니라 문제에 집중한다. 현재 시스템의 문제를 나열하고 중요도에 따라 우선순위를 정한다. 중요한 것부터 문제의 근본 원인을 찾아낸다. 진정한 근본 원인이 찾아질 때까지 가능한 모든 원인을 조사한다. 여러 가지 문제를 유발하는 원인을 파악하였다면 증상에 영향을 주는 근본 원인이 될 가능성이 크다.

- 생산자가 주문을 제때 배달하지 않았을 가능성
- 재고 관리에 문제가 있을 가능성
- 재고 적정 유지선이 잘못 세팅될 가능성

분석에 도움이 되기 위하여 원인 관계를 나타내는 도표를 사용하기도 한다. 그림 3.10은 근본 원인을 찾아내기 위한 가능성 있는 원인들을 나타낸 것이다. 근본 원인 분석의 키포인트는 분명한 것도 다시 보는 것이다.

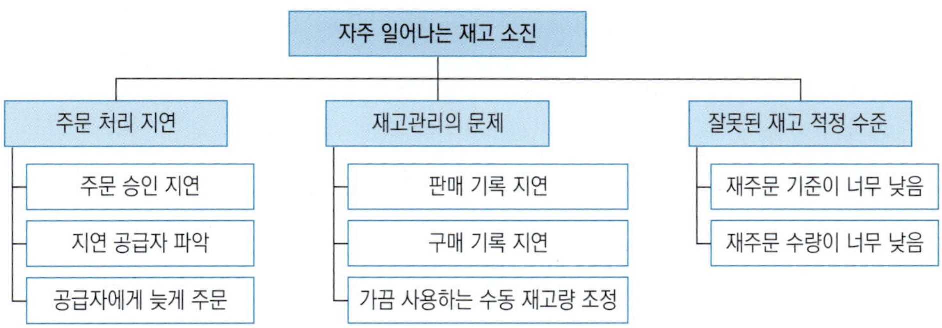

[그림 3.10] 근본 원인 분석

비즈니스 프로세스 개선

비즈니스 프로세스 개선(Business Process Improvement)은 새로운 기술을 이용하거나 경쟁사가 하는 대로 따라 하기 위하여 조직을 운영하는 방법을 적절히 바꾸는 것이다. BPI는 효율(올바른 작업)과 효과(올바른 결과)를 높일 수 있다. BPI 프로젝트는 현재 시스템을 이해하기 위하여 BPA보다는 시간을 적게 할애하고 비즈니스 프로세스를 향상하는 데 더 많이 집중한다. 현재 시스템에 할애하는 시간은 개선 방법이나 새로운 시스템의 요구에 도움이 되기 위한 정도로 그친다.

BPI에 자주 사용되는 세 가지 방법은 기간 분석(duration analysis), 작업 비용 분석(activity-based costing), 비공식 벤치마킹이다.

- 기간 분석 – 기간 분석은 현재 시스템에 있는 각 프로세스를 수행하는 데 걸리는 시간을 자세히 조사하는 것이다. 먼저 전형적인 비즈니스 프로세스에 걸리는 총 시간을 측정한다. 다음에는 비즈니스 프로세스를 이루는 작은 단위 작업 각각에 소요되는 시간을 측정한다. 이 두 값이 10배 이상의 차이가 난다면 프로세스에 문제가 있는 것이다. 예를 들어 어떤 기업에서 직원이 장비를 구입하기 위하여 구매 신청을 한 후 장비가 도입되기 까지 기간을 측정했더니 180일이 소요되었다 하자. 그러나 구매 신청서 작성, 담당부서 확인, 품의 및 결재, 입찰 공고, 입찰, 대금 결제, 장비 납품, 검수 등 각 단위작업들의 소요시간을 측정하고 총합을 계산해 보았더니 15일이었다. 이것은 전체 프로세스가 문제가 있다는 것을 나타낸다.
  이러한 문제는 프로세스가 너무 작게 쪼개져있거나 너무 많은 사람이 관련되어 있어 허비하는 시간이 많기 때문이다. 여러 가지 작업을 통합하고 프로세스를 병렬화하는 것이 해결책이다. 즉 그림 3.11과 같이 유사 성격의 작업을 근본 프로세스로 만들고 이를 통합하여 한 사람이 담당하게 한다. 또한 프로세스 안의 작은 작업들 중 동시에 할 수 있는 것을 병렬로 처리하게 한다.

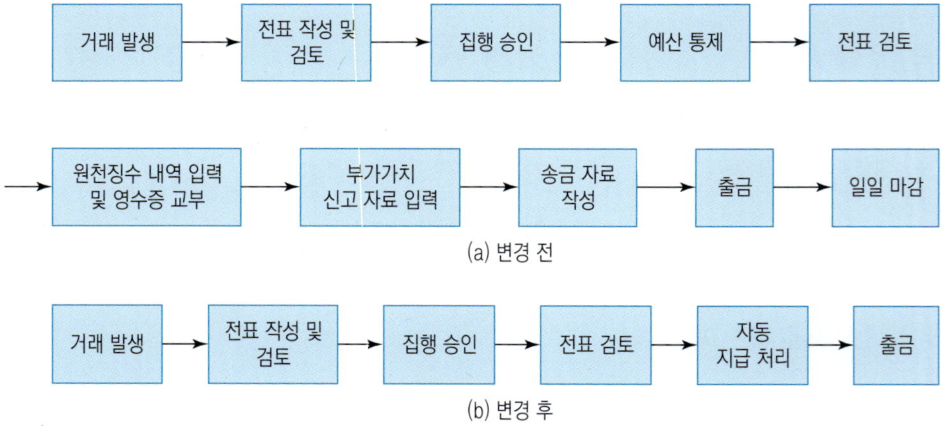

[그림 3.11] 비즈니스 프로세스 개선

그림 3.11에서 변경 전 프로세스 중 '예산 통제'는 전표입력 할 때 자동 통제하도록 개선하였다. 또한 예산 조정 과정을 거치지 않아도 예산을 통제받을 수 있고 예산 잔액과 사용 내역을 언제나 조회할 수 있도록 개선하였다. 전표를 입력할 때 송금자

료를 입력할 필요 없이 구매처에 등록된 계좌번호에 의하여 자동 출금 되도록 바꾸었다. 일일 마감 자료는 실시간으로 갱신된 자료를 언제나 뽑아 볼 수 있는 기능을 주어 프로세스에서 삭제하였다.

- 작업 비용 분석 – 작업 비용 분석은 중요한 프로세스나 작업이 소요되는 시간보다는 비용을 조사하는 것이다. 분석가는 근간이 되는 각 작업과 프로세스와 관련된 비용을 파악하고 가장 비용이 많이 드는 프로세스를 찾아낸 후 이를 개선하는 데 집중한다.
  비용 할당은 먼저 직접 인건비와 재료비를 조사한다. 재료비는 생산 프로세스에 쉽게 할당되나 인건비는 소요 시간을 기초로 하여 시간 당 비용을 곱하여 계산한다. 하지만 여기에 간접비용, 즉 임대료, 감가상각 등이 작업 비용에 포함되어야 한다.

- 비공식 벤치마킹 – 벤치마킹은 비즈니스 프로세스를 얼마나 잘 수행하는지 다른 기관과 비교 연구하는 것이다. 벤치마킹은 직원들이 생각하지 못했지만 능력은 갖춘 아이디어를 도입하는 데 도움을 준다. 비공식 벤치마킹은 고객 상태 비즈니스 프로세스에서는 자주 쓰인다. 다른 업체에 고객으로 방문하여 비즈니스 프로세스를 어떻게 수행하는지 파악할 수도 있다. 연구 대상이 되는 비즈니스는 업계의 리더 기업이나 관련 기관이 될 수 있다. 예컨대 자동차 판매를 위한 웹 사이트를 개발한다면 프로젝트 스폰서, 관리자, 팀 멤버들이 경쟁사의 웹사이트를 방문하거나 자동차 제조사, 부품 공급사 등의 우수한 웹사이트를 방문하는 것이다.

비즈니스 프로세스 리엔지니어링

비즈니스 프로세스 리엔지니어링(BPR)은 조직이 수행하는 기본 틀을 수정하는 것을 의미한다. 즉 현재의 비즈니스 방법을 없애고 새로운 아이디어와 기술을 이용하여 크게 바꾸는 것이다. BPR 프로젝트는 새 아이디어와 기술에 초점이 맞추어져 있어 현재의 시스템에 대한 이해에 신경 쓰지 않는다. BPR 작업에 사용하는 방법은 성과 분석, 기술 분석, 작업 제거 등이다.

- 성과 분석 – 성과 분석(outcome analysis)은 고객에게 가치를 제공하는 근본 결과를 이해하는 데 초점이 있다. 성과가 명백한 것 같지만 그렇지 않은 경우도 많다. 보험회사에서 고객이 자동차 사고를 당했다고 하자. 고객이 원하는 근본적인 성과는 무엇인가? 전통적으로 보험회사는 이러한 질문에 대하여 고객이 보험금을 빨리 타

는 것으로 생각한다. 그러나 고객에게 보험금은 수단이며 궁극적인 성과는 자동차를 수리하는 것이다. 과거의 비즈니스 프로세스에 대한 관점을 단순한 수리대금 지급에서 수리를 직접 하거나 공인된 카센터를 소개에 이르기까지 넓힐 수 있다. 이러한 접근 방법으로 조직이 만들어내는 상품이나 서비스로 고객이 무엇을 할 수 있는지 생각해 본다.

- 기술 분석 – 비즈니스의 중요한 변화는 새로운 기술에 의하여 가능하다. 기술 분석은 관심을 끄는 중요한 기술의 리스트를 만드는 것으로 시작한다. 다음으로 각 기술을 비즈니스 프로세스에 어떻게 적용할 수 있고 비즈니스는 어떤 이득을 보는지 파악한다. 예를 들어 인터넷은 유용한 기술 중의 하나다. 자동차 제조 회사들은 인터넷 기술을 채택하여 부품 공급을 위한 외부 네트워크(Extranet) 애플리케이션을 개발하였다. 자동차 조립을 위한 부품을 주문하는 것이 아니라 생산 계획을 부품 조달업체에게 온라인으로 제공하고 부품을 적시에 조달하게 한다. 제조업체가 생산 과정을 모니터링하면 부품을 주문할 필요가 없어 비용을 줄일 수 있다.
- 작업 제거 – 작업 제거(activity elimination)는 분석가와 관리자가 협력하여 조직이 비즈니스 프로세스에서 작업을 삭제할 수 있는지 판단하는 것이다. 작업 삭제로 인하여 기능을 수행하기 못할 경우 어떤 영향이 있는지 분석한다. 처음에는 관리자가 작업 제거를 결정하는 것을 싫어한다. 하지만 작업 제거는 강제적인 경향이 있다. 따라서 그 결과가 자명하겠지만 참여자는 제거할 프로세스들을 잘 살펴보아야 한다. 예를 들어 주택 담보 대출 프로세스를 생각해보자. 대출 회사 컴퓨터에 데이터를 입력하는 첫 작업을 삭제하여도 될 것인가? 삭제한다면 다음 두 가지 가능성을 초래한다. 컴퓨터 시스템을 사용하지 않게 되거나 다른 사람에게 자료를 입력시키게 된다. 그렇게 되면 다음 작업인 신용도 체크도 할 수 없게 된다. 대출을 허용하려면 좋은 신용도가 확인되어야 한다. 그 답은 대출 신청에서 나쁜 신용도를 가진 경우가 얼마나 되는지에 달려 있다. 거의 모든 신청이 좋은 신용도를 가졌다면 대출이 거부되는 경우가 적을 것이다. 따라서 신용도 체크 비용은 부실 대출을 피하기 위한 비용의 가치에 미치지 못한다. 입력 과정을 삭제하는 비용은 낮지만 부실 채권에 대한 비용은 남아 있다.

분석 방법 비교

언급한 요구 분석 방법은 모두 강점과 약점이 있고 어떤 방법이 항상 좋은 것은 아니다. 조직은 여러 가지 프로젝트를 수행하고 있고 프로젝트의 특성에 잘 맞는 방법을 찾아야 한다. 표 3.2에 세 가지 분석 방법을 여러 가지 관점에서 비교하였다.

표 3.2 프로젝트 분석 방법의 특성

	비즈니스 프로세스 자동화	비즈니스 프로세스 개선	비즈니스 프로세스 리엔지니어링
잠재적 비즈니스 가치	하-중	중	상
프로젝트 비용	하	하-중	상
분석의 범위	좁음	좁음-중간	매우 넓음
위험	하-중	하-중	상

잠재적인 비즈니스 가치 측면에서 BPA는 비즈니스 프로세스의 변경을 적극적으로 꾀하지 않기 때문에 얻는 가치는 비교적 적으며 BPI와 BPA는 개선으로 인하여 효율성이 증대된다. 프로젝트 비용 측면에서는 BPA는 다루는 범위가 좁아 비용이 적게 들고 BPA나 BPR은 대상 범위가 넓어 비용이 많이 든다. 위험 측면에서 BPA와 BPI는 새 시스템이 구현되기 전에 잘 정의되어 있기 때문에 위험이 적은 반면 BPR은 프로세스의 기본틀을 재고하고 다시 짜는 것이므로 실패의 위험이 매우 크다.

3.4 요구 취합 방법

분석가는 마치 탐정과 같고 비즈니스 사용자는 파악하기 어려운 혐의자와 같다. 해결하여야 할 문제가 있고 따라서 해결할 실마리를 찾아야 한다. 불행하게도 실마리가 항상 명확하지 않고 따라서 분석가는 명탐정이 하는 것처럼 작은 것에 주목하고 목격자와 대화하며 단서를 좇아야 한다. 유능한 분석가는 여러 가지 다양한 기술을 사용하여 요구를 완벽히 모으고 현재의 비즈니스 프로세스와 새로운 시스템을 위한 니즈가 설계로 넘어가기 전에 잘 이해되었음을 확신시켜야 한다. 개발 단계의 끝에 가서 중요한 요구가 잘못된 것을 발견하는 것은 많은 문제를 일으킬 수 있어 정말 피하여야 한다.

사용자 요구

[그림 3.12] 탐정과 같은 분석가

요구취합 과정은 프로젝트를 도와줄 지원자를 형성하고 프로젝트 팀과 시스템 사용자 사이의 신뢰감 구축을 위한 작업이 될 수도 있다. 이런 과정에 참여한 사람은 프로젝트의 중요한 자원이며 그들의 의견은 가치가 있다. 시스템에 영향을 줄 수 있고 영향 받는 관련자는 요구취합 과정에 참여하여야 한다.

관련자는 프로젝트 관리자, 개발자, 스텝, 고객, 공급자 등을 모두 포함하여야 한다. 중요한 관련자로 관리자, 사원, 고객, 공급자도 포함될 수 있다. 회사 조직상 고위층에 해당되지 않더라도 조직 안에 상당한 영향력이 있을 수 있다. 만일 핵심 인사를 포함시키지 않았다면 구현에 문제를 일으킬 수도 있다.

요구취합에서 어려운 일은 정보를 모으는 방법을 선택하는 일이다. 요구취합 방법은 단순히 질문하는 일부터 작업을 관찰하는 방법까지 다양하다. 이 절에서는 가장 흔히 사용되는 기법들, 인터뷰, JAD 회의, 설문, 문서 분석, 관찰을 살펴본다. 각 기법은 강점과 단점이 있고 상호 보완적이다. 따라서 대부분의 프로젝트가 복합적인 방법을 사용한다.

인터뷰

인터뷰는 가장 흔히 사용하는 요구취합 방법이다. 알고 싶은 것이 있을 때 물어보는 것이 제일 자연스럽다. 일반적으로 인터뷰는 한 사람씩 한다. 그러나 시간 제약 때문에 여러 사람을 동시에 인터뷰하기도 한다. 인터뷰는 다섯 단계, 인터뷰 대상자 선정, 인터뷰 질문 작성, 인터뷰 준비, 인터뷰 실시, 후속 조치로 구성된다.

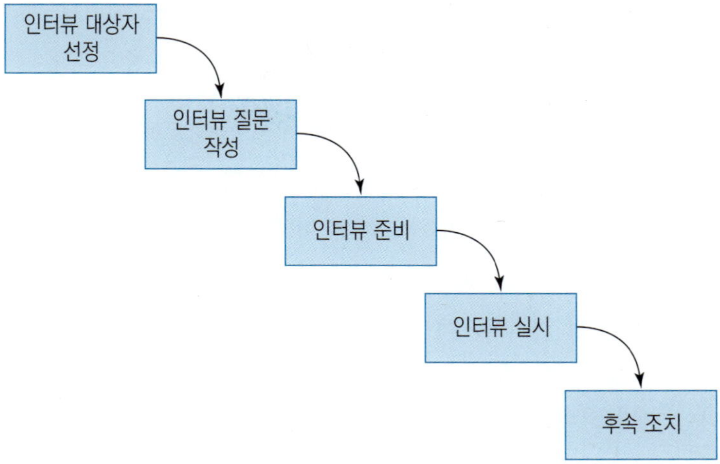

[그림 3.13] 인터뷰 방법의 단계

1. **인터뷰 대상자 선정** – 인터뷰 일정을 정한다. 즉 누가 참여할 것인지 리스트를 만들고 인터뷰의 목적과 어디서 언제 할 것인지 표 3.3과 같이 결정하여야 한다. 인터뷰 일정에 나열될 사람은 분석가의 정보 요구를 기초로 선택한다. 프로젝트 스폰서, 비즈니스 사용자, 기타 프로젝트 팀 멤버들이 분석가를 도와서 누가 요구에 관한 중요한 정보를 제공할 수 있는지 결정한다. 인터뷰 하는 순서대로 스케줄에 표시한다.

표 3.3 인터뷰 스케줄 예

성명	직위	인터뷰 목적	일시
홍길동	회계 팀장	새 회계 시스템의 전략적 비전	4월 1일 오전 9:00-11:00
김동국	회계팀 직원	채권에 대한 회계 처리의 문제점과 미래 목표	4월 1일 오후 2:00-3:30
이한국	회계팀 직원	채무에 대한 회계 처리의 문제점과 미래 목표	4월 1일 오후 4:00-5:30
김영희	자료 입력팀장	채무, 채권 회계 처리	4월 3일 오전 10:00-11:00
박철수	자료 입력팀원	채무, 채권 회계 처리	4월 3일 오후 1:00-3:00

조직의 다양한 계층의 사람들은 시스템에 대하여 서로 다른 시각을 가지고 있을 것

이다. 따라서 상하위층의 시각 모두를 파악할 수 있도록 프로세스를 관리하는 관리자와 프로세스를 실제 수행하는 팀원을 모두 포함하는 것이 중요하다.

인터뷰 주제는 시간이 가면서 바뀔 수도 있다 예를 들면 프로젝트 초기에는 현재 비즈니스 프로세스를 좁게 이해하다가 고위 관리자들과의 인터뷰를 통하여 전략적 관점을 갖게 되고 중간 관리자들이 제공하는 비즈니스 프로세스와 새 시스템에 대한 기대 역할에 대한 광범위하고도 중요한 정보를 제공받게 된다. 분석가는 큰 그림을 바르게 이해하고 나면 이어서 하위 관리자나 팀원이 프로세스가 어떻게 수행되는지 자세히 채울 수 있다. 시스템 분석에 대한 다른 작업과 마찬가지로 어떤 정보가 필요 하느냐에 따라 고위 관리자, 중간 관리자, 팀원, 다시 중간 관리자 등, 반복 과정을 밟는다.

인터뷰 인원은 보통 50% 내지 70%까지 늘어난다. 인터뷰 하면서 필요한 더 많은 정보와 정보를 제공할 수 있는 인원을 추가로 파악할 수 있기 때문이다.

2. **인터뷰 질문 작성** – 인터뷰 질문은 세 가지 유형이 있다. 표 3.4에 있는 것처럼 정확한 답이 있는 폐쇄형 질문(closed-ended), 자유형(open-ended) 질문, 유도형 질문이 있다.

표 3.4 세 가지 질문 유형

질문 유형	예
폐쇄형	• 하루에 받는 전화 주문은 몇 개입니까? • 고객이 어떻게 주문합니까? • 월별 매출 보고에 빠진 정보는 무엇입니까?
자유형	• 현재 주문을 처리하고 있는 방식에 대하여 어떻게 생각합니까? • 매일 겪는 문제점은 무엇입니까? • 주문 처리하는 방법에서 개선하고 싶은 것이 있다면 무엇입니까?
유도형	• 왜? • 예를 들어 줄 수 있나요? • 더 자세히 말씀해 주시겠어요?

폐쇄형 질문은 분석가가 특별하고 정확한 정보를 찾을 때 사용한다. 질문은 “하루에 몇 개의 신용카드 승인 요청이 있습니까?”와 같은 명확한 질문이 되어야 한다. 예를 들어 “승인 처리가 많습니까?”보다는 “하루에 몇 건의 승인을 처리합니까?”라고 묻

는 것이 더 좋다.

자유형 질문은 인터뷰 대상자에게 마무리 할 수 있는 여지를 남겨두는 유형이다. 마치 에세이 형식의 시험 문제와 같다. 자유형 질문은 많은 정보를 모으기 위하여 설계되며 인터뷰 대상자가 인터뷰하는 동안 공개되는 정보에 대하여 더 많이 통제할 수 있게 한다. 인터뷰 대상자가 이야기하려고 선택한 정보가 정답과 같은 중요한 정보를 드러내 주기 때문이다.

질의의 세 번째 유형은 유도형 질문이다. 유도형 질문은 바로 전에 대화한 것을 더 깊이 알기 위한 것이며 대답이 불확실한 경우 사용한다. 바로 전 대답에서 제공한 정보를 더 자세히 설명하거나 명확하게 하려는 것이다.

일반적으로 다른 곳에서 찾을 수 있는 정보에 대하여는 질문하지 말아야 한다. 예를 들면 작업을 사용하기 위하여 사용하는 정보는 무엇이냐 라고 묻는 것보다 양식이나 보고서를 보여주고 어떤 정보를 사용하느냐 라고 묻는 것이 더 간단하다. 이렇게 하면 자세한 설명을 할 필요가 없이 양식이나 보고서를 가리키면 되기 때문에 시간과 노력을 절약할 수 있다.

인터뷰의 질문은 대상자가 알 수 있다고 예상되는 것이어야 한다. 관리자는 일상적인 경영 프로세스의 자세한 것에 대한 질문에는 잘 대답하기 어렵지만 직원은 쉽게 대답할 수 있을 것이다. 반대로 직원은 광범위한 정책적 질문은 대답을 못할 수도 있으나 관리자는 할 수 있다.

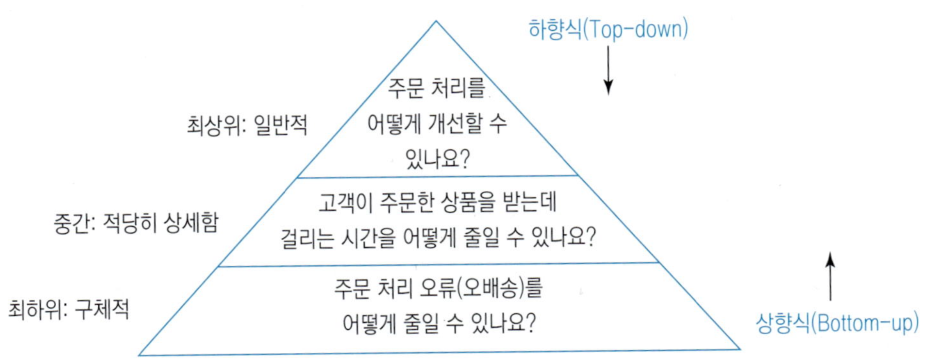

[그림 3.14] 상향식, 하향식 질문

인터뷰 질문을 구성하는 방법은 그림 3.14와 같이 하향식과 상향식 두 가지가 있다.

하향식은 일반적인 질문으로부터 점점 구체적 질문을 해 나아가는 방법이며 상향식은 그 반대의 방법이다. 실전에서는 두 가지가 혼용되기도 한다. 하향식 방법은 인터뷰 대상자가 상세한 사항에 대하여 언급하기 전에 큰 주제에 대하여 알고 대답하게 한다.

상향식 방법은 질문자가 이미 자세한 사항을 알고 있고 모르는 부분만 질문할 때 적합하다. 만일 실무자급의 스텝을 인터뷰할 때 일반적이고 추상적인 질문을 한다면 대답을 잘 하기 어려움을 느낄 수 있어 상향식 방법이 적합하다.

3. **인터뷰 준비** – 인터뷰는 발표를 준비하는 방법과 같다. 알맞은 순서로 질문하기 위하여 질문을 나열하고 예상 답변을 적는다. 또한 어떻게 진행할 것인지 계획이 있어야 하는데 관련 토픽 사이에 이어나가는 방법 등을 적어야 한다. 인터뷰 대상자가 확실히 알고 있을 만한 질문인지 확인한다. 질의 분야, 질문, 인터뷰 계획을 점검하고 시간이 부족할 경우 꼭 대답을 들어야 할 질문이 무엇인지 확인한다.

   일반적으로 폐쇄형 질문으로 구성된 인터뷰는 자유로운 인터뷰보다 준비에 시간이 많이 걸린다. 초보 분석가는 즉흥으로 할 수 있다고 생각하여 자유형 질문을 선호한다. 이런 경우 인터뷰 후에도 정보를 얻지도 못하고 또 다른 노력이 필요할 수 있다. 또한 같은 문제에 대하여 인터뷰할 수도 있어 반복된 질문을 받는 것을 싫어하기 때문에 위험하다.

   인터뷰는 잘 준비 되어야 한다. 인터뷰 일정을 정할 때 대상자에게 인터뷰를 하는 이유와 이야기 할 분야를 충분히 미리 알려주어 문제에 대하여 충분히 생각하고 생각을 잘 정리할 시간을 주어야 한다. 특히 조직의 의사결정에서 소외되었던 사원에 대한 인터뷰를 준비할 때는 왜 인터뷰하는지를 잘 알려주어야 한다.

4. **인터뷰 수행** – 인터뷰를 시작할 때 첫 번째 목표는 대상자와 친밀감을 구축하는 것이다. 그래야 믿고 이야기 할 수 있고 원하는 답만 하는 것이 아니라 전체적인 사실을 언급한다. 또한 인터뷰 진행자는 전문적이고 치우치지 않은 정보 탐색가로 보일 필요가 있다. 왜 인터뷰를 하게 되었고 왜 대상자로 선정하였는지 설명하면서 시작하고 다음으로 계획된 질문으로 넘어간다.

[그림 3.15] 인터뷰 수행

인터뷰가 진행되는 동안 모든 정보를 기록하는 것은 매우 중요하다. 대상자가 말한 것이 당장 관련되지 않는 것 같이 생각되는 내용이라도 꼼꼼히 기록하여 보관하여야 한다. 천천히 말해 달라고 요청하는 것을 꺼리지 말아야 하는데 그만큼 대담자의 말이 중요하다는 것을 암시하기 때문이다. 녹취를 하는 것은 논란의 여지가 있으나 별 문제가 없으면 대체로 받아들이며 녹취할 수 없는 경우는 질문자 이외의 사람이 자세한 내용을 기록한다.

인터뷰 진행 과정에 대화하는 핵심 쟁점이나 이슈를 이해하는 것이 중요하다. 전문 용어와 같이 이해할 수 없는 부분이 있다면 반드시 질문한다. 이해도를 높이는 방법 중에 하나는 인터뷰 도중 주기적으로 논의하고 있는 요점을 정리하여 말해주는 것이다. 이렇게 하면 잘 듣고 있다는 것을 보여줄 수 있다.

마지막으로 인터뷰 하는 도중 사실과 의견은 확실히 구별한다. 예를 들어 대상자가 "너무 많은 신용카드 신청을 처리한다."라고 말했다면 이것은 의견이다. 그 말 다음에는 "하루에 얼마나 처리합니까?"라는 확인 질문을 하여 사실과 의견의 차이를 확인 하여야 한다. 인터뷰 상대가 높은 또는 증가하는 오류에 대하여 불만을 이야기 하였다고 하자. 그러나 오류 숫자는 실제 감소하고 있다면 여전히 오류는 새 시스템에서 다루어야 할 매우 중요한 문제라고 할 수 있다.

5. **인터뷰 후속 조치** – 인터뷰가 끝난 후에는 그림 3.16과 같은 인터뷰 보고서를 작성한다. 보고서에는 인터뷰에서 얻은 정보를 효율적인 형식으로 정리한다. 일반적으로 인터뷰 보고서는 48 시간 이내에 작성되어야 하는데 오래 지체되면 정보를 잊기 쉽기 때문이다. 인터뷰 보고서는 요청이 있다면 인터뷰 상대에게 보내 검토하여 명확히 하

게하고 고칠 수 있게 한다. 인터뷰 상대가 승인하지 않는다면 배포하지 않는다.

인터뷰 보고서					
인터뷰 대상자	홍 길동	직 위	책임자	부서	인력팀
인터뷰 진행자	김 동국				
인터뷰 목적					
• 인력 자원을 위하여 현재 시스템을 이용하여 작성된 보고서를 이해하기 위하여 • 미래 시스템을 위한 정보 요구를 결정하기 위하여					
인터뷰 요약					
• 현재 모든 인력 자원의 샘플 보고서를 이 보고서에 첨부. 사용되지 않거나 없어진 정보 보고에 언급 • 현재 시스템에 가지는 두 가지 큰 문제 1. 데이터가 노후(인사 관리 부서는 월말 이후 2주 이내 정보가 필요하나 현재 정보는 3주 후에 제공한다) 2. 현재 시스템에서 발견된 가장 흔한 데이터 오류는 잘못된 직급 정보와 급여 정보가 빠진 것이다.					
미해결 이슈					
• 현재 사원 인원 보고서를 홍길동(구내전화:4355)으로부터 받음 • 홍길동과 함께 휴가 기간 결정을 위하여 사용된 계산 방법을 검토 • 자료 품질 문제에 대한 이영희와 인터뷰 일정(구내 2337) 계획					
자세한 내용	첨부된 자료 참조				

[그림 3.16] 인터뷰 보고서

JAD 회의

Joint Application Development(JAD) 회의는 프로젝트 팀, 사용자, 관리자 등이 협력하여 시스템의 요구를 찾도록 도와주는 정보 취합 기술이다. IBM이 1970년대에 개발한 이 방법은 사용자로부터 정보를 취합하는 효과적인 방법으로 알려져 있다. 케이퍼스 존스(Capers Johns)에 의하면 JAD 방법은 범위가 커지는 것을 방지할 수 있고 요구가 너무 구체적이거나 애매한 것을 막아준다.

JAD 방법은 10에서 20명의 사용자를 사회자의 지시에 따라 만나게 하는 기법이다. 사회자는 회의 주제를 준비하고 토의의 방향을 잡아준다. 그러나 주제에 대한 자신의 생각이나 의견을 말하지는 않는다. 사회자는 그룹 작업과 요구 분석 및 설계 기술에 능통한 사람이어야 한다. 사회자를 도와서 기록을 남기고 복사할 서기를 둘 수 있다.

JAD 그룹은 모든 주제에 대하여 토의하고 필요한 정보를 모을 때까지 긴 시간, 여러 날, 여러 주 동안 만난다. 대부분의 JAD 회의는 일상 업무에 방해받지 않도록 참여자의 사무실에서 떨어진 곳에서 실시되어야 한다. 회의실은 그림 3.17과 같이 U자형으로 배치하여 모든 참여자들이 서로를 쉽게 볼 수 있도록 한다. 회의실의 전방에는 토의를 주관하는 사람이 사용할 화이트보드와 스크린을 배치하고 빔프로젝터를 사용할 수 있게 한다.

[그림 3.17] JAD 회의실

JAD의 문제점은 조직에 관련된 전통적인 문제로 피해를 입을 수 있다는 점이다. 다른 사람의 의견을 비판하려고 하지 않아 소수의 사람이 토의를 점유하고 다른 사람들은 참여하지 않는다. 예를 들면 15명이 참여하는 회의에 모든 사람이 동등하게 참여한다면 1시간에 4분씩 밖에 이야기 할 수 없다. 나머지 56분은 들어야 하므로 이런 식으로는 정보를 효과적으로 모을 수 없다.

이러한 문제점을 극복하기 위하여 그룹웨어를 사용한 e-JAD라 부르는 새로운 형태가 시도되고 있다. e-JAD 회의장에서 참여자들은 네트워크로 연결된 컴퓨터의 소프트웨어를 사용하여 다른 사람들에게 무기명의 아이디어와 의견을 보낸다. 이러한 방법으로 참가자들은 의견이 다른 사람들과의 마찰에 대한 두려움 없이 의견을 내놓을 수 있다.

JAD 회의는 그림 3.18과 같은 순서로 진행하며 각 단계에서 하여야 할 일은 다음과 같다.

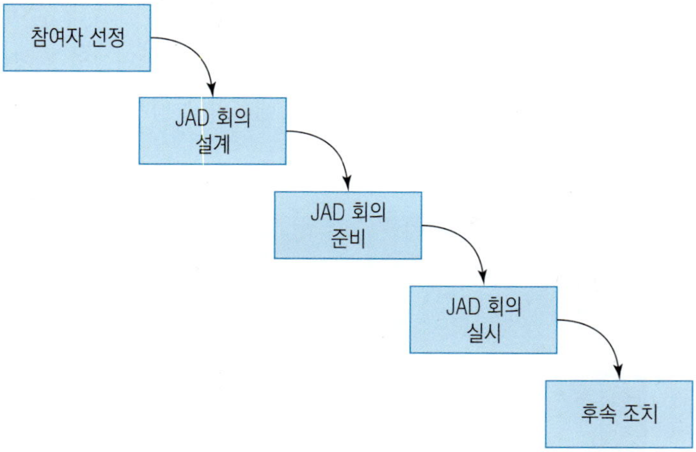

[그림 3.18] JAD 회의 과정

1. **참여자 선정** – JAD 회의 참여자를 선정하는 방법은 인터뷰 대상자 선정과 기본적으로 같다. 참여자는 제공할 수 있는 정보를 기반으로 조직의 여러 계층에서 나와야 하며 새 시스템을 지지해 줄 사람을 선택한다. JAD 참여자는 회의가 개최될 때 동시에 사무실을 떠나 있어야 하므로 회의가 끝날 때까지 백업 역할이 필요하다. JAD 참여자로 선정된 사람은 대부분 요직을 담당하고 있어 장시간 회의를 위하여 자리를 비우기 쉽지 않다. 따라서 기관 차원의 배려와 참여 독려가 필요하다.

   사회자는 JAD 또는 e-JAD 기법의 전문인이어야 하며 논의할 사업에 경험이 있는 사람이 적합하다. 그러나 JAD 회의가 자주 개최하는 것이 아니므로 전문가가 상근할 수 없어 외부 전문가를 초빙하는 경우도 많이 있다.

2. **회의 설계** – JAD 회의는 프로젝트의 크기에 따라 반나절에서 여러 주까지 걸린다. 대부분의 JAD 회의는 3주에 걸쳐 5일 내지 10일 동안 열린다. 이렇게 오래 걸리는 이유는 대부분 정보를 수집하는 차원을 넘어 분석 결과를 내는 작업으로 옮겨가기 때문이다. 예를 들면 사용자와 분석가가 유스케이스를 작성하고 요구를 정의하게 된다.

   인터뷰의 성공은 세심한 계획에 달려있는 것처럼 JAD 회의도 잘 설계하고 조직화하여야 한다. 대부분의 JAD 회의는 사용자로부터 특정한 정보를 모으기 위하여 회의에 앞서 질문을 개발하는 것이 중요하다. JAD와 인터뷰의 차이점은 토론에 불을 집히기 어렵기 때문에 폐쇄형 질문은 거의 사용하지 않는다는 점이다. 회의는 토론 주제에 따라 하향식으로 진행하며 각 주제에 대하여 30분 정도씩 할당하고 자주 휴식 시간을 주어 쉽게 지치지 않도록 한다.

3. **회의 준비** – 인터뷰와 마찬가지로 JAD 회의를 위한 분석가와 참여자를 준비시키는 것이 중요하다. 회의는 인터뷰의 수준을 넘어서며 대부분 오프라인에서 이루어지므로 참여자들은 어떻게 준비하는가에 더 많이 관심을 가진다. 예를 들어 JAD 회의의 목적이 현재 시스템의 이해를 증진하는 것이라면 참여자들에게 매뉴얼이나 문서를 가지고 오게 한다. 시스템의 개선이 목적이라면 시스템을 어떻게 향상시킬 것인지 생각하게 한다.

4. **회의 실시** – 대부분의 JAD 회의는 공식 의제가 있고 회의 절차를 따라 진행한다. 일정에 따라 진행하고 다른 사람의 의견을 존중하며 반대를 수용하고 한 사람씩 발언하는 것이 회의의 기본 규칙이다.

   회의할 때는 사회자의 역할이 중요하다. 모든 참여자들이 시스템에 대하여 애착을 가지고 건설적인 방향으로 충분히 논의될 수 있도록 돕는다. 먼저 논제를 벗어나지 않도록 진행하는 것이 중요하다. 논제에서 벗어나는 주된 이유는 JAD 회의가 예상하지 못했던 새로운 정보를 생성하여 회의를 새로운 방향으로 전환하는 것이다. 참여자가 논제로부터 벗어나려 할 때 동요하지 않고 논제로 다시 돌아갈 것을 정중하게 요청한다

   둘째로 사회자는 참여자들이 시스템 개발 과정에 사용하는 기술적 용어나 특수 용어를 이해하도록 도와 참여자들이 사용되는 분석 기술을 잘 이해할 수 있게 하여야 한다. 비즈니스 분야에는 전문가지만 시스템 분석에는 문외한 일 수 있기 때문이다.

   셋째, 회의 그룹의 의견을 잘 정리하여 화이트보드나 기타 잘 보이는 곳에 기록하는 일이다. 이렇게 하여야 참여자 모두가 논제를 잘 인식하고 토론에 참여하여 의견을 내놓을 수 있다. 사회자는 항상 중립이어야 하며 회의의 진행에 도움이 되어야 한다. 사회자가 의견을 내놓은 경우 참여자가 더 이상 중립으로 생각하지 않게 되기 때문에 한쪽으로 쏠린 결정을 내리기 쉽다. 한편 유사 의견에 대한 것을 하나의 논제로 묶는 것은 사회자의 역할이다.

5. **후속조치** – JAD 회의 보고서를 작성하고 참석자에게 배포한다. 보고서는 그림 13.17에 있는 인터뷰 보고서와 기본적으로 같다. JAD 회의는 인터뷰보다 길고 많은 정보를 담고 있어 보고서 완성에 시간이 더 걸린다.

Box 3.2 | JAD 회의 방법

JAD 회의 방법은 IBM에서 1970년 후반에 시작되어 시스템 분석에 관련된 주 사용자, 관리자, 시스템 분석가들을 함께 모이게 하는 방법이다. JAD를 사용하는 목적은 시스템과 관련된 주요 관련자로부터 요구사항을 동시에 수집하기 위한 것이다. 결과는 집중적이고 구조적이며 매우 효과적인 회의 방법이다. 회의 동안 모든 참여자는 공동으로 시스템 요구사항을 정의하고 의견을 조정하게 된다.

JAD 회의는 점진적 개발 모델과 결합하여 사용될 수 있다. 또한 발전적 출시, 발전적 프로토타이핑, 단계적 출시 모델과도 결합하여 사용될 수 있으며 JAD 설계 활동이 끝난 후 비교적 빠른 기간 내에 소프트웨어를 출시할 수 있다.

JAD와 프로토타이핑은 결합하여 상승 작용을 가져오는 개발 방법이다. 이 방법으로 요구 사항의 변경을 낮은 비율로 떨어뜨릴 수 있다.

기술 환경이 제공된다면 JAD 회의를 하는 동안 프로토타이핑 작업을 진행하여 이를 구현 단계에 바로 적용할 수 있다. JAD 회의는 James Martin이 만든 RAD(Rapid Application Prototyping) 방법론의 필수 구성 요소로써 JAD를 CASE 도구와 통합하여 제공하기도 한다.

설문

설문은 개인으로부터 정보를 취하기 위한 서면 질의서이다. 설문은 많은 사람들의 정보나 의견이 필요할 때 사용한다. 설문은 외부 기관이 사용할 목적으로 시스템을 개발한다거나 지리적으로 떨어진 사용자의 의견을 취합할 때 주로 사용하는 방법이다. 설문하면 종이를 생각하지만 최근에는 주로 이메일이나 웹 등, 전자화 된 형태로 배포된다. 전자 배포는 지면에 인쇄된 설문보다 시간과 비용을 절약할 수 있다.

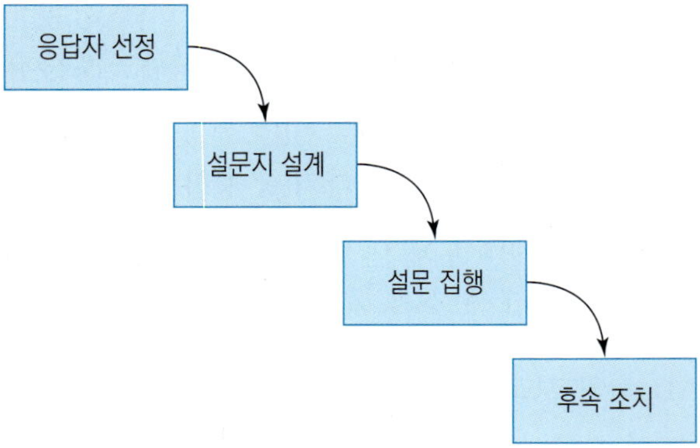

[그림 3.19] 설문 과정

1. **응답자 선정** – 인터뷰나 JAD 회의와 같이 첫 번째 단계는 설문지를 배포할 대상자를 선정한다. 유용한 정보를 제공할 수 있는 사람을 모두 대상자로 선정할 필요는 없고 샘플링 하여 대표를 선발한다. 샘플 선택에서 중요한 것은 설문지를 받는 사람이 모두 응답하지는 않는다는 점이다. 평균 30~50 %의 회수율을 보이며 웹기반 설문인 경우 더 낮다.

2. **설문지 설계** – 좋은 설문을 개발하는 것은 매우 중요하다. 설문에 포함된 정보가 잘못되었다고 해서 즉시 고치기는 어렵기 때문이다. 설문지 안에 있는 질문은 오해의 소지가 없도록 명확하게 기술되어야 한다. 질문은 사실과 의견을 명확하게 구별할 수 있게 하고 의견에 대한 질문은 동의 또는 반대의 정도를 나타낼 수 있게 한다. 예를 들면 "네트워크 장애가 자주 일어나는가?"라고 묻는 것보다 "네트워크 장애가 얼마나 자주 발생하는가. 한 시간에 한번, 하루에 한번, 일주일에 한번"과 같이 사실에 근거한 질문이 되어야 한다.

   가장 분명한 것은 질문지로부터 수집된 정보를 어떻게 분석하고 사용하는지 이해하여야 한다. 설문지를 배포하기 전에 미리 이를 언급하고 준비하여야 한다. 질문은 일관된 형식을 유지하여 응답자가 각 질문에 답하기 위하여 지시문을 매번 읽을 필요가 없게 한다. 관련된 질문을 그룹으로 묶어 간단히 답하도록 유도하는 것이 좋다. 설문은 질문으로 바로 시작하여 즉시 관심을 끌게 하고 답을 유도하는 것이 중요하다. 여러 사람이 질문지를 읽어보고 응답자들 중에 뽑아 미리 응답하게 해보아야 한다. 그래야 단순한 질문도 얼마나 쉽게 오해하는지 알 수 있기 때문이다.

- 위협을 주는 것이 아니라 흥미를 유발시키는 질문으로 시작한다.
- 각 질문을 논리적인 섹션으로 그루핑한다.
- 중요한 질문을 설문의 끝에 두지 않는다.
- 한 페이지에 너무 많은 내용을 담지 않는다.
- 줄임말을 피한다.
- 치우치거나 제안하는 듯한 질문이나 단어를 피한다.
- 혼돈 피하기 위하여 질문에 번호를 매긴다.
- 응답자에게 익명을 보장한다.

[그림 3.20] 좋은 설문 설계 만들기

3. **설문 집행** – 설문 수행에서 가장 중요한 일은 참여자가 설문에 응하여 답하고 보내

오는 일이다. 회수율을 높이기 위한 여러 가지 방법이 연구되고 있으나 자주 사용되는 방법은 설문이 왜 필요한지 명확히 설명하고 언제 회수하여야 하는지 날짜를 명기하고 설문에 모두 답변하도록 유도하며 설문의 결과에 대한 요약을 제공하겠다고 제안하는 것이다. 기관 안의 회수율을 높이기 위하여 직접 설문지를 돌릴 수도 있고 회신하지 않은 사람이나 부서장을 만나 협조를 요청할 수도 있다.

4. **후속 조치** – 회신된 설문을 처리하여 설문 결과 보고서를 작성한다. 분석 작업이 적시에 이루어져 설문 결과를 요청한 회신자들이 속히 받아 볼 수 있게 한다.

서류 검토

현재 시스템을 이해하기 위하여 서류를 분석하기도 한다. 이상적인 환경이라면 현재 시스템을 개발한 프로젝트 팀이 문서를 작성하고 이어지는 프로젝트 팀들이 수정하게 될 것이다. 이러한 경우 프로젝트 팀은 문서를 리뷰하고 시스템 자체를 검토하는 작업부터 시작한다.

불행하게도 문서화가 잘된 시스템이 많지 않은데 그 이유는 프로젝트 팀이 프로젝트 진행하는 동안 문서화에 실패하기 때문이다. 프로젝트가 종료된 후에는 과거로 돌아가 문서화 할 기회가 없다. 따라서 현재 시스템에 대한 문서가 없거나 시스템의 변경에 대한 최근 정보가 갱신되지 않을 수도 있다. 하지만 보고서나 메모, 정책 매뉴얼, 교육 매뉴얼, 조직도, 양식 등 도움이 되는 다른 문서에서 유용한 정보를 찾을 수 있다.

이런 문서들은 일부의 정보만 담고 있다. 즉 조직이 사용하는 공식적인 정보만을 나타내고 있는데 시스템의 현황은 공식적인 내용 즉 현실과 차이가 있다. 예를 들어 사용된 적이 없는 양식이나 보고서는 과감히 삭제하여야 한다. 마찬가지로 입력 양식에 채워지지 않는 박스나 질문은 다시 생각해 보아야 한다. 그림 3.21은 서류를 어떻게 분석하는지 예를 나타낸 것이다.

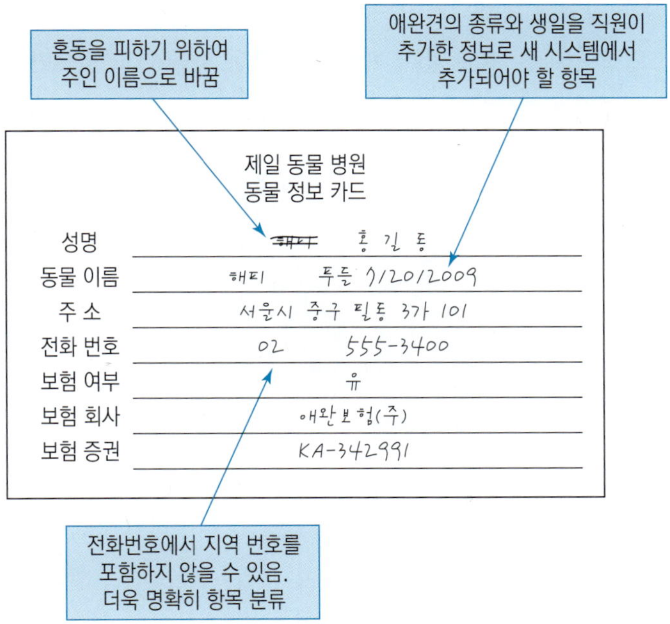

[그림 3.21] 서류 분석

시스템이 변경되어야할 필요성을 잘 나타내는 증거는 시스템이 제공하는 정보가 부족하여 사용자가 새로운 양식이나 추가 정보를 생성하는 것이다. 이런 변화는 시스템을 개선할 필요성이 있음을 암시한다. 따라서 이런 증거를 찾아내기 위하여 빈 양식과 정보가 채워진 양식을 검토하는 작업이 유용하다. 마찬가지로 사용자가 필요한 정보를 찾을 때 여러 보고서를 접근하여야 하는 경우가 발생하면 새로운 정보나 새로운 형식이 필요하다는 증거이다.

관찰

관찰은 작업 과정을 지켜보는 것으로 현재 시스템에 관한 정보를 수집하기 위한 좋은 방법이다. 왜냐하면 인터뷰나 JAD 회의는 다른 사람의 말을 통하여 듣는 것이지만 관찰은 현실 상황을 분석가가 직접 볼 수 있기 때문이다. 연구 결과에 의하면 많은 관리자들이 어떻게 작업하며 시간을 얼마나 할애하는지 기억하지 못한다고 한다. 관찰은 인터뷰나 설문에 의하여 수집된 정보를 검증하는 좋은 방법이다.

분석가는 마치 문화재 발굴하는 것과 같이 현장을 둘러보고 비즈니스 시스템의 기능을 관찰한다. 관찰은 작업에 방해되지 않게 기밀을 유지하여야 한다. 분석가가 관찰하는 것이 정상적인 일상이 아닐 수도 있다. 관찰을 한다는 것을 알고 있으면 행동이나 작업에 매우 조심스러워지기 때문이다.

[그림 3.22] 관찰

관찰은 인터뷰 정보를 보완할 목적으로 사용한다. 사무실의 위치나 일터의 환경을 보면 인터뷰에서 제공된 정보가 정확한 것인지 판단하는 데 사용될 수 있다. 예를 들어 분석가가 사무실을 방문했을 때 컴퓨터가 비치되지 않았는데 사용자가 현재 시스템을 많이 사용해 보았다고 주장한다면 그의 의견은 정확하지 않을 수도 있다. 이와 같이 대부분의 경우 관찰은 사용자가 인터뷰에서 제공한 정보를 뒷받침 한다.

요구추출 방법 선택

모든 요구추출 방법은 강점과 약점이 있다. 어떤 방법이 다른 방법보다 항상 좋은 것은 아니며 실제 대부분의 프로젝트는 여러 가지 기법을 혼합하여 효과를 최대화하고 있다. 각 기법의 장단점을 이해하고 언제 사용하는지 아는 것이 중요하다. 몇 가지 관점에 따라 각 방법을 비교하여 표 3.5에 표시하였다. 분석자의 경험 측면으로 비교하면 서류 분석과 관찰 방법은 많은 훈련이 필요하지 않으나 JAD 회의는 상당한 훈련이 필요하다.

표 3.5 요구 취합 방법의 비교

	인터뷰	JAD 회의	설문	서류 분석	관찰
정보의 타입	As-is, 개선, to-be	As-is, 개선, to-be	As-is, 개선	As-is	As-is
정보의 깊이	상	상	중	하	하
정보의 너비	하	중	상	상	하
정보의 통합	하	상	하	하	하
사용자 참여	중	상	하	하	하
비용	중	하/중	하	하	하/중

- 정보의 타입 – 요구 분석은 세 단계, 즉 현재(as-is) 시스템을 이해하는 단계, 개선점을 파악하는 단계, 미래(to-be) 시스템을 개발하는 단계가 있다. 각 단계에 따라 적합한 취합 방법이 있다. 인터뷰와 JAD 회의는 세 가지 단계 모두 적합하나 서류 분석과 관찰 방법은 현재 시스템을 이해하는 데 적합하다. 설문은 주로 현재 시스템에 대한 정보나 개선에 대한 일반적인 정보를 모으는 데 사용된다.

- 정보의 깊이 – 정보의 깊이란 요구 취합 방법이나 제공하는 정보가 얼마나 알차고 자세한지를 나타낸 것이다. 사용하는 방법이 사실이나 의견뿐만 아니라 그 배경과 이유를 이해하는 데 유용한지를 뜻한다. 인터뷰와 JAD 회의는 알차고 자세한 정보를 깊이 있게 제공한다. 서류 분석과 관찰은 사실을 파악하는 데 유용하지만 그 이상을 기대하기 어렵다. 설문은 사실이나 의견과 약간의 이유를 제공하는 중간 정도에 해당된다.

- 정보의 너비 – 정보의 너비란 적용한 기법으로 모은 정보와 정보 출처의 범위를 뜻한다. 설문과 서류 분석은 광범위한 정보 출처로부터 광범위한 정보를 쉽게 취합할 수 있다. 반면에 인터뷰와 관찰은 각 정보 출처를 분석가가 직접 방문해야 하므로 시간이 많이 소요된다. JAD 회의는 정보 출처인 사람이 동시에 많이 모이므로 중간 정도라 할 수 있다.

- 정보의 통합 – 요구 취합 작업에서 가장 어려운 측면은 여러 출처에서 나온 정보를 통합하는 일이다. 여러 사람이 상충되는 정보를 제공한다. 다양한 정보를 통합하고 사실과 의견의 차이를 좁히려고 노력하는 것은 시간이 많이 필요한 작업이다. 왜냐

하면 정보를 제공한 사람들을 만나 차이를 설명하고 정보를 다듬어야 하기 때문이다. 이렇게 되면 정보 제공자는 분석가가 자신의 정보를 신뢰하지 않는다고 생각하고, 또 다른 사용자가 있다고 생각하기 쉽다. 이렇게 되면 사용자가 수동적이고 생각의 차이를 좁히기 어렵게 된다.
모든 기법은 어느 정도 통합에 문제가 있다. 그러나 JAD 회의는 모든 정보가 수집되기 전에 통합하는 과정이 있다. 두 사용자가 상충되는 정보를 제공하였다면 차이가 바로 드러나고 바로 해결할 수 있다. 정보의 즉시 통합이 JAD 회의 방법이 가진 다른 기법에서 볼 수 없는 장점이다.

- 사용자 참여 – 사용자 참여는 새 시스템의 미래 사용자가 분석 과정에 투자하여야 하는 시간과 에너지를 말한다. 사용자가 분석 과정에 더 많이 참여할수록 시스템이 성공할 확률은 높아진다. 하지만 사용자의 참여는 비용이 많이 소요되며 모든 사용자가 시간과 에너지를 가지고 기여하려는 것은 아니다. 설문, 서류 분석, 관찰 방법은 사용자에게 부담이 적으나 JAD 회의는 많은 노력을 요구한다.

- 비용 – 비용은 항상 중요하게 고려할 부분이다. 일반적으로 서류 분석, 관찰은 비용이 적게 든다. 비용이 적다고 하여 다른 기법보다 효율적이거나 비효율적인 것은 아니다. 인터뷰와 JAD 회의는 중간급의 비용이 든다. JAD 회의는 참여자가 대부분 중역 이상이므로 회의 참석으로 발생하는 작업의 중단은 금전적으로 큰 비용이기 때문이다. 하지만 JAD 회의는 정보를 통합하는 데 시간을 절약해 주고 따라서 장기적인 관점으로 비용을 줄여준다.

Box 3.4 | 사용자 선택

요구사항을 수집할 때 제일 먼저 해야 할 일은 요구사항을 정의하는데 도움을 줄 사용자를 찾는 것이다. 요구사항을 정의하는 작업에는 사용자의 도움이 절대적으로 필요하다. 사용자는 신뢰할만한 사람을 골라야 한다. 한마디로 '팥으로 메주를 쑨다.'고 해도 믿을 만한 인물을 선택한다. 믿을 만한 사람이란 업무에 정통하고 전체적인 시각을 가진 사람이어야 한다. 초급 사용자만이 아니라 고급 사용자도 모두 포함시킨다.

회사의 비즈니스 소프트웨어를 개발하는 프로젝트라면 실제 사용자를 몇 명 투입시키는 것도 좋다. 즉 상주하는 사용자와 효율적으로 접촉하고 사용자를 소프트웨어 개발에 투입시킨다.

사용자의 의견을 얼마나 잘 이끌어내는가가 프로젝트의 핵심 성공 요소이다. 믿을만한 사용자를 찾지 못한다면 외면당할 수도 있는 소프트웨어를 만드느라 시간과 비용을 낭비할 수도 있기 때문이다.

3.5 요구 문서화

소프트웨어 프로젝트를 성공적으로 수행하려면 항상 요구를 잘 정리하여야 한다. 그러나 요구를 얼마나 상세하게 기술할 것인가는 프로젝트마다 다양하다. 극단적으로 몇 문단의 글과 간단한 그림으로 요구를 표현한 것도 있으며 수천 페이지로 복잡하고 상세히 기술한 요구 명세서도 있다. 양쪽 다 잘못된 것으로 너무 간단히 기술하면 문제를 적절히 해결하지 못하는 시스템을 만들게 될 수 있고 반대로 너무 자세히 기술하면 시간을 낭비하고 개발 과정을 너무 융통성이 없게 만들 수 있기 때문이다.

경우에 따라서 여러 개의 요구 분석서를 작성하는데 시스템의 각 부분을 따로 작성한다든지 상세 수준에 따라 별도로 작성할 수 있다. 이렇게 분리하여 작성할 때는 서로 보완되도록 작성한다. 필요하면 다른 문서를 참조하도록 소개하고 문서들 사이에는 중복되는 내용이 없어야 한다. 문서들 사이에 중복되는 부분이 있으면 변경이 필요할 때 한 부분은 고치고 다른 부분은 그대로 두어 모순이 생기게 된다.

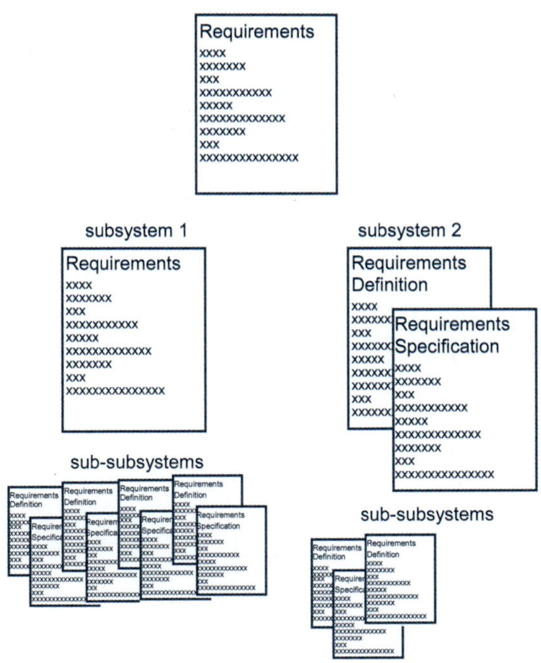

[그림 3.23] 요구분석서의 구조

대규모 시스템을 위한 요구 문서는 계층적으로 정리한다. 전체 시스템과 각 서브시스템의 상호작용을 서술한 최고층 문서가 있다. 다음은 각 서브시스템에 대한 요구를 별도의 문서로 정리한다. 주의할 것은 시스템이라는 말을 쓸 때 개발 팀이 작업하는 서브시스템이 될 수도 있고 대규모 전체 시스템이 될 수도 있다. 요구분석서의 계층구조를 그림으로 나타내면 그림 3.23과 같다.

요구 분석서 작성

요구 분석서 맨 처음에는 제기된 문제와 시스템에 대한 개요를 기술한다. 다루는 문제가 무엇인지 간략히 기술하고 시스템의 배경지식이나 환경에 대하여 설명한다. 중요한 사항은 기능적 요구와 비기능적 요구를 작성한 부분이다. 기능적 요구는 박스 안의 프로젝트 사례와 같이 기능 리스트 형태로 작성할 수도 있고 다음 장에서 소개할 유스케이스 형태로 나타낼 수도 있다. 기능 리스트는 우선순위를 잘 나타내고 어떤 기능이 이번 버전에 포함되는지 명시한다.

비기능적 요구는 시스템의 품질에 관한 요구와 프로젝트 진행하는 과정에 대한 일정, 인력, 자원에 대한 제약 사항을 기술한다. 여기에 포함된 사항은 설계 과정에서 설계안을 결정하는 데 중요한 영향을 미친다. 또한 개발 후에 성능 테스트를 위한 중요한 기준이 된다.

모든 문서에는 제목과 버전 번호, 수정 이력을 잘 표시하여야 한다. 다음 페이지에 있는 내비게이션 시스템의 요구분석서에 있는 것처럼 누가 언제 어떤 이유로 문서를 수정하였는지 잘 나타낸다. 또한 문서들 사이에 관련이 깊은 문서가 있다면 참조할 수 있도록 적절한 곳에 표시한다. 내비게이션 요구분석서에서는 배경 지식에 관한 자세한 내용을 기술한 문서를 참조하도록 표시하고 있다.

◈ 프로젝트 사례: 내비게이션 시스템의 요구분석서 ◈

Draft v. 0.2

수정 이력

버전	주저자	버전설명	완성한 날짜
0.1	홍길동	초안 작성	2009/03/23
0.2	김동국	기능 요구 수정	2009/04/02

시스템 개요

1. 문제

내비게이션 시스템은 자동차에 장착되어 목적지까지 방향을 지시하여 운전을 안내한다.

2. 배경 지식

자세한 도메인 분석은 문서 DA-2004-02를 참조하시오.

3. 환경 및 시스템 모델

내비게이션 시스템은 문서 DA-2004-02에 기술된 GPS 하드웨어 환경에서 수행된다. 하드웨어는 다음과 같은 사항을 소프트웨어에 제공한다.

- GPS 위치 정보
- 지리 정보 데이터베이스에 무선 인터넷 접속
- 트랙볼의 위치
- 컬러 10 X 10 cm LCD 스크린
- 스크린 터치 패드 여섯 개의 버튼
- 자동차에 장착된 다른 시스템으로부터의 데이터, 즉 바퀴의 속력 및 방향 전환에 관한 입력

시스템 기능

4. 기능적 요구

가. 시스템은 지도의 어떤 부분을 디스플레이 할 것인지 계산하기 위하여 GPS 정보를 사용한다. 또한 자동차의 위치에 대한 정확도를 높이기 위해 속도와 방향회전 기록에 대한 정보를 통합한다.

나. 시스템은 두 가지 모드가 있다. 셋업 모드는 사용자가 지도를 참조하여 목적지를 표시하는 모드이다. 내비게이션 모드는 사용자에게 방향을 안내한다.

다. 셋업 모드

1) 시스템이 켜지고 자동차가 정지된 상태에 있다면 셋업 상태로 들어간다. 자동차가 움직이면 시스템은 내비게이션 모드가 된다. 안전의 이유로 자동차가 움직이면 시스템은 셋업 모드로 들어갈 수 없다.

2) 셋업 모드에 있을 때 시스템은 지도를 보여준다. 디폴트 지도는 1:25000 척도이며 중앙이 현재 자동차의 위치이다. 이 정도의 척도에는 화면에 사방 2.5 Km를 나타낼 수 있다. 지도의 위쪽이 북쪽이 되도록 표시한다.

3) 사용자의 현재 위치가 지도의 가시 범위 안에 있을 때는 빨간 화살표로 표시한다. 화살표는 사용자가 가야할 방향을 나타낸다.

4) 또한 시스템은 현재 위치로부터 지도의 중앙까지 오렌지색으로 최단 경로를 표시한다. 현재 위치가 표시되지 않았다면 완전한 경로를 표시할 수 없을 것이다.

5) 사용자가 트랙볼을 조작하면 스크린은 트랙볼이 움직이는 방향으로 지도를 스크롤한다.

6) LCD 스크린은 '줌 인', '줌 아웃', '현재 위치로', '목적 위치로', '목적지 설정', '내비게이션'의 여섯 가지 버튼을 보여준다. 버튼은 다음과 같이 작동한다.

- '줌 인'과 '줌 아웃'은 새 지도를 디스플레이한다. 지도의 척도는 스크린의 맨위에 표시한다. 지도 검색이 지연된다면 '지도 검색 중'이라고 화면에 표시한 한다. 어떤 이유로 지도나 네트워크를 이용할 수 없다면 시스템에 '죄송합니다. 지도를 찾을 수 없습니다'라고 표시한다.
- 사용자가 '줌 아웃'을 누르면 지도의 척도를 둘로 나누어 더 넓은 영역을 표시한다. 최소 척도는 1:3125로 312.5m 폭의 영역을 나타낸다. 최소 척도에서 '줌 인'을 누르면 더 이상 표시할 수 없다는 의미로 회색의 레이블을 표시 한다.
- '목적지 선택'을 누르면 스크린의 중앙(오렌지색 경로의 끝)이 목적지로 지정된다. 현재 위치에서 목적지까지의 최단경로가 빨간 선으로 하이라이트 되며 자동차가 움직이면서 변동된다.
- 지정된 목적지(빨간색)까지의 최단경로는 스크린 중앙까지의 최단경로(오렌지색) 위에 표시된다.
- 사용자가 '현재 위치로'를 누르면 현재 위치가 중앙에 오도록 지도를 점프한다.
- 사용자가 '목적지 선택'을 누르면 지도는 목적지가 중앙에 오도록 점프되고 목적지가 선택되어 있지 않다면 디폴트 목적지가 현재 위치가 된다.

라. 내비게이션 모드

1) 내비게이션 모드에서는 자세한 지도를 보여주지 않는다. 왜냐하면 운전 중에 지도에 집중할 수 없기 때문이다.

2) 목적지를 지정하지 않았다면 시스템은 현재 주행 중인 도로의 이름만 크게 표시한다.

3) 목적지를 지정하였다면 시스템은 다음과 같은 내용을 크게 표시한다.

- 똑바로 주행하여야 한다면 위쪽 화살표, 왼쪽으로 돌아야 한다면 왼쪽 화살표, 오른쪽으로 돌아야 한다면 오른쪽 화살표, 뒤로 돌아가야 한다면 U턴 심볼
- 운전자가 어디로 운전해야 하는지를 나타내는 문장은 다음과 같다. '〈건물〉에서 〈방향〉쪽으로 회전하시오.', '〈도로번호〉에서 〈건물〉까지 〈방향〉쪽으로 직진하시오.' 예를 들면 '25번 출구에서 왼쪽으로 회전하고 33번 국도에서 동국대학교까지 북쪽으로 직진하시오.' 시스템은 회전 방향과 모퉁이의 건물, 주행 방향, 도로 번호, 다음 목표 건물 등을 찾아내야 한다.
- 목적지의 행정구역, 남은 거리, 남은 주행 시간, 예상 도착 시각

4) 회전 방향과 명령은 가능하면 빨리 표시하여야 한다. 또한 내비게이션 명령이 모호하게 이해되지 않도록 한다. 예를 들면 왼쪽 회전 화살표는 다음 코너에서 왼쪽 회전을 하여야 할 때만 표시되어야 한다.

5) 시스템에는 '음성', '소리 크게', '소리 작게', '안내 시작', '안내 중지', '셋업' 등의 버튼을 보여준다. 각 버튼의 역할은 다음과 같다.

- '음성'은 컴퓨터가 화면에 보여준 안내를 음성으로 합성하여 발생한다. 사용자가 버튼을 누를 때마다 지금 읽던 것은 취소하고 지금 명령을 처음부터 시작하여 읽는다.
- '소리 크게', '소리 작게'는 소리를 조절한다.

- '안내 시작'은 주행에 필요한 안내, 예를 들면 '출구로 나가시오' 같은 문장을 자동으로 일분 앞서 읽어 컴퓨터 합성음을 발생한다. '안내 중지'는 이런 기능을 취소하는 것으로 사용자는 화면의 명령을 읽거나 '안내 시작'을 눌러야 한다. 길 안내가 일 분에 한 번 이상으로 자주 필요하다면 바로 전 안내에 따라 운전한 것이 감지되자마자 다음 안내를 읽어 음성으로 내보낸다.
- '셋업'은 자동차가 정지하였을 때 셋업 모드로 전환시킨다. 자동차가 정지하지 않았다면 '셋업' 버튼은 회색으로 변하여 비활성 상태가 된다.

6) 운전자가 안내에 대하여 예상했던 반응을 보이지 않고 다른 길로 간다면 시스템은 즉시 새로운 길을 계산한다.

시스템 성능

5. 비기능적 요구

가. 시스템은 인터넷 연결이 잘 안되거나 GPS 신호를 수신하는데 실패하더라도 서비스를 유지하도록 강인성을 가져야 한다.

나. 시스템은 무선 인터넷이나 GPS 기술의 변경이 앞으로의 릴리스에 잘 통합될 수 있도록 융통성 있게 설계하여야 한다.

다. GPS 신호가 없는 경우에 대신할 수 있는 관성항법 장치로부터의 입력을 미리 받을 수 있도록 설계하여야 한다.

시스템 UI

6. 네비게이터 사용자 인터페이스

그림 1 목적지 화면

출발지, 경유지, 목적지를 선택하는 메뉴가 있고 목적지의 지명과 연락번호를 화면 상단에 표시한다. 지도를 더 자세히 보려면 줌인(+), 환원 하려면 줌 아웃(−)을 누르고 목적지 화면에서 자동차 현재 위치를 나타내는 화면으로 바꾸려면 자동차가 그려진 아이콘을 누르면 된다.

Box 3.5 | 요구관리 도구

Standish Group의 보고서에 따르면 프로젝트의 성패를 좌우하는 요소의 40%가 요구사항과 관련되어 있다고 한다. 프로젝트의 성공을 위해서 요구사항 정의 및 관리는 매우 중요하다. 부정확한 요구 사항으로부터 출발한 프로젝트는 개발과 테스트 단계에서 많은 결함을 유발하고 이는 일정 지연과 추가적인 비용을 발생한다.

요구사항의 변경을 관리하는 것 또한 중요하다. 개발 초기에 정의된 요구도 프로젝트가 진행되면서 변경되고 발전되기 때문에 이를 잘 관리하는 도구가 필요하다.

요구사항 관리 도구는 기본적으로 요구사항의 제목과 내용을 작성하면 고유 ID가 생성되어 시스템이 관리한다. 베이스라인, 이력, 교환과 같은 버전 관리 기능, 요구사항 간의 혹은 요구사항과 다른 산출물 간의 추적 기능이 있다. 또한 다양한 CASE 도구와의 통합, 자체 언어와 API를 통한 확장, 웹 접속 지원과 같은 기능이 있다.

최근 나오는 요구사항 관리 도구는 모델링 지원이나 UI 스케치와 같은 기능을 포함하여 요구사항 정의를 도와준다. 또한 정의된 요구사항을 기반으로 프로젝트 관리, 설계, 개발, 테스트 등을 수행할 수 있는 백본 역할을 하기도 한다.

IBM의 DOORS 같은 도구가 있으며 웹기반으로 제공하는 요구관리 도구도 많이 있다. 엑셀이나 워드로도 요구 사항을 관리할 수 있다. 하지만 추적성을 제공하지는 않는다. 도구를 이용하면 더 명확히 정의할 수 있고 여러 개발자가 협력하는 데 도움이 된다. 업무 흐름을 스토리보드로 나타낼 수 있고 UI를 스케치하는 기능도 제공한다.

요구분석서 검토

소프트웨어 엔지니어는 요구를 개발할 때 아래 설명하는 가이드라인을 준수하여야 한다. 아래 설명하는 대부분의 내용은 요구 분석서 만이 아니라 프로토타입에도 적용된다. 초기 프로토타입이나 요구의 초기버전은 소프트웨어 프로젝트 관련자들이 검토한다. 검토 후 다시 수정하는 반복 작업으로 요구분석서와 프로토타입을 개선할 수 있다.

검토 과정은 관련자들이 모두 참석하는 리뷰 회의에서 진행한다. 관련자들은 검토할 문서를 받아 미리 읽어보고 결함을 찾은 후 리뷰 회의에 참석한다. 이렇게 하면 리뷰 회의에서 불필요한 논쟁을 피할 수 있다. 즉 대부분의 문제나 결함은 개인 검토 과정에서 찾아진다. 검토 과정에서 발견된 문제로 인하여 요구에 수정할 사항이 많으면 다시 검토를 할 필요가 있다. 요구 사항을 충분히 검토하려면 다음과 같은 사항을 만족시켜야 한다.

[그림 3.24] 요구 분석서 검토

- 개발 비용의 투자 효과 – 비용 대비 효과 또는 수익을 분석해 보는 작업이 소프트웨어 엔지니어링에서는 중요하다. 생산성이나 매출 향상과 같이 경제적인 이득에 비하여 개발, 하드웨어, 교육, 유지보수에 드는 비용이 어느 정도인지 따져 본다. 비용–이익 분석은 상세하게 분석하여야 한다. 요구한 기능이 아주 작은 이익을 보일 것으로 예상되며 개발비용이 상당히 클 경우에는 과감히 삭제한다.

- 현재 당면한 문제를 해결 – 나온 아이디어를 모두 구현하면 유용하고 비용을 능가하는 수익을 얻겠지만 우선순위가 낮은 것은 미리 제거한다. 이렇게 하는 이유는 시스템을 개발하는데 시간을 절약하고 시스템이 복잡해지는 것을 막을 수 있기 때문이다. 중요도가 떨어지는 아이디어는 다음에 고려하도록 미루어 둔다.
  소프트웨어 개발에서 지키는 중요한 원칙 중의 하나는 80 대 20 법칙이다. 사용자가 안고 있는 문제의 80%는 작업의 20%가 해결할 수 있다. 이를 파레토 법칙이라고 하며 시스템에 대한 요구 중 우선순위가 높은 상위 20%만을 먼저 개발하는 것도 생각해 볼만 하다. 필요 이상의 요구를 리스트로 만드는 것은 마치 자주 변경될 디자인에 금으로 도금하는 셈이 된다.

- 명확하고 통일된 표현 – 요구는 사용자가 이해할 수 있고 다른 요구와도 통일성 있게 표현하여야 한다. 요구는 일반적으로 우리말이나 영어와 같은 자연어로 표현하나 정형적 언어로 보완하여 표현할 수도 있으며 다이어그램으로 표현할 수도 있다. 어떤 형식을 사용하든지 일관된 스타일을 요구 문서에 적용하여야 한다. 문장을 현재형의 능동체로 작성하되 시스템이 입력에 대하여 어떤 식으로 반응한다는 것을 표현한다. 예를 들어 '약사가 환자의 ID를 입력할 것이다. 다음에 환자의 처방 기록이

디스플레이 될 것이다.'라고 쓰는 것보다 '약사가 환자의 ID를 입력하면 시스템은 환자의 처방기록을 디스플레이 한다.'라고 쓰는 것이 좋다.

- 모호한 점이 없게 – 글로 쓴 문장은 여러 개의 해석이 가능한 경우가 많다. 단어가 여러 가지 의미를 내포하기 있기 때문이다. 예를 들어 '사용자가 항공기를 선택하면 시스템은 항공편에 배정한다.'에서 '항공기'가 기종(보잉 777)을 의미하는 것인지 특정 항공기를 의미하는 것인지 모호하다. 또한 '항공편'이 특정한 날에 떠나는 항공편을 의미하는 것인지 같은 시각에 떠나는 항공편명(KL 102)을 의미하는지 명확하지 않다.

- 일관성 – 작성한 요구문서가 표준규격에 잘 맞는지, 다른 요구들과의 일관성이 있는지, 상위 시스템이나 서브시스템의 요구와 잘 부합하는지 체크한다. 대규모 시스템은 요구들 사이에 모순되는 점이 있는지 미묘한 부분까지 체크하기가 어렵다. 일관성을 자동적으로 체크하기 위해서는 요구가 정형적 언어로 표현되어야 한다.
일관성을 확립하는 중요한 방법 중의 하나는 중복하여 기술하는 것을 피하는 것이다. 예를 들어 요구에 대하여 문서의 서론에 요약하여 언급하고 다시 본론에서 자세히 기술하는 경우가 많다. 이런 경우 한 부분을 수정하고 같은 내용을 기술한 다른 부분의 수정을 잊을 수 있기 때문에 중복을 피하여야 한다. 이러한 이유로 본론 이외의 부분에 요구에 대하여 구체적으로 언급하는 것은 좋지 않다.

- 품질 좋은 시스템을 유도 – 요구 사항은 시스템의 사용성, 안전성, 효율성, 신뢰성, 유지보수성을 높일 수 있어야 한다. 요구 사항이 과연 이러한 요구를 만족할 수 있을지 판단하기 위하여 전문성이 필요하다. 예를 들어 신뢰성이 중요한 시스템의 안전성은 정형적이며 수학적인 증명 기법을 동원할 수 있다. 사용성을 확보하기 위하여 요구사항을 좋은 사용자 인터페이스 설계를 위한 체크리스트와 대조하는 방법도 있다. 시스템의 사용성을 완전히 보장하려면 프로토타입을 만들어 사용자가 작업하는 것을 관찰하여야 한다.

- 실현가능성 – 요구 사항은 정해진 예산과 기간 내에 원하는 플랫폼에 개발팀이 구현할 수 있는 전문성과 기술을 가지고 있어야 한다. 요구 사항의 실현 가능성에 의문이 제기 된다면 더 상세한 분석이 필요하다. 예를 들어 어떤 기능이 성능 요구 사항을 만족할 만한 알고리즘이 있는지 확실하지 않다면 실험으로 프로토타입을 만들어 그 기능을 요구 사항으로 확정하기 전에 테스트해 본다.

- 검증 가능성 – 요구분석서는 시스템 설계의 기초가 될 뿐 아니라 테스트에 근거가 된다. 따라서 시스템이 요구 사항에 맞게 구현되었는지 명확하게 결론을 내릴 수 있는 방법이 있어야 한다. 특히 비기능적 요구 사항이 검증 가능하도록 작성되어야 한다. 예를 들어 '검색 결과는 빠른 시간 안에 나와야 한다'라는 요구는 빠른 시간의 의미가 모호하여 검증하기 어렵다. 개선하면 '검색의 첫 번째 결과는 평균 1초 이내에 나와야 하며 95%의 경우 3초 이내에 나와야 한다'가 된다.

- 식별할 이름 – 개별적인 요구 사항을 부를 수 있는 이름이 있어야 한다. 요구 검토 회의에서 참여자들이 어떤 요구 사항을 토의하는지 지칭할 때 필요하기 때문이다. 또한 어떤 요구 사항이 설계의 어디에 반영되었는지 나타낼 때도 필요한데 이를 추적성(traceability)이라 부른다. 요구 사항을 구별할 수 있게 만드는 첫 단계는 긴 문장을 피하는 것이다. 각 요구 사항은 새 문단에서 시작하여 기술하고 모든 요구 사항에 고유한 번호를 붙인다.

요약

- 정보 시스템을 개발하기 위해서 현재 상황을 이해하고 새 시스템에 대한 요구를 파악하는 단계가 요구 분석이다.
- 요구에는 두 가지, 업무와 관련된 기능적 요구와 시스템과 관련된 기능 외적인 요구가 있다.
- 기능적 요구를 파악하기 위하여 업무를 개선하는 방법으로 비즈니스 프로세스 자동화, 비즈니스 프로세스 개선, 비즈니스 프로세스 리엔지니어링이 있다.
- 요구는 다양한 방법으로 취합한다. 직접 만나 물어보는 인터뷰, 협력하여 요구에 관한 정보를 찾는 JAD 회의, 서면 질의서인 설문, 현재 시스템의 서류를 분석하는 방법, 현재의 작업 과정을 지켜보는 관찰 방법이 있다.
- 취합된 요구는 문서로 잘 정리한다. 요구 분석서는 명확하고 일관성 있는지, 실행 가능성이 있고 검증 가능성이 있는지 등 여러 관점으로 검토한다.

퀴즈

1. 분석 단계는 새로운 시스템을 위한 ______________________ 를 결정하는 작업을 한다.

2. 요구 분석 단계는 ____________ 단계, ____________ 단계, ____________ 단계, ____________ 단계로 나눌 수 있다.

3. ____________ 이란 주로 다이어그램을 이용하여 시스템의 실체를 여러 가지 관점에서 축약하여 표현하는 작업이다.

4. 시스템이 무엇을 하여야 하는지 또는 어떤 특성을 가져야 하는지를 기술한 것을 ____________ (이)라 부른다.

5. 요구는 ____________ 와 ____________ 요구로 나눌 수 있다.

6. 비즈니스 프로세스 분석 기법은 크게 __________, ____________, ____________ 이 있다.

7. 비즈니스 프로세스를 분석하는 과정은 먼저 ____________________하고 다음으로 ____________을 하고 마지막으로 ____________ 한다.

8. 요구를 찾아내는 방법 중 ____________ 은/는 작업 과정을 지켜보면서 현재 시스템에 관한 정보를 수집하는 방법이다.

9. ____________ 는(은) 해결책보다 문제 자체에 집중하여 근본 원인을 찾아내는 BPA 기법이다.

10. ____________ 는(은) 프로젝트 팀, 사용자, 관리자 등이 협력하여 시스템의 요구를 찾도록 도와주는 정보 취합 기술이다.

11. 요구 분석 작업의 과정을 바르게 나열한 것은?

가. 요구 추출 → 검토 → 도메인 분석 →모델링과 정리

나. 요구 추출 → 도메인 분석 → 모델링과 정리 → 검토

다. 도메인 분석 → 요구 추출 → 모델링과 정리 → 검토

라. 도메인 분석 → 요구 추출 → 검토 → 모델링과 정리

12. 다음은 위성과 시각정보가 교신되어 시각이 정확히 표시되는 시계 소프트웨어에 대하여 추출된 요구들이다. 기능적 요구만을 골라낸 것은?

㉠ 위성 시계에 표시된 디지털 시각을 잘 읽을 수 있고 표시된 타임존 표시를 매뉴얼 없이도 잘 이해할 수 있어야 한다. ㉡ 위성 시계에는 버튼이 없어 시각을 수정할 수 없으므로 소프트웨어의 결함이 없어야 한다. ㉢ GPS와 교신 후 5분 이내에 정확한 타임존을 표시할 수 있어야 한다. ㉣ 위성 시계는 시간 2자리, 분 2자리, 초 2자리와 타임존을 나타내는 문자 10자리로 나타내야 한다. ㉤ 위성 시계에 탑재되는 소프트웨어는 시스템을 회사의 정책에 따라 Java 언어로 구현되어야 한다.

가. ㉠, ㉡　　나. ㉤　　다. ㉢, ㉣　　라. ㉣

13. 요구 추출에 대한 설명으로 옳지 않은 것은?

가. 요구를 찾는 것은 누가 시스템과 관련 있는지 시스템의 범위가 어디까지 인지 결정하는 것으로 시작된다.

나. 요구는 발견한 시간에 따라 우선순위를 매긴다.

다. 요구를 파악하는 것은 시스템이 수행하여야 할 기능을 찾아내는 것이다.

라. 요구 추출을 위해서는 현재 상황, 배경, 인터뷰, 문서를 참조하여야 한다.

14. 요구 추출 방법에 대한 설명으로 적합하지 않은 것은?

가. 관찰 – 사용자의 업무를 관찰하며 메모하여 감추어진 문제를 잘 드러낸다.

나. 인터뷰 – 관련 당사자를 만나 질의 응답하여 정확한 요구를 추출할 수 있다.

다. JAD 회의 – 여러 사람이 모인 그룹에서 아이디어를 타진하므로 효과적으로 요구를 추출할 수 있다.

라. 설문 – 설문지를 통하여 다수의 사용자에게 설문하여 요구에 대한 빠른 피드백을 줄 수 있다.

15. 요구를 정의하는 과정을 바르게 나열한 것은?

가. 기능, 비기능 종류 결정 → 요구 취합 → 요구 리스트 정의

나. 요구 취합 → 기능, 비기능 종류 결정 → 요구 리스트 정의

다. 요구 취합 → 요구 리스트 정의 → 기능, 비기능 종류 결정

라. 기능, 비기능 종류 결정 → 요구 리스트 정의 → 요구 취합

16. 다음 중 비즈니스 프로세스 분석 작업의 순서를 바르게 나열한 것은?

가. 새 시스템의 요구를 정의 → 개선할 점을 파악 → 현재 상황을 이해

나. 현재 상황을 이해 → 새 시스템의 요구를 정의 → 개선할 점을 파악

다. 현재 상황을 이해 → 개선할 점을 파악 → 새 시스템의 요구를 정의

라. 새 시스템의 요구를 정의 → 현재 상황을 이해 → 개선할 점을 파악

17. 다음에 설명한 비즈니스 프로세스 분석 방법은 무엇인가?

조직이 수행하는 프로세스의 기본 틀을 수정하는 것으로 잠재적 비즈니스 가치가 매우 크다. 따라서 비용도 많이 들며 위험이 크다.

가. 비즈니스 프로세스 자동화

나. 비즈니스 프로세스 개선

다. 비즈니스 프로세스 리엔지니어링

라. 비즈니스 프로세스 재구조화

18. **요구 취합 방법을 바르게 설명하지 않은 것은?**

가. 인터뷰는 현재, 미래 시스템에 대하여 자세한 정보를 깊이 있게 찾아 낼 수 있으나 정보를 통합하는 데 시간이 많이 걸린다.

나. JAD 회의는 주로 현재 시스템에 대한 정보를 제공하며 정보 통합이 어렵고 사용자의 참여가 어렵다.

다. 설문은 많은 사람들의 정보나 의견을 필요로 할 때 사용하며 주로 현재 시스템이나 개선에 대한 정보를 제공한다.

라. 서류 분석과 관찰은 비용이 적게 드나 광범위한 출처로부터 다양한 정보를 제공받는다.

19. **요구 분석서에 포함될 내용이 아닌 것은?**

가. 문제 정의와 시스템 개요

나. 기능 리스트

다. 소프트웨어 구조도

라. 유스케이스

20. **요구 분석을 검토하기 위한 체크 리스트에 포함될 내용이 아닌 것은?**

가. 개발 비용의 투자 효과가 있는가?

나. 현재 당면한 문제를 해결하고 있는가?

다. 명확하고 모호한 점이 없는가?

라. 모듈이 시스템의 기능을 만족시키는가?

퀴즈 정답

1. 요구 2. 요구정의, 요구추출, 요구정리, 요구검토 3. 모델링 4. 요구 분석서 5. 기능적 요구, 비기능적 요구 6. 프로세스 자동화, 프로세스 개선, 프로세스 리엔지니어링 7. 성과 분석, 기술 분석, 작업 제거 8. 관찰 9. 인터뷰 10. JAD 회의 11. 다 12. 라 13. 나 14. 라 15. 나 16. 다 17. 다 18. 나 19. 다 20. 라

연습문제

1. 요구 분석에 사용하는 세 가지 측면의 모델링 방법을 나열하고 각각의 차이와 표현 방법을 설명하라.

2. 기능적 요구와 비기능적 요구의 차이를 설명하라. 또한 인터넷쇼핑몰의 기능적 요구와 비기능적 요구사항이 될 수 있는 것을 다섯 가지씩 사례를 들어보라.

3. 요구 결정을 위하여 주의하여야 할 점은 무엇인가? 나열하고 설명하시오.

4. 비즈니스 프로세스 분석을 하는 이유를 설명하고 세 가지 작업 단계를 각각 설명하라.

5. 사무실에 사용하는 전구가 자주 나간다고 할 때 이에 대한 근본 원인 분석을 하고 이를 그림으로 그려 표현하라.

6. 학교의 수강 신청 과정의 비즈니스 프로세스를 그림으로 정의하라. 개선 점이 없는지 찾아보고 있다면 수정하시오.

7. 요구 취합이 성공되기 위한 팁을 세 가지 이상 들고 설명하라.

8. 요구 취합을 위한 인터뷰에 질문을 작성하고 있다. 세 가지 질문 유형을 나열하고 각 사례를 들어 언제 그러한 유형을 사용하는 것이 좋은지 설명하라.

9. JAD 회의는 어떤 과정으로 준비하고 진행하는지 설명하라. JAD 회의는 어떤 경우에 사용하는 것이 좋은가?

10. 요구 취합 방법 중 설문과 서류 검토 방법을 각각 설명하고 두 가지 방법의 공통점과 차이점을 논하시오.

11. 어떤 일을 수행하는 사람에게 그 과정을 알아내기 위한 질문지를 작성해 보라. 예를 들면 샌드위치 만들기, 아르바이트 구하기, 수강 신청하기 등 과정을 살펴보고 그 과정을 개선하기 위한 질문지를 작성하라.

CHAPTER 04

기능적 모델링

정보 시스템의 요구는 비즈니스 프로세스와 밀접하다. 특히 시스템의 기능적 요구는 사용자와 시스템 사이의 상호작용을 설명하고 문서화하는 데 사용된다. 유스케이스와 액티비티 다이어그램은 새로운 시스템의 요구를 기능적 관점에서 파악하기 위한 모델이다. 유스케이스는 정보 시스템의 기능 단위를 단계별로 자세히 이해하고 업무 프로세스를 분석하는 데 도움이 된다. 또한 액티비티 다이어그램은 비즈니스 프로세스와 워크플로우를 모델링하는 데 사용된다. 이 장에서는 기능적 모델링 방법으로 요구를 이해하고 정리하는 방법에 대하여 알아본다.

contents

04 기능적 모델링

학습목표

- 요구분석 중 기능 모델링이 무엇인지 이해하게 한다.
- 유스케이스가 무엇이며 어떻게 파악하는지 알게 한다.
- 유스케이스 다이어그램을 작성할 수 있게 한다.
- 유스케이스를 정형화하여 문서로 작성할 수 있게 한다.
- 비즈니스 프로세스를 액티비티 다이어그램으로 표현할 수 있게 한다.
- 기능 모델을 검증하는 방법을 설명한다.

4.1 소개

시스템 개발 작업은 요구를 찾아내는 것부터 시작한다고 하였다. 요구 분석 작업은 요구를 이해할 수 있는 프레임워크로 정리하는 것으로 끝난다. 개발할 시스템이 가져야 할 기능을 사용자 관점에서 파악하고 잘 모으고 정리하는 작업이다. 이 장에서는 시스템의 요구를 유스케이스라는 그릇으로 담아내고 이를 적절히 구성하는 방법을 소개한다.

기능을 정리하고 표현하는 방법은 여러 가지가 있다. 3장에 소개한 것과 같이 기능 리스트를 자연어로 풀어서 설명하거나 아니면 극단적으로 사용자에게 보이는 부분을 프로토타입으로 작성하기도 한다. 기능을 자연어로 설명하는 경우 계약서나 법에 있는 문구를 해석하듯이 애매하게 표현될 경우가 많다. 프로토타입을 개발하는 것은 시스템의 외부 모양을 명확하게 보일 수 있다는 점에서 좋으나 개발 시간이 많이 걸리고 수정의 문제가 따른다.

유스케이스는 표현의 명확성과 간편함을 확보할 수 있는 좋은 방법이다. 주택을 설계할 때도 양극단의 방법은 피하고 간단히 집의 구조를 그림으로 그려 사용자의 요구를 파악하는 것과 유사하다.

기능적 모델링 작업은 소프트웨어 개발자가 최종 프로덕트에 대한 비전을 사용자와 함께 공유하는 것이다. 개발자와 사용자뿐만 아니라 프로젝트 관리자, 테스트 엔지니어에 이르기까지 시스템이 무엇을 할 것인지 공동으로 이해하여야 한다. 이를 위하여 그림 4.1에 있는 것과 같이 여러 가지 다양한 형태로 고객의 소리를 들어 표현한다.

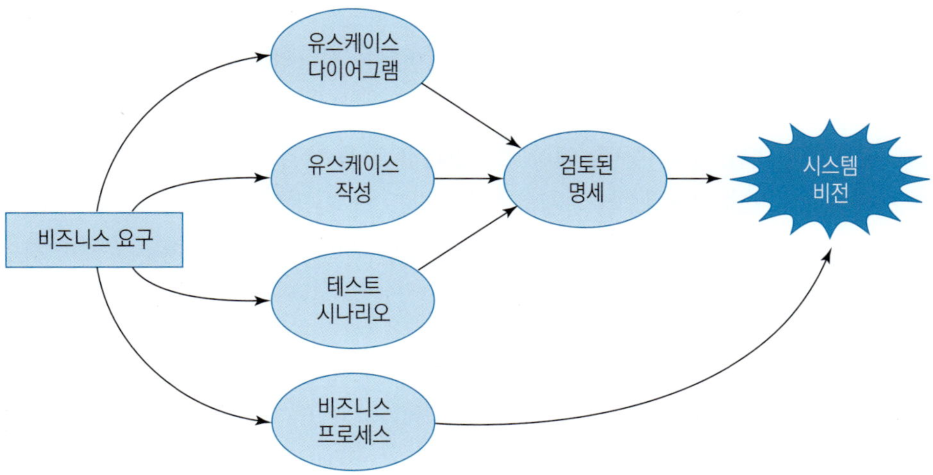

[그림 4.1] 기능적 모델링 작업

유스케이스 다이어그램

기능적 모델링 작업은 현재 시스템을 기능의 관점에서 파악하여 새로운 시스템의 전반적인 밑그림을 그리는 작업이다. 유스케이스 다이어그램은 시스템과 관련된 외부 요소들, 어떤 역할의 사용자가 있고 어떤 외부 시스템이 있는지를 나타낸다. 이 작업은 시스템의 범위를 정하는 의미가 있다. 또한 시스템 외부 요소들이 시스템으로부터 어떤 서비스를 받게 되는지 기능적인 측면을 표현한다. 유스케이스 다이어그램을 통하여 시스템이 어떤 기능을 하는지와 시스템과 사용자와의 커뮤니케이션을 한 눈에 볼 수 있다.

유스케이스 작성

유스케이스는 시스템이 사용자에게 눈에 보이는 결과를 생성하기 위하여 수행하는 작업을 순서대로 잘 정리해 놓은 것이다. 유스케이스는 UML의 기본 단위로 시스템을 사용하는 사례의 집합이라 할 수 있다. 유스케이스 다이어그램에 간단히 이름만 언급된 유스케이스의 자세한 내용을 글로써 표현한다. 유스케이스 작성은 일정한 형식에 맞추어 작성하는데 유스케이스를 구동시키는 사용자의 역할, 전제 조건, 이벤트의 흐름 등을 포함한다.

테스트 시나리오

유스케이스에 입출력 데이터 값이 포함된 실행 버전을 시나리오라고 한다. 따라서 시나리오는 테스트 시나리오를 정의하는 효과적인 방법이다. 테스트 시나리오는 유스케이스에 입력값의 범위, 초기 상태, 예상되는 결과값 등을 추가한 것이다. 분석 단계에서 미리 자세한 테스트 시나리오를 작성하면 모델링을 더욱 완벽하게 할 수 있다. 또한 시스템 구현의 성공을 사용자 입장에서 어떻게 인정할 것인지를 미리 정하는 중요한 작업이다.

비즈니스 프로세스

요구 분석 단계에서 파악한 비즈니스 프로세스는 액티비티 다이어그램으로 모델링할 수 있다. 유스케이스의 추상 수준이 높은 경우에는 자세한 비즈니스 프로세스를 표현하기가 어렵다. 따라서 비즈니스 프로세스 안에 있는 소작업을 액티비티 단위로 파악하고 이들 사이의 순차, 선택 흐름 및 병렬 관계를 그래프 형태로 표현한 것이 액티비티 다이어그램이다. 액티비티 다이어그램은 비즈니스 워크플로를 작성하기 적합한 방법이며 비즈니스 워크플로를 이해하는 데 도움이 된다.

Box 4.1 | 유스케이스 vs. 기능 리스트

시스템의 요구를 정리하는 전통적인 방법은 기능 리스트(feature list)로 표현하거나 구조적 방법의 자료흐름도로 표현하는 것이다. 유스케이스는 이러한 방법들에 비하여 어떤 차이점을 가지고 있을까? 기능 리스트는 '시스템이 무엇을 할 수 있는가?'라는 질문에 대한 답변이라면 유스케이스는 여기에 '어떤 사용자를 위하여'라는 초점이 추가된 것이다. 즉 어떤 사용자들이 있고 사용자들이 시스템과 인터랙션할 때 어떤 기능을 가지고 있는지를 나타낸다. 유스케이스는 사용자의 관점에서 요구를 발전시켜 나가는 방법이므로 사용자의 관심을 모델링하고 조직화하는데 적합한 방법이다.

명세 검토

분석 단계에서 작성한 기능적 모델은 사용자의 요구에 맞는지 검토한다. 앞서 설명한 것처럼 사용자 이외에도 관리자, 그 밖의 관련자가 참석한 워크스루(walk-through) 회의에서 새로운 시스템의 개념적 내용을 공식적으로 검토한다. 본격적인 설계 단계로 넘어가기 전에 의사결정 관련자들에게 명확히 이해시키고 어떤 개선이 필요한지 알게 하고 프로젝트를 계속 진행할 것인지 판단하게 한다. 검토한 기능적 모델은 다음 장에 설명할 구조적 모델링과 동적 모델링의 기초가 되고 설계 작업의 입력으로 사용되어 시스템을 어떻게 구축할 것인지를 나타내도록 발전된다.

유스케이스를 사용하여 만든 분석 단계의 기능적 모델은 다음과 같은 의미가 있다.

- 개발할 시스템에 대한 기능적 요구에 대하여 상세하게 드러낼 수 있다. 잘 구성된 기능의 단위인 유스케이스는 개발자들이 새 시스템을 이해하는 기준이 된다.
- 유스케이스는 새 시스템이 예외, 오류, 특수 케이스에 대하여 어떻게 처리하는지를 나타낸다. 이러한 부분이 간과될 수 있는데 유스케이스는 이를 발견하는 데 좋다.
- 텍스트 위주의 유스케이스는 사용자가 이해하는 데 좋다. 유스케이스는 구조적인 모델과 동적인 모델로 발전되어 개발자들이 새 시스템을 더욱 다양하게 이해하게 된다.

예전에는 시스템과 사용자의 상호작용을 비즈니스 시나리오라고 하였다. 하지만 객체지향 기술이 보급되면서 유스케이스로 부르기 시작하였다. 유스케이스 기법은 개발자가 분석 단계에 현재(As-is) 시스템을 이해하고 미래(To-be) 시스템을 정의하는 데도 유용하다. 또한 비즈니스 프로세스를 더욱 자세히 표현하기 위하여 액티비티 다이어그램도 사용한다. 이 장에서는 먼저 유스케이스의 기본 요소와 어떻게 작성하는지 설명한다. 또한 유스케이스의 여러 가지 스타일을 보여주고 유스케이스를 작성하는 과정을 설명한다.

Box 4.2 | UML 2.0

UML은 분석, 설계를 문서화, 비주얼화하기 위하여 제정한 그래픽 언어이다. 제각각 사용하던 객체지향 표현법을 통일하여 기능적, 정적, 동적 관점으로 모델링한 것이다. 1997년 1.0 버전 이후로 Object Management Group의 노력으로 산업체의 실제 표준이 되었다. 2003년 2.0 버전으로 바뀌면서 세 가지, 즉 구조, 행위, 인터랙션 다이어그램으로 그루핑 되었다. 규모가 큰 시스템 적용을 위하여 시스템에 대한 모델링 방법이 강화되었고 임베디드 등 다양한 분야에 적용될 수 있는 기능들이 추가 되었다.

4.2 유스케이스 개념

유스케이스는 외부에서 본 시스템의 뷰이다. 즉 시스템에 무슨 일이 일어났는지를 시스템 밖의 사용자 또는 다른 시스템에게 보이는 관점으로 표현한 것이다. 한편 다음 장에서 설명한 정적인 모델과 동적인 모델 등은 시스템에 어떤 개체들이 존재하며 어떻게 동작하는지를 내부적인 관점에서 나타낸 것이다. 유스케이스는 시스템이 사용자에 의하여 사용되는 케이스들이며 사용자와 시스템 사이의 인터랙션을 이해함으로써 시스템의 요구를 잘 정리할 수 있는 도구이다. 먼저 유스케이스가 무엇인지 설명하고 유스케이스를 작성하는 과정을 기술한다.

유스케이스란?

시스템은 의도하는 작업이 있다. 외부의 자극에 대하여 반응하면서 작업을 수행하고 상태에 따라 다양한 결과를 낸다. 시스템의 의도된 개별 작업이 바로 기능적 요구이다. 예를 들면 인터넷 쇼핑몰 시스템은 다음과 같은 의도된 작업이 필요하다.

- 고객이 책 번호와 수량을 선택하여 주문한다.
- 고객이 신용카드 번호와 배달 정보를 입력하여 주문을 결재한다.
- 신용카드 회사에서 결제를 승인하거나 거부한다.
- 고객의 신용카드 사용이 승인되었다면 요청한 상품을 포장하여 배송한다.

유스케이스란 시스템과 외부 액터(actor)와의 사이에 일어나는 목표 지향적(goal-oriented) 상호작용의 집합이다. 여기서 액터란 시스템과 상호작용 하는 외부에 있는 요소를 말한다. 예를 들어 시스템을 사용하는 일반 사용자나 관리자, 시스템과 협력하는 다른 시스템, 외부 센서 등이 모두 액터에 속한다.

표 4.1 유스케이스 리스트

액터	유스케이스
고객	책 주문 주문 취소
타이머	주문 만기
창고 직원	주문 포장 및 배송 상품 재주문
신용카드 회사	사용 승인 사용 거부
배송 회사	고객에게 배송

유스케이스는 사용자가 특정한 목표를 마음에 두고 구동시킨다. 시작되어 목표를 만족시키면 성공적으로 종료된다. 유스케이스는 이러한 목표를 만족시키기 위한 액터와 시스템 사이에 상호작용의 흐름을 나타낸 것이라 할 수 있다. 상호작용은 여러 가지 흐름이 생길 수도 있다. 이를 변형(variant)이라 하는데 4.4절에서 자세히 설명하였다. 변형 흐름은 목표를 만족시킬 수도 있고 때에 따라서는 예외 동작 때문에 목표를 만족시키지 못할 수도 있다.

유스케이스는 시스템을 블랙박스로 보고 시스템 밖에서 보는 관점에서 시스템과의 상호작용을 파악해 본 것이다. 즉 유스케이스는 시스템 내부는 고려하지 않고 누가(액터) 무슨 목적(goal)으로 무엇을 하는지를 나타낸 것이다.

일반적으로 유스케이스는 응용 분야의 용어들을 이용하여 쉽게 이해할 수 있게 작성한다. 따라서 사용자들도 유스케이스를 쉽게 읽을 수 있고 검토할 수 있다. 뿐만 아니라 사용자들이 요구를 정의하는 작업에 적극적으로 참여할 수 있는 장점이 있다.

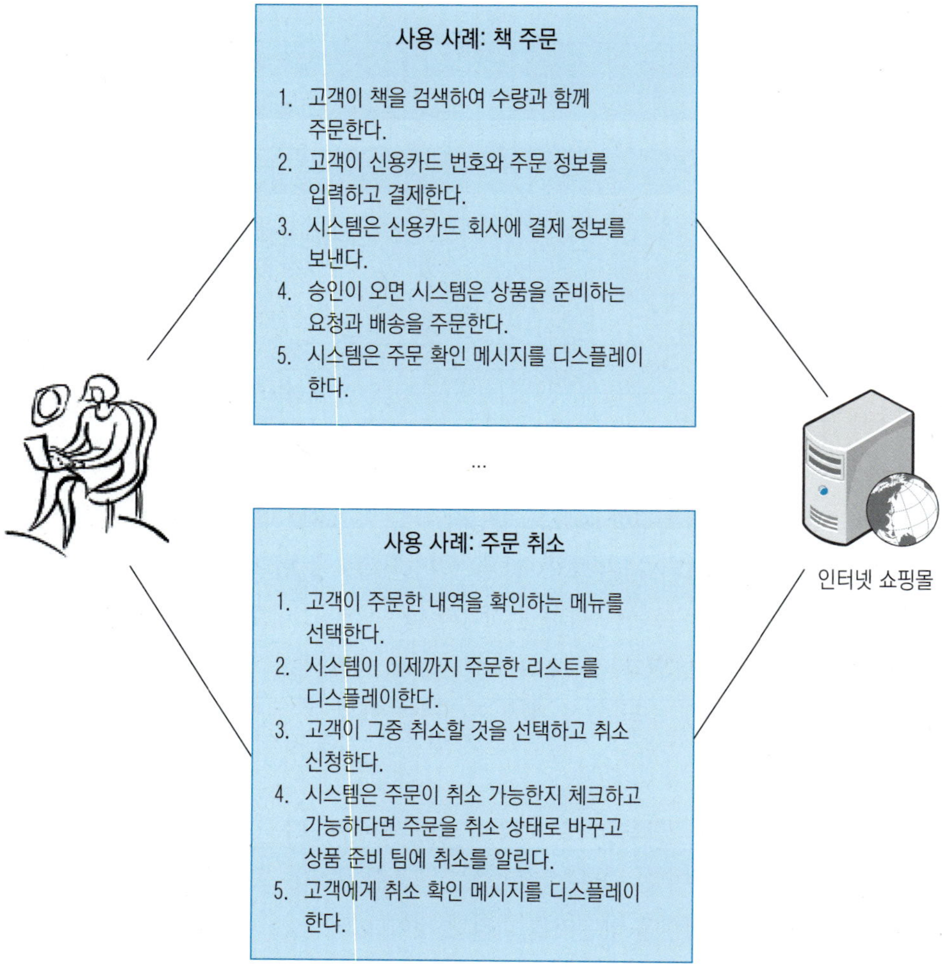

[그림 4.2] 유스케이스

작성 목적

유스케이스는 프로젝트의 초기 단계에 작성한다. 그 이유는 유스케이스 다이어그램과 관련된 문서를 작성하는 일은 설계 작업이 아니라 분석 작업이기 때문이다. 유스케이스는 개발 과정의 후반에도 사용된다. 예를 들어 테스트 케이스를 작성하는 데도 이용할 수 있다. 유스케이스는 현재 시스템이 무엇을 하는지를 모델링하는 데 사용할 수도 있고 개발할 새 시스템을 모델링하는 데도 사용할 수 있다. 유스케이스를 작성하는 목적은 다음과 같이 여러 가지를 들 수 있다.

- 시스템에 의하여 수행되는 연속적인 액션과 시스템 외부(액터) 요소에게 결과를 제공하기 위한 액션들을 모델링한다.
- 시스템이 무엇을 하는지 누가 사용하는지를 알게 하는 높은 수준의 관점을 제공한다.
- 사람과 컴퓨터, 컴퓨터와 컴퓨터 사이의 인터페이스를 결정하는 데 기본이 된다.
- 각 유스케이스에 대하여 특수한 액션의 흐름을 모델링 하는 데 사용된다.
- 그림과 글로 작성되어 사용자가 쉽게 이해할 수 있고 시스템에 대하여 커뮤니케이션 하는 데 도움이 된다.
- 테스트 명세를 작성하는 데 기초가 된다.

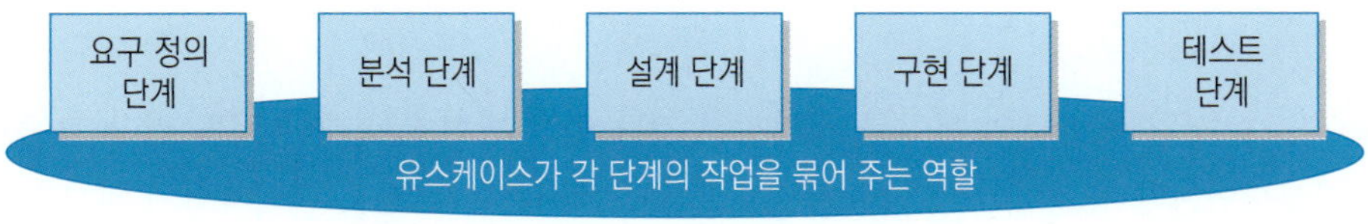

[그림 4.3] 유스케이스의 역할

결국 유스케이스는 그림 4.3에 나타낸 것과 같이 여러 개발 단계의 작업을 동기화하고 묶어 주는 역할을 한다. 분석 단계에서 요구를 검출하는 데 사용될 뿐만 아니라 설계 단계에서 시스템의 아키텍처 검증에도 사용되며 테스트 케이스를 작성하고 작업 절차를 정의할 때 사용된다. 또한 반복적 개발 주기 모델을 프로세스로 채택하였을 때 반복의 주기를 계획하는 데도 사용된다.

시나리오

유스케이스는 매우 일반적인 이벤트의 흐름을 모아 놓은 것이다. 예를 들어 '책 주문'이라는 유스케이스는 어떤 책을 누가 주문하든 모두 적용될 수 있는 이벤트의 흐름을 적어 놓은 것이다. 반면에 시나리오는 유스케이스의 인스턴스라 할 수 있다. 즉 '구체적인 사용자 누가 어떤 책을 주문했다'는 실제 케이스이다. 예를 들면 그림 4.4에 있는 것이 '책 주문'이라는 유스케이스의 시나리오이다.

책 주문 시나리오

1. '홍길동' 고객이 책을 검색하여 '시스템 분석과 설계' 책을 1권 주문한다.
2. OK 신용카드 '123456789' 번호를 입력하고 결제한다.
3. 시스템은 신용카드 회사에 결제 '2009-03-1234' 정보를 보낸다.
4. 승인(3423003234)이 오면 시스템은 상품을 준비하는 요청과 배송을 주문(택배번호: 2009-2356)한다.
5. 시스템은 주문 확인 메시지(주문번호: 243154135)를 디스플레이한다.

[그림 4.4] 시나리오 사례

시나리오는 유스케이스의 목표를 성취시킨 것도 있고 반면에 실패한 것도 있다. 입력값이 잘못되었거나 예외적인 경우가 발생하면 유스케이스의 목표를 달성하지 못하고 실패로 끝난다.

시나리오를 작성하는 다음 두 가지 이유가 있다.

- 유스케이스를 파악 – 유스케이스는 개별 시나리오의 모임이기 때문에 구체적인 시나리오들을 작성해 보면 유스케이스를 쉽게 파악할 수 있다.
- 테스트에 도움 – 시나리오를 작성하는 두 번째 이유는 테스트에 도움이 되기 때문이다. 시스템의 구현이 완성된 후에 테스트할 때 시나리오에 있는 순서에 따라 값을 입력하고 시스템의 반응을 보고 정상적으로 구현되었는지 확인할 수가 있다.

4.3 유스케이스 다이어그램

유스케이스 다이어그램은 유스케이스에 대한 목차 성격의 그림이다. 액터와 유스케이스를 그림으로 표현하여 시스템이 가지고 있는 기능을 일목요연하게 보여준다. 예를 들어 온라인 서점 시스템의 유스케이스 다이어그램이 그림 4.5에 있다.

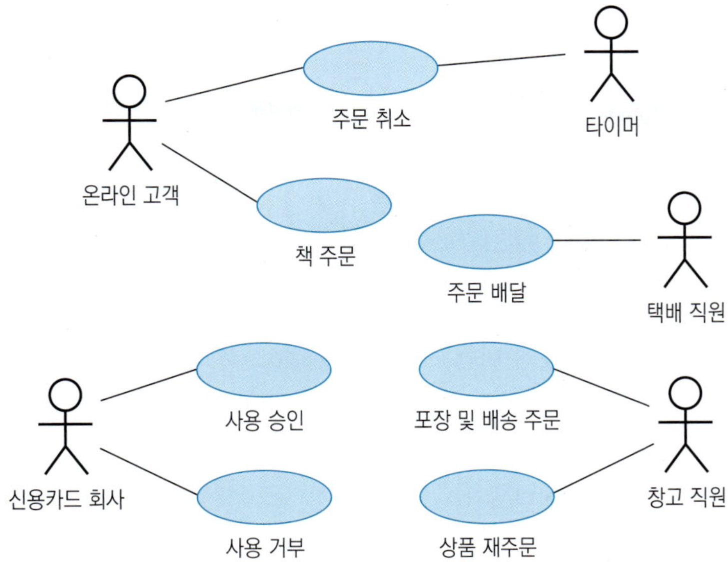

[그림 4.5] 온라인 서점을 위한 유스케이스 다이어그램

유스케이스 다이어그램에는 세 가지 표현 요소가 있다. 액터, 유스케이스, 관계이다. 액터는 막대 사람으로 표시하고 유스케이스는 그림 4.5에 있는 것처럼 타원으로 표시하며 관계는 유스케이스 사이의 관계를 선으로 표시한다. 결국 유스케이스 다이어그램은 시스템이나 서브시스템 안에 있는 유스케이스의 고차원 뷰라고 할 수 있다.

액터

액터(actor)란 시스템으로부터 서비스를 받을 필요가 있는 외부 요소를 말한다. 즉 시스템과 상호작용하는 사람이나 시스템이다. 사람의 경우 특정한 자연인이 아니라 역할(role)을 의미한다.

사람이 할 수 있는 역할은 확실한 액터다. 온라인 서점의 액터가 될 수 있는 역할은 다음과 같은 것들이다.

기관이나 조직도 액터가 될 수 있다.

여러 다른 액터가 동일한 작업을 요청하는 경우가 있다. 예를 들면 택배 직원이 고객에게 주문을 배달하지만 배달에 대한 지시는 배차원(dispatcher)이 하기 때문이다. 그러면 액터는 택배 직원일까 아니면 배차원일까? 액터를 결정하는 효과적인 방법은 메커니즘은 생각하지 않고 요청의 궁극적인 출처를 생각하는 것이다. 이 경우 주문을 배달하는 역할은 택배 직원이 한다.

사람과 조직만이 액터가 될 수 있는 것은 아니다. 유스케이스는 일정 기간이 만료되거나 외부 신호가 도착하여 구동될 수도 있다. 예를 들어 5일 이상 결제하지 않고 남겨진 주문은 자동적으로 취소되어 삭제된다고 하자. 이 경우 시스템의 사용자는 어떤 유스케이스를 구동하지 않는다. 대신에 주문할 때 타이머를 세트하고 주문이 결제될 때 해제한다. 결국 타이머가 액터가 될 수 있으며 타이머 만료가 유스케이스를 구동시킨다.

Box 4.3 | 액터를 찾는 요령

액터는 시스템이 운영되는 환경에 존재하는 외부 요소이다. 따라서 액터는 시스템에 입력을 주고 출력을 받는다. 새로 개발하는 시스템의 액터를 찾으려면 다음과 같은 질문의 답을 찾아본다.

- 시스템의 주된 사용자는 누구인가?
- 시스템과 상호작용하는 다른 시스템이 있는가?
- 시스템의 출력에 관심이 있는 사람이나 다른 시스템은 무엇인가?

유스케이스

UML에서 타원으로 표시하는 유스케이스는 액터에게 서비스를 제공하기 위하여 시스템이 수행하는 중요 프로세스이다. 타원 밑에는 유스케이스의 이름을 적는다. 예를 들어 온라인 서점에 포함되는 유스케이스를 그리면 다음과 같다.

- 유스케이스 이름 – 유스케이스의 이름은 작업을 의미하며 액터의 이름은 표시하지 않는다. 즉 '고객이 상품 주문'보다는 '책 주문'이 더 적절한 이름이다. 유스케이스는 다이어그램에서 액터와 선으로 연결되기 때문에 액터를 중복하여 표현할 필요가 없다. 또한 다른 액터가 유스케이스를 구동할 수도 있도록 융통성을 주기 위하여 액터의 이름은 표시하지 않는 것이다.
  단일 유스케이스가 여러 액터에 의하여 구동될 때 유스케이스의 작업은 동일하여야 한다. 만일 유스케이스 안의 이벤트의 흐름이나 동작이 다르다면 그림 4.6과 같이 다른 유스케이스로 표현하여야 한다.

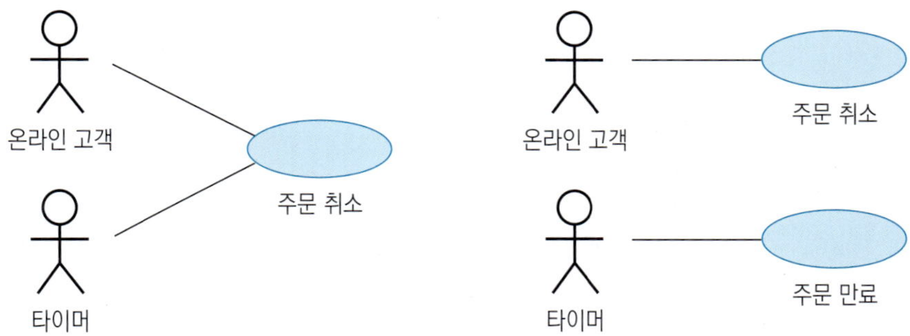

[그림 4.6] 다른 유스케이스

관계

유스케이스 다이어그램에는 여러 가지 관계(relationship)를 표현할 수 있다. 먼저 유스케이스와 액터 사이의 관계는 커뮤니케이션 관계이다. 유스케이스를 구동시키는 액터가 있다는 의미로 양방향 커뮤니케이션을 의미한다.

유스케이스 사이의 관계에는 포함(include) 관계와 확장(extend) 관계가 있다. 포함 관계는 유스케이스 안에 다른 유스케이스의 기능을 포함하는 것을 의미한다. 확장 관계는 유스케이스가 어떤 조건이 되었을 때 다른 유스케이스의 기능으로 확장됨을 의미한다.

- 커뮤니케이션 - 유스케이스에 연결된 선은 액터가 구동시킴을 의미한다. 액터는 시스템에 대하여 일을 하거나 정보를 요구한다. 따라서 액터는 작업을 시작시키는 외부 신호의 원천이라 할 수 있다. 시스템 자체는 외부 신호를 받아들여 어떤 작업을 수행시키기 위한 요청을 알린다.

  액터와 유스케이스 사이에는 간단한 선으로 그리지만 커뮤니케이션 채널 역할을 의미한다. 즉 그림 4.7에 나타낸 것과 같이 커뮤니케이션은 데이터를 전달하거나 화면에 정보를 디스플레이 하거나 메뉴를 선택하는 등의 모든 다이얼로그를 포함한다.

  액터에 의하여 시스템에 전달되는 데이터를 외부 신호로 볼 수 있다. 예를 들면 책 번호, 책의 수량, 신용 카드 번호 등이다.

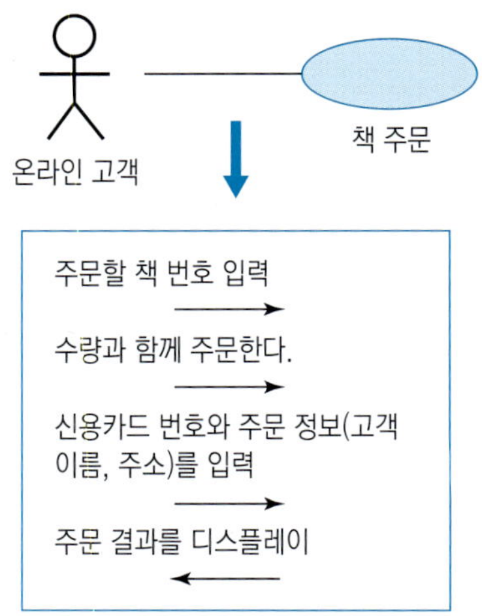

[그림 4.7] 커뮤니케이션

표 3.1 비기능적 요구

유스케이스	외부 신호
책 주문	• 책 번호 • 수량 • 신용카드 번호 • 고객 이름 • 배달 주소
사용 승인	• 사용 금액 • 고객 이름 • 신용카드 번호
상품 재주문	• 책 번호 • 수량

시스템의 외부 신호를 자세히 이해하는 일이 시스템의 근본 요구를 파악하는 일과 직접 관련되지는 않는다. 그러나 UI 설계 과정에 이러한 외부 파라미터들을 파악하는 작업이 필요하고 미리 분석해 둔다면 많은 도움이 될 것이다.

- 포함 관계 – 포함 관계는 함수의 호출처럼 다른 유스케이스의 기능을 호출하는 의미이다. 예를 들어 온라인 서점 시스템에서 '주문 취소' 유스케이스는 '주문 찾기' 유스케이스를 호출한다. '주문 찾기'는 별도의 유스케이스로 사용될 수도 있고 '주문 변경'과 같은 유스케이스에서도 호출될 수 있다. '주문 찾기'를 별도의 유스케이스로 만들어 유스케이스 사이의 중복을 제거할 수 있기 때문에 포함 관계를 사용하는 것이다.

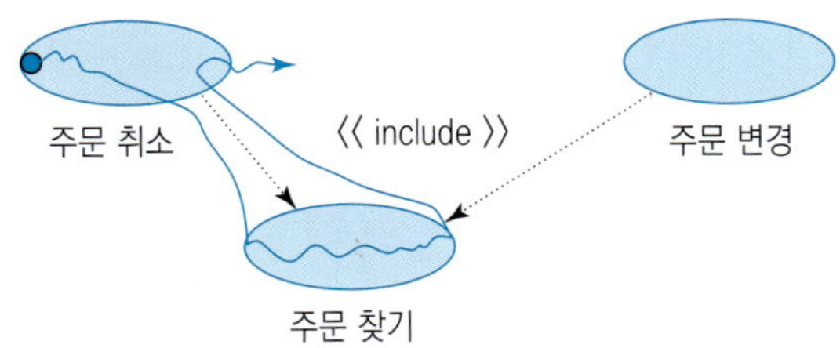

[그림 4.8] 포함관계

포함 관계는 시스템의 여러 부분에서 사용되는 기능을 캡슐화하기 위하여 정의한다. 이렇게 하면 여러 유스케이스에 동일한 액션을 정의하는 것을 피할 수 있다. 그림 4.8에 화살표로 표시한 것처럼 포함하는 유스케이스는 포함된 유스케이스가 호출되기 전까지 계속되다가 포함된 유스케이스의 모든 동작을 수행한 후 남은 지점으로 돌아와 다시 수행된다.

- 확장 관계 – 확장 관계는 존재하는 유스케이스의 동작을 조건적으로 확장하는 것이다. 즉 이벤트를 추가하여 다른 유스케이스로 확장할 때 사용한다. 예를 들면 인터넷 서점에서 단골 고객에게는 할인하는 기능을 추가한다고 하면 '주문 결재' 유스케이스를 확장한다. 그림으로 표현하는 방법은 확장된 유스케이스에서 원래의 유스케이스로 점선 화살표를 그리고 《extend》 레이블을 붙인다.

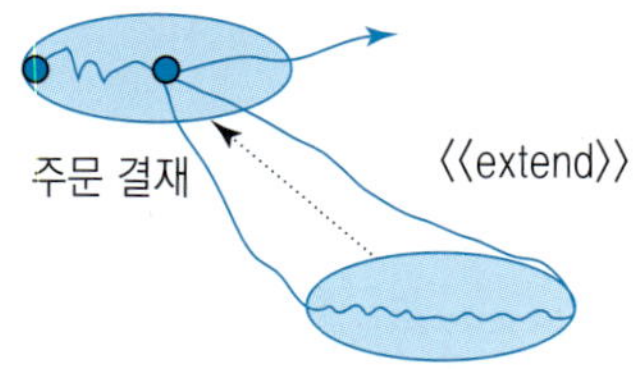

[그림 4.9] 확장 관계

확장 관계는 유스케이스가 확장을 허용하는 포인트를 정의하여야 한다. 즉 확장된 유스케이스가 원래의 유스케이스 안에 어떤 이벤트 후에 수행되는지를 나타내야 한다. 이 작업은 유스케이스 다이어그램에서는 나타내기 어렵고 4.4절의 유스케이스 작성 과정에 나타낼 수 있다.

확장 관계는 포함 관계와 같이 항상 수행되는 것은 아니다. 조건이 맞았을 때 확장된 기능이 수행되는 것이다. 따라서 확장 관계는 예외적인 사항을 나타내는 유스케이스를 추가하는 경우에 사용한다.

유스케이스 다이어그램 작성 방법

앞장에서 설명한 요구를 취합하는 방법으로 인터뷰, JAD 회의 등과 같이 유스케이스를 파악하는 것도 요구 분석에서 사용할 수 있는 효과적인 방법으로 알려져 왔다. 그러면 유스케이스를 파악하기 위한 효과적인 방법은 무엇일까?

여러 연구에 의하면 그림 4.10에 나타낸 것과 같이 세 단계의 과정을 거쳐 유스케이스를 확정하고 유스케이스 다이어그램을 그린 후 자세한 유스케이스의 실행 흐름을 작성할 것을 권고하고 있다.

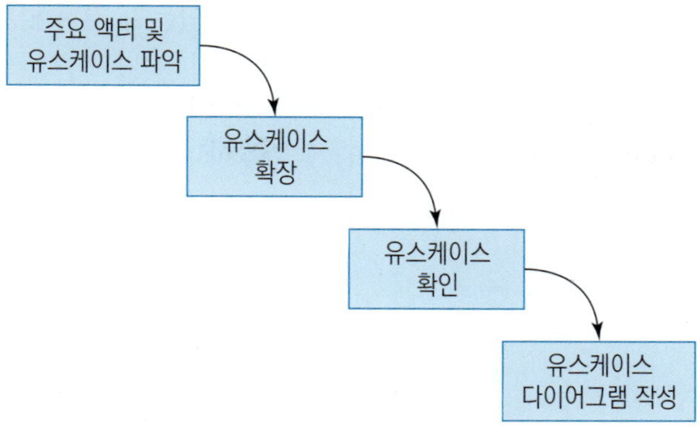

[그림 4.10] 유스케이스 파악 과정

1. **중요 액터 및 유스케이스 파악** 중요한 유스케이스는 시스템의 근간이 되는 기능을 말한다. 시스템의 핵심 사용자를 찾아내고 이들이 주로 사용하는 시스템의 핵심 유스케이스를 찾는 것이다. 예를 들어 인터넷 서점 시스템의 주 사용자는 고객이며 이들 고객이 주로 사용하는 유스케이스는 '책 주문', '책 찾기', '주문 결재' 같은 것이다. 반면에 '로그 인', '주문 취소', '주문 조회' 등은 부수적인 유스케이스라 할 수 있다. 중요 유스케이스를 파악한 후에는 이들에 대하여 사용자와 여러 차례 리뷰하고 조정한 후 유스케이스로 확정한다.

2. **유스케이스 확장** 중요한 유스케이스를 확정한 후에는 부수적인 유스케이스로 확장해 나간다. 이 때 유스케이스 사이의 관계, 즉 포함 관계, 확장 관계로 정의한다. 또한 유스케이스 안에서 진행되는 이벤트 흐름을 나열해 본다. 유스케이스의 각 단계를 파악하는 효과적인 방법은 사용자와 함께 요리책의 레시피처럼 사용 흐름을 적어 보는 것이다. 대부분의 사용자는 현재 시스템에 대하여 이벤트의 흐름을 잘 정의할 수 있다. 한편 미래 시스템에 대한 정의는 사용자 옆에서 분석가가 도움을 주어야 하며 칠판이나 화이트보드를 이용하여 계속 수정하며 완성해 나간다.

3. **유스케이스 확인** 이제까지 정의한 유스케이스들이 잘 정의되었는지 리뷰하고 개선한다. 유스케이스 안에 정의된 실행 스텝들을 잘 살펴보고 단순화 할 것이나 합병할 것은 없는지 체크한다. 또한 중복되는 것이 있다면 별도로 정의하고 유스케이스 사이에 관계를 맺는다. 빠진 것이 없는지 살펴보고 있다면 새로 추가한다. 유스케이스를 검토하는 가장 좋은 방법은 사용자와 함께 역할극(role playing)을 하는 것이다. 사용자에게 백지를 주고 유스케이스의 스텝들을 따라가면서 입력을 적으며 각 스텝

마다 유스케이스에서 정의한 출력 결과가 생성될 수 있는지 검점해 보는 방법이다.

4. **다이어그램 작성** 이제까지 찾아내고 정의한 액터와 유스케이스들을 구조화하여 다이어그램으로 그린다. 포함, 확장, 통신 관계뿐만 아니라 유스케이스가 많다면 패키지로 그루핑하여 유스케이스 다이어그램을 구조화 할 수도 있다.

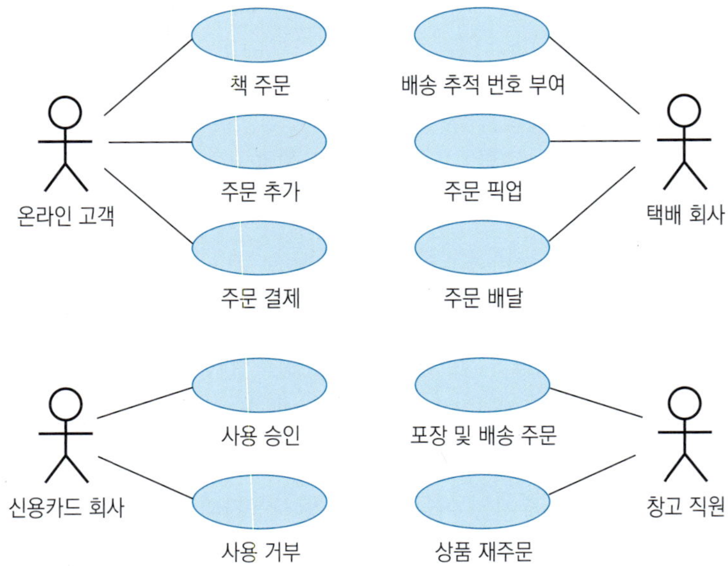

[그림 4.11] 온라인 서점 유스케이스 다이어그램 수정본

4.4 유스케이스 명세 작성

유스케이스 다이어그램은 사용자의 관점에서 시스템의 범위와 기능을 그림으로 그린 것이다. 다음 단계는 그림으로 그린 유스케이스 안의 동작을 글로 서술한다. 유스케이스를 글로써 작성함으로써 사용자와 시스템 간의 상호작용을 자세히 나타낼 수 있다.

유스케이스는 4.3에서 설명한 것처럼 시스템의 사용자와 시스템 사이의 전형적인 상호작용을 모아 정리한 것이다. 상호작용은 시스템 내부의 관점에서 작성한 것이 아니라 사용자에게 보이는 외부 동작을 위주로 나타낸 것이다. 단일 유스케이스는 사용자가 시스템과 상호작용 하는 하나의 기능에 대하여 작성한 것이다. 하지만 하나의 유스케이스에서 사용자가 시스템과 상호작용하는 경로는 여러 개가 될 수 있다.

각 유스케이스를 작성하는 방식은 통일할 필요가 있다. 양식 안에는 그림 4.12와 같이 유스케이스를 구별하기 위한 이름과 유스케이스와 관련된 액터, 유스케이스의 목표, 정상적인 실행 흐름, 비정상적인 실행 흐름, 유스케이스가 실행되기 위한 시작 조건(precondition)과 실행 후 종료 조건(postcondition)이 포함된다.

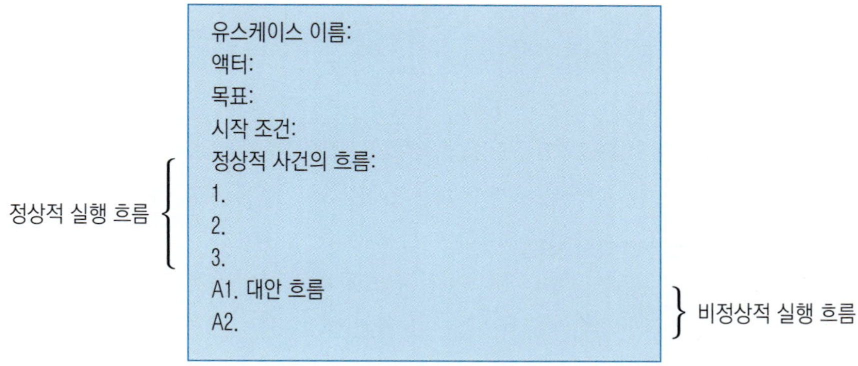

[그림 4.12] 유스케이스를 작성하는 형식

유스케이스 이름은 간결하면서 유스케이스의 내용을 대표할 수 있게 붙인다. 유스케이스 다이어그램에 있는 타원으로 표시된 유스케이스의 이름과 동일하게 짧은 단어들로 표시한다. 목표는 액터가 얻으려는 목적을 설명한다. 예를 들어 인터넷 서점 시스템에서 '책 주문' 유스케이스의 목적은 고객이 선택한 책을 배달 정보를 주고 주문하려는 것이다. 전제 조건은 액터가 이 유스케이스를 구동시키기 위하여 만족되어야 할 조건, 즉 시스템의 상태를 기술한다. 예를 들어 책을 주문하기 위해서는 선택한 책이 있고 수량이 지정되어 있어야 하며 고객의 신용이 좋아야 한다. 이벤트의 흐름에는 액터가 취한 액션과 이에 대한 시스템의 반응을 시간 경과 순서로 적는다. 액션과 이에 대한 반응을 매칭하기 쉽도록 다단으로 쓰는 것도 보기에 좋다.

그림 4.13에 나타낸 것이 유스케이스를 양식에 맞게 기술한 사례이다.

유스케이스 이름: 책 주문
액터: 고객
목표: 선택한 책을 배달 정보를 입력하고 주문
시작 조건: 책이 선택되어 수량이 지정되어 있고 신용 불량 고객이 아니어야 함.
정상적 사건의 흐름:
1. 고객이 '주문' 메뉴를 눌러 유스케이스가 시작된다.
2. 고객이 이름과 주소를 입력한다.
3. 책의 ISBN 번호를 입력하면
   a) 시스템이 책의 자세한 정보와 가격을 화면에 제공한다.
   b) 시스템이 책의 가격을 총액에 누적한다.
   3을 계속 반복
4. 고객이 확인을 누르면
5. 시스템이 정보를 검토하여 이상이 없으면 주문 정보를 저장하고 화면에 주문 확인 정보를 디스플레이한다.

대안 흐름:
A1: 불량 데이터
1. 기본 흐름 5단계에 불량 데이터가 발견되면 시작한다.
2. 시스템이 고객에게 불량 데이터를 지적하고 정보를 다시 디스플레이하고 고칠 수 있게 한다.
3. 기본 흐름 5단계를 계속한다.

A2: 취소
1. '책 주문' 유스케이스의 어느 단계에서든지 '취소' 버튼을 누른다.
2. 시스템이 고객에게 취소 의사를 다시 확인한다.
3. '확인'을 누르면 유스케이스를 종료한다.

종료 조건: 주문이 취소되지 않는다면 시스템에 저장하고 확인된 주문으로 표시한다.

[그림 4.13] 유스케이스 작성 예

유스케이스를 작성할 때 주의할 점은 도메인 수준의 범위를 벗어나지 않아야 한다는 점이다. 예를 들어 '배달 주문을 받아 프린터로 레이블을 붉은 색으로 인쇄한다.', '주문을 확인하기 위하여 인터넷 메일을 발송한다.', '관계형 데이터베이스에 고객의 주소와 주문 번호를 저장한다.'와 같이 설계 단계에 고민하여야 할 구현에 관련된 결정은 나타나지 않아야 한다.

또한 유스케이스는 사용자와 시스템 사이의 상호작용 관점에서 묘사한 것이다. 따라서 시스템이 수행하는 계산 내용이나 통신 방식 등을 자세히 기술하지는 않는다. 예를 들어 현금 자동 인출기에서 현금을 찾는 유스케이스를 작성한다면 카드를 넣고, 여러 가지 메뉴가 뿌려지고, 버튼을 누르고, 현금과 카드를 돌려받는 사건을 적으면 된다. 자동 인출기가 은행의 컴퓨터와 어떻게 통신하며 시스템이 인출기 사용요금을 어떻게 부과하는지 등은 기술하지 않는다.

유스케이스는 가능하면 특정 사용자 인터페이스 설계와 관계없이 작성하여야 한다. '불러오기 버튼을 누르고......' 보다는 '불러오기 명령을 선택하고......'가 더 좋다. 명령은 버튼, 메뉴, 키 입력, 음성신호 등 여러 가지로 구현될 수 있기 때문이다. 마찬가지로 사용자가 파일 이름을 직접 입력하는지, 리스트에서 마우스로 선택하는지 명시할 필요가 없다.

사건의 흐름

유스케이스를 기술하는 작업에서 가장 핵심 되는 부분은 유스케이스 안에 있는 사건의 흐름을 자세히 기술하는 일이다. 사건이란 대부분 액터의 액션과 이에 따른 시스템의 반응을 뜻한다. 즉 시스템을 사용하는 전형적인 유스케이스들에 대하여 사용자와 시스템의 동작을 마치 사건 기록 일지처럼 작성하는 것이다.

유스케이스 안에 작성하는 사건의 흐름은 하나의 기본 흐름과 여러 개의 확장 흐름으로 나눈다. 하나의 기본 흐름은 유스케이스의 목표를 달성한 성공 시나리오이다. 기본 흐름은 반복되는 흐름을 포함할 수도 있다.

기본 흐름은 여러 개의 흐름으로 확장될 수 있는데 입력 오류 케이스로 실패 사건의 흐름이나 특수한 상황으로 비정상적 흐름이 여기에 해당된다. 예를 들어 '책 주문'에서 취소 버튼의 선택에 의하여 도중에 중단되는 것은 비정상적 사건의 흐름이다.

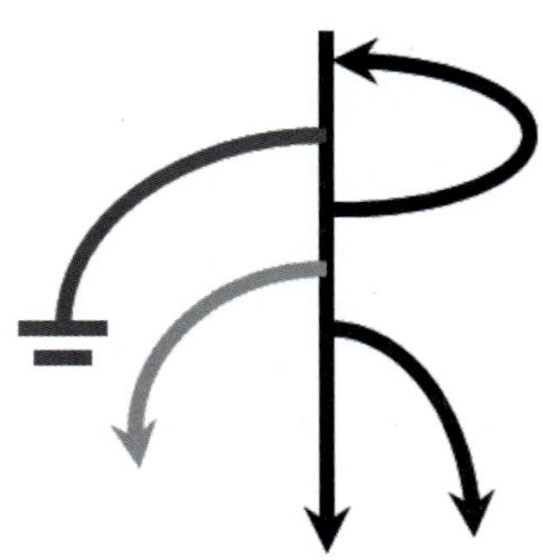

[그림 4.14] 유스케이스 안의 사건의 흐름

시작 조건과 종료 조건

유스케이스를 정형화하여 엄격하게 작성하려면 유스케이스의 시작 조건과 종료 조건을 포함시켜야 한다. 시작 조건은 유스케이스가 실행되기 위하여 참이 되어야 하는 조건이다. 예를 들어 '주문 추가'라는 유스케이스를 수행하려면 주문에 주문 번호, 책 번호, 수량이 지정되어야 한다. 추가하려는 아이템마다 이러한 값을 가지는 조건이 만족되어야 유스케이스가 실행될 수 있다. 즉 다음과 같은 파라미터들에 대한 조건이 참이 되어야 유스케이스의 사건들이 일어날 수 있다.

- 기간이 만료되지 않은 결제가 되지 않은 주문
- 추가할 아이템이 서점에서 취급하는 것이어야 함
- 선택한 수량은 0보다 크고 창고 수량보다 작아야

종료 조건은 유스케이스가 완료된 후 참이어야 하는 조건을 말한다. 각 유스케이스는 적어도 하나의 종료 조건을 갖는다. 위의 예에서 '주문 추가' 유스케이스가 실행된 후에는 다음과 같은 조건이 참이 되어야 한다.

- 주문이 더 이상 비어있지 않음
- 주문이 아직 결제되지 않음
- 수량이 많은 순서로 책이 포함되어야 함
- 주문 총액은 책 가격 곱하기 부수

종료 조건은 유스케이스 안에 발생하는 여러 사건의 흐름을 모두 만족시키는 것이 원칙이다. 그러나 오류가 발생하거나 예외상황을 모두 포함한 종료조건은 매우 장황해지고 복잡해지므로 대부분 성공 흐름에 대한 종료 조건만을 기술한다.

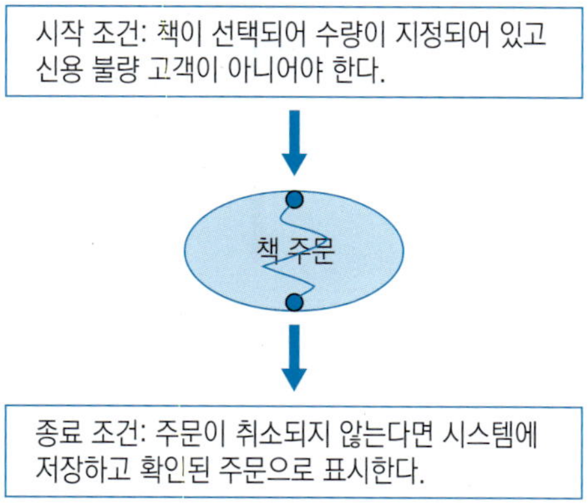

[그림 4.15] 유스케이스의 시작 조건과 종료 조건

유스케이스 링크

유스케이스의 구체적인 사건들을 기록해 나가다보면 여러 유스케이스에 공통되는 사건의 흐름을 발견할 수 있다. 또한 특별한 처리를 부가하기 위하여 원래 유스케이스를 수정하지 않고 확장할 필요가 있다. 이럴 때 사용하는 것이 포함과 확장 관계이다. 유스케이스 다이어그램에서 포함 관계와 확장 관계로 선언된 유스케이스들은 내부의 사건들을 기술할 때 링크 포인트를 명확히 표시해 주어야 한다.

- **포함 관계** 프로그래밍이나 문서 작성에서 같은 내용을 오리고 붙이는 일이 많다면 이것은 분명 재사용할 수 있는 일반적인 것이 있다는 표시다. 유스케이스에서도 공통의 동작을 포함 관계로 정의할 수 있다. 여러 곳에서 사용하기 원하는 사건 스텝을 파악하고 이들을 별도로 정의한 후 이름을 붙이고 두 유스케이스 사이에 포함 관계로 정의한다.

  다이어그램에서는 두 유스케이스 사이에 화살표를 긋고 ⟨⟨include⟩⟩ 라는 레이블을 달았다. 이런 표시가 유스케이스를 작성하는 과정에 어떻게 반영되어야 할까? 예를 들어 인터넷 서점 시스템에서는 이미 주문한 내용을 조회하는 과정이 여러 유스케이스에서 반복된다. 주문을 취소하는 경우, 또는 반품하는 경우에 주문을 찾아야 한다. 그림 4.8에 있는 것처럼 포함 관계를 표시하였을 때 유스케이스는 다음과 같이 기술한다.

유스케이스: 주문 찾기
사건의 흐름:
1. 시스템은 고객의 ID를 가지고 최근 3년 동안 주문한 모든 주문을 찾는다.
2. 찾은 모든 주문을 시간이 빠른 순서로 나열한다.
3. 고객이 특정 주문을 선택한다.

유스케이스: 주문 취소
사건의 흐름:
1. 고객이 '주문 취소' 메뉴를 선택한다.
2. ⟨⟨포함: '주문 찾기'⟩⟩
3. 시스템은 고객이 선택한 주문의 상태가 '상품 준비 중'이라면,
   3.1 주문의 상태를 취소로 만든다.
   3.2 회계 시스템에 고객에게 환불 또는 카드 승인 취소를 요청하고 마친다.
4. 고객이 선택한 주문의 상태가 '배송 중'이라면
   4.1 고객에게 반품에 관한 정책을 알리고 종료한다.

[그림 4.16] 포함 관계의 유스케이스 작성 예

'주문 취소' 유스케이스에서 《포함: '주문 찾기'》를 만나면 '주문 찾기' 유스케이스를 실행하고 완료되면 다시 '주문 취소' 사례로 돌아와 다음 단계를 계속한다.

포함하는 유스케이스는 홀로 완료될 수 없고 포함하는 유스케이스가 완료되어야 성공적으로 수행될 수 있다. 한편 포함되는 유스케이스는 언제 포함되었는지 어떤 유스케이스에 포함되었는지 사건 기술에는 표시되지 않는다. 즉 '주문 취소'만으로는 완전한 유스케이스가 아니다. '주문 찾기' 유스케이스가 완료되어야 한다. 그러나 '주문 찾기' 유스케이스는 '주문 취소' 유스케이스에 의하여 포함되고 있는지 알지 못한다.

- **확장 관계** 확장 관계는 존재하는 유스케이스를 조건적으로 확장하는 데 사용한다. 어떤 유스케이스의 동작을 추가하는 데 유스케이스 안에 기술된 사건의 흐름은 변경하지 않고 어떤 조건이 만족될 때 그 동작의 추가 버전을 별도의 유스케이스로 정의하는 방법이다.

  예를 들어 인터넷 서점에서 자주 구매하는 단골 고객에게는 특별 할인을 해줄 수 있는 기능을 추가한다고 하자. 이를 위하여 먼저 '책 주문' 유스케이스에 새로운 기능이 추가될 위치와 조건을 찾아야 한다. 즉 각 아이템의 할인 가격을 찾아온 후 적용할 확장 위치를 찾는다.

유스케이스: 주문 찾기
사건의 흐름:
1. 고객이 '책 주문' 메뉴를 선택한다.
2. 고객이 이름과 주소를 입력한다.
3. 책의 ISBN 번호를 입력하면
   a) 시스템이 책의 자세한 정보와 가격을 화면에 제공한다.
   b) 시스템이 책의 가격을 총액에 누적한다.
   3을 계속 반복
4. 고객이 확인을 누르면
5. 시스템이 정보를 검토하여 이상이 없으면 주문 정보를 저장하고 화면에 주문 확인 정보를 디스플레이한다.

유스케이스: 멤버십 할인
사건의 흐름:
《확장: '책 주문'에서 주문할 책이 다 입력된 후 확장》
1. 고객이 단골 고객의 할인 프로그램인 멤버십이 있다면 시작한다.
2. 시스템은 화면에 멤버십 할인 해당자임을 디스플레이한다.
3. 주문 총액에 할인율을 적용하여 할인 총액을 계산한다.
4. 주문 총액에서 할인 총액을 차감하고 디스플레이한 후 종료한다.

[그림 4.17] 확장 관계의 유스케이스 작성 예

확장과 포함 관계는 유사하게 보이고 언제 어떤 것을 사용할지 명확하지 않은 경우가 많다. 차이점은 관계의 방향이다. 포함관계의 경우 목표 유스케이스가 구동되는 조건이나 위치가 출발 유스케이스에 기술된다. 확장관계의 경우는 확장이 적용되는 조건이나 위치가 확장 유스케이스의 시작 조건으로 기록된다.

확장과 포함 관계를 선택하려면 다음과 같은 휴리스틱을 사용한다. 예외적이며 선택적이며 거의 발생하지 않는 경우는 확장을 사용한다. 두 개 이상의 유스케이스가 공유하는 동작은 포함관계를 사용한다.

유스케이스 작성 요령

좋은 유스케이스를 작성하는 요령은 무엇보다 사용자의 관점에서 작성하는 것이다. 즉 시스템과 액터 사이의 인터랙션에 집중할 필요가 있다. 사용자의 관점이라고 해서 단지 GUI에 매달릴 필요는 없으며 사용자의 액션과 이에 따른 시스템의 반응을 연극 대본을 써나가듯이 작성하면 된다.

[그림 4.18] 유스케이스 작성 요령

- **소프트웨어가 제공할 기능에 집중하라** 유스케이스에 작성하는 내용은 결국 소프트웨어가 제공할 기능이다. 성능, 사용자 인터페이스, 아키텍처, 데이터베이스 등의 주제는 이 단계에서 고려할 대상이 아니다. 소프트웨어가 제공하는 기능이 사용자에게 어떻게 비춰지는지를 유스케이스에 나타내야 한다.

- **사용자 관점으로 작성하라** 유스케이스에 기술하는 내용은 모두 사용자 관점이다. 따라서 시스템 안에 이루어질 작업의 자세한 알고리즘이나 자료 구조, 통신 방법 등은 나타내지 않는다. 사용자에게 어떤 외부 액션이 있을 때 시스템이 무엇을 하고 어떤 정보가 제공되는지 나타내는 것이다.

- **목표 지향적으로 작성하라** 유스케이스마다 목표(goal)를 가진다. 목표는 사용자에게 제공되는 서비스의 최종결과라 할 수 있다. 유스케이스 안에 작성하는 모든 사건들은 목표를 위하여 초점을 맞춘 것만을 기술한다.

- **시스템 흐름도와는 다르다** 유스케이스는 시스템이 가지는 기능의 큰 덩어리를 인터랙션 위주로 작성한 것이다. 따라서 시스템 안에 존재하는 모듈의 자세한 실행 흐름을 나타낸 것과 다르다. 또한 자료 흐름도와 같이 자료를 처리하는 복잡한 흐름과도 다르다. 유스케이스는 일종의 유저 스토리로 시스템의 여러 기능을 슬라이스로 자른 것이라 생각하는 것이 좋다.

- **읽기 쉽게 작성하라** 유스케이스는 개발자뿐만 아니라 사용자도 읽어 보는 문서이다. 따라서 이야기책과 같이 읽기 쉽게 작성하여야 한다. 전문 용어의 사용은 피하고 비전문가도 쉽게 이해할 수 있도록 작성한다.

유스케이스는 추후 이어지는 모델링 작업에 기초가 되는 작업이다. 즉 유스케이스는 사용자 관점에서 도메인의 지식을 이해하고 시스템의 기능을 정하는 데 도움이 된다. 분석가는 문제를 이해하면서 시스템의 요구를 유스케이스로 정리하고 다음 장에서 소개하는 클래스 자료 및 동작으로 발전시켜 모델링을 이어간다. 따라서 유스케이스 안에 작성하는 내용은 한 줄이라도 소홀하고 의미 없는 문장이 되어서는 안된다.

유스케이스 규모와 수준

유스케이스는 얼마나 자세히 작성하여야 할까? 이것이 유스케이스를 작성하는 초보자들이 많이 하는 질문이다. Cockburn이 파악한 것처럼 유스케이스는 여러 가지 수준이 있다.

- **스카이 레벨** 시스템을 아주 높은 추상성을 가진 광범위한 수준으로 나타낼 수 있다. 이를 스카이 레벨(sky level)이라 하는 데 예를 들면 '책 주문'과 같은 유스케이스를

주문 추가, 변경, 취소 등의 상세한 과정을 고려하지 않고 문제 전체를 개괄적으로 나타낸 것을 말한다. 유스케이스를 처음 작성할 때 이런 수준에 머무르게 된다.

- **카이트 레벨** 카이트 레벨(kite level)은 유스케이스의 목표를 성취하기 위하여 좀 더 구체적으로 기술한 수준이다. 예를 들어 인터넷 서점 시스템에서 '책 주문'에 추가하여 '주문 결제', '주문 추가', '주문 변경' 등의 자세하고 실용적인 유스케이스를 말한다. 사용자에게 보이는 모든 기능 단위는 포함되어 있는 수준이 바로 카이트 레벨이다.

- **씨 레벨** 씨 레벨(sea level)의 유스케이스는 단일 시스템 인터랙션을 말한다. 즉 액터가 서비스를 요청하면 시스템은 다른 액터에 대한 추가 인터랙션 없이 완벽한 반응을 보일 수 있는 수준이다. 예를 들어 카이트 레벨의 유스케이스 '주문 결제'는 결제 과정을 수행하기 위하여 다른 액터가 필요하다. 신용카드 회사가 결제를 승인하고 창고 직원은 상품을 준비하고 택배 회사는 방문하여 상품을 가져가 배달하여야 한다. 각 액터가 다른 액터의 중간 개입 없이 '주문 결제' 유스케이스의 전체를 포함하는 인터랙션을 정의한 것처럼 독립된 스토리로 만든 것을 씨 레벨이라 한다.

- **머드 레벨** 머드 레벨은(mud level)은 시스템이 기능을 어떻게 구현할 것인지 과정을 작성한 것이다. 따라서 사용자 인터페이스, 미들웨어, 메시지 기술 등의 메커니즘이 혼재되어 있다.

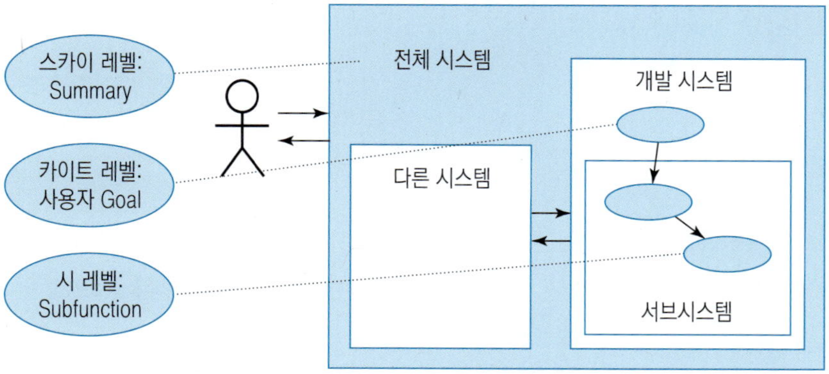

[그림 4.19] 유스케이스 수준

주의할 점은 카이트 레벨이 씨 레벨의 유스케이스에 나타날 수도 있다는 것이다. 예를 들어 '책 주문'은 사용자 목표를 가지며 다른 액터의 개입이 없다면 씨 레벨이나 카이트 레벨에도 나올 수 있다. 유스케이스가 여러 다른 레벨에 표현될 수 있기 때문에 유스케이스를 분해하여 머드 레벨까지 계층 구조를 정의하려는 유혹이 있을 수 있다. 그러나 유스케이스의 목적이 시스템을 분할하는 것이 아니라 도메인을 잘 이해하려는 것이 목적이기 때문에 과도한 분할은 피해야 한다.

4.5 액티비티 다이어그램

분석 단계에 비즈니스 워크플로우를 표현하는 방법 중의 하나로 액티비티 다이어그램이 있다. 액티비티는 비즈니스 프로세스의 작업들을 정의하고 이들 작업 사이의 복잡한 선후 관계와 병렬 관계를 흐름도로 표현한 것이다. 분석 단계에 액티비티 다이어그램을 사용하는 경우 유스케이스 안의 또는 유스케이스 사이의 복잡한 흐름을 표현한다. 반면 설계 단계에는 오퍼레이션 안의 흐름을 나타내는 데 사용된다. 결국 분석 단계에 액티비티 다이어그램을 사용하는 주된 이유는 비즈니스 요구를 결정하여 유스케이스를 파악하기 위한 것이다.

유스케이스 다이어그램 안에 다수의 유스케이스가 있다면 개별 유스케이스가 어떻게 상호작용 하는지 이해하는 것은 쉽지 않다. 유스케이스 다이어그램은 목차와 같은 것으로 액터와 유스케이스의 이름은 보여주지만 자세한 액티비티는 보여주지 않는다. 유스케이스 내부의 자세한 작업들의 플로우를 보여주는 것이 바로 액티비티 다이어그램이다.

액티비티란?

액티비티(activity)는 비즈니스 프로세스를 구성하는 워크플로우를 나타낸다. 예를 들어 인터넷 서점의 '책 주문' 유스케이스에 대한 비즈니스 워크플로우를 분석해 보자.

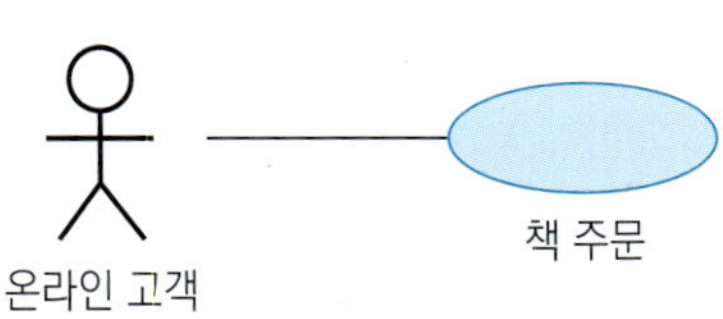

[그림 4.20] 책 주문을 위한 비즈니스 유스케이스

유스케이스에 적합한 비즈니스 프로세스를 이해하려면 그림 4.21과 같은 액티비티 다이어그램을 그려보는 것이 좋다. 액티비티는 책 주문을 위한 중요한 프로세스를 나타내고 있다.

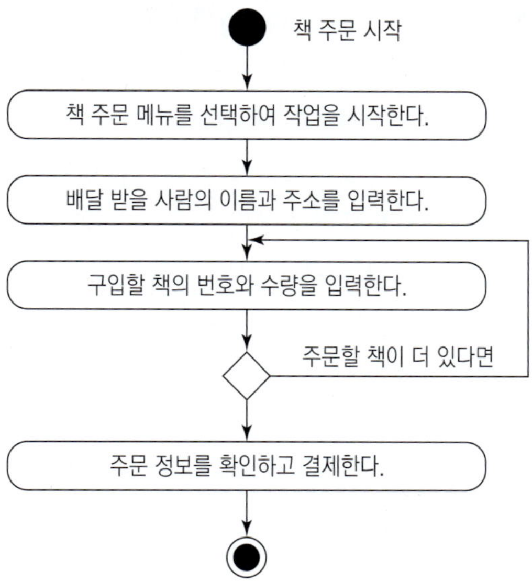

[그림 4.21] 액티비티 다이어그램 사례

액티비티를 자세히 기술하기 위해서 먼저 수행하여야 할 작업들을 단계적으로 둥근 사각형에 나타내야 한다. 둥근 사각형에 나타낸 것은 액티비티나 액션이 될 수도 있는데 액션은 더 이상 쪼갤 수 없는 동작의 단위이다. 액티비티는 여러 개의 액티비티나 액션으로 쪼갤 수 있다. 다음에 조건을 나타내는 노드를 추가할 수 있고 여기에 병렬 워크플로우를 표시할 수 있다.

액티비티 다이어그램 요소

액티비티 다이어그램은 복잡한 워크플로우를 나타내기 위하여 많은 그림 요소를 가지고 있다. 크게 나누어 워크플로우를 나타내는 액티비티와 액션이 있고 객체 노드, 제어 노드, 제어 흐름이나 객체 흐름을 나타내는 액티비티 간선이 있다.

- **액티비티와 액션** 액티비티와 액션은 모두 둥근 사각형으로 표시한다. 액티비티와 액션의 차이는 액티비티는 더 작은 액티비티나 액션으로 분할될 수 있고 액션은 분할

할 수 없는 작은 작업이다. 사각형 안에는 워크플로우 단계의 이름을 적어 넣는다.

- **제어 노드** 액티비티 다이어그램에는 흐름을 제어하는 여러 종류의 노드가 있다. 시작 노드, 종료 노드, 선택 흐름, 병합, 포크, 조인 등이다. 시작 노드는 액티비티나 액션들의 시작점을 표시한다. 종료 액티비티 노드는 프로세스의 종료를 표시한다. 종료 노드에 이르면 언제나 모든 액션과 액티비티는 즉시 중지된다. 종료 노드는 과녁과 유사한 작은 원 안에 있는 점으로 표시한다.
  선택과 병합 노드는 비즈니스 프로세스의 선택 구조를 모델링하는 데 사용된다. 선택 노드는 어떤 경로의 액티비티들이 실행되는지 결정하기 위한 테스트 조건을 나타내는 데 사용된다. 선택 노드의 출구에 있는 간선은 가드 조건을 레이블로 나타낸다. 가드 조건은 특정 경로로 진출할 수 있는지를 결정하기 위한 체크 조건이다.
  포크와 조인 노드는 병렬 처리를 모델링하기 위한 것으로 포크 노드는 비즈니스 프로세스를 여러 개의 병렬 흐름으로 분할하는 데 사용한다. 선택 노드와는 같이 경로가 배타적으로 선택 수행되는 것이 아니라 모든 경로가 병렬적으로 동시 수행된다.

- **객체 노드** 액티비티와 액션은 객체를 조작하거나 변형시킨다. 객체 노드는 액티비티나 액션에 의하여 영향받는 것을 표현한 것이다. 객체가 속하는 클래스의 이름을 사각형 안에 표시하고 점선 화살표는 액티비티로부터 다른 액티비티로 정보의 흐름을 나타낸다.

- **제어 흐름과 객체 흐름** 액티비티 다이어그램에는 흐름을 나타내는 두 가지 타입의 간선이 있다. 제어 흐름은 비즈니스 프로세스의 수행 경로를 모델링 한 것이다. 제어 흐름은 흐름의 방향을 나타내는 화살표로 나타낸다. 객체 흐름은 점선 화살표로 표시하고 액티비티에서 객체 노드로 또는 객체 노드에서 액티비티로 향한다.

- **스윔레인** 앞서 소개한 것처럼 액티비티 다이어그램은 객체의 구현과는 독립적으로 비즈니스 프로세스를 모델링하는 데 유용하다. 하지만 액티비티 다이어그램을 분할하여 각 객체별로 수행하는 액티비티를 나누어 나타낼 수 있다. 이때 사용하는 것이 스윔레인(swimlane)이다. 결국 스윔레인은 비즈니스 워크플로우에서 표시된 작업들을 담당자 별로 구별하여 작성한 것과 같다.

표 4.2 액티비티 다이어그램의 요소

그림 요소	이름	설명
액션 또는 액티비티 이름	액션과 액티비티	액션: 분할할 수 없는 동작 액티비티: 액션의 집합
	시작 노드, 종료 노드, 흐름 종료 노드	시작 노드: 액션이나 액티비티의 시작 종료 노드: 모든 액티비티가 종료됨 흐름 종료 노드: 특정 제어 흐름이니 객체 흐름이 종료됨
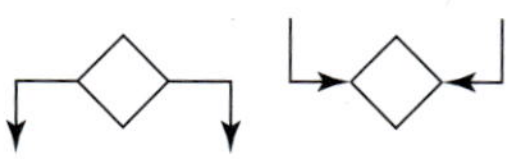	선택, 병합 노드	선택 노드: 제어흐름이 흘러가기 위한 테스트 조건을 나타냄 병합 노드: 여러 경로가 하나로 합하는 것을 나타냄
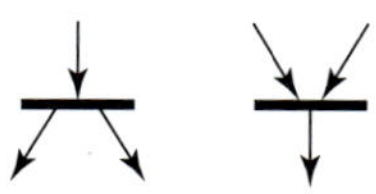	포크, 조인 노드	포크 노드: 액티비티의 흐름이 병렬적으로 수행됨을 나타냄 조인 노드: 액티비티의 병렬 흐름이 다시 합하는 시점을 나타냄
클래스 이름	객체 노드	객체 흐름에 연결된 객체
	제어 흐름	실행의 순서를 나타냄
	객체 흐름	한 액티비티에서 다른 액티티비로 객체의 흐름을 나타냄
	스윔레인	액티비티 수행을 담당하는 개인 또는 객체 별로 분할하는 선

액티비티 다이어그램 작성법

Ambler는 액티비티 다이어그램을 작성할 때 다음과 같은 가이드라인을 제시하고 있다.

1. 액티비티 다이어그램은 다양한 종류의 프로세스를 모델링하므로 액티비티의 범위와 내용 수준을 미리 잘 결정하고 이에 맞는 제목을 붙여야 한다.
2. 액티비디, 제어 흐름, 객체 흐름을 파악하여야 한다.
3. 프로세스 진행 중에 선택 흐름이 필요한지 파악한다.
4. 프로세스에 병렬 수행 가능성을 타진한다.
5. 액티비티 다이어그램을 그린다.

액티비티 다이어그램을 그릴 때 프로세스를 시작하는 시작 노드는 한 개로 제한하여야 한다. 시작 노드를 다이어그램의 위쪽이나 왼쪽 맨 위에 위치시킨다. 대부분의 비즈니스 프로세스는 단 한 개의 액티비티 종료 노드가 존재하며 아래나 오른쪽 하단에 위치시킨다. 대부분의 비즈니스 프로세스는 순차적이기 때문에 흐름 종료 노드의 사용은 제한적이다.

높은 수준의 비즈니스 프로세스나 워크플로우를 모델링 할 때 액티비티 다이어그램에는 중요한 선택 노드를 포함한다. 이런 경우 선택 노드의 출구와 관련된 가드 조건이 상호 배타적인지 확인하여야 한다. 또한 출구와 가드 조건은 완전한 세트를 이루어야 한다. 선택 노드 모델링에서와 같이 더 중요한 병렬 액티비티를 표현하는 포크와 조인을 포함한다.

액티비티 다이어그램을 배치시킬 때 쉽게 이해할 수 있도록 선이 교차하는 것을 최소화한다. 액티비티가 수행되는 순서도 위에서 아래로 왼쪽에서 오른쪽으로 흐르게 한다.

스윔레인은 액티비티 다이어그램의 이해를 돕기 위한 목적으로 사용되어야 한다. 수평으로 분할하는 스윔레인을 사용할 때는 가장 중요한 객체나 개인이 관련된 프로세스를 최상단에 표시한다. 남은 스윔레인의 순서는 제어 흐름이나 객체 흐름을 나타내는 선의 교차가 최소화 되도록 한다.

입력 흐름이나 출력 흐름이 없는 액티비티는 다시 점검해 보아야 한다. 액티비티가 진정한 최종 단계라면 종료 노드로 제어 흐름이 옮겨져야 한다. 그렇지 않고 입력 흐름이 없거나 출력 흐름이 없다면 빠진 것이 아닌지 다시 확인한다.

그림 4.22는 인터넷 서점의 비즈니스 프로세스를 액티비티 다이어그램으로 나타낸 것이다.

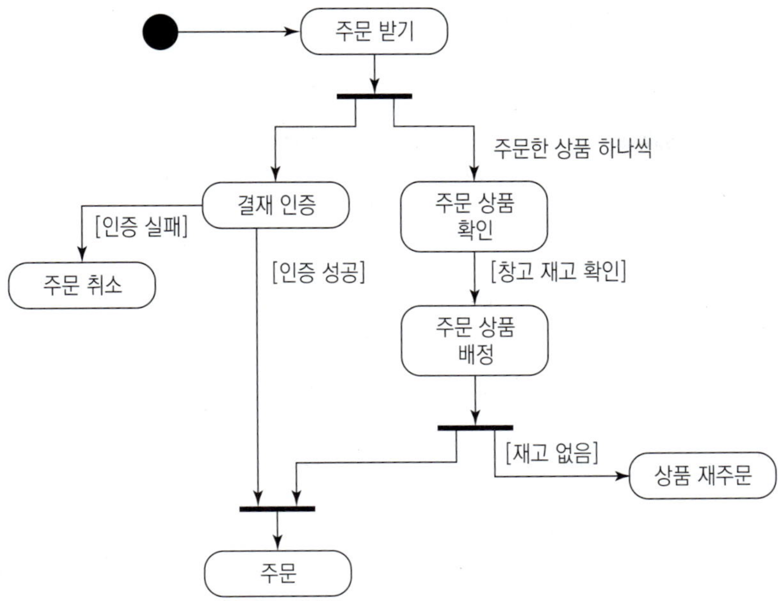

[그림 4.22] 액티비티 다이어그램 예

4.6 기능적 모델 검증

기능적 모델의 작성이 끝난 후에는 다음 단계인 구조 및 동적 모델로 넘어가기 전에 기능 모델이 비즈니스 프로세스를 잘 나타내고 있는지 검토할 필요가 있다. 각 모델이 충실히 작성되었는지 검토하는 것이다. 예를 들어 액티비티 다이어그램, 유스케이스 명세, 유스케이스 다이어그램이 모두 같은 기능 요구를 나타내는지 확인한다. 또한 각 기능 모델 사이에 같은 의미를 가지고 있는 요소들이 매칭되는지 검토하여야 한다.

빠진 요구

기능 모델은 무엇보다 사용자의 요구가 잘 반영되는지 검토하여야 한다. 잘못 해석된 요구가 없는지 특히 빠진 요구가 없는지 살펴본다. 요구 분석 결과가 정리된 문서로 유스케이스가 유일하다면 검증은 매우 중요하다. 다른 보조적인 모델에서 자세히 설명할 기회가 없기 때문이다.

유스케이스는 액터의 의도가 담긴 시스템의 동작에 대한 요구를 정리한 것이다. 따라서 프로그래머 입장에서 관심이 있는 다음과 같은 내용은 포함되어있지 않다.

- 성능 요구
- 비즈니스 규칙
- UI 설계
- 자료의 설명
- 유한 상태 머신
- 우선순위

위와 같은 정보는 요구 사항 어딘가에는 포함되어 있으나 유스케이스에는 포함되지 않는다.

유스케이스를 작성하고 검토할 때 특히 애매한 부분은 자료에 대한 요구의 정확성이다. 예를 들어 '고객이 이름과 주소를 제공한다'라는 유스케이스에서 주소가 정확히 무엇을 의미하는지 애매할 수 있다. 시도군, 주소만을 의미하는지, 혹은 우편번호, 전화번호까지 포함하는지 불분명하다. 이런 경우 자료에 대한 요구를 명확도 수준별로 나누는 것이 좋다.

- **자료 이름** 예를 들어 고객 정보라는 자료가 있을 때 그 이름 안에는 이름, 주소, 전화번호 등이 포함되어 있는 것으로 예상한다. 자료의 이름은 유스케이스에서 사용하는 닉네임 같은 것이다. 요구에서 자료를 더 깊이 다룬다면 고객 정보 안에 있는 주소, 전화번호가 언급될 수도 있다. 검토단계에는 자료 이름의 수준이 잘 맞는지 살펴볼 필요가 있다.

- **필드 리스트** 요구 작성자는 자료가 무엇을 의미하는지 자세히 기술할 필요가 있다. 예를 들면 주소라는 자료도 여러 가지 포맷이 있다. 즉 더 정확한 수준으로 자료의 설명을 확장할 필요가 있는데 이를 필드 리스트라 한다. 필드 리스트는 유스케이스 작성과 병행하기도 하지만 대부분 UI 설계와 데이터베이스 설계 단계에 작성한다.

자료는 개발이 진행되면서 확장되고 더 정확한 수준의 정의되어야 한다. 하지만 유스케이스 수준에서는 자세히 확장할 필요가 없다. 단지 그런 확정을 추적할 수 있도록 링크를 갖게 한다. 그 이유는 자세한 필드의 포맷이나 타입은 시간이 지나면서 변경될 수 있지만 유스케이스는 변경에 영향 받지 않기 위함이다.

기능 모델 사이의 불일치

요구 분석 작업의 결과로 얻은 모델 사이에는 같은 내용을 나타내는 부분이 많이 있다. 기능의 목차 성격인 유스케이스 다이어그램에 표시된 부분과 유스케이스 명세에는 연관성 있다. 즉 모델 사이에 동일한 뜻을 가진 요소들이 일관성 있고 통일되어야 한다. 기능 모델을 검토할 때 일치하는지 확인하여야 할 모델 사이의 관계는 다음 세 가지가 있다.

1. 유스케이스와 유스케이스 명세 – 유스케이스 다이어그램의 각 유스케이스가 유스케이스 명세로 작성되었는지 확인한다.
2. 액터와 유스케이스 구동자 – 유스케이스 다이어그램에 표현된 액터가 유스케이스 명세에서 유스케이스를 구동시키는 주액터, 또는 부액터로 잘 매칭되는지 확인한다.
3. 액티비티와 이벤트 – 액티비티 다이어그램의 액티비티는 유스케이스 안에서 표현된 이벤트와 매칭될 수 있다. 유스케이스의 각 이벤트가 액티비티로 잘 표현되어 있는지 확인한다.

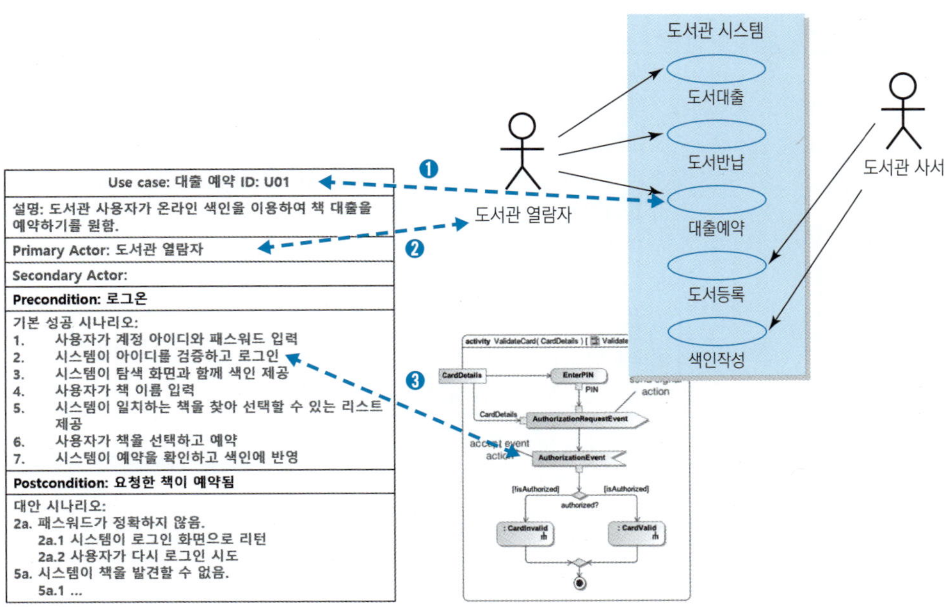

[그림 4.23] 기능 모델 사이의 연관

모델 검토

기능 모델의 결과인 유스케이스를 검토할 때 워크스루 방법을 사용하기도 한다. 워크스루란 결과물을 동료가 리뷰하는 것이다. 기능 모델의 워크스루는 여러 다른 모델을 리뷰하여 요구를 만족하는지와 모델 사이의 모순을 체크한다. 따라서 워크스루는 모델 안에 있는 결함이나 오류를 찾아내는 작업이라 할 수 있다.

워크스루는 상호작용 중심 작업이다. 발표자가 결과물을 발표하면 워크스루 참여자는 발표에 대하여 질문한다. 예를 들어 액티비티 다이어그램을 워크스루 한다면 발표 후 특정 액티비티나 객체가 왜 포함되지 않았는지 질문할 수 있다. 제 3자에게 발표한다는 것 자체가 요구에 대한 잘못된 이해나 빠진 것을 찾아내는 데 도움이 된다. 또한 나무만 보고 숲을 보지 못하는 문제를 워크스루를 통하여 해결하게 된다.

또 다른 검토 방법 중의 하나는 인스펙션이다. 인스펙션은 미리 체크리스트를 만들어 모델을 검토해 보고 모여서 결함을 결정하는 회의이다. 유스케이스의 인스펙션에서 사용할만한 체크리스트가 표 4.3에 있다.

표 4.3 유스케이스 체크리스트

항목	질문
유스케이스	1. 유스케이스를 쉽게 읽을 수 있는가? 2. 유스케이스가 한 문장으로 간결하게 표현되어 있나? 3. 포함관계가 적절히 사용되었나? 4. 유스케이스의 액터(연극 대본에 적힌 대사 앞에 지정된 역할과 같이)가 정확히 표시되어 있나? 5. 목표의 수준이 올바른가? 6. GUI가 배제되어 있나? 7. 성공과 실패가 모두 표현되어 있나?
제목	1. 액터의 목표를 잘 반영하고 있나? 2. 시스템이 목표를 제공할 수 있나?
주 액터	1. 목표를 만족하는 동작을 구동하나?
사전 조건	1. 꼭 만족되어야 하나? 2. 유스케이스 안에서 체크되지 않나?

시나리오	1. 3~9개의 적당한 스텝으로 구성되어 있나? 2. 성공 시나리오가 목표를 달성시키는 결과를 만드나? 3. UI 설계에 종속적인 부분이 없나? 4. 각 단계에 전달되는 정보가 정확한가? 5. 주 액터가 정확히 구동하고 액터의 의도가 잘 반영되어 있나?
확장 조건	1. 시스템이 조건을 찾아 다룰 수 있나? 2. 메인 성공 시나리오에 확장되어야 할 특수한 것인가?
전체적인 내용	1. 사용자가 원하는 것인가? 2. 출시할 때 시스템이 이런 서비스가 있다고 말할 수 있나? 3. 과연 구현할 수 있는가?

요약

- 기능적 모델링 작업은 현재 시스템을 기능의 관점에서 파악하여 새로운 시스템의 전반적인 밑그림을 그리는 작업이다.
- 유스케이스는 시스템과 외부 액터와의 사이에 일어나는 목표 지향적 상호작용의 집합이다.
- 유스케이스 다이어그램은 유스케이스에 대한 목차 성격의 그림으로 액터와 유스케이스를 기반으로 시스템이 가지고 있는 기능을 일목요연하게 보여준다.
- 유스케이스 안의 동작을 글로 서술한 것이 유스케이스 명세이며 유스케이스를 글로써 작성함으로써 사용자와 시스템 간의 상호작용을 자세히 나타낼 수 있다.
- 유스케이스 사이의 관계는 포함관계와 확장관계가 있다.
- 액티비티 다이어그램은 비즈니스 프로세스의 작업들을 정의하고 이들 작업 사이의 복잡한 선후 관계와 병렬 관계를 흐름도로 표현한 것이다.
- 기능 모델을 작성한 후에는 요구 사항을 충실히 잘 나타내고 있는지 검토한다. 또한 각 모델, 예를 들어 액티비티 다이어그램, 유스케이스 명세, 유스케이스 다이어그램 사이에 모순이 없는지 확인한다.

퀴즈

1. 기능적 모델은 ______________ 의 관점에서 ______________ 를 나타낸다.

2. 시스템이 제공하는 기능을 외부 요소와의 인터랙션 위주로 나타낸 것을 __________이라 한다.

3. ______________ 이란 유스케이스에 입출력 데이터 값이 포함된 실행 버전을 말한다.

4. 요구 분석 단계에서 파악한 비즈니스 프로세스는 ______________ 다이어그램으로 모델링 하는 것이 적합하다.

5. 유스케이스 다이어그램 안에는 ____________, ____________, ____________ 표현 요소가 있다.

6. ____________ 란 시스템으로부터 서비스 받을 필요가 있는 외부 요소를 말한다.

7. 유스케이스 사이의 관계에는 두 가지가 있다. 다른 유스케이스의 기능을 호출하는 의미를 가진 ____________ 과 이미 존재하는 유스케이스의 동작을 조건적으로 확장하는 ____________ 이 있다.

8. 유스케이스를 작성하는 규모와 수준은 크게 세 가지 레벨이 있다. 높은 수준의 추상성을 가진 광범위한 수준의 ____________ 레벨, 유스케이스의 목표를 기준으로 더 상세한 ____________ 레벨, 단일 시스템의 인터랙션만으로 모은 ____________ 레벨이 있다.

9. ____________ 는(은) 비즈니스 프로세스를 구성하는 워크플로우를 나타낸다.

10. 액티비티 다이어그램을 작성하려면 프로세스를 모델링하여 더 이상 쪼갤 수 없는 작업인 ____________, 실행의 순서를 나타내는 ____________, 흐름을 제어하기 위한 ____________ 를 파악하여야 한다.

11. 기능적 모델링 작업을 바르게 설명한 것이 아닌 것은?

가. 기능적 모델링 작업은 소프트웨어 개발자가 최종 프로덕트에 대한 비전을 사용자와 함께 공유하는 것이다.

나. 자연어로 기술하거나 프로토타입으로 구현하는 것이 명확하고 간편하다.

다. 유스케이스는 시스템을 기능적으로 모델링하는 방법 중의 하나다.

라. 비즈니스 프로세스나 워크플로우를 모델링하는 데 액티비티 다이어그램이 적합하다.

12. 다음은 기능적 모델링의 두 가지 방법을 비교 설명한 것이다 빈칸에 알맞은 것으로 짝지은 것은?

> (㉠) 은/는 '시스템이 무엇을 할 수 있는가?'라는 질문에 대한 답변이라면 (㉡)은/는 여기에 '어떤 사용자를 위하여'라는 초점이 추가된 것이다.

가. ㉠ – 유스케이스   ㉡ – 기능 리스트

나. ㉠ – 유스케이스　㉡ – 프로토타입

다. ㉠ – 기능 리스트　㉡ – 유스케이스

라. ㉠ – 기능 리스트　㉡ – 프로토타입

13. 새로운 기능이나 테스트 케이스를 개발하는 등 프로젝트 작업을 계획하려 한다면 다음 중 가장 유용한 결과물은 무엇인가?

가. 시퀀스 다이어그램

나. 유스케이스

다. 도메인 모델

라. 패키지 다이어그램

14. 다음 중 액터에 대한 설명으로 적합하지 않은 것은?

가. 시스템으로부터 서비스 받을 필요가 있는 요소이다.

나. 사람이 할 수 있는 역할을 말한다.

다. 특정한 자연인이 아니라 시스템도 될 수 있다.

라. 사용하는 사람이 같으면 하나의 액터로 표시한다.

15. 유스케이스 다이어그램을 작성하는 과정을 바르게 나열한 것은?

가. 주요 액터 및 유스케이스 파악 → 유스케이스 확인 → 유스케이스 확장 → 다이어그램 작성

나. 주요 액터 및 유스케이스 파악 → 유스케이스 확장 → 유스케이스 확인 → 다이어그램 작성

다. 유스케이스 확인 → 주요 액터 및 유스케이스 파악 → 유스케이스 확장 → 다이어그램 작성

라. 유스케이스 확인 → 유스케이스 확장 → 주요 액터 및 유스케이스 파악 → 다이어그램 작성

16. 다음은 유스케이스 사이의 관계 선택을 위한 휴리스틱이다. 괄호 안에 알맞은 말은?

예외적이며 선택적이며 거의 변하지 않는 경우는 (㉠)을/를 사용하고 두 개 이상의 유스케이스가 공유하는 동작은 (㉡)을/를 사용한다.

가. ㉠ – 포함 관계　㉡ – 확장 관계

나. ㉠ – 확장 관계　㉡ – 포함 관계

다. ㉠ – 포함 관계　㉡ – 상속 관계

라. ㉠ – 확장 관계　㉡ – 상속 관계

17. 다음 중 유스케이스 작성 가이드라인으로 적합하지 않은 것은?

가. 소프트웨어가 제공할 기능에 집중하라.

나. 개발자 관점으로 작성하라.

다. 목표지향적으로 작성하라.

라. 읽기 쉽게 작성하라.

18. 유스케이스의 수준을 바르게 설명하지 않은 것은?

가. 스카이 레벨 – 시스템을 추상적으로 광범위하게 나타낸 수준.

나. 카이트 레벨 – 유스케이스의 목표를 성취하기 위하여 스카이 레벨 보다는 더 구체적으로 작성하는 수준

다. 씨 레벨 – 여러 액터가 협력하여 단일 시스템 인터랙션을 완성하는 수준

라. 머드 레벨 – 시스템이 기능을 어떻게 구현할 것인지 과정을 작성하는 수준

19. 액티비티 다이어그램의 요소가 아닌 것은?

가. 액티비티

나. 액션

다. 제어 노드

라. 상태

20. 액티비티 다이어그램 작성 방법으로 옳지 않은 것은?

가. 다양한 종류의 프로세스를 모델링 하므로 액터비티의 범위와 내용 수준을 미리 잘 결정하고 이에 맞는 제목을 붙여야 한다.

나. 프로세스 진행 중에 선택 흐름이 필요한지 확인한다.

다. 프로세스의 병렬 가능성을 타진하고 그린다.

라. 스윔레인을 사용할 때 교차하는 제어 흐름이 가능하면 많게 그린다.

퀴즈 정답

1. 사용자, 시스템의 요구 2. 유스케이스 3. 시나리오 4. 액티비티 5. 액터, 유스케이스, 관계 6. 액터 7. 포함 관계, 확장 관계 8. 스카이, 카이트, 씨 9. 액티비티 다이어그램 10. 액티비티, 제어 흐름, 제어 노드 11. 나 12. 다 13. 나 14. 라 15. 나 16. 나 17. 나 18. 라 19. 라 20. 라

연습문제

1. 비즈니스 프로세스 모델링은 왜 중요하며 어떻게 모델링 하는지 설명하라.

2. 유스케이스 다이어그램은 왜 중요한가? 그리고 어떻게 그리는지 자세히 예를 들어 설명하라.

3. 유스케이스의 관점은 무엇인가? 왜 이것이 중요한가?

4. 유스케이스를 기술하는 가이드라인은 무엇인가? 유스케이스 다이어그램의 확정 관계와 포함 관계의 사례를 들고 설명하라.

5. 다음 중 유스케이스 다이어그램에서 발견될 수 있는 액터는 무엇인가? 그 이유는?
   홍길동
   공급자
   고객
   인터넷 고객
   데이터 입력 요원
   데이터베이스 관리자

6. 학교의 수강 신청 과정의 유스케이스 다이어그램을 그려라. 개선 점이 없는지 찾아보고 있다면 수정하라.

7. 수강 신청 시스템의 '과목 신청' 유스케이스에 대한 자세한 사건 흐름을 기술하라. 메인 흐름만이 아니라 시작 조건, 종료 조건, 대안 흐름도 기술하라.

8. 웹 사이트 www.omg.org, www.rational.com에 접속하여 UML에 대한 정보를 조사하고 UML이 어떤 과정을 거쳐 발전되었는지 정리하라.

9. UML 드로잉 도구(예를 들어 StarUML)를 구하여 문제 6번에서 그린 유스케이스 다이어그램을 그려보라.

10. 수강 신청 시스템의 유스케이스를 완성한 후 유스케이스 점수를 구하라.

CHAPTER 05

정적 모델링

정적 모델은 구조적 모델이라고도 부르며 비즈니스 프로세스를 지원하기 위한 데이터와 오퍼레이션이 캡슐로 묶여 있는 클래스의 구조를 나타낸다. 분석 단계에 정적 모델을 이용하여 자료의 논리적인 구조를 주로 표현하며 자료가 어떻게 저장되고 생성되며 조작되는지는 동적 모델링 작업에서 이루어진다. 즉 분석가는 시스템에 필요한 클래스를 찾고 클래스 안에 저장할 자료 타입(속성)을 찾아내며 클래스 사이의 관계를 찾아낸다. 여기서도 물론 구현 기술과 관련된 상세한 내용은 설계 단계로 미룬다. 이 장에서는 CRC(Class-Responsibility-Collaboration) 카드를 이용한 클래스 찾기와 정적 모델링을 위하여 클래스 다이어그램 및 객체 다이어그램 그리기를 설명한다.

contents

05 정적 모델링

학습목표

- 요구분석 중 정적 모델링이 무엇인지 이해하게 한다.
- 구조를 이루는 단위인 클래스가 무엇이며 어떻게 파악하는지 알게 한다.
- CRC 카드를 이용하여 클래스를 찾아낼 수 있게 한다.
- 클래스의 속성과 관계를 파악할 수 있게 한다.
- 클래스 다이어그램과 객체 다이어그램을 작성할 수 있게 한다.
- 정적 모델과 유스케이스 사이의 관계를 이해할 수 있게 한다.

5.1 소개

이제까지 우리는 비즈니스 시스템이 어떻게 동작하는지를 나타내는 기능적 모델을 어떻게 구성하는지 공부하였다. 응용 도메인에서 모은 요구나 유스케이스는 요구된 동작의 외부 뷰를 제공한다. 유스케이스를 잘 정의해 놓으면 요구 사항들을 모델로 바꿀 수 있는 데 모델은 도메인에 대한 지식을 정형화한 것이다.

이제부터의 모델은 내부 관점이다. 즉 요구를 만족시키는 솔루션을 표현한 것이다. 특히 비즈니스 시스템에 의하여 사용되고 생성되는 정보를 이해하는 관점이 필요하다. 이 장에서는 유스케이스에서 나타낸 인터랙션 밑에 깔린 자료들이 어떻게 구성되고 표현되는지를 설명한다.

정적 모델은 비즈니스 시스템에서 사용하고 생성하는 객체를 나타내는 정형화 된 방법이다. 정보를 가지고 있는 사람, 장소, 사물, 개념 들을 나타내며 어떻게 이들이 관련되어 있는지 나타낸다. 정적 모델은 반복해서 그리는데 시간이 지나면서 더 구체화하고 덜 개념적인 방향으로 작업한다. 분석 단계에는 개념적인 모델을 그리는데 객체가 어떻게 저장되고 생성되며 조작되는지 나타내지 않고 객체의 논리적인 구성만을 나타낸다. 즉 구현 방법이나 기술적인 상세함에서 자유로워 모델을 비즈니스 요구에 맞추는데 집중할 수가 있다.

정적 모델은 클래스 다이어그램으로 표현한다. 클래스 다이어그램을 작성하려면 우선 어떤 클래스가 시스템 안에 있어야 하는지 파악하고 그 안의 속성과 클래스의 관계 및 연관을 파악하는 필요하다.

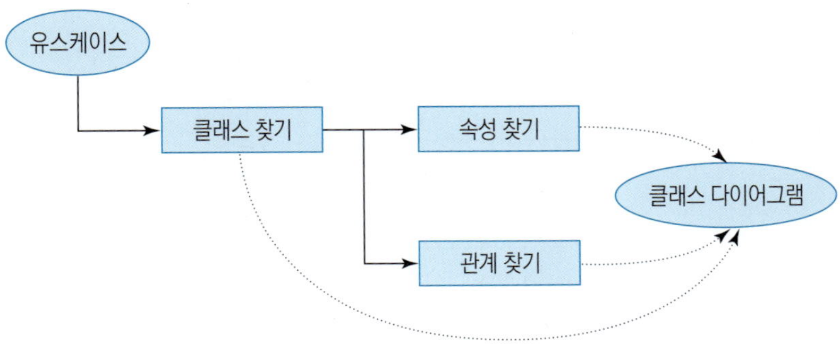

[그림 5.1] 구조적 모델링 작업

클래스 찾기 시스템 분석 작업은 먼저 도메인에 있는 개념적인 엔티티들을 파악하여야 한다. 개념적인 엔티티는 시스템에서 정보를 처리하여야 할 대상이며 자료를 보관하고 이를 처리하는 동작을 가진다. 예를 들면 인터넷 북서점에서 고객의 주문을 배송하는 작업이 필요한데 '배송'이라는 것은 주문한 고객마다 다른 주소로 이루어지는 작업이지만 공통적인 속성과 동작을 가진 개념적인 엔티티이다.

시스템의 기본 단위가 되는 클래스를 찾는 작업은 매우 중요하다. 클래스를 어떻게 정의하느냐에 따라 시스템의 골격도 달라지며 실행을 위한 내부 인터랙션도 달라지기 때문이다.

속성 찾기 속성이란 클래스로 추상화 된 엔티티가 가지는 자료를 말한다. 예를 들어 '배송'이란 엔티티 안에는 누가 주문했으며 배송지의 주소, 연락처, 배송 예정일 같은 것들이 속성으로 저장되어야 한다.

관계와 연관 찾기 클래스는 독립적으로 존재할 수가 없다. 분석 단계에 도메인의 지식을 잘 정리하기 위하여 엔티티들이 어떻게 연관되어 있으며 모델 안에서 정확히 기술된 관계로 반영되어야 하는지 파악하여야 한다. 예를 들어 '배송'이라는 엔티티는 분명 '고객'이라는 엔티티와 연관되어 있어야 누가 주문하였는지 알 수 있기 때문이다.

클래스 다이어그램 그리기 클래스 다이어그램은 정적 모델링의 결정체로 시스템 안에 자료를 담고 있는 단위인 클래스와 클래스 안의 내용, 클래스들 사이의 관계를 나타낸다. 클래스 다이어그램은 무엇보다 프로그램의 구조를 잘 나타내고 있어 코딩하는데 근간이 된다. 즉 코딩 작업할 때 클래스 다이어그램을 보면 프로그램의 골격을 작성할 수 있다.

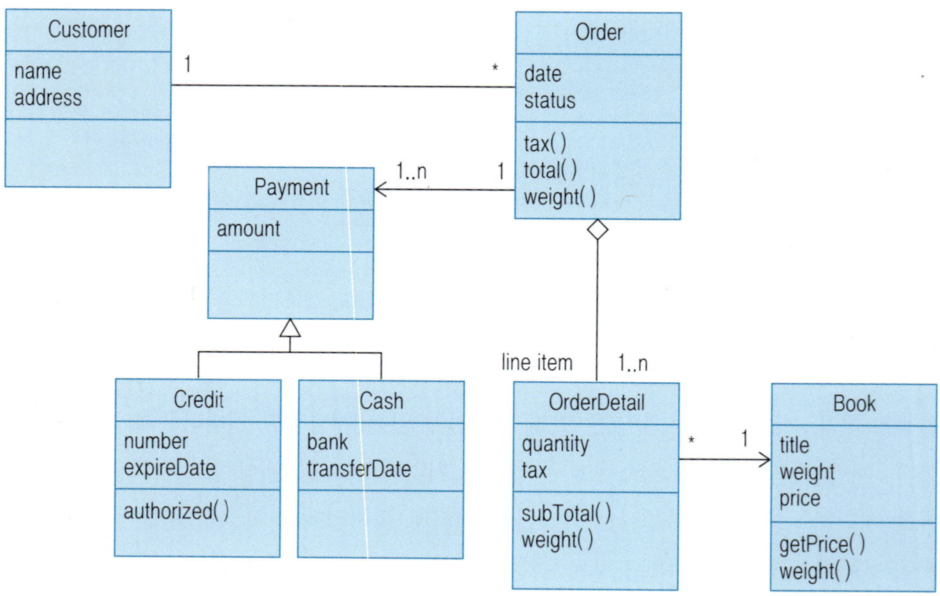

[그림 5.2] 클래스 다이어그램

예를 들어 그림 5.2에 있는 클래스 다이어그램은 인터넷 북서점의 핵심 클래스 구조를 나타낸다. 클래스 다이어그램은 시스템에 포함되어야 할 각 클래스와 이들의 관계를 나타낸 것이다. 예를 들면 'Customer'라는 클래스는 여러 객체들의 일반적인 타입의 선언이며 'Customer' 클래스와 'Order' 클래스는 두 클래스 사이에 어떤 협력이 필요한 관계가 있음을 나타낸다. 이를 연관(association)이라 부르며 '어떤 고객이 그 주문을 냈다'는 관계를 나타낸 것이다.

설계 단계에서 분석가는 구조적 모델을 설계 모델로 발전시켜 객체들이 어떻게 데이터베이스나 파일에 보관될 것인지 나타내야 한다. 이 작업에서 모델은 중복된 것이 없는지 체크하며 객체를 쉽게 탐색할 수 있는 방법을 고안한다. 설계 모델에 대한 자세한 사항은 설계를 다루는 장에 설명한다.

이 장에서는 CRC 카드를 이용하여 클래스를 찾아내는 방법과 개념 단계의 정적 모델인 클래스 다이어그램을 작성하는 데 초점을 둔다. 이러한 기술을 이용하여 비즈니스 시스템의 모든 객체를 보일 수 있다. 먼저 정적 모델이 무엇인지 설명하고 그 요소를 다룬다. 다음에는 클래스를 찾는 방법과 속성을 찾는 방법, 그리고 클래스 사이의 관계를 찾아 클래스 다이어그램으로 표현하는 법을 소개한다. 마지막으로 CRC 카드를 사용하여 클래스를 찾아내는 방법과 정적 모델이 유스케이스와 어떤 관계에 있는지 살펴본다.

5.2 구조적 모델

구조적 모델은 시스템 내부의 관점이며 특히 구조라는 관점에서 본 뷰(view)이다. 즉 시스템에 안에 어떤 구성요소들이 있고 이들이 어떤 관계를 맺고 있는지를 표현한 것이다. 한편 다음 장에서 설명한 동적인 모델은 시스템의 어떤 특정한 순간에 수행되는 동작을 포착한 것이라 할 수 있다. 반면에 구조적 모델은 시간이 흐르더라도 변하지 않는 시스템의 구조를 나타내므로 정적인 모델이라고 부른다. 구조적 모델은 시스템의 구성에 기본이 되는 요소가 무엇이며 이들이 어떤 관계를 맺고 있는지 이해함으로써 시스템의 구조를 잘 정리할 수 있는 도구이다.

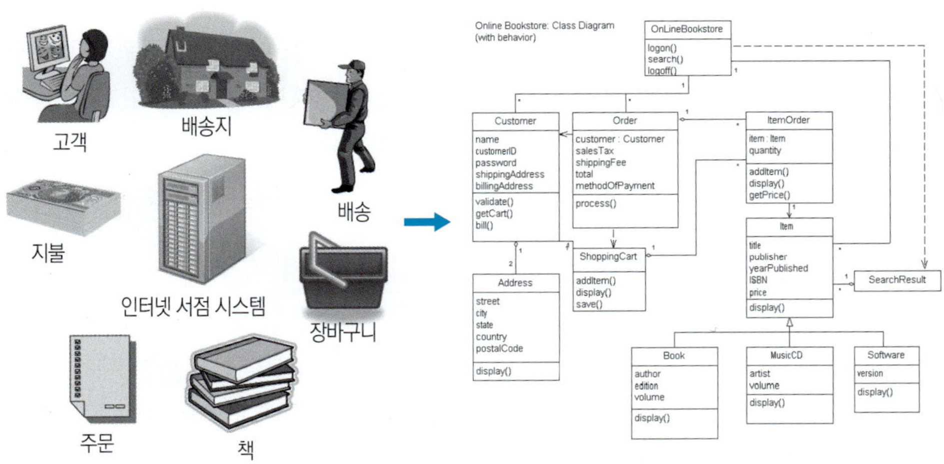

[그림 5.3] 정적 모델링

시스템 분석가는 항상 새로운 문제를 만나게 되며 새로운 문제를 이해하여야 한다. 문제 이해의 중요한 목표는 문제 도메인에 있는 중요한 클래스들을 발견하고 클래스들의 구조적인 모델을 세우는 일이다. 정적 모델링은 문제 도메인에 있는 여러 가지 실체를 시스템 안의 구조 모델로 추상화하는 작업이다. 추상화하는 작업은 실세계에 있는 여러 가지 사물이나 개념을 필요한 것만 선택하고 그 의미를 잘 간추리는 작업이다.

정적 모델링의 중요한 목적은 분석가와 사용자 사이에 사용될 수 있는 숙어를 개발하는 것이다. 구조적 모델은 문제 도메인에 있는 사물, 아이디어, 개념들을 잘 찾아내어 클래스로 나타내는 데 이것이 바로 시스템을 구성하는 숙어가 된다. 구조적 모델의 클래스는 분석가와 사용자 사이에 소통하기 위하여 사용될 중요한 숙어가 되는 것이다.

정적 모델링을 나타내는 대표적인 다이어그램은 클래스 다이어그램이다. 클래스 다이어그램은 클래스와 클래스가 가지는 속성, 클래스 사이의 관계를 나타내는 것으로 객체지향 프로그램을 이루는 기본 단위이다. 조금 더 큰 규모는 클래스들이 모여 하나의 덩어리 즉 패키지로 정의하여 패키지 다이어그램으로 나타낸다. 하지만 시스템의 구조를 정하는 작업은 분석 단계보다는 설계 단계에 이루어진다. 왜냐하면 도메인만이 아니라 솔루션에 해당되는 상세한 클래스들도 파악되어야 시스템의 아키텍처를 정의할 수 있기 때문이다. 먼저 구조적 관점이 무엇인지 설명하고 구조적 모델의 결정체인 클래스 다이어그램이 개발 과정에 어떻게 발전되어 나가는지 소개한다.

구조적 관점

구조적 관점(structural view)은 시스템을 구성하는 빌딩 블록을 보여주는 것이다. 마치 건축물의 설계도면 중에 단면도나 평면도를 통하여 어떤 구성요소가 있고 어떤 재질인지, 어떻게 서로 연결되어 있는지를 나타내는 것과 같다. 객체지향 시스템의 기본 빌딩 블록은 클래스이다. 따라서 구조적 관점은 시스템이 어떤 클래스들로 구성되고 어떤 관련이 있는지 찾아내는 것이다.

구조적 관점의 모델링은 시간의 흐름과 관계없다. 즉 시스템 안에 있는 구성 요소들이 시간의 흐름에 관계없이 지속적으로 갖는 구조적인 관계를 찾아내는 작업이다. 반면에 다음 장에서 설명하는 동적인 관점은 시간의 흐름과 밀접하게 관련이 있으며 특정한 시점에 포착된 시스템의 동작을 찍은 스냅 샷과 같다.

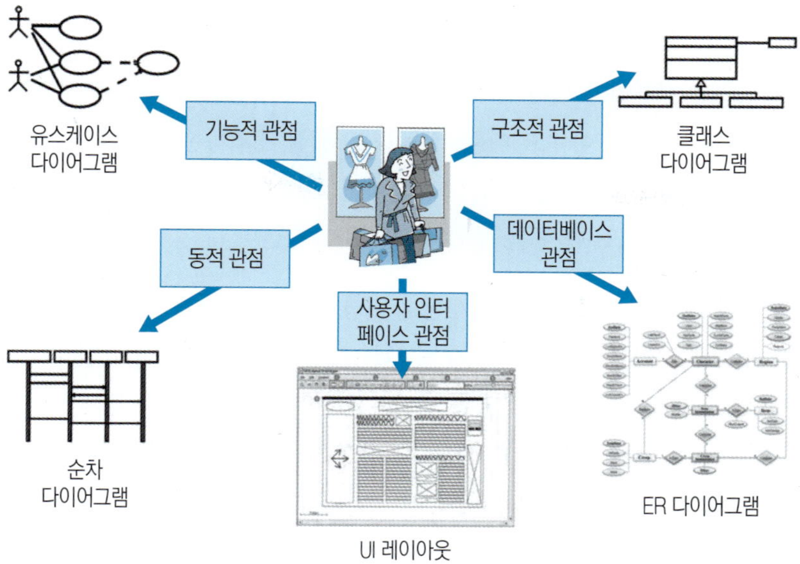

[그림 5.4] 뷰와 다이어그램

시스템을 데이터베이스 설계의 관점에서 모델링 할 때 사용하는 것이 ER(Entity-Relationship) 다이어그램이다. ER 다이어그램은 데이터베이스에 저장할 데이터 엔티티들과 이들 사이의 관계를 나타낸 것이다.

사용자 인터페이스 관점의 모델은 여러 가지 개념적인 모델이 있으나 직관적으로 눈에 보이는 레이아웃을 스케치 한 것을 많이 사용한다. 사용자가 시스템을 사용하기 위한 화면이나 메뉴, 입력 양식, 출력 결과나 보고서 등이다.

Box 5.1 | 정적 관점 vs. 동적 관점

시스템은 정적인 관점과 동적인 관점이 있다. 정적인 관점은 시스템의 구조에 초점을 둔 관점이며 동적인 관점은 시스템의 동작에 초점을 둔 관점이다. 정적인 구조는 시스템 요소의 카테고리 분할과 이들 사이의 구조 관계를 나타내며 동적인 구조는 시스템이 실행될 순간에 구성 요소들의 인터랙션과 상태 변화 등을 나타낸다.

구조적인 모델링의 결과는 프로그램에 주로 클래스 또는 자료 타입의 선언이나 오퍼레이션의 선언으로 코딩된다. 반면에 동적인 모델링의 결과는 변수의 사용과 오퍼레이션의 호출, 함수 내부의 동작으로 코딩된다.

정적 관점과 동적 관점은 서로 보완적이며 좋은 모델링이 되게 한다. 정적인 관점은 시스템의 정적인 구조를 파악하게 하며 동적인 관점은 시스템을 구성하는 요소들 사이에 상호작용과 시간적 흐름에 따른 상태의 변화, 기타 작업의 흐름을 나타낸다.

구조적 모델의 층 개념

개발할 시스템을 이해하기 위하여 다양한 측면으로 모델링 한다. 그 중 구조적 모델은 시스템의 빌딩 블록을 찾아내고 이를 계층 구조로 잘 정리하는 작업이다. 시스템의 규모가 커질수록 빌딩 블록은 양파 껍질과 같아서 최소 단위의 빌딩블록들이 모여 새로운 빌딩블록을 이루고 또 다시 큰 규모의 블록을 형성한다.

구조적 모델링은 기계나 하드웨어 설계에서 빌딩 블록을 찾아내어 하나씩 구조물의 구성요소를 설계해 나가는 것과 같다. 자동차를 구조적으로 설계한다고 할 때 먼저 기본적인 구성요소, 예를 들면 엔진, 바퀴, 조향 장치, 바디, 충격흡수 장치, 계기판 등을 찾는다. 다음에는 그런 구성요소를 만들 때 어떤 부품이 들어가야 하는지 설계할 것이다. 각 구성요소는 따로 동작하는 것이 아니라 엔진의 동력을 바퀴까지 잘 전달할 수 있도록 서로 협력하고 제어하여야 한다. 이렇게 되기 위하여 그루핑 하고 서로 전자 신호나 기계적 인터페이스를 잘 정의하여야 할 것이다.

소프트웨어를 설계하는 작업도 이와 유사하다. 먼저 구성요소라 할 수 있는 클래스를 찾고 이러한 클래스들이 어떤 내부 부품이 있고 클래스들 사이에 어떤 연관이 있는지 찾아 클래스 다이어그램을 그려서 클래스 층을 형성한다. 다음은 그림 5.5과 같이 클래스를 그루핑하여 바로 위에 있는 서브시스템 층을 정의한다.

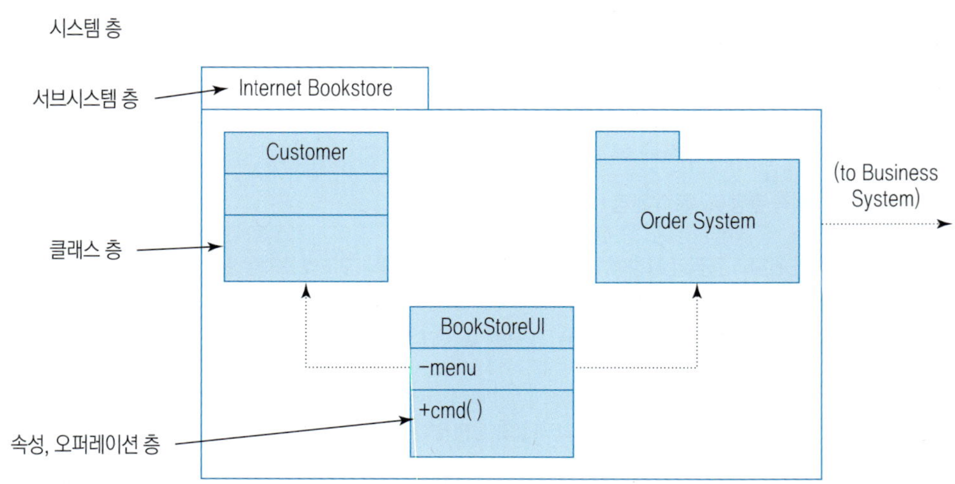

[그림 5.5] 시스템의 구조적인 층

결국 구조적 모델은 그림 5.5에 나타낸 것과 같이 여러 층으로 나누어 파악하고 이를 잘 구성하여 표현하여야 한다. 분석 단계에서 찾아낸 요구와 기능적 모델링에서 파악한 유스케이스를 잘 살펴서 시스템의 빌딩블록을 이루는 클래스를 찾아내고 이들이 어떤 연관을 갖는지 정의하는 것이 시스템의 구조를 탄탄하게 하는 첫째 비결이다. 이 작업이 잘 되었다면 이를 기초로 설계 단계에 서브시스템을 정하고 아키텍처를 형성하는 작업을 진행한다.

구조적 모델의 목적

위에서 언급한 바와 같이 클래스 다이어그램은 개발 전 과정에 사용된다. 클래스 다이어그램은 시스템을 구성하는 클래스의 정적인 구조를 나타낸다. 클래스의 정적인 구조는 시스템이 다루려는 클래스 자체와 클래스의 기능을 포함한다. 즉 클래스의 속성과 오퍼레이션 및 클래스 사이의 관계를 나타낸다. 시스템에서 다루려는 클래스는 시스템에 대한 요구 중 어떤 기능을 만족시키기 위한 책임을 가진 부품이다.

클래스 다이어그램은 클래스 사이의 상호작용을 나타내지는 않는다. 클래스에 속하는 객체들의 상호작용, 즉 메시지 교환은 다음 장에 설명한 시퀀스 다이어그램에 표시한다.

클래스 다이어그램은 각 클래스가 제공해야 할 책임(responsibility)을 나타낸다. 클래스는 대부분 어떤 자료를 보관하여 관리하는 책임과 계산이나 입출력 등 어떤 동작을 해야 하는 책임을 가진다. 4장에서 설명한 기능적 모델링이 건물을 짓기 전에 건물이 갖추어야 할 기능과 요구를 찾는 것이라면 구조적 모델링은 건축 구조물이 기능을 만족시키는 구성 요소를 찾고 이들이 어떤 특징이 있고 역할을 담당하는지 찾아내는 작업이라 할 수 있다.

Box 5.2 | 클래스 다이어그램을 작성하는 목적

- 시스템을 구성하는 요소를 문서화 한다.
- 클래스 사이의 연관, 일반화, 집합 관계를 표시한다.
- 클래스의 기능, 특히 속성과 오퍼레이션을 나타낸다.
- 문제 영역의 클래스 명세로부터 구현을 위한 자세한 설계까지 시스템의 클래스 구조를 나타낸다.
- 시스템 안의 클래스가 클래스 라이브러리와 어떻게 협력하는지를 나타낸다.
- 클래스의 인터페이스를 나타낸다.
- 시스템 안에 어떤 객체가 존재할 수 있는지를 나타낸다.

5.3 클래스와 속성

시스템의 구조적 모델은 클래스와 이들 사이의 관계로 구성된다. 시스템의 규모가 크고 복잡하다면 구조적 모델을 나타내는 클래스 다이어그램을 여러 개의 조각으로 나눔으로 잘 관리할 수 있다. 결국 클래스 다이어그램은 특정 시스템의 내부 설계도라고 할 수 있다.

시스템을 이루는 가장 기본적인 요소는 클래스다. 따라서 클래스의 본질과 특성을 잘 이해하여야 하고 어떤 시스템을 개발할 때 필요한 클래스를 찾는 일이 아주 중요하다. 이 절에서는 패러다임마다 시스템의 구조가 어떻게 다른지 설명하고 객체지향 패러다임의 클래스가 무엇이며 클래스 안에 있는 요소 중 데이터, 즉 속성에 대하여 알아본다.

시스템 빌딩 블록

클래스가 무엇인지 이해하려면 그 정의와 특성을 알아보는 것도 좋지만 클래스가 시스템 구조를 이루는 어떤 부분이며 이것이 정적 모델링과 설계 작업에서 어떤 의미를 지니고 있는지를 설명하는 것이 더 효과적이다.

클래스 다이어그램의 빌딩 블록인 클래스는 객체지향 시스템에서 처리할 자료와 오퍼레이션을 묶어 정의한 것이다. 초창기의 프로그래밍 언어는 대부분 함수(function)와 데이터를 나누어 작성하고 설계도 함수와 데이터를 별도로 하였다. 이를 절차적인(procedural) 패러다임이라고 부른다.

초창기의 프로그램은 그림 5.6에 나타낸 것처럼 데이터와 함수가 나누어져 있고 프로그램을 조직하기 위하여 주로 함수의 구조나 함수 안의 알고리즘에 초점을 두어 왔다. 이렇게 되면 시스템의 빌딩블록인 함수는 전역 변수를 사용할수록 더욱 연관이 크게 되고 데이터에 수정이 가해지면 관련된 함수가 모두 영향을 받게 되는 좋지 않은 구조가 된다.

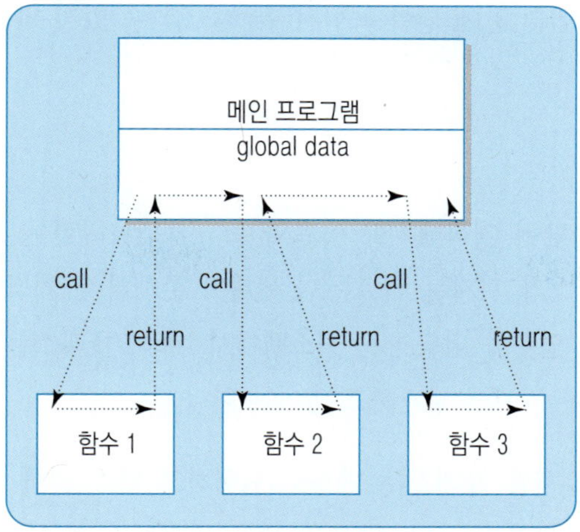

[그림 5.6] 절차적인 프로그램의 구조

이러한 단점을 보완하여 대부분의 새로운 프로그래밍 언어에는 자료와 함수를 묶어 클래스라는 단위로 구성할 수 있게 되어 있다. 즉 시스템을 기본 클래스 단위로 나누고 서로 협력하려면 클래스에 속하는 객체를 만들고 객체가 가지는 함수를 호출한다.

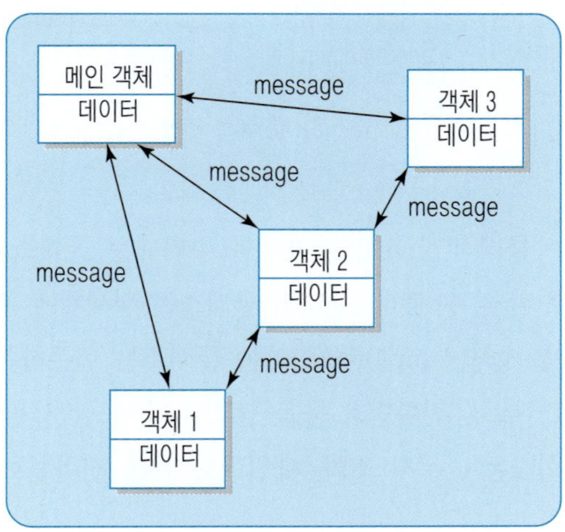

[그림 5.7] 객체지향 프로그램의 구조

시스템에서 처리할 데이터와 이를 조작, 처리하는 함수를 묶어 클래스 단위로 정의하면 많은 장점을 얻을 수 있다. 먼저 복잡한 시스템을 잘 관리할 수 있는 캡슐형 구조가 된다. 프로그램의 단위가 되는 클래스 안에 아주 밀접하게 관련된 자료와 이를 처리하는 함수를 같이 하나의 캡슐 안에 넣어 독립된 취급을 할 수 있게 되는 것이다.

클래스

클래스(class)란 시스템이 처리해야할 자료와 그 자료와 관련된 오퍼레이션을 정의한 작은 모듈이다. 클래스가 가지는 자료는 실세계에 존재하는 개념의 자료값을 갖는다. 예를 들어 은행 여신 업무를 담당하는 시스템에서 '계좌' 클래스는 고객의 은행 계좌의 거래나 잔고 등의 모든 정보를 보관하고 있어야 한다.

그림 5.8에 나타낸 것처럼 클래스는 박스로 표현하고 박스 안에 세 부분으로 나누어 맨 위 칸은 클래스 이름을 적는다. 다음 칸에는 클래스가 자료를 보관할 변수 이름을 적고 마지막 칸에는 자료를 이용하는 함수들을 나열한다.

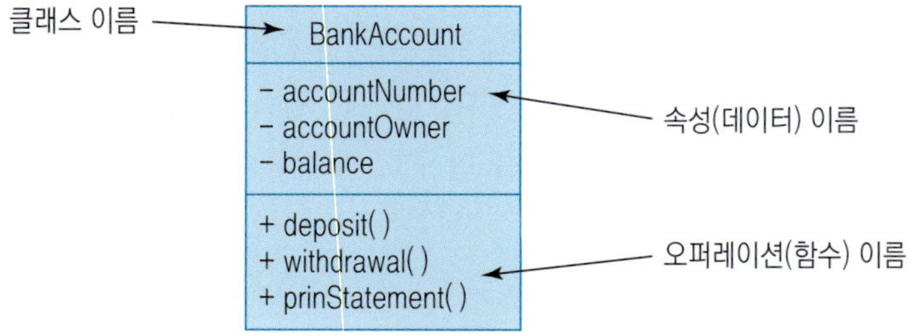

[그림 5.8] 클래스 표현

클래스는 눈에 보이는 물리적(physical) 개체를 나타내는 클래스와 개념(conceptual)을 나타내는 클래스로 나눌 수 있다. 물리적 클래스는 실세계에 존재하는 실체에 대한 자료를 담고 있다. 예를 들면 'employee'이라는 클래스는 현존하는 사원에 대한 정보, 즉 이름이나 사원번호, 부서, 전화번호 등을 담고 있다. 또한 사원에 대한 정보를 처리하기 위하여 이름 조회라든지 부서 조회, 사원번호 부여, 전화번호 변경 등의 오퍼레이션이 필요하다.

개념을 나타내는 클래스는 눈에 보이는 실체가 아니지만 시스템에서 처리해 주어야 하는 자료가 담긴 것이다. 즉 '주문'과 같은 클래스는 물리적인 실체는 아니지만 잘 정의된 범위와 의미를 가지고 있고 주문 번호, 주문 날짜, 가격 등이 담겨져야 할 논리적 개념을 타나내는 클래스이다.

클래스 찾기 클래스를 찾으려면 "응용문제에 어떤 개념적 개체(entity)가 있는가?"라는 질문을 스스로 해본다. 대부분의 개념은 다섯 가지 카테고리, 즉 만질 수 있는 사물(tangible things), 역할(role), 사건(incident), 인터랙션, 명세(specification)에 들어간다. 이런 카테고리 분류는 새로운 도메인의 클래스를 찾는 데 도움이 된다.

- 사물 – 가장 찾기 쉬운 것으로 눈에 보이는 실세계의 개체들이다. 응용 분야가 주어진다면 잘 드러나는 것들이다.

항공기	책	엔진	핵반응기	애완견
국립공원	경마	운송수단	전력공급기	회로차단기
승용차	측정기기	파이프 지지대	국경경계표	엘리베이터

요구분석서나 유스케이스에 기술된 단어 중 명사에 밑줄을 긋는 방법은 만질 수 있는 사물을 찾는 데 도움이 된다. 하지만 시스템에서 처리할 가치가 있는 것인지 더욱 관심을 가지고 신중하게 찾아볼 필요가 있다.

- 역할 – 사람이나 기관의 역할에 해당되는 것으로 예를 들면 다음과 같은 것들이다.

의사	배송직원	고객	부서
환자	입주자	사원	납세자
소비자	계좌주인	관리자	수탁자

하나의 역할을 가지고 있지만 또 다른 역할을 맡을 수도 있다. 동일한 사람이 여러 가지 다른 역할을 할 때 별도의 클래스로 구분하여 찾아내야 한다. 예를 들면 인터넷 북서점에서 고객과 배송직원, 영업직원을 별도의 클래스로 만들어야 배송직원이 고객이 될 수 있고 고객에 대한 자료를 보관하고 이를 이용한 처리가 가능하다. 좋은 모델은 역할을 나타내는 클래스를 많이 사용한다.

- 사건 – 특정한 시각에 일어난 사건이나 이벤트를 표시한다. 다음과 같은 것들이 여기에 해당된다.

항공편	사고	공연	이벤트
시스템	장애	서비스	호출(제품AS를 위한)

항공편에 대하여 출발시각과 같은 처리할 자료를 뽑아내야 하며 사건이 가질 수 있는 동작을 추출한다. 예를 들면 항공편에 대하여 잡힌 일정과 언제 탑승 수속이 시작되는지, 언제 출발하였으며 언제 이륙하였는지 기록할 수 있어야 한다.

- 인터랙션 – 인터랙션은 일반적으로 '거래(transaction)'나 '계약(contract)'과 같은 것을 말한다. 즉 두 개 이상의 클래스와 관련된다. 예를 들면

> 구매(구매자, 판매자, 상품이 관련됨)
> 신용카드 결제(계좌와 구매 사이의 관계)
> 간선(그래프의 두 정점과의 관계)

인터랙션 클래스는 지리정보 시스템, 토폴로지 시스템, 전기 네트워크, 배관, 선로 등을 모델링할 때 주로 나온다.

- 명세 – 명세 클래스는 모든 것들이 어떤 특성을 공유할 때 사용된다. 예를 들면 같은 제목의 책이 여러 권 있을 때 두 책의 제목은 공유한다. 예를 들면

> 보험 상품(구매한 보험 증권에 대한 정보를 담고 있음)
> 서적 상품(구매할 수 있는 책 정보를 나타냄)
> 신용카드 종류(지불에 사용될 신용카드의 종류)

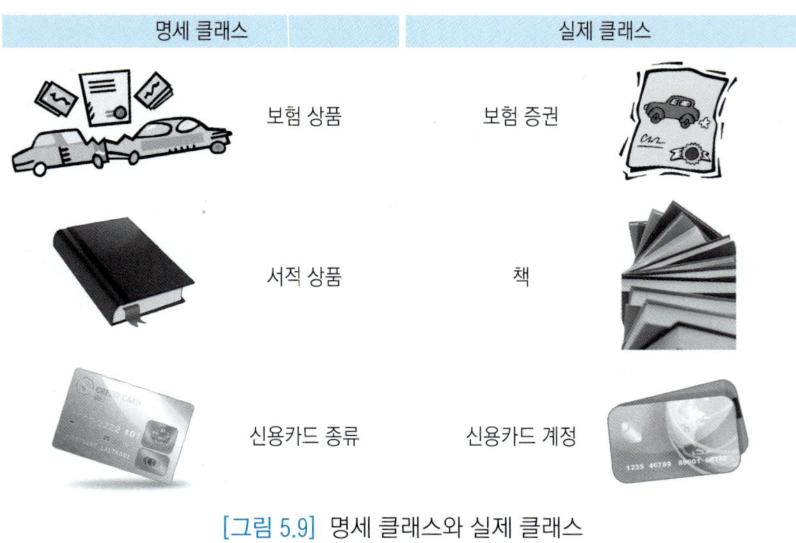

[그림 5.9] 명세 클래스와 실제 클래스

명세 클래스를 파악하였다면 이러한 명세에 맞는 개체를 나타내는 관련된 클래스를 갖게 된다. 예를 들면 보험 증권은 추가 가입금액, 총 가입액 등의 속성을 가진다. 반면에 보험 상품은 모든 보험 증권에 적용되는 공제금액 같은 속성을 가진다.

그림 5.9의 실제 클래스는 눈에 보이는 것만을 나타내는 것은 아니다. 여기서는 명세가 적용될 구체적인 실체를 의미하며 역할이 될 수도 있고 사건이 될 수도 있다.

명세 클래스와 관련된 실제 클래스의 이름을 혼돈하지 않기 위하여 적절한 이름을 붙이는 것이 중요하다.

Box 5.3 | 클래스를 찾는 요령

클래스는 시스템을 구성하는 빌딩블록이다. 따라서 클래스는 시스템에서 저장하거나 분석하여야 할 자료를 가지며 이를 계산 또는 처리하여 외부에 제공한다. 새로 개발하는 시스템의 클래스를 찾으려면 다음과 같은 질문의 답을 찾아본다.

- 시스템이 저장하거나 분석하여야 할 데이터가 있는가?
- 시스템에 외부 시스템이 있는가?(외부 시스템은 클래스로 모델링함)
- 패턴, 클래스 라이브러리, 컴포넌트 등이 있는가?
- 시스템이 다루어야 할 디바이스가 있는가?

클래스에 이름 붙이기 클래스에 좋은 이름을 붙이는 것은 모델을 명확히 하는 데 크게 기여한다. 명확하고 직설적이며 꾸밈없는 이름을 찾아야 한다. 하지만 실무에서 좋은 이름을 찾는 것이 항상 쉽지는 않다.

다루는 문제 영역에서 자주 나오는 대표적인 것은 공통된 이름을 클래스에 붙이는 것이 좋다. 만일 공통적으로 사용되는 용어 표준이 이루어지지 않았다면 하나의 이름이 다른 여러 개체를 칭하는데 사용되고 반대로 여러 이름이 동일한 개체를 칭하는 문제가 생긴다.

이렇게 되면 개발자에게는 혼돈을 유발시킬 수 있지만 기관 안에서는 오히려 혼돈이 없는 경우가 있다. 주제에 대한 전문 지식과 배경을 잘 숙지하고 있는 전문가 사이에는 여러 가지 다른 표현의 용어를 지칭하더라도 혼돈을 일으키지 않고 이해할 수 있기 때문이다.

사람은 의미를 확립하기 위하여 배경 정보를 사용하는 일에 매우 잘 적응되어 있다. 따라서 어떤 응용 지식을 다른 영역의 전문가에게 전수할 필요가 있을 때 부정확한 배경 의존 용어는 혼돈을 유발시키며 오해를 불러일으킨다. 따라서 지식을 정형화하고 명확하고 모호하지 않은 이름을 선택하여 지식을 모델에 잘 나타내는 것이 중요하다.

클래스 다이어그램은 의미정보를 담고 있는 모델로써 이러한 문제를 해결하는 데 많은 도움이 된다. 클래스 다이어그램은 이름이 하나의 의미로 사용되는 일종의 사전과 같다. 이런 배경에서 다음과 같이 클래스 이름을 붙이는 요령을 소개한다.

1. 통상적인 이름 - 예를 들어 신호등을 SignalingUnit으로 이름붙일 수 있다. 하지만 TrafficLight가 더 통상적인 이름이다.

2. 더 명확하고 강력한 이름 - 일상에 사용하는 언어가 더 강력하다. 예를 들어 방이나 장, 창고와 같은 저장 공간을 영어로 언급할 때 StorageEnvironment보다 Room이라고 칭하는 것이 더 강력하다. 또한 더 명확하게 하려면 단순히 Room보다는 StorageRoom이라고 하는 것이 더 명확하다.

3. 같은 수준의 이름 - 고압 전원 장치(High Voltage Power Supply)와 직류 전원 장치(Continuos Power Supply)가 있을 때 같은 수준의 이름이라면 펄스(Pulse)와 직류(Continuous)로 대비되도록 한다.

4. 정의된 이름 - 이미 정의된 이름이 있다면 길더라도 그 이름이 정확하다.

5. 배경에 기초한 이름 - 문서에 자주 나오는 이름보다 정보의 배경을 고려한 이름이 되어야 한다.

속성

속성은 클래스로 추상화 된 모든 개체들에 의하여 소유된 특성 하나하나를 뜻한다. 클래스가 갖는 속성의 집합을 구할 때 다음과 같은 목적을 만족시켜야 한다.

- 완전성 – 클래스가 갖는 모든 정보를 포함
- 완전 분할 – 각 속성이 클래스의 분리된 다른 측면을 나타냄
- 배타적 독립 – 속성들이 각각 독립적인 값을 보관

속성 찾기 각 클래스에 대하여 “문제 영역에 있는 모든 것을 나타내려면 어떤 특성이

필요한가?"라는 질문을 한다. 다른 방법은 진행된 추상작업의 결과에 대하여 "모델이 궁극적인 실체를 추상화한다면 어떤 정보가 내재되어 있나?"라고 묻는다.

속성은 세 가지 종류가 있다. 서술적(descriptive) 속성, 명명(naming) 속성, 참조(referential) 속성이며 클래스의 속성을 쉽게 파악하는 방법의 하나로 제안한다.

- 서술적 속성 – 주문의 총액, 고객의 주소와 같이 어떤 것의 고유 특성을 나타내는 속성이다. 이런 속성은 무엇을 나타낼 것인지를 고려하면 찾아낼 수 있다.
- 명명 속성 – 개체를 언급하는 데 사용되는 이름이나 레이블. 명명 속성을 두면 실체를 바꾸지 않고 이름이나 레이블을 바꿀 수 있다. 즉 항공기가 고유번호 속성을 가지면 다시 번호를 매겨도 같은 항공기 개체이다. 명명 속성은 응용 영역 외부에서 개체를 구별하는 데 도움이 된다.
- 참조 속성 – 관련된 클래스를 지칭하는 링크를 제공하는 속성. 예를 들어 '주문'은 '고객' 속성을 가지고 있는데 이는 주문을 한 고객을 지칭하기 위한 것이다. 지칭 속성은 연관을 형식화 한 것이라 할 수 있다.

속성 타입 속성이 가질 수 있는 값의 집합이 자료 타입을 구성한다. 속성은 자료형을 가지고 있어야 한다.

속성의 타입은 크게 두 가지 유형으로 나눌 수 있다.

- 도메인 특수 자료형 – 문제 영역에 있는 자료형을 정의한 것. 온라인 북서점 문제에서 Currency 타입이나 MailingAddress 같은 타입이 여기에 속한다.
- 빌트인 자료형 – 불리언, 스트링, 정수, 실수 등 프로그래밍 언어에 정의된 기본형

타입을 선언할 때는 속성의 이름, 타입, 초기값 순으로 그림 5.10과 같은 형태로 한다. 클래스 Customer에 있는 Customer.purchasesMade 속성은 Count 라는 타입이며 초기값은 0이라는 것을 나타낸다.

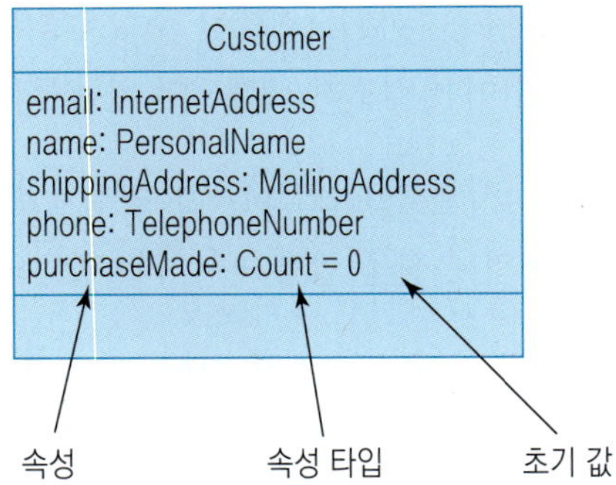

[그림 5.10] 속성의 표현

클래스와 속성의 검토

새로운 응용 분야의 클래스를 식별하려 할 때 클래스로 보이는 후보를 쉽게 택하였으나 실제는 클래스가 될 수 없는 경우가 있다. 올바로 걸러내는 데 도움이 될 수 있는 체크 방법을 소개한다.

검토하려면 먼저 클래스의 정의에 대하여 확고한 이해가 있어야 한다. 클래스의 인스턴스는 동일한 특성을 가져야 하며 동일한 규칙이 적용된다. 다시 말해 인스턴스들은 같은 데이터와 오퍼레이션을 가져야 한다.

클래스가 이러한 검토 과정을 통과하지 못하면 좋은 설계라 할 수 없다. 클래스의 추상적 표현에 있는 단 한 줄의 문장도 중요하므로 소홀히 할 수 없다.

대상 검토 모든 클래스는 도메인의 한 부분이다. 따라서 각 후보 클래스는 도메인에서 마땅히 해야할 일, 즉 책임에 비추어 검토한다. 설사 클래스가 도메인의 주요 임무를 지원하지 못해도 도메인에 추가한다. 예를 들어 로그인 스크린과 같은 클래스는 인터넷 서점 시스템의 주요 임무는 아니지만 사용자 인터페이스 도메인에 속한다.

추상화 다른 방법은 클래스 명세를 잘 보고 추상화 관점으로 검토하는 것이다. 클래스 명세에서 의미를 잘 나타내지 못하였거나 추상화가 적절치 않다면 문제가 있는 것이다. 예를 들면 다음과 같은 검토가 필요하다.

- OR 검토 – 클래스를 설명하는 명세에 '또는(or)'이라는 말이 포함되어 있다면 하나의 클래스가 아니라 여러 가지가 복합된 아이디어이다. 예를 들어 어떤 클래스의 설

명이 "Shape 클래스는 이차원의 이미지나 또는 다각형의 모임이다."라고 하였다면 '또는'이라는 단어로 인하여 여러 가지 의미가 하나의 클래스에 내재되어 정확한 정의가 되지 못한다. 해결책은 혼합되어 있는 개념을 분리하는 것이다.

- 단순한 리스트인지 검토 – 클래스의 명세가 단순히 여러 개체들을 모아놓은 것에 지나지 않는다면 좋은 추상이 되지 못한다. 예를 들어 어떤 클래스의 정의가 "인기 메뉴는 크로아상, 카푸치노, 초콜렛 파이, 치즈케익이다."와 같다면 아무 기준 없이 정의한 것으로 생각되며 'c'로 시작하는 음식으로 오해할 수도 있다.

복합 속성값 클래스 안에 포함된 속성은 단일값 또는 단일 개체로 취급될 수 있는 것이어야 한다. 예를 들면 우편주소(주소 1, 주소 2, 우편번호)와 같이 복합적인 값을 가지고 있지만 단일 개체로 취급될 수 있는 것은 올바른 속성이 될 수 있다. 그러나 어떤 속성이 연락처라는 이름으로 우편주소, 전화번호 등 복합된 자료값을 가지도록 정의하였다면 올바른 속성이 아니다. 왜냐하면 속성값 안에서 원하는 값, 예를 들면 전화번호의 지역번호 같은 것을 기반으로 오퍼레이션을 부를 수 없기 때문이다.

의미 없는 속성, 통일되지 않은 클래스 예를 들어 인터넷 서점에서 책뿐만 아니라 비디오테이프, CD, DVD, 컴퓨터 소프트웨어까지 판매하여 모든 것을 포괄하는 클래스로 Product를 정의하였다고 하자. 가격과 UPC 코드는 Product 클래스의 속성이 될 수 있다. 그러나 ISBN 번호 속성은 책에만 있고 상연 시간은 CD, DVD, 비디오테이프에만 있으며 버전 번호는 소프트웨어에만 있다. 이렇게 되면 클래스 안에 통일되지 않은 속성들이 혼재되어 있어 의미가 없어진다. 즉 클래스의 인스턴스가 어떤 속성은 의미가 없고 어떤 것은 의미가 있는 통일되지 않은 속성을 갖게 되어 문제가 된다.

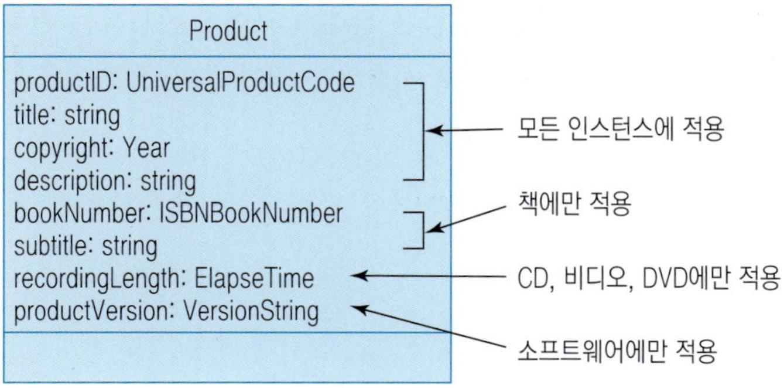

[그림 5.11] 의미 없는 속성

5.4 관계와 연관

클래스는 홀로 존재하지 않고 서로 관련되어 있다. 도메인의 지식을 정리하기 위하여 도메인에 있는 개념적 요소들이 어떻게 연관되어 있는지 파악하여야 하며 이를 모델에서 정확하게 관계로 표현하여야 한다.

UML 관계는 연관(association), 일반화(generalization), 의존(dependency)으로 나눌 수 있다. 구조적 모델에서 연관은 클래스에 속하는 객체 사이의 관계이며 일반화는 클래스 사이의 상속 관계를 나타내며 의존은 다른 클래스의 객체가 사용되어 구문 사이에 컴파일 의존 관계를 나타낸다. 집합(aggregation) 또는 합성(composition) 관계는 연관의 큰 범주에 들어가는 관계로 전체와 부분과의 관계를 뜻한다.

연관

연관은 문제 영역에 있는 개념적 요소들 사이에 존재하는 관계를 뽑아낸 것이다.

- 저자는 책을 쓴다.
- 출판사는 책을 만들고 판매한다.
- 고객은 책을 구입한다.

연관은 도메인에서 추출한 클래스를 이용하여 표현한다. 연관은 클래스 다이어그램에서 연관에 참여된 클래스 사이에 선으로 나타낸다. 다이어그램의 선 위에는 연관의 이름과 역할, 다중도를 표시한다.

연관의 이름 연관은 이름을 갖는다. 이름은 클래스 사이에 존재하는 관계의 의미를 잘 나타내야 한다. 연관의 이름은 대문자로 시작하는 것이 좋다. 연관이름은 관계의 방향도 고려하여 붙인다.

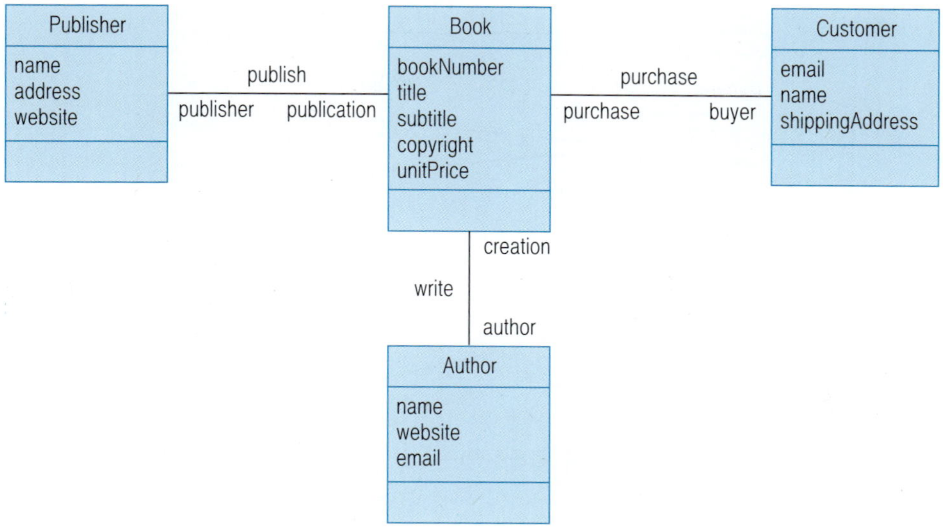

[그림 5.12] 연관이 표현된 클래스 다이어그램

그림 5.12는 세 가지 연관을 나타낸다. 'publish' 연관은 Publisher 클래스와 Book 클래스 사이의 관계이며 'purchase' 클래스는 Customer 클래스와 Book 클래스 사이의 관계이며 'write'는 Author와 Book 사이의 관계이다.

두 클래스 사이의 연관은 이진(binary) 연관이라 부른다. 세 개 이상의 클래스가 관여하는 연관도 있다. 이 내용은 그림 5.15에 소개한다.

다중도 다음으로 연관에 추가할 수 있는 것은 연관의 다중도에 관한 정보이다. 다중도는 연관에 참여하는 양 끝에 있는 클래스 인스턴스의 개수를 의미한다. 다중도의 개념은 그림 5.13에 잘 나와 있다. Publisher 클래스에 속하는 객체 하나는 여러 개의 Book 클래스에 속하는 객체들과 연관될 수 있음을 나타낸다.

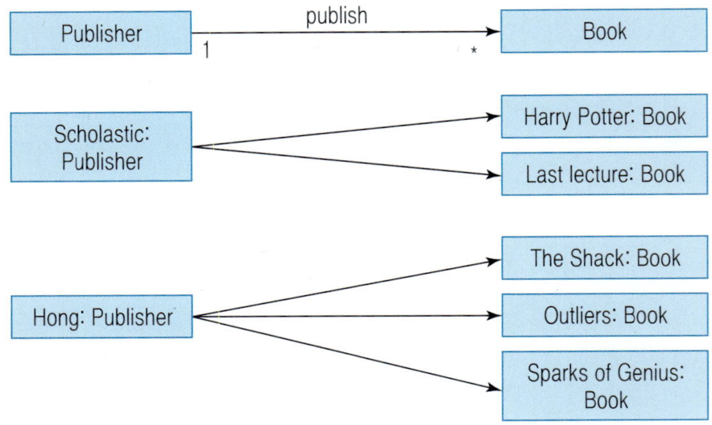

[그림 5.13] 클래스 인스턴스 사이의 연관

다중도는 연관에 참여하는 객체의 개수의 범위를 의미한다. '1..1'은 하나만 있음을, '1..*' 는 하나 이상, '0..1'는 없거나 하나, '0..*'은 0 이상의 개수를 나타낸다. 즉 '0'의 의미는 연관이 없을 수도 있음을 의미하여 '*'는 다수가 있음을 의미한다.

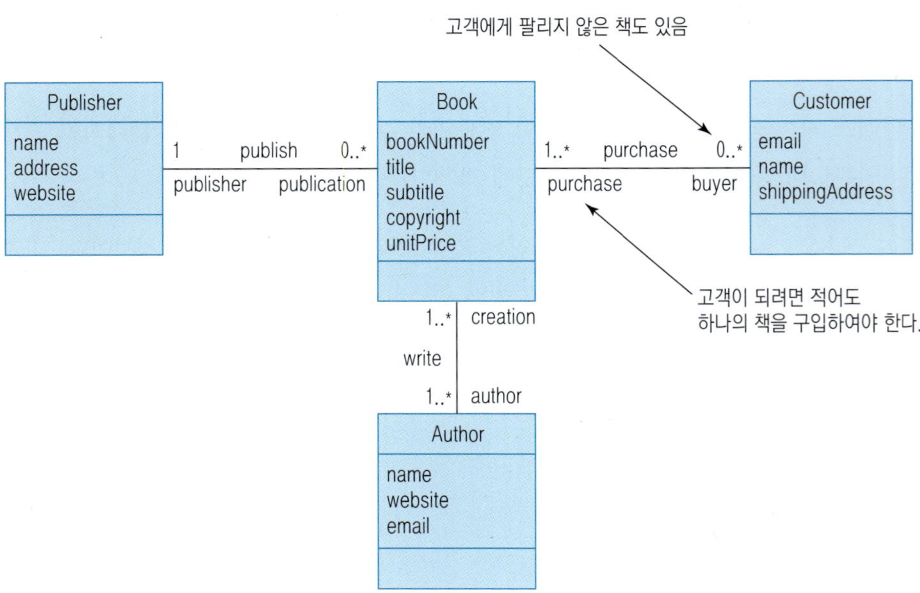

[그림 5.14] 다중도가 표시된 연관

그림 5.14에서 책과 저자 사이의 연관은 무조건적이다. 책을 쓰지 않으면 저자가 아니

며 모든 책은 적어도 저자 한 사람은 있어야 한다는 의미이다. 즉 작자미상의 책을 모델링에서 배제하고 있다.

하지만 책과 고객과의 연관은 조건적이다. 책을 구매하는 사람은 고객이다. 그러나 구매되지 않은 책이 존재할 수 있기 때문에 조건적이다.

연관 클래스 연관이 또 다른 클래스의 추가를 불러들이는 경우가 많다. 즉 연관에 참여하는 두 가지 클래스 중 어느 곳에도 속하지 않는 데이터를 갖는 속성을 중간에 추가된 클래스가 갖게 되는 데 이를 연관 클래스라 부른다. 그림 5.15는 어떻게 연관을 제 3의 클래스에 모델링하는지를 보이고 있다.

연관 클래스가 발생하는 경우는 주로 이력 또는 시간과 관련된 연관이다. 그림 5.15의 예에서 Contractor 클래스와 Project 클래스 사이의 관계는 Assignment 연관 클래스로 연결시킨다.

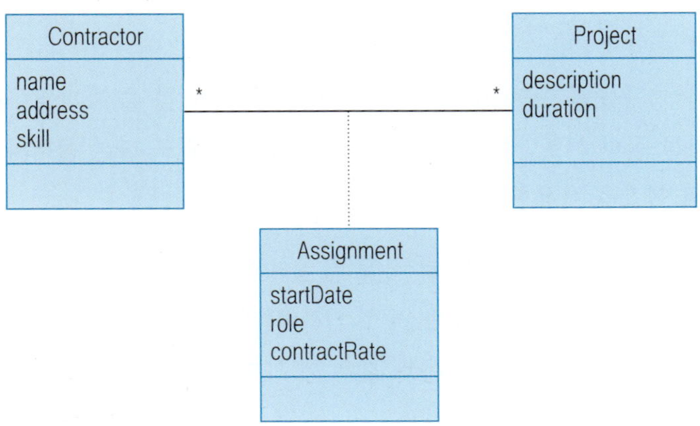

[그림 5.15] 연관 클래스

프로젝트에 참여자를 배정하는 것이 연관 객체 하나에 표현되며 startDate와 role, contractRate 속성을 가진다. 참여자가 여러 다른 프로젝트를 위하여 일하면 연관 클래스는 세 가지 속성값이 모두 다른 Assignment 인스턴스가 생기는 셈이다. 만일 Contractor 가 동일한 Project에 시차를 두고 배정되면 연관은 한 번만 이루어지며 연관 클래스의 인스턴스는 하나만 존재한다. 따라서 startDate, role, contractRate 속성은 최근 배정에 대한 값만 저장되며 이전 배정에 대한 이력은 보관하지 않는다.

회귀 연관 동일한 클래스의 인스턴스 사이에 링크가 존재할 수 있다. 예를 들면 링 네트워크에 있는 노드 사이 또는 책의 저자 사이에 존재한다. 같은 클래스 사이에 존재하는 연관은 회귀 연관(reflexive association)이라고 한다.

예를 들면 그림 5.16에 표시한 선수 및 후수 과목의 연관은 회귀 연관이다. 과목에 대하여 미리 수강하여야 할 과목 또는 후속으로 수강하여야 할 과목은 모두 과목 사이의 관계이기 때문이다.

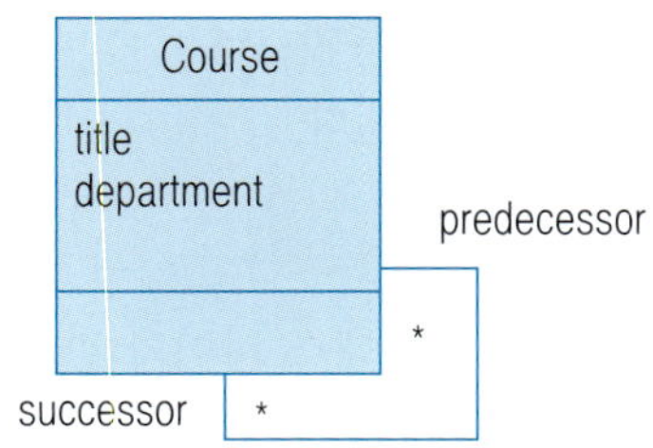

[그림 5.16] 회귀 연관

회귀 연관은 계층구조를 모델링하는 데 많이 사용한다. 예를 들면 파일 시스템에서 폴더 안에 또 다른 폴더를 포함할 수 있다. 이런 경우 폴더에 또 다른 폴더의 포함 관계를 나타내는 회귀 연관을 사용한다.

연관의 검사 연관의 다중도를 체크하여 문제 영역에 있는 관계를 완전하고 바르게 이해하였는지 검토하여야 한다. 그렇게 하기 위하여 관계에 참여할 수 있는 인스턴스의 개수를 점검한다. 연관 점검에는 다음과 같은 세 가지 사항을 따져 보아야 한다.

1. 조건 – 연관이 무조건 관련되어야 하는지 아니면 관련되지 않을 수도 있는지 확인한다. 예를 들어 '국회의원'과 '지역구'라는 클래스의 관계를 생각해보면 지역구에는 한 명의 의원이 선출된다. 그러나 사망 또는 사임 등에 의하여 공석이 될 수 있다. 이런 경우 '0..1'으로 표시되었는지 점검한다. 반면에 '기관장'과 행정조직'의 관계에서 공석의 기간이 없어야 한다면 '1'로 표시되어야 한다.

2. 정확한 클래스와 역할 – 그림 5.14에 있는 연관 중 다음 두 가지 관계를 다시 생각해보자.
   - 출판사는 책을 만들고 판매한다.
   - 고객은 책을 구매한다.

여기서 책은 명세 클래스인가 아니면 만질 수 있는 실체인가? 출판사와의 연관은 명세적 성격을 가지고 있고 반면에 고객과의 연관은 고객이 구매한, 눈에 보이는 특정한 책을 의미한다. "고객이 지불하여야 할 책값은 어디서 가져올 수 있나?", "고객이 책을 몇 권 샀다는 표시는 어디다 하여야 하나?"와 같은 질문은 이러한 문제를 잘 드러내준다.

모델링의 목적은 나중에 결함이 되기 전에 미묘하고 중요한 차이를 미리 드러내는 것이다. 위의 사례에서 책과 같이 동일한 클래스에 두 가지 다른 연관이 있을 경우 문제가 된다. 문제를 해결하는 방법은 고객이 구매한 책 인스턴스를 표시하는 클래스를 별도로 두는 것이다.

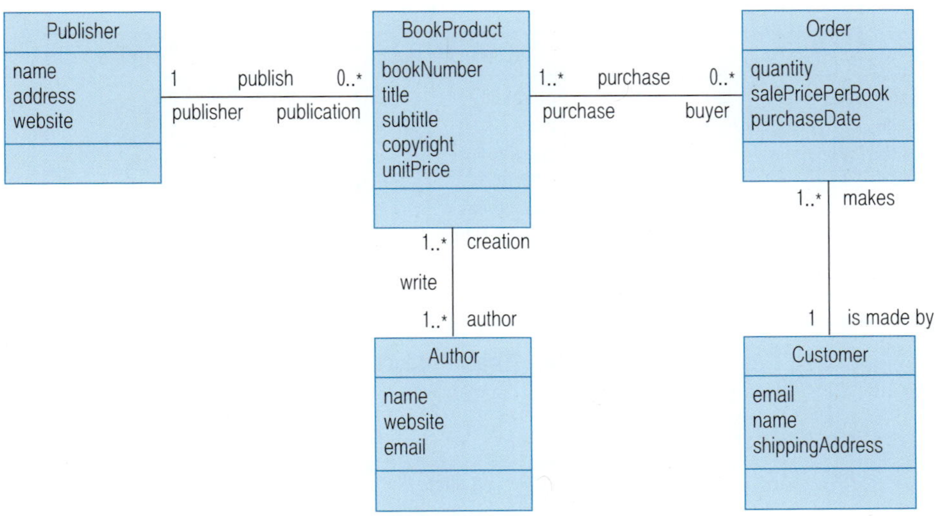

[그림 5.17] BookProduct와 Order로 분리한 클래스

수정된 그림 5.17에서 Book 클래스는 BookProduct 클래스와 Order 클래스로 변경하였다. 즉 BookProduct는 명세 클래스로 Order는 만질 수 있는 클래스이다. Order 클래스를 추가함으로써 책 가격과 구매 권수, 구매일을 저장할 수 있다.

일반화

클래스에 속하는 모든 인스턴스는 속성과 동작을 공유하여야 한다. 그러나 공통되는 점과 다른 점이 동시에 있는 경우가 있다. 예를 들면 인터넷 서점에서 책만 파는 것이 아니라 비디오테이프, CD, DVD, 컴퓨터 소프트웨어까지 판매한다고 하자. 모든 상품은 세일가격이 있고 UPC(Universal Product Code) 번호로 구별된다. 책은 ISBN 번호가 있고 CD와 비디오테이프, DVD는 상영시간이 있는 반면 컴퓨터 소프트웨어는 버전 번호가 있다.

조금씩 다른 세 가지를 하나의 Product 클래스로 정의할 수는 없다. 그림 5.18과 같이 별도의 클래스로 정의하면 공통의 속성과 동작이 모든 클래스에 퍼져있게 된다.

일반화 개념을 이용하면 이런 문제, 즉 공통부분과 다른 부분 두 가지를 해결할 수 있다. Product 클래스를 상속 받은 BookProduct, RecordingProduct, SoftwareProduct 개별 클래스를 그림 5.19와 같이 정의한다.

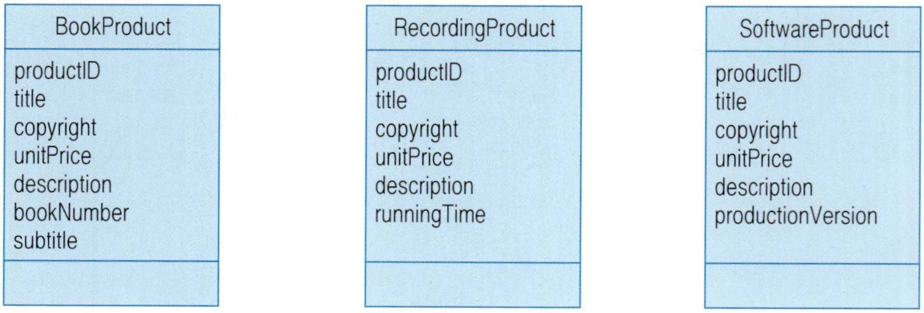

[그림 5.18] 분리된 Product 클래스

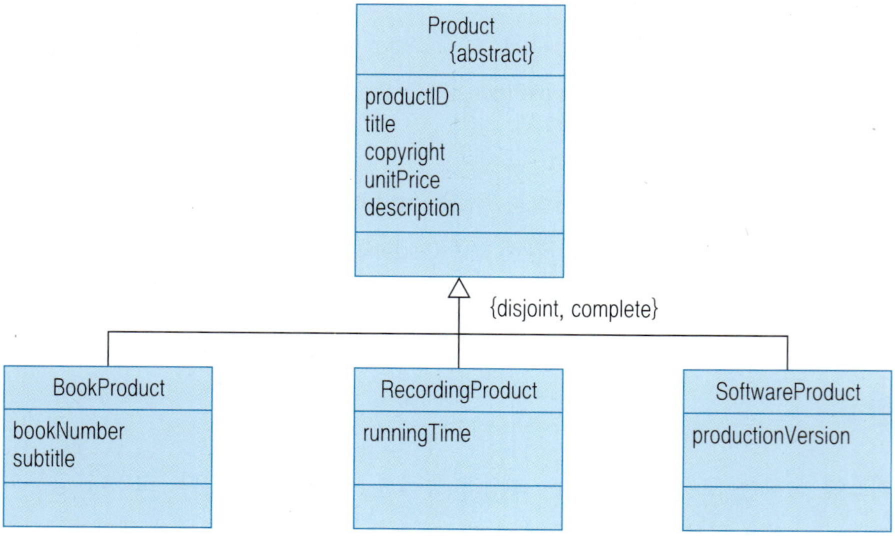

[그림 5.19] Product의 일반화

그림 5.19는 Product 클래스가 BookProduct, RecordingProduct, SoftwareProduct 세 가지 클래스로 일반화된 것이다. 슈퍼클래스 Product의 속성과 연관은 모든 서브 클래스에 적용된다. 반대로 BookProduct 클래스는 Product 클래스가 구체화 된 것이다. BookProduct 클래스에는 기본 Product 클래스에 정의된 속성과 연관 이외에 고유한 속성과 연관을 포함한다.

슈퍼클래스와 서브클래스는 모두 같은 클래스로 취급할 수 있다. 속성을 가질 수 있고 연관에 참여할 수 있다. 클래스 명세도 있어야 하고 각 속성의 설명과 참여하는 연관도 있기 때문이다.

집합과 합성

집합과 합성 관계는 큰 개념의 클래스에 소속된 컴포넌트 클래스의 관계를 표시하는 연관이다. 즉 클래스가 다른 클래스의 부분(part)이 되는 관계를 말한다. 집합과 합성도 클래스와 클래스 사이의 연관이지만 합성은 두 클래스가 보다 밀접하게 관련되어 있고 공동운명체라는 특성이 있다.

집합 연관 집합 연관은 다른 클래스의 인스턴스를 자신의 속성으로 가지는 것을 의미한다. 부분 인스턴스의 개수는 연관의 끝에 다중도로 표시한다. 단순한 집합의 사용에 다중도의 의미가 포함되어 있지 않기 때문이다.

집합 관계의 대표적인 사례는 인터넷 서점 시스템에서 Order와 OrderDetail의 관계이다. 한 번의 주문에 여러 종류의 책을 구입한다면 Order는 여러 OrderDetail로 구성된다. 그림 5.20에 나타낸 집합 연관은 단순한 연관과는 다르게 표현한다.

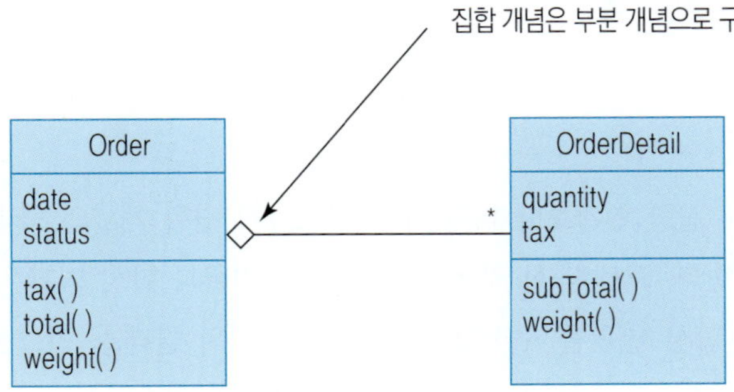

[그림 5.20] 집합 연관의 예

집합 연관은 연관의 끝에 하얀 다이아몬드 표시를 한다. 다이아몬드는 항상 전체 개념의 클래스 쪽에 표시되어야 한다. 다이아몬드의 반대편 클래스가 부분 개념이며 전체의 구성요소가 된다.

Box 5.4 | 집합과 연관의 차이

정적 모델링에서 까다로운 부분이 집합과 연관의 구별이다. 만일 '기관'과 여기서 일하는 '사원'이 있다면 단순한 연관 관계인가? 아니면 집합 관계인가?

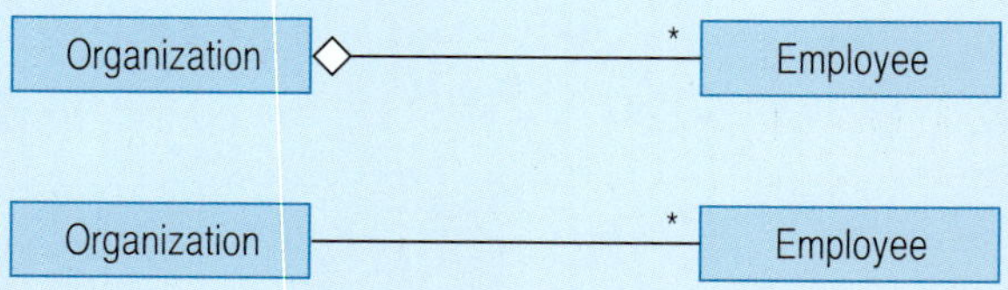

[그림 5.21] 집합과 연관의 차이

어떤 연관이 적합한가는 시스템의 배경과 의도에 따라 다르다. 집합 연관으로 표시한다면 기관이라는 클래스와 사원이라는 클래스를 모아서 같이 처리하게 할 것이라는 의도가 강하고 단순 연관이라면 별도의 개념으로 분리하여 처리할 것이라는 뜻이 담겨 있다. 집합 연관으로 표시되어 있다면 전체에 대하여 어떤 처리를 요구했을 때 부분 요소에 대한 처리도 따라서 이루어지는 경우가 많다. 이를 전파현상(propagation)이라 한다.

합성 연관 합성(composition)은 집합과 같이 전체와 부분 개념의 클래스 사이의 관계이다. 차이점은 전체 개념의 클래스 인스턴스가 삭제 될 때 부분 개념의 클래스 인스턴스도 삭제되는 공동운명체라는 의미가 더 부여된다. 예를 들면 책 클래스 안에 포함된 장(chapter), 절(section) 클래스는 매우 밀접한 전체-부분 개념의 연관이다.

[그림 5.22] 합성 연관의 예

따라서 합성 연관은 집합 연관보다 더 관계가 밀접하며 집합 개념의 클래스 쪽에 검은 다이아몬드로 표시한다. 모델링 한 것을 구현할 때도 집합과 합성 연관은 그 차이를 반영하여야 한다. 즉 합성 연관을 구현할 때는 집합 개념의 클래스 인스턴스가 더 이상 처리할 필요가 없어 소멸된다면 그에 속하는 부분 개념의 인스턴스도 자동으로 소멸시켜야 한다.

5.5 오퍼레이션

클래스 다이어그램에서 클래스의 선언은 동작시키는 무엇을 표현하는 것이 아니라 클래스의 인스턴스를 생성하였을 때 각 객체가 가져야 하는 자료와 동작(behavior)을 정의한 것이다. 오퍼레이션은 객체를 생성하고 소멸시키며 속성을 접근하고 링크시키고 조건에 의하여 선택하고 반복 처리하고 자료를 변환시키는 등의 일을 한다.

동작을 정의한 오퍼레이션은 구조적 모델링으로는 잘 찾아지지 않는다. 클래스가 기본적으로 갖추어야 할 오퍼레이션, 즉 객체의 생성, 속성값을 읽고 저장, 속성값을 체크하는 것은 쉽게 찾아낼 수 있다. 그러나 연관 있는 다른 객체와 협력하여 이루어지는 일이나 슈퍼클래스의 인스턴스 또는 서브 클래스의 인스턴스와 협력하여 이루어지는 일은 찾아내기 어렵다.

일상적인 것 이외의 문제 해결을 위한 오퍼레이션은 대부분 다음 장에서 설명하는 동적 모델링에서 찾을 수 있다. 이 장에서는 클래스 안에 필요한 일상적인 오퍼레이션의 유형들에 대하여 알아보고 그 표현법을 설명한다.

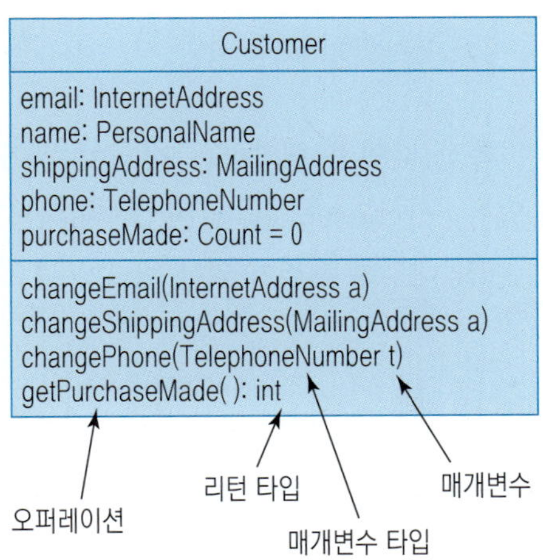

[그림 5.23] 오퍼레이션의 표현

객체 생성과 속성 접근

객체를 생성하거나 속성을 접근하는 오퍼레이션은 어떤 클래스든 기본적으로 갖추어야 할 오퍼레이션들이다. 클래스 안에 정의한 자료들은 정보은닉을 위하여 대부분 직접 접근할 수 없도록 외부에 감추어져 있기 때문이다.

예를 들면 다음 표 5.1에 있는 오퍼레이션은 Customer 클래스에 기본적으로 필요한 오퍼레이션에 해당된다.

표 5.1 객체를 생성하거나 속성을 접근하는 오퍼레이션 사례

오퍼레이션 타입	오퍼레이션 정의
객체 생성자	Customer(InternetAddress i, PersonalName p, MailingAddress m, TelephoneNumber t)
속성 쓰기	putShippingAddress(MailingAddress m)
속성 읽기	getShippingAddress(); MailingAddress
객체 소멸자	~Customer()

속성값을 읽거나 쓰는 오퍼레이션은 get, put 이라는 접두어를 사용하는 오퍼레이션으로 외부에 감추어진 속성값에 대하여 모두 제공되어야 한다. 나타내지 않아도 구현 단계에 알아서 반영되어야 하는 것이므로 클래스 다이어그램에는 생략한다.

조건 체크

객체가 가지는 속성값이 특정 값인지 체크하는 작업이 많이 사용된다. 예를 들면 Customer 클래스 안에 있는 purchaseMade 값이 0인지 아닌지를 체크하거나 일정한 회수 이상 구매 고객에게 단골 대우를 해주기 위한 체크가 필요하다.

표 5.2 조건 체크를 위한 오퍼레이션 사례

오퍼레이션 타입	오퍼레이션 정의
속성값 체크	IsPurchaseMade(int p)
속성값 체크	IsNullPhone()
속성값 체크	IsNullShippingAddress()

조건 체크를 위한 오퍼레이션은 주로 Is라는 접두어를 붙이는 것이 좋다. 어떤 처리를 위하여 속성의 값이 특정값을 확인한다든지 값이 없다면 그 값을 받아내기 위하여 이런 오퍼레이션들이 사용된다.

탐색과 조작

클래스의 인스턴스에 대하여 흔히 발생하는 작업 중에 원하는 인스턴스를 찾아내는 탐색이 있다. 예를 들면 현재 처리하는 고객이 주문한 내역을 탐색하기 위한 오퍼레이션이 필요하다. 이런 경우 연관에 의하여 연결된 객체, 즉 Order 클래스를 순회하면서 필요한 정보를 찾아오거나 이를 가공하여 Customer 클래스에 전달한다.

표 5.3 탐색과 조작을 위한 오퍼레이션 사례

오퍼레이션 타입	오퍼레이션 정의
탐색	getAllOrders()
탐색	getOrders(Date d)
조작	makeOrder()

표 5.3에서 getAllOrders()는 Customer 객체가 구매한 모든 내역을 찾아 리턴하라는 오퍼레이션이고 getOrders는 특정한 날짜 이후에 구매한 내역을 탐색하려는 것이다. 또한 makeOrder()는 고객이 새로운 주문을 낼 때 Customer 객체와 Order 객체를 연관시키고 정보를 추가하기 위한 오퍼레이션이다.

입출력

객체 안에 어떤 값을 저장할 때 그 값을 외부에서 직접 입력을 받아야 할 때가 있다. 또한 객체가 가진 어떤 값을 화면이나 프린터에 또는 외부에 보내야 하는 경우가 있다. 이런 서비스를 제공하는 오퍼레이션도 필요하다.

표 5.4 입출력을 위한 오퍼레이션 사례

오퍼레이션 타입	오퍼레이션 정의
입력	setCustomer(InternetAddress i, PersonalName p, MailingAddress m, TelephoneNumber t)
출력	showCustomer()
출력	showPurchaseMade()

표 5.4에 예로 든 setCustomer()는 새 고객의 등록을 위하여 화면에서 입력받아 속성을 저장하기 위한 것이며 showCustomer()는 고객의 정보를 화면이나 프린터에 출력하기 위한 것이고 showPurchaseMade()는 구매 회수를 화면에 출력하기 위한 것이다.

5.6 클래스 다이어그램

이제까지 클래스 다이어그램을 구성하는 여러 가지 요소를 자세히 설명하였다. 건물을 설계할 때 만드는 재질을 잘 알아야 튼튼하고 아름다운 건축물이 되듯이 이제까지 설명한 클래스 다이어그램의 요소를 잘 이해하고 적용할 수 있어야 좋은 모델을 만들 수 있을 것이다.

앞서 설명한 바와 같이 클래스 다이어그램은 시간의 흐름에 관계없이 시스템에 항상 남아 있는 클래스 선언과 클래스 사이의 관계를 나타내는 정적인 모델이다. 클래스 다이어그램의 빌딩 블록인 클래스는 속성을 나타내는 자료와 동작을 나타내는 오퍼레이션이 담겨 있다.

먼저 클래스 다이어그램의 요소들을 다시 한 번 일목요연하게 정리하고 클래스 다이어그램의 작성 방법을 자세히 설명한다. 작성한 클래스 다이어그램이 코딩에 어떻게 적용되는지 살펴보고 마지막으로 다른 다이어그램과의 관계에 대하여 알아본다.

클래스 다이어그램의 요소

클래스 다이어그램의 뼈대가 되는 가장 중요한 요소는 클래스이다. 다이어그램에는 세 개의 칸으로 구성된 박스로 그리며 맨 위에 클래스 이름, 다음 칸에 클래스가 가지는 자료, 맨 아래 칸에는 클래스의 동작을 나타내는 오퍼레이션을 써 넣는다.

클래스 사이에 선분으로 이어진 것은 연관을 의미한다. 연관은 클래스 다이어그램에서 윤활유 같은 역할을 한다. 근간이 되는 클래스들의 관계를 나타내며 연관이 잘 표시되어 있어야 추후 시스템의 기능을 구현하는 데 문제가 없다. 클래스를 찾는 것도 중요한 일이지만 클래스의 관계를 찾는 것은 의미를 바르게 이해하는 데 필수적이다.

표 5.5 클래스 다이어그램의 요소

그림 요소	이름	설명
Class - attribute operation( )	클래스	• 시스템이 추출하여 보관하여야 할 사람, 장소, 사물 등을 나타냄 • 맨 위 칸에 클래스 이름, 중간 칸에 속성, 아래 칸에 오퍼레이션 • 모든 클래스에 있는 오퍼레이션은 표시하지 않음
속성 이름: 타입=초기값	속성	• 객체의 상태를 나타내는 자료를 저장 • 다른 속성에 의하여 파생된 속성은 앞에 '/'표시
operation(Type name): return	오퍼레이션	• 클래스가 실행할 수 있는 액션이나 함수를 표시 • 생성자, 조건질의, 변경/조작 오퍼레이션으로 분류 • 괄호 안에 매개변수의 타입과 이름을 나열함
연관 이름	연관	• 여러 클래스 사이에 관계를 표현 • 관계를 상세히 표현하기 위해 역할 이름을 양쪽에 표시 • 연관에 참여하는 객체의 개수, 즉 다중도를 표시
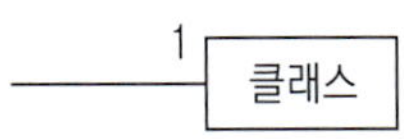	다중도	• 연관에 참여하는 객체의 개수 • 1은 한 개, 0..*은 0 이상 다수, 1..*은 1이상 다수, 2..4는 최소 2개에서 최대 4개
	상속	• 클래스의 속성과 오퍼레이션의 정의를 중복 정의하지 않고 서브클래스에서 쓸 수 있는 관계
	집합 연관	• 전체 개념과 부분 개념의 객체를 포함하고 있는 관계
	합성 연관	• 전체 개념과 부분 개념의 객체를 포함하고 있으며 객체의 운명을 같이하는 관계

클래스 다이어그램 작성법

구조적 모델, 즉 클래스 다이어그램의 작성은 반복적인 과정이다. 처음에는 중요한 클래스의 존재와 관계만을 간략히 표현한 초벌 클래스 다이어그램을 작성한다. 자세한 것을 생략하고 필요한 클래스 모델의 중요한 구조만을 포착하려는 의도에서 그린다.

모델링 초기의 다이어그램은 다음과 같이 작성한다. 초기 모델링에서 파악되는 클래스는 대부분 문제 영역에 존재하는 개념들이다. 모델은 프로젝트 초기에 수집하는 작업의 결과물, 예를 들면 문제 정의서, 유스케이스, 기능 리스트 등을 기초로 작업한다. 따라서 초벌 클래스 다이어그램에는 구현에 필요한 상세한 부분은 빠져 있을 수 있고 다른 다이어그램을 그려보면서 개발할 시스템에 대하여 더 알아보고 궁리하여야 한다. 이를 개념적(conceptual) 모델이라고 한다.

반면에 개발이 상당히 진척된 후 작성하는 모델과 다이어그램은 의도하는 설계나 구현을 잘 반영하고 있다. 문제 영역에 있는 클래스만이 아니라 구현에 필요한 자료구조, 사용자 인터페이스, 데이터베이스, 다른 시스템과의 통신 등에 필요한 클래스들을 찾아 포함시킨다. 이를 명세적(specification) 모델이라고 한다.

명세적 모델은 모든 인터페이스가 잘 정의되어 있고 구현만이 남은 모델이라 할 수 있다.

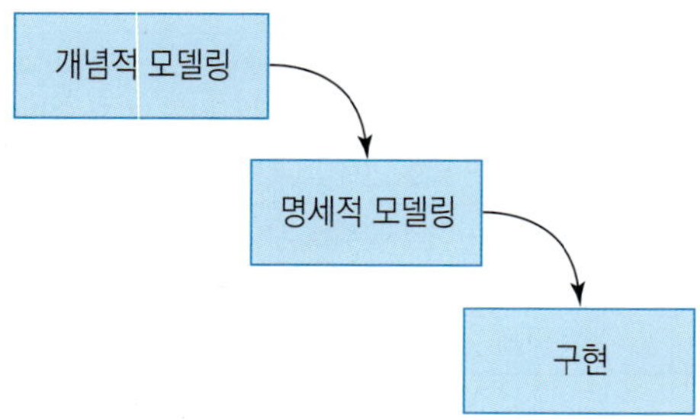

[그림 5.24] 클래스 다이어그램의 작성 수준

클래스 찾기 클래스와 연관은 유스케이스를 작성하는 과정에서 찾을 수 있고 정보를 취합하는 작업의 결과로부터 바로 인식될 수도 있다. 또는 클래스 모델 자체에 대한 통찰력으로 발견할 수도 있다.

문제정의나 유스케이스에서 사물의 이름 등 명사나 명사구로 표현된 것은 클래스일 가능성이 높다. 예를 들어 인터넷 서점의 문제를 정의한 다음 문단에서 클래스를 찾아보자.

"인터넷 서점 시스템은 고객이 시스템에 로그인하여 상호작용하면서 서점에서 판매하는 책을 찾아보고 구매한다. 구매자가 구매이력을 확인하기 위하여 시스템은 구매기록을 보관하고 보안을 제공할 필요가 있다. 고객은 구매한 책을 신용카드나 온라인 송금 등 여러 가지 방법으로 결제할 수 있다.

고객은 구매하고 싶은 책을 저자 색인으로 찾을 수 있고 책을 구매하고 읽은 사람들의 리뷰를 볼 수 있다. 시스템은 고객이 구매한 이력을 바탕으로 고객의 취향을 찾아내어 보관한다."

위 문제 정의에서 밑줄 친 명사들이 클래스의 후보로 뽑아 본 것이다. 이 중에 개념적 모델링을 하기 위해서 필요한 것이 있고 불필요한 것도 포함되어 있다. 클래스로 적당하지 않는 것들은 다음과 같은 것들이다.

- 중복 클래스 – 두 클래스가 같은 의미를 담고 있는 경우. 예를 들어 인터넷 서점의 문제 정의에서 '고객'과 '구매자'는 동일한 의미를 가지고 있어 적합한 클래스만 남긴다. 또한 '구매 이력', '구매 기록' 모두 같은 뜻을 가지고 있는 클래스 후보이다.
- 관계없는 클래스 – 문제의 범위를 벗어나거나 관련 없는 클래스는 삭제한다. 예를 들면 시스템의 구축비용 같은 것은 문제의 대상이 아니다.
- 불확실한 클래스 – 클래스는 구체적이어야 한다. 범위가 불명확하고 너무 광범위한 것은 삭제한다. 예를 들면 '보안'이라는 것은 매우 광범위하고 불확실하다.

클래스 후보로 찾은 것 중에 시스템에 포함되기는 하지만 클래스가 아닌 것이 있다. 객체가 가지는 자료값의 이름, 객체에 적용되는 오퍼레이션의 이름, 클래스 사이의 관계를 나타내는 역할은 클래스가 될 수 없다.

그림 5.25에 나타낸 것이 인터넷 서점의 클래스 후보를 나타낸 것이다.

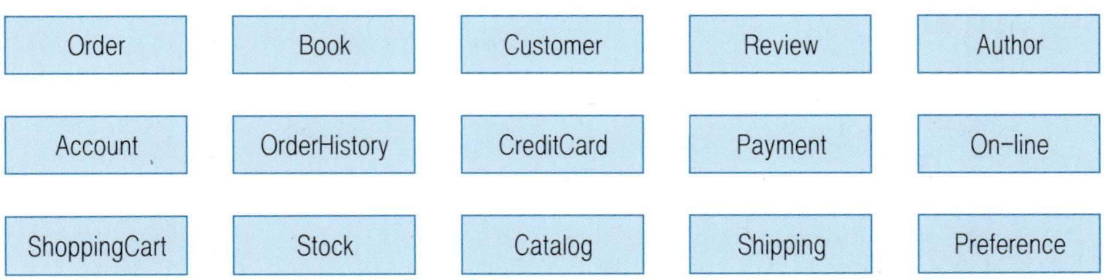

[그림 5.25] 인터넷 서점의 클래스

문제 정의에는 포함되지 않았지만 필요한 클래스가 있다. 예를 들면 인터넷 서점에서 장바구니에 해당하는 'ShoppingCart' 클래스 같은 것이다. 이런 클래스는 분석가의 경험에서 나오는 것으로 처음에는 찾기가 어렵다.

Box 5.5 | 클래스 점검표

문제 영역에서 클래스를 찾은 후에는 각 클래스가 올바로 되었는지 확인할 필요가 있다. 클래스를 바르게 찾아내는 것은 시스템 설계에 첫 단추를 끼우는 것으로 매우 중요하다. 시스템을 구성하는 기본 빌딩블록이 바르게 선택되어야 후속으로 이어지는 여러 가지 다른 작업이 제대로 이루어진다. 찾은 클래스들이 다음 같은 질문을 해 본다.

- 모든 클래스는 명확하고 이해할 수 있는 이름을 갖는가?

- 모든 클래스는 명확하고 이해할 수 있는 목적을 갖는가?
- 유사한 클래스는 상속을 사용하여 분류되었는가?
- 클래스의 역할, 책임은 상속이 적용된 경우만 중복 허용되었는가?
- 클래스는 역할, 책임을 만족시키기 위하여 서로 협력하는가?

연관 찾기 클래스를 찾은 후에는 클래스의 연관을 찾는다. 연관도 클래스와 같이 문제 정의에서 찾을 수 있는 것이 있고 문제 정의에는 없지만 찾을 수 있는 것 또는 도메인 지식에서 찾을 수 있는 것이 있다.

인터넷 서점의 문제 정의에서 찾을 수 있는 클래스들의 관계는 다음과 같다.

고객은 책을 구매한다.
사용자는 로그인 한다.
사용자는 구매이력을 확인한다.
주문을 위하여 결제한다.
결제는 신용카드와 온라인 송금 두 가지가 있다.
책을 저자 색인으로 찾는다.
고객은 취향을 가진다.

문제 정의에는 없지만 찾아낸 것과 도메인 지식에서 찾아낸 연관은 다음과 같다.

사용자는 계정을 갖는다.
주문은 주문 상세로 구성된다.
검색결과는 책으로 구성된다.
출판사는 책을 출간한다.

Box 5.6 | 연관을 찾는 방법

연관을 찾는 한 가지 방법은 클래스 사이에 다음과 같은 유형의 관계가 성립하는지 살펴보는 방법이 있다. 즉 아래 열거한 공식이나 패턴처럼 대입해 보아 성립하면 해당되는 관계가 찾아진 것이다.

<u>구성 관계</u>

- B는 A의 부분이다.
- A가 B를 갖는다.
- A가 B를 소유한다.
- A는 B의 모임이다.

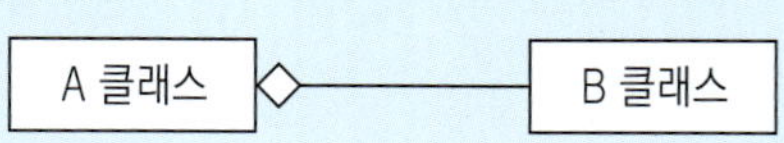

상속 관계

- A는 B의 일종이다.
- A는 B를 일반화 한 것이다.
- A는 B의 특수형이다.
- A는 B와 같이 동작한다.
- A는 B의 카테고리다.

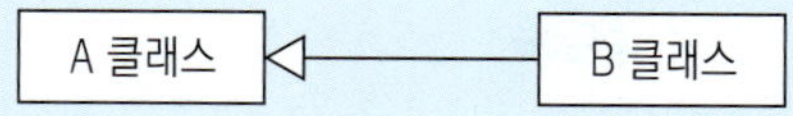

협력적 관계

- A는 B에 의존한다.
- A는 B를 사용한다.
- A가 B에 위임한다.
- A는 B의 도움을 받는다.
- A가 B에게 통지한다.
- A와 B는 동료관계이다.

속성 찾기 클래스의 인스턴스가 갖는 데이터가 클래스의 속성이다. 클래스의 개념적 모델링 작업에서 속성은 클래스로부터 쉽게 유추할 수 있다. 즉 클래스 안에 어떤 자료가 담겨야하며 어떤 것을 처리하여야 하는지 곰곰이 생각하면 찾을 수 있다.

예를 들어 Book 클래스의 속성을 찾아보자. 우선 책의 제목이 있어야 하고 가격과 출판년도 월, 입고된 권수, 재주문 한계 수량, 할인가 등이 필요하다. Order 클래스의 속성으로는 주문번호, 주문날짜, 영수증, 트래킹 번호, 상태, 배송방법 등이 필요하다.

이제까지 발견한 클래스와 속성, 클래스 사이의 연관을 종합하여 클래스 다이어그램으로 그리면 그림 5.26과 같다.

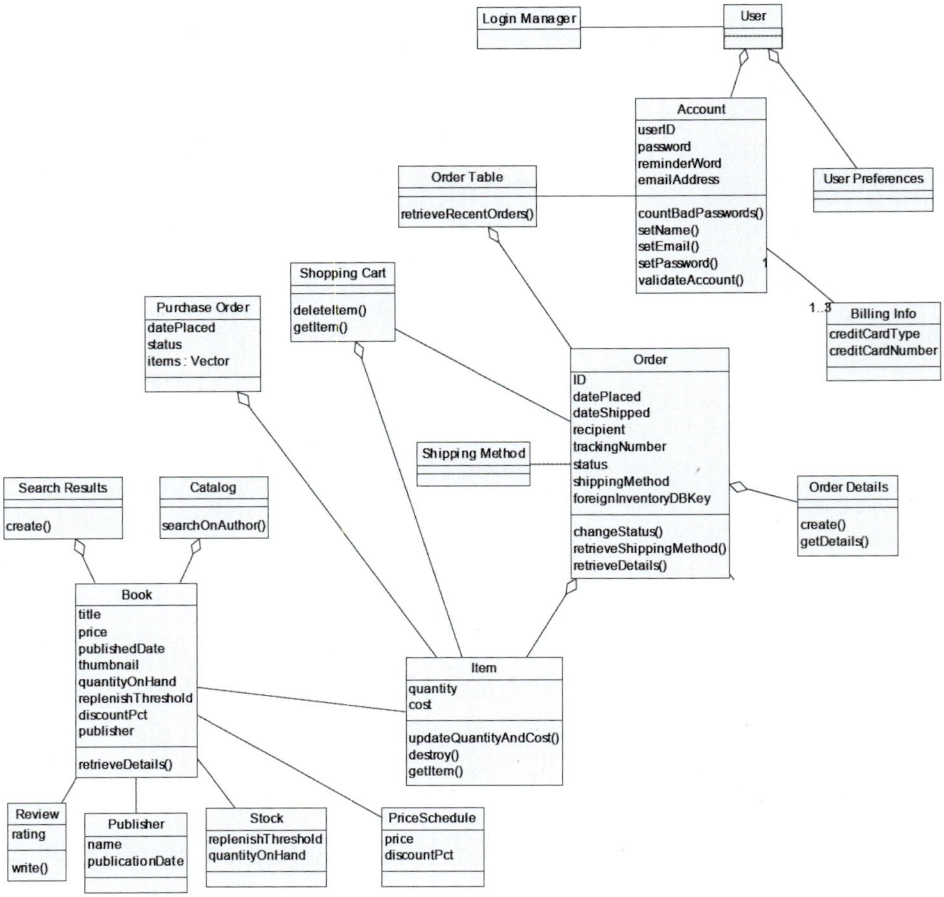

[그림 5.26] 인터넷 서점의 클래스 다이어그램

다른 다이어그램과의 관계

클래스 다이어그램은 시스템에 존재하여야 할 클래스의 정적인 구조를 보여준다. 시스템의 뼈대를 이루는 관점에서 빌딩 블록인 클래스를 찾았고 이들 사이에 어떤 관계가 있는지 파악한 것이다.

클래스 다이어그램은 여러 가지 다른 관점으로 그린 다이어그램의 내용과 밀접하게 관련되어 있다. 기능적 모델은 클래스 다이어그램에 표현된 클래스를 찾을 수 있는 유스케이스를 가지고 있다. 다음 장에 설명한 동적 다이어그램은 클래스 다이어그램 안에 표현된 오퍼레이션과 관련이 깊다.

그림 5.27에 표현된 것처럼 클래스 다이어그램의 여러 요소는 다른 다이어그램에 상호 보완적으로 표현된다. 클래스나 속성은 기능적 모델, 즉 문제 정의나 유스케이스에서 찾을 수 있다. 또한 클래스의 연관은 시퀀스 다이어그램에 표현된 객체 사이의 메시지로부터 나온다. 상태 다이어그램에서 상태를 변환시키는 이벤트들도 클래스 안에 있는 오퍼레이션이 된다.

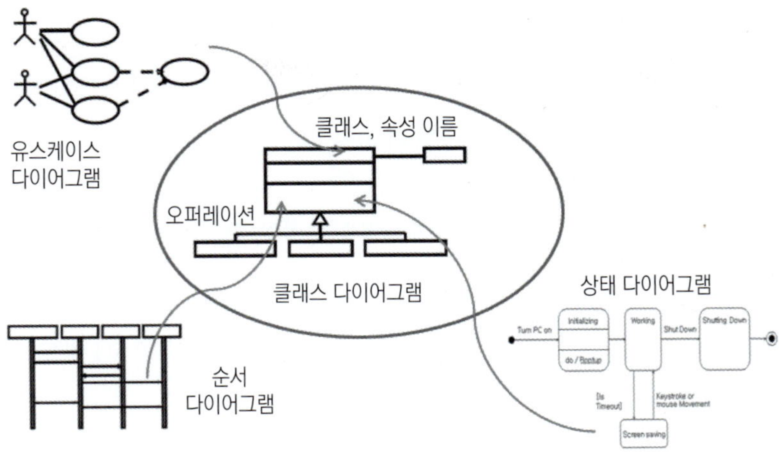

[그림 5.27] 다른 다이어그램과의 관계

각 다이어그램 사이에 이러한 관계들은 상호 보완적이다. 따라서 모델을 완성한 후에 횡적으로 검토할 수 있는 중요한 자료가 된다. 다이어그램을 그리는 여러 가지 도구들은 이러한 관계들을 자동 체크함으로써 모델의 신뢰도를 높여준다.

이렇게 여러 다이어그램들 사이에 관계가 있어 순서대로 하나씩 그려나가기는 어렵다. 처음에 언급했듯이 조금씩 추가하여 점증적으로 완성해 나가는 과정을 밟아야 한다.

5.7 CRC 카드

클래스를 찾아낼 때 적용하는 중요한 원리는 클래스가 어떤 책임(responsibility)을 가져야 하느냐는 것이다. 이것을 기능적인 위임(functional delegation)이라고도 부르는데 자료의 소유권과 자료를 처리하는 권한, 또는 책임이 어떤 클래스에 있느냐를 따져 보는 방법이다.

예를 들면 Order 클래스의 책임은 무엇인지 생각해 보자. Order 클래스는 우선 주문에 해당하는 상품의 재고가 있는지 체크하는 것, 배송을 위하여 배송 방법을 체크해 보는 것, 상세한 주문을 탐색하는 것, 주문의 상태를 체크해 보는 것 등이다.

기능적 위임에 의한 모델링은 요구되는 기능을 만족시키기 위하여 클래스 사이에 발생할 상호작용을 검토하는 것이다. 클래스 사이에 인터랙션을 모델링하면 세 가지 중요한 클래스의 요소, 즉 클래스 이름, 오퍼레이션, 연관을 찾아낼 수가 있다.

예를 들어 고객이 책을 주문하는 유스케이스에 대하여 어떤 클래스들이 협력하는지 살펴보자. 우선 Customer 클래스가 ShoppingCart에 Item을 넣을 것이고 다 준비되어 주문 명령을 보내면 Order 클래스가 만들어지고 OrderDetail이 만들어질 것이다. 이렇게 어떤 클래스와 다른 클래스와 상호작용하는지 살펴보는 작업이 필요하다.

클래스들 사이의 협력관계를 시뮬레이션하는 방법 중에 CRC(Collaboration-Responsibility-Collaboration) 카드 방법이 많이 알려져 있다. CRC 카드는 단어 암기장 같은 작은 카드다. 클래스의 이름을 카드의 위쪽 중앙에 쓰고 왼쪽에는 클래스의 책임을 나열하고 오른쪽에는 협력하는 클래스를 나열한다.

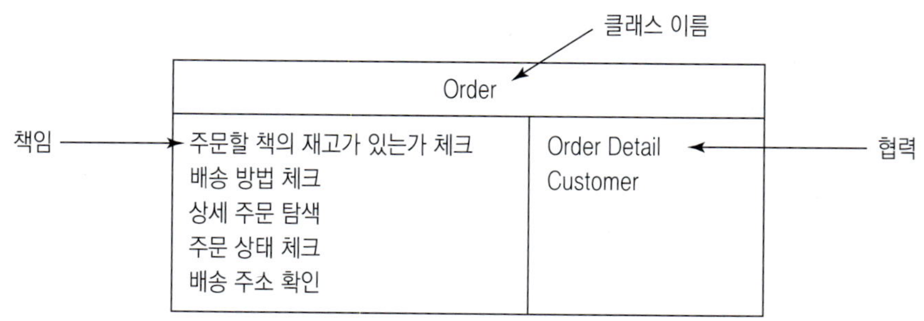

[그림 5.28] CRC 카드

CRC 카드의 장점 CRC 카드를 사용하는 중요한 장점 중의 하나는 개발자와 사용자 사이에 활발한 대화를 유발시킨다는 점이다. 특히 유스케이스를 만족시키기 위하여 각 클래스들이 어떻게 협력하는지 검토하는 데 유용하다. 분석가는 유스케이스의 수행에 관련된 클래스의 카드를 뽑아 협력 관계를 확인하면 된다. 클래스의 책임에 대하여 생각하는 것은 중요하다. 왜냐하면 무의미하게 자료만 가지고 있는 클래스는 피할 수 있고 팀 멤버들이 각 클래스의 동작을 잘 이해할 수 있기 때문이다.

사용할 때 유의할 점 CRC 카드를 사용할 때 흔히 할 수 있는 실수는 책임 리스트를 너무 길게 나열하는 것이다. 책임은 쉽게 채울 수 있어야 한다. 마틴 파울러(Martin Fowler)에 의하면 3개 보다 많은 책임을 나열한 클래스는 의문을 제기하여 나누어야 하는지 아니면 책임을 보다 높은 수준의 표현으로 다듬을 것인지 판단하여야 한다고 한다.

적용 대상 CRC 카드를 써 본 사람들은 효과적이라고 말하는 경우가 많다. 그 이유는 개발 팀이 같이 의견을 교환하기 좋다는 점이다. 또한 개발 초기에 너무 상세한 것을 다루고 있을 때 어지럽고 진척이 없어 수렁에 빠진 것 같다면 CRC 카드를 사용하여 좀 더 높은 수준에서 다시 한 번 클래스를 검토하는 것이 좋다.

CRC 카드에 포함된 내용은 클래스 다이어그램과 인터랙션 다이어그램을 사용하여 정형화 할 필요가 있다. 즉 클래스 다이어그램 안의 각 클래스에는 책임과 관련된 문장의 뜻이 숨어 있다는 것을 확신하여야 한다.

Box 5.7 | CRC 카드를 이용한 설계

CRC 카드는 유스케이스에 대한 워크스루, 즉 검토 회의를 할 때 사용할 수 있다. 클래스 모델이 유스케이스에서 요구하는 기능을 어떻게 제공하는지 체크하는 것이다. CRC 카드를 이용한 역할극(role playing)이 효과적인 기법이 된다. 프로젝트 팀원이 하나 이상의 CRC 카드를 책임지고 그 클래스가 시스템의 어떤 기능을 담당해야 하는지 설계한다.

역할극은 먼저 유스케이스 하나를 선택하여 발생할 수 있는 여러 가지 시나리오가 현재 설계로 실행 가능한지 체크한다. 팀원마다 CRC 카드 안에 적혀진 책임을 체크하는데 시나리오가 실행될 때 어디서 어디로 호출되며 그 클래스가 책임을 감당할 오퍼레이션이 포함되어 있는지 확인한다. 빠진 링크가 있거나 또는 작업을 담당할 클래스가 없거나 클래스는 있지만 책임이 인식되지 않았다면 추가한다.

이런 방법은 프로젝트 팀원들로 하여금 협동 의식을 고취시킬 수 있고 자기도 설계 작업에 기여한 것으로 느낄 수 있다.

요약

- 비즈니스 시스템의 내부 관점에서 사용하는 정보를 구조적으로 이해하는 모델이 정적 모델이다.
- 구조적 모델의 대표적인 것이 클래스 다이어그램이며 클래스 안에는 속성과 오퍼레이션이 있다.
- 시스템 안에 있는 빌딩블록인 클래스는 홀로 존재하지 않고 서로 연관되어 있다. 다른 객체에 있는 정보가 사용되기 위한 관계인 연관, 일반화 관계를 위한 상속, 포함하는 개념을 위한 집합과 합성이 있다.
- 클래스 인스턴스에 대한 동작은 오퍼레이션으로 정의한다. 오퍼레이션은 객체의 생성과 속성 접근, 조건 체크, 탐색과 정보 조작, 입출력을 담당하는 것으로 나눌 수 있다.
- 클래스 다이어그램은 단번에 그리는 것이 아니라 다른 다이어그램을 같이 그리면서 보완적이며 점증적으로 그려나간다.
- 시스템의 클래스를 처음 찾아낼 때 CRC 카드를 사용하면 효과적이다. CRC 카드에 클래스의 이름과 책임, 협력하는 다른 클래스를 적는다.

퀴즈

1. 구조적 모델은 ______________의 관점에서 ______________과 ______________를/을 나타낸다.

2. 구조적 모델은______________ 다이어그램으로 작성하며 이것을 작성하려면 ______________, ______________, ______________, ______________을 찾아내야 한다.

3. ______________이란 클래스로 추상화 된 엔티티가 갖는 자료를 말한다.

4. 구조적 모델은 여러 가지 층이 있다. 시스템 층, ______________, ______________, ______________이 있다.

5. 클래스를 찾을 때 다섯 가지 카테고리의 분류를 사용할 수 있는데 만질 수 있는 사물, ____________, 사건, 인터랙션, ____________이 있다.

6. ____________이란 문제 영역에 있는 개념적 엔티티들 사이에 존재하는 관계를 말한다.

7. 클래스 사이의 관계에는 크게 세 가지가 있다. 클래스에 속하는 객체 사이에 존재하는 가장 일반적인 관계를 ____________라고 한다. 클래스 사이에 유사성이 존재하여 중복 선언을 방지하기 위하여 사용하는 ____________ 관계. 어떤 클래스가 다른 클래스를 부속으로 포함하고 있는 관계를 ____________, 또는 ____________이라 부른다.

8. 오퍼레이션을 기능에 따라 크게 나누면 __________, __________, ____________, ____________가 있다.

9. ____________는(은) 클래스를 찾을 때 클래스의 책임과 협력 위주로 시뮬레이션 해보는 방법이다.

10. 클래스 다이어그램을 작성할 때 클래스를 찾아내는 데 도움을 주는 모델은 __________ 이며 오퍼레이션을 찾을 때는 ____________ 다이어그램과 ____________ 다이어그램이 도움을 준다.

11. 구조적 모델링 작업을 바르게 설명한 것이 아닌 것은?

가. 구조적 모델링 작업은 시스템의 외부에서 보이는 구조를 나타낸 것이다.

나. 구조적 모델은 주로 클래스 다이어그램으로 표현한다.

다. 구조적 모델은 시스템에 어떤 빌딩블록, 즉 클래스가 있는지를 나타낸다.

라. 구조적 모델은 구성요소, 즉 클래스 사이의 관계를 표현하는 데 적합하다.

12. 'Rectangle' 클래스의 다른 표현이 A부터 E 까지 있다. 올바로 설명한 것은?

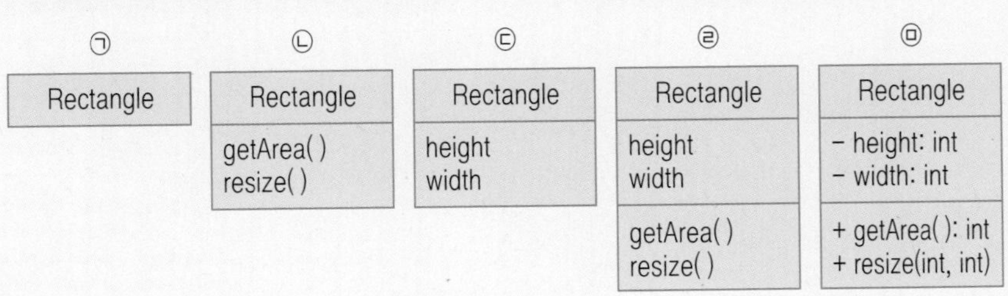

	초기 분석 단계의 표현	설계 단계의 표현	가시성이 표현된 클래스
가.	㉠	㉡ ㉢ ㉣	㉤
나.	㉠ ㉡	㉢ ㉣	㉤
다.	㉠	㉡ ㉢	㉣ ㉤
라.	㉠ ㉡ ㉢	㉣ ㉤	㉤

13. 다음의 클래스 다이어그램에서 보통 클래스와 연관 클래스를 바르게 짝 지은 것은?

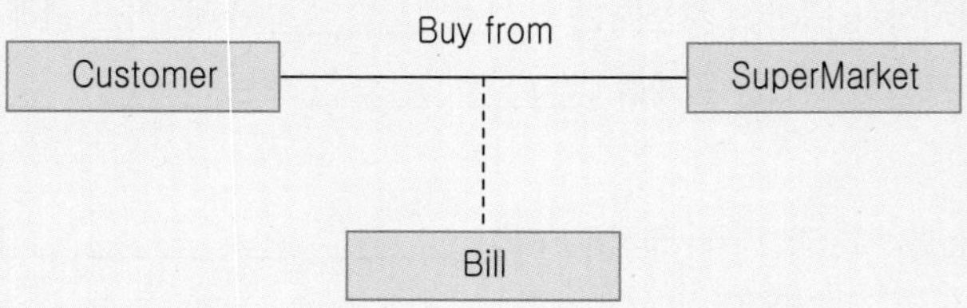

	보통 클래스	연관 클래스
가.	Customer, Bill	SuperMarket
나.	Bill	Customer, SuperMarket
다.	Customer, SuperMarket	Bill
라.	Customer	Bill, SuperMarket

14. 다음 설명 중 바르게 설명하지 않은 것은?

가. 상속은 'is-a' 관계가 성립하면 사용할 수 있다.

나. 상속은 클래스 다이어그램에서 부모 클래스에서 자식 클래스로 이어진 화살표로 나타낸다. 부모 클래스쪽은 흰 사각형으로 표시한다.

다. 부모 클래스는 자식 클래스보다 더 일반적이다.

라. 상속에서 자식 클래스는 부모 클래스를 대신할 수 있다.

15. 다음에 설명하는 관계를 잘 나타낸 클래스 다이어그램은?

'회사는 프로젝트를 진행시킨다. 각 프로젝트는 사원으로 구성된 팀에 의하여 수행된다.'

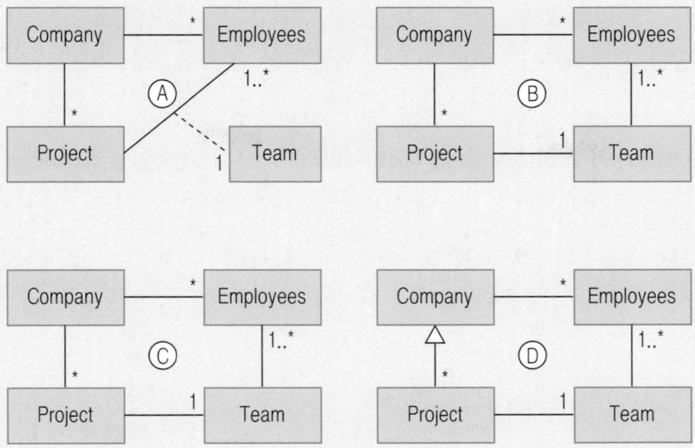

가. A 다이어그램

나. B 다이어그램

다. C 다이어그램

라. D 다이어그램

16. 다음 박스 안의 설명의 대상을 올바로 짝지은 것은?

> A) 클래스와 관계를 나타낸다.
> B) 각 클래스의 책임과 협력을 보여준다.
> C) 각 클래스마다 작성한다.
> D) 일반화 관계를 나타낸다.
> E) 집합, 합성, 연관 관계를 나타낸다.
> F) 가시성을 나타낸다.
> G) 추상 클래스와 구체적 클래스를 나타낸다.

가. 클래스 다이어그램 – A, B, C, D, E　　CRC 카드 – F, G

나. 클래스 다이어그램 – A, C, D, E, F　　CRC 카드 – B, G

다. 클래스 다이어그램 – A, B, D, E, F　　CRC 카드 – C, G

라. 클래스 다이어그램 – A, D, E, F, G　　CRC 카드 – B, C

17. 다음 중 클래스 찾기를 위한 카테고리 분류 사례로 바르지 않은 것은?

가. 항공기, 책, 엔진 – 사물

나. 고객, 환자, 입주자 – 역할

다. 구매, 신용카드 결제, 간선 – 인터랙션

라. 항공편, 사고, 공연 – 명세

18. **'사람(Person)이 동물(Animal)을 애완(Pet)으로 기른다'는 사실을 잘 표현한 것은?**

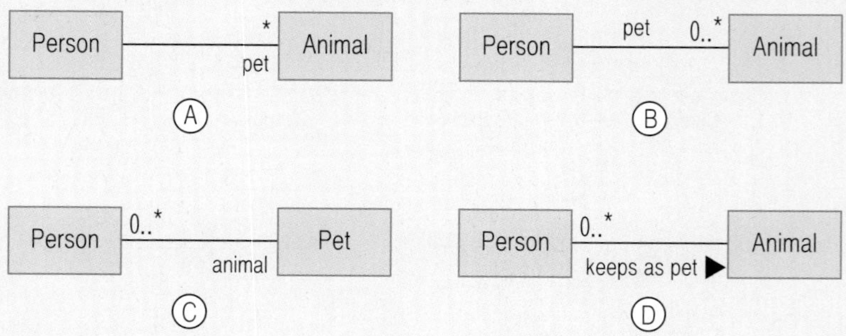

가. A 다이어그램　　나. B 다이어그램　　다. C 다이어그램　　라. D 다이어그램

19. **회귀 연관에 대한 올바른 설명은?**

가. 클래스 안에 회귀 호출이 있다.

나. 동일한 클래스의 인스턴스 사이에 연관이 존재한다.

다. 회귀 연관은 포함구조를 모델링하는데 많이 사용된다.

라. 예를 들면 프로젝트 클래스와 참여자 클래스 사이에 연관을 말한다.

20 **클래스 다이어그램 작성 방법으로 옳지 않은 것은?**

가. 클래스의 후보는 배경 지식이나 문제 정의에서 찾는다.

나. 클래스의 속성은 다양한 동적 다이어그램을 그리면서 찾을 수 있다.

다. 클래스의 연관은 문제 정의에 기술된 여러 클래스 후보의 관계를 나타내는 문장에서 찾을 수 있다.

라. 클래스의 오퍼레이션은 CRC 카드에서 책임에 해당되는 것을 반영한다.

퀴즈 정답

1. 시스템의 구조, 클래스, 클래스 사이의 관계 2. 클래스 3. 클래스, 속성, 오퍼레이션, 관계 4. 클래스 층, 속성 오퍼레이션층 5. 역할, 명세 6. 연관 7. 연관, 상속, 집합, 합성 8. 생성 소멸자, 조건 체크, 탐색과 조작, 입출력 9. CRC 카드 10. 기능적 모델, 순서, 상태 11. 가 12. 가 13. 다 14. 나 15. 나 16. 라 17. 라 18. 가 19. 나 20. 나

연습문제

1. 구조적 모델링은 어떤 측면의 추상 작업이며 어떻게 모델링 하는지 설명하라.

2. 구조적 모델을 나타내는 클래스 다이어그램과 다른 다이어그램의 관계를 설명하라. 그리고 어떤 절차로 그려나가는지 자세히 설명하라.

2. 다음에 기술한 관계를 클래스 다이어그램으로 그려라.

(1) 자동차는 다음과 같은 부품으로 구성되어 있다.

- 하나의 차대(chassis)
- 2개에서 4개의 문

(2) 차대는 다음과 같은 부품으로 수성되어 있다.

- 1개의 엔진
- 1개의 변속기어
- 4개의 바퀴

(3) 엔진은 다음과 같은 부품으로 구성되어 있다.

- 4개에서 12개의 피스톤

4. Company 클래스와 Employee 클래스 사이에 다음과 같은 연관 관계가 있다고 할 때 모든 의미를 포함한 다중도를 그림으로 나타내어라.

- 회사는 여러 명의 사원이 있다.
- 사원은 한 회사를 위하여 일할 수 있다.
- 회사는 사원이 없을 수도 있다.
- 한 회사를 위하여 일하지 않는 한 사원이 될 수 없다.

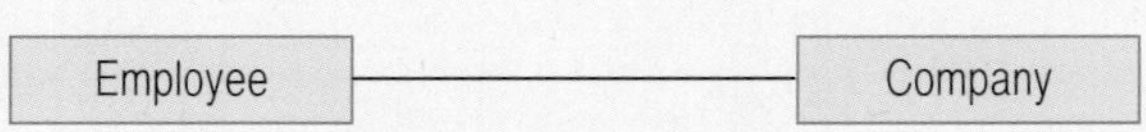

5. 아래 클래스 사이의 연관에 대하여 다중도를 표시하라.

Committee와 Employee 관계에서 Employee는 1개 내지 5개의 Committee의 멤버이다. Committee는 적어도 2에서 최대 4명의 Employee를 포함한다.

6. 다음에 기술한 관계의 연관과 다중도 클래스 다이어그램으로 그리시오.

(1) 환자는 의사 한분에게만 지정되어야 하고 의사는 여러 환자를 볼 수 있다.

(2) 사원은 구내번호 하나를 가진다. 고유한 구내번호가 사원 한 사람에게 배정된다.

(3) 영화관은 하나 이상의 영화를 상영한다. 한 영화는 마을의 영화관 최대 4개에서 상영될 수 있다.

(4) 영화는 1명의 주연, 2명의 조연, 10명 이상의 연기자가 참여한다. 배우는 적어도 하나의 영화에 참여한다.

7. 클래스 다이어그램에서 연관 클래스의 목적은 무어인가? 수강 신청 시스템에서 학생과 그들이 수강한 과목을 표현하는 클래스 다이어그램에서 발견할 수 있는 연관 클래스의 예를 들어 기술하라.

8. 학생이 주전공(Major) 학과에 적어도 하나 이상 소속되어야 하며 부전공(Minor)은 0개 이상의 과에 소속되어야 하도록 네 곳에 Multiplicity를 써넣어라.

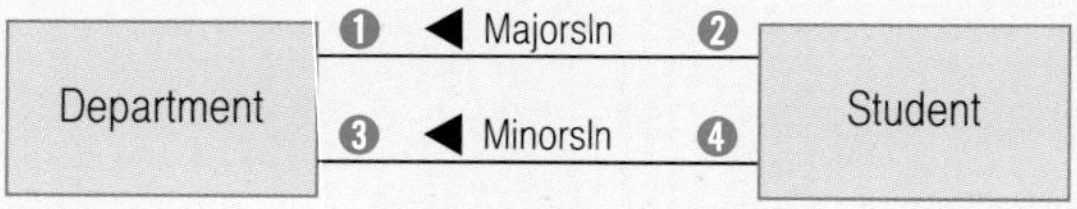

9. 다음 클래스 계층 구조에서 Book, Magazine, Film, Computer Program 클래스가 가지는 모든 속성과 오퍼레이션을 열거하라.

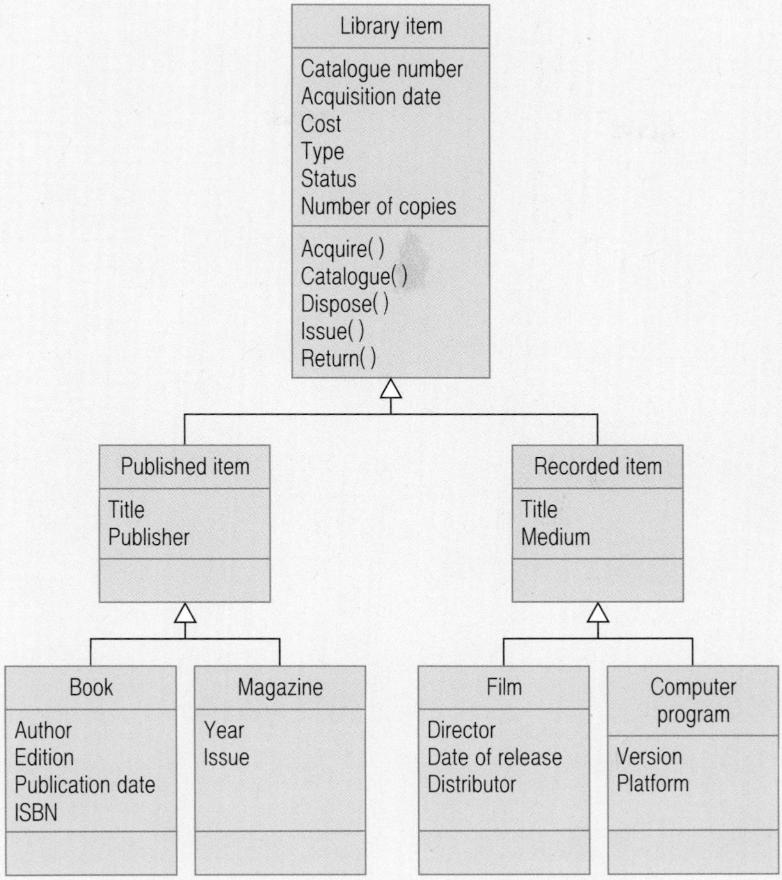

[그림 5.29] Library Item의 상속 계층

10. 다음에 설명한 의미를 모두 반영하는 클래스 다이어그램을 작성하라. 모든 연관과 다중도를 표시할 것.

- 캔버스는 다각형, 선, 원 등의 도형으로 구성된다.
- 다각형은 선으로 구성된다.
- 다각형, 선, 원 등의 요소는 그룹을 이룰 수 있다.
- 모든 도형은 위치(pos)와 그리는 메소드(draw)가 있어야 한다.

CHAPTER 06

동적 모델링

동적 모델은 비즈니스 프로세스를 지원하는 정보 시스템의 내부에 대한 동적인 측면을 나타낸다. 분석 단계에 동적 모델은 프로세스의 내부 로직을 기술하며 아직 어떻게 구현하는지를 표현하지는 않는다. 설계 및 구현 단계에 오퍼레이션의 자세한 구현 방법을 고려할 것이다. 이 장에서는 동적 모델링에 사용하는 시퀀스 다이어그램과 커뮤니케이션 다이어그램, 상태 다이어그램을 소개하고 작성 방법에 대하여 알아본다.

contents

06 동적 모델링

학습목표

- 시퀀스 다이어그램과 커뮤니케이션 다이어그램, 상태 다이어그램의 구성요소와 그 의미를 이해한다.
- 시퀀스 다이어그램, 커뮤니케이션 다이어그램, 상태 다이어그램을 작성하는 과정을 이해한다.
- 시퀀스 다이어그램, 커뮤니케이션 다이어그램, 상태 다이어그램을 작성할 수 있다.
- 동적 모델과 구조적 모델, 기능적 모델 사이의 관계가 일치하는지 체크할 수 있다.

6.1 소개

이제까지 시스템을 모델링하는 두 가지 관점, 기능적 관점과 구조적 관점을 설명하였다. 분석가는 기능적 관점을 통하여 정보 시스템의 외부에서 제공할 수 있는 기능들을 발견하였고 구조적 관점을 통하여 정보 시스템의 내부 구성 요소들을 찾아내고 그들 사이의 관계를 파악할 수 있었다. 이 장에서는 내부 구성 요소들이 시간의 흐름에 따라 어떻게 상태가 바뀌며 서로 상호작용하는지 살펴보기로 한다.

모델링을 잘 하려면 객체지향 패러다임을 잘 이해하여야 한다. 객체지향 시스템의 구성요소가 유스케이스, 클래스, 클래스 사이에 메시지 교환이 어떤 의미가 있는지 패밀리 레스토랑 사례를 통하여 다시 살펴보자.

예: 패밀리 레스토랑

패밀리 레스토랑은 고객, 카운터, 웨이터, 요리사라는 역할이 있다. 패밀리 레스토랑에서 제공되는 서비스를 유스케이스 관점에서 생각한다면 다음 네 가지가 있다.

- 안내

- 주문
- 주문 전달
- 식사와 계산

각 서비스를 레스토랑을 구성하는 역할의 메시지 교환이라는 차원에서 분석해 보자. 만일 고객이 레스토랑에 도착하여 안내를 받는다면 그림 6.1과 같은 대화가 이루어질 것이다.

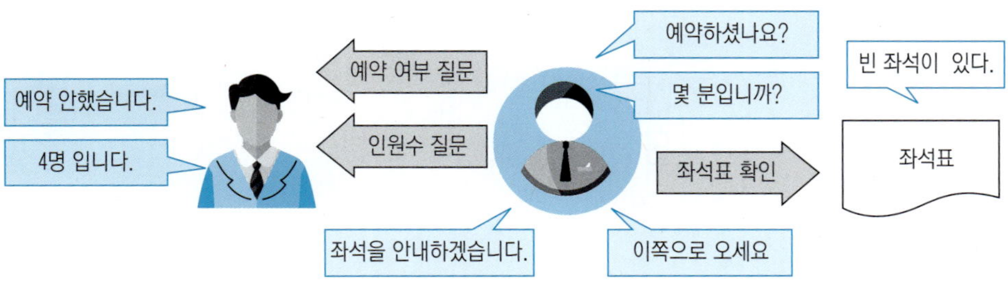

[그림 6.1] 안내 서비스의 대화

레스토랑 사례에서 고객은 시스템 밖의 요소이나 카운터와 웨이터, 좌석표, 요리사 같은 것은 레스토랑이라는 시스템 내부의 요소이다. 정적 모델링 과정에 시스템의 내부 요소를 파악하게 된다. 동적 모델링으로 좌석을 안내 받기 위하여 각 요소 사이에 이루어지는 메시지의 교환을 찾아낸 것이 그림 6.1이다. 시퀀스 다이어그램과 커뮤니케이션 다이어그램은 레스토랑 사례와 같이 시스템 내부 요소들이 특정 서비스를 제공하기 위하여 어떻게 동작하는지를 모델링 한 것이다.

동적 모델에는 두 가지 유형이 있다. 첫째, 시스템의 내부 요소들이 어떻게 서로 메시지를 주고받는지 그 동작을 나타내는 스타일과 둘째, 시스템의 상태가 어떻게 바뀌어 나가는지를 나타내는 스타일이다. 시퀀스 다이어그램과 커뮤니케이션 다이어그램이 전자에 속하며 상태 다이어그램은 후자에 속한다.

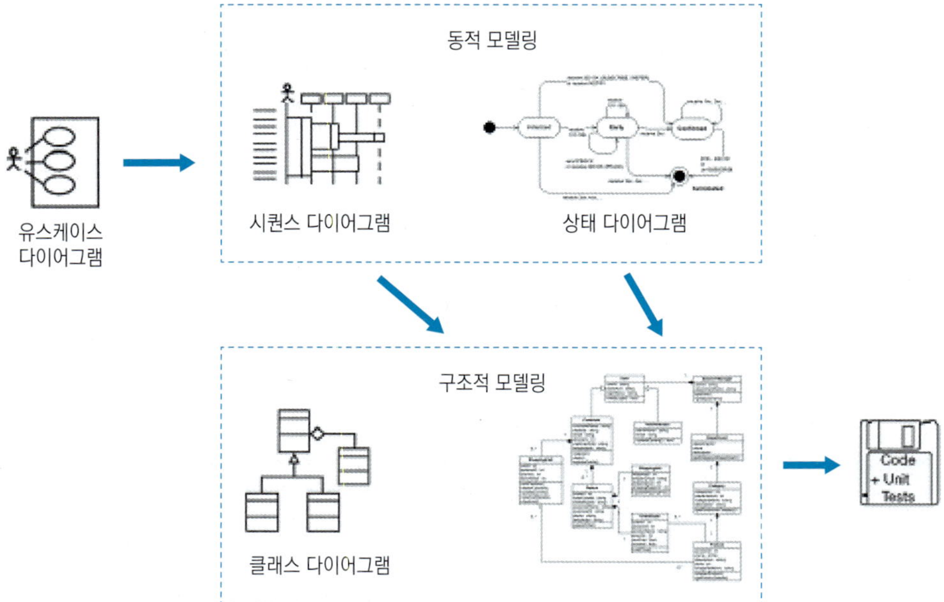

[그림 6.2] 동적 모델링 과정

분석 과정에 분석가는 동적 모델을 사용하여 비즈니스 프로세스의 동작적인 측면을 이해한다. 비즈니스 프로세스가 유스케이스 단위로 진행되며 목표를 만족시키기 위하여 시스템 내부의 구성요소들이 어떻게 유기적으로 협력하며 메시지를 보내고 상태가 바뀌어 나가는지 자세히 살펴보며 이해하는 것이다. 프로시저 위주의 프로그래밍을 위한 설계에서는 동적인 측면에 대한 모델을 설계 단계에 가야 작성하였지만 클래스 위주의 새로운 방법에서는 분석 단계에 작성하여 여러 측면의 모델을 보완하고 시스템을 종합적으로 이해하게 한다.

동적 모델은 시스템이 실행될 때의 다이나믹한 구조에 초점을 둔다. 시스템이 실행될 때는 메모리에 생성된 객체들에 대하여 오퍼레이션이 수행되는, 즉 메시지를 호출하는 것이 핵심이다. 메시지를 보내는 객체가 메시지를 받는 객체의 오퍼레이션을 호출하여 실행시키는 것이다. 동적 모델 중 인터랙션 다이어그램은 이러한 런 타임의 메시지 교환 구조를 나타낸 것이다.

Box 6.1 | 객체 커뮤니케이션

시퀀스 다이어그램은 문제 영역 안에 있는 객체들 사이의 상호작용을 이해할 수 있는 좋은 도구 중 하나다. 특히 시스템에 있는 유스케이스에 대하여 이해하는 데 아주 유용하다.

유스케이스를 이용하여 시스템의 기능적 모델링을 한 후 시스템 내부의 다이나믹한 측면을 찾아내어 스케치하는 것은 매우 어려운 일이다. 왜냐하면 아직 내부의 빌딩 블록을 찾지 못했기 때문이다. 앞 장에서 설명한 구조적 모델링 작업을 통하여 빌딩 블록을 찾아낸 후에는 그들 사이의 상호작용을 스케치 해 나갈 수 있다.

시퀀스 다이어그램은 유스케이스 내부를 모델링하는 데 유용하다. 유스케이스 안의 이벤트들이 어떤 객체들의 커뮤니케이션에 의하여 이루어지며 어떤 순서로 상호작용 하는지 비주얼로 나타낸다.

객체의 커뮤니케이션을 모델링한 동적 모델은 시스템이 구현된 후 검사하는 데 유용하게 쓰인다. 구현된 시스템이 어떤 기능을 수행하기 위하여 관련된 객체들이 올바로 커뮤니케이션하고 있는지 점검할 때 유용하다.

6.2 동적 모델이란?

시스템이 적용될 문제 영역을 이해하려 할 때 구조적 관점과 동작적인 관점을 모두 고려하여야 한다고 하였다. 즉 한 가지 측면만을 모델링하는 절차적인 방법과는 달리 객체지향 방법은 응용 도메인을 여러 측면에서 관찰하고 이를 통합하는 방식으로 모델링한다. 먼저 문제 영역을 유스케이스의 집합으로 보고 각 유스케이스를 협력하는 객체의 집합을 찾는다.

이러한 접근 방법은 분석가가 실세계의 개체들과 개발하고 있는 객체지향 모델 사이에 의미적인 차이(semantic gap)를 최소화하는 데 도움이 된다. 하지만 앞 장에서 언급한 것처럼 실세계의 복잡하게 얽혀 있는 관계들을 소프트웨어로 완벽하게 모델링하는 것은 어려울 수 있다.

동적 모델의 목적

동적 모델의 중요한 목적은 문제 영역 안에 있는 중요한 객체들이 유스케이스를 지원하기 위하여 어떻게 서로 협력하고 있는지를 나타낸다. 정적 모델은 클래스 자체와 클래스 사이의 관계를 나타내는 데 비하여 동적 모델은 유스케이스가 나타내는 비즈니스 프로세스의 내부 관점을 표현한다.

동적 모델을 나타내는 목적을 정리하면 다음과 같다.

- 시스템에 존재하는 객체 사이의 상호작용을 모델링
- 서브시스템 사이의 상호작용을 모델링
- 유스케이스를 구현하는 객체 사이의 상호작용을 모델링
- 오퍼레이션 안에 존재하는 객체 사이의 상호작용을 모델링
- 다른 시퀀스 다이어그램과 결합하여 사용될 수 있는 상호작용 조각을 모델링

동적 모델은 한 마디로 시스템의 실행 스냅샷이다. 유스케이스 중 하나가 수행될 때 시스템 안에 있는 객체들이 어떻게 서로 메시지를 주고받는지를 나타내며 객체들이 어떠한 상태의 변화가 있는지를 나타낸다.

동적 모델을 통하여 어떤 클래스들 사이에 연관이 있어야 하는지를 찾아낼 수 있고 클래스 안에 어떤 오퍼레이션이 있어야 하는지 알아낼 수 있다.

동적 모델의 내용

모델은 시스템을 보는 관점이 다르고 이에 따라 담는 내용도 다르다. 유스케이스 다이어그램은 시스템의 외부 관점으로 어떤 기능이 제공되는지, 그리고 액터와 유스케이스 사이의 관계를 나타내었다. 클래스 다이어그램은 시스템의 구조적인 관점으로 구성요소인 클래스와 이들의 관계를 나타내고 있다.

동적 모델은 시스템을 보는 관점에 항상 시간이 개입한다. 즉 시스템의 기능을 나타내는 어떤 유스케이스가 실행되고 있다고 하자. 이를 위하여 어떤 클래스들이 커뮤니케이션하고 있고 시간의 순서에 따라 어떻게 협력하고 있는지를 나타낸 것이 시퀀스 다이어그램과 커뮤니케이션 다이어그램이다.

동적 모델의 또 다른 형태는 상태의 변화라는 관점이다. 시스템이나 서브시스템 또는 객체가 어떤 자극에 의하여 상태가 어떻게 바뀌는지를 나타낸 것이 상태 다이어그램이다.

커뮤니케이션 다이어그램 예를 들어 인터넷 서점에서 서적을 주문하는 유스케이스에 참여하는 객체들이 무엇이며 어떻게 서로 협력하고 있는지 살펴보자. 객체는 데이터를

관리하거나 시스템의 다른 요소에 전달하거나 검색하는 책임을 가진 것이다. 이런 객체들이 서로 상호작용하는 과정을 그린 것이 커뮤니케이션 다이어그램이다.

인터넷 서점에서 주문하기 위한 유스케이스에는 UI 객체와 ShoppingCart, Item 객체 등이 협력하며 Order 객체와 Payment 객체를 만들게 된다. 그 상호작용 과정은 다음과 같다.

Step 1: 고객이 UI 객체에 주문을 요청한다.
Step 2: UI 객체가 ShoppingCart 객체에 아이템을 체크하고 주문을 생성한다.
Step 3: ShoppingCart 객체가 아이템을 가져와 주문에 공유하게 한다.
Step 4: ShoppingCart 객체에 연결된 아이템이 없어질 때까지 Step 3을 반복한다.
Step 5: 총액을 보여주면 고객이 UI 객체를 통해 금액을 지불한다.
Step 6: ShoppingCart 객체가 지불된 데이터를 저장한다.

위와 같은 상호작용 과정을 시스템 내부에 있는 객체들의 메시지 교환이라는 입장에서 그린 것이 그림 6.3에 있는 커뮤니케이션 다이어그램이다.

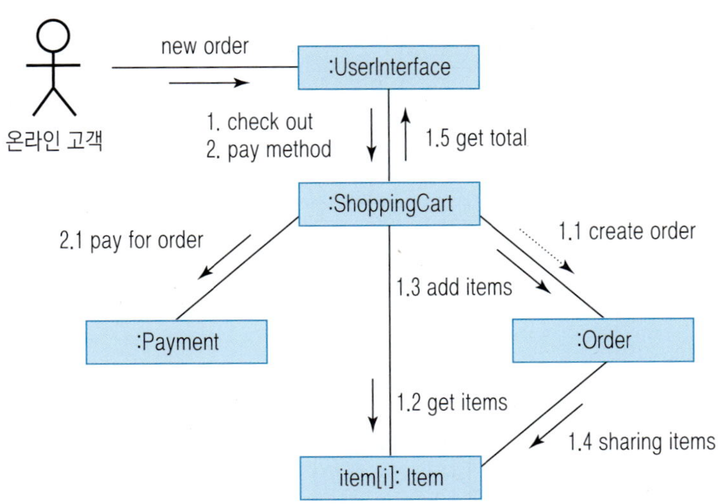

[그림 6.3] 커뮤니케이션 다이어그램

그림 6.3에 표현된 상호작용은 사용자가 UI를 담당하는 객체가 제공하는 메뉴에서 주문을 선택하면 ShoppingCart 객체에게 Checkout 메시지를 보내고 이를 받은

ShoppingCart 객체는 Order 객체를 만든 후 카트에 담고 있는 Item을 추가하여 주문을 완성시킨다. 주문이 완성되면 사용자가 확인한 후 지불 방법을 선택하고 신용카드 등의 정보를 입력하면 Payment 객체가 만들어진 후 완료된다.

이와 같이 상호작용에 참여하여 메시지를 주고받는 것을 커뮤니케이션이라 하고 다이어그램에 링크로 표시하며 이것이 클래스 다이어그램에서 연관 관계의 기초가 된다.

결국 객체의 상호작용을 표현하는 커뮤니케이션 다이어그램은 두 가지 내용을 담고 있다. 박스로 표현된 객체 사이에 어떤 메시지를 보내는지를 시간 순서에 따라 나타내고 있고 객체들이 속한 클래스 사이에 어떤 연관이 있는지 구조적인 관계를 보여주고 있다.

시퀀스 다이어그램 시퀀스 다이어그램은 커뮤니케이션 다이어그램과 유사한 정보를 담고 있다. 상호작용에 참여하는 객체나 시스템의 메시지 교환은 같으나 객체 사이의 구조적 관계는 나타내지 않는다. 참여 객체의 구동 기간을 나타내는 라이프라인을 보여주면서 메시지 호출의 순서를 일목요연하게 보여주고 있다. 그림 6.4에 나타낸 것처럼 주문을 위한 상호작용의 각 단계가 수직축을 내려가면서 표시되고 있다.

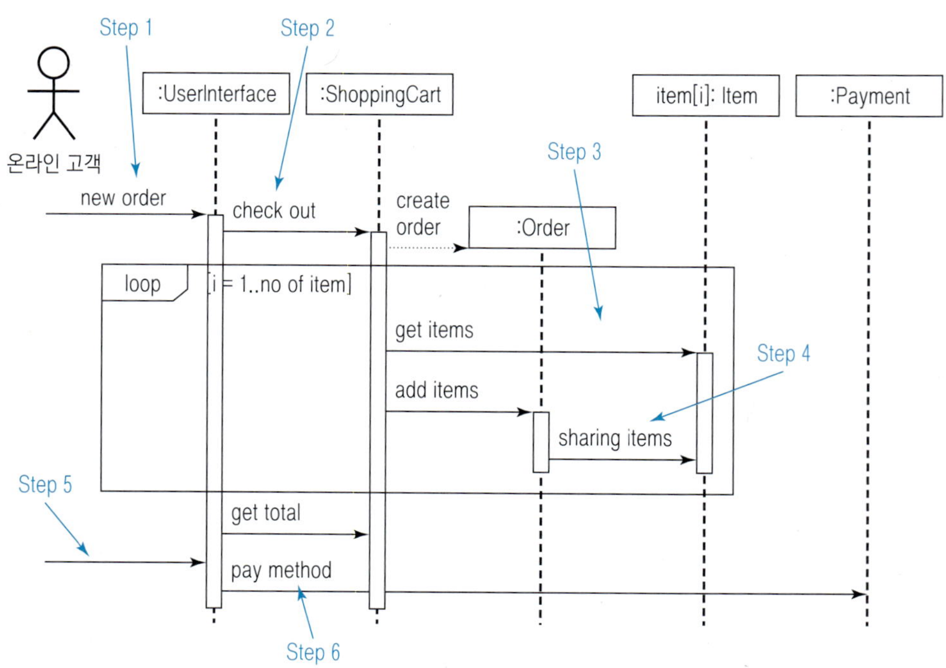

[그림 6.4] 시퀀스 다이어그램

상태 다이어그램 상태 다이어그램은 시스템의 동작을 나타내는 또 다른 방법이다. 커뮤니케이션 다이어그램은 객체의 커뮤니케이션에 초점을 두고 있는데 비하여 상태 다이어그램은 객체나 서브시스템의 상태 변화에 초점을 두고 있다. 예를 들어 인터넷 서점에서 Order 객체는 '배송 준비 중', '배송', '배송 완료', '구매 완료'의 상태가 있다. Order 객체의 상태에 따라 시스템의 동작과 작업 흐름이 달라지는 것이다. '배송' 상태에서는 주문을 취소할 수 없고 '배송 준비 중' 상태에서는 주문 추가, 취소 등 여러 가지 작업이 가능하다.

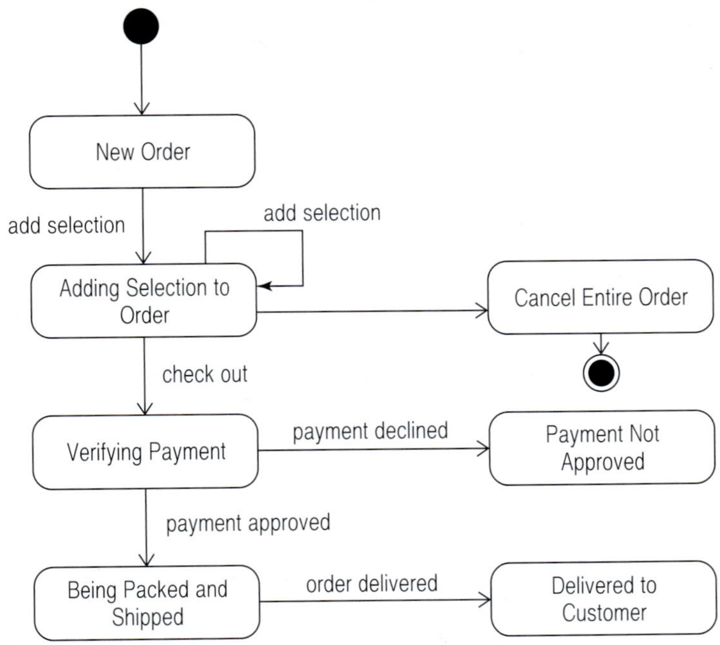

[그림 6.5] 상태 다이어그램

상태 다이어그램은 시스템 요소의 복잡한 동작을 나타내는 데 적합하다. 즉 시스템 전체의 동작을 좌우하는 UI 담당 클래스의 상태나 서브시스템 또는 클래스 중에서 제어가 복잡한 경우 또는 Order와 같이 상태의 변화가 아주 중요한 객체를 집중 분석하는 데 도움이 된다.

모델 사이의 관계

시퀀스 다이어그램은 유스케이스나 클래스의 오퍼레이션을 가시화하는 모델로 사용된다. 즉 하나의 상태 다이어그램은 하나의 유스케이스나 클래스의 오퍼레이션과 연관되어 있다. 따라서 시퀀스 다이어그램이 설명하고 있는 유스케이스는 반드시 유스케이스 다이어그램에 나와 있어야 하며 오퍼레이션의 경우는 클래스에 존재하여야 한다. 또한 메시지의 이름은 메시지를 받는 클래스의 오퍼레이션이 되어야 한다. 메시지의 호출을 나타낼 때 상태의 조건이 표시되어 있다면 이런 상태들도 상태 다이어그램에 표시되어 있어야 한다.

시퀀스 다이어그램과 커뮤니케이션 다이어그램은 동일한 내용을 담고 있다. 서로 협동하는 객체들이 어떻게 메시지를 교환하는가라는 공통된 관점을 가진다. 대부분의 UML 설계 도구에서 두 다이어그램이 자동 변환될 수 있다. 시퀀스 다이어그램은 객체 사이의 링크나 연관을 나타낼 수 없고 커뮤니케이션 다이어그램은 타이밍에 관한 정보를 나타낼 수 없다. UML 2.0 이후 버전에서는 프레임 개념이 시퀀스 다이어그램에 소개되어 커뮤니케이션 다이어그램으로의 변환이 쉽지 않다.

상태 다이어그램은 상태와 상태의 전환에 초점을 둔 워크플로를 나타낸 것이다. 반면 시퀀스 다이어그램과 커뮤니케이션 다이어그램은 시스템의 구성요소의 상호작용 동작을 나타낸 것이다. 시그널과 이벤트의 흐름을 표현한 것이며 이는 상태 다이어그램에 나타내는 워크플로와 밀접한 관련이 있다. 이벤트 발생 및 메시지 호출에 의하여 객체의 상태의 변화를 일으킨다.

Box 6.2 | 시그널과 이벤트

UML에서는 시그널과 이벤트라는 단어를 많이 사용한다. 시그널은 비동기적인 메시지를 명시적으로 보내는 것을 의미한다. 시그널은 받는 객체에 의하여 이벤트로 인식될 수 있다.

이벤트는 원인에 관계없이 상태 머신에서 인식될 수 있는 어떤 사건을 의미한다. 이벤트에는 여러 가지 종류가 있다. 시그널 이벤트, 타임 이벤트, 변경 이벤트 등이 있다. 시그널 이벤트는 시그널을 받음으로 발생하는 사건이며, 타임 이벤트는 일정 시간이 흘렀다는 것 자체가 사건이고 변경 이벤트는 어떤 자료의 값이 변함으로 인하여 발생하는 시간이다.

시그널과 이벤트는 결국 동일한 것을 지칭하는 것인데 보내는 관점에서 부를 때는 시그널이 되고 받는 입장에서는 이벤트가 된다.

6.3 시퀀스 다이어그램

정보 시스템의 동작은 매우 복잡하므로 작은 시나리오나 오퍼레이션으로 나누어 동적으로 파악할 필요가 있다. 5장에서 소개한 클래스 다이어그램은 객체의 공통 정의인 클래스 수준으로 그린다. 반면에 시퀀스 다이어그램은 클래스에 속한 각 인스턴스, 즉 객체가 기본 단위가 된다. 객체들이 상호작용을 표현한 것이 시퀀스 다이어그램이다. 이렇게 클래스 다이어그램과 시퀀스 다이어그램은 관점이 매우 다르지만 시스템을 모델링하는 데 자주 사용된다. 그 이유는 코딩에 필요한 의미를 잘 담아내고 있기 때문이다.

시퀀스 다이어그램의 요소

시퀀스 다이어그램에서 기초가 되는 세 가지 요소는 객체, 메시지, 라이프라인이다. 그림 6.4에 있는 것처럼 유스케이스에 관련된 객체들을 다이어그램의 윗부분에 나열되어 있다. 또한 객체의 라이프라인이 각 객체로부터 수직 점선으로 표현된다. 수직 점선의 길이는 유스케이스 및 시나리오의 길이에 비례한다.

표 6.1 시퀀스 다이어그램의 요소

그림 요소	이름	설명
 액터	액터	• 시스템 외부에서 시스템으로부터 서비스를 제공받는 사람이나 시스템 • 시퀀스 다이어그램의 맨 위에 왼편에 위치
anObject:aClass	객체	• 메시지 교환에 참여하는 객체 • 다이어그램의 맨 위에 위치
	라이프라인	• 객체가 메모리에 존재함을 나타냄 • 'X' 표시한 지점에서 더 이상 존재하지 않음
	액티베이션 박스	• 객체가 메시지를 주고받는, 즉 구동되고 있음을 나타냄 • 라이프라인 위에 위치
	메시지	• 한 객체에서 다른 객체의 오퍼레이션을 호출 • 메시지 호출 방식에 따라 화살표의 모양이 달라짐
	객체 소멸	• 라이프라인 위에 X 표시가 있으면 객체가 더 이상 존재하지 않음을 의미
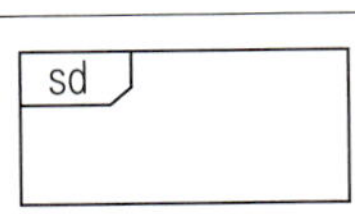	프레임	• 시퀀스 다이어그램 안에 있는 메시지를 묶어 정의한 것 • 전체가 프레임 안에 작성될 수도 있고 선택구조, 반복구조, 병렬 구조가 프레임 안에 작성됨

메시지는 화살표로 나타내며 화살표의 모양에 따라 메시지 호출의 종류가 달라진다. 메시지는 라이프라인 사이에 수평선으로 나타낸다. 메시지 호출의 시간 순서에 따라 다이어그램의 위쪽 왼편에서 아래쪽 오른편까지 정렬된다.

프레임 UML 2.0부터는 시퀀스 다이어그램에 프레임이라는 표현이 도입되었다. 프레임은 다른 다이어그램의 요소로도 사용되는데 한마디로 다이어그램의 일부 영역을 묶어 정의한 것이다. 프레임 요소는 꼭 나타내야 하는 요소는 아니지만 복잡한 메시지 교환을 하나 영역으로 묶어 표현할 수 있는 도구다. 프레임은 박스로 나타내며 왼쪽 위 부분에 다이어그램의 종류와 제목을 표시한다.

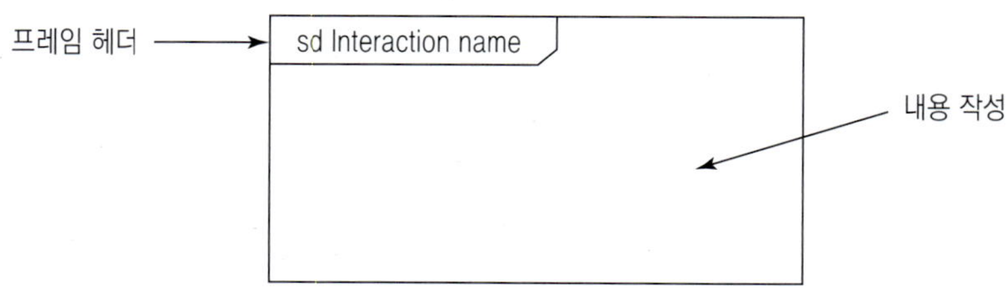

[그림 6.6] 시퀀스 다이어그램 프레임

시퀀스 다이어그램에는 객체 인스턴스의 수명을 나타내는 라이프라인이 수평으로 정렬되어 있으며 수직으로 내려오면서 시간이 흐름을 나타낸다.

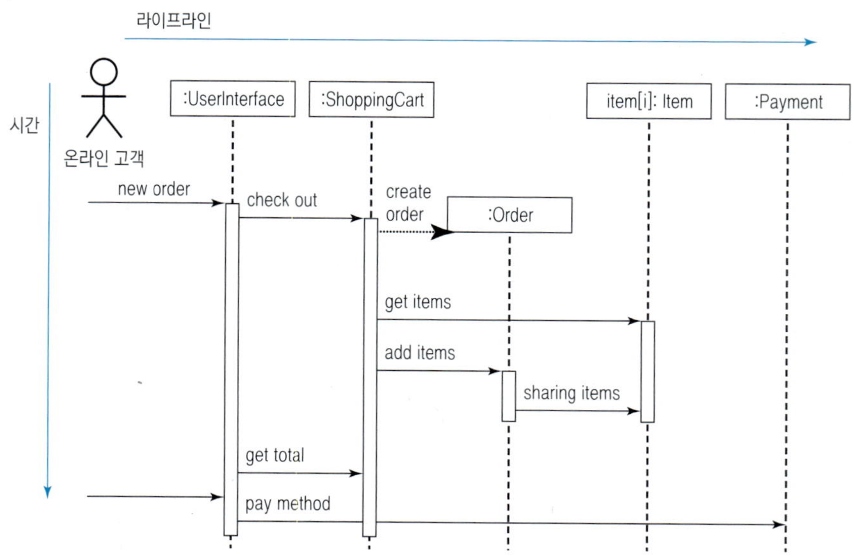

[그림 6.7] 수직 시간축

라이프라인의 순서는 의미가 없다. 그러나 통상적으로 외부 액터와 UI 객체의 상호작용은 맨 왼쪽에 위치시킨다. 메시지의 흐름은 왼쪽으로 오른쪽으로 위에서 아래로 진행된다.

라이프라인 인터랙션에 참여하는 객체는 그림 6.8과 같이 박스로 나타내고 박스에 수직 점선이 이어진다. 이를 라이프라인이라고 하는 데 인터랙션에 참여하는 객체의 종류를 의미한다.

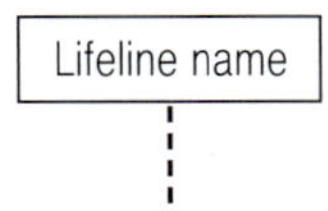

[그림 6.8] 라이프라인

라이프라인은 객체가 인터랙션에 참여함을 의미한다. 만일 객체가 인터랙션이 시작되기 전에 존재하고 인터랙션이 끝난 후에도 계속 있다면 점선은 맨 위에서 아래까지 이어진다.

라이프라인의 이름은 일정한 규칙을 따라 정하여 붙인다. 일반적으로 객체의 이름 뒤에 ':'이 붙고 그 뒤에 객체가 속한 클래스 이름을 붙인다. 다른 시퀀스 다이어그램 안에 표현된 서브시스템을 그대로 가져올 때 라이프라인으로 축소하여 그릴 수도 있다. 이때 라이프라인의 이름은 〈서브시스템〉 ref 〈시퀀스 다이어그램〉의 형식을 따른다.

표 6.2 라이프라인 이름의 예

문법	의미
o	o라는 이름의 객체
o : C	클래스 C에 속하는 o라는 이름의 객체
: C	클래스 C에 속하는 무명 객체
o[i]	객체 집합 o에서 i 인덱스로 선택된 객체
s ref sd3	시퀀스 다이어그램 sd3에 있는 서브시스템 s의 내부 인터랙션
self	현재 시퀀스 다이어그램에 있는 요소

메시지 시퀀스 다이어그램에서 메시지는 화살표로 표시한다. 메시지는 보내는 쪽에서 받는 쪽 라이프라인까지 그리며 화살표 위에는 레이블이 붙는다.

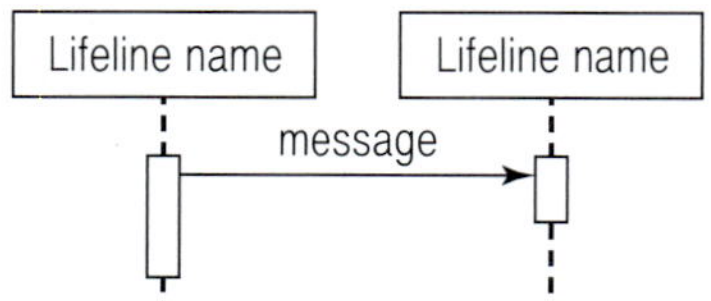

[그림 6.9] 메시지

화살표는 메시지를 보내는 객체의 라이프라인부터 받는 객체의 라이프라인까지 표시하여야 한다. 객체의 라이프라인 위에 표시된 수직 막대는 제어 범위를 표시한다. 제어 막대는 어떤 객체가 현재 어떤 상호작용 작업을 수행하고 있거나 다른 객체에 메시지를 보내고 있기 때문에 구동 중임을 나타낸다.

제어 막대를 표현하면 객체가 언제 액티브한지 알 수 있다. 시스템에서 사용하는 객체가 항상 존재하는 것이 아니며 메모리에 존재하더라도 항상 실행 모드에 있는 것은 아니다. 다른 객체의 오퍼레이션을 호출한 후 끝날 때까지 대기할 수도 있고 호출 후 다른 작업을 개시할 수도 있다.

메시지의 종류에 따라 다음과 같이 다르게 호출하는 것을 나타낸다.

- 동기식(synchronous) – 객체에서 다른 객체로 메시지를 보낼 때 보내는 객체가 결과가 완성되어 리턴 될 때까지 기다리는 방식
- 비동기식(asynchronous) – 하나의 객체에서 다른 객체로 메시지를 보낼 때 보내는 객체가 결과가 완성될 때까지 기다리지 않는 방식. 메시지를 보낸 후 다른 작업을 수행한다.
- 생성(creation) – 메시지를 받는 객체를 생성시키는 메시지를 나타냄.
- 응답(reply) – 메시지를 받은 객체로부터 제어가 돌아옴을 나타낸다.

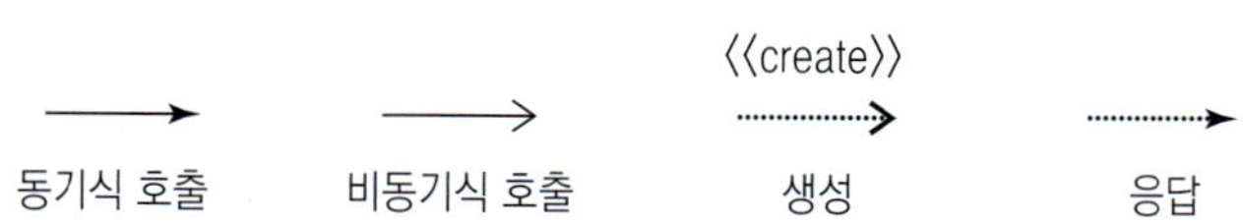

[그림 6.10] 메시지 종류와 표현 방법

조건과 반복 메시지의 호출이 반복적으로 일어나는 경우 메시지는 그림 6.11과 같이 loop라는 이름의 프레임 안에 표시한다. 반복을 얼마나 하는가는 반복의 조건을 프레임 헤더 안에 나타낸다.

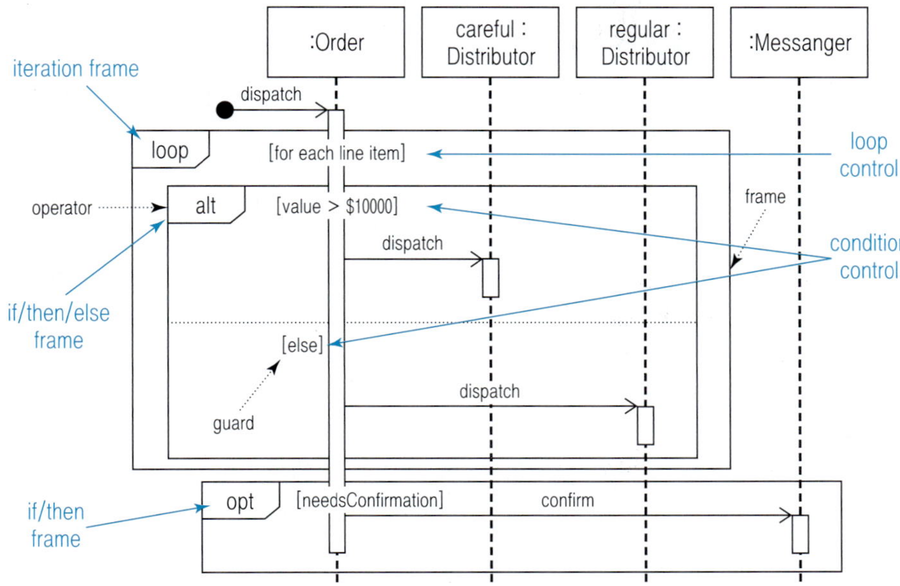

[그림 6.11] 복합 프레임

선택 구조는 시퀀스 다이어그램에서 alt 라는 키워드를 가진 프레임으로 표시한다. 선택 구조는 프레임이 하나 이상의 칸으로 나누어진다. 조건식을 프레임의 맨 위에 표시하여 조건이 만족될 때 어떤 칸이 수행되는지를 나타낸다. 조건식이 만족되지 않으면 else 로 표시된 칸에 있는 메시지 교환이 이루어진다.

If/then 구조는 조건이 만족하면 메시지를 교환하는 것으로 opt라는 키워드의 프레임으로 표시한다. UML 2.0에는 병렬 수행을 처리하는 동작도 나타낼 수 있다. 그림 6.12에 표시한 것처럼 par이라는 키워드를 프레임의 헤더 안에 표시하면 메시지1과 메시지2가 동시에 수행됨을 나타낸다.

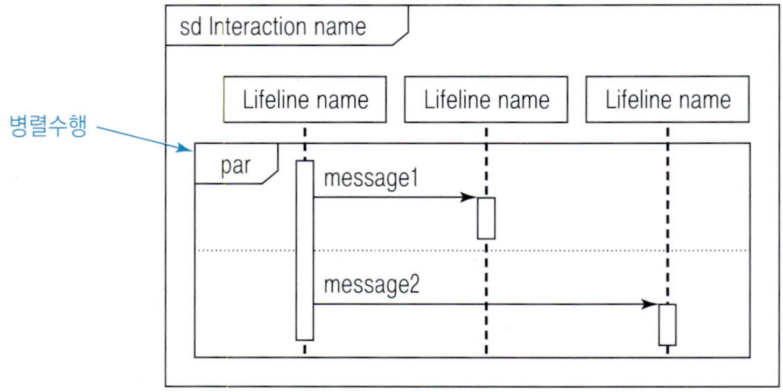

[그림 6.12] 병렬 프레임

시퀀스 다이어그램 작성 방법

시퀀스 다이어그램은 시스템의 사용자와 시스템 사이에 인터랙션을 내부 관점으로 자세히 모델링하는 것이다. 시퀀스 다이어그램에 참여하는 객체들을 찾아내어 그들 사이의 메시지 교환 관계를 찾아내는 것이 중요하다. 시퀀스 다이어그램은 유스케이스나 오퍼레이션을 구현하는 인터랙션을 모델링하는 데 사용한다.

시퀀스 다이어그램은 인스턴스 다이어그램으로 그릴 수도 있고 종합 다이어그램으로 그릴 수도 있다. 인스턴스 다이어그램은 유스케이스에 있는 시나리오와 같이 한 순간의 상호작용을 나타낸 것이다. 하나의 유스케이스에 대하여 여러 개의 인스턴스 다이어그램이 존재하는 데 조금씩 다른 인터랙션 경로를 가진다. 종합 다이어그램은 여러 가지 다른 상호작용의 경로를 하나의 다이어그램에 그린 것이다.

UML 2.0은 이 두 가지를 구별하지 않고 그린다. 단지 메시지의 파라미터에 실제 값을 표현하면 인스턴스 다이어그램이 된다. 그림 6.13과 6.14는 정상 시나리오와 비정상 시나리오 두 가지를 별도의 시퀀스 다이어그램에 그린 것이다.

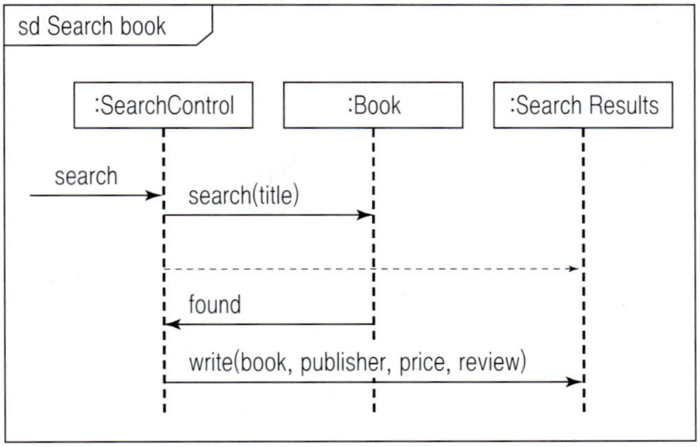

[그림 6.13] 정상 시나리오를 위한 시퀀스 다이어그램

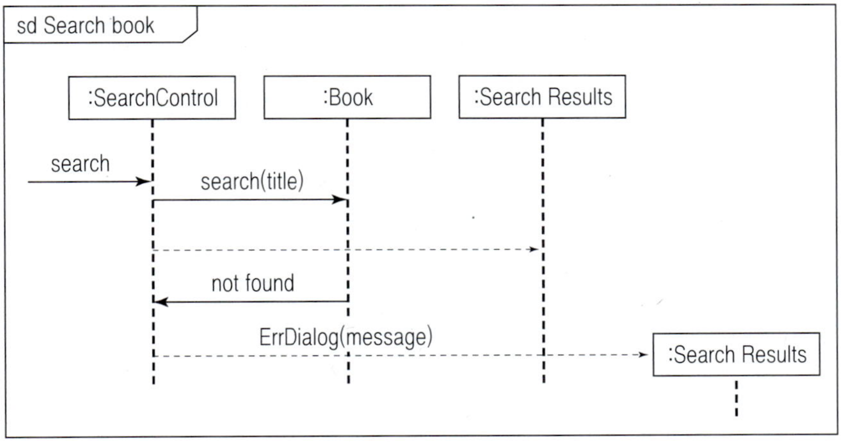

[그림 6.14] 비정상 시나리오를 위한 시퀀스 다이어그램

위 두 가지 인스턴스 다이어그램을 종합하여 그린 시퀀스 다이어그램이 그림 6.15다.

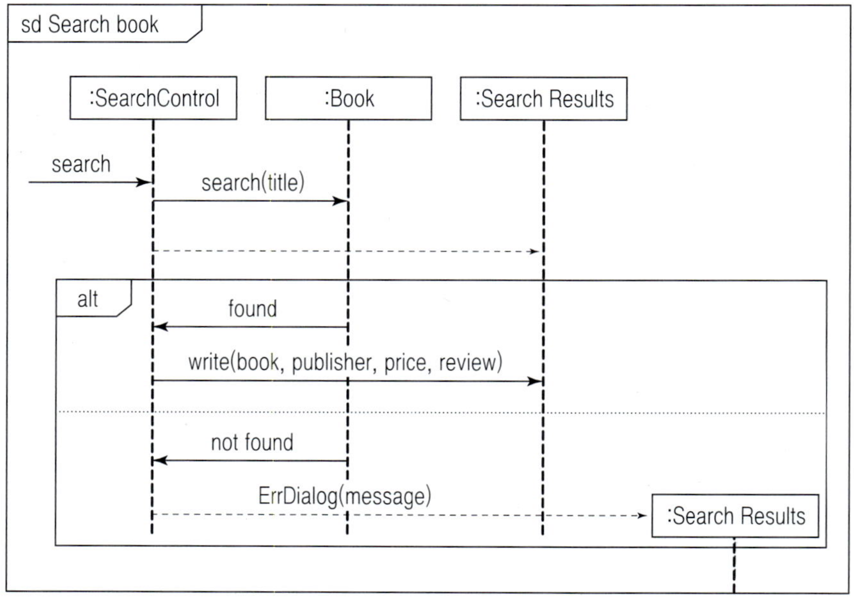

[그림 6.15] 두 가지 시나리오를 종합한 시퀀스 다이어그램

시퀀스 다이어그램을 그리는 과정은 다음과 같다.

Step 1. 다이어그램의 범위를 정한다. 시퀀스 다이어그램과 커뮤니케이션 다이어그램의 범위는 주로 유스케이스가 되며 때때로 시스템 혹은 서브시스템이나 오퍼레이션이 될 수도 있다.

Step 2. 유스케이스 또는 오퍼레이션의 기능을 수행하기 위하여 필요한 객체 요소를 파악한다.

Step 3. 여러 가지 시나리오에 대하여 생각해 본다.

Step 4. 시퀀스 다이어그램을 다음과 같은 순서로 그린다.

- 프레임을 생성
- 라이프라인을 왼쪽부터 배치
- 인터랙션을 시작하는 메시지들 위에 배치하고 이어지는 메시지들을 위에서부터 아래로 배치한다.
- 필요하다면 복합 프레임을 사용한다.

Step 5. 다른 시나리오가 있다면 이에 대하여 시퀀스 다이어그램을 그린다.

Step 6. 여러 대안(alternatives)들을 통합하여 하나의 시퀀스 다이어그램으로 그린다.

범위 결정 시퀀스 다이어그램을 그리려면 우선 대상을 선정한다. 그 대상은 일반적으로 기능 모델링에서 작성한 유스케이스 단위가 된다. 간혹 클래스가 소유한 오퍼레이션 하나를 자세히 그리기도 한다. 예를 들어 인터넷 서점 시스템에서 '주문 취소' 유스케이스에 대한 시퀀스 다이어그램을 작성해 보자.

객체 요소를 파악 시퀀스 다이어그램에 표현될 객체의 상호작용을 모델링할 때 먼저 하여야 할 일은 참여하는 객체를 파악하는 일이다. 유스케이스의 자세한 이벤트를 작성한 시나리오를 보고 참여하는 객체가 무엇이 있는지 파악한다.

그림 6.16과 같이 작성된 '주문 취소' 유스케이스의 사건 흐름 안을 잘 읽어보고 시스템에서 클래스로 파악한 것이 무엇인지 찾아본다.

유스케이스: 주문 취소
사건의 흐름:
1. 고객이 '주문 취소' 메뉴를 선택한다.
2. 시스템은 고객이 선택한 주문의 상태가 '상품 준비 중'이라면,
   2.1 주문의 상태를 취소로 만든다.
   2.2 회계 시스템에 고객에게 환불 또는 카드 승인 취소를 요청하고 마친다.
3. 고객이 선택한 주문의 상태가 '배송 중'이라면
   3.1 고객에게 반품에 관한 정책을 알리고 종료한다.

[그림 6.16] '주문 취소' 유스케이스

유스케이스의 사건 흐름에 자세히 드러나 있지 않지만 우선 '주문 취소' 유스케이스와 가장 밀접한 클래스는 Order이며 다음으로 주문에 대한 제어를 담당하는 OrderControl, 주문 안에 포함된 Item, 고객의 주문을 담고 있는 OrderTable일 것이다.

라이프라인 그리기 다음 작업은 각 객체에 대한 라이프라인을 긋는 일이다. 여기서 중요한 점은 객체를 배열하는 순서이다. 유스케이스를 구동하는 액터와 가장 밀접하게 상호작용하면서 입력을 받는 객체, 즉 OrderControl을 맨 왼쪽에 위치시킨다. 다음으로 Order 객체가 메시지를 받을 것이고 Order 객체가 포함하고 있는 Item 객체가 메시지를 받을 것이므로 차례로 배치한다.

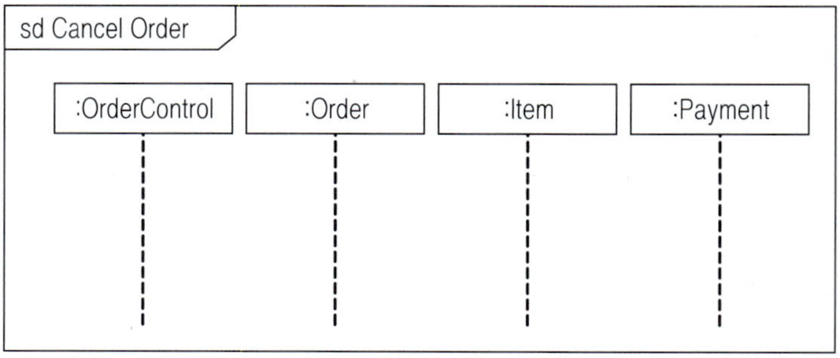

[그림 6.17] '주문 취소' 라이프라인

메시지 레이아웃 다음은 시퀀스 다이어그램의 라이프라인 위에 유스케이스에 기술된 순서대로 메시지를 표시한다. 유스케이스에 작성된 사건의 기록을 하나의 메시지로만 옮길 수 없이 의미의 차이가 큰 경우가 많다. 이런 경우에는 사건 하나에 담긴 의미를 자세히 표현하기 위하여 메시지를 여러 개로 나타내야 한다.

외부에서 주문을 취소하려는 메뉴를 선택하고 취소하려는 주문을 알려주면 시스템은 우선 선택한 주문이 '상품 준비 중' 상태인지 보고 그렇다면 주문에 포함된 모든 상세한 상품을 주문에서 삭제한다. 그런 후에 Order의 상태를 'cancel'로 만들고 카드 환불을 요청한다.

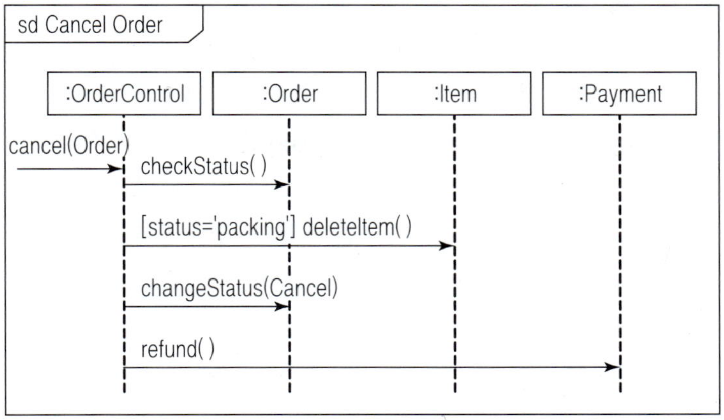

[그림 6.18] '주문 취소' 메시지 추가

다른 시나리오 추가 오류에 의하여 또는 예상하지 않은 사건에 의하여 실패로 끝나는 다른 시나리오도 다이어그램에 추가한다. 그림 6.16의 '주문 취소' 유스케이스에서 주문이 '배송 중'인 경우의 사건의 흐름을 추가한다. 이렇게 여러 개의 시나리오를 종합적으로 그릴 때 프레임이 필요하다. '주문 취소' 유스케이스에서는 주문의 상태를 체크해 보고 두 가지 다른 처리를 하여야 하므로 alt 프레임워크를 사용한다.

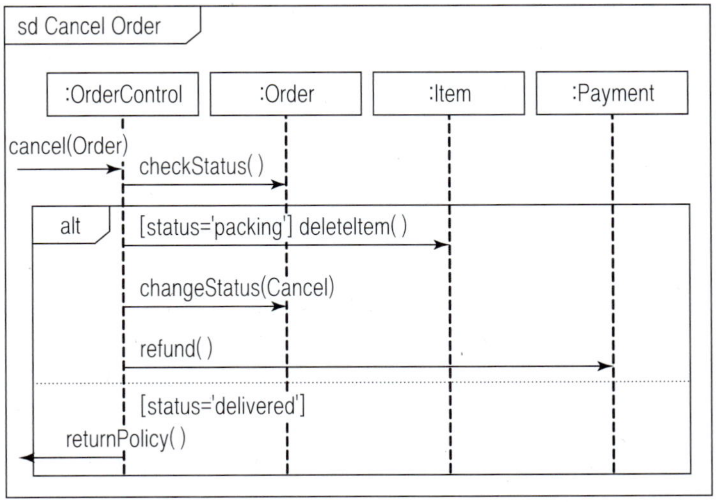

[그림 6.19] '주문 취소'에 다른 시나리오 추가

시퀀스 다이어그램의 검증

시퀀스 다이어그램을 다 작성한 후에는 우선 표현하려는 내용이 제대로 다 포함되었는지 검토해 본다. 즉 유스케이스 안에서 기술된 여러 사건의 경로들이 모두 포함되어있는지 살펴본다. 시퀀스 다이어그램에 표현된 내용이 다른 다이어그램에도 동일하게 표현되어 있는지 살펴본다. 예를 들어 시퀀스 다이어그램에 화살표로 표현된 모든 메시지는 클래스 다이어그램에 오퍼레이션으로 포함되어 있어야 한다. 또한 시퀀스 다이어그램 안에서 메시지가 호출되기 전 조건체크 부분이 있다면 관련되는 클래스의 상태 안에 이러한 내용이 반영되어 있어야 한다.

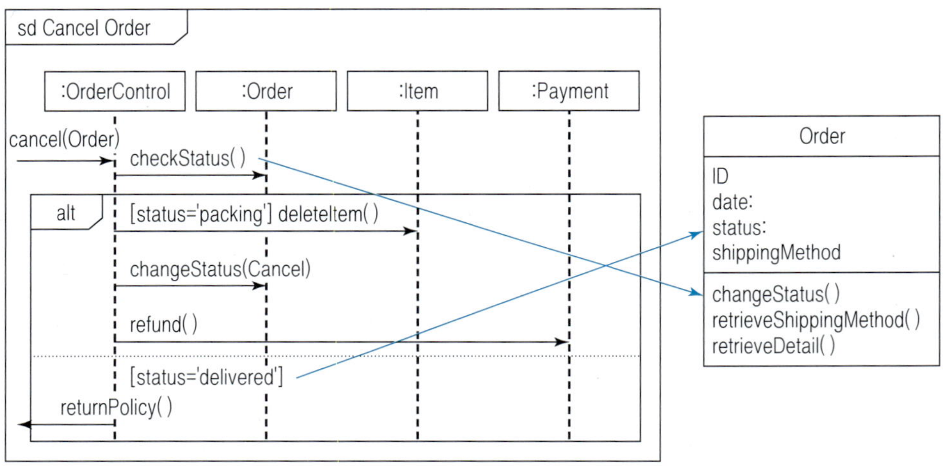

[그림 6.20] 순서 다이어그램의 검증

6.4 커뮤니케이션 다이어그램

UML에는 두 가지 타입의 인터랙션 다이어그램이 있다. 앞서 설명한 시퀀스 다이어그램과 이번 절에 설명한 커뮤니케이션 다이어그램이다. 두 다이어그램은 의미는 거의 같으나 표현 방법은 다르다. 이 절에서는 커뮤니케이션 다이어그램의 요소들을 살펴보고 어떻게 그리는지 알아본다.

커뮤니케이션 다이어그램과 시퀀스 다이어그램의 차이는 인터랙션에 참여하는 객체들의 연관을 나타내고 있는가에 있다. 시퀀스 다이어그램은 참여 객체를 라이프라인에 정렬하고 그 사이의 메시지 교환 순서에 초점을 두어 표현한 모델이다. 반면 커뮤니케이션 다이어그램은 메시지 교환뿐만 아니라 참여 객체의 연관을 링크로 표현하고 있다.

커뮤니케이션 다이어그램은 유스케이스를 구현하기 위하여 참여하는 객체 그룹과 그 관계를 파악하는 데 많은 도움이 된다. 또한 커뮤니케이션 다이어그램은 클래스 다이어그램에 표현된 연관이 제대로 되어 있는지 점검하는 데 효과적으로 사용된다.

예를 들어 인터넷 서점에서 책을 주문하는 유스케이스에 대하여 커뮤니케이션 다이어그램을 그려보자. '책 주문' 유스케이스에 참여하는 객체는 주문하려는 책이 담겨 있는 ShoppingCart 객체와 주문 내용이 저장될 Order 객체, 결제에 대한 정보가 담길 Payment 객체 등이다. 이들의 관계를 클래스 다이어그램으로 그리면 그림 6.21과 같다.

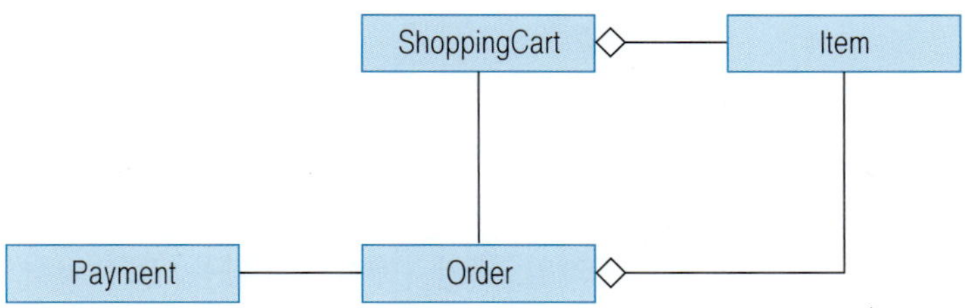

[그림 6.21] '책 주문' 사용 사례에 참여하는 객체의 관계

유스케이스를 완성시키려면 여기에 몇 가지 더 필요한 객체들이 있다. 예를 들면 사용자와의 대화를 처리하기 위한 UI 객체가 필요하고 객체의 집합을 처리하거나 데이터베이스와 관련된 처리를 포함하는 객체가 필요하다. 여기서는 자세한 구현 기술에 관련된 내용을 생략하고 문제 영역 안에 있는 것만 간단히 표현한다.

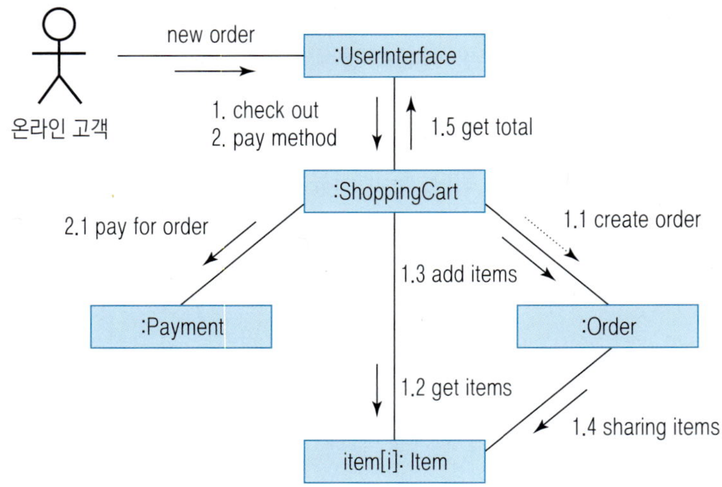

[그림 6.22] '책 주문' 유스케이스에 대한 커뮤니케이션 다이어그램

커뮤니케이션 다이어그램의 요소

커뮤니케이션 다이어그램은 시퀀스 다이어그램과 유사한 내용을 표현하는 것이므로 나타내는 그림 요소들이 비슷하다. 프레임, 객체, 메시지 교환은 같은 방식으로 표현한다. 표 6.3에 나타낸 것처럼 커뮤니케이션 다이어그램에 고유한 요소는 객체 사이에 관계를 나타내는 링크가 추가되며 메시지 교환 순서를 나타내는 방법이 다르다. 또한 반복되는 메시지를 표현하는 방법이 시퀀스 다이어그램과 다르다.

표 6.3 커뮤니케이션 다이어그램의 요소

그림 요소	이름	설명
액터	액터	• 시스템 외부에서 시스템으로부터 서비스를 제공받는 사람이나 시스템 • 시퀀스 다이어그램의 맨 위에 왼편에 위치
anObject:aClass	객체	• 메시지 교환에 참여하는 객체 • 다이어그램의 맨 위에 위치
	링크	• 액터 또는 객체 사이의 연관을 나타냄 • 메시지를 주고받는 관계
aMessage( )	메시지	• 한 객체에서 다른 객체의 오퍼레이션을 호출 • 메시지 호출 방식에 따라 화살표의 모양이 달라짐
sd	프레임	• 시퀀스 다이어그램 안에 있는 메시지를 묶어 정의한 것 • 전체가 프레임 안에 작성될 수도 있고 선택구조, 반복구조, 병렬 구조가 프레임 안에 작성됨

링크 커뮤니케이션 다이어그램에는 객체 사이에 링크가 추가된다. 링크는 메시지를 보내고 받는 관계인데 클래스 다이어그램에서 연관으로 표시된 것의 인스턴스라 할 수 있다. 경우에 따라서 객체 사이의 임시적인 링크일 수도 있다. 예를 들어 제어 역할을 하는 객체가 어떤 클래스의 인스턴스를 생성하였을 때 커뮤니케이션 다이어그램에 링크로 연결된다. 그러나 이러한 관계는 일시적이며 클래스 다이어그램에는 표시되지 않는다. 그림 6.23에서 제어를 담당하는 ShoppingCart 객체와 Payment 객체 사이에 링크는 임시적인 관계로 Payment 객체의 인스턴스를 생성하고 저장할 정보만을 전달한다.

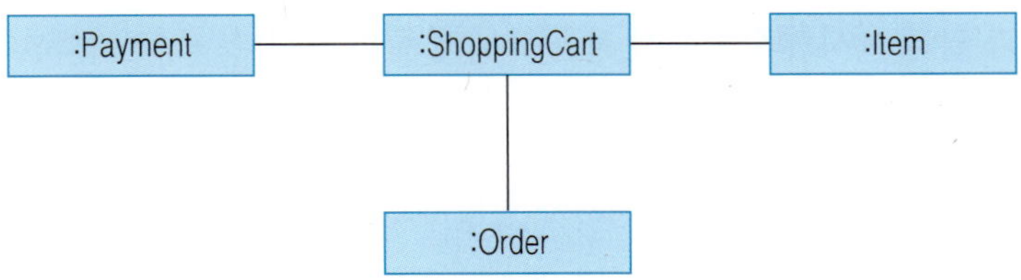

[그림 6.23] 링크

메시지 커뮤니케이션 다이어그램의 링크 위에는 어떤 객체에서 어떤 객체로 메시지가 전달되는지 나타내는 화살표가 있다. 화살표 위에는 메시지의 이름을 적는다. 메시지는 다른 객체에서 어떤 작업이 이루어질 것으로 예상하여 다른 객체로 정보를 전달하는 것이다. 메시지는 오퍼레이션의 신호를 보내거나 오퍼레이션의 호출을 의미하며 다음 중 하나에 속한다.

- 객체에서 다른 객체로 보내는 신호 – 예를 들면 사용자 인터페이스 객체에서 버튼을 누르면 제어 객체에 보내는 신호
- 다른 객체에 호출하는 오퍼레이션 – 예를 들면 제어 객체가 사용자 인터페이스에 주문 아이템의 상품 이름을 디스플레이하기 위하여 getItemName() 오퍼레이션을 호출
- 객체 인스턴스의 생성과 소멸 – 예를 들어 제어 객체가 Order 객체를 새로 생성하는 경우

메시지를 보내는 방향은 메시지 이름 아래 있는 화살표의 방향으로 표시한다.

[그림 6.24] 메시지

메시지의 종류는 시퀀스 다이어그램에 표시하였던 것과 같이 네 가지 종류가 있다. 비동기, 동기, 생성, 응답이며 화살표 종류도 그림 6.10에 설명한 것과 같다.

메시지 순서 표시 커뮤니케이션 다이어그램은 네트워크 형태로 그리기 때문에 시퀀스 다이어그램과 달리 메시지의 호출 순서를 표시해 주어야 한다. 즉 인터랙션이 이루어지는 순서를 메시지 위에 숫자로 표시한다.

숫자로 순서를 나타내는 방식을 엄격하게 규정하지는 않으나 오퍼레이션의 종속 의미를 표시하는 것이 좋다. 예를 들면 어떤 객체가 메시지 #1을 받아 다른 객체에게 또 다른 메시지를 보내게 되었다면 1.1, 1.2 등으로 내포된 관계를 나타내는 것이 좋다.

반드시 숫자로만 순서를 표시하는 것은 아니다. 3.1a, 1b.1.1과 같이 글자를 포함하기도 한다. 메시지가 동시에 실행되는 병행 포함 오퍼레이션을 나타내기 위하여 3.1.1a, 3.1.1b와 같이 표현한다.

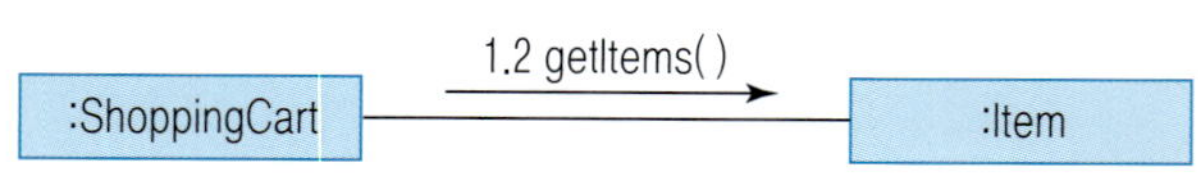

[그림 6.25] 순서가 표시된 메시지

커뮤니케이션 다이어그램 작성 방법

커뮤니케이션 다이어그램은 시퀀스 다이어그램과 같이 동적인 측면을 표현한 것이다. 시퀀스 다이어그램과는 다르게 클래스 다이어그램에 표현된 정적인 측면, 구체적으로 객체의 연관이라는 의미가 추가되어 있다.

커뮤니케이션 다이어그램을 작성하면서 동적인 측면을 검증하여 클래스 다이어그램을 완성하려는 데 그 목적이 있다. 따라서 시퀀스 다이어그램과 같이 유스케이스의 기능들을 객체의 상호작용이라는 측면에서 모델링하기 위하여 커뮤니케이션 다이어그램을 그린다. 유스케이스에 참여한 객체와 상호작용이 커뮤니케이션 다이어그램에 모델링 되고 이런 동적 측면이 클래스 다이어그램에 반영되어야 한다.

정적인 측면의 모델링만으로는 불충분하다. 시스템이 동작할 때 클래스 다이어그램에 표시된 클래스의 객체가 생성되거나 서로 협력하면서 변화 또는 소멸되기 때문이다. 이러한 동적인 변화를 정적 모델에 작성된 클래스의 속성이나 오퍼레이션의 조합에 의하여 의도한대로 동작할 수 있다는 것을 검증하여야 한다. 동적으로 동작하는 객체들이 정적으로 잘 연관을 맺고 있는지를 잘 나타낼 수 있는 모델이 커뮤니케이션 다이어그램이다.

커뮤니케이션 다이어그램을 그리는 과정은 시퀀스 다이어그램과 유사하다. 각 단계는 다음과 같다.

Step 1. 인터랙션의 범위를 결정한다. 유스케이스, 시스템, 서브시스템, 오퍼레이션 중에 하나.

Step 2. 인터랙션의 기능을 수행하기 위하여 필요한 구조적인 요소(객체, 서브시스템, 시스템)와 관계들을 찾아낸다.

Step 3. 커뮤니케이션 다이어그램을 레이아웃 한다.

Step 4. 메시지를 추가한다.

Step 5. 제대로 그렸는지 검증한다.

범위 결정 커뮤니케이션 다이어그램이 표현할 유스케이스 또는 서브시스템, 시스템의 범위를 결정한다. 프로젝트 개발 단계와 각 단계에서 해야 할 작업이 계획되어 있다면 어떤 것을 모델링 하어야 할지 결정할 수 있을 것이다. 인터넷 서점에서 '책 주문' 유스케이스에 대한 커뮤니케이션 다이어그램을 그려보자.

구성 요소 파악과 배치 첫 번째 작업은 인터랙션에 참여하는 구성 요소, 즉 객체와 액터를 파악하는 것이다. 사용자 인터페이스를 담당하는 요소와 제어하는 요소, 시스템이 다루는 비즈니스 요소를 표현하는 객체 들이 포함되어야 한다.

'책 주문' 유스케이스의 인터랙션에 가담하는 클래스는 우선 ShoppingCart와 Order가 있다. ShoppingCart 객체에 우선 책을 담아놓고 이것을 주문하기 위하여 사용자가 명령을 내리면 Order 객체가 비로소 만들어진다. 한 번의 주문에 여러 개의 아이템이 존재하므로 ShoppingCart에 포함되어 있는 Item 객체도 인터랙션에 관여할 것이다. 마지막으로 Payment 객체는 주문 과정에 지불 수단을 선택하고 결제에 관한 정보를 보관하여야 하므로 인터랙션에 포함된다.

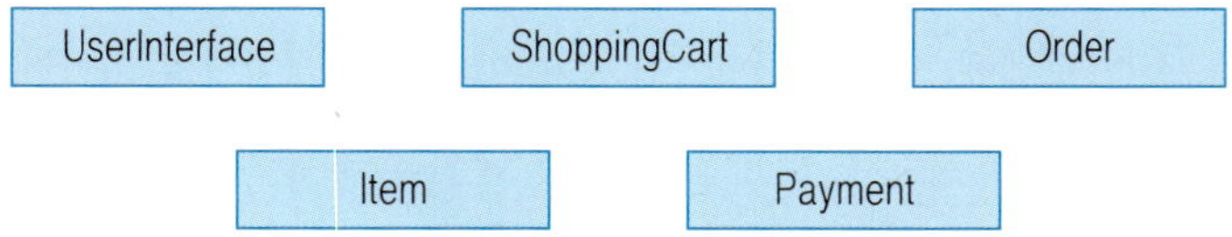

[그림 6.26] '책 주문' 인터랙션에 참여하는 클래스

여기에 추가할 것은 액터와 연결시키는 UserInterface 클래스이다. 시스템 안에 있는 요소들만으로는 처리 결과를 외부에 보여줄 수 없고 외부의 명령이나 정보를 받을 수 없기 때문에 이와 같은 경계 클래스(boundary class)를 추가한다.

Booch 등에 의하면 가장 중요한 객체를 중앙에 배치시키고 덜 중요한 것을 주변에 배치시킬 것을 제안하고 있다. 이렇게 하는 이유는 중요한 역할을 하는 객체 위주로 인터랙션이 일어나기 때문이다. 그러나 이러한 배치가 인터랙션의 구조에 따라 적합하지 않을 수도 있다. 메시지 교환의 구조가 위에서 아래로, 왼쪽에서 오른쪽으로 이루어지는 경우에 배치가 쉬워진다. 예를 들면 경계 클래스는 왼쪽에 제어 클래스는 가운데, 엔티티 클래스는 오른쪽에 배치시킨다.

Box 6.3 | 경계 클래스, 제어 클래스, 엔티티 클래스

클래스는 그 역할에 따라 세 가지 종류로 나눌 수 있다. 외부와의 연결 역할을 담당하는 경계 클래스, 내부 처리를 위한 자료를 가지고 있는 엔티티 클래스, 주로 비즈니스 로직을 담당하고 있는 제어 클래스가 있다.

경계 클래스(boundary class)는 주로 시스템 외부의 액터와 상호 작용하는 클래스로 사용자 인터페이스를 제어하는 역할을 한다. UserInterface 같은 클래스가 여기에 해당된다. 경계 클래스는 액터와 연결된 시스템 인터페이스를 나타낸다. 각 유스케이스에서 액터는 적어도 하나의 경계 클래스와 대화한다. 경계 클래스는 액터로부터 정보를 수집하여 엔티티 객체나 제어객체가 사용할 수 있는 형태로 바꾼다.

제어 클래스(control class)는 경계 클래스와 엔티티 클래스 사이에 중간 역할을 한다. 제어 클래스는 실세계에 매칭될 만한 대상은 없다. 다만 유스케이스와 제어 클래스 사이에 밀접한 관계가 있다. 제어 클래스는 유스케이스의 초기에 생성되고 끝까지 존재한다. 또한 경계 클래스로부터 정보를 받아 엔티티 클래스에게 전달해준다.

엔티티 클래스는 한 마디로 시스템에서 계속 추적해야할 자료가 들어 있는 클래스이다. 책 주문 정보는 데이터베이스에 계속 저장하고 취소하더라도 주문 내역으로 저장할만한 자료이다. 따라서 엔티티 클래스이다. 고객, 주문 아이템에 관한 데이터 등도 영구적으로 시스템에서 기록되어야 할 자료이므로 엔티티 클래스로 분류된다.

관계 찾기 클래스 사이의 관계를 다이어그램에 추가한다. 그림 5.27과 같이 이미 작성한 정적 모델이 있다면 거기에서 클래스 사이의 관계를 찾아낼 수 있을 것이다. ShoppingCart 클래스는 그 안에 Item들이 있고 주문을 하면 Order 객체를 생성하여 ShoppingCart 객체와 연관을 시켜야 한다. 주문 과정에 결제를 한 후에는 Payment 객체를 만들어 결제에 관한 정보를 저장한 후 관련된 Order와 연관시킨다.

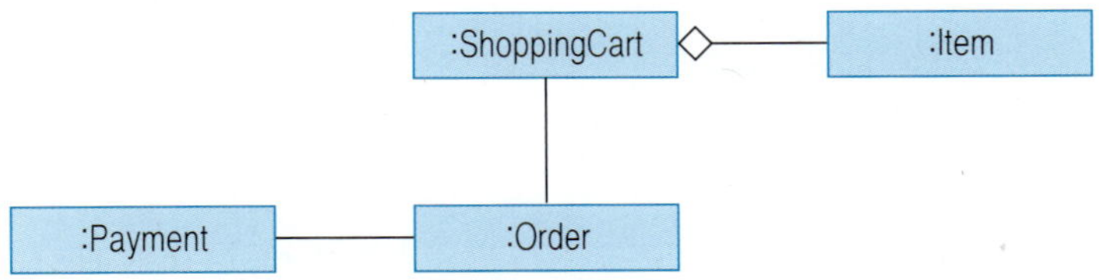

[그림 6.27] '책 주문' 인터랙션에 참여하는 클래스의 관계

메시지 추가 커뮤니케이션 다이어그램을 완성시키기 위해서 관계 사이에 어떤 메시지가 오가는지 자세히 찾아보아야 한다. 즉 유스케이스 안에 기술된 여러 가지 시나리오들을 따라가면서 어떤 메시지들이 오고 가야 하는지 찾아낸다.

'책 주문' 유스케이스는 우선 사용자에게 보여준 메뉴 또는 쇼핑카트에서 주문 명령을 내 보냈을 때 구동한다. 따라서 액터 온라인 고객과 연결된 객체로 UserInterface를 위치시켜야 한다. UserInterface 객체가 고객의 명령을 받으면 ShoppingCart 객체에게 전달하여 Order 객체를 만들게 하고 ShoppingCart 객체가 가지고 있는 Item 들을 넘겨준다.

Item 객체들을 Order가 모두 공유한 후에는 결제하는 과정으로 넘어가서 Payment 객체를 생성하고 결제에 관한 정보를 받아 여기에 저장한다.

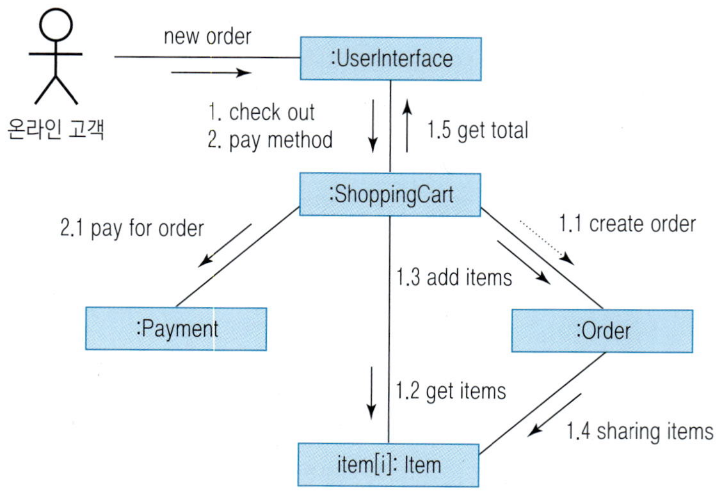

[그림 6.28] 완성된 '책 주문' 유스케이스의 커뮤니케이션 다이어그램

커뮤니케이션 다이어그램을 그릴 때 기억할 점은 비정상적 입력이나 오류에 의한 실패 경로를 다 표시할 수 없다는 점이다. 유스케이스에 기술된 대안 경로를 모두 표시하게 되면 다이어그램이 매우 복잡해지고 원래의 의도를 벗어나기 때문이다.

6.5 상태 다이어그램

상태 다이어그램은 동적인 측면을 모델링하는 또 다른 방법이다. 시퀀스 다이어그램은 메시지의 교환을 위주로 나타내고, 액티비티 다이어그램은 작업 사이의 흐름을 주로 나타내지만 상태 다이어그램은 객체의 상태 사이의 흐름, 즉 변화를 나타낸다. 예를 들어 인터넷 서점의 Order 클래스는 상품 준비 중, 상품 배송, 배송 완료, 구매 완료 상태가 있다. Order가 어떤 상태인가에 따라 가능한 작업이 다르다. 즉 상품이 이미 배송되었다면 취소가 불가능하다. 상태 다이어그램은 시스템의 정상적인 작동 흐름을 결정하는 데 도움이 된다.

상태 다이어그램은 클래스의 상태 변화와 동작을 일으키는 이벤트에 의한 객체의 변화 주기를 나타낸다. 객체의 상태란 속성값의 조건이다. 그 조건에 따라 객체의 상태가 변화된다. 예를 들어 은행 시스템에서 Account 클래스는 매우 중요하고도 상태에 따라 복잡한 동작을 담고 있다. 잔고가 있어야 인출을 허용할 수 있고 마이너스 통장이라면 찾을 수 있는 한도가 있으며 일정 기간 거래가 없으면 휴면 계좌로 상태를 변경하여야 한다.

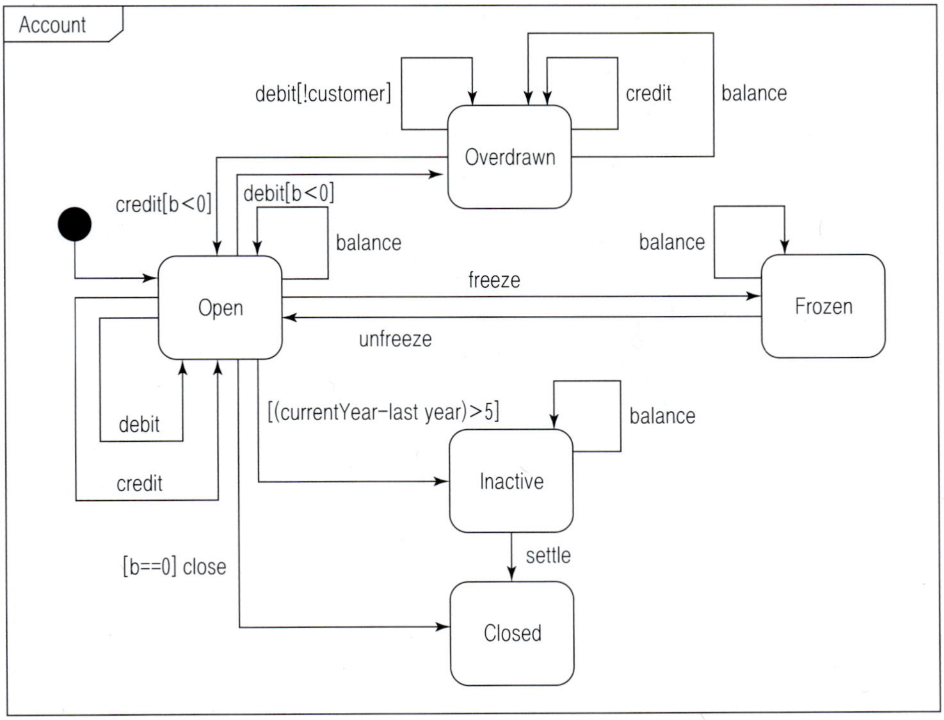

[그림 6.29] 상태 다이어그램

그림 6.29에 표시한 것이 은행 시스템의 Account 클래스의 상태 머신이다. 상태는 둥근 사각형으로 나타내며 그 안에 상태의 이름을 적는다. 계좌의 상태는 개설(open), 마이너스(overdrawn), 정지(frozen), 휴면(inactive), 폐쇄(closed)가 있다. 각 상태 사이의 변화를 일으키는 이벤트를 화살표로 나타낸다. 개설 상태에 있는 Account는 입금, 출금, 잔고 조회가 가능하지만 정지 상태와 휴면 상태의 Account는 잔고 조회만 가능하다.

이와 같이 상태 다이어그램은 복잡한 객체나 시스템의 이벤트에 대한 반응과 액션을 자세히 나타낸 것이다. 상태 다이어그램을 시스템에 존재하는 모든 객체에 대하여 나타낼 필요는 없다. 복잡하고 또한 중요한 역할을 담당하여 객체나 시스템의 상태 변화를 자세히 추적하고 점검해 보고 싶을 때 상태 다이어그램을 작성한다.

상태 다이어그램의 요소

상태 다이어그램은 상태, 이벤트, 상태 전환, 액션, 액티비티로 구성된다. 시스템이나 시스템의 요소들은 시간이 흐르면서 상태가 바뀌어 나간다. 외부 이벤트가 어떤 액티비티를 구동시키면 시스템 안의 요소들에 대한 변화가 일어난다. 예를 들어 은행 시스템에서 계좌의 잔고 이상으로 현금을 찾으면 마이너스 통장 상태로 넘어간다.

시스템을 상태의 집합으로 보고 상태의 변환이라는 관점에서 모델링하는 것은 복잡한 시스템을 나타내는 데 유용하다. 특히 임베디드 시스템은 필수적이다. 상태 전환 경로들은 올바로 작동되는 경로만을 잘 이해하고 표현하여야 한다. 어떤 상태에서 적용되어서는 안되는 이벤트가 있거나 상태의 전환이 제한적인 경우를 잘 파악하여 코딩에 반영하고 개발 후 검증하여야 한다.

시스템은 외부 또는 내부의 이벤트에 의하여 구동된다. 시스템은 이벤트에 반응하고 또 다른 이벤트를 구동시킨다. 외부 이벤트는 연속적인 여러 내부 이벤트를 발생시키고 때에 따라 외부 이벤트를 구동시키는 경우도 있다. 예를 들면 인터넷 서점에서 배송된 상품을 반송하고 환불을 시스템에 요구했을 때 시스템 내부의 환불을 처리하기 위한 이벤트를 구동시키고 이는 다시 외부에 있는 신용카드 회사나 전자 결재 시스템을 구동시킨다.

표 6.4에 나와 있는 상태 다이어그램의 요소들을 자세히 살펴보고 다이어그램을 그리는 방법을 소개한다.

표 6.4 상태 다이어그램의 요소

그림 요소	이름	설명
aState	상태	• 둥근 사각형으로 나타냄 • 객체 또는 시스템의 상태를 나타내는 이름이 존재
●	시작 상태	• 검은색으로 채워진 원 • 가장 처음 존재하는 상태를 나타냄
◉	종료 상태	• 작은 점 주위에 원으로 둘러싸인 과녁 같은 모양으로 나타냄 • 액티비티의 종료를 나타냄
anEvent	이벤트	• 상태의 변화를 구동하는 현상 • 만족하는 조건, 외부 신호를 받음, 일정한 시간의 흐름이 이벤트가 될 수 있음

	상태전환 (transition)	• 객체 또는 시스템이 한 상태에서 다음 상태로 들어감을 표시 • 트랜지션에 표시된 이벤트에 의하여 구동 • 실선 화살표로 표시하고 이벤트 이름을 그 위에 적는다
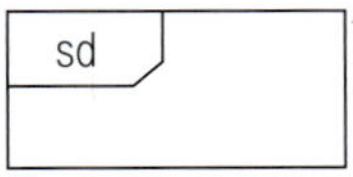	프레임	• 상태 다이어그램의 범위를 나타냄

상태 상태 머신에서 상태는 모델링하는 대상이 생명주기의 어느 한 시점에 있음을 뜻한다. 여기에서 특정한 액션이 수행되거나 이벤트를 기다린다. 상태는 그림 6.30에 있는 것처럼 둥근 사각형으로 나타내며 내부에 상태의 이름을 적는다.

[그림 6.30] 상태

상태는 단순형과 복합형이 있다. 단순 상태는 더 작은 상태로 쪼갤 수 없는 것이고 객체가 가지는 속성의 값으로 상태가 결정된다. 반면 복합형은 작은 상태로 쪼갤 수 있고 내장된 상태 머신으로 표시한다.

두 가지 특수한 가상 상태가 있다. 시작 상태는 상태 흐름의 처음을 뜻한다. 시작 상태는 상태 머신이 처음으로 구동 되었을 때를 의미하며 여러 개의 시작 상태를 가질 수도 있다. 까만 점을 원이 둘러싼 과녁과 같은 표시는 종료 상태를 나타낸다. 종료 상태는 상태 머신의 종료를 의미하며 여러 개가 될 수도 있다.

상태 전환 상태 전환 즉 트랜지션은 상태 사이의 이동을 말한다. 상태의 쌍 사이에 화살표로 표시한다. 상태 머신에서 변환은 항상 어떤 이벤트에 대한 반응으로 이루어진다. 상태 전환을 가져온 이벤트는 화살표 위에 적는다.

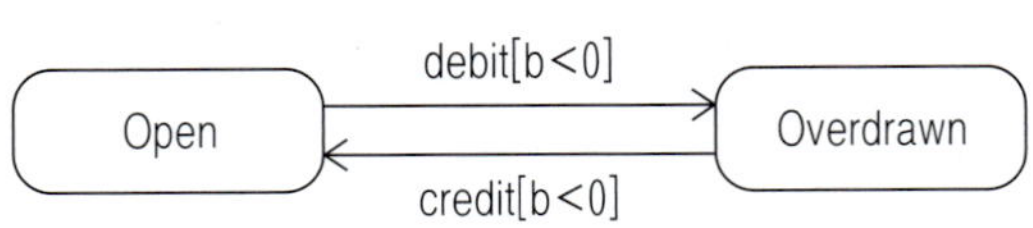

[그림 6.31] 상태 전환

하나의 상태에서 여러 개의 상태 전환이 있을 수 있다. 여러 다른 이벤트들이 상태를 전환하게 하며 이 때 일정한 조건을 만족하면 이벤트가 적용된다. 계좌 클래스에 대하여 5년 이상 거래가 없는 휴면 상태와 정지 상태, 폐쇄 상태를 추가하면 그림 6.32와 같이 된다.

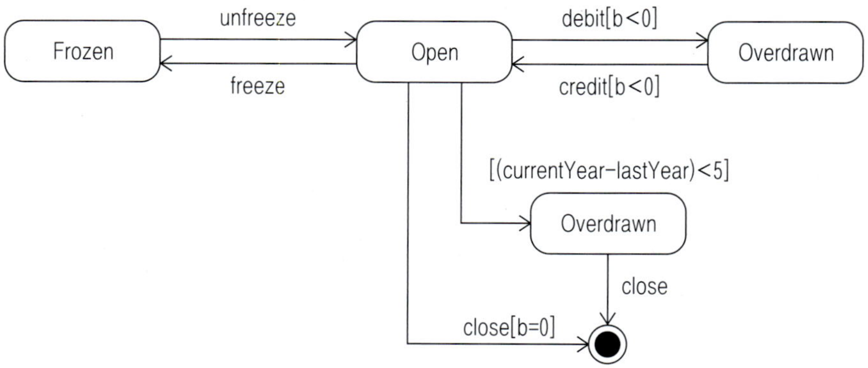

[그림 6.32] 다중 상태 전환

액션 상태 안에 들어가서 구동되는 동작을 액션(action)이라 한다. 액션을 구동시키는 방법은 다음의 네 가지가 있다.

- On Entry – 상태에 진입할 때 액션이 구동됨
- Do – 상태 안에서 액션이 수행됨
- On Event – 이벤트에 대한 반응으로 액션이 실행됨
- On Exit – 상태에서 빠져나가기 바로 전에 액션이 실행됨

상태 안에 액션을 표시하는 방법은 그림 6.33과 같이 상태 이름을 나타내는 부분과 별도로 나누어 액션의 리스트를 작성한다. 액션을 나타내는 문법은 다음과 같다.

action–label / action

여기에서 action–label은 entry, do, exit 중에 하나이며 action은 다음과 같은 문법으로 기술된다.

trigger–name(arguments)[constraint]/action

트리거 이름 뒤에 있는 괄호에는 매개변수 리스트가 나온다. 매개변수는 쉼표로 분리되어야 하고 괄호 안에 묶여야 한다. constraint는 액션이 트리거되기 위하여 참이 되어야 하는 조건이다.

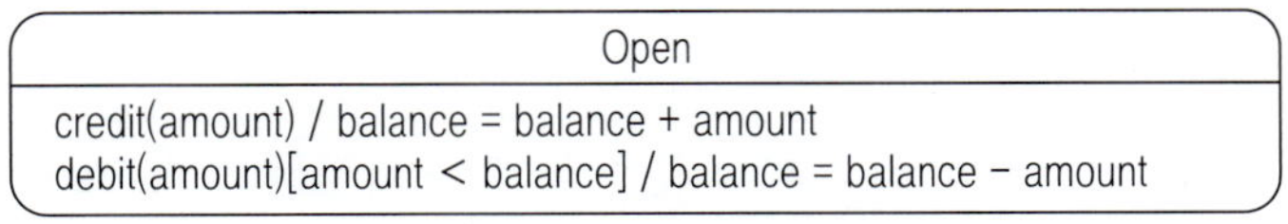

[그림 6.33] Open 상태 안에 정의한 액션

상태전환도 액션을 구동시킬 수 있다. 표현하는 방법은 상태 안에 표현하는 액션과 동일하다. 상태에서 빠져나오는 트랜지션이라면 액션은 exit 액션으로 표시한다.

그림 6.34에 Account 클래스의 상태를 자세히 표현하였다. 계좌가 개설된 후 액션은 잔고를 0으로 하고 Open 상태로 만든다. Open 상태에서 잔고가 충분하면 출금과 입금이 가능하다. 그러나 잔고가 마이너스가 되면 Overdrawn 상태로 넘어간다.

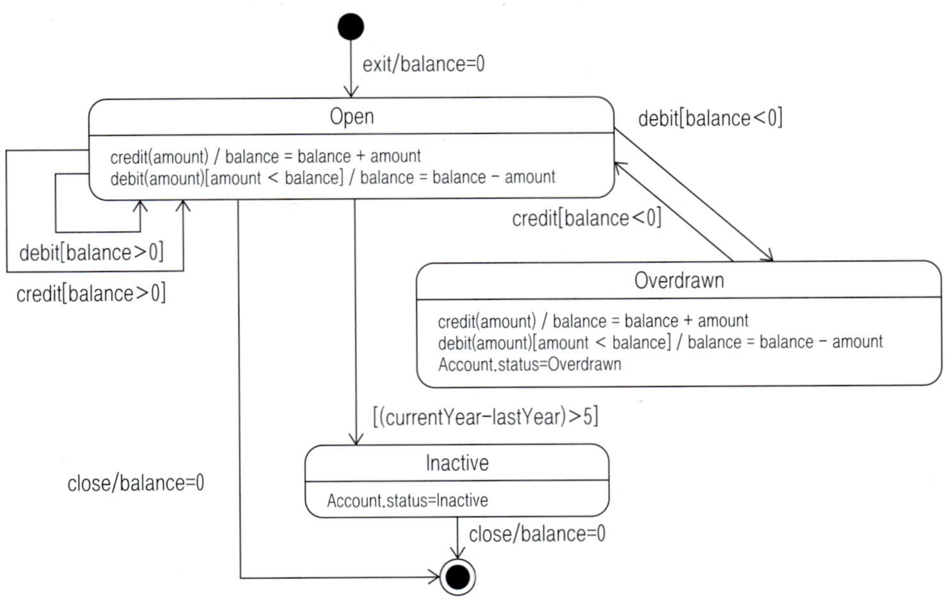

[그림 6.34] Account 클래스의 상태 변화

복합 상태 복합 상태는 서브상태로 분할할 수 있다. 서브상태는 상태 안에 또는 다른 상태 다이어그램으로 그린다. 인터넷 쇼핑몰의 Order 객체에 대한 상태 변환을 자세히 살펴보자.

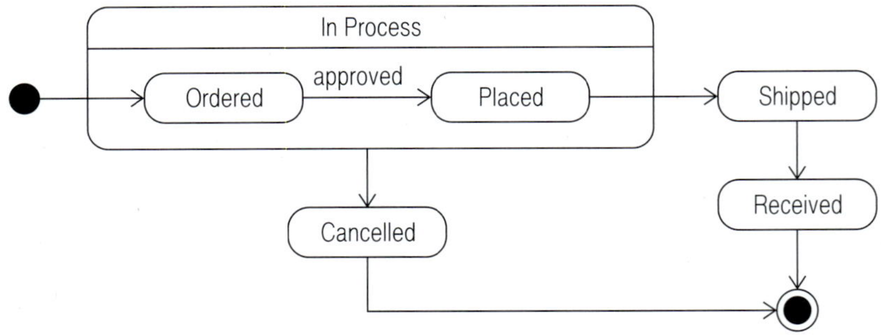

[그림 6.35] 복합 상태의 예

Order 클래스가 생성된 후에는 결제과정에서 승인된 후 주문이 확정된 상태(Placed)로 넘어간다. Ordered 상태와 Placed 상태를 합하여 주문이 처리되는 상태(In Process)로 정의하였는데 이것이 복합 상태이다. 복합 상태 안에는 두 개의 서브상태가 있고 여기서 주문이 취소된다면 Cancelled 상태로 넘어간다.

병렬 상태 복합 상태 안에 동시에 여러 개의 병렬 서브상태로 구성될 수 있다. 그림 6.36과 같이 복합 상태 안이 점선으로 분리된 영역으로 나뉜다. 주문이 들어왔을 때 시스템은 두 가지를 병행 처리한다. 주문의 내용을 체크하고 재고를 확인하는 작업과 주문한 고객에 대하여 신용상태를 점검하여 주문을 허가하는 작업을 병행 수행한다는 뜻이다. 점선으로 분리되어 있는 병행 흐름은 독립적이다. 따라서 각기 다른 시간에 종료될 수 있다.

병렬 상태에서 주의할 점은 객체의 상태가 분리된 병렬 서브 상태에 동시에 존재한다는 사실이다. 예를 들면 Order 객체가 재고가 체크되고 Placed 상태에 있으면서 동시에 신용을 체크하고 있는 Authoring 상태에 존재할 수 있다.

복합 상태로 유입되는 상태 변환은 복합 상태 안에 표시된 시작 상태로 자동 전환된다. 병렬 상태인 경우는 각각의 시작 상태가 표시된다. 복합 상태에서 나오는 상태 변환은 서브상태의 종료 상태에서 복합 상태, 즉 상위 수준의 변환되는 상태로 전환된다. 상태 변환이 복합 상태 안에 있는 서브상태에서 직접 다른 상위 상태로 전환될 수도 있다.

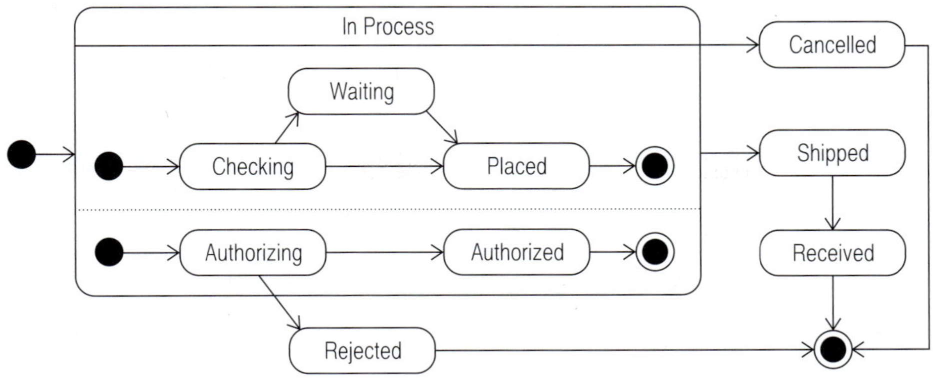

[그림 6.36] 병렬 상태 다이어그램

상태 다이어그램 작성

상태 다이어그램은 클래스, 서브시스템, 시스템의 동작을 모델링 한 것이다. 클래스 중 다이나믹 하고 복잡하여 시간흐름에 따른 상태의 변화가 큰 경우 이벤트의 구동에 대하여 잘 이해하려면 상태 다이어그램을 그리는 것은 필수적이다. 먼저 클래스 다이어그램을 살펴보고 어떤 클래스가 복잡하고 상태의 변화가 중요한지를 찾는다. 예를 들면 은행 시스템의 Account 클래스나 인터넷 서점의 Order 클래스는 상태의 변화가 중요한 것들이다.

모드가 있는 클래스를 상태 다이어그램으로 표시할 필요가 있다. 객체의 현재 상태에 따라 적용될 수 있는 오퍼레이션이 제한되어 있는 것을 모드가 있는 클래스라 말한다. 예를 들어 Account 클래스는 휴면 상태일 때는 예금과 출금 오퍼레이션을 적용하는 것이 불가능하다. 또한 Order 클래스는 배송이 시작되지 않는 처리 상태(In process) 일 때만 취소가 가능하다.

상태 다이어그램을 그리는 방법은 다음과 같다.

Step 1. 범위를 정한다.
Step 2. 시작, 종료 상태를 파악한다.
Step 3. 객체나 서브시스템이 어떤 상태들을 갖는지 찾아낸다.
Step 4. 상태를 전환시키는 이벤트, 액션, 조건들을 파악한다.
Step 5. 필요하면 서브상태를 이용하여 확장한다.

Step 6. 상태 머신이 올바로 작성되었는지 검증한다.

상태 다이어그램을 작성하는 첫 관문은 범위를 정하는 일이다. 상태 변환을 나타내려는 대상 클래스, 서브시스템, 시스템을 선정하여 다이어그램의 프레임에 레이블로 표시한다.

두 번째 단계는 대상 객체가 생성되어 소멸되기까지 머무르게 되는 상태들을 파악한다. 표현하려는 대상의 시작 상태와 종료 상태를 파악하여 존재의 범위를 먼저 규정한다. 또한 표현 대상이 갖는 상태들이 어떤 것이 있는지 모두 파악한다. 이 작업을 하는 데 필요한 정보는 유스케이스를 읽거나 사용자와 이야기 하거나 4장에서 소개한 요구를 파악하는 방법을 이용하여 확보할 수 있다. 객체의 상태를 파악하는 쉬운 방법은 마치 유스케이스를 작성할 때 사건의 흐름을 차례로 써나가는 것처럼 시간이 지남에 따라 생성부터 소멸까지 어떤 사건이 발생하는지 그 단계를 적어 보는 것이다.

세 번째 단계는 객체가 생명주기 동안 지나가는 상태의 순서를 결정한다. 이 순서에 의하여 상태를 시작 상태에서 종료 상태까지 배열한다.

네 번째 단계는 상태 변환과 관련된 이벤트, 액션, 조건을 찾는다. 이벤트는 객체를 하나의 상태에서 다른 상태로 옮기는 일종의 트리거이다. 다시 말해 이벤트는 객체 속성의 값을 변화시키는 액션을 구동시킨다. 액션은 객체 안에 포함된 오퍼레이션이므로 객체의 값을 조작할 수 있다. 가드 조건은 트랜지션이 일어날 수 있는지 테스트하는 조건을 기술한 것이다. 각 상태에 지금까지 파악한 이벤트와 액션, 조건을 레이블로 적어 넣는다.

상태 다이어그램 안에 많은 상태가 존재하고 변환이 복잡하게 이루어진다면 복잡도를 줄이기 위하여 복합 상태를 적용할 것을 검토하여야 한다. 즉 상태들을 묶어 복합 상태로 정의하고 그루핑된 상태를 서브상태로 정의하는 것이다. 결국 상태 다이어그램의 계층을 형성하여 단계적으로 그릴 수 있게 만들어 복잡도를 완화시킨다.

마지막 단계는 각 상태가 잘 정의 되었는지 검토한다. 상태 다이어그램에 나타낸 모든 상태는 도달할 수 있어야 하고 종료 상태를 제외한 모든 상태는 빠져 나올 수 있어야 한다. 도달할 수 없는 상태가 있다면 트랜지션이 빠졌든지 상태가 잘못된 것이다. 객체의 생명주기 관점으로 보아 종료 상태만이 최종 출구가 되어야 한다.

Box 6.4 | 타이밍 다이어그램과 인터랙션 뷰 다이어그램

UML2.0에는 동적 모델링을 위하여 타이밍 다이어그램과 인터랙션 뷰 다이어그램이 추가되었다. 타이밍 다이어그램은 리얼타임 시스템, 즉 오퍼레이션의 수행이 시간 제약 안에서 이루어져야 함을 나타낼 수 있다.

타이밍 다이어그램에서 Y축은 객체나 시스템의 상태를 나타내며 X축은 시간의 흐름을 나타낸다. 결국 타이밍 다이어그램은 객체나 시스템의 상태가 어느 시간 간격에 어떤 상태에서 어떤 상태로 변하는지를 시간대로 나타낸 것이라 할 수 있다.

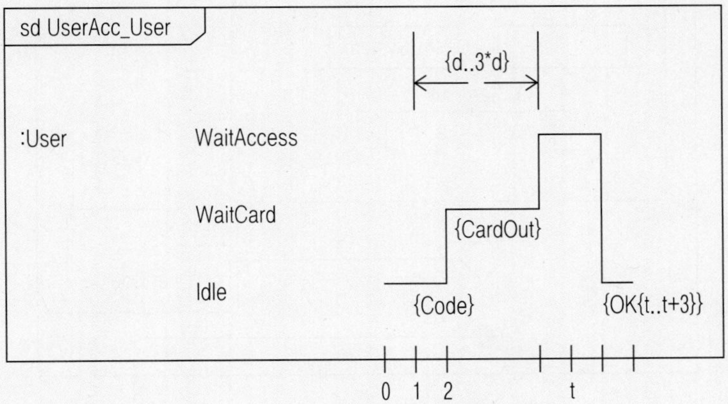

[그림 6.37] 타이밍 다이어그램

인터랙션 뷰 다이어그램은 액티비티 다이어그램과 인터랙션 다이어그램의 혼합이다. 시퀀스 다이어그램을 하나의 프레임으로 하여 또 다른 시퀀스 다이어그램의 제어 흐름을 나타낼 수 있어 인터렉션 뷰 다이어그램을 통하여 큰 규모의 시스템 워크플로를 작성할 수 있다.

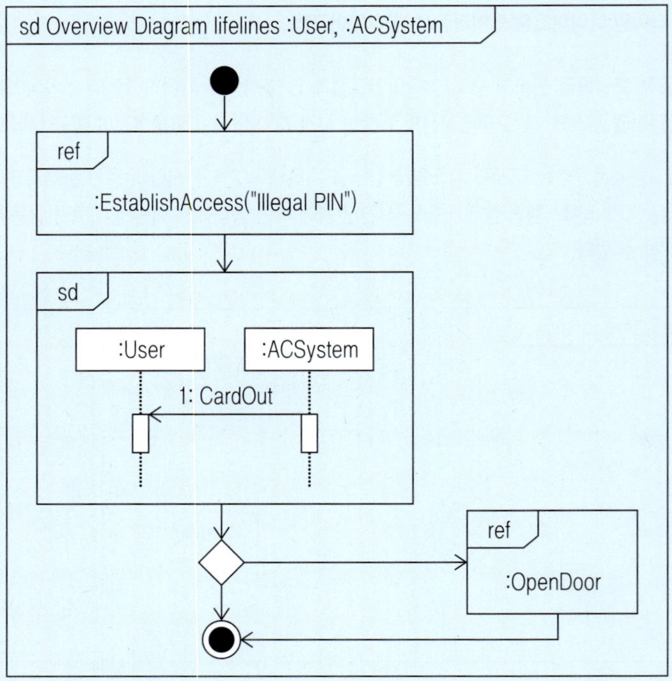

[그림 6.38] 인터랙션 뷰 다이어그램

6.6 모델 검증

이제까지 시스템 분석을 위한 여러 가지 모델링 방법을 소개하였다. 소프트웨어 시스템을 위하여 여러 가지 측면의 모델을 통하여 시스템을 더 깊이 이해하고 구현에 도움이 되는 정보를 추출할 수 있었다.

기능적인 관점, 구조적인 관점, 동작 위주의 관점은 서로 관련되어 있고 보완적이다. 따라서 서로 연관된 부분에서 모순이 없어야 한다. 예를 들면 시퀀스 다이어그램에 표현된 메시지가 해당되는 클래스에 다르게 표현되어 있거나 포함되어 있지 않다면 일관성이 없는 모델이 된다.

모델 검증이란 이러한 일관성 분석을 통하여 설계의 결함을 찾나내고 품질을 높이려는 작업이다. 모델 검증은 소프트웨어의 품질을 높이는 방법으로 오래 전부터 연구되어

온 효과적인 주제이다. 모델 체커는 시스템의 동작을 나타내는 두 가지 모델을 자동으로 비교할 수 있게 한다.

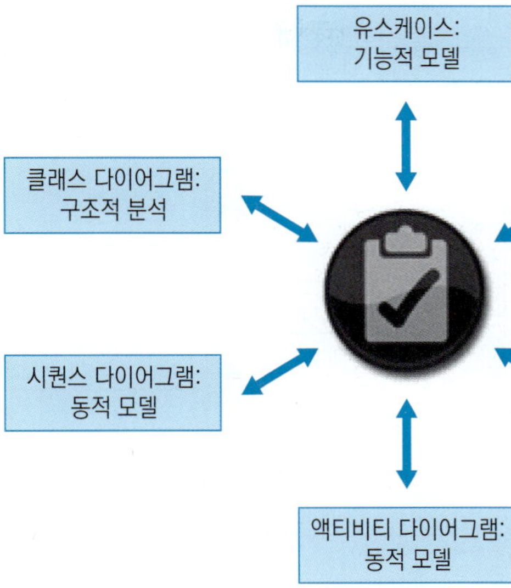

[그림 6.39] 모델 검증

모델 검증 방법

모델이 정확히 표현되었는지 확인하는 작업은 한 모델 안에 있는 것을 확인하는 것과 모델 사이에 크로스체크 하는 것으로 나눌 수 있다. 모델 안에서 검증하는 타입을 예로 든다면 클래스 다이어그램에서 회귀되는 상속 관계, 상태 다이어그램에서 접근 불가능한 상태, 시퀀스 다이어그램에서 메시지의 흐름이 연결되지 않는 경우 등이다. 이런 결함은 클래스나 다이어그램을 검사하여 쉽게 찾아 낼 수 있다.

다이어그램 사이에 크로스체크가 필요한 경우는 좀 더 복잡하다. 클래스 안의 감추어진 메소드나 패키지 안에 있는 접근할 수 없는 클래스를 접근하려는 경우 오류가 된다. 또한 시퀀스 다이어그램이나 상태 다이어그램에 표현된 시스템의 동작이 유스케이스에 기술된 시나리오와 일치하는지 검사하는 것이 모델 체킹에서 중요한 부분이다.

그림 6.40에 있는 상태 다이어그램을 검증해 보자. 우선 상태 다이어그램 안에 표현된 내용이 바르게 되어 있는지 체크한다. 무엇보다 기본적인 것은 다이어그램 안에 있는 상태가 모두 접근 가능한 것인지 살핀다. 대부분의 상태가 접근 가능하나 Reserved

상태는 안으로 들어가게 하는 이벤트가 없다. 이런 상태를 블랙홀이라 부르는 데 상태의 정의가 잘못되었거나 이벤트의 표시가 잘못 된 것이다.

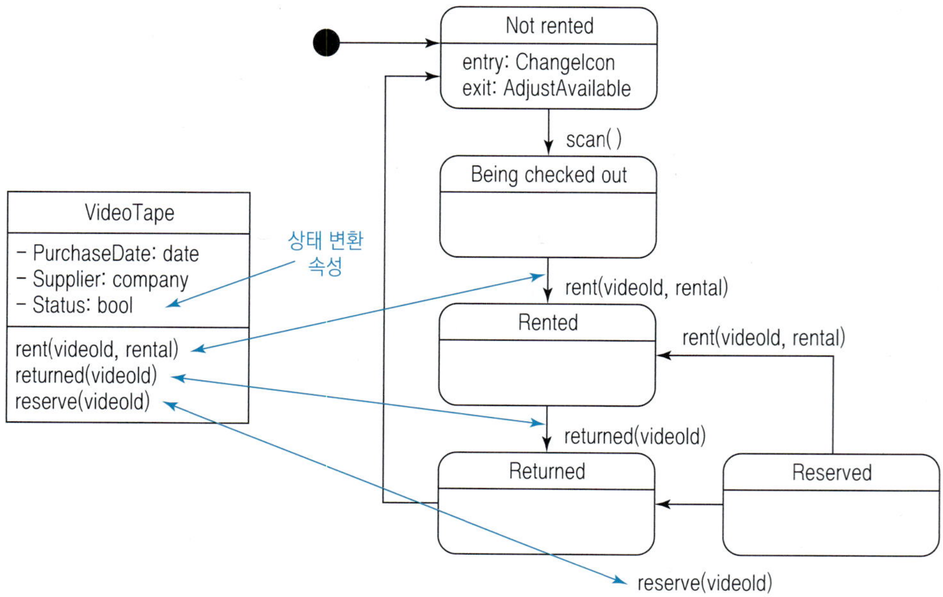

[그림 6.40] 모델 체킹

모델 사이에 관계가 올바른지 검사하는 것은 우선 클래스 안에 상태를 표현하는 속성이 포함되어 있는지 확인한다. 그림 6.40에서는 VideoTape 안에 Status가 각 상태값을 가지고 있는 속성이다. 또 다른 체크 사항은 상태를 변환시키는 이벤트들이 모두 구조적 모델에 있는지 확인하는 것이다. 그림 6.40에서는 scan() 이벤트가 VideoTape 클래스의 오퍼레이션에서 빠져 있어 결함이 된다.

모델 검증 규칙

대부분의 설계 도구들은 일관성 분석과 자동 코드 생성 기능을 가지고 있다. 구조적인 정보만을 이용해서는 모델 검증에 완벽을 기하기 어렵다. 시퀀스 다이어그램에 표현된 동작과 상태 다이어그램에 나타낸 동작을 비교하여야 하고 시퀀스 다이어그램에 표현된 메소드들이 클래스 다이어그램에 모두 표시되었는지 체크하는 것이 필요하다.

시스템의 동작을 나타내는 대표적인 모델은 상태 다이어그램과 시퀀스 다이어그램이다. 상태 다이어그램과 시퀀스 다이어그램 사이에 일관성을 체크하기 위한 모델 검증 규칙을 몇 가지 소개한다.

상태 다이어그램의 내용 분석 상태 다이어그램 안에 표현된 의미를 자세히 살펴보는 것이 첫걸음이다. 더 이상 변환이 일어나지 않는 종료 상태, 어디로 변환되어야 하는지 알 수 없는 트랜지션의 충돌(conflict), 발생하지 않는 이벤트 등 여러 가지의 결함의 가능성을 찾아내야 한다. 가장 효과적인 방법은 각 상태를 방문하기 위하여 깊이 우선 탐색(depth-first search) 방법을 이용하는 것이 바람직하다. 오류가 발견되면 스택에 저장된 상태의 순서를 꺼내 본다. 이것이 오류를 파생시키는 이벤트의 경로이며 여기에 결함이 포함되어 있을 것이다.

시퀀스 다이어그램과 상태 다이어그램을 비교 검토 검증하는 다음 단계는 시스템의 특정 동작을 체크하는 것이다. 시스템이 의도하는 동작은 시퀀스 다이어그램에 잘 나타나 있어 시퀀스 다이어그램에 표현된 메시지 호출에 의하여 상태 다이어그램에 표시한 것처럼 상태가 변하는지 체크하는 방법이다.

점검하려는 대상에 주목하고 있는 이벤트가 발생했을 때 머무는 상태는 시퀀스 다이어그램과 관련되어 있다. 즉 그림 6.41에 표시한 것과 같이 시퀀스 다이어그램을 아래쪽으로 따라가면서 객체가 머무는 'On Order' 상태가 매칭되고 주문된 제품이 창고에 도착하면 'Inventoried' 상태로 변화되는지 체크한다. 이렇게 하여 상태가 계속 진화되어 종료 상태로 가는지 점검해 본다.

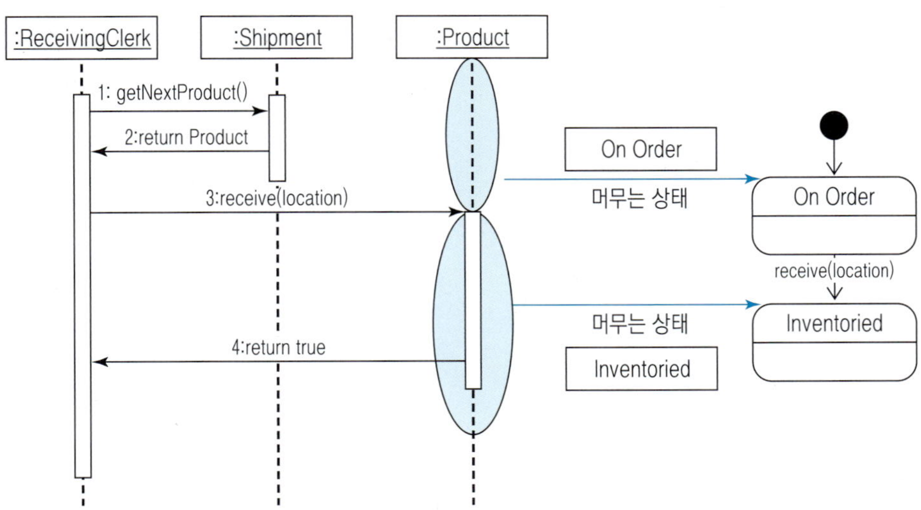

[그림 6.41] 시퀀스 다이어그램과 상태 다이어그램의 관계

하지만 이러한 검증 작업이 쉬운 것은 아니다. 시스템이 예상하지 않은 이벤트를 발생하였을 때 어떤 처리를 하는지가 관건이다. 예를 들어 예상하지 않은 이벤트가 발생되었을 때 초기 상태로 되돌아 갈 수도 있고, 무시하고 그 상태에 머물 수도 있다. 이렇게 모델을 체킹하는 작업은 모든 가능성 있는 이벤트를 예상해보고 추적해 보는 것이므로 시스템의 규모가 커질 경우 매우 복잡해진다.

요약

- 동적 모델은 시스템을 구성하는 요소들이 시간의 흐름에 따라 어떻게 상태가 바뀌어 가며 상호작용하는지 나타낸 것이다.
- 동적 모델에는 객체의 메시지 커뮤니케이션을 나타내는 유형과 객체의 상태 변화라는 관점의 유형이 있다.
- 시퀀스 다이어그램은 유스케이스에 참여하는 객체들의 라이프라인 사이에 메시지 교환을 표현한 것이다.
- 커뮤니케이션 다이어그램은 시퀀스 다이어그램과 같이 상호작용에 참여하는 객체의 메시지 교환을 나타내며 객체의 연관도 표시한다.
- 상태 다이어그램은 객체의 상태의 변화를 주는 이벤트와 함께 객체의 생명주기를 나타낸다.
- 모델 검증은 모델의 일관성 분석을 통하여 설계의 결함을 찾아내고 품질을 높이는 작업이다.

퀴즈

1. 시스템이 실행되는 다이나믹한 구조에 초점을 두고 모델링 한 것을 ______________이라고 한다.

2. ______________ 다이어그램과 ______________ 다이어그램은 유스케이스나 시스템 안의 메시지 교환을 자세히 나타낸 모델이다.

3. ______________ 다이어그램은 클래스나 서브시스템, 시스템의 상태와 그 변환을 나타낸 모델이다.

4. 시퀀스 다이어그램과 의미는 같지만 인터랙션에 참여하는 객체의 구조적인 관계를 나타내는 것은 ______________ 이다.

5. 시퀀스 다이어그램의 구성 요소는 인터랙션에 참여하는 외부 요소인 ______________과 내부 요소인 ______________ 그 사이에 교환하는 ______________, 묶음으로 표현하는 방법인 ______________이 있다.

6. 상태 다이어그램의 구성 요소는 제일 중요한 ______________과 이들 사이에 전환을 나타내는 ______________, 다이어그램의 범위를 나타내는 ______________이 있다.

7. 커뮤니케이션 다이어그램은 메시지 교환의 순서를 ______________ 방법으로 나타낸다.

8. 클래스는 그 역할에 따라 세 가지로 나눈다. 외부와의 인터페이스를 담당하는 ______________과 자료를 보관하고 검색하는 역할을 담당하는 ______________ 메시지 교환과 여러 가지 계산 위주의 ______________이다.

9. 상태 다이어그램에서 상태를 전환시키는 것은 주로 ______________이다.

10. 각 모델 안에 표현된 내용의 완전성이나 모델 사이에 연관성을 체크해 보는 작업을 ______________이라 부른다.

11. 동적 모델에 대하여 바르게 설명한 것은?

가. 동적 모델은 구조적 모델과 같은 관점을 가지고 있다.

나. 동적 모델은 외부 자극에 대한 반응을 외부 관점에서 표현한 것이다.

다. 동적 모델은 시스템 내부 설계를 위하여 메시지의 교환이나 상태 변화를 표현한다.

라. 동적 모델은 내부 관계를 파악하는 것이므로 설계 단계에 들어서야 할 수 있음

12. 다음 중 동적 모델링의 목적에 대한 설명으로 잘못된 것은?

가. 시스템에 존재하는 객체들 사이의 인터랙션을 모델링한다.

나. 서브시스템 사이의 구성을 모델링한다.

다. 유스케이스를 구현하는 객체 인스턴스 사이의 인터랙션을 모델링한다.

라. 오퍼레이션 안에 존재하는 객체 사이의 인터랙션을 모델링한다.

13. 시퀀스 다이어그램을 그리는 순서를 바르게 나타낸 것은?

가. ㉠ → ㉢ → ㉤ → ㉣ → ㉡

나. ㉠ → ㉣ → ㉤ → ㉢ → ㉡

다. ㉡ → ㉢ → ㉠ → ㉣ → ㉤

라. ㉡ → ㉢ → ㉣ → ㉠ → ㉤

14. 다음 시퀀스 다이어그램에 표시한 내용을 바르게 설명하지 못한 것은?

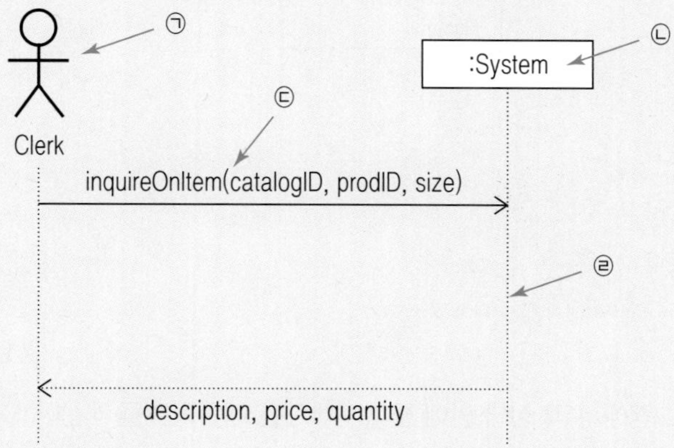

가. ㉠ – 시스템과 상호작용하는 액터

나. ㉡ – 시스템의 기능 단위를 나타내는 유스케이스

다. ㉢ – 메시지의 호출

라. ㉣ – 객체의 생명주기를 나타내는 라이프라인

15. 시퀀스 다이어그램에 표시하는 메시지의 종류가 아닌 것은?

가. 동기식

나. 비동기식

다. 소멸

라. 응답

16. 다음 다이어그램에서 Account 클래스에서 구현되어야 하는 메소드는 무엇인가?

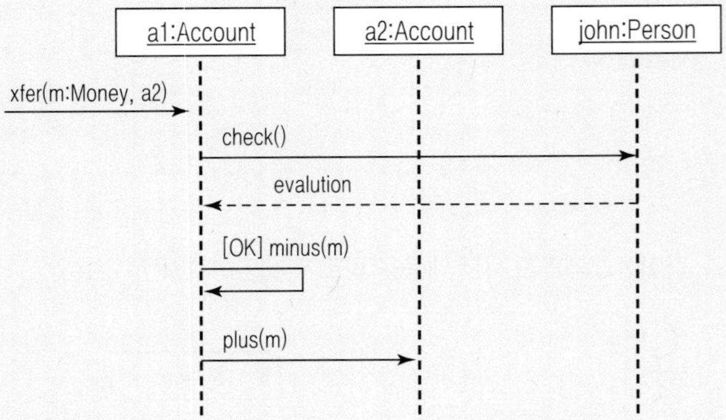

가. xfer()

나. xfer(), plus(), minus()

다. check(), plus(), minus()

라. xfer(), evaluation(), plus(), minus()

17. 상태 다이어그램에서 각 상태 안에 들어가서 구동되는 동작을 액션이라고 한다. 액션을 구동시키는 방법 중 설명이 틀린 것은?

가. On Entry – 상태에 진입할 때 액션이 구동됨

나. Do – 상태 안에서 액션이 수행됨

다. On Event – 이벤트에 대한 반응으로 액션이 실행됨

라. On Exit – 상태에서 빠져나가기 바로 전에 액션이 실행됨

18. 다음 상태 다이어그램에서 Login 상태 이후에 가지는 상태를 올바로 작성한 것은?

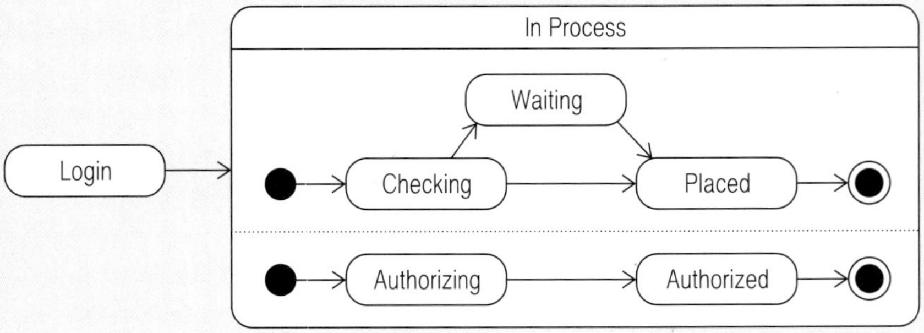

가. Login　　나. Checking　　다. Authorizing　　라. Checking, Authorizing

19. 다음 시퀀스 다이어그램의 제어 패턴을 무엇이라 하나?

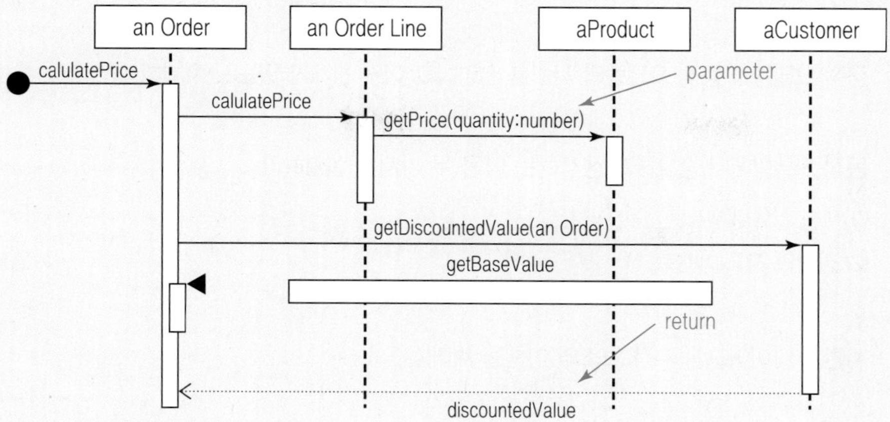

가. 중앙집중형　　나. 분산형　　다. 스타형　　라. 펜스형

20. 다음 중 모델 검증에 사용되는 방법 중 바르지 않은 것은?

가. 클래스 다이어그램에 나타낸 모든 상태가 접근 가능한지 체크한다.

나. 커뮤니케이션 다이어그램에 메시지를 교환하는 객체의 클래스들이 클래스 다이어그램에서 연관 관계를 가지고 있는지 체크한다.

다. 시퀀스 다이어그램에 나타난 메시지가 모두 맞는 클래스에 포함되어 있는지 체크한다.

라. 상태 다이어그램에 나타낸 이벤트가 모두 클래스 다이어그램의 오퍼레이션으로 정의되어 있는지 체크한다.

퀴즈 정답

1. 동적 모델링 2. 시퀀스, 커뮤니케이션 3. 상태 4. 커뮤니케이션 5. 액터, 객체, 메시지, 프레임 6. 상태, 트랜지션, 프레임 7. 숫자 표시(numbering) 8. 경계 클래스, 엔티티 클래스, 제어 클래스 9. 이벤트 10. 모델체킹 11. 다 12. 나 13. 가 14. 나 15. 다 16. 다 17. 라 18. 라 19. 가 20. 라

연습문제

1. 정적 모델링과 동적 모델링의 차이를 설명하고 어떤 관계가 있는지 자세히 설명하라.

2. 동적 모델링에서 중요하게 생각하는 다음 두 가지를 설명하라.

   (1) 객체 커뮤니케이션

   (2) 상태와 자극(이벤트)

3. 시퀀스 다이어그램의 각 요소의 이름을 써라.

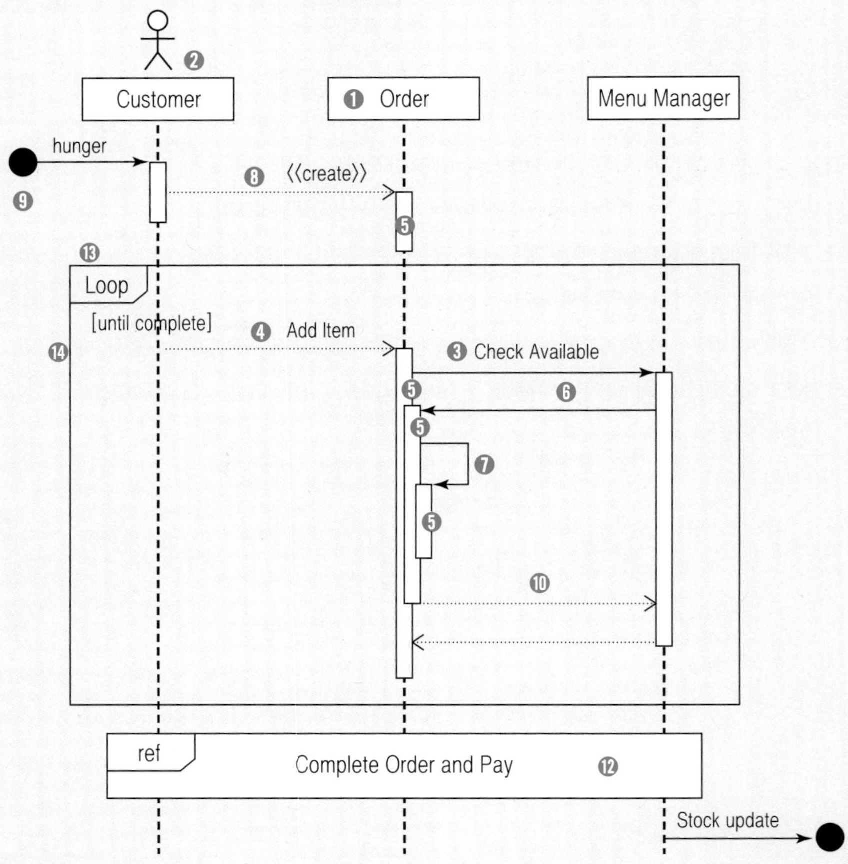

4. 항공권을 예약하는 과정을 시퀀스 다이어그램을 그려라.

5. 마이크로웨이브 오븐의 동작을 나타내는 상태 다이어그램을 그려라(다이어그램을 그리기 전에 테이블 형태로 상태와 시스템에 대한 자극을 정리할 것).

6. 커피머신의 동작 모델을 나타내는 상태 다이어그램을 그려라.

7. 자판기의 동작을 나타내는 상태 다이어그램을 그려라.

8. 상태 다이어그램에서 상태 전환을 유도하는 이벤트의 종류에는 어떤 종류가 있는가? 각각을 설명하라.

9. 위의 3번 문제에 있는 시퀀스 다이어그램에 포함된 의미를 커뮤니케이션 다이어그램으로 바꾸어 그려라.

10. 모델 검증은 왜 필요한 것이며 어떻게 하는 것인가?

CHAPTER 07

아키텍처 설계

기능적, 구조적, 동적 관점에 의하여 시스템을 분석한 후에는 모델을 구현에 더 가까운 수준으로 발전시킨다. 이러한 작업을 설계라고 하며 마치 건축이나 기계의 설계 도면을 그리는 것과 같다. 설계 작업은 먼저 시스템의 구조적인 요소와 관계를 정의하는 아키텍처 설계와 데이터베이스나 파일 구조, 즉 데이터를 설계하는 작업, 사용자 인터페이스의 레이아웃을 설계하는 작업으로 나눌 수 있다. 이 장에서는 분석에서 설계 단계로 전환하는 과정을 설명하고 아키텍처 설계 원리와 표현 방법, 아키텍처의 유형과 설계에서 고려할 품질 요구 등에 대하여 설명한다.

contents

07 아키텍처 설계

학습목표

- 분석에서 설계 작업으로 어떻게 전환하는지 이해하게 한다.
- 소프트웨어에서 설계 작업의 개념은 무엇이며 설계 작업에 적용하는 원리를 알게 한다.
- 설계를 표현하는 방법을 소개한다.
- 아키텍처 설계할 때 고려하는 사항에 대하여 알게 한다.
- 일반적인 소프트웨어 아키텍처 유형을 알게 한다.
- 디자인 패턴이 무엇이며 어떤 것인지 알게 한다.

7.1 소개

소프트웨어 개발에서 설계 단계는 분석 단계에서 모은 요구를 반영하여 미래 시스템을 위한 설계도면을 작성하는 것이다. 성공적인 설계는 이전 단계에서 이해한 내용을 기초로 쌓아나가야 하며 명확하고 정확한 판단으로 분석에서 만든 모델이 구현 작업까지 잘 이어져야 한다.

분석 단계의 목적은 비즈니스 요구가 무엇인지 찾아내는 것이다. 한편 설계 단계의 목적은 어떻게 구축할 것인지를 결정하는 것이다. 설계 단계에서 이루어지는 중요한 작업은 분석 모델의 집합(기능적, 구조적, 동적 모델)을 설계로 발전시켜 나가는 일이다.

설계 단계를 통하여 비소로 소프트웨어를 사용할 기관 안에 존재하는 환경과 시스템에 비추어 새 시스템을 세심하게 고려한다. 예를 들어 현재 시스템과 통합하는 문제, 레거시 시스템으로부터 자료를 변환하는 문제, 현재 기관에 있는 기술이 무엇인가 등을 시스템에 대하여 'how'의 관점으로 생각할 것이다. 계획과 분석 단계에서는 시스템에서 무엇이 가능한지 찾아내었고 개발 단계에서는 구현이 가능하도록 시스템의 도면을 만든다.

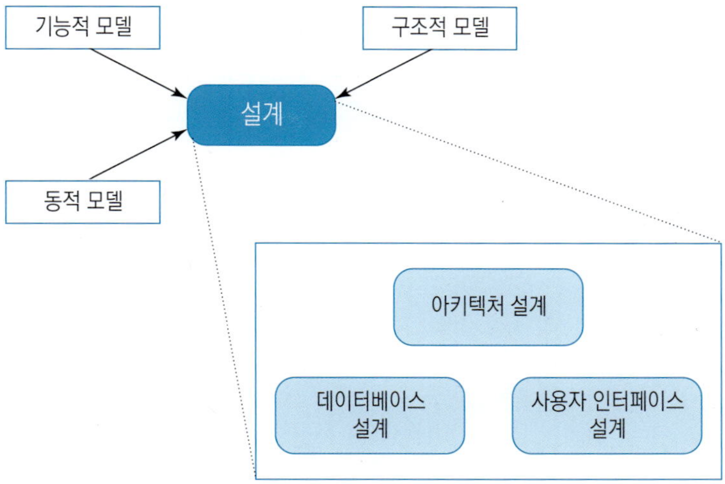

[그림 7.1] 분석에서 설계로의 전환

도면을 만드는 일은 구현 분야에 따라 상세히 작성하여야 한다. 마치 건축 구조를 위하여 뼈대를 만드는 작업을 위한 도면과 배관을 위한 도면, 전기 배선을 위한 도면이 다른 것처럼 소프트웨어를 구현하는 데도 여러 다른 설계가 필요하다.

소프트웨어 시스템의 설계 도면은 크게 아키텍처 설계, 데이터베이스 설계, 사용자인터페이스(UI) 설계 등으로 구성된다. 아키텍처 설계는 시스템의 구조적인 요소와 관계를 결정하는 작업으로 시스템의 볼트와 너트인 클래스와 메소드를 모듈로 구성하고 모듈 사이의 인터페이스를 정의하는 일이다. 데이터베이스 설계는 어떻게 자료를 저장할 것인지를 결정하는 작업이며 UI는 사용자에게 보이는 부분으로 인터랙션을 어떻게 할 것인지 구체적으로 정하는 일이다.

아키텍처 설계 분석 단계에서는 시스템의 기능을 찾아내고 응용 분야에 존재하는 클래스가 무엇이 있는지 생각해보고 필요한 클래스를 찾아내는 작업을 하였다. 여기에는 구현을 위한 여러 가지 필요한 요소, 예를 들면 비주얼 윈도우 구현을 위한 구체적인 클래스나 자료 구조 또는 데이터베이스 저장 및 검색을 위한 자세한 클래스는 빠져 있다. 설계에서는 이러한 구현 종속적인 사항을 찾아내어 상세한 설계 모델을 완성한다.

아키텍처는 분석 단계에 찾아낸 클래스와 메소드를 교통 정리하여 클래스의 묶음, 즉 패키지로 만든다. 그리고 패키지 사이에 인터페이스를 정의한다. 그림 7.2에 있는 것은 클라이언트 서버 스타일의 내비게이션 시스템의 아키텍처 설계로 서브시스템과 그 안에 있는 패키지들의 구성관계를 나타낸 것이다.

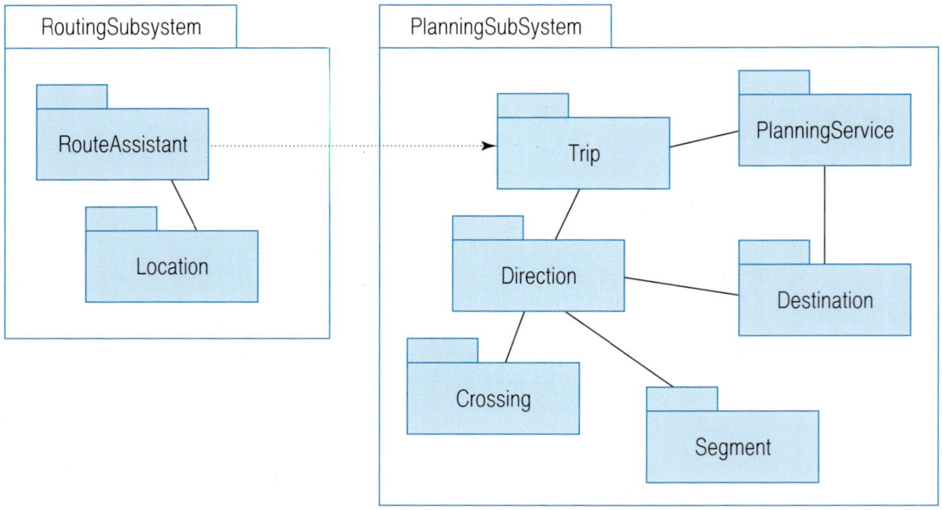

[그림 7.2] 내비게이션 시스템의 아키텍처 설계

데이터베이스 설계 자료를 저장할 데이터베이스에 대한 상세한 데이터 모델을 작성하는 것이 데이터베이스 설계 작업이다. 저장할 자료를 결정하고 그들 사이의 관계를 찾아내는 개념적 스키마를 작성하는 작업이 필요하다. 여러 가지 정보 사이의 관계를 결정한 후에는 자료를 DBMS에서 지원하는 저장 객체로 매핑한다. 관계형 데이터베이스의 경우 저장 단위 객체는 테이블이다. 끝으로 데이터베이스의 물리적인 설계 작업은 저장 매체에 있는 데이터베이스의 물리적인 형상, 즉 자료 요소, 자료 타입, 인덱스 선택, 다른 옵션에 대한 자세한 선택 등을 결정한다. 데이터베이스 설계에 대한 자세한 내용은 8장에 소개한다.

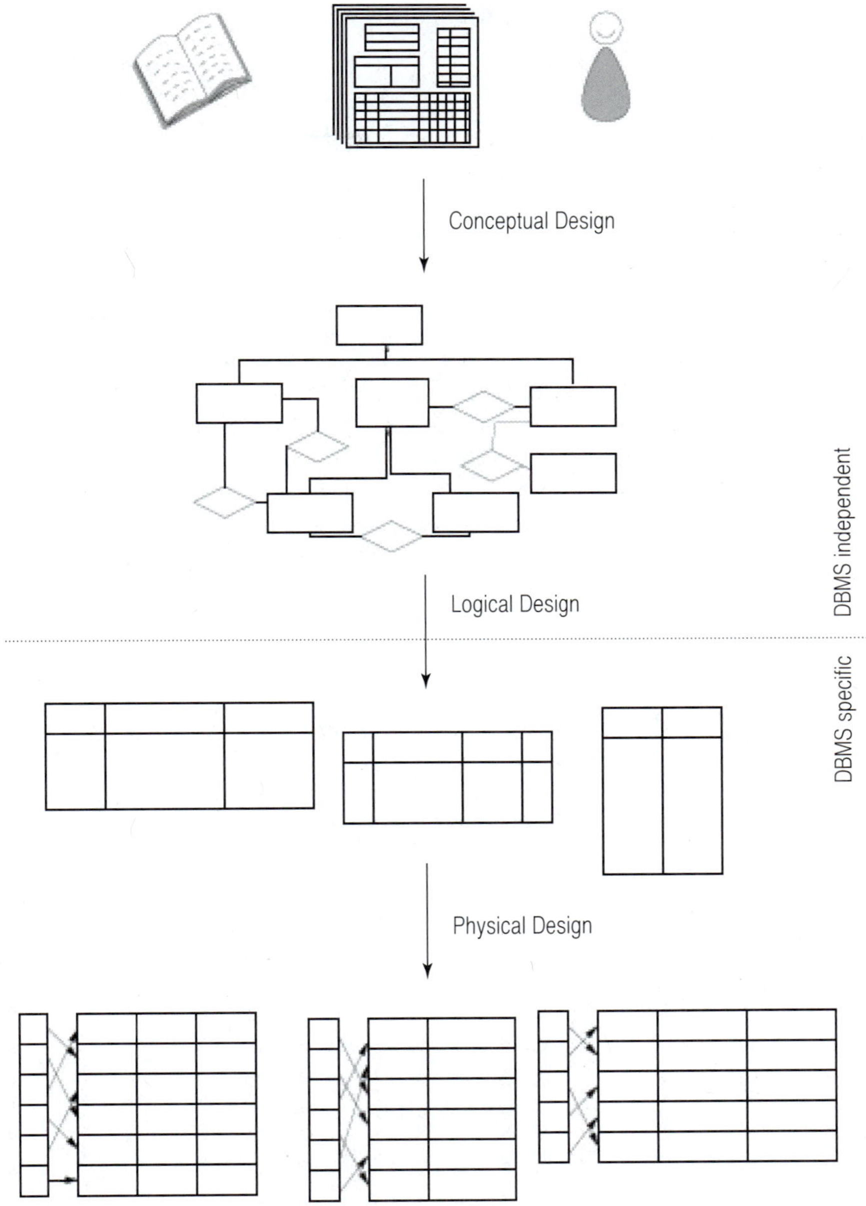

[그림 7.3] 데이터베이스 설계 과정

UI 설계 설계는 사용자가 시스템과 상호작용하기 위한 방법을 포함하고 있는 UI, 시스템 입력, 시스템 출력을 설계하는 작업을 포함하고 있다. 어떤 UI 설계 요소들이 있고 이들을 어떤 때 사용하는지 9장에 설명한다. 또한 사용자 요구에 맞는 시스템을 설계하는 데 도움이 되는 스토리 보딩과 프로토타이핑과 같은 방법을 설명하고 좋은 UI 설계가 되기 위한 사례를 소개한다.

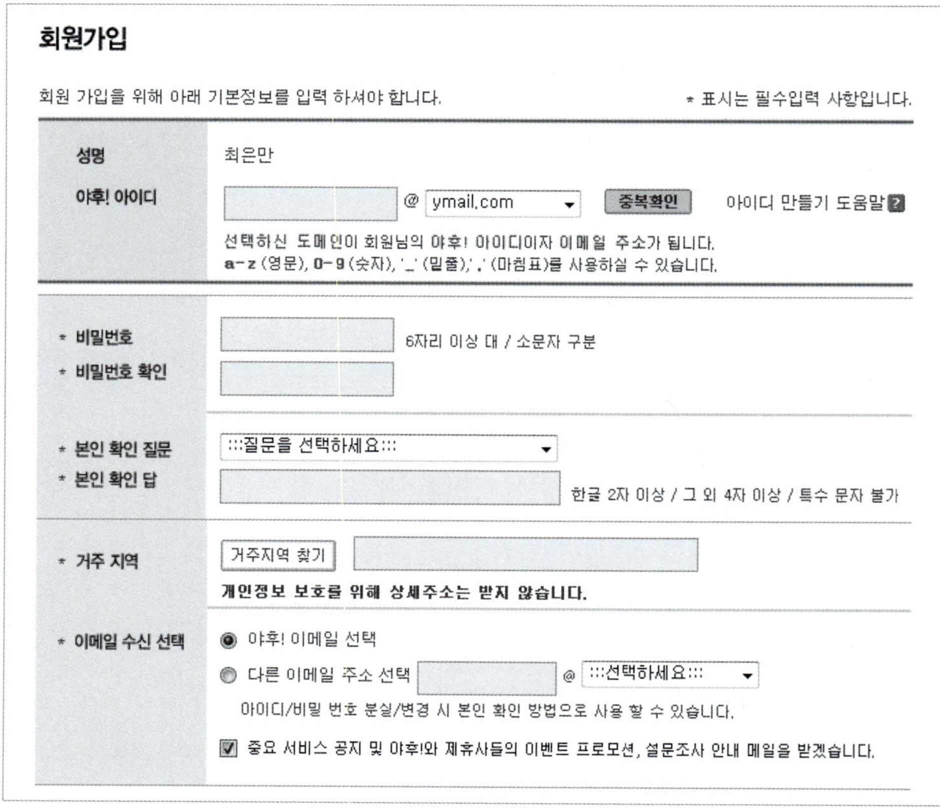

[그림 7.4] UI 사례

객체지향 시스템의 관점에서 설계 작업은 분석 단계에서 찾아낸 도메인 클래스에 아키텍처를 생성하고 나머지 설계 클래스를 찾아내는 작업이라 할 수 있다. 그림 7.5에서 보는 것처럼 요구 단계에서 도메인 클래스를 찾아내고 이를 바탕으로 아키텍처를 선택한다. 또한 데이터베이스 설계와 UI 설계 과정을 거치면서 구현과 관련된 나머지 상세 클래스들을 찾아낸다.

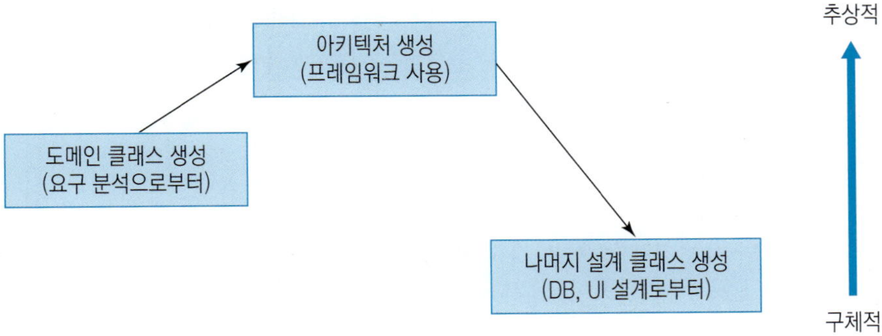

[그림 7.5] 설계 단계의 클래스 발견 과정

7.2 설계 개념과 원리

설계 작업은 분석 단계에서 파악한 요구를 구현 가능한 설계안으로 바꾸는 작업이다. 요구는 개념적이고 추상적인 성격이 많으나 설계는 구체적이고 프로그램과 더욱 가까운 실제적인 것이 되어야 한다. 요구와 설계의 결과물 사이에는 큰 차이가 있으며 이를 메우기 위하여 다음과 같은 작업이 필요하다.

- 컴포넌트의 발견 – 설계의 해결책을 이루고 있는 컴포넌트를 파악하여야 한다. 구조라는 관점에서 시스템 안에 어떤 구성요소가 있고 어떤 관계를 맺고 있는지 파악한다.
- 설계안의 선택 – 같은 재질로 빌딩을 건축하더라도 서로 다른 아키텍처 스타일로 설계할 수 있는 것처럼 적은 수의 컴포넌트가 사용된다고 해도 서로 다르게 구성할 수 있다. 즉, 같은 플랫폼 위에 동일한 요구에 대하여 서로 다른 설계안을 만들 수 있고 그중에 최적의 해결책을 선택하여야 한다.
- 설계 도면의 작성 – 유스케이스와 같은 분석 단계의 결과물은 전체적인 숲을 보기 위하여 의도적으로 자세한 사항을 나타내는 일을 피한다. 하지만 설계 최종 결과물은 프로덕트를 만들 수 있도록 충분히 상세한 도면이 되어야 한다.

여러 가지 설계안 중에 어떤 것이 바람직한 설계라 할 수 있을까? 크게 보면 구축한 시스템이 요구를 잘 만족하였을 때 그 설계가 바르다고 할 수 있다. 하지만 정확성만이 설계 단계에 만족하여야 할 목표는 아니다. 좋은 설계가 되기 위해서는 단순함, 편리한 유지보수, 모듈화 등 여러 가지 설계 원리를 잘 이해하고 적용하는 것이 중요하다.

이 절에서는 경험에 의하여 터득된 좋은 소프트웨어 설계가 되기 위한 원리(rule of thumb)를 소개한다.

바람직한 설계란?

소프트웨어의 뛰어난 설계란 여러 가지 특징이 있다. 먼저 소프트웨어의 가장 다루기 어려운 특징인 복잡함을 최소화하는 것, 변경이나 확장, 재사용을 쉽게 하는 것 등이다. 자세히 설명할 다음의 여러 조건을 만족시킨다면 소프트웨어의 설계는 매우 훌륭해질 것이며 탄탄한 구조를 가지게 될 것이다.

목표는 서로 상충되는 부분이 있지만 이를 적절히 저울질하여 타협하는 것이 설계 작업에서 할 일이다. 신뢰성이나 성능과 같은 특징은 자세히 설명하지 않아도 좋은 설계가 갖추어야 할 특징이므로 생략하였다.

복잡성 최소화 시스템이 진화할수록 기능도 복잡해지고 따라서 구조도 복잡해질 수밖에 없다. 그러나 복잡한 여러 가지 요소를 교통 정리하여 단순화하거나 복잡함을 최소화하는 것이 좋은 설계다. 설명을 잘 들어야 알 수 있는 복잡한 구조나 번뜩이는 재치로 만들어진 설계는 피해야 한다. 대신에 간단하고 이해하기 쉬운 설계로 만들어야 한다.

시스템을 단순한 큰 덩어리 몇 개로 만들어 복잡함을 감소시킬 수 있다. 이것을 분할(decomposition)이라 부른다. 예를 들어 회계 정보 시스템을 구성할 때 기능적으로 분할하여 지급 회계, 미수금 회계, 급여 회계 등으로 나누는 것과 같다.

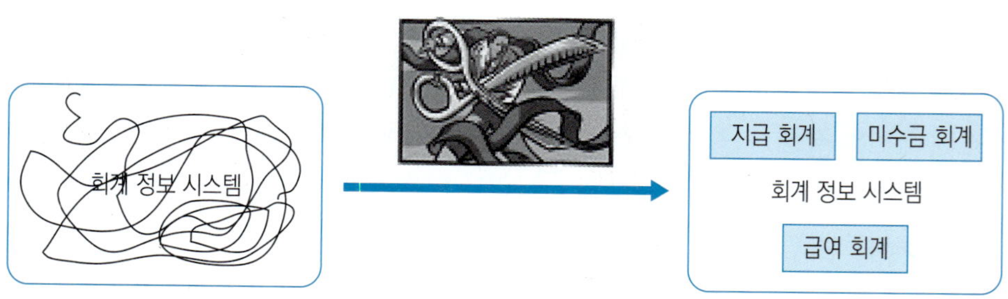

[그림 7.6] 복잡성 최소화

편리한 유지관리 시스템은 하드웨어와는 달리 한번 릴리스 한 후 계속 변경되고 진화될 수 있다. 따라서 유지관리를 잘 할 수 있도록 설계하여야 한다. 유지관리를 잘 하려면

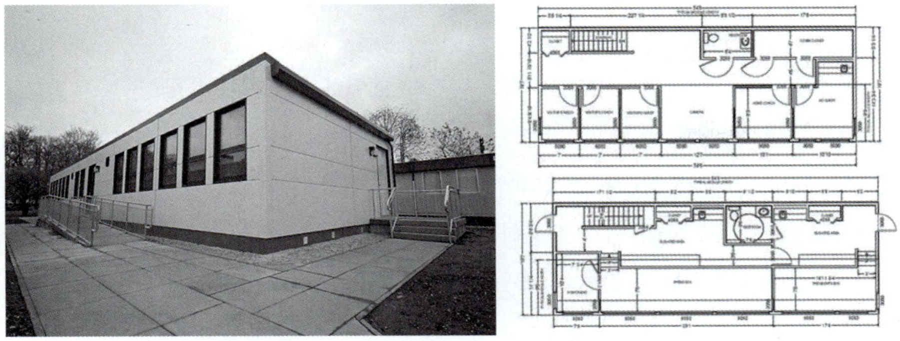

[그림 7.7] 건축설계에서의 모듈화

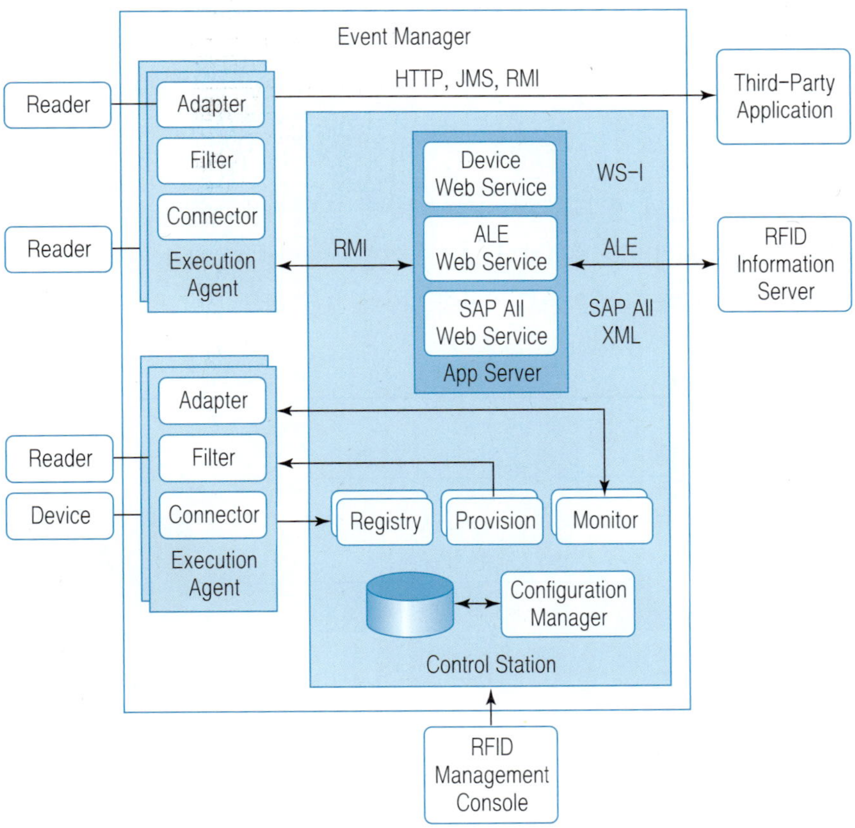

[그림 7.8] 소프트웨어 설계에서의 모듈화

우선 프로그램에 대한 설명이 다른 문서나 프로그램 자체에 잘 나와 있어야 한다. 유지보수 프로그래머가 프로그램을 빨리 이해하고 이를 바탕으로 수정하거나 추가해야하기 때문이다.

쉽게 수정하고 추가하려면 소프트웨어의 구조가 모듈화되어 있어야 한다. 마치 전자 제품이나 자동차의 AS를 받을 때 고장 난 부분을 쉽게 찾아내고 쉽게 수리하기 위하여 부품을 통째로 갈아 끼우도록 설계되어 있다. 또한 건축에서 창틀이나 문, 벽, 바닥 등을 모듈화하고 표준화하여 쉽게 시공하고 보수할 수 있게 한다. 이런 개념이 바로 모듈화이다. 밀접하게 관련된 부분을 함께 덩어리로 만들어 컴포넌트화하는 것이다.

느슨한 결합 소프트웨어의 모듈 간 연결을 최소화하도록 설계 하여야 한다. 또한 패키지 사이, 클래스 사이에 결합(coupling)이 되는 것을 최소로 하기 위하여 클래스 인터페이스의 추상화, 클래스 안에 있는 정보를 감추는 정보 은닉 원리 등을 적용한다. 연결이 최소화 되면 통합이나 테스트, 유지관리 할 때 작업을 줄일 수 있다. 왜냐하면 한 부분을 수정하였을 때 그 영향으로 다른 부분을 수정하여야 하는 부분이 적어지기 때문이다.

그림 7.9에 있는 빙산의 일각과 같이 모듈 내부의 모든 자세한 작업을 숨기고 외부 클라이언트에게 인터페이스를 제공하여 그것으로만 쓰게 한다면 모듈 사이의 결합은 상당히 줄어든다. 이렇게 하면 발견된 결함의 원인이 모듈 내부나 인터페이스로 국한되기 때문이다.

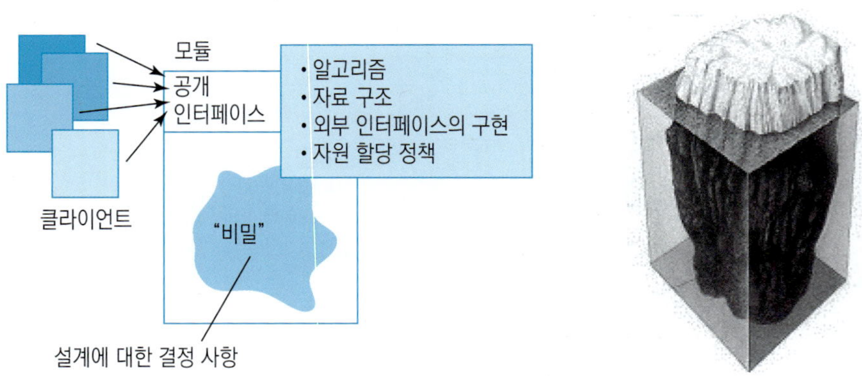

[그림 7.9] 빙산의 일각과 같이 대부분을 노출하지 않는 모듈 설계

유연한 구조 시스템이 내부구조를 해치지 않고 쉽게 확장할 수 있다면 설계는 유연한 구조를 갖게 된다. 다른 부분에 영향을 주지 않고 시스템의 일부를 변경할 수 있기 때문이다. 다음과 같은 몇 가지 방법으로 유연한 구조를 만들 수 있다.

1. 변경될 것 같은 부분을 찾아 고립시킴 – 시스템 안에는 잠재적으로 변경될 것이 있다. 예를 들면 하드웨어 의존 부분, 입출력 포맷, 상태변수, 데이터의 크기 제약 등 자주 바뀌는 부분이 있다. 이런 부분을 규명하여 별도의 클래스로 분류하고 이런 부분의 변경이 다른 부분에 영향을 주지 않도록 고립시키고 외부에 영향을 주지 않도록 인터페이스를 설계 한다.

2. 동적 바인딩과 패턴을 이용하여 바인딩 타임을 늦춤 – 객체지향 프로그래밍에서는 변수값이나 호출 함수를 고정시키지 않고 융통성 있게 지정할 수 있는 기능이 있다.

```
//Fertilization schedule
switch(fruitType)
{
    case APPLES:
        //apples fertilization code
        break;
    case ORANGES:
        //oranges fertilization code
        break;
    case PEARS:
        //pears fertilization code
        break;
}
```

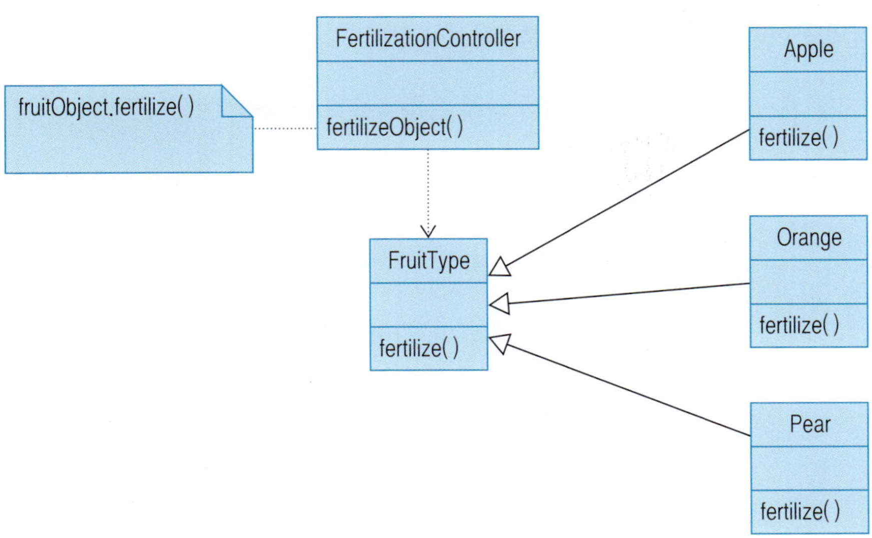

[그림 7.10] 바인딩의 지연

다형성이라는 개념은 이것을 가능하게 해준다. 예를 들어 과수원에서 나무에 비료 주는 것을 제어하는 시스템이 있다고 하자. 과수의 종류에 따라서 다르게 제어한다면 다음에 있는 코드와 같이 과수 타입에 따라 다른 처리를 하여야 한다. 과수원에 새로운 과수를 심었다고 할 때 제어 시스템 안에 있는 과수 타입을 묻는 switch 문장은 대부분 변경 및 확장되어야 한다.

객체지향의 상속이라는 개념은 다형성을 갖게 한다. 즉 그림 7.10의 fertilize()라는 동일한 함수 이름이 여러 클래스에서 다른 의미로 쓰일 수 있는 것이다. 이렇게 설계하면 FertilizationController는 아직 알지 못하는 FruitType에 대하여 보다 융통성 있게 fertilze() 함수를 부를 수 있다. 실행될 때 fruitObject에 Apple, Orange, Pear 어떤 것이 오는지에 상관하지 않고 융통성 있게 프로그래밍을 할 수 있기 때문이다. 앞으로 새로운 과일이 추가 되더라도 다른 곳은 영향 받지 않고 FruiteType 클래스를 상속하는 클래스만 추가하면 되므로 유연한 구조를 갖게 된다.

설계 수준

소프트웨어의 구조는 양파와 같이 여러 계층이 수직적으로 겹겹이 쌓여있다. 이러한 계층 구조를 갖는 이유는 계층마다 고유한 일을 모여 있게 하여 응집력이 높게 하고 새로운 상위 계층에 독립적이고 일관된 서비스를 제공하기 위함이다. 이러한 의미에서 설계 작업도 여러 수준으로 나누어 분할하여야 한다.

객체지향 시스템은 그림 7.11과 같이 다섯 가지 수준으로 나눌 수 있다.

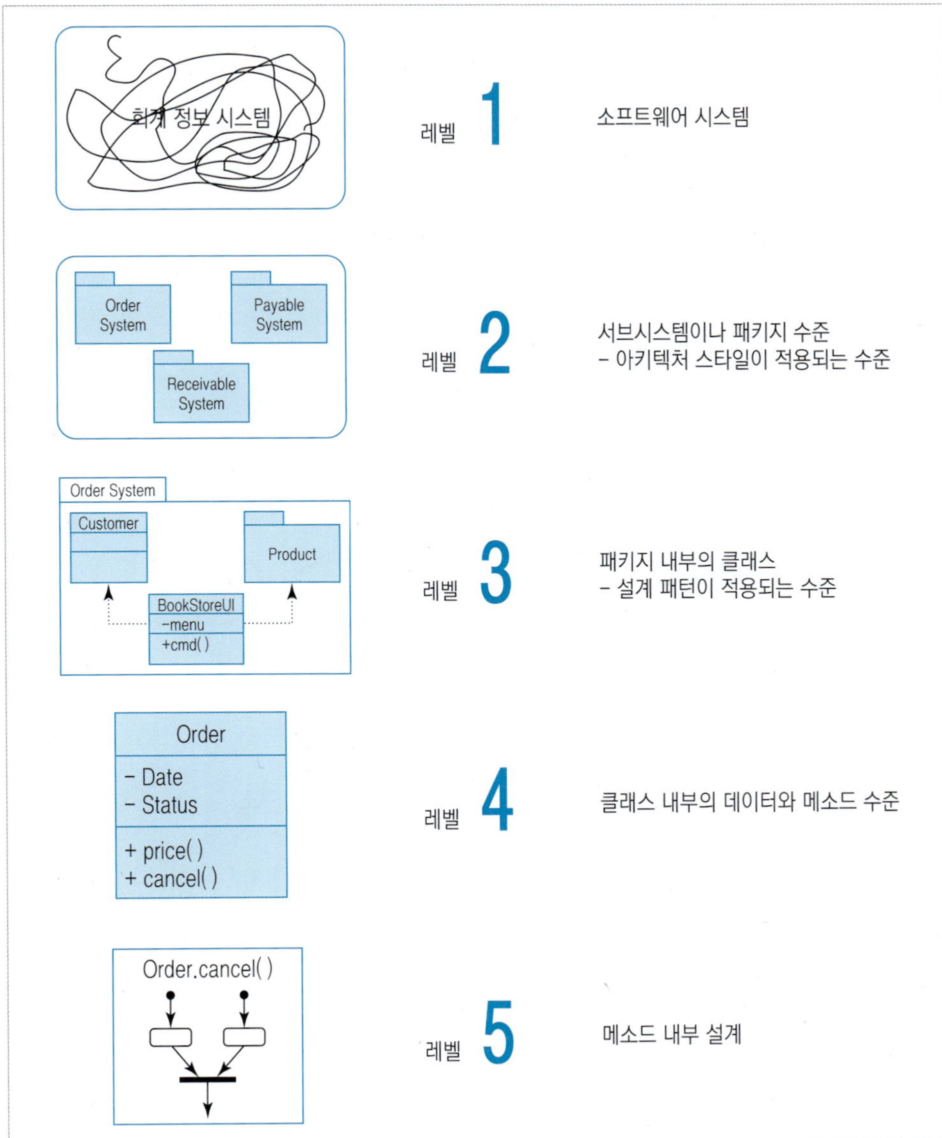

[그림 7.11] 시스템의 설계 수준

서브시스템, 패키지 수준의 설계 이 수준에서의 중요한 설계 작업은 프로그램을 서브시스템이나 패키지로 어떻게 분할할 것인지, 분할된 모듈 사이에 어떤 식으로 인터페이스하고 어떻게 사용할 것인지를 결정하는 일이다. 같은 시스템을 개발하더라도 서브시스템이나 패키지의 구성 방법은 다를 수 있고 같은 덩어리로 분할하더라도 연결하는 방식에 따라 시스템의 성능은 크게 차이가 날 수 있다.

예를 들어 어떤 시스템을 여섯 개의 서브시스템, 즉 UI, 그래픽, 데이터베이스, 응용 수준 클래스, 비즈니스 룰, 엔터프라이즈 수준 도구로 분할하였다고 하자. 이렇게 분할한 후 서브시스템 사이에 커뮤니케이션을 생각해보자.

아무 제한이 없다면 그림 7.12와 같이 필요할 때마다 인터페이스를 만들게 되어 시스템의 엔트로피는 증가할 것이다. 이렇게 되면 서브시스템 사이에 서로 의존도가 커지고 앞서 설명한 낮은 결합도를 가진 바람직한 설계가 되지 못한다.

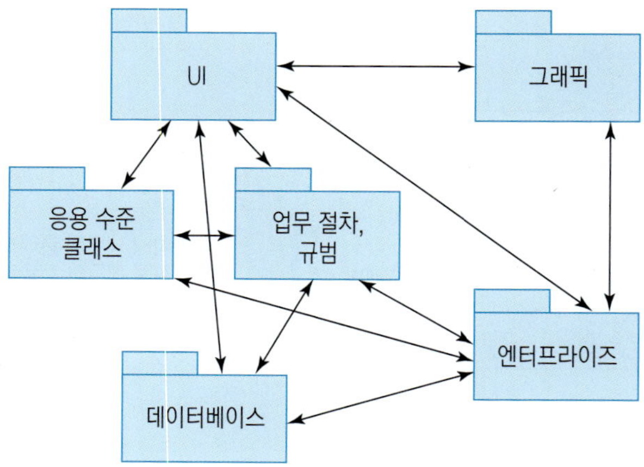

[그림 7.12] 커뮤니케이션 제약이 없이 설계한 구조

서브시스템 사이의 인터페이스에 어떤 규칙을 가지고 연결하는 것이 효율적일까? 가장 기본적인 것은 서브시스템 사이에 알아야 할 필요성이 커뮤니케이션을 가능하도록 만들어야 한다는 것이다. 예를 들면 그래픽 모듈에서 엔터프라이즈 수준의 도구를 직접 커뮤니케이션하는 경우는 별로 없다.

또한 시스템의 구성요소들이 제각기 커뮤니케이션 하도록 수백 개의 호출 코드를 작성하는 것보다 계층을 형성하여 전달받거나 중간 제어 역할을 담당하는 모듈을 두는 것이 효과적이다. 예를 들면 응용 수준의 클래스는 UI의 요청을 받아 비즈니스 규칙을 구동시키고 필요하면 데이터베이스에 저장하도록 만든다. 이렇게 하면 서브시스템 사이의 관계가 간단하고 연결이 쉽게 이해된다.

예를 들면 축구 경기에서 선수의 역할을 잘 조직하여 효과적인 플레이를 하는 것과 같다. 운동장에서 뛰는 선수 모두에게 각자 알아서 모두에게 패스하고 협동하는 것보다 풀백 진영의 선수는 미들 필더와 패스하고 협력하게 하고 미들 필더들은 다시 공격수와 패스하게 하면 역할도 분명해지고 협동 범위가 줄어들어 선수의 플레이가 효율적이 된다.

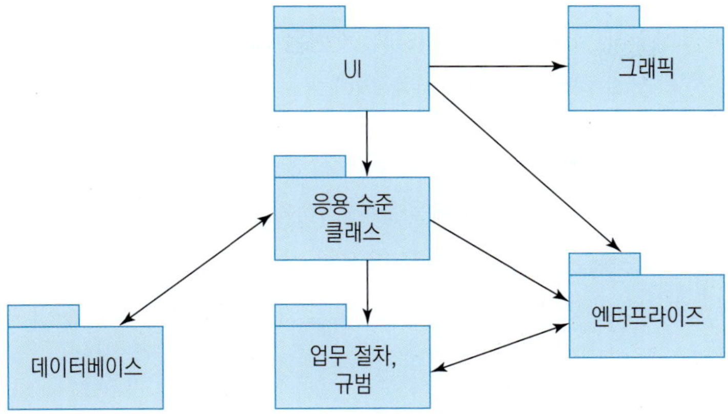

[그림 7.13] 커뮤니케이션에 제약을 두고 설계한 구조

이와 같이 서브시스템이나 패키지 수준의 설계에는 아키텍처 개념이 필요하다. 클라이언트나 서버, 또는 데이터베이스, 업무 규범, 절차와 같은 구조적인 요소들을 정하고 이들 사이의 역할과 관계를 잘 정의하는 것이다.

아키텍처 설계에는 자주 사용되는 스타일이 있다. 스타일이란 시스템의 구성요소들이 일정한 역할과 관계의 유형을 말하는 것으로 예를 들면 계층구조, 클라이언트 서버, 블랙보드 아키텍처, 파이프라인, 출판 구독(publisher–subscriber) 등이 있다. 이러한 아키텍처 스타일을 적용하면 공통적인 서브시스템이 서로 다른 시스템에서 계속 나타나며 시스템이 특정한 문제를 해결해줄 수 있는 골격을 가지게 된다.

Box 7.1 | 비즈니스 룰

비즈니스 룰(rule)은 시스템에서 필요한 규범이나 정책, 절차 등이다. 즉 급여 시스템에서 급여 대장을 작성하려면 세금의 원천징수를 계산하기 위하여 국세청에서 정한 근로소득세율에 대한 내용을 입력하여야 한다. 급여 시스템에 필요한 그 밖의 규칙들은 초과근무 수당, 휴일과 공휴일 등 법정 공휴일과 같은 것 들이다.

이러한 비즈니스 룰은 정부의 정책에 다라 자주 바뀔 수 있는 부분이다. 따라서 시스템에서 별도의 모듈로 만들어 바뀌더라도 영향 받는 부분이 제한되도록 한다.

부서의 이름이나 조직 등도 자주 바뀔 수 있는 부분이다. 이런 것은 테이블을 이용하여 접근하게 하는 것이 바람직하다. 프로그램 안에 하드코딩 하는 것보다 테이블에 저장해두고 메시지를 읽어 내는 방법이 변경에 더 유연하다.

클래스 수준의 설계 패키지 내부에는 클래스들이 모여 있고 서로 관련을 맺고 협동한다. 도메인과 관련된 응용 프로그램 수준의 클래스는 분석 단계의 구조적 모델링을 통하여 이미 파악하였다. 그러나 구현 기술과 관련된 UI나 데이터 저장소, 엔터프라이즈 수준의 클래스는 설계 단계에서 파악하게 된다.

클래스 수준의 설계 작업에서는 패턴이 자주 사용된다. 디자인 패턴은 객체지향 프로그래밍에서 가장 흔히 발생하는 문제들을 해결하기 위하여 사용하던 설계 조각의 모임이다. 대부분의 문제들은 되풀이 되고 유사한 해결책이 패턴으로 잘 정리된 것이다. Eric Gamma와 3명의 저자(Gangs of Four)들이 쓴 디자인 패턴 책이 효시가 되어 많은 유용한 패턴들이 발견되고 있다.

예를 들어 인터넷 쇼핑몰에서 주문 상태를 휴대폰이나 메일로 모니터링 하는 서비스를 추가하기로 하였다고 하자. Order 객체는 자신이 가지고 있는 Status 속성이 바뀔 때마다 모니터링 하는 디스플레이 장치나 메일 서비스 객체에 변경 내용을 알려야 할 것이다.

자주 변경되는 자료를 가진 클래스와 자료를 이용하는 클래스 사이에 효과적으로 협력하는 방법은 옵서버 패턴이다. 자료의 갱신이 발생할 때 자료를 가진 클래스에서 이용

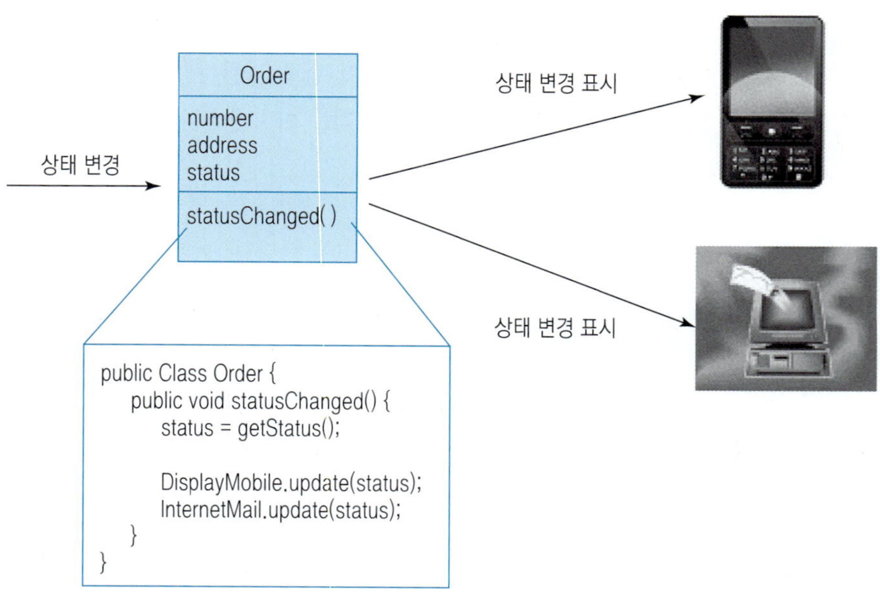

[그림 7.14] 주문 상태 메일 모니터링 설계

하는 클래스에게 통지하면 각 클래스는 자료를 받아오는 방법이다. 옵서버 패턴은 자료를 가진 측이 받는 측 모두에게 푸싱하거나 자료를 받는 측이 자료가 갱신되었는지 계속 체크하는(polling) 비효율을 피할 수 있다.

그림 7.14와 같이 설계했을 때 몇 가지 문제가 있다. 먼저 statusChanged() 오퍼레이션의 구현에 너무 구체적인 객체(DisplayMobile, InternetMail)에 맞추어 코딩하여 다른 모니터링 매체를 추가하려고 할 때 일일이 고쳐 주어야 한다. 또한 status 이외의 항목을 데이터로 주고받으려면 매개변수를 계속 고쳐주어야 한다.

보다 현명한 설계는 출판사와 구독자의 개념이 담겨져 있는 옵서버 패턴을 적용하는 것이다. 구독자는 항상 출판사가 보내주는 새로운 소식이나 출판물에 대하여 모니터링하는 입장과 같다. 새 버전이 나왔을 때 출판사가 일일이 구독자의 이름과 주소를 다 언급하여 보내주는 것은 불편하다. 구독자가 리스트에 등록하게 하고 출판사는 신간이 나왔을 때 구독자 리스트를 언급하고 여기에 통지하기만 하면 더 효율적이다.

옵서버 패턴을 사용하여 설계를 고치면 그림 7.15와 같이 된다. 구독 주체(subject)는 구독자를 일일이 알고 있을 필요가 없고 옵서버로 등록되어 있는 모든 객체에게 notifyObserver() 오퍼레이션을 이용하여 통지하면 된다. 옵서버는 언제든지 registerObserver() 오퍼레이션을 이용하여 추가하고 removeObserver() 오퍼레이션을 이용하여 삭제할 수 있다. 이러한 자세한 사실을 Order는 알 필요가 없게 된다.

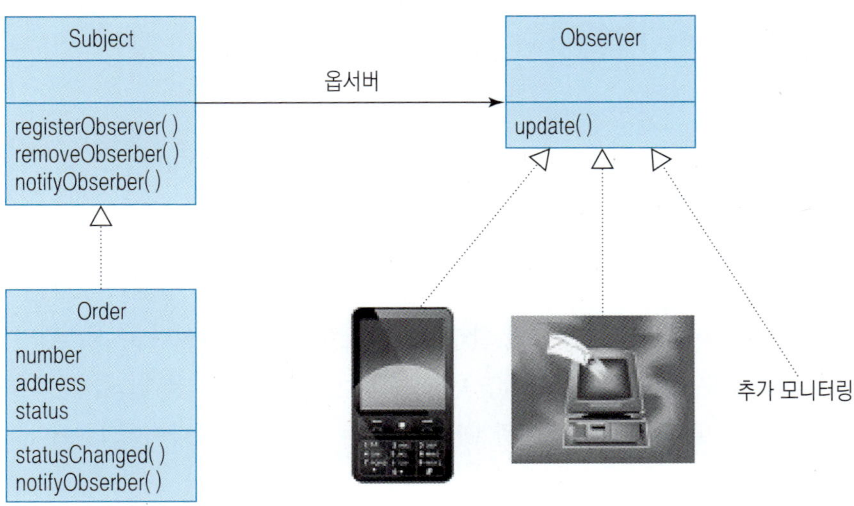

[그림 7.15] 옵서버 패턴을 적용한 설계

Order 객체와 옵서버 객체 사이에 결합은 이제 느슨해졌다. 두 객체가 느슨하게 결합되어 있다는 것은 서로 상호 작용을 하긴 하지만 서로에 대하여 자세히 알고 이를 언급하면서 자세한 지시는 하지 않는다는 것을 의미한다. Order 객체가 옵서버에 대하여 아는 것은 Observer라는 추상 클래스 만이다. 또한 옵서버는 Order의 변경이나 간섭없이 언제든지 추가할 수 있다. Order나 옵서버는 서로 독립적으로 다른 곳에서 재사용될 수 있고 어느 한 쪽에서 변경이 있더라도 서로에게 영향을 주지 않는 바람직한 설계가 되었다.

Box 7.2 | 유명한 디자인 패턴

디자인 패턴을 이용하면 복잡성을 완화할 수 있고 융통성을 갖게 된다. Eric Gamma 등이 펴낸 디자인 패턴 책에는 23 가지 패턴을 정리해 놓았다. 이중 널리 사용되는 패턴을 나열하면 다음과 같다.

- 팩토리 메소드 – 생성자와는 별도의 객체 생성 메소드를 두어 개별적인 파생 클래스를 추적하지 않고 기본 클래스를 불러 파생된 클래스를 생성할 수 있게 하는 패턴
- 추상 팩토리 – 클래스 집합의 종류를 지정하여 관련된 객체의 집합을 생성할 수 있게 하는 패턴
- 어댑터 – 레거시 시스템의 인터페이스를 다른 인터페이스로 바꾸어 쓸 수 있게 하는 패턴
- 싱글톤 – 하나의 인스턴스만 갖게 하여 전역 변수처럼 접근하게 하고 싶을 때 사용하는 패턴
- 컴포지트 – 복합 개념과 단일 개념의 객체를 동일하게 다루고 싶을 때 유용한 패턴
- 옵서버 – 어떤 객체가 가진 자료를 여러 다른 객체가 모니터링 하고 싶을 때 서로의 결합을 낮추어 통지하고 관찰하게 하는 패턴
- 반복자 – 집합에 있는 각 요소들을 순차적으로 접근할 수 있는 방법을 제공하는 별도의 클래스를 두는 패턴

7.3 설계 표현 방법

시스템의 아키텍처, 즉 계층이나 모듈 등은 시스템의 기본 블록인 클래스 보다는 더 큰 수준인 패키지로 나타낸다. 패키지란 클래스들을 담고 있는 컨테이너다. 시스템의 모델에 대한 복잡한 수준을 유지할 수 있도록 클래스들을 묶어준다. 클래스들을 그루핑하여 패키지로 나타내고 이들 사이의 관계만을 그리는 것이 패키지 다이어그램이다.

패키지 다이어그램은 클래스 다이어그램과 같이 시스템의 구조적인 측면을 보여준다. 시스템 안에 존재하는 클래스는 한 장에 그릴 수 없을 정도로 많기 때문에 적절히 그

루핑하여 패키지로 선언하고 이들 패키지만을 그린다. 이렇게 표현하면 자세한 나무 하나 하나는 감추고 숲을 보여 주는 것과 같은 원리이다.

패키지 다이어그램의 요소

패키지 다이어그램에서 사용하는 심볼은 윈도우 운영체제의 탭이 있는 창과 같다. 패키지가 어디에 사용되느냐에 따라 서로 다른 관계를 나타낼 수 있다. 예를 들어 클래스 다이어그램에서 사용되는 경우 패키지는 클래스의 그룹을 나타내며 집합과 연관 관계의 표현이 가능하다.

패키지 다이어그램에서 사용하는 새로운 관계는 의존 관계이다. 의존 관계는 표 7.1에서 설명한 것처럼 점선 화살표로 표시한다. 의존 관계는 두 패키지 사이에 존재하는 변경 의존 관계를 나타낸 것이다. 즉 하나의 패키지에서 변경이 발생하면 다른 패키지가 영향을 받아 변경이 요구되는 관계를 나타낸다.

표 7.1 패키지 다이어그램의 요소

그림 요소	이름	설명
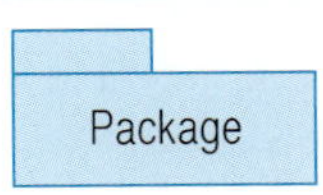	패키지	• 클래스의 그룹 • 관련된 요소들을 그루핑하여 상위 수준의 요소로 만들어 모델을 단순화함
	의존 관계	• 패키지 사이에 의존을 나타냄. 패키지에 변경이 가해지면 의존 패키지도 변경이 될 수 있다는 것을 의미. • 화살표는 의존하는 패키지에서 의존 당하는 패키지로 향함

그림 7.16은 인터넷 서점의 여러 가지 계층을 나타낸다. 예를 들어 Ordering 패키지에 변경이 발생한다면 UI 패키지와 CustomerDB에 영향을 준다는 사실을 나타내고 있다. 또한 CustomerDB에 변경이 일어나면 Ordering 패키지에도 영향을 준다. 하지만 UI 패키지에는 어떤 변경이 일어나도 영향 받는 모듈이 없다.

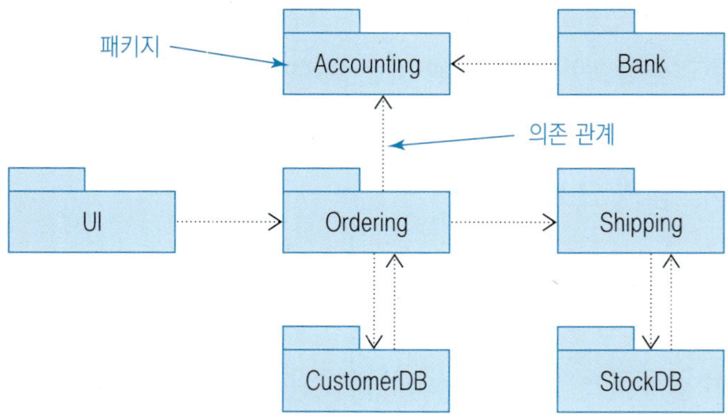

[그림 7.16] 패키지 다이어그램 사례

클래스 수준에서 의존 관계를 갖게 하는 원인은 많다. 예를 들면 메소드의 알고리즘이나 프로토콜이 변경된다면 이 클래스의 모든 객체를 위한 인터페이스에 변경을 일으킨다. 따라서 변경된 클래스의 인스턴스에 메시지를 보내는 객체의 클래스도 수정을 해야 할 수도 있다. 클래스와 패키지 사이에 의존관계를 파악하는 것은 시스템을 유지보수하는 입장에서는 작업에 많은 도움을 준다.

앞서 설명한 바와 같이 패키지는 시스템이 분할된 덩어리이며 계층이 될 수도 있다. 시스템이 분할된 덩어리는 또 다른 분할된 덩어리 안에 포함될 수 있다. 즉 패키지 안에는 클래스가 모여 있는데 또 다른 패키지가 포함될 수도 있다. 이렇게 그루핑한 것이 패키지로 표현되어 계층을 형성할 수 있는데 마치 구조적 방법에서 프로세스를 묶어 높은 수준으로 표현하여 분할 개수를 조절하는 것(balancing)과 같다.

패키지 다이어그램 그리기

규모가 큰 응용 시스템은 몇 십 개 또는 몇 백 개의 클래스를 가진다. 서브시스템이나 패키지 개념은 이러한 대규모 시스템을 분할하여 관리하기 좋은 덩어리로 제공하는데 좋은 역할을 한다. 패키지 다이어그램을 그리는 과정은 이렇게 분할과 계층화 작업으로 이루어지며 그리는 순서는 다음과 같다.

Step 1. 범위를 정한다.
Step 2. 공통의 관계를 기반으로 클래스를 묶는다.
Step 3. 묶은 클래스를 패키지로 모델링한다.

Step 4. 패키지 사이에 의존 관계를 찾는다.

Step 5. 패키지 사이에 의존 관계를 표시한다.

첫째 단계는 패키지 다이어그램을 위한 범위를 정한다. 패키지는 시스템의 큰 덩어리이며 하나의 계층이 될 수 있다. 예를 들어 인터넷 서점 시스템을 설계할 때 크게 세 개의 층, UI 층, 응용 층, 데이터베이스 관리 층으로 나눌 수 있다.

다음 단계는 클래스가 공유하는 관계를 기초로 하여 클래스 들을 패키지로 묶는다. 관계는 일반화, 집합, 연관, 객체 사이에 메시지 교환 등이 포함된다. 인터넷 서점 시스템의 패키지를 찾아내기 위하여 클래스 다이어그램, 시퀀스 다이어그램, 커뮤니케이션 다이어그램 등 여러 가지 분석 모델을 살펴보아야 한다.

셋째 단계는 묶은 클래스를 덩어리로 만들어 패키지 안에 넣어서 표현한다. 인터넷 서점 시스템은 그림 7.17에 나타낸 것과 같이 다섯 개의 패키지, UI, Accounting, Ordering, Shipping, CustomerDB, ProfuctDB로 나눌 수 있다.

넷째 단계는 패키지 사이의 의존 관계를 찾아낸다. 근본적인 의존 관계를 찾아내기 위

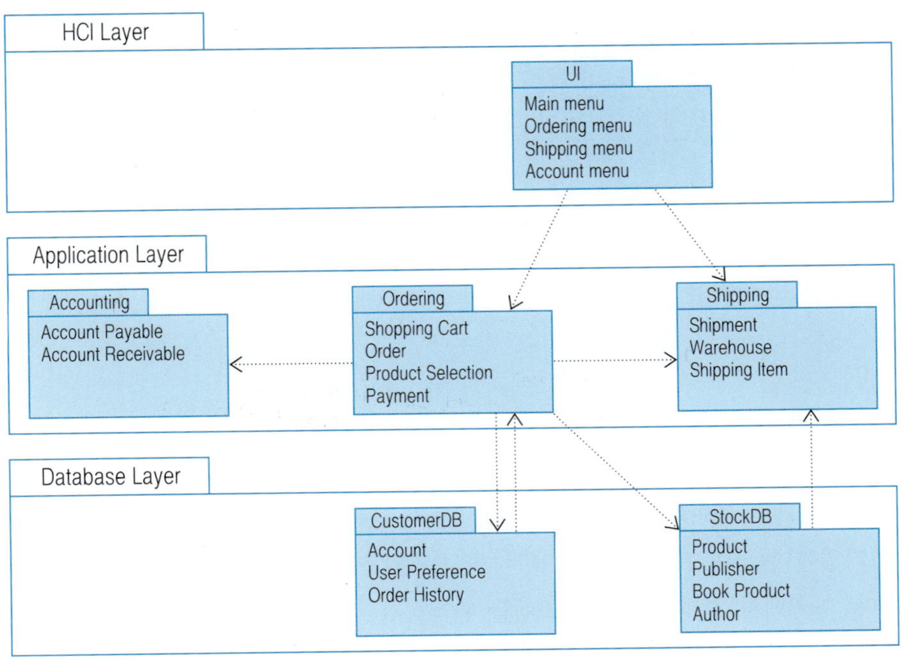

[그림 7.17] 인터넷 서점의 패키지 다이어그램

하여 패키지의 범위를 넘나들며 관계를 찾는다.

다섯째 단계는 구체화되어가는 패키지 다이어그램에 의존 관계를 추가한다.

Box 7.3 | 서브시스템과 클래스 다이어그램

각 클래스는 하나의 서브시스템에만 속하여야 한다. 클래스 다이어그램을 나타낼 때 주로 하나의 서브시스템 또는 패키지에 해당되는 것을 그린다. 그러나 다른 서브클래스를 표현할 필요도 있다. 예를 들면 Ordering 서브시스템을 그리는 데 CustomerDB 패키지에 있는 클래스와 연관을 표시할 필요가 있는 경우가 있다. 이런 경우 'imported from 〈subsystem name〉'과 같은 간단한 주석(annotation)을 추가하던지 스테레오타입 표시 〈〈imported〉〉를 달아 구별한다.

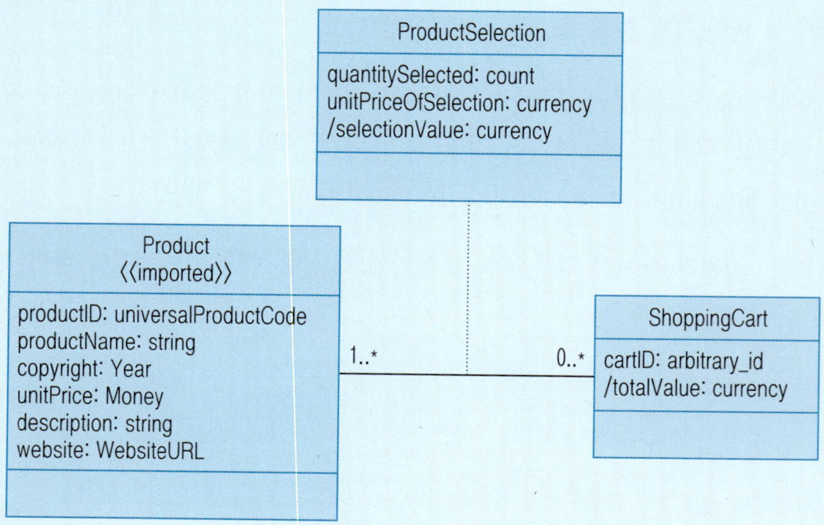

[그림 7.18] 다른 패키지에 있는 클래스의 표현

7.4 설계 요소와 방법

아키텍처 설계는 데이터베이스 설계, UI 설계와 함께 시스템 설계 작업의 일부분이다. 설계 작업을 통하여 사용자로부터 파악한 요구와 개발될 시스템 사이의 차이를 줄여나간다. 아키텍처 설계 작업은 시스템을 관리하기 쉬운 크기로 분할하고 이들 사이의 관계를 정의하는 것이다.

분석 단계에는 시스템의 목적과 기능에 초점을 두지만 설계 단계에는 시스템의 구조와 구성요소, 데이터 구조 및 구현에 필요한 하드웨어, 소프트웨어 컴포넌트에 초점을 둔다. 시스템 설계에서 가장 어려운 일은 여러 가지 상충되는 요구를 어떻게 잘 절충하여 만족도 높은 시스템으로 분할하는가를 결정하는 것이다.

소프트웨어 아키텍처를 설계하는 작업은 건축물을 설계하는 것과 유사하다. 예를 들어 개인주택을 설계한다고 하자. 설계하기 전에 먼저 고객과 방의 개수, 층수, 주거 공간의 면적, 방향 등을 먼저 정할 것이다. 그리고 더 세심하게 요구 사항을 정한다면 주간에 집안의 밝기를 최대로 한다든지 거주자들의 동선을 최소화하는 등의 제약 사항을 정할 수 있다. 건축설계사는 도면을 여러 번 그리면서 위와 같은 설계 제약을 최대로 만족할 수 있는 안을 찾아내는 데 소프트에어 설계 작업도 유사하다.

소프트웨어 아키텍처 설계 작업도 시스템이 가져야 할 품질 요구 사항들을 미리 정리하고 이에 맞추어 시스템의 구성 요소를 찾아내고 이들에 대한 인터페이스를 정의한다.

개인 주택 설계에서 구성 요소는 방이며 인터페이스는 방을 연결하는 문이다.

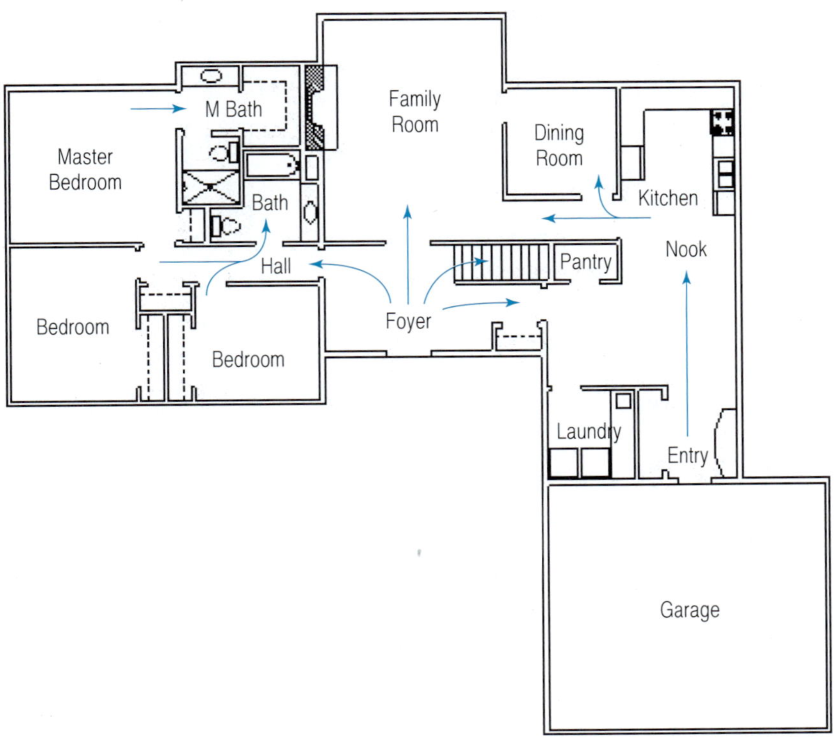

[그림 7.19] 건축 설계의 사례

소프트웨어 아키텍처 설계의 구성요소를 건축 설계와 비교하여 본다면 표 7.2와 같다. 소프트웨어 설계에서의 컴포넌트는 서브시스템 또는 패키지이며 인터페이스는 서브시스템이 제공하는 서비스이다. 설계 작업을 결정하는 또 다른 중요한 요소는 요구 조건들이다. 4장에서 설명한 유스케이스가 시스템에 대한 기능적인 요구이며 성능, 반응 시간 같은 것들이 비기능적 요구 사항이다.

표 7.2 설계 작업 요소의 비교

	건축 설계	소프트웨어 설계
컴포넌트	방	서브시스템(패키지)
인터페이스	문	서비스(인터페이스)
비기능적 요구	주거 면적	반응시간, 처리량
기능적 요구	주거용 주택	유스케이스
고비용의 재작업	벽 철거	서브시스템 인터페이스의 변경

결국 설계 과정은 그림 7.20에 표시한 것처럼 분석 단계에 찾은 기능적 요구를 구현할 시스템의 설계도로 바꾸는 작업이다. 이 과정에 반영되어야 하는 시스템 제약 사항이 있다. 시스템 제약이란 시스템의 설계 목표와도 같은 것으로 주로 비기능적인 요구, 예를 들면 반응 시간, 처리량, 메모리 소요 공간, 가동성, 안전성, 확장성 등 다양한 기준이 있다.

아키텍처 설계는 제약 사항들을 만족시켜서 서브시스템과 이들 사이의 인터페이스를 정하는 일이다. 소프트웨어 시스템의 구성요소는 시스템의 덩어리인 서브시스템 또는 패키지이며 이들을 어떻게 연결할 것이며 어떤 서비스를 어떻게 제공할 것인지가 설계 단계의 관건이다.

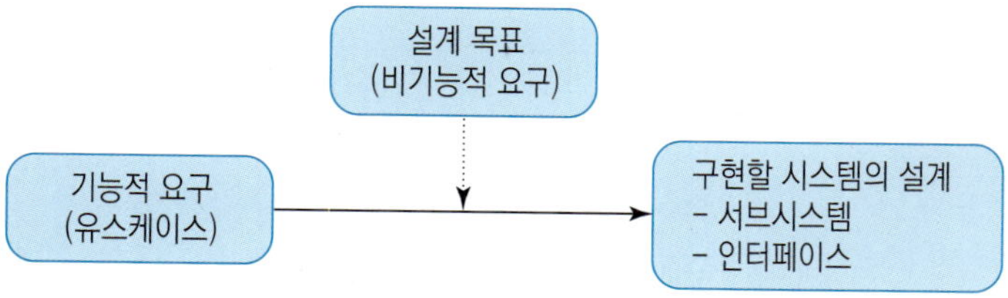

[그림 7.20] 아키텍처 설계 요소와 과정

설계 목표

설계 목표를 찾아내는 것이 시스템 설계 작업의 첫 단계이다. 설계 목표란 개발할 시스템이 초점을 두어야 할 품질 목표를 말한다. 설계 목표는 비기능적 요구나 응용 도메인으로부터 나온다. 또한 고객으로부터 나올 수도 있다. 설계 목표는 명확히 제시하여야 한다. 왜냐하면 설계에 대하여 같은 기준으로 모든 중요한 결정을 일관되게 정할 수 있기 때문이다.

예를 들어 인터넷 서점에 대한 비기능적인 요구를 찾아보자. 인터넷 서점은 우선 금전적 거래가 형성되어야 하므로 신뢰도가 높아야 하고 접속하는 동안 데이터의 손실이 없이 구매요청을 낼 수 있어야 한다. 또한 다수의 고객에 대한 신상 정보를 시스템에서 취급하므로 보안이 잘 되어야 한다. 또한 인터넷 서점은 다루는 상품이 자주 추가되어야 하므로 수정이 용이하여야 한다.

◆ 인터넷 서점을 위한 설계 목표

- 신뢰성 – 시스템이 정확하게 작동하는 신뢰성이 보장되어야 한다[비기능적 요구에서 도출]
- 데이터 손실 방지 – 주문을 하는 동안 주문과 결제정보가 네트워크 연결이 중단 되더라도 손실되지 않도록 하여야 한다[비기능적 요구에서 도출].
- 보안 – 고객의 신상정보(특히 금융정보)에 대한 보안이 이루어져야 한다[응용 도메인에서 유추].
- 수정용이성 – 인터넷 서점은 취급하는 상품이 수시로 바뀌며 정기적으로 개편하므로 쉽게 수정할 수 있도록 설계하여야 한다[개발자의 의도].

[그림 7.21] 인터넷 서점을 위한 설계 목표

설계 목표는 시스템이 갖추어야 할 일반적인 품질 목표 리스트에서 선택할 수도 있다. 설계 목표는 성격에 따라 표 7.3에서 7.7까지와 같이 다섯 가지 그룹, 성능, 신용도, 비용, 유지보수, 사용자 등으로 나눌 수 있다. 이중에 성능, 신용도, 사용자에 관한 목표는 응용 도메인으로부터 유추될 수 있다. 그러나 비용과 유지보수에 관한 목표는 발주처의 지시에 따른다.

성능 목표 시스템 개발에 부과될 속도와 기억 공간에 대한 요구를 포함한다. 시스템이 얼마나 빠르게 응답하여야 하는가? 최대 작업량은 얼마나 되어야 하는가? 최적의 속도를 위하여 기억 공간이 충분한가? 메모리는 여유 공간을 두고 사용되어야 하는가? 등에 대한 대답이 성능 목표가 된다.

표 7.3 성능 목표

설계 목표	정의
반응 시간	사용자의 작업 요청 후 회신이 얼마나 빨리 이루어지는가?
처리량	시스템이 정해진 시간에 얼마나 많은 작업을 처리하는가?
메모리	시스템이 실행되기 위하여 요구되는 기억공간은?

신용도 신용도(dependability)는 시스템이 얼마나 믿을만한가를 나타내는 품질이다. 시스템의 고장과 그로 인한 피해를 최소화하기 위하여 얼마나 노력하여야 하는가? 시스템이 얼마나 자주 다운되는가? 시스템의 가용성은? 시스템이 오류나 고장에 잘 견딜 수 있는가? 시스템 환경과 관련된 보안 위험은 없는가? 시스템 고장과 관련된 안전도는? 등의 질문에 대한 답이 신용도와 관련된 목표이다.

표 7.4 신용도 목표

설계 목표	정의
강인성	적절하지 않은 사용자 입력에 대하여 고장을 일으키지 않을 능력
신뢰성	지정한 동작과 예상 동작과의 차이
가용성	시스템이 정상적인 작동을 할 수 있는 시간의 비율
고장허용성	오류가 발생될 수 있는 조건 하에 운용될 수 있는 능력
보안	악의 있는 공격에 견딜 수 있는 능력
안전성	오류와 고장이 있더라도 인명 피해를 피할 수 있는 능력

비용 목표 시스템을 개발하고 설치하고 관리하는 데 드는 비용의 한계를 말한다. 비용 목표는 설계 작업만 아니라 관리할 때도 고려하여야 할 대상이다. 새 시스템이 기존 시스템을 대체할 때는 호환성 보장과 새 시스템으로의 전환 비용이 고려되어야 한다. 주어진 예산 안에서 여러 가지 비용, 즉 개발비, 사용자 교육비, 전환 비용, 유지보수비 등을 지출하여야 하므로 저울질이 필요하다. 이전 시스템과 호환성을 유지하는 데 드

는 비용은 전환 비용을 낮추기 위하여 개발 비용에 추가할 수도 있다.

표 7.5 비용 목표

설계 목표	정의
개발비용	초기 시스템을 개발하는 비용
설치비용	시스템을 설치하고 사용자를 교육하는 비용
업그레이드 비용	이전 시스템에서 데이터를 전환하는 비용. 이전 시스템과의 호환성 요구의 결과임
유지보수 비용	결함을 찾아 고치고 시스템을 개선하는 비용
관리비용	시스템 관리에 드는 비용

유지보수 목표 설치 이후에 시스템의 변경이 얼마나 어려운지를 결정하는 요소이다. 새로운 기능을 쉽게 추가할 수 있는가? 현재 기능을 얼마나 쉽게 바꿀 수 있나? 시스템을 여러 가지 다른 응용 도메인에 맞게 개작할 수 있는가? 시스템을 여러 플랫폼에 이식하는 데 필요한 노력은? 프로젝트가 성공할 것인지, 또한 얼마나 오래 사용될 것인지 명확하지 않기 때문에 유지보수 목표를 계획하고 최적화하는 것은 어렵다.

표 7.6 유지보수 목표

설계 목표	정의
확장성	얼마나 쉽게 시스템에 기능이나 새 클래스를 추가할 수 있는가?
수정용이성	얼마나 쉽게 시스템의 기능을 변경할 수 있는가?
적응성	얼마나 쉽게 여러 응용 분야에 시스템을 이식할 수 있는가?
이식성	얼마나 쉽게 여러 플랫폼에 시스템을 이식할 수 있는가?
가독성	코드를 읽어 얼마나 쉽게 시스템을 이해할 수 있는가?
요구 추적성	코드를 특정 요구에 쉽게 매핑할 수 있는가?

사용자 목표 사용자의 관점에서 바라는 것이지만 성능과 신용도 목표에서는 다루어지지 않은 품질이다. 소프트웨어를 사용하고 배우기 어려운가? 사용자가 필요한 작업을 시스템에서 수행할 수 있나? 이런 목표들은 사용자 입장이 아닌 시스템 개발 계약자에게는 실감하기 어려운 항목이다.

표 7.7 사용자 목표

설계 목표	정의
유용성	시스템이 사용자의 작업을 얼마나 잘 지원하나?
사용성	시스템을 얼마나 쉽게 사용할 수 있는가?

서브시스템

응용 도메인의 복잡도를 줄이기 위하여 작은 부품인 클래스를 패키지로 그루핑하여 구조화 한다. 설계 단계에서 솔루션을 포함하여 시스템을 분할한 것을 서브시스템이라고 한다. 서브시스템은 개발자 한 사람 또는 단일팀이 다룰 수 있는 작업의 규모가 될 수 있다.

시스템을 상대적으로 독립적인 서브시스템으로 분할하면 여러 팀이 동시에 각자 맡은 서브시스템을 개발하게 하여 커뮤니케이션 부담을 적게 하면서 작업할 수 있다. 복잡한 서브시스템인 경우 원리를 반복적으로 적용하여 서브시스템을 더 작은 서브시스템으로 나눌 수 있다.

예를 들어 인터넷 서점 시스템을 서브시스템으로 나누어 보자. 우선 고객을 위한 인터페이스 CustomerInterface 서브시스템과 관리자를 위한 ManagerInterfece 서브시스템, 주문을 생성하고 수정하고 저장하기 위한 Ordering 서브시스템, 주문한 상품을 배송하기 위한 Shipping 서브시스템, 상품의 정보를 저장하고 관리하기 위한 ProductSpecification 서브시스템, 고객의 계정을 관리하기 위한 CustomerAccount 서브시스템, 창고를 관리하기 위한 Inventory 서브시스템, 지불 내역과 회계를 관리하기 위한 Payment 서브시스템으로 나눌 수 있다.

서브시스템의 분할은 그림 7.22와 같이 패키지 다이어그램으로 그린다.

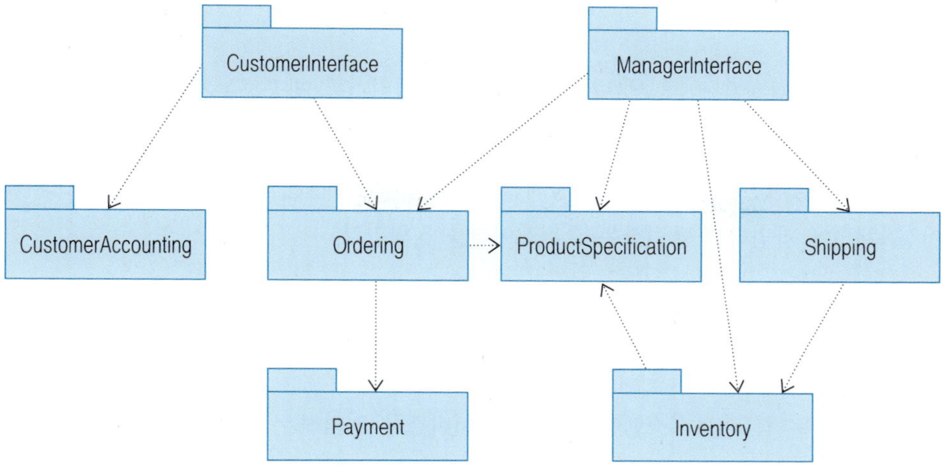

[그림 7.22] 인터넷 서점 시스템을 위한 서브시스템 분할

Java나 Modula-2 언어는 서브시스템을 모델링하는 구문을 제공하지만 C나 C++ 등은 이런 구문이 명시적으로 되어있지 않아 서브시스템으로 묶은 클래스들을 동일한 디렉토리에 두어 나타낼 수도 있다. 서브시스템을 프로그래밍 언어의 구문으로 표현할 수 있는지 여부에 관계없이 서브시스템의 분할을 세심하게 문서로 기술하여야 한다. 서브시스템은 별도의 팀들이 구현하기 때문이다.

Box 7.4 | 아키텍처 평가

설계한 아키텍처를 성능, 변경용이성, 이식성 등 여러 품질 특성 관점으로 평가하는 방법으로 Carnegie Mellon University의 Software Engineering Institute가 제안한 ATAM(Architecture Tradeoff Analysis Method)이 있다. ATAM은 다음과 같은 단계를 따라 아키텍처를 평가한다.

1. 시스템의 인터랙션인 시나리오를 수집한다.
2. 시스템의 요구, 특히 한계가 표시된 성능 요구를 수집한다.
3. 아키텍처 관점을 정한다. 예를 들면 성능, 변경용이성, 이식성, 가용성 등이 관점이다.
4. 속성 중심으로 분석한다. 각 품질 속성을 설계된 아키텍처가 얼마나 만족하는지 수치화 한다.
5. 저울질하고 절충한다. 품질 속성에 영향을 많이 주는 설계 요소를 찾고 이들을 절충하여 성능을 극대화 한다.

인터페이스

서브시스템의 특징은 다른 서브시스템에게 어떤 서비스를 제공하는가에 의하여 결정된다. 서비스란 공통된 목적을 추구하는 관련된 오퍼레이션의 집합이다. 예를 들어 통지 서비스를 제공하는 서브시스템은 통지를 보내는 오퍼레이션, 채널을 선택하는 오퍼레이션, 채널에 가입하고 탈퇴하는 오퍼레이션을 정의한다.

서브시스템은 다른 서브시스템에게 인터페이스라는 형태로 서비스를 제공한다. 서브시스템 인터페이스는 오퍼레이션의 이름과 파라미터, 타입, 리턴값을 포함한다.

시스템 설계는 각 서브시스템이 제공하는 서비스를 정의하는 데 초점을 두어야 한다. 즉 오퍼레이션을 나열하고 파라미터를 알리며 높은 수준의 동작을 정리하는 작업이다. 이를 흔히 API(Application Program Interface)라고 부르며 파라미터와 리턴값의 타입을 포함하고 있다.

서브시스템을 서비스로 정의한다는 것은 구현보다 인터페이스에 더욱 집중하게 한다. 이렇게 함으로써 내부 구현에 관계없이 시스템의 구조가 확고해질 수 있고 서브시스템을 사용하는 입장에서도 쉽게 사용할 수 있다. 따라서 서브시스템의 인터페이스를 작성할 때 구현에 관련된 정보를 제공하는 부분이 최소화 되도록 노력하여야 한다. 예를 들면 서브시스템은 내부 자료 구조가 연결된 리스트인지, 배열인지, 혹은 해싱 테이블인지 언급할 필요가 없다. 이렇게 함으로써 서브시스템의 내부 구현을 수정하더라도 변경의 영향을 최소화 할 수 있다.

컴포넌트 다이어그램

최신의 UML 버전은 이제까지 설명한 아키텍처 설계를 잘 표현할 수 있는 방법을 갖추고 있다. 컴포넌트 다이어그램이 바로 그것이며 여러 가지 목적으로 유용하게 사용된다. 초기 아키텍처 모델링에 패키지 다이어그램과 함께 사용될 수 있다. 높은 추상 수준의 소프트웨어 컴포넌트를 모델링 할 수 있고 특히 컴포넌트의 인터페이스를 잘 나타낼 수 있다.

인터페이스는 컴포넌트 내부에서 제공하는 인터페이스와 외부에 요구하는 인터페이스가 있다. 제공하는 인터페이스는 서비스를 호출하는 외부 측에 제공하는 인터페이스이다. 즉 서브시스템이 무엇을 할 수 있는지를 외부에 나타낸다. 요구하는 인터페이스는 서브시스템 내부를 구현하기 위하여 외부에 요청하는 서비스에 대한 인터페이스이다.

UML 2.x 버전의 컴포넌트 다이어그램에서는 인터페이스를 막대사탕과 같은 모양으로 표시한다. 그림 7.23에서 보는 것처럼 컴포넌트는 박스로 표시하고 컴포넌트가 제공하는 인터페이스를 막대사탕과 그 이름으로 나타낸다. 컴포넌트에서 밖에 요구하는 인터페이스를 나타낼 때는 소켓 심볼을 사용한다.

예를 들면 Ordering 서브시스템은 SubmitOrder(), CheckStatus(), SetStatus() 세 개를 외부에 인터페이스로 제공하며 영구저장(persistence)을 위한 인터페이스를 요구한다고 할 때 그림 7.24와 같이 표시한다.

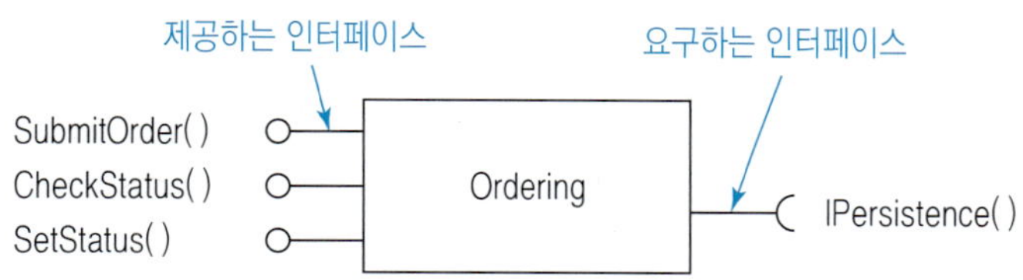

[그림 7.23] 컴포넌트 인터페이스의 표현

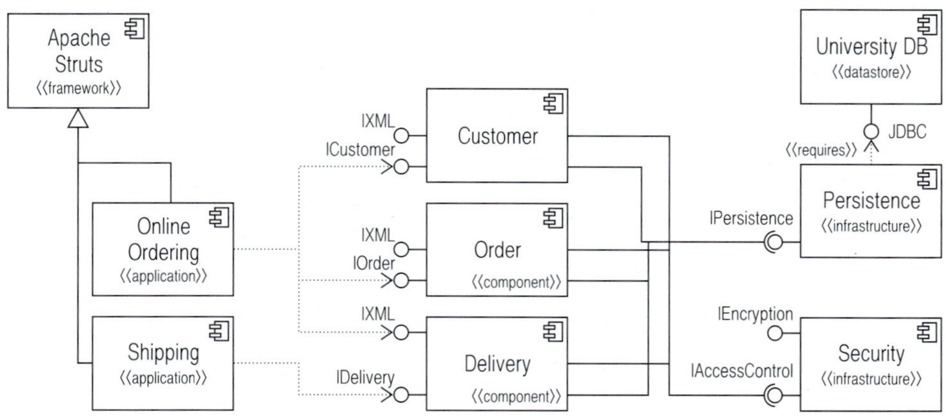

[그림 7.24] 컴포넌트 다이어그램의 사례

인터넷 서점 시스템의 컴포넌트들과 인터페이스를 자세히 표시하면 그림 7.24와 같다. Customer 컴포넌트는 IXML과 ICustomer 인터페이스를 제공하고 영구저장을 위한 IPersistence 인터페이스와 보안을 위한 IAccessControl 인터페이스를 요청한다.

Box 7.5 | 컴포넌트

서브시스템, 컴포넌트, 모듈 세 가지 용어는 같은 의미로 혼용되기도 한다. 그러나 컴포넌트는 명백한 역할을 가지고 있으며 독존할 수 있는 소프트웨어 또는 하드웨어의 한 부분으로 같은 기능을 가진 다른 컴포넌트로 대체시킬 수 있는 것을 말한다.

소프트웨어 컴포넌트는 하드웨어 컴포넌트와 마찬가지로 인터페이스의 정의가 중요하다. 컴포넌트가 제공하는 인터페이스만이 아니라 외부에서 제공 받아야할 인터페이스도 정의하여 효과적으로 재사용 할 수 있게 만들자는 개념이다.

컴포넌트는 대부분 재사용 가능하도록 설계된다. 반면 특정한 목적, 예를 들면 특정 시스템의 UI를 제공하는 기능 등을 수행하는 경우도 있다. 프레임웍은 컴포넌트의 한 종류이다. 원시코드 파일과 실행 파일, 동적 링크 라이브러리(DLLs), 데이터베이스 등도 또 다른 컴포넌트이다. 원시코드 파일 같은 컴포넌트들은 단지 컴파일 시간에만 존재하며, 데이터 파일 등의 다른 컴포넌트들은 실행 시간에만 존재한다.

7.5 아키텍처 유형

시스템이 더욱 복잡해지면서 시스템을 잘 분할하는 것이 중요하게 되었다. 개발이 시작되면 잘못된 분할을 수정하거나 서브시스템의 인터페이스를 바로잡는 것이 매우 어렵기 때문이다. 이런 문제의 중요성을 인식하여 소프트웨어 아키텍처 개념이 나왔다. 소프트웨어 아키텍처는 시스템 분할, 전체적인 제어 흐름, 경계조건의 처리, 서브시스템 사이의 커뮤니케이션 프로토콜을 포함한다.

이 절에서는 여러 가지 다양한 시스템의 기초가 되는 아키텍처 유형에 대하여 기술한다. 아키텍처 유형을 체계적으로 완벽하게 모두 망라하여 정리할 수는 없다. 다만 이제까지 알려진 유형 중 몇 가지 대표적인 예를 들어 소개한다.

중앙 저장소

저장소(repository) 유형은 서브시스템이 중앙 저장소라 불리는 단일 데이터 구조를 접근하고 수정한다. 서브시스템은 상대적으로 독립적이며 저장소를 통하여만 상호작용한다. 제어 흐름은 중앙저장소나 서브시스템에 의하여 구동될 수 있다. 즉 데이터를 트리거하면 서브시스템이 구동될 수 있고 중앙 저장소의 잠금(lock)을 이용하여 제어흐름을 독립적이거나 동기화 할 수 있다.

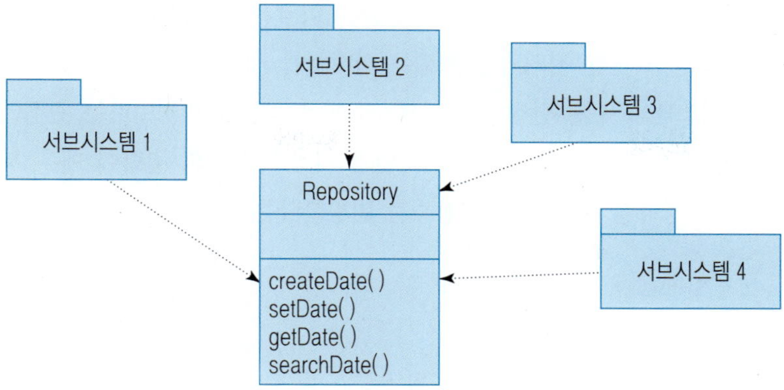

[그림 7.25] 중앙 저장소 유형

저장소는 급여 시스템이나 은행 시스템이 사용하는 데이터베이스 관리 시스템이다. 중앙에 데이터를 저장하면 서브시스템 사이에 병렬처리와 통합을 더 쉽게 다룰 수 있게 된다. 컴파일러와 소프트웨어 개발 환경 같은 시스템도 저장소 아키텍처 유형을 따르는 대표적인 사례들이다. 그림 7.26과 같이 컴파일러 안의 여러 서브시스템은 중앙에 있는 파싱 트리와 심볼 테이블을 접근하고 갱신한다. 디버거와 구문 편집기도 심볼 테이블을 접근한다.

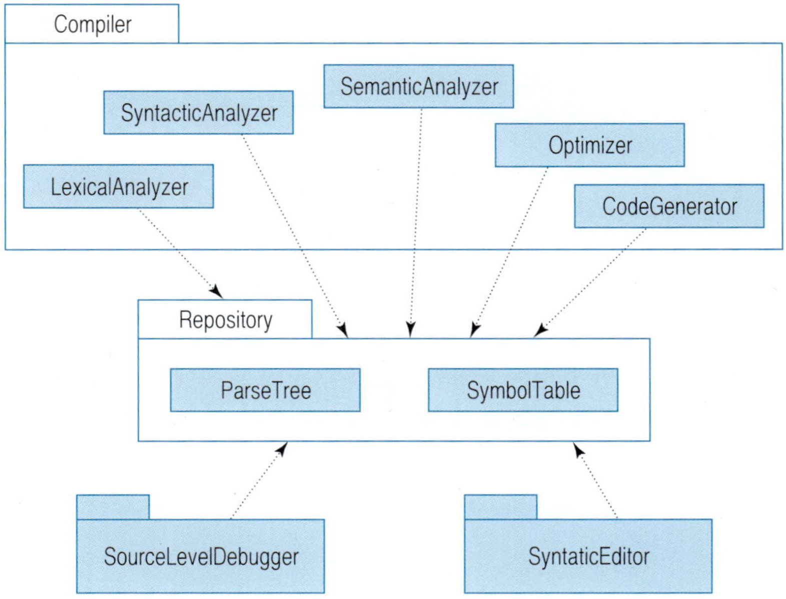

[그림 7.26] 저장소 구조 유형

저장소는 계속 변경 추가될 수 있어서 복잡한 데이터 처리 업무의 애플리케이션에 적합하다. 중앙 저장소가 잘 정의되면 새로운 서비스를 서브시스템으로 쉽게 추가할 수 있다. 저장소 시스템의 주된 단점은 중앙저장소에서 성능과 변경이라는 관점에서 병목 현상이 발생할 수 있다는 것이다. 서브시스템과 저장소 사이의 결합이 매우 강하여 다른 서브시스템에 영향을 주지 않고 저장소를 변경한다는 것이 어렵기 때문이다.

MVC

모델/뷰/제어(Model/View/Controller) 아키텍처 유형은 서브시스템을 세 가지 타입으로 분류한다. 도메인 지식을 보관하고 있는 모델 서브시스템과 이를 사용자에게 보여주는 서브시스템, 사용자와의 인터랙션 순서를 관리하는 제어 서브시스템이 있다. 모델 서브시스템은 시스템의 여러 뷰나 제어 서브시스템과 의존되지 않도록 개발된다. 모델 안의 상태 변화는 옵서버 프로토콜을 이용하여 뷰 서브시스템에 전달된다. MVC는 모델이 중앙 자료구조이며 제어 객체가 제어흐름을 통솔하는 특수한 저장소로 볼 수도 있다.

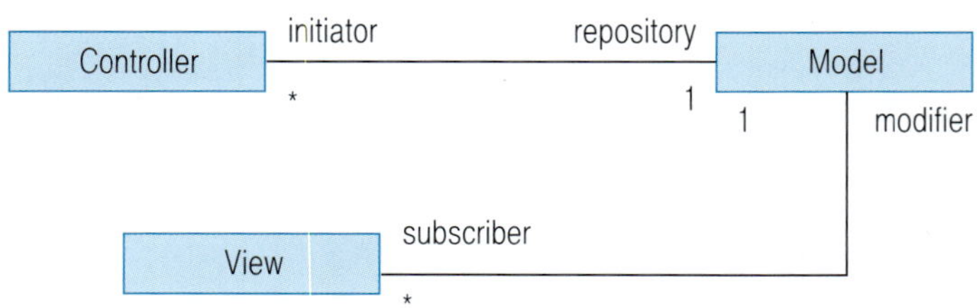

[그림 7.27] MVC 유형

예를 들어 그림 7.27과 7.29에 MVC 아키텍처 유형에서 발생하는 이벤트의 순서를 나타내었다. 그림 7.28은 파일 시스템의 두 가지 뷰를 나타낸다. 두 개의 윈도우 중 왼쪽에 있는 것은 SE 폴더 안에 있는 파일의 리스트이다. 오른 쪽에 있는 것은 SE 폴더 안에 있는 bodyofknowledge 파일에 관한 정보를 담고 있다. 파일 bodyofknowledge.pdf의 이름은 두 윈도우와 윈도우 제목, 세 군데 나온다.

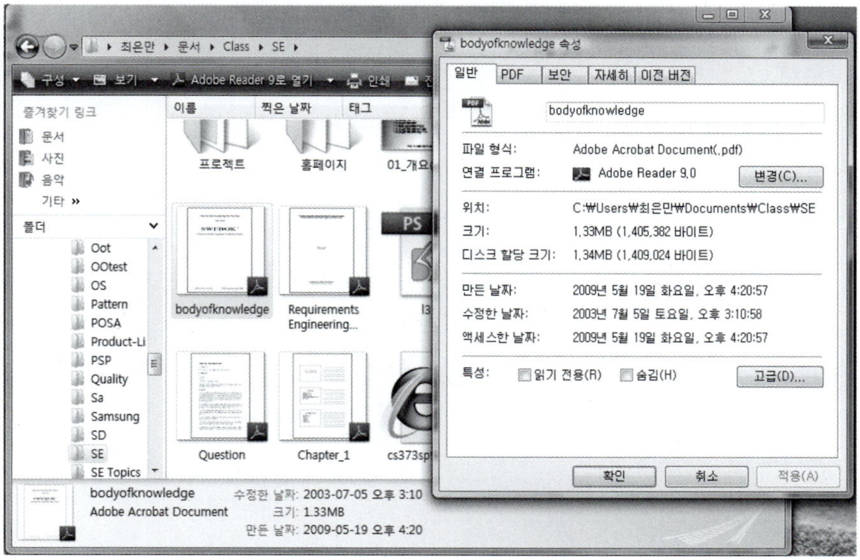

[그림 7.28] MVC 유형의 사례

bodyofknowledge 파일의 이름을 변경한다고 하고 그 과정에 발생하는 이벤트를 순서대로 기술하면 다음과 같다.

1. 속성에 관한 뷰(InfoView)와 폴더에 관한 뷰(FolderView)가 File 모델에 대한 변경을 참조한다는 것을 처음에 등록한다.
2. 사용자가 파일의 새 이름을 입력한다.
3. Controller가 파일 이름을 변경하는 동안 사용자와의 인터랙션을 관리하고 Model에 요청한다.
4. Model이 파일 이름을 변경하고 모든 등록 모듈에 통지한다.
5. InfoView와 FolderView가 변경되고 사용자가 동일하게 변경된 파일 이름을 확인한다.

이벤트 순서와 관련된 구독 및 통지 기능은 옵서버 설계 패턴으로 구현할 수 있다. 옵서버 패턴은 Model과 View 객체 사이에 직접 의존되는 것을 막아 결합을 완화시킨다. 옵서버 패턴에 대한 더 자세한 내용은 그림 7.15를 참조하라.

Model, View, Controller를 분리하는 이유는 사용자 인터페이스, 즉 View와 Controller는 응용분야의 지식으로 Model 보다 변경될 가능성이 많기 때문이다. Model과 View가 깊이 의존하는 것을 구독하고 통지하는 단순한 프로토콜을 이용하여 제거함으로써 뷰의 변경이 모델 서브시스템에 영향을 주는 것을 막는다. 그림 7.28의 예에서 파일 시스템에 영향을 주지 않고 커맨드 스타일의 파일 뷰를 추가할 수 있다.

MVC 같은 모델은 여러 뷰를 통하여 시스템을 사용하는 대화형 시스템에 적합하다. 또한 분산된 데이터들 간의 통일을 유지하는 데 사용될 수 있다. 하지만 저장소 구조와 같이 Model에서 성능 병목현상이 발생할 수 있다.

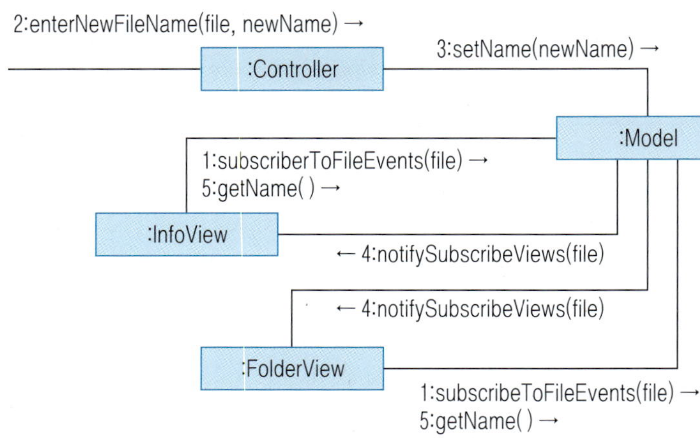

[그림 7.29] MVC 구조의 이벤트 흐름

클라이언트 서버

클라이언트 서버 유형은 서버라는 서브시스템이 클라이언트라 불리는 다른 서브시스템들에게 서비스를 제공한다. 클라이언트는 주로 사용자와의 인터랙션을 다룬다. 서비스 요청은 원격 프로시저 호출(remote procedure call)이나 공통 객체 브로커(CORBA, Java RMI, HTTP 등)를 이용하여 이루어진다. 클라이언트와 서버의 제어 흐름은 독립적으로 이루어지나 요청이나 결과를 받기 위하여 예외적으로 동기화 된다.

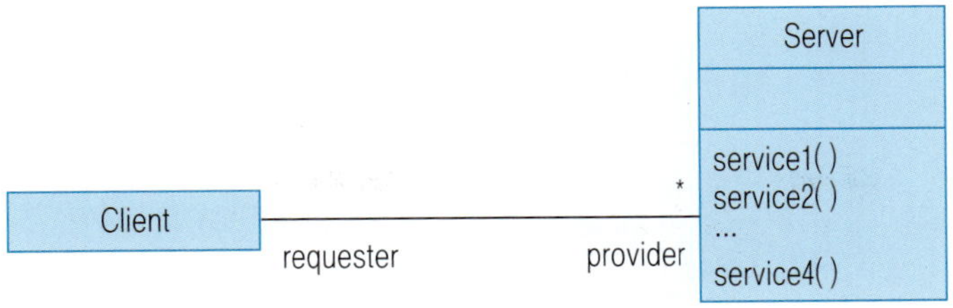

[그림 7.30] 클라이언트 서버 유형

중앙 데이터베이스를 가진 정보 시스템은 클라이언트/서버 구조의 예이다. 클라이언트는 사용자로부터 입력을 받아 범위를 체크하여 필요한 자료가 모아지면 데이터베이스에 트랜젝션을 수행시킨다. 서버는 트랜젝션의 실행을 담당하며 데이터의 통합을 보장한다. 이 경우 클라이언트 서버 아키텍처 유형은 중앙에 있는 자료구조가 프로세스에 의하여 관리되는 저장소 유형의 특수한 형태이다. 클라이언트 서버 시스템은 서버가 하나로 제한되지 않는다. 웹에서서는 단일 클라이언트가 수천 개의 다른 서버에 있는 자료를 쉽게 접근할 수 있다.

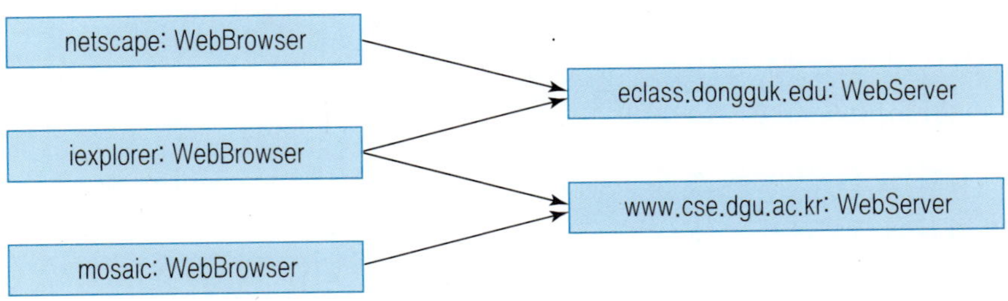

[그림 7.31] 클라이언트 서버 아키텍처 유형인 웹

Peer-to-Peer

Peer-to-Peer 아키텍처 유형은 클라이언트 서버 유형을 일반화 한 것이다. 각 서브시스템이 클라이언트 또는 서버로 동작할 수 있다. 즉 각 서브시스템이 서비스를 요청하고 제공할 수 있는 능력이 있다. 서브시스템 안의 제어흐름은 서로 독립적으로 수행되며 요청에 따라 동기화된다.

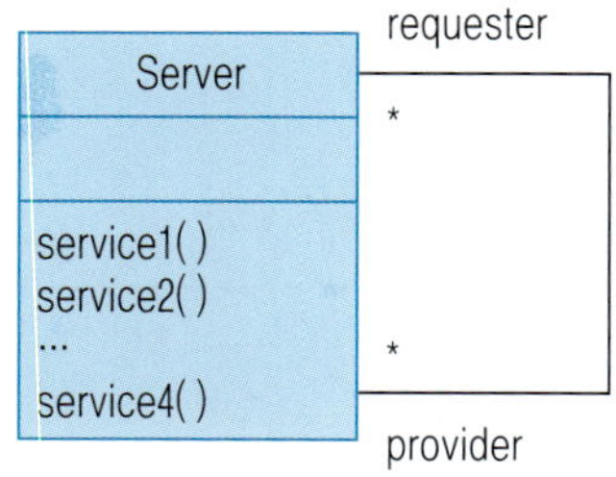

[그림 7.32] Peer-to-peer 유형

Peer-to-peer 아키텍처 유형의 예는 어떤 데이터가 변경될 때마다 애플리케이션으로부터 요청을 받아 애플리케이션에 통지하는 데이터베이스를 들 수 있다. Peer-to-peer 시스템은 클라이언트 서버 시스템보다 설계가 어렵다. 왜냐하면 데드록의 가능성과 제어 구조를 복잡하게 할 수 있기 때문이다.

Peer-to-peer 시스템에서는 일시적이지만 특정 목적을 위하여 맞춤형 오퍼레이션인 콜백(callback)이 필요하다. 예를 들어 어떤 DBUser Peer가 변경 통지를 구동하기 위한 오퍼레이션을 DBMS 서브시스템에게 알렸다고 하자. 그러면 DBUser는 각 DBUser가 변경이 일어났을 때 통지를 위하여 명시한 콜백 오퍼레이션을 사용하여 통지한다. 콜백 오퍼레이션을 이용하여 서버 Peer가 클라이언트 Peer를 구동하는 Peer-to-peer 시스템을 클라이언트 서버 시스템이라 하기도 하는데 이는 서버가 제어흐름을 주도하기 때문에 정확하지 않다.

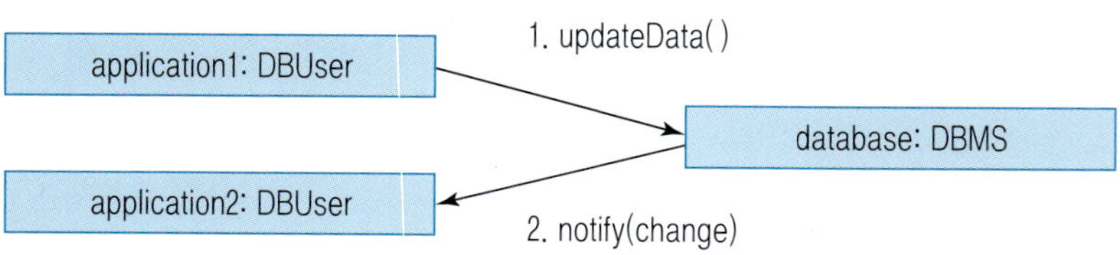

[그림 7.33] Peer-to-peer 아키텍처 유형의 사례

3-계층

3-계층 아키텍처 유형은 세 개의 층으로 서브시스템을 구성한다.

- 인터페이스 층 – 윈도우, 룰 체킹, 웹 페이지 등 사용자와 관련된 경계 객체를 포함한다.

- 응용 로직 층 – 애플리케이션에서 요구되는 처리, 룰 체킹, 통지 등을 구현하는 제어 및 엔티티 객체를 포함한다.
- 저장 층 – 데이터베이스에 지속하여 저장하는 객체의 스토리지, 검색, 질의를 구현한다.

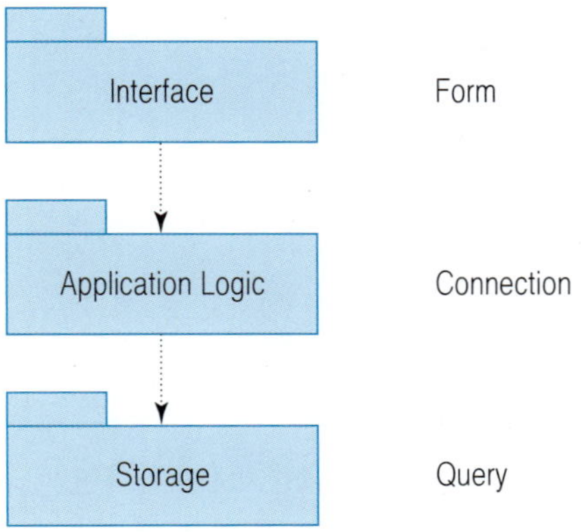

[그림 7.34] 3-계층 아키텍처 유형

3-계층 유형은 1970년대에 정보 시스템을 위하여 처음으로 고안되었다. 저장소 서브시스템과 유사한 스토리지 층은 같은 데이터를 사용하는 다른 애플리케이션에 의하여 공유될 수 있다. 인터페이스 층과 애플리케이션 층 사이의 분리는 같은 애플리케이션 로직을 위하여 여러 가지 다른 사용자 인터페이스를 개발하고 변경할 수 있게 한다.

4-계층

4-계층 아키텍처 유형은 3-계층 유형의 인터페이스 층을 프리젠테이션 클라이언트 층과 프리젠테이션 서버층으로 분리한 것이다. 프리젠테이션 클라이언트 층은 사용자 컴퓨터에 위치시키고 프리젠테이션 서버 층은 하나 이상의 서버에 올린다. 4-계층 구조는 애플리케이션에 여러 프리젠테이션 클라이언트, 은행 시스템으로 예를 든다면 집에서 쓸 수 있는 웹브라우저, 현금자동인출기, 직원을 위한 애플리케이션 클라이언트를 갖게 할 수 있다. 세 가지 클라이언트에 의하여 공유되는 폼은 프리젠테이션 서버 층에서 정의하고 제공되므로 클라이언트에서 중복될 염려가 없다.

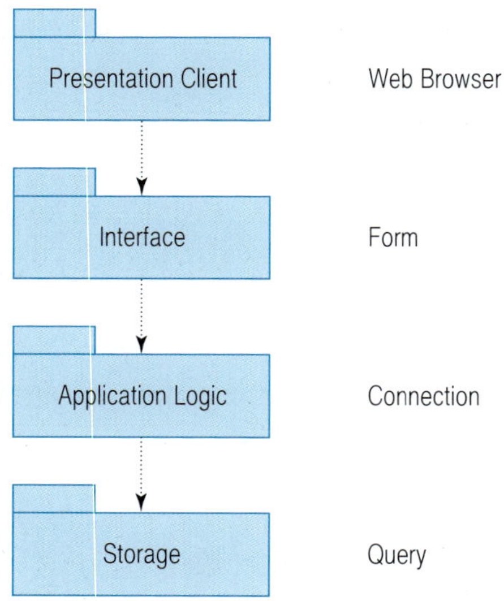

[그림 7.35] 4-계층 아키텍처 유형

파이프 필터

파이프 필터 아키텍처 유형에서 서브시스템은 입력 집합으로부터 데이터를 받아 다른 서브시스템에 결과를 출력으로 내보낸다. 서브시스템은 필터라 부르며 서브시스템 사이의 관계는 파이프라 부른다. 각 필터는 입력 파이프로부터 들어오는 데이터의 내용과 포맷만을 알며 데이터를 생산하는 필터에 대하여 알지 못한다. 각 필터는 병렬적으로 실행되며 동기화는 파이프를 통하여 이루어진다. 파이프 필터 아키텍처는 변경이 가능하다. 필터는 다른 목적으로 변경할 수도 있고 형상을 바꿀 수도 있다.

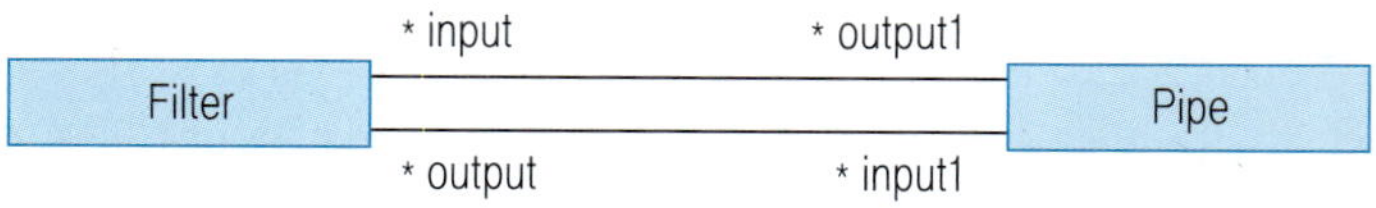

[그림 7.36] 파이프와 필터 아키텍처 유형

파이프 필터 아키텍처 유형으로 제일 많이 알려진 예는 Unix 쉘이다. 대부분의 필터는 표준 파이프를 입력받아 결과를 출력하도록 작성되었다. 이렇게 하면 Unix 사용자는 결합하여 여러 가지 방법으로 사용할 수 있게 된다. 그림 7.37은 네 개의 필터의 예를 나타낸 것으로 이미지 검사 필터링의 결과가 범위 선택 서브시스템에 전달되고 범위가 선택된 후 글자의 스트로크를 분석하는 필터로 간다. 분석한 스트로크를 패턴 매칭하여 글자를 인식해 낸다.

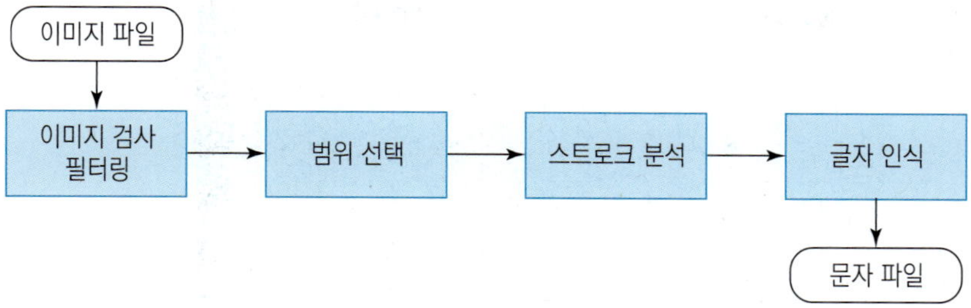

[그림 7.37] 파이프 필터 유형의 사례

파이프 필터 유형은 사용자의 개입 없이 데이터 스트림을 변형시키는 데 적합하다. 그러나 컴포넌트 사이에 복잡한 상호작용이 필요한 시스템, 즉 정보 관리 시스템이나 인터랙티브 시스템에는 적합하지 않다.

7.6 디자인 패턴

아키텍처 설계 작업이 끝나면 다음으로 서브시스템 안에 있는 클래스들을 자세히 살펴보고 솔루션 객체를 추가한다. 분석 단계에서 파악한 애플리케이션 클래스만으로는 시스템을 구축할 수 없고 선택한 플랫폼 사이에 차이를 메워주는 클래스들이 필요하다.

이 작업을 상세 설계 또는 객체 설계라고 부른다. 객체 설계 작업은 영화의 편집 작업과 유사하다. 실제 영화를 찍을 때는 상영될 때와는 다른 순서로 찍은 후 연속성을 갖도록 편집한다. 때때로 유명한 영화에서 이 과정에 실수가 있는데 예를 들면 스피드라는 액션 영화에서 뉴욕 경찰관이 오른쪽 다리에 총상을 맞으나 다음 장면에는 왼쪽 발을 절뚝거렸다.

객체 설계 단계에 개발자는 영화를 찍는 것과 유사한 방법으로 도메인 객체들을 구현한다. 순서를 고려하지 않고 여러 개발자가 개발하고 마지막 릴리스까지 여러 번 수정한다. 따라서 호출하는 서브시스템을 구현하는 개발자가 클래스, 속성, 오퍼레이션의 정확한 명세가 없다면 짝이 잘 맞지 않거나, 동작이 빠지거나 잘못된 동작을 일으킬 수도 있다.

이 절에서는 먼저 설계 패턴의 중요한 원리인 위임과 상속에 대하여 설명하고 재사용을 위한 설계가 되기 위하여 많이 사용하는 여섯 가지 설계 패턴에 대하여 알아본다.

위임과 상속

위임(delegation)이란 어떤 클래스가 다른 클래스에게 메시지를 보냄으로써 오퍼레이션을 구현하는 것을 말한다. 예를 들면 그림 7.38에서 MySet이라는 클래스의 containValue(0 오퍼레이션을 구현하기 위하여 HashTable 클래스에 속하는 객체를 만들고 HashTable 있는 containsKey()라는 메시지를 호출하는 것이다.

MySet 클래스를 설계하는 입장에서는 HashTable 클래스에 구현되어 있는 오퍼레이션을 재사용한 것이다. 즉 위임은 상속과 마찬가지로 재사용을 위한 방법이다. 위임은 재사용 당하는 클래스와 이를 이용하는 클래스 사이에 의존관계를 형성하게 한다.

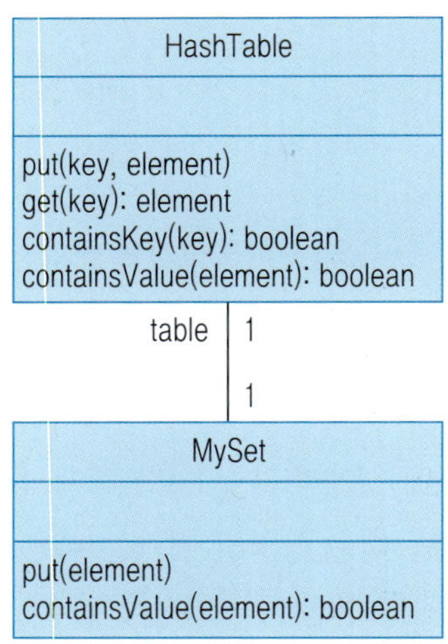


```
/* Implementation of MySet using delegation */
class Myset  {
    private Hashtable  table;
    MySet() {
        table = Hashtable();
    }
    void  put (Object element) {
        if (!containsValue (element)) {
            table.put(element, this);
```

```
        }
    }
    boolean containsValue (Object element) {
        return (table.containsKey(element));
    }
    // other methods omitted
}
```

[그림 7.38] 위임의 사례

위임을 사용하면 확장성이 좋아진다. 예를 들어 MySet이 자세한 HashTable의 오퍼레이션을 갖고 있지 않고 table도 private으로 선언된 내부 변수이므로 MySet을 사용하는 다른 클래스에게 영향을 주지 않고 변경할 수가 있다.

상속은 어떤 클래스에 정의된 자료 타입과 오퍼레이션을 물려받는 것을 의미한다. 즉 상속하는 클래스(이를 슈퍼 클래스 또는 베이스 클래스라 함)에 정의된 것을 재사용 하면서 추가할 것만 정의한다. 상속을 이용함으로써 중복 정의를 피할 수 있고 확장성을 높일 수 있다.

상속은 본래 객체들을 분류하기 위한 개념이다. 보다 광범위하고 일반적인 개념은 슈퍼클래스로 정의하고 더 구체적이며 파생된 개념의 객체는 서브클래스에 속한다. 상속을 이용하면 융통성을 많이 얻을 수 있는 데 Liskov는 이를 대입(substitution)의 원리라 불렀다. 대입의 원리란 S가 T의 서브 타입이라면 타입 T의 객체가 예상되는 어떤 위치에서든 타입 S의 객체가 대입될 수 있다는 것이다.

디자인 패턴에서는 대입의 원리를 이용하여 객체 타입의 지정을 가능하면 연장하고 이를 통하여 융통성을 얻는다. 다시 말해 많은 객체의 타입 중에서 어떤 타입이 런타임에 사용될지 알 수 없을 때 객체 타입의 슈퍼클래스를 지칭함으로써 융통성을 얻을 수 있게 된다.

설계 패턴의 기본 원리

일반적으로 위임이나 상속을 언제 사용하는 것이 좋은지 개발자의 입장에서는 명확하지 않고 경험과 판단이 필요하다. 하지만 경험이 많은 개발자들에 의하면 상속과 위임은 여러 가지 문제를 해결해 준다. 예를 들면 추상 인터페이스를 구현에서 분리해 주며 레거시 코드를 래핑하여 원하는 인터페이스로 사용하게 해주며 어떤 메커니즘을 제공하는 클래스로부터 알고리즘이나 정책을 뽑아내어 분리시켜준다.

디자인 패턴은 자주 부딪치는 문제를 해결하기 위하여 오랜 기간 동안 다듬어진 해결책이다. 디자인 패턴은 다음과 같은 네 가지 요소를 가진다.

1. 이름 – 다른 패턴과 구별할 수 있는 고유한 이름
2. 문제 – 패턴이 사용되는 상황을 설명한다. 즉 패턴이 다루는 문제 설명으로 대부분 수정과 확장 용이성을 위한 설계 목표와 비기능적 요구를 만족시키기 위한 것이다.
3. 해결책 – 협력 클래스와 인터페이스의 집합
4. 결과 – 설정한 설계 목표에 따라 고려된 저울질과 대안들을 기술

예를 들어 그림 7.38에 소개한 MySet이라는 새 클래스가 HashTable을 사용할 때 Java의 Set 인터페이스와 같이 사용하려 한다고 하자. Set 인터페이스와 Hashtable 클래스는 이미 제공되어 있고 변경할 수 없다고 할 때 이 문제를 해결하는 방법은 어댑터 설계 패턴이다.

이름	어댑터 패턴
문제	레거시 클래스의 인터페이스를 클라이언트가 원하는 다른 인터페이스로 바꾸고 싶을 때. 클라이언트와 레거시 클래스는 수정 없이 함께 작동
해결책	어댑터 클래스는 클라이언트가 예상하고 있는 ClientInterface를 구현한다. Adapter는 클라이언트로부터의 요청을 LegacyClass에 위임하고 필요한 변환을 수행한다.
결과	• Client와 LegacyClass는 수정되지 않고 서로 협력한다. • Adapter는 LegacyClass와 그 서브 클래스들과 함께 작동한다. • Adapter는 또 다른 형태의 인터페이스가 필요하다면 ClientInterface의 서브 클래스를 위하여 작성되어야 한다.

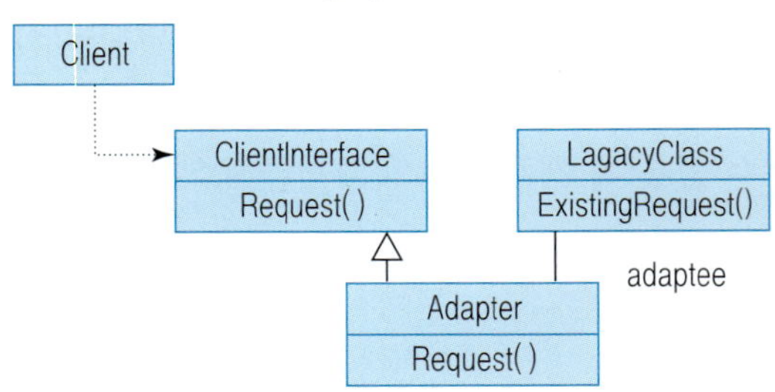

[그림 7.39] 디자인 패턴의 사례: 어댑터 패턴

어댑터 패턴은 다음과 같이 작동한다. 어댑터 클래스가 ClientInterface에 선언된 인터페이스를 구현할 때 LegacyClass에 요청하는 것으로 구현된다. 이 때 자료 구조의 변환이나 동작을 맞추는 일은 Adapter 클래스에서 이루어지며 어댑터는 클라이언트에서 예상하는 대로 동작한다. 어댑터 패턴은 ClientInterface나 LegacyClass 모두 수정될 필요가 없기 때문에 쉽게 재사용된다. 또한 같은 어댑터 클래스가 LegacyClass의 서브타입으로 사용될 수 있어 확장성을 가질 수 있다. 어댑터 패턴을 MySet과 HashTable의 위임 관계에 적용하면 그림 7.40과 같다.

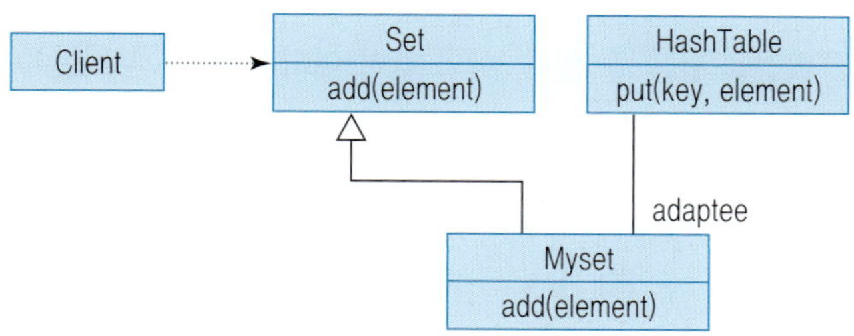

[그림 7.40] Set 문제에 적용한 어댑터 설계 패턴

어댑터 패턴은 상속과 위임을 모두 사용하고 있다. 디자인 패턴을 공부하다보면 많은 패턴이 상속과 위임을 혼합하여 사용하고 있어 유사하게 보이는 것을 발견할 것이다. 하지만 같은 메커니즘이 조금씩 다르게 사용된다. 차이를 분명히 하기 위하여 패턴에 참여하는 여러 클래스들을 지칭하는 다음의 용어를 정리하면 이해에 도움이 될 것이다.

- 클라이언트 클래스 – 패턴을 접근하여 이용한다. 그림 7.41에서 Client라고 부르는 부분이 어댑터 패턴으로 구성된 프로그램을 사용하고 있다.
- 패턴 인터페이스 – 패턴이 클라이언트 클래스에 보이는 부분으로 주로 추상 클래스 또는 인터페이스로 구현된다. 어댑터 패턴에서는 ClientInterface로 불리는 부분이다.
- 구현 클래스 – 패턴의 하부 동작을 제공하는 클래스. 어댑터 패턴에서 LegacyClass와 Adapter 클래스가 실제 패턴을 구현한 클래스이다. 대부분의 패턴의 동작을 실현시키기 위하여 구현 클래스가 협동한다.
- 확장 클래스 – 패턴의 여러 가지 구현이나 확장된 동작을 제공하기 위하여 구현 클래스를 특화한 것. 어댑터 패턴에서 LegacyClass의 서브타입이 확장 클래스이다. 확장 클래스는 개발자가 참여할 미래의 클래스를 나타낸다.

브리지 패턴

여러 개발자들에 의하여 점증적으로 개발되어 통합되는 서브시스템들을 생각해 보자. 서브시스템은 다른 시점에 완성되어 모두 다 완성될 때까지 통합은 지연된다. 이러한 지연을 피하기 위하여 스텁(stub)을 사용한다. 스텁은 특정 서브시스템이 완성되지 않았을 때 대치하는 모조 버전이다.

경우에 따라 서브시스템을 여러 버전으로 만들어야 하는 경우가 있다. 가장 기본적인 알고리즘으로 구현된 참고 버전, 더 좋은 성능을 내기 위하여 좀 더 투자하여 최적화한 버전 등 여러 버전을 만들 수 있다. 이와 같이 여러 가지 다른 버전에 대하여 동일한 인터페이스를 가지고 동적으로 갈아 끼울 수 있게 하는 해결책이 필요하다.

이런 문제를 해결해주는 것이 브리지 패턴이다. 예를 들어 인터넷 주문 시스템에서 Order의 저장에 대하여 생각해 보자. 개발 초기단계에는 디버깅과 테스트 목적으로 객체 시리얼화를 기초로 한 간단한 저장 서브시스템을 고안했었다. 저장소의 성능에 대하여 확신하지 못하여 파일 기반의 저장소와 데이터베이스 기반의 저장소를 모두 구현하기로 하였다면 브리지 패턴을 이용하여 그림 7.41과 같이 설계할 수 있다.

OrderStore는 패턴에 대한 인터페이스 클래스이며 저장에 관한 높은 추상 수준의 인터페이스를 제공한다. 또한 OrderStoreImplementor는 세 가지 구현을 위한 공통 인터페이스를 제공한다.

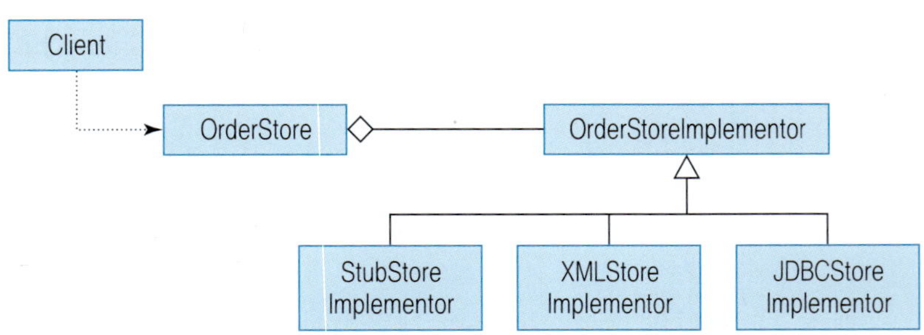

[그림 7.41] 데이터베이스 구현에 브리지 디자인 패턴을 적용한 사례

추상 팩토리 패턴

분산 배치된 센서에서 여러 가지 이벤트를 제어하는 홈오토메이션 시스템을 생각해 보

자. 전등을 켜고 끄고 창문을 열고 닫으며 실내 온도를 제어하고, 외부 날씨를 예보하는 시스템이다. 시스템의 핵심은 미리 정해진 패턴을 파악하고 해당 시스템을 작동시킨다. 예를 들면 에어컨의 온도를 조절하거나 창문을 열고 닫는 제어 또는 침입 센서가 인식되었을 때 경보를 구동시키는 것이다.

가전제품을 생산하기 위한 하드웨어를 여러 업체가 제공함에도 불구하고 호환성이 취약하다. 따라서 여러 생산자가 만든 장치들을 혼합하여 사용할 수밖에 없고 모든 제조사를 위하여 단일 소프트웨어 솔루션을 개발하기는 어렵다.

이러한 문제를 해결해 주는 것이 추상 팩토리 패턴이다. 홈오토메이션을 위하여 각 제조사가 센서와 전자 제어 블라인드, 단선을 감지하는 지능적 전구 등을 제공한다. 그림 7.42에 나타낸 것처럼 LightBulb, Blind와 같은 AbstractProducts라 불리는 일반적 개념의 객체와 EIBLightBulb, ZumtobellLightBulb, EIBBlind, ZumtobelBlind와 같은 ConcreteProducts라 불리는 구체적 개념의 객체가 있다. TheftApplication은 AbstractFactory와 AbstractProducts에 의하여 제공되는 인터페이스만을 접근한다.

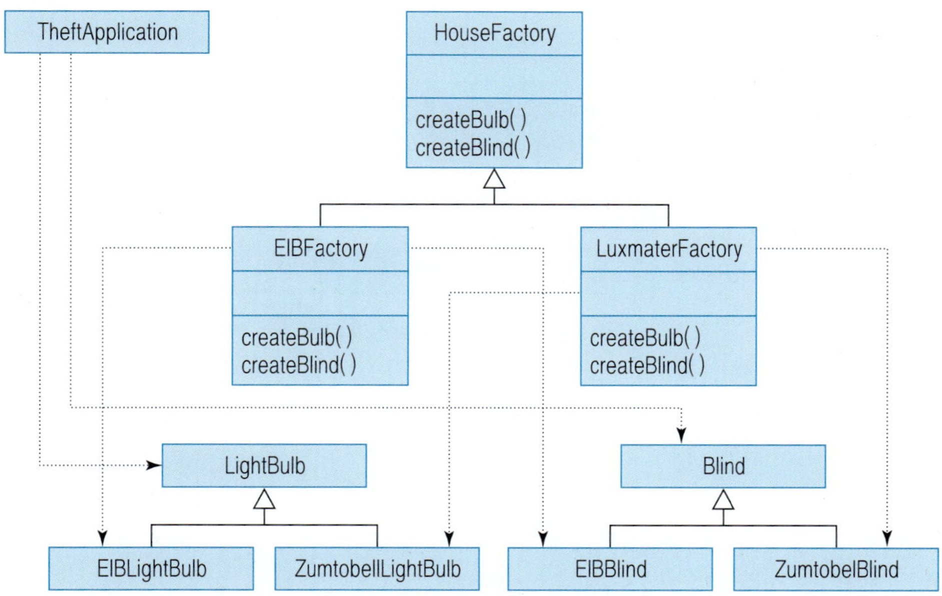

[그림 7.42] 추상 팩토리 패턴

컴포지트 패턴

Swing, MacApp, Windows와 같은 UI 툴킷은 애플리케이션의 UI 개발을 위하여 빌딩 블록과 같은 클래스를 제공한다. 예를 들어 입력 텍스트, 체크박스, 버튼, 풀다운 메뉴와 같은 특수 동작을 제공받아 구현한다. UI 설계는 이러한 컴포넌트들을 윈도우로 모아 애플리케이션 고유의 인터페이스를 구축한다. 예를 들어 그림 7.43과 같이 선호도 조사를 위한 다이얼로그 박스에 체크박스, 버튼 등 여러 가지 UI 요소를 포함시킬 수 있다.

다이얼로그와 윈도우가 복잡해지고 다양한 UI 객체를 포함한다면 레이아웃은 계속 관리 불가능 상태가 될 것이다. 따라서 최신 UI 툴킷은 개발자에게 UI 관련 객체를 모아 패널로 체계화하여 이들을 단일 UI 객체처럼 조작할 수 있어야 한다. 예를 들어 일반적인 다이얼로그 박스는 상위 패널에 다이얼로그 박스의 이름, 가운데 패널은 체크박스와 레이블, 하위 패널에는 'ok', 'cancel' 버튼을 포함시킨다. 각 패널은 서브 패널의 레이아웃을 관리하는 책임을 진다.

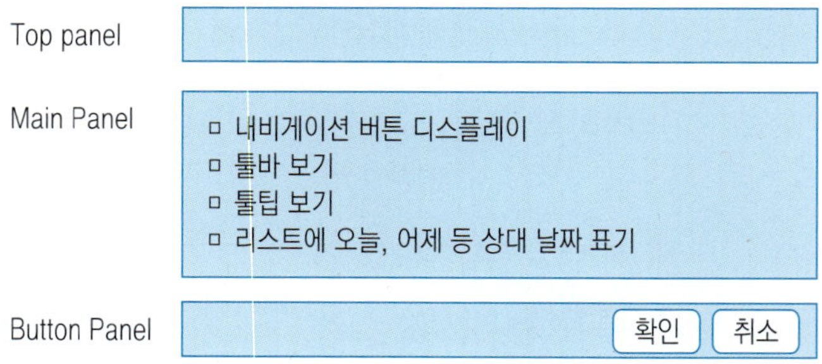

[그림 7.43] 다이얼로그 박스의 구성

Swing은 이 문제를 그림 7.44와 같이 컴포지트 패턴으로 다루고 있다. Composite라 부르는 추상 클래스는 모든 사용자 인터페이스 객체를 포함하는 지붕과도 같다. Composite는 컴포넌트의 서브클래스들, 예를 들면 Label, Button, Checkbox 등을 포함할 수 있고 다시 Composite 복합체를 포함할 수 있다. Window, Applets은 Composite 클래스인데 윈도우 관리자나 브라우저를 다루는 추가 기능을 가지고 있다.

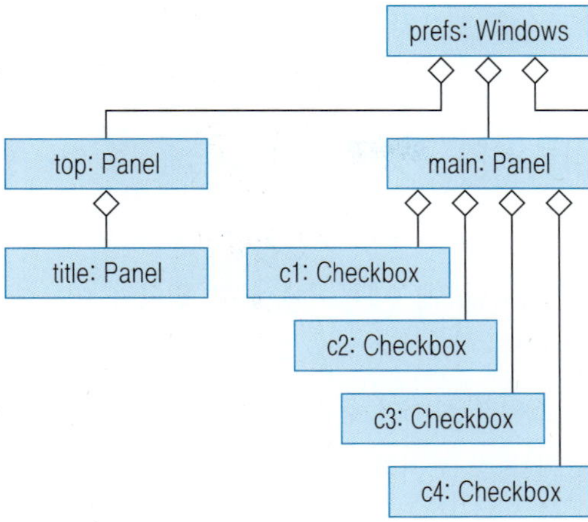

[그림 7.44] 그림 7.43의 사용자 인터페이스를 구성을 나타낸 객체 다이어그램

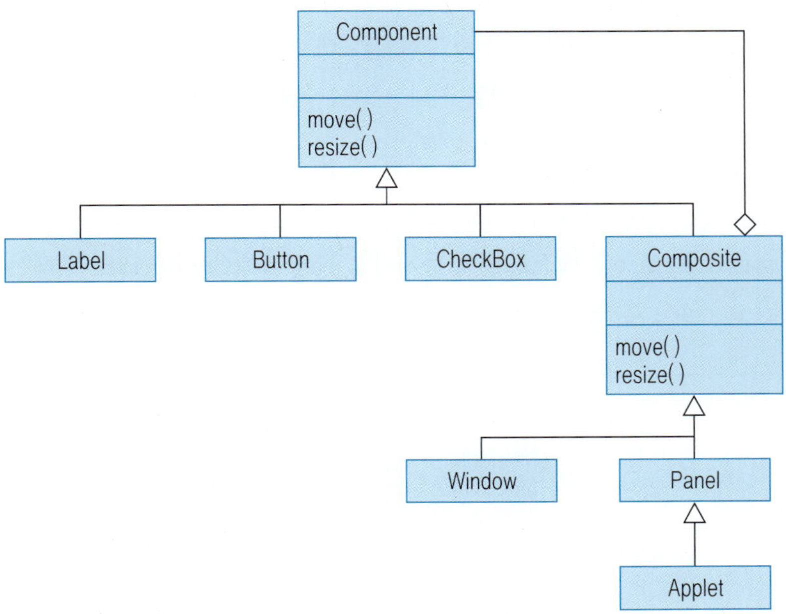

[그림 7.45] 사용자 인터페이스에 적용한 컴포지트 패턴

전략 패턴

사용자의 위치에 따라 다른 네트워크 프로토콜을 사용하는 웨어러블 컴퓨터에 장착되는 모발 애플리케이션을 상상해 보자. 이 장비를 입고 자동차 수리공이 정비하려는 차

의 매뉴얼과 A/S 기록을 본다고 하자.

웨어러블 컴퓨터는 정비소 안에서 무선 네트워크와 연결되어야 하며 휴대폰 네트워크에서도 작동되어야 한다. 모발 애플리케이션을 수정하거나 환경을 수정할 때는 이더넷과 같은 유선 인터넷과 연결되어야 한다.

즉 모발 애플리케이션이 여러 종류의 네트워크를 다루어야 하고 위치와 비용에 따라 네트워크 사이에 동적으로 변환이 가능해야 한다. 설계할 때 고려해야 할 중요한 이슈는 유선과 무선 네트워크를 동적으로 스위칭 하여야 한다는 점이다. 또한 향후 네트워크 프로토콜이 추가되거나 수정될 때 이를 잘 고려하여야 한다.

이러한 설계 목표를 달성하려면 전략(strategy) 패턴을 적용한다. 시스템 모델은 그림 7.46에 표시한 것과 같다. Strategy 클래스는 모든 네트워크에 대한 공통 인터페이스를 제공하는 NetworkInterface에 의하여 구현된다. Context 클래스는 NetworkConnection 객체에 의하여 구현되는 데 NetworkConnection 객체는 웨어러블 컴퓨터와 호스트 사이에 일대일 커넥션을 나타낸다.

클라이언트는 모발 애플리케이션이며 정책 결정은 웨어러블 컴퓨터의 위치와 네트워크의 가용성을 모니터링하는 LocalManager가 내린다. LocalManager 객체가 setNetworkInterface() 메소드를 구동시키면 NetowrkConnection 객체는 현재의 NetworkInterface 객체를 끄고 새로운 NetworkInterface를 초기화하여 전환시킨다.

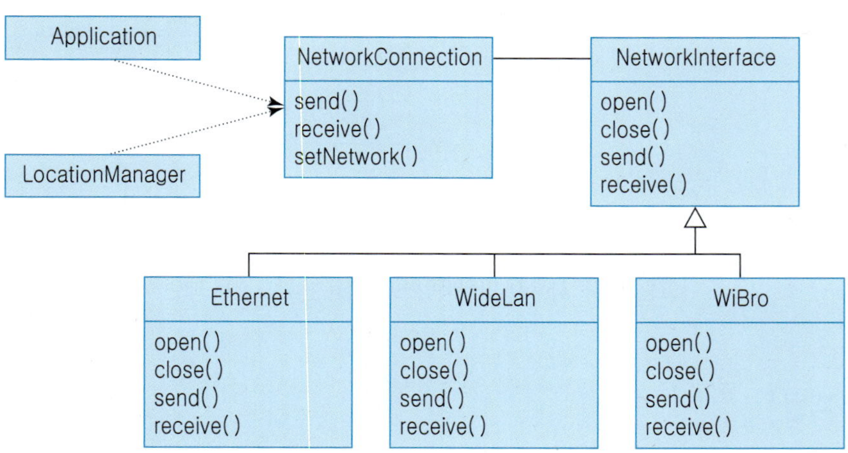

[그림 7.46] NetworkInterface의 다중 구현에 적용된 전략 패턴

요약

- 설계 작업은 분석 단계에서 파악한 요구를 구현이라는 관점으로 아키텍처, 자료, UI에 대하여 자세한 설계 도면을 그리는 것과 같다.
- 설계 작업 단계는 컴포넌트를 발견하고 설계안을 선택한 후 설계 도면을 작성하는 순서로 이루어진다.
- 바람직한 설계는 복잡성을 최소화하고 유지 관리를 편하게 하며 결합이 느슨하고 유연한 구조를 가져야 한다.
- UML에서는 소프트웨어 아키텍처를 클래스의 그룹인 패키지로 표현하는 패키지 다이어그램으로 그린다.
- 아키텍처 설계는 시스템의 구성요소인 서브시스템 또는 패키지를 어떻게 구성하며 어떻게 연결할 것인지 결정한다.
- 시스템 분할을 잘 정리한 것을 아키텍처 유형이라 부른다. 대표적인 아키텍처 유형으로 중앙 저장소, MVC, 클라이언트 서버, Peer-to-peer, 3-계층, 4-계층, 파이프 필터 유형이 있다.
- 객체 설계 작업에서 자주 사용되는 설계 해결책을 다듬어 모은 것이 디자인 패턴이다.

퀴즈

1. 시스템을 분석한 후 구현에 더 가까운 관점으로 발전시킨 것을 ______________라고 부른다.

2. 소프트웨어의 설계는 크게 ______________, ______________, ______________, 으로 나눌 수 있다.

3. 바람직한 설계 원리 중 모듈간의 연결을 최소화하기 위한 원리는 ______________이다.

4. 유연한 구조를 가지도록 만드는 방법은 ______________ 과 ______________이 있다.

5. 소프트웨어 구조는 양파와 같이 여러 계층이 수직적으로 쌓여있다. 소프트웨어 시스템 레벨, ______________ 레벨, 패키지 내부의 클래스 레벨, ______________, 메소드 내부 레벨이 있다.

6. UML에서 시스템의 아키텍처를 표현하기 위한 방법으로 클래스의 묶음을 표시하는 ______________ 다이어그램이 있다.

7. 컴포넌트 다이어그램에 표현하는 내용은 ______________와 ______________이다.

8. 아키텍처의 유형 중 단일 데이터 구조를 접근하고 수정하는 여러 서브시스템으로 구성한 것은 ______________라 부른다.

9. ______________는(은) 자주 발생하는 문제에 대하여 오랜 기간 다듬어진 해결책을 잘 정리해 둔 것이다.

10. 설계 단계에 클래스를 발견하는 과정은 요구 단계에 ______________ 클래스를 찾아내며 아키텍처 생성 단계에 ______________를 발견하고 나머지 설계 과정에서 ______________ 클래스를 발견한다.

11. 분석에서 설계로 넘어가는 과정을 바르게 설명한 것이 아닌 것은?

가. 분석은 비즈니스 요구가 무엇인지 찾아내는 것이다.

나. 설계는 어떻게 시스템을 구축할 것인지를 결정하는 작업이다.

다. 설계 작업을 통하여 비로소 'what'의 관점으로 환경과 새 시스템을 고려한다.

라. 도면을 여러 장 만드는 것처럼 소프트웨어를 구현하는 데도 여러 다른 설계가 필요하다.

12. 아키텍처 설계 작업에 대하여 옳지 않은 것은?

가. 분석 단계에 찾아낸 클래스와 메소드를 교통 정리하여 클래스의 묶음, 즉 패키지로 만드는 것이다.

나. 패키지 다이어그램으로 표현한다.

다. 아키텍처 설계 작업은 도메인 클래스를 생성하는 작업이다.

라. 아키텍처의 유형을 선택하여 프레임워크를 정하는 작업이다.

13. 다음 중 바람직한 설계 원리에 해당되지 않는 것은?

가. 복잡성을 최소화

나. 편리한 유지관리

다. 강력한 결합

라. 유연한 구조

14. 다음 중 시스템의 설계 수준을 하위에서 상위로 바르게 나열한 것은?

가. 메소드 내부 → 클래스 내부 데이터, 오퍼레이션 → 패키지 내부 클래스 → 서브시스템 → 시스템

나. 메소드 내부 → 클래스 내부 데이터, 오퍼레이션 → 서브시스템 → 패키지 내부 클래스 → 시스템

다. 클래스 내부 데이터, 오퍼레이션 → 메소드 내부 → 서브시스템 → 패키지 내부 클래스 → 시스템

라. 클래스 내부 데이터, 오퍼레이션 → 메소드 내부 → 패키지 내부 클래스 → 서브시스템 → 시스템

15. 다음 설명 중 설계 목표에 대한 설명이 옳지 않은 것은?

가. 처리량 – 시스템이 정해진 시간에 얼마나 많은 작업을 처리하는가?

나. 강인성 – 시스템을 얼마나 변경하기 어렵고 견고한가?

다. 가용성 – 시스템이 정상적인 작동을 할 수 있는 시간의 비율

라. 가독성 – 코드를 읽어 얼마나 쉽게 시스템을 이해할 수 있는가?

16. 패키지 다이어그램을 그리는 순서를 바르게 나열한 것은?

> A) 범위를 정한다.
> B) 묶은 클래스를 패키지로 모델링 한다.
> C) 패키지 사이의 의존관계를 찾는다.
> D) 공통의 관계를 기반으로 클래스를 묶는다.
> E) 패키지 사이의 의존관계를 표시한다.

가. A, B, C, D, E

나. A, C, D, B, E

다. A, B, D, E, C

라. A, D, B, C, E

17. 다음 패키지 다이어그램에 대한 옳은 설명은?

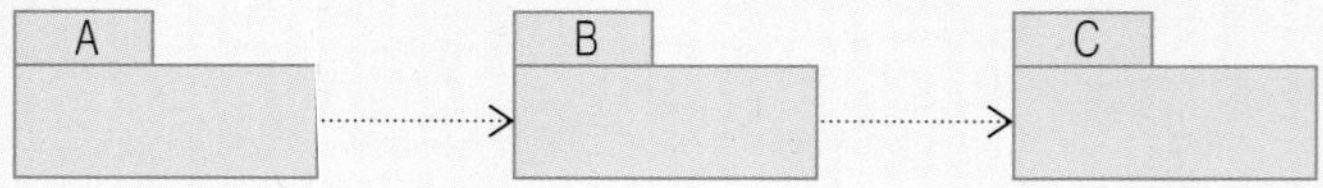

가. C 패키지가 변경되면 B 패키지도 변경되어야 하는지 체크하여야 한다. 변경이 필요하다면 A 패키지도 조정되어야 할 수도 있다.

나. B 패키지가 변경되면 패키지 A와 C도 변경이 필요한지 검사하여야 한다.

다. 하나의 패키지에 변경이 있어도 다른 패키지에 변경 영향이 없도록 설계되어야 한다.

라. C 패키지가 변경되면 B 뿐만 아니라 A 패키지도 변경이 필요한지 조사하여야 한다.

18. 다음 중 위임과 상속에 대한 설명으로 바르지 않은 것은?

가. 위임은 어떤 클래스가 다른 클래스에게 메시지를 보냄으로 오퍼레이션을 구현한 것이다.

나. 상속을 사용하면 확장성이 좋아진다.

다. 상속은 어떤 클래스에 정의된 자료 타입과 오퍼레이션을 물려받는 것이다.

라. 상속은 본래 객체들을 분류하기 위한 개념이다.

19. 다음에 설명한 문제에 가장 적합한 설계 패턴은?

- 개발자들이 점증적으로 개발하여 통합한다.
- 서브시스템을 여러 버전으로 만들어야 한다.
- 여러 버전에 대하여 동일 인터페이스를 동적으로 갈아 끼운다.

가. 팩토리 패턴

나. 어댑터 패턴

다. 브리지 패턴

라. 정책 패턴

20. 컴포지트 패턴이 사용되는 동기를 바르게 설명한 것은?

가. 서로 다른 알고리즘을 클래스로 나누어 작성하여 환경과 목표에 따라 다른 알고리즘을 적용하여야 하는 경우

나. 관련 객체들을 모아 체계화하고 단일 객체처럼 취급하고 싶을 때

다. 서브시스템을 여러 버전으로 만들고 필요한 때 갈아 끼우고 싶을 때

라. 객체를 만드는 역할을 하는 추상 클래스를 두어 실제 객체가 어느 것이냐에 따라 다른 객체를 생성하는 패턴

퀴즈 정답

1. 설계 2. 아키텍처 설계, UI 설계, 데이터 설계 3. 느슨한 결합 4. 고립, 바인딩 타임 늦추기 5. 서브 시스템, 데이터/메소드 수준 6. 패키지 7. 컴포넌트, 인터페이스 8. 중앙저장소 9. 패턴 10. 도메인, 솔루션, 구현 11. 다 12. 다 13. 다 14. 가 15. 나 16. 라 17. 가 18. 나 19. 다 20. 나

연습문제

1. 소프트웨어의 분석 단계와 설계 단계의 큰 차이점은 무엇이며 분석에서 설계로 넘어가는 과정을 자세히 설명하라.

2. 아키텍처 설계 단계의 작업의 핵심은 무엇이며 그 결과는 어떻게 표현하는지 설명하라.

3. 바람직한 설계가 되기 위한 다음 원리의 개념을 예를 들어 자세히 설명하라.
   (1) 복잡성 최소화
   (2) 느슨한 결합
   (3) 유연한 구조

4. 소프트웨어 구조는 양파와 같이 여러 계층이 수직적으로 겹겹이 쌓여있다. 객체지향 시스템을 다섯 가지 수준으로 나누고 각각의 수준의 설계 작업의 이슈와 차이를 설명하라.

5. 다음 클래스 다이어그램을 기반으로 시스템을 두 개의 패키지로 나누어 패키지 다이어그램을 그려라. 단 패키지의 결합을 최소화하여야 한다.

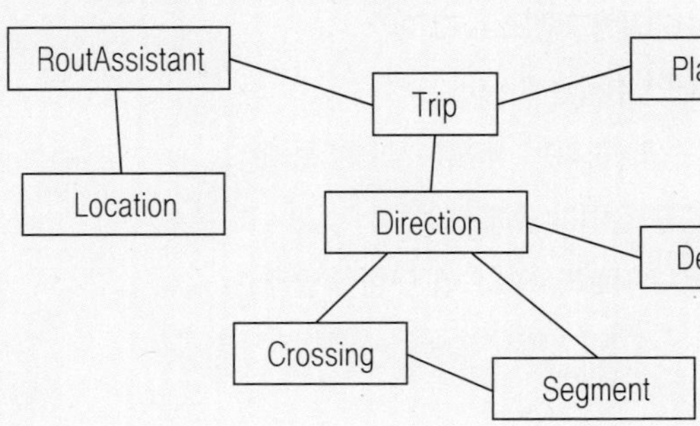

6. 비디오 게임 시스템을 계층형 구조 유형으로 분할하여 패키지 다이어그램으로 표시하라. 시스템은 다음과 같은 동작으로 이루어진다고 가정한다. 그래픽 디스플레이, 스크린에 디스플레이 한 객체의 관리, 객체의 위치와 속도를 계산, 점수 관리, 게임의 스테이지 관리.

7. 주식 매매에서 호가의 스트림을 분석하는 Peer-to-peer 시스템을 개괄적으로 설계하라. 관심 있는 종목만 필터링 할 수 있다. 또한 호가가 있는 종목에 대하여 내가 소유한 총 주식 수, 그 주식으로 올린 수익이나 손해 총액 등의 정보를 추가하는 프로세스도 넣을 수 있다. 어떤 컴포넌트는 파이프를 통하여 운반되는 호가를 분석하여 그 주식을 팔거나 사야 한다고 경고한다.

8. 설계 패턴이 주로 이용하고 있는 객체지향 프로그래밍의 원리 두 가지는 무엇인가? 어떻게 이런 원리들이 프로그래밍의 구조를 좋게 만드는가?

9. 다음에 설명한 문제에 가장 적합한 설계 패턴을 찾아보고 그 이유를 설명하라.

(1) 타겟 객체와 handshaking할 수 있도록 인터페이스를 제공하되 타겟 객체를 손대지 않고 새로운 인터페이스를 정의하려 할 때

(2) 주식을 팔려고 부른 가격에 대한 프레임워크를 만들고 있다. 이런 프레임워크를 사용하는 애플리케이션은 호가를 화면에 디스플레이 하고 싶을 것이다. 또 다른 애플리케이션은 호가로 인한 재정적 손익을 자동으로 계산하게 하고 싶고 이를 휴대폰이나 호출기에 전송하고 싶을 것이다. 새로운 호가가 발생하였을 때 여러 가지 다른 애플리케이션이 즉시 반응하게 하고 싶을 때

(3) 기상 정보 수집 시스템을 구축하고 있다. 센서가 달린 수집 하드웨어가 완성되지 않았고 완성되더라도 여러 버전이 있을 때 이들의 구현에 구애받지 않고 테스트 해 보고 싶을 때

10. 필요에 따라 GIF와 JPEG 이미지 파일을 생성하기를 원하는 클라이언트 프로그램(createRequester)이 있다. 팩토리 메소드를 사용하여 객체를 생성하려 할 때 다음 클래스들의 관계를 UML 클래스 다이어그램으로 그려라.

- Image – 생성하려는 객체의 추상클래스
- GIFImage, JPEGImage – 생성하려는 객체를 정의한 클래스
- Creator – 팩토리 메소드를 선언한 클래스
- GIFCreator, JPEGCreator – 팩토리 메소드를 구현한 클래스

CHAPTER 08

데이터 설계

설계 단계에 중요한 작업 중의 또 다른 하나는 시스템의 자료 저장 컴포넌트를 설계하는 것이다. 이 장에서는 자료 저장소를 설계할 때 수행하여야 할 작업을 소개한다. 먼저 파일 시스템과 DBMS의 특성을 설명하고 자료 저장소 형태를 선택할 때 고려할 점을 설명한다. 최근에 애용되는 방법은 관계형 데이터베이스이다. 관계형 데이터베이스의 개념을 설명하고 설계하는 방법과 최적화 방법에 대하여 알아본다.

contents

08 데이터 설계

학습목표

- 파일과 데이터베이스 성질과 포맷에 대하여 이해한다.
- 관계형 데이터베이스의 설계를 위한 ERD를 그릴 수 있게 한다.
- 자료 저장과 접근을 위하여 관계형 데이터베이스를 최적화할 수 있게 한다.
- 클래스와 테이블의 관계를 이해하고 매핑할 수 있게 한다.

8.1 소개

애플리케이션 프로그램은 7장에서 소개한 것처럼 네 가지 기능, 즉 자료 저장소, 자료 접근 로직, 애플리케이션 로직, 프리젠테이션 로직으로 나눈다. 자료 저장소 기능은 자료를 어떻게 보관하여 시스템의 다른 부분이 효과적으로 사용할 수 있도록 하는가가 중요하다.

애플리케이션은 제공되는 데이터 없이 사용되는 경우는 거의 없다. 만일 이미지와 사운드를 제공할 수 없는 멀티미디어 애플리케이션이 있다면 쓸모가 있을까? 정보를 수작업으로 찾는 것이 더 빠르다면 왜 정보를 찾기 위하여 시스템에 로그인 할까? 즉 자료 저장소가 비효율적인 시스템, 긴 반응 시간, 접근이 어려운 정보는 피하도록 설계 되어야 한다.

새 시스템을 개발하기 위하여 필요한 자료 저장소를 설계할 때 여러 가지를 고려하여야 한다. 먼저 저장소의 형식을 선택하여야 한다. 따라서 자료 저장 형식을 설명하고 애플리케이션에 맞는 것을 어떻게 선택하는지 설명한다. 응용 시스템을 위한 저장소 형식은 파일과 데이터베이스 두 가지가 있다. 각 형식의 특징을 잘 파악하여 상황에 맞는 적합한 방법을 선택하여야 한다.

파일 시스템을 선택한다면 레코드 구조의 설계가 필요하다. 또한 파일의 구조와 접근 방법을 고려하여 구축한다. 순차적인 구조인 경우 킷값의 인덱스 구성이 레코드 탐색 성능을 좌우하므로 중요하다.

관계형 데이터베이스를 구축하려면 먼저 객체를 펼쳐서 정규화 하는 작업이 이루어져야 한다. 다음은 정규화된 테이블 생성을 위한 SQL을 작성하여 데이터베이스를 구축하고 프로그램 안에서 불러 쓴다. 이 과정에 객체와 테이블의 매핑이 중요하며 연결 인터페이스가 필요하다.

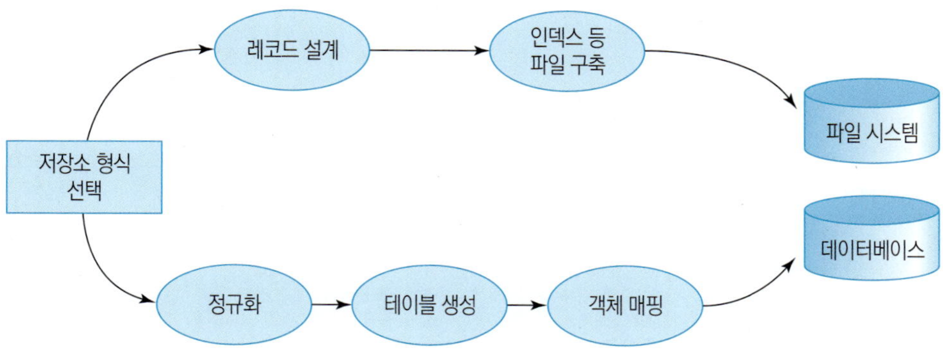

[그림 8.1] 저장소 설계 과정

파일 시스템과 데이터베이스 설계에 대한 본격적인 설명에 들어가기에 앞서 다음 절에서는 데이터의 영속성에 대하여 설명한다. 8.3과 8.4에서는 파일 시스템과 데이터베이스 관리 시스템의 성격과 장단점을 기술한다. 8.5에는 관계형 데이터베이스 설계의 핵심인 테이블 설계 작업을 자세히 기술하고 8.6에는 클래스 다이어그램에서 테이블로 변환하는 과정을 설명한다.

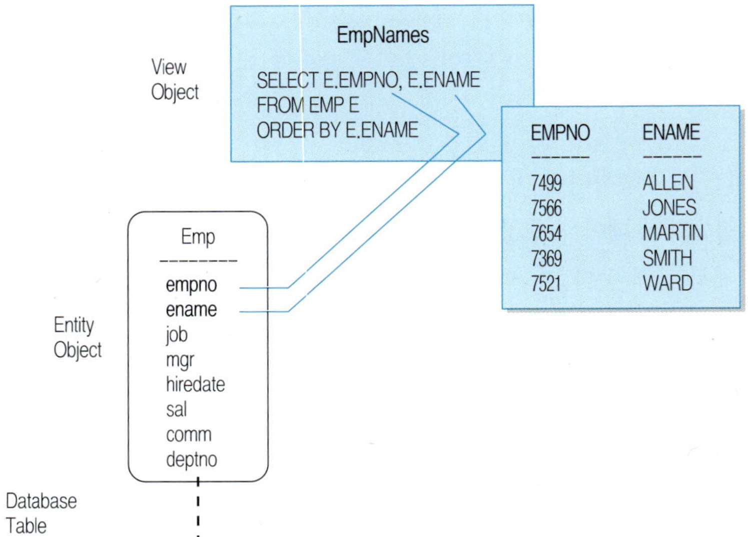

EMPNO	ENAME	JOB	MGR	HIREDATE	SAL	COMM	DEPTNO
7369	SMITH	CLERK	7902	17-DEC-80	800		20
7499	ALLEN	SALESMAN	7698	20-FEB-81	1600	300	30
7521	WARD	SALESMAN	7698	22-FEB-81	1250	500	30
7566	JONES	MANAGER	7839	02-APR-81	2975		20
7654	MARTIN	SALESMAN	7698	28-SEP-81	1250	1400	30

[그림 8.2] 애플리케이션과 데이터베이스 관계

Box 8.1 | 객체지향 데이터베이스

10년 전까지 모든 정보 시스템은 관계형 데이터베이스나 파일 시스템으로 설계하고 구현하였다. 1990년대 말부터 객체지향 분석이 보편화 되면서 시스템을 객체로 나타내기 시작하였다.

오늘날 어떤 시스템은 객체지향 분석 방법의 자연스러운 연장으로 객체지향 데이터베이스를 사용하여 구현한다. 일부 전문가들은 객체지향 데이터베이스가 관계형 데이터베이스를 대치할 것이며 큰 영향을 줄 것으로 내다보고 있다. 대부분의 객체지향 개발은 Object Management Group에서 제안한 설계 표준을 따르고 있다.

객체지향 데이터베이스에서 각 객체는 유일한 객체 식별자를 가진다. 이것은 마치 관계형 데이터베이스에서 기본 키와 유사하다. 식별자는 객체가 다른 객체와 인터랙션하고 관계를 형성하게 한다.

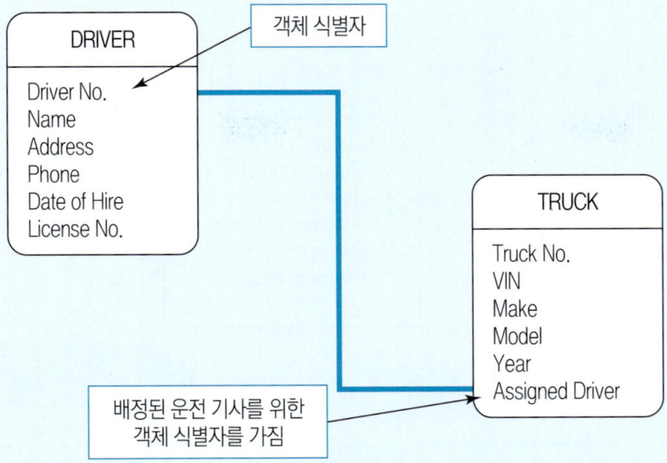

[그림 8.3] 객체 식별자

8.2 저장 메커니즘

애플리케이션이 수행되는 동안 생성하고 사용한 데이터는 애플리케이션의 실행이 완료된 후에는 필요가 없을 수도 있다. 예를 들어 계산기와 같은 단순한 애플리케이션은 실행이 끝난 후 데이터를 남겨 놓을 필요가 없다. 이런 자료를 일시적(transient) 데이터라 부른다.

한편 프로그램이 실행된 후 다음 실행 될 때까지 보관할 필요가 있는 자료가 있다. 어떤 경우는 데이터가 애플리케이션의 운영에 필요한 요소이다. 브라우저를 사용할 때 처음 일어나는 일은 사용자의 환경설정 정보와 마지막 접근한 웹사이트가 기록된 파일로부터 자료를 읽는 작업이다. 이와 같이 애플리케이션의 환경을 저장하는 기능은 사용성을 위하여 중요한 요소이나 최고로 중요한 목적은 아니다. 브라우저는 사용자 선택과 히스토리 정보가 없어도 동작할 수 있기 때문이다.

자료를 저장하는 것은 정보 시스템의 주된 요구이다. 비즈니스와 경영 조직은 조직과 인력, 자원, 비즈니스 거래 등에 대한 데이터를 저장하기 위하여 정보 시스템에 의존하고 있다. 지금 시스템에 입력된 데이터는 가까운 장래에 필요할 것이며 지금 처리할 오퍼레이션은 과거에 저장된 데이터에 의하여 좌우된다.

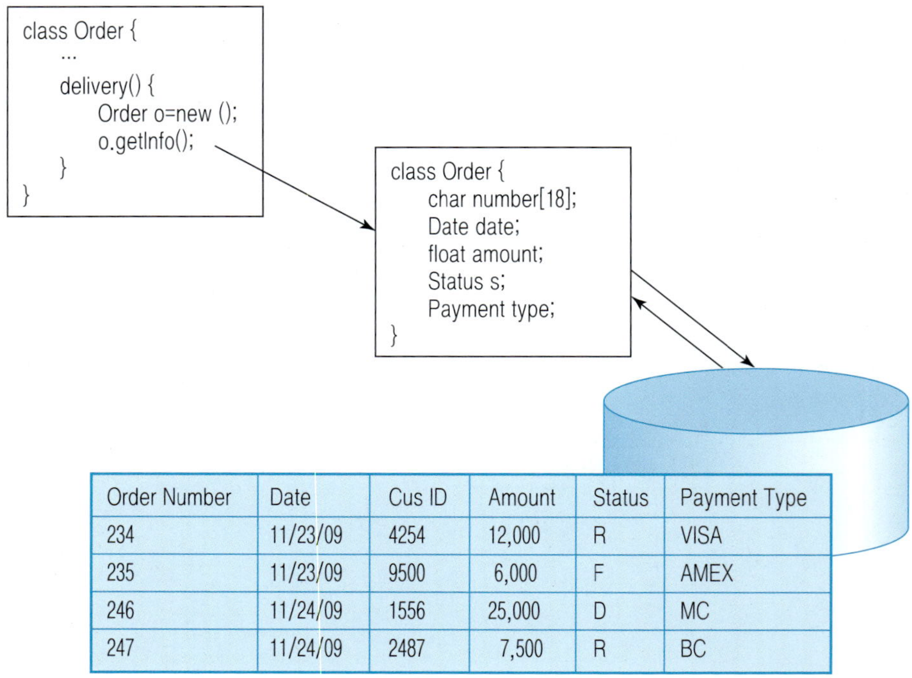

Order Number	Date	Cus ID	Amount	Status	Payment Type
234	11/23/09	4254	12,000	R	VISA
235	11/23/09	9500	6,000	F	AMEX
246	11/24/09	1556	25,000	D	MC
247	11/24/09	2487	7,500	R	BC

[그림 8.4] 영속성 있는 데이터

영속성 있는 데이터란 프로그램의 수행이 완료되어 데이터의 생성이나 수정이 끝난 후에 컴퓨터 메모리가 아니라 보조 기억장치에 기억되어 추후 읽어 사용 가능한 자료를 말한다. 정보 시스템은 일시적인 데이터를 사용할 수도 있다. 예를 들어 보고서를 인쇄하기 위하여 필요한 객체의 리스트 또는 계산 결과 등은 영구히 저장할 필요가 없다.

객체지향 시스템에서 데이터베이스는 객체를 위한 영구 저장소를 제공하는 것과 같다. 대부분의 객체지향 언어는 객체를 데이터베이스나 파일에 쓸 수 있는 형식으로 바꾼다. 이를 직렬화(serialize)한다고 부른다. 즉 테이블이나 레코드에서 객체 형식으로 읽어내고 다시 메모리에 있는 객체를 테이블이나 레코드 형태로 쓰는 메커니즘이 존재한다.

저장소 메커니즘

컴퓨터 시스템 안에 있는 데이터는 결국 파일과 같은 곳에 저장된다. 파일 시스템은 기본적으로 디렉토리와 파일로 구성되어 있으며 제어 블록을 이용하여 디스크 공간의 할당 위치를 관리한다. 응용 프로그램에서 파일을 이용하는 경우 운영체제에 포함되어 있는 파일 시스템이 제공하는 시스템 호출 인터페이스가 사용되어 자세한 디스크 제어 동작을 감춘다.

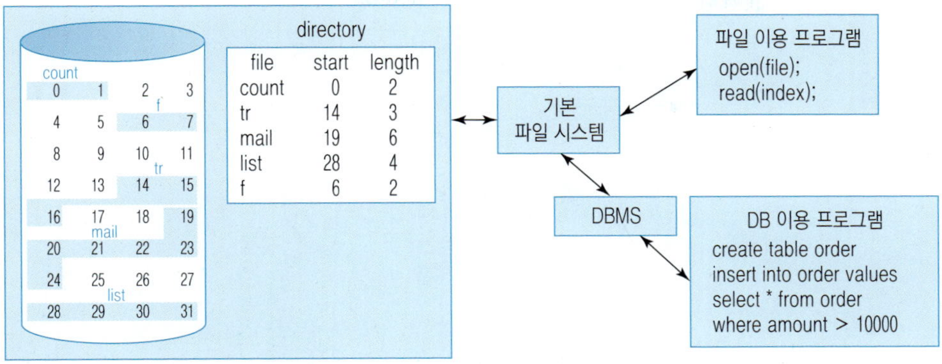

[그림 8.5] 저장소 메커니즘

파일의 구성과 접근 방법은 그 목적에 따라 여러 가지가 있다. 순차적인 구조와 랜덤 구조가 있고 순차적인 접근과 인덱스를 이용한 순차 접근, 직접 접근 방법이 있다. 하지만 대부분의 정보 시스템은 자료를 저장하기 위하여 데이터베이스 시스템을 사용한다.

데이터베이스 시스템은 데이터가 파일에 저장되었다는 사실을 사용자에게 숨기기 위하여 추상 계층을 제공한다. 예를 들어 관계형 데이터베이스는 사용자가 데이터를 테이블로 보게 한다. 각 테이블은 파일의 일부가 될 수도 있고 하나 또는 여러 개의 파일과 관련될 수도 있다. 그러나 사용자에게는 테이블이 어떻게 저장되는지가 중요하지 않다. 객체지향 데이터베이스는 사용자가 데이터를 객체와 객체 사이의 링크로 연상시킨다.

결국 저장소 메커니즘은 계층 구조로 되어 있어 추상성이 보장되어 있다. 즉 파일 시스템이나 데이터베이스를 사용하는 응용 프로그램을 개발하는 입장에서 논리적인 파일 시스템과 논리적인 데이터베이스 구조만을 잘 이해하면 하위층의 자세한 메커니즘을 이해하지 못하더라도 데이터를 저장하고 사용할 수 있다.

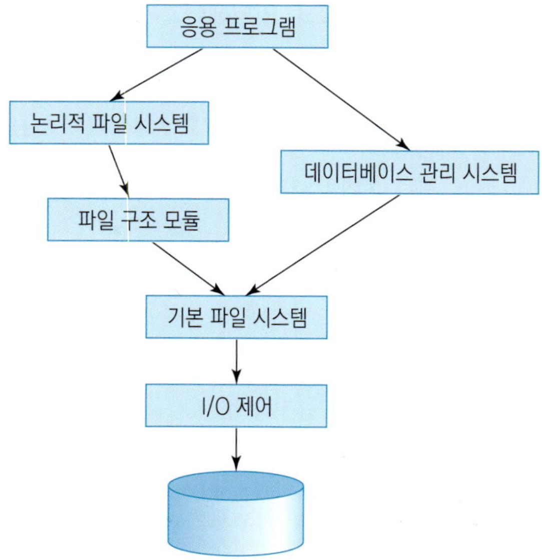

[그림 8.6] 저장소 메커니즘의 계층 개념

저장소 형식

컴퓨터에서 모든 데이터는 0과 1, 즉 이진수로 저장된다. 컴퓨터는 이진수를 전기 또는 광학적 신호로 인식하여 읽고 저장할 수 있다. 이진수 각 자리는 비트라 불리며 8 비트의 그룹을 바이트라고 한다. 비트는 두 개의 값(0, 1)을 표현할 수 있고 두 개의 비트는 네 개의 값(00, 01, 10, 11)을, 세 개의 비트는 여덟 개의 값(000, 001, 010, 011, 100, 101, 110, 111)을 나타낸다. 따라서 8개의 비트, 즉 한 바이트는 256개의 값을 표현할 수 있다.

컴퓨터에서는 네 가지 저장 형식을 주로 사용한다. 즉 EBCDIC, ASCII, 유니코드, 이진 형태로 저장한다.

EBCDIC와 ASCII EBCDIC는 Extended Binary Coded Decimal Interchange 코드의 약자로 대부분의 메인 프레임 컴퓨터에서 사용하던 자료 저장 방법이다. ASCII는 America Standard Code for Information Interchange의 약자로 대부분의 데스크톱 컴퓨터 및 개인용 컴퓨터에서 사용한다. EBCDIC와 ASCII는 영문자, 숫자, 심볼 한 자리를 한 바이트로 나타낸다. 예를 들어 숫자 1212를 표현하기 위한 ASCII 코드는 4 바이트의 저장소가 필요하고 Alexander라는 이름을 ASCII로 표현하면 9 바이트의 저장소가 필요하다.

UNICODE 유니코드는 상대적으로 최근에 만들어진 것으로 많은 문자를 표현하기 위한 코딩 방법이다. 8 비트를 사용하는 EBCDIC나 ASCII 방법과는 달리 UNICODE는 16개 비트, 즉 2바이트를 사용한다. 따라서 65,000 개 이상의 문자를 표현할 수 있다. 소프트웨어가 어느 한 나라에서만 사용되는 것이 아니라 여러 나라에서 사용되도록 하려면 다중 언어를 지원하여야 한다. 예를 들어 영어, 프랑스, 독일어, 스페인어 등 알파벳 개수가 적은 언어만이 아니라 한자와 같이 글자가 많은 언어도 표현하여야 한다.

한글의 경우 모아쓰기라는 독특한 방법을 사용하고 있어 알파벳, 즉 글자 단위로 코드화 할 수도 있으며 음절 단위로 코드화 할 수도 있다. 전자를 조합형이라 하며 후자를 완성형이라고 하는데 UNICODE에서는 그림 8.7에 있는 것과 같은 완성형 코드를 사용한다. 완성형은 조합된 한 음절 중 사용하는 단어에 나올 수 있는 조합에 대하여 2 바이트의 코드값을 부여한 것이다.

AC00 **Hangul Syllables** **ACFF**

	AC0	AC1	AC2	AC3	AC4	AC5	AC6	AC7	AC8	AC9	ACA	ACB	ACC	ACD	ACE	ACF
0	가 AC00	감 AC10	갠 AC20	갰 AC30	걀 AC40	걐 AC50	걠 AC60	거 AC70	검 AC80	겐 AC90	겠 ACA0	결 ACB0	곀 ACC0	곐 ACD0	고 ACE0	곰 ACF0
1	각 AC01	갑 AC11	갡 AC21	갱 AC31	걁 AC41	걑 AC51	걡 AC61	걱 AC71	겁 AC81	겑 AC91	겡 ACA1	겱 ACB1	곁 ACC1	곑 ACD1	곡 ACE1	곱 ACF1
2	갂 AC02	값 AC12	갢 AC22	갲 AC32	걂 AC42	걒 AC52	걢 AC62	걲 AC72	겂 AC82	겒 AC92	겢 ACA2	겲 ACB2	곂 ACC2	곒 ACD2	곢 ACE2	곲 ACF2
3	갃 AC03	갓 AC13	갣 AC23	갳 AC33	걃 AC43	걓 AC53	걣 AC63	걳 AC73	것 AC83	겓 AC93	겣 ACA3	겳 ACB3	곃 ACC3	곓 ACD3	곣 ACE3	곳 ACF3
4	간 AC04	갔 AC14	갤 AC24	갴 AC34	걄 AC44	걔 AC54	걤 AC64	건 AC74	겄 AC84	겔 AC94	겤 ACA4	겴 ACB4	계 ACC4	곔 ACD4	곤 ACE4	곴 ACF4

[그림 8.7] 한글 UNICODE

예전에는 소프트웨어를 만들 때 한 개의 언어를 겨냥하여 만든 후 다른 언어 버전이 필요하면 프로그램을 수정하여 만족시켰다. 그러나 이런 과정은 비용이 많이 들고 느리며 많은 오류 가능성을 내재하고 있다. 유니코드는 소프트웨어를 국제화 하기 위하여 원시코드를 위한 파일과 쉽게 변환될 수 있는 언어 종속 정보를 별도의 파일에 분리한다. 마이크로소프트의 오피스 같은 제품은 유니코드 표준을 사용하고 있다.

Binary 이진 저장 형식은 숫자를 위한 방법으로 문자에 비하여 효과적인 방법이다. 예를 들어 정수형은 −32,768에서 32,767까지의 숫자를 입력하는 데 2 바이트만 가지면 된다. Long 타입 정수는 −2,147,483,648에서 2,147,483,647까지의 숫자를 저장할 수 있다.

저장소 아키텍처

영구 데이터를 저장하기 위한 요구를 어떻게 만족시킬 것인가? 이 물음에 대한 결정을 시스템 설계 과정에 내려야 한다. 새로운 시스템의 요구와 현재 사용 가능한 환경 사이에 저울질이 필요하다.

새로운 시스템을 개발할 때 데이터를 새로 구축하는 경우도 있지만 대부분 현재의 데이터를 새로운 방법으로 사용하는 시스템을 개발하는 경우가 많다. 만일 새로운 시스템을 객체지향 언어로 개발한다면 현재 존재하는 데이터를 래핑하여 객체로 보이게 하는 아키텍처 층이 필요하다. 그림 8.8과 같이 데이터베이스로 SQL 서버를 사용하고 클라이언트 프로그램으로 비주얼 베이직 프로그램을 이용한 현재 시스템이 있다고 하자. 비주얼 베이직 클라이언트 프로그램은 ODBC(Open Datadase Connectivity)와 SQL 질의어를 이용하여 데이터베이스에 있는 데이터를 접근한다.

새로운 시스템은 Java 애플리케이션이 클라이언트 프로그램이며 Java 컴포넌트, 즉 EJB(Enterprise Java Beans)를 사용한다. JavaBeans는 주로 비즈니스 로직이 포함된 것으로 어디서나 불러 쓸 수 있는 분산 컴포넌트이다. 여기서 누군가가 관계형 데이터베이스의 테이블에 있는 튜플은 객체로 보이도록 래핑하는 역할을 하여야 하는데 데이터 접근층이 바로 그것이다. 데이터 접근층은 데이터베이스에 연결하기 위하여 ODBC 혹은 JDBC(Java Database Connectivity)와 SQL을 사용한다. 데이터 접근층의 설계를 잘 한다면 사용하던 클라이언트-서버 애플리케이션을 비즈니스 로직층과 표현층을 간단히 추가하여 대치시킬 수 있을 것이다.

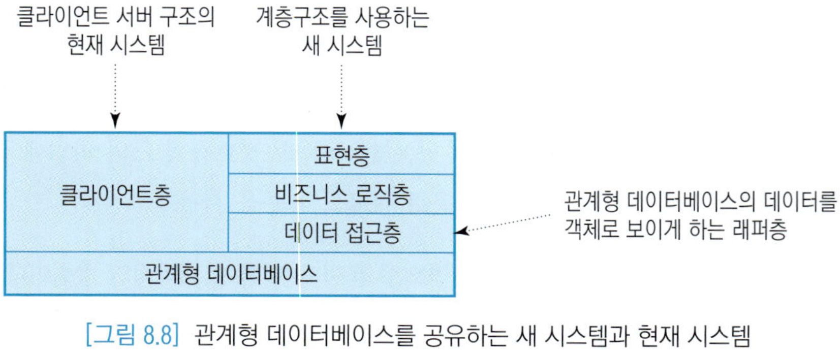

[그림 8.8] 관계형 데이터베이스를 공유하는 새 시스템과 현재 시스템

8.3 파일 시스템

데이터를 영구적으로 저장하는 가장 쉬운 방법은 파일을 이용하는 것이다. PC를 사용해본 경험이 있다면 대부분 파일이라는 개념에 익숙할 것이다. 워드프로세서나 스프레드시트는 데이터를 파일에 저장한다. 브라우저는 웹사이트에 저장된 파일을 다운하여 볼 수 있다.

파일을 가장 단순하게 본다면 바이트의 스트림이 디스크에 저장된 것으로 볼 수 있다. 대부분 파일은 디스크나 테이프의 표면에 자성적(magnetic) 특성을 조절함으로 저장한다. 파일은 CD-ROM이나 다른 광학적 저장소에 저장하기도 하며 플래시 파일과 같은 메모리에 전자적으로 저장하기도 한다. 하지만 사용자에게는 파일 시스템을 구현한 물리적인 매체의 자세한 동작이 감추어져 있고 파일을 생성하고 데이터를 저장하고 탐색하는 상위 기능만이 보인다.

파일과 레코드 구조

프로그래밍 언어와 운영체제는 파일에 구조가 있고 이를 알아야 다룰 수 있게 한다. 파일은 개별 레코드들로 구성되며 레코드는 파일에 저장될 데이터를 나타내는 여러 개의 필드로 구성된다. 같은 방법으로 객체는 여러 개의 속성을 포함하고 있고 각 속성은 객체에 대한 데이터를 저장하고 있는 데 이것이 한 레코드의 필드에 해당된다.

예를 들어 주소록 파일을 구성하는 레코드는 이름, 주소1(번지수 동호수 이상의 개념), 주소2(번지수 동호수), 우편번호, 전화번호 등의 필드를 포함한다.

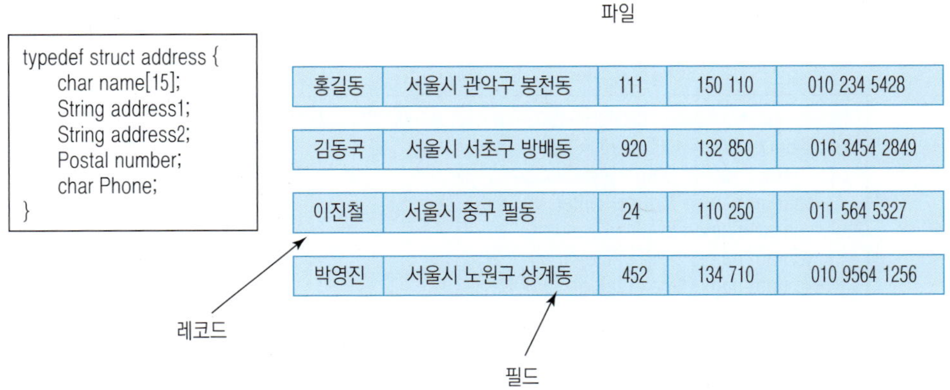

[그림 8.9] 파일과 레코드의 구조

파일에 있는 레코드는 다음과 같은 여러 형태가 있다.

고정 길이 각 레코드가 여러 필드로 구성되어 있고 각 필드의 바이트 길이가 일정하다. 특정 필드의 값이 차 있지 않다면 그 필드는 특수 문자로 또는 공간으로 남겨 놓는다. 각 필드는 같은 길이로 되어 있고 한 레코드에서 다른 레코드의 시작점으로 갈 때는 일정한 바이트씩 건너뛰면 된다.

홍길동	서울시 관악구 봉천동	111	150 110	010 234 5428
김동국	서울시 서초구 방배동	920	132 850	016 3454 2849

(a) 고정 길이 레코드

54	001	김동국	자료구조	A+	시스템분석	A0		
70	002	홍길동	C언어	A+	자료구조	B+	시스템분석	A+

(b) 가변 길이 레코드

H	001	김동국	1	서울시 관악구 봉천동		2
D	UML 입문		1	23000	배송 준비 중	2
D	소프트웨어		1	45000	배송 준비 중	2

(c) 헤더와 상세 레코드

```
<object classid="clsid:F08DF954-8592-11D1-B16A-00C0F0283628"
id="Slider1" width="100" height="50">
    <param name="BorderStyle" value="1" />
    <param name="MousePointer" value="0" />
    <param name="Enabled" value="1" />
    <param name="Min" value="0" />
    <param name="Max" value="10" />
</object>
```

(d) 태그 데이터

[그림 8.10] 레코드 타입

가변 길이 각 레코드가 여러 필드로 구성되어 있고 각 필드가 최대 길이를 가질 수도 있고 최소의 길이가 될 수도 있다. 필드는 데이터에 출현할 수 없는 특수 문자로 분리된다. 레코드도 특수 문자로 분리될 수 있다. 각 레코드의 길이는 레코드의 시작 부분에 저장한다. 이렇게 하여야 다른 레코드로 접근할 때 일정하지 않은 바이트 길이를 건너뛰어 쉽게 접근할 수 있기 때문이다.

헤더와 상세 레코드 레코드는 두 가지 타입이 있다. 헤더 레코드와 그 이후 따라오는 상세 레코드이다. 이런 방법은 비즈니스 문서에서 많이 사용하는 데 주문, 배송 등 대부분의 문서들이 가변 길이를 가지고 있기 때문이다. 각 레코드는 레코드 타입 필드를 가지고 있고 헤더 레코드 안에는 상세 레코드의 개수가 표시되어 있다.

태그 데이터 데이터가 복잡한 구조일 때 자료 아이템의 타입이 무엇인지 프로그램에게 자세히 알려주기 위하여 태그를 사용하는 방법이다. 예를 들어 HTML이나 XML은 데이터 사이에 데이터에 대한 일종의 설명을 붙인 것이라 할 수 있다.

어떤 시스템은 파일의 구조에 대한 정보를 자료 사전에 저장하고 이를 별도의 파일이나 파일 앞부분에 저장한다. 이렇게 하면 이 포맷을 사용하는 어떤 파일에서든지 자료를 읽어 낼 수 있는 프로그램을 작성할 수 있게 된다. 프로그램은 먼저 자료 사전의 정보를 읽어 파일의 나머지 부분에서 적절한 자료 구조를 읽을 수 있도록 구성한다.

파일 안에 자료를 구성할 때 여러 가지 방법이 있고 시스템의 목적이 다르면 다른 방법으로 접근 한다.

파일 구조

파일을 구성하는 방법은 세 가지가 있다. 연속(serial), 순차(sequential), 랜덤(random) 파일이다.

연속 구조 파일 안의 각 레코드가 파일의 맨 끝에 이어서 기록된다. 만일 레코드가 삭제되면 파일은 처음부터 삭제된 레코드까지는 건너뛰고 나머지 부분이 디스크에 복사된다.

순차 구조 순차 구조의 기본 형태는 각 레코드가 키 필드의 값을 기준으로 파일에 일정한 순서로 기록된다는 것이다. 레코드를 삭제하려면 연속 구조와 같은 방법으로 복사가 일어난다. 각 레코드는 적합한 자리에 위치하여야 하며 레코드를 파일에 추가할 때는 레코드가 삽입될 위치에 새 레코드를 저장한 후 파일의 나머지 부분을 복사한다.

랜덤 구조 랜덤 구조를 설명하는 방법으로 적합하지 않은 명칭이나 구조 자체는 랜덤이다. 각 레코드는 파일을 다른 레코드를 읽지 않고 바로 읽고 쓸 수 있는 정확한 알고리즘에 의하여 추가된다. 다시 말해 어떤 레코드를 선택하더라도 파일을 탐색하지 않고 직접 접근할 수 있다. 알고리즘은 레코드의 특정 킷값을 파일의 주소로 변환하는 해싱과 같은 방법이 사용된다.

파일 접근 방법

파일의 구조에 따라 파일 안의 데이터를 접근하는 방법은 여러 가지다. 순차, 인덱스 순차, 직접 방법이 있다.

순차 접근 연속 구조나 순차 구조는 순차적 접근만 가능하다. 특정 레코드를 찾기 위하여 파일을 레코드 하나씩 순차적으로 접근하여 원하는 레코드가 위치한 곳을 찾을 때까지 읽어야 한다.

인덱스 순차 접근 순차 파일에 대한 접근 방법으로 인덱스를 사용하는 방법이다. 인덱스란 파일에 있는 레코드의 순서 정렬을 위하여 사용되는 필드와 그 위치를 보관하여 접근 속도를 높이려는 것이다. 인덱스 순차 파일에서 사용하는 인덱스 메카니즘은 대형 컴퓨터의 운영체제에서 파일을 저장한 디스크, 실린더와 트랙의 위치를 찾는 방법에 사용되어 왔다.

레코드는 블록 안에 순차적으로 저장된다. 충분한 블록이 예상되는 레코드 숫자만큼 파일에 할당된다. 레코드는 킷값의 순서로 블록에 기록되나 블록은 파일의 처음부터 채워지지는 않는다. 레코드가 여러 블록에 걸쳐 분할될 수도 있고 각 블록에 새 레코드를 위하여 공간을 남겨 놓을 수도 있다.

파일의 인덱스는 빽빽할 수도 있고 성기게 할 수도 있다. 빽빽한 인덱스는 각 킷값을 위한 엔트리가 있어 파일에 그 킷값을 가지고 저장된 레코드의 시작 주소를 가지고 있다. 반면 성긴 인덱스는 각 데이터 블록에 마지막 레코드를 위한 엔트리를 가지고 있다. 레코드를 찾기 위하여 인덱스 테이블을 찾되 찾으려는 킷값보다 큰 값이 나올 때까지 읽는다. 그 위치에 있는 인덱스가 포인트하는 블록으로 점프하여 거기서부터 찾으려는 레코드가 발견될 때까지 찾아 나간다.

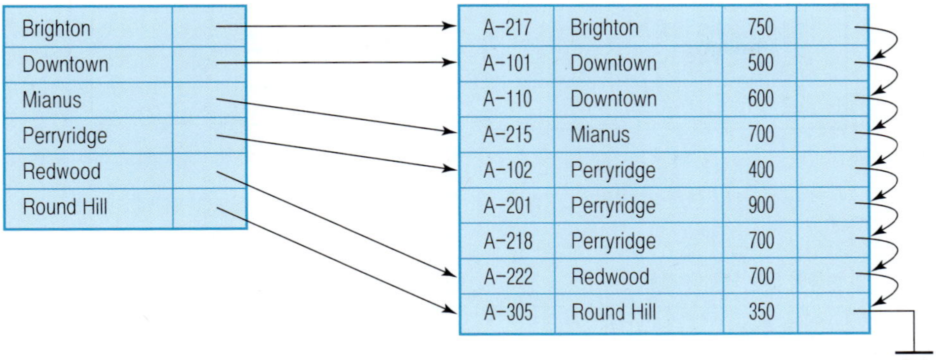

(a) 빽빽한 인덱스

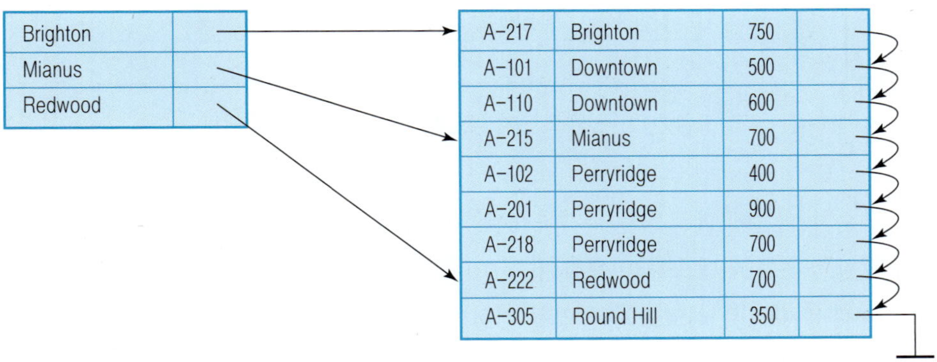

(b) 성긴 인덱스

[그림 8.11] 인덱스 순차 접근

대규모 파일을 지원하기 위하여 인덱스를 여러 수준으로 둘 수도 있다. 예를 들면 마스터 인덱스가 있고 여러 개의 블록 인덱스가 있다. 마스터 인덱스는 각 블록 인덱스의 끝에 있는 레코드의 킷값을 가지고 있다. 또한 각 블록 인덱스는 각 블록의 마지막 레코드의 킷값을 가진다. 킷값을 이용하여 레코드를 찾으려면 먼저 마스터 인덱스 안에서 킷값보다 큰 값 또는 같은 값을 발견할 때까지 찾는다. 이렇게 하면 레코드를 포함하고 있는 블록까지 갈 수 있다. 블록의 레코드는 원하는 레코드를 발견할 때까지 순차로 읽고 비교한다.

마스터 인덱스

레코드 키	블록 인덱스 주소
강혜리	1
장남선	2
최훈석	3

블록 인덱스(인덱스 블록 2)

레코드 키	블록 주소
김은진	55
서민규	56
송미희	57
심준용	58
…	…
장남선	84

블록에 있는 데이터 레코드

블록 주소	레코드				
55	김범수	김슬기	김영선	김은지	
56	류종한	박정수	박지원	반세규	서민규
57	서재석	석창민	소병철	송미희	
58	심힘찬	심선민	심준용		
…	…				

[그림 8.12] 인덱스 순차 파일에 있는 인덱스와 데이터

인덱스 순차 파일에 레코드를 추가하기 위하여 같은 방법이 사용된다. 먼저 레코드가 위치하는 블록을 인덱스를 이용하여 찾아내고 블록에 있는 레코드를 메모리로 읽어 들인다. 다음 새로운 레코드가 삽입될 지점까지 복사한 후 새 레코드를 블록에 저장한 후 블록에 남아 있는 레코드들은 다시 블록으로 복사한다. 인덱스 또한 변경될 필요가 있다. 블록이 꽉 차면 레코드를 특수 오버플로우 블록에 저장하여야 할 것이다. 오버플로우 블록의 주소는 오버플로우된 블록에 저장한다.

인덱스 순차 파일은 인덱스를 유지하기 위한 오버헤드는 있지만 단순 순차 파일에 비하여 신속하게 읽고 쓸 수 있다는 장점이 있다. 직접 접근(direct access) 방법에 비교하여 인덱스를 접근하는데 필요한 오버헤드 시간이 있다.

직접 접근 직접 접근 방법은 키 필드의 값을 파일 주소로 바꾸는 알고리즘의 사용이 중요하다. 이를 위한 가장 단순한 방법은 상대 주소이다. 접근하는 방법은 고정 길이 레코드와 킷값으로 연속적인 정수를 사용하는데 예를 들면 각 레코드의 길이가 200 바이트라면 첫 번째 레코드는 파일의 바이트 1에 두 번째 레코드는 바이트 201에 세 번째 레코드는 바이트 401에 저장하는 식이다. 파일에 있는 레코드의 위치를 계산하려

면 키로부터 1을 빼고 한 레코드의 길이를 곱한 후 여기에 1을 더하면 된다. 파일의 그 위치로부터 각 레코드를 바로 읽을 수 있다.

또 다른 방법으로 해싱(hashing)이 있다. 파일에는 레코드가 들어갈 일정한 개수의 블록이 할당된다. 해싱은 킷값을 해싱 함수에 적용하여 블록 위치를 찾게 하는 방법이다. 따라서 해싱 함수는 킷값을 이용하여 레코드가 블록에 되도록 고르게 퍼지게 하여야 한다. 해싱 함수의 예를 들면 ASCII 스트링을 받아 코드값으로 바꾸는 방법이 있다. 즉 'A'는 65가 된다. 키를 이루는 모든 문자를 코드값으로 바꾸어 합한 후 파일에 할당된 블록의 총 개수로 나누고 그 나머지를 취하면 그것이 그 레코드가 저장될 블록의 위치이다. 만일 그 블록이 이미 다른 레코드로 차 있다면 오버플로를 위한 추가 블록이 사용되어야 한다.

파일 종류

시스템을 구성하기 위하여 데이터를 담는 파일만이 아니라 데이터에 대한 인덱스를 가진 파일도 있다는 것을 알았다. 파일 기반 시스템에서 사용하는 파일의 종류는 다음과 같다.

마스터 파일 시스템을 위하여 근본적이고 영구 저장할 필요가 있는 데이터를 가진 파일이다. 프랜젝션 처리 시스템에서 마스터 파일은 트랜젝션 파일에 저장된 트랜젝션의 자세한 내용을 이용하여 갱신되어야 한다. 마스터 파일은 레코드를 빠르게 갱신하기 위하여 직접 접근하여야 한다.

트랜젝션 파일 트랜젝션 파일은 비즈니스 트랜젝션이나 사건을 기록하며 마스터 파일에 레코드를 수정하는 데 사용된다. 은행 시스템에서 고객이 현금 자동 인출기에서 현금을 인출하였을 때 일어나는 트랜젝션은 이 파일에 기록된다. 하루 마감이 되면 트렌젝션 파일은 고객의 계좌 기록을 갱신하기 위하여 처리된다.

인덱스 파일 인덱스는 마스터 파일에 있는 레코드 접근의 속도를 빠르게 하기 위하여 사용한다. 여러 가지 인덱스 파일 구조가 사용될 수 있고 인덱스 구조의 사용은 데이터의 특성과 접근 타입에 따라 다르다.

임시 파일 데이터를 처리하는 과정에 처리의 임시 결과를 저장하는 임시 파일을 생성할 필요가 있다. 예를 들면 보고서를 만들기 위하여 레코드를 일정한 순서로 정렬할 필요가 있을 때 레코드가 순서 정렬된 임시 파일을 만들고 보고서가 인쇄된 후에는 삭제하는 파일이다.

백업 파일 백업 파일은 마스터 파일이나 트랜젝션 파일의 복사본으로 원본 파일이 깨지거나 삭제되었을 때 복구하기 위한 것이다. 백업 파일은 시스템의 데이터를 재구성하기 위하여 특수한 구조를 가질 수도 있다.

파라미타 파일 대부분의 프로그램은 데이터 파일 안에 하나의 레코드에 대한 정보를 보관하고 있다. 파라미터 파일은 소프트웨어를 사용하는 기관의 이름이나 통화 단위, 날짜, 인쇄 포맷 등 시스템 세팅 정보를 가진 파일이다.

자료를 저장하기 위하여 파일을 사용하려 할 때 적합한 파일 구조를 선택하는 것이 관건이다. 시스템이 영구 저장할 필요가 있는 자료를 가진 객체는 파일에 저장되어 원할 때 검색이 가능해야 한다. 객체지향 언어는 이를 위하여 객체 스트리밍 메커니즘을 제공하여 파일에서 순서대로 불러 읽거나 쓸 수 있게 한다. 예를 들면 Java 언어는 ObjectOutputStream과 ObjectInputStream 클래스를 이용하여 객체를 그 객체의 정보와 함께 저장하고 읽어낼 수 있게 한다.

파일 처리

파일처리는 오래된 전통적인 방법이지만 시스템 설계와 유지보수를 위하여 그 원리를 이해하여야 한다. 초기 시스템에서는 주로 파일 처리를 사용하여 구조화된 대량의 데이터를 정기적으로 처리하였다. 지금까지 사용되고 있는 레거시 시스템은 메인프레임 하드웨어와 일괄처리 입력으로 되어 있어 파일 처리 방법이 적합하다.

최근에는 파일 처리가 보편적인 방법이 아니지만 어떤 상황에는 효과적이고 경제적인 방법이 될 수 있다. 예를 들어 신용 카드 회사에서 하루에 수천 건의 결제 프랜젝션을 CUSTOMER 파일에 저장된 잔액에 반영시킨다고 하자.

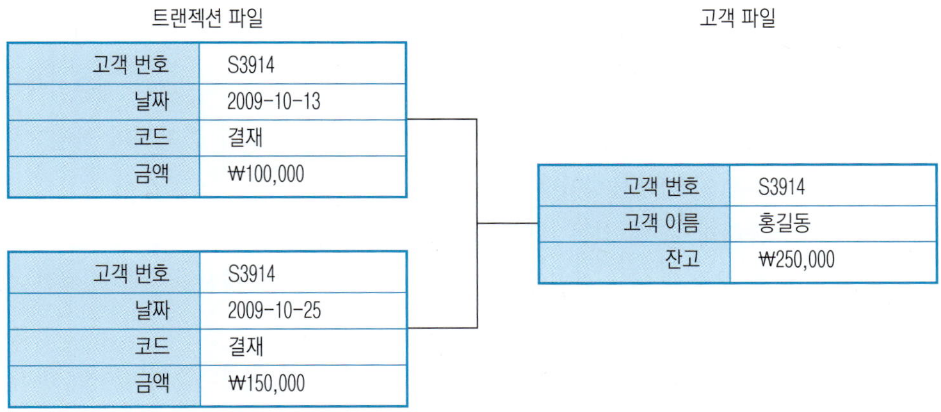

[그림 8.13] 신용 카드 회사의 파일 처리 시스템 사용

파일 처리 환경이라면 기업 내부의 세 부서가 자신의 정보 시스템과 데이터 파일을 별도로 가지고 있을 수 있다. 파일 처리 시스템에서는 세 가지 문제가 존재한다. 첫 번째 문제는 자료의 중복(redundancy)이다. 여러 개의 정보 시스템이 사용하는 같은 데이터가 별도의 시스템에 존재한다. 데이터 중복은 저장을 위하여 기억 공간을 많이 낭비하며 변경되어야 할 경우 여러 곳에 있는 자료를 수정해 주어야 하므로 비용이 많이 든다.

자료를 변경하여야 할 때 모든 파일에 적용되지 않는다면 자료의 무결성(integrity) 문제가 생길 수 있다. 시스템의 한 곳만 데이터를 변경하였을 때 자료의 무결성이 깨지며 결과적으로 다른 시스템의 정보가 부정확 하게 된다.

세 번째 문제는 파일 처리 시스템 환경에 있는 자료 구조의 유연성이 없게 된다. 비즈니스는 전사적인 데이터를 기초로 의사결정을 한다. 따라서 경영 관리자는 여러 비즈니스 조직과 부서로부터 정보가 필요하다. 파일 처리 환경에서는 개별 부서의 파일 시스템을 탐색하여 찾아야 하므로 느리고 비효율적이 된다.

8.4 데이터베이스 관리 시스템

파일은 여러 가지 프로그램에 의하여 공유되며 갱신될 필요가 없는 단순한 프로그램에는 적합하다. 그러나 대규모 데이터를 효과적으로 저장하면서 공유하려면 데이터베이스 관리 시스템을 사용할 필요가 있다.

파일 시스템을 사용할 때 일어나는 여러 가지 문제점은 다음과 같다.

- 애플리케이션의 수가 늘어남에 따라 조금씩 다른 파일이 증가한다. 다른 애플리케이션을 위하여 같은 자료를 다른 형식으로 가지고 있거나 자료가 중복되어 불필요한 공간을 차지한다. 이를 중복성이라 한다.
- 여러 다른 애플리케이션에 있는 데이터를 갱신할 때 동기화 되지 않을 위험이 있다. 예를 들어 고객 주소가 어느 파일에는 갱신되고 다른 파일은 갱신되지 않고 예전 주소가 있다면 불일치한 데이터가 남아 있다.
- 애플리케이션은 파일 집합에 있는 데이터를 저장하기 위한 메커니즘이 있어야 한다. 만일 자료가 변경되거나 저장하는 방식을 바꾸었다면 애플리케이션 안의 각 프로그램은 수정되어야 한다. 애플리케이션에 새 프로그램을 추가하는 것도 어렵게 만든다. 왜냐하면 같은 데이터를 여러 곳에 추가 저장하는 불편함이 따르기 때문이다.
- 비즈니스 요구가 바뀌면서 사용자는 새로운 방법으로 자료를 접근하려고 할 수 있다. 예를 들어 여러 애플리케이션으로부터 데이터를 결합하여 보고서를 만들려고 할 때 상당한 노력 없이 구현하기가 어렵다.

이런 문제를 해결하는 방법은 여러 애플리케이션의 저장 요구를 분석하여 모두 공유할 수 있는 데이터베이스를 구축하는 것이다. 그림 8.14와 같이 다섯 개의 정보 시스템이 하나의 데이터베이스 안에 있는 데이터를 공유하는 방법이다. 각 애플리케이션은 제공되는 데이터베이스에서 필요한 것만 골라 쓰면 된다.

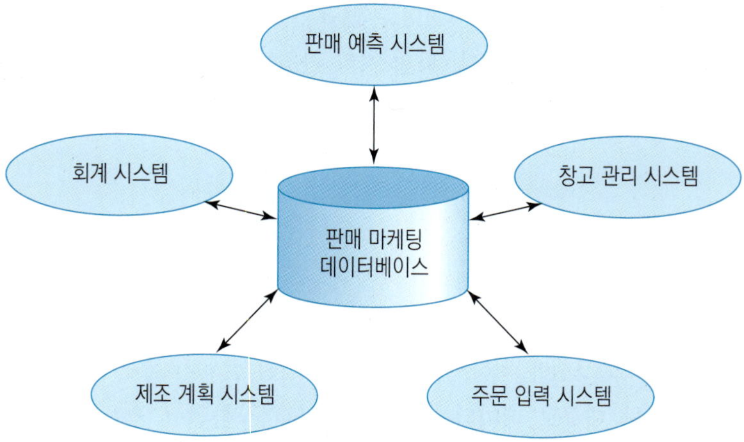

[그림 8.14] 데이터베이스를 공유하는 여러 시스템

또한 데이터베이스 관리 시스템을 사용하면 애플리케이션 개발자가 데이터의 자세한 구성이나 관리, 저장 메커니즘 등을 신경 쓰지 않아도 쉽게 사용할 수 있도록 자세한 것을 감추어준다.

DBMS 개념

데이터베이스 관리 시스템은 데이터베이스와 사용자 사이에 인터페이스를 제공한다. 사용자는 비즈니스 요구를 위하여 제공하는 사용하기 쉬운 인터페이스에 관심을 두고 있으나 시스템 분석가는 DBMS를 구성하는 요소를 두루 이해하여야 한다. DBMS는 사용자뿐만 아니라 데이터베이스 관리자, 관련 시스템을 위하여 데이터 조작 언어, 스키마, 서브스키마, 물리적 저장소를 제공한다.

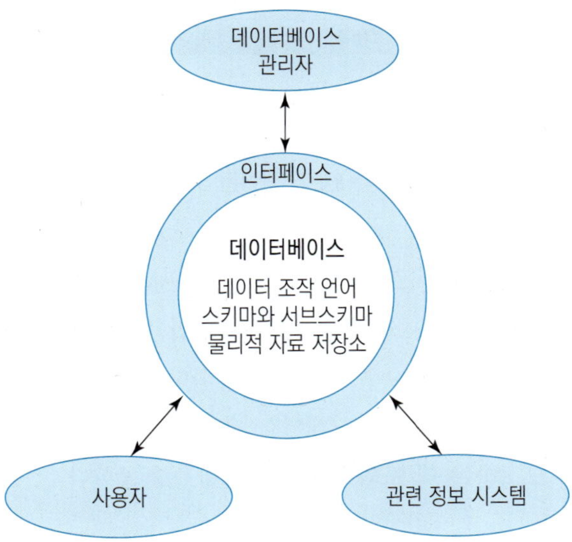

[그림 8.15] DBMS의 요소

사용자 사용자는 미리 정의된 질의나 스위치보드 명령들 또는 저장된 자료를 접근하는 질의어를 이용하여 데이터베이스를 사용한다. 질의어(query language)는 영어 문장으로 구성된 자연어를 사용하며 데이터에 대한 작업을 기술하고 있다. QBE(Query By Example) 언어는 사용자가 요청하는 자료의 예를 기술하여 질의할 수 있게 한다. 대부분의 데이터베이스 프로그램은 SQL(Structured Query Language)을 사용하여 클라이언트가 서버나 메인프레임 컴퓨터와 통신하게 한다. 그림 8.16에 나타낸 것이

QBE 사례와 생성된 SQL 명령어이다.

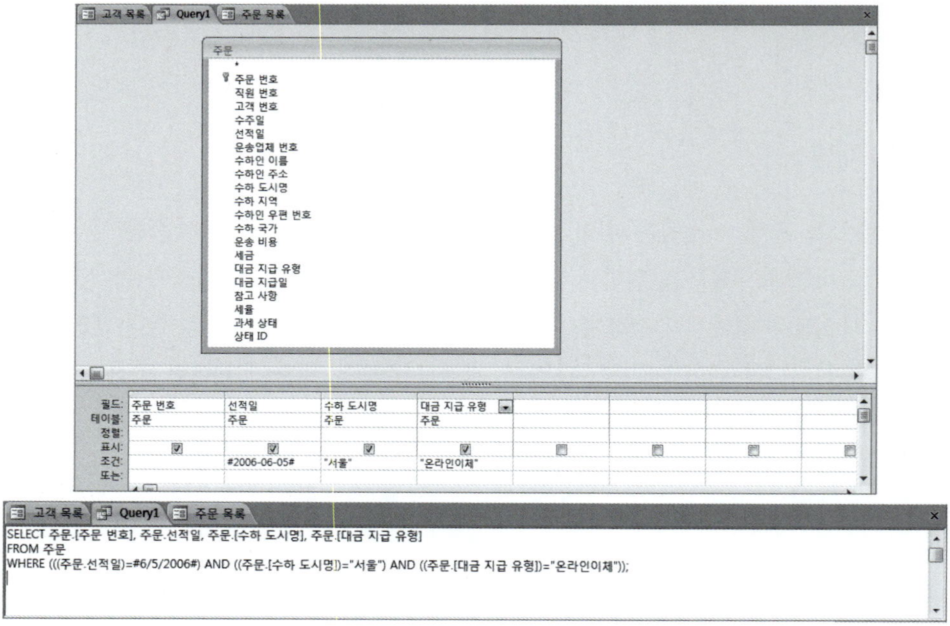

[그림 8.16] QBE와 생성된 SQL 명령어

데이터베이스 관리자 데이터베이스 관리자(DBA)는 DBMS 관리와 지원을 위한 책임을 맡고 있다. DBA는 데이터의 보호와 무결성, 무허가 접근의 방지, 백업과 복구, 감사, 데이터베이스의 유지보수, 사용자 요구 지원을 담당한다. 대부분의 DBMS는 DBA가 데이터 구조를 생성하고 갱신하며 데이터베이스 사용 패턴을 보고하고 데이터베이스 불규칙성을 찾아내어 보고하는 데 도와주는 프로그램을 제공한다.

관련 정보 시스템 DBMS는 여러 가지 관련된 정보 시스템이 DBMS에 입력할 수 있게 하고 필요한 데이터를 제공 받을 수 있게 한다. 사용자 인터페이스와는 다르게 사람의 개입 없이 DBMS와 관련 시스템과 커뮤니케이션할 수 있다.

데이터 조작 언어 데이터 조작 언어(Data Manipulation Language)는 데이터베이스의 자료를 저장, 탐색, 갱신, 삭제 등의 오퍼레이션을 제어한다. Oracle, DB/2 등과 같은 대부분의 상용 DBMS에서 DML을 사용하며 Microsoft의 Access와 같은 제품은 메뉴 중심 명령어를 이용하여 제어할 수 있는 그래픽 환경을 제공한다.

스키마 데이터베이스에 있는 모든 필드와 테이블, 관계를 기술한 완벽한 정의를 스키마(schema)라고 부른다. 또한 하나 이상의 서브스키마를 정의할 수 있다. 서브스키마는 하나 이상의 시스템 또는 사용자에 의하여 사용되는 데이터베이스의 뷰이다. 서브스키마는 특정 시스템이나 사용자의 접근이 허용된 데이터베이스의 일부만을 정의한 것이다. 예를 들어 개인 프라이버시를 보호하기 위하여 프로젝트 관리 시스템에 고용인의 급여 수준을 검색하지 못하게 할 수 있다. 데이터베이스 설계자는 서브스키마를 이용하여 접근 수준을 제한하면 된다. 예를 들어 특정 사용자, 시스템, 지역은 요구나 회사 보안 정책에 따라 데이터의 생성, 조회, 갱신, 삭제를 허용할 수도 있다.

물리적 저장소 자료 사전 안에 정의한 모든 데이터 요소들은 스키마, 부스키마와 함께 물리적 저장소에 저장한다. 물리적 저장소는 중앙 집중이 될 수도 있고 여러 곳에 분산시킬 수도 있다. 저장한 데이터는 단일 DBMS 또는 복수의 DBMS에 의하여 관리된다. 데이터베이스 연결과 접근 문제를 해결하기 위하여 ODBC(Open Database Connectivity) 표준 프로토콜을 사용한다. ODBC는 여러 벤더들의 소프트웨어가 같이 동작하고 자료를 교환할 수 있게 한다. ODBC는 DBMS가 이해하고 실행할 수 있는 SQL 문장을 사용한다. 또 다른 표준으로 JDBC(Java Database Connectivity)는 Java 애플리케이션을 SQL 문장을 사용하고 JDBC 호환 가능한 어떤 데이터베이스와도 데이터를 교환할 수 있도록 만든다.

Box 8.2 | 웹과 데이터베이스

최근에는 웹 기반 시스템이 많이 개발되면서 웹 기반 데이터베이스의 사용이 많아지고 있다. 웹 기반 데이터베이스는 접근성이 좋고 사용하기 용이하며 여러 플랫폼에서 사용할 수 있고 효과적이다.

웹기반 시스템에서 자료에 접속하려면 데이터베이스가 인터넷이나 인트라넷에 연결되어 있어야 한다. 데이터베이스와 인터넷은 다른 언어를 사용하는 구별된 개체이나 연결이 필요하다. 데이터베이스는 HTML과 관계없는 여러 가지 언어나 명령어로 생성하고 관리한다. 서로 다른 두 가지를 연결하여 데이터를 볼 수 있고 변경할 수 있어야 한다.

이런 차이를 메우기 위하여 미들웨어가 필요하다. 미들웨어는 서로 다른 애플리케이션을 통합하고 데이터를 교환할 수 있게 한다. 미들웨어는 클라이언트의 요구를 HTML 형태로 해석하고 그 요구를 데이터베이스가 실행할 수 있는 명령으로 변환한다. 데이터베이스가 명령에 대하여 반응하여 결과를 내면 미들웨어가 이를 HTML 페이지로 변환한다.

8.5 관계형 데이터베이스의 설계

데이터 설계 용어

관계형 데이터베이스를 구축하기 위하여 데이터를 설계하는 단위는 엔티티이며 주로 언급되는 용어는 그림 8.17에 있는 테이블, 레코드, 필드, 기본키 등이다.

고객 ID	이름	주소	우편번호	전화번호	이메일
142988	홍길동	서울시 서초구 방배동 118	134-234	02 992 4285	gdhong@dgu.com
239489	김동국	서울시 중구 필동 2가 23	100-715	02 2230 2345	dgkim@naver.com
156924	이한우	경기도 성남시 분당구 24	225-422	032 224 6323	hwlee@yahoo.com

[그림 8.17] 고객 엔티티를 위한 테이블

엔티티 엔티티는 데이터로 모아 보관하는 사람, 장소, 이벤트 등을 말한다. 예를 들어 온라인 판매 시스템은 CUSTOMER, PRODUCT, SUPPLIER와 같은 이름의 엔티티를 생각해 볼 수 있다. 클래스 다이어그램을 작성할 때 데이터베이스에 저장하여야 할 여러 가지 엔티티를 찾아낸다. 중요한 것은 엔티티 사이의 관계를 설정하는 일이다.

테이블 데이터는 테이블과 파일로 구성된다. 테이블이나 파일은 특정 엔티티에 대하여 자료를 저장하는 관련 레코드의 묶음을 가진다. 테이블과 파일은 행과 열로 이루어진 2차원의 구조로 볼 수 있다. 각 열은 필드를 나타내며 엔티티의 특성이다. 각 행은 레코드들로써 엔티티에 속하는 개별 인스턴스가 표현된 것이다. 예를 들어 그림 8.17의 CUSTOMER 테이블은 엔티티를 나타내는 여섯 개의 열과 세 개의 레코드 즉 특정 고객이 표시되어 있다. 테이블과 파일은 서로 다른 의미를 가지고 있지만 관계형 데이터베이스에서는 구별하지 않고 사용될 수도 있다.

필드 필드는 속성이라고도 부르며 엔티티에 대한 특징이나 사실이다. 예를 들면 그림 8.17의 고객은 6 가지 필드를 가지며 고객 ID, 이름, 주소, 도시, 우편번호, 전화번호, 이메일 주소를 저장할 수 있다. 하나 이상의 엔티티에 포함되는 속성을 공통 필드라 한다. 공통 필드는 여러 종류의 관계에서 엔티티를 링크하는 데 사용된다.

레코드 레코드는 관련된 필드들의 집합으로 튜플(tuple)이라고도 불린다. 특정한 고객, 주문, 프로덕트와 같은 엔티티의 인스턴스를 나타낸다. 저장에 필요한 정보의 량에 따라 레코드의 필드 개수가 결정된다.

기본키 데이터 구조를 구성하거나 접근하고 보관하기 위하여 키 필드를 사용한다. 기본키(primary key)는 엔티티의 특정한 멤버를 구별하기 위하여 사용되는 필드 또는 필드의 조합을 말한다. 예를 들어 고객 테이블에서 고객의 번호는 유일한 기본키가 된다. 왜냐하면 고객 번호가 같은 고객은 없기 때문이다. 그림 8.17에서 고객 ID는 단일 필드로 구성된 기본키의 예다.

기본키는 두 개 이상의 필드로 구성될 수도 있다. 예를 들면 학생이 세 개의 강좌에 등록한다면 학생 번호는 등록 시스템 안에서 세 개의 레코드에 나올 것이다. 이들 중 하나의 강좌에 20 명의 학생이 있다면 20개의 서로 다른 레코드들이 기본키를 위하여 존재한다.

이 때 등록 파일에서 학번이나 강좌 ID가 유일한 값이 아니다. 왜냐하면 한 학생이 여러 강좌에 등록할 수 있기 때문이다. 학번과 강좌 ID 두 필드의 조합이 기본키를 이룬다. 이러한 기본키를 조합키(combination key)라고 부른다. 조합키는 복합키(composite key), 연결키(concatenated key), 또는 다중값(multi value) 키라고도 부른다.

그림 8.18은 네 가지 테이블을 보여준다. 세 개의 테이블은 기본키가 하나의 필드로 구성되어 있다. 반면에 네 번째 테이블은 기본키가 두 개의 필드, STUDENT-NUMBER와 COURSE-ID가 조합되어 있다.

보조 키

외부 키

STUDENT 테이블

학번	학생 이름	학점	GPA	지도 교수
2004113979	박현준	14	3.214	294
2006112496	권대열	9	3.567	123
2007112348	윤여진	8	4.205	294

기본 키

공통 필드

ADVISOR 테이블

지도 교수 번호	주민 번호	지도 교수 이름
294	610328-1030426	홍성민
123	651012-2044291	최지호

보조 키

후보 키

COURSE 테이블

강좌 번호	강좌 제목	학점
CHM112	일반 화학 1	5
CSE151	컴퓨터 공학 개론	3
ENG101	영어 작문	3
MKT212	마케팅 관리	3

외부 키

GRADE 테이블

학생 번호	강좌 번호	학점
2004113979	CSE151	B
2004113979	MKT212	A
2004113979	ENG101	B
2004113979	CHM112	A
2006112496	ENG101	A
2006112496	MKT212	C
2006112496	CSE151	B
2007112348	CHM112	B
2007112348	CSE151	C

조합
기본 키

[그림 8.18] 공통 필드, 기본키, 후보키, 외부키, 보조키의 사례

후보키 기본키를 사용할 때 필드나 필드의 조합을 선정한다. 이 때 기본키로 선정될 수 있는 필드를 후보키라고 부른다. 예를 들어 모든 사원이 고유한 사원 번호를 가진다면 사원번호나 주민번호를 기본키로 사용할 수 있다. 기본키로 하나만 선정할 수 있기 때문에 데이터의 량이 적고 사용하기 편한 것을 선택하여야 한다. 예를 들어 그림 8.18에는 두 개의 다른 후보키가 있다. 지도교수 테이블의 주민 번호 필드와 강좌 테이블의 강좌 제목 필드가 그것이다.

외부키 하나 이상의 테이블에 공통 필드가 있는 것은 테이블 사이에 관계 또는 링크를 표현하기 위한 것이다. 예를 들어 그림 8.18에서 지도교수 번호 필드는 학생 테이블과 지도교수 테이블 양쪽에 나오며 테이블을 조인시킨다. 지도교수 번호는 지도교수 테이블의 기본키이고 각 지도교수를 구별하며 학생 테이블에서는 외부키이다. 외부키란 두 테이블 사이에 관계를 형성시키기 위하여 사용되는 다른 테이블의 기본키를 뜻한다.

기본키와는 달리 외부키는 고유할 필요는 없다. 예를 들어 '홍성민'은 지도교수 번호 가 294이다. 294라는 값은 지도교수 테이블에서는 고유하여야 한다. 그러나 학생 테이블에서는 여러 번 출현할 수 있는데 이를 외부키라고 한다.

그림 8.18은 두 개의 외부키가 다른 테이블에서 복합 기본키가 될 수 있다는 것을 보여주고 있다. 학점 테이블에 있는 두 개의 외부키, 학번과 강좌 번호는 각각 학생 테이블과 강좌 테이블에 있는 필드와 매칭된다.

두 개의 외부키가 학점 테이블에서 기본키로 사용되는 이유는 다음과 같다. 학점 테이블에서 학번이나 강좌 번호는 여러 번 반복되어 올 수 있다. 그러나 학번과 강좌 번호의 조합은 오직 한 번만 출현한다. 예를 들면 학생 2004113979는 네 번 나오고 CSE151는 세 번 반복된다. 그러나 2004113979와 CSE151의 조합은 오직 한 번만 보인다. 특정 학생과 강좌가 결합된 인스턴스는 한 번 뿐이며 특정 강좌를 수강한 특정 학생에게 학점이 매칭된다.

보조키 보조키는 레코드에 접근하거나 탐색하는 데 사용될 수 있는 필드나 필드의 조합이다. 보조키는 고유하지 않다. 예를 들어 특정한 우편번호로 그 지역만의 고객의 레코드를 접근할 필요가 있다면 우편번호 필드를 보조키로 사용할 것이다. 보조키는 특정 순서로 레코드를 정렬하거나 디스플레이할 때 사용된다. 예를 들어 학생 테이블의 GPA 필드는 학점 순으로 모든 학생의 성적을 디스플레이할 때 사용된다.

보조키가 필요한 이유는 테이블에 오직 하나의 기본키만을 가질 수 있기 때문이다. 고객 파일에 있는 고객 번호는 고유한 값을 가지므로 기본키이다. 하지만 고객의 이름은 알지만 고객의 번호는 모를 수 있다. 예를 들면 그림 8.17에서 '홍길동'이라는 고객의 정보를 접근하려 한다고 하자. 고객 번호는 모르지만 이름 필드를 이용하여 테이블을 검색한다면 '홍길동'이라는 이름의 모든 고객의 레코드를 탐색하여 그 중에 선택할 수 있다.

그림 8.18에서 학생의 이름과 지도교수의 이름은 모두 보조키이다. 다른 필드도 보조키로 사용될 수 있는 데 예를 들면 특정 지도교수가 지도하는 모든 학생을 찾기 위하여 학생 파일에 있는 지도교수 번호를 보조키로 사용할 수도 있다.

E-R 다이어그램

엔티티란 데이터로 모아 보관될 수 있는 단위가 되는 개념, 예를 들면 사람, 장소, 사물, 이벤트 같은 것이라고 했다. 고객, 판매지역, 제품, 주문 등은 엔티티이다. 정보 시스템을 구현하려면 엔티티 사이에 관계를 파악하여야 한다. 예를 들면 고객 엔티티는 주문 엔티티의 인스턴스와 관계를 맺고 있고 사원 엔티티는 배우자 엔티티의 인스턴스와 관계를 맺을 수 있다.

엔티티 관계 다이어그램(Entity-Relationship Diagram)은 시스템 엔티티 사이의 논리적인 관계와 상호작용을 보이는 모델이다. ERD는 시스템에 대한 전체 뷰와 물리적 데이터 구조를 생성하기 위한 청사진을 제공한다.

[그림 8.19] ER 다이어그램의 예

ER 다이어그램 그리기 먼저 시스템 분석 단계에 파악한 엔티티의 리스트를 작성하고 연결시킬 관계를 고안한다. ERD를 그리는 방법은 여러 가지가 있으나 일반적인 방법은 엔티티를 사각형으로 그리고 관계를 다이아몬드 형태로 그리는 것이다. 엔티티 사각형은 명사로 이름 붙이며 관계 다이어몬드 위에는 동사로 이름을 붙인다. 예를 들어 그림 8.19에서 의사 엔티티는 환자 엔티티를 치료한다.

관계 타입 관계는 세 가지 형태가 존재한다. 일대일, 일대다, 다대다이다.

- 일대일 관계는 1:1로 줄여서 쓰고 엔티티 하나에 대하여 오직 하나의 인스턴스만 관계를 맺을 때 존재한다. 1:1 관계를 표시하기 위하여 연결된 선 위에 1을 기록해 넣는다.

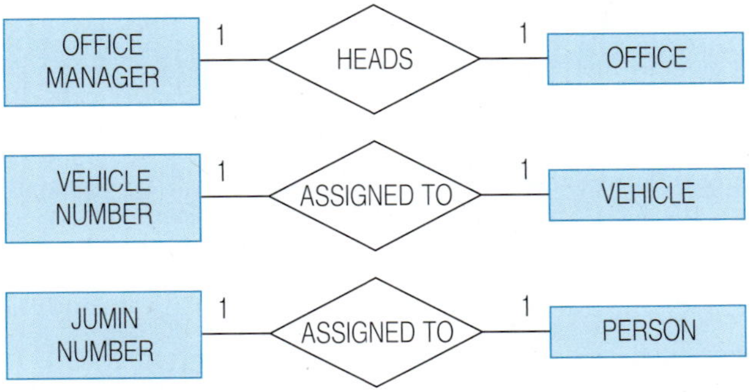

[그림 8.20] 1대1 관계의 예

- 1대 다의 관계는 1:M으로 줄여서 쓰며 엔티티(A) 인스턴스 한 개에 다른 엔티티(B)의 여러 인스턴스가 관계를 맺고 있으며 거꾸로 B 엔티티는 A 엔티티에 속하는 하나의 인스턴스와 관계를 맺는다. 예를 들어 DEPARTMENT와 EMPLOYEE 사이의 관계는 일대다이다. 한 부서에 여러 직원이 있고 각 직원은 한 부서에만 소속될 수 있다. 그림 8.21에서 INDIVIDUAL 엔티티와 AUTOMOBILE 엔티티 사이의 관계도 일대다의 관계이다. 개인이 여러 대의 차를 소유할 수 있기 때문이다. M은 0을 포함한 다수를 의미한다.

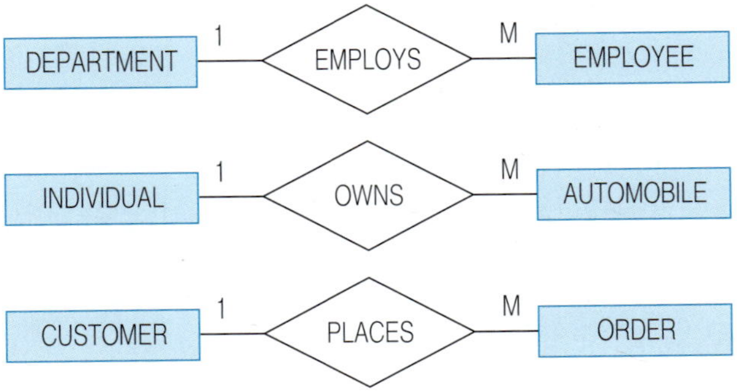

[그림 8.21] 1대M 관계의 예

- 다대 다의 관계는 한 엔티티(A)의 인스턴스가 다른 엔티티(B)의 많은 인스턴스와 관계를 맺을 수 있고 거꾸로 B 엔티티의 인스턴스가 A 엔티티의 많은 인스턴스와 관계를 맺게 된다. 예를 들어 STUDENT와 CLASS 사이의 관계는 다대다이다. 한 학생이 여러 클래스에 등록할 수 있고 반대로 한 클래스에 여러 학생이 등록할 수 있기 때문이다. 그림 8.22는 M대N의 관계를 보여주고 있다.M대N의 관계는 1:1이나 1:M의 관계와는 다르다. 왜냐하면 두 엔티티를 링크하는 이벤트나 트랜잭션이 실제로는 제 3의 다른 엔티티이기 때문이다. 이를 연관 엔티티라고 부른다. 그림 8.22에서 ENROLLS IN이라는 심볼은 REGISTRATION이라는 엔티티로 어떤 과목을 수강하는 특정 학생의 인스턴스를 저장하고 있다. 마찬가지로 RESERVES SEAT ON이라는 심볼은 특정 승객이 어떤 항공편의 좌석을 예약한 인스턴스를 저장하고 있다.

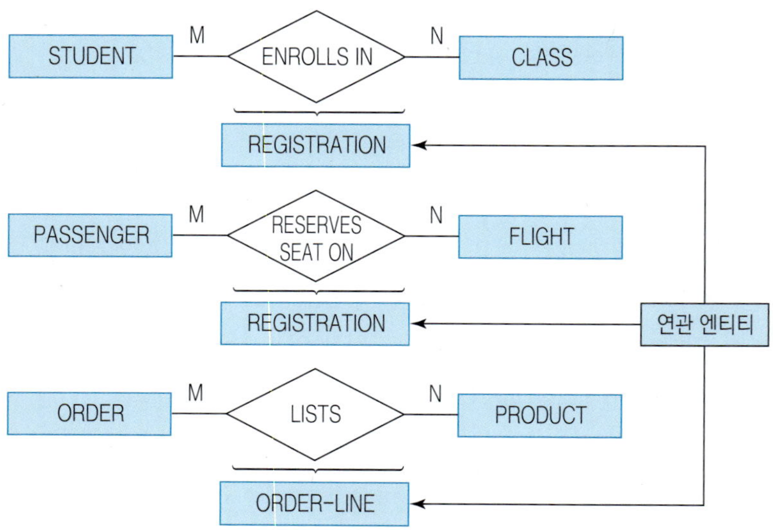

[그림 8.22] M대N 관계의 사례

그림 8.23은 판매 시스템에 대한 ERD이다. 그림 안에는 ORDER-LINE이라는 연관 엔티티를 포함한 여러 엔티티와 관계가 있다. 관계를 자세히 표현하려면 다중도를 표시하여야 한다. 다중도를 이해하여야 데이터를 설계할 때 시스템 엔티티 사이의 관계를 정확히 반영할 수 있기 때문이다.

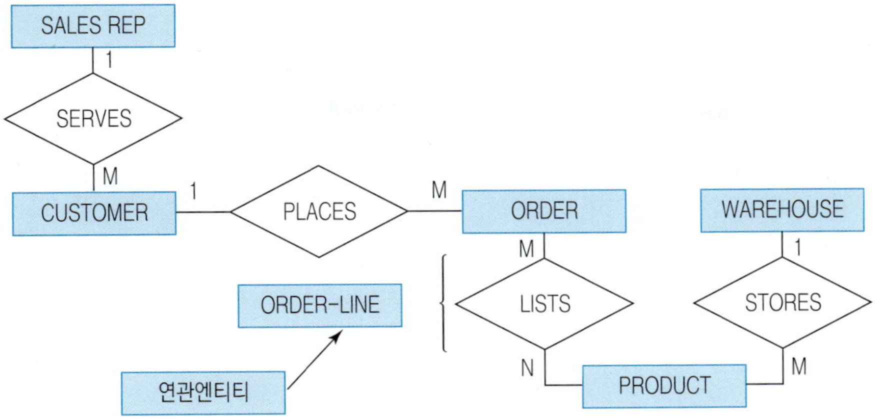

[그림 8.23] 판매 시스템을 위한 ER 다이어그램

정규화

정규화(normalization)는 데이터베이스에 있는 각 테이블에 필드와 속성을 배정하여 테이블을 설계하는 과정이다. 테이블 설계는 특정한 테이블이나 파일에 필드를 지정하고 기본키를 파악하는 것이다. 테이블의 초벌 설계를 가지고 정규화를 하여 단순하고, 융통성 있고 중복 없는 데이터베이스를 설계해 나간다. 정규화는 테이블 설계에서 발생하는 문제와 복잡성을 파악하고 해결하는 데 도움이 되는 규칙들이 포함되어 있다.

정규화 과정은 네 가지 단계로 구성된다. 비정규형, 1차 정규형, 2차 정규형, 3차 정규형이다. 3차 정규형은 완성형이 아니라 최적의 설계로 향하는 단계 중의 하나이다. 대부분의 비즈니스 관련 데이터베이스는 3차 정규형으로 설계되어야 한다.

반복 그룹과 비정규형 설계 자료를 설계할 때 먼저 반복되는 필드의 그룹을 파악할 수 있어야 한다. 반복 그룹이란 단일 레코드 안에 여러 번 출현하는 하나 이상의 필드를 말한다.

반복 그룹의 예를 그림 8.24에 나타내었다. ORDER 테이블에 있는 두 개의 레코드는 반복 필드 그룹을 나타내는 다수의 상품을 포함하고 있다. 다수의 상품을 가진 레코드는 주문 번호 및 날짜와 함께 상품 번호, 상품 설명, 수량 필드를 반복적으로 가진다. 결국 반복 그룹이란 부모 레코드가 포함하고 있는 부수적인 자식 레코드의 집합을 말한다.

기본 키 / 반복 그룹의 기본 키

ORDER(비정규형)

레코드 번호	ORDER -NUM	ORDER-DATE	PRODUCT-NUM	PRODUCT-DESC	NUM-ORDERED
1	40311	03112009	304	컴퓨터 키보드	7
			833	마우스	1
			684	외장 하드	4
2	40312	03112009	128	USB 메모리	12
			304	컴퓨터 키보드	3
3	40313	03122009	304	컴퓨터 키보드	14

반복 그룹

[그림 8.24] 반복 그룹의 사례

반복 그룹이 포함된 테이블의 설계를 비정형이라고 한다. 비정형 설계를 간단한 형식으로 정리하면 다음과 같다.

ORDER(ORDER-NUM, ORDER-DATE, (PRODUCT-NUM, PRODUCT-DESC, NUM-ORDERED))

ORDER 테이블은 다섯 개의 필드를 가지며 ORDER-NUM 필드에 밑줄을 그은 것은 기본 키임을 나타낸다. PRODUCT-NUM, PRODUCT-DESC, NUM-ORDERED 필드가 내부 괄호로 묶인 것은 반복되는 그룹임을 의미한다. PRODUCT-NUM에 밑줄을 그은 것은 반복 그룹의 기본 키임을 나타내는 것이다. 고객이 한 번에 세 개의 상품을 주문한다면 PRODUCT-NUM, PRODUCT-DESC, NUM-ORDERED 필드가 세 번 반복된다.

1차 정규형 반복 그룹이 포함되어 있지 않은 테이블을 1차 정규형(first normal form)이라 한다. 비정규형 설계를 1차 정규형으로 바꾸기 위하여 테이블의 기본키를 확장하여 반복 그룹의 기본키를 포함하여야 한다.

예를 들어 ORDER 테이블에서 반복 그룹은 세 개의 필드, PRODUCT-NUM, PRODUCT-DESC, NUM-ORDERED로 구성되어 있다. 상품의 설명은 기본키로 적당하지 않다. 왜냐하면 중복될 수도 있고 구별할 수 있는 유일한 값이 아니기 때문이다. ORDER 테이블의 기본 키를 PRODUCT-NUM이 포함되도록 하면 반복 그룹을 없앨 수 있고 ORDER 테이블은 다음과 같이 1차 정규형이 된다.

조합 기본 키

ORDER(1차 정규형)

레코드 번호	ORDER-NUM	ORDER-DATE	PRODUCT-NUM	PRODUCT-DESC	NUM-ORDERED
1	40311	03112009	304	컴퓨터 키보드	7
2	40311	03112009	833	마우스	1
3	40311	03112009	684	외장 하드	4
4	40312	03112009	128	USB 메모리	12
5	40312	03112009	304	컴퓨터 키보드	3
6	40313	03122009	304	컴퓨터 키보드	14

[그림 8.25] ORDER 테이블의 1차 정규형

그림 8.25의 1차 정규형은 조합 기본키를 가지게 되었다. 1차 정규형의 기본 키는 ORDER-NUM 필드만으로는 복수 상품 주문에서 각 상품을 구별해 낼 수가 없다. 또한 PRODUCT-NUM만으로도 기본키가 될 수 없다. 왜냐하면 여러 주문에서 같은 상품을 주문한다면 한 번 이상 출현하기 때문이다. 각 레코드에 있는 특정 주문에서 특정 상품을 구별해 내려면 결국 ORDER-NUM과 PRODUCT-NUM 두 개의 필드가 필요하다.

2차 정규형 2차 정규형을 이해하려면 함수 종속 개념을 이해하여야 한다. 예를 들어 X라는 필드의 값이 Y라는 필드 값에 좌우된다면 X 필드는 Y 필드에 함수 종속된다고 한다. 그림 8.25에서 ORDER-DATE 값은 ORDER-NUM에 함수 종속된다. 왜냐 하면 주문 번호에 대하여 특정 주문일이 하나의 값만 갖기 때문이다. 반면에 상품 설명은 주문 번호에 의존하지 않는다. 특정 주문 번호에 대하여 여러 상품 설명이 존재할 수 있기 때문이다.

1차 정규형이면서 기본 필드가 아닌 모든 필드가 전체 기본 필드에 함수 종속되는 경우를 2차 정규형이라고 한다. 1차 정규형 테이블에 있는 필드가 조합 기본키에 있는 필드의 하나에만 종속되는 경우 2차 정규형 테이블이 아니다.

1차 정규형 설계가 하나의 필드만으로 구성된 기본키를 가지고 있다면 부분 의존 문제는 일어나지 않는다. 따라서 1차 정규형 테이블이 단일 필드의 기본키를 가진 경우 자동적으로 2차 정규형이 된다.

ORDER 테이블을 위한 1차 정규형을 다시 살펴보자.

ORDER(ORDER-NUM, ORDER-DATE, PRODUCT-NUM,
PRODUCT-DESC, NUM-ORDERED)

다시 한 번 강조하지만 기본키는 주문 번호와 상품 번호의 조합이다. NUM-ORDERED 필드는 특정 상품 번호와 특정 주문 번호에 좌우되므로 조합키에 종속된다. 반면 ORDER-DATE 필드는 기본키의 일부인 주문 번호에만 좌우된다. PRODUCT-DESC 필드도 상품 번호에만 좌우된다. 전체 기본 키(조합 키)에 종속하지 않는 필드가 있기 때문에 2차 정규형이 아니다.

1차 정규형에서 2차 정규형으로 테이블을 전환하는 과정은 다음과 같다. 원래의 테이블을 두 세 개의 테이블로 쪼개어 키가 아닌 필드가 전체 기본키에 종속하게 한다. 자세한 과정은 다음과 같다.

1. 현재 기본키 필드마다 별도의 테이블을 만들고 이름을 붙인다. 예를 들면 ORDER 테이블의 두 필드, ORDER-NUM과 PRODUCT-NUM에 대하여 다음과 같이 별도의 테이블을 만든다.

   ORDER(ORDER-NUM, ...)
   PRODUCT(PRODUCT-NUM, ...)

2. 다음은 원래의 기본키 필드의 조합에 대한 새로운 테이블을 만든다. 즉 ORDER-NUM과 PRODUCT-NUM 두 기본키의 조합을 가진 새로운 테이블 ORDER-LINE을 만든다.

   ORDER-LINE(ORDER-NUM, PRODUCT-NUM, ...)

3. 이제 세 개의 테이블에 각 필드를 넣는다. 이 때 함수 종속하는 최소한의 기본키를 가진 테이블에 넣어야 한다. 모든 필드의 배정이 끝난 뒤에 더 추가할 필드가 없는 테이블은 삭제한다. 남은 테이블은 2차 정규형이 된다.

   ORDER(ORDER-NUM, ORDER-DATE)
   PRODUCT(PRODUCT-NUM, PRODUCT-DESC)
   ORDER-LINE(ORDER0NUM, PRODUCT-NUM, NUM-ORDERED)

그림 8.26은 판매 시스템을 위한 2차 정규형의 테이블을 나타낸 것이다.

ORDER(2차 정규형)

레코드 번호	ORDER -NUM	ORDER-DATE
1	40311	03112009
2	40312	03112009
3	40313	03122009

PRODUCT(2차 정규형)

레코드 번호	PRODUCT -NUM	PRODUCT-DESC
1	128	USB 메모리
2	304	컴퓨터 키보드
3	633	마우스
4	684	외장 하드

ORDER-LINE(2차 정규형)

레코드 번호	ORDER -NUM	PRODUCT -NUM	NUM-ORDERED
1	40311	304	7
2	40311	833	1
3	40311	684	4
4	40312	128	12
5	40312	304	3
6	40313	304	14

[그림 8.26] 2차 정규형으로 만든 ORDER, PRODUCT, ORDER-LINE 테이블

3차 정규형 3차 정규형은 키 이외의 모든 필드가 단지 키에만 종속되어야 한다. 2차 정규형에 존재할 수 있는 중복이나 자료의 통일성 문제를 제거하여야 한다.

다음과 같은 CUSTOMER 테이블을 생각해보자.

CUSTOMER(CUSTOMER-NUM, CUSTOMER-NAME, ADDRESS, SLE-REP-NUM, SALES-REP-NAME)

레코드 번호	CUSTOMER-NUM	CUSTOMER-NAME	ADDRESS	SALES-REP-NUM	SALES-REP-NAME
1	108	김은지	서울시 서초구 서초동	41	김희천
2	233	류성환	대전시 중구 탄방동	22	양기찬
3	254	진소영	대구시 서구 고성동	38	서대원
4	431	이성철	포항시 남구 지곡동	74	강창희
5	779	김태원	광주시 서구 하남동	38	서대원
6	800	최진영	서울시 서초구 방배동	74	강창희

[그림 8.27] CUSTOMER 테이블의 2차 정규형

CUSTOMER 테이블은 반복 그룹이 없기 때문에 1차 정규형이며 기본키가 단일 필드이므로 2차 정규형이다. 그러나 1차 정규형에서 발생되는 문제점, 즉 판매원 이름이 바뀌면 판매원 이름이 나오는 모든 레코드를 수정하여야 하는 문제가 발생한다. 특정 판매원의 이름이 서로 다른 레코드에 다른 이름으로 나오게 할 수는 없다. 또한 판매원의 이름은 CUSTOMER 테이블에 포함되어 있기 때문에 아직 고객에게 배정되지 않은 새 판매원을 추가하려면 유령 CUSTOMER 레코드를 만들어야 한다. 만일 22번 판매원의 고객에 해당되는 레코드가 모두 삭제되면 판매원이 번호와 이름을 잃게 된다.

이러한 문제는 3차 정규형이 아니기 때문에 발생한다. 3차 정규형이 되려면 2차 정규형이면서 키가 아닌 필드는 어떤 것이건 키가 아닌 다른 필드에 종속되지 않아야 한다. 그림 8.27의 CUSTOMER 테이블은 3차 정규형이 아니다. 왜냐하면 키가 아닌 필드인 SALES-REP-NAME가 키가 아닌 다른 필드인 SALES-REP-NUM에 종속되어 있기 때문이다.

테이블을 3차 정규형으로 바꾸려면 2차 정규형 테이블에서 키가 아닌 다른 필드에 구속되어 있는 모든 필드를 삭제하여 키가 아닌 필드를 기본키로 사용하는 새 테이블에 넣는다. 따라서 SALES-REP-NUM을 삭제하여 새 테이블에 넣고 SALES-REP-NUM을 기본키로 사용한다. 그림 8.28에 있는 것처럼 3차 정규형은 두 개의 테이블을 생성한다.

CUSTOMER(CUSTOMER-NUM, CUSTOMER-NAME, ADDRESS,
SALES-REP-NUM)
SALES-REP(SALES-REP-NUM, SALE-REP-NAME)

CUSTOMER(3차 정규형)

레코드 번호	CUSTOMER-NUM	CUSTOMER-NAME	ADDRESS	SALES-REP-NUM
1	108	김은지	서울시 서초구 서초동	41
2	233	류성환	대전시 중구 탄방동	22
3	254	진소영	대구시 서구 고성동	38
4	431	이성철	포항시 남구 지곡동	74
5	779	김태원	광주시 서구 하남동	38
6	800	최진영	서울시 서초구 방배동	74

SALES-REP(3차 정규형)

레코드 번호	SALES-REP-NUM	SALES-REP-NAME
1	22	양기찬
2	38	서대원
3	41	김희천
4	74	강창희

[그림 8.28] 3차 정규형으로 바꾼 CUSTOMER 테이블

데이터베이스 설계 단계

데이터베이스나 파일 설계를 하는 과정을 정리하면 다음과 같다. 비디오 대여 시스템에 대한 예를 들어보자.

1. ERD를 작성한다. 시스템의 엔티티를 파악하기 위하여 클래스 다이어그램을 리뷰한다. 다음으로 ERD를 초벌로 작성한다. 1:1, 1:M, M:N 관계를 결정하기 위하여 각 관계를 면밀히 분석한다. 예를 들어 비디오 대여 시스템에서 중요한 엔티티인 MEMBER와 VIDEO를 위한 ERD는 다음과 같다.

MEMBER(MEMBER-NUMBER, NAME, ADDRESS, CITY, ZIP, HOME-PHONE, WORK-PHONE, CREDIT-CARD-CODE, CREDIT-CARD-NUMBER, (VIDEO-ID, TITLE, DATE-RENTED, DATE-RETURNED))
VIDEO(VIDEO-ID, TITLE)

[그림 8.29] 비디오 대여 시스템을 위한 초벌 ER 다이어그램과 테이블 설계

2. 데이터 요소들을 엔티티에 배정한다. 데이터 사전에 있는 모든 자료 요소가 엔티티와 관련되었는지 검토한다. 비디오 대여 시스템에서 사용되는 데이터 요소들을 MEMBER와 VIDEO 엔티티에 배정한 것이 그림 8.30에 나와 있다.

3. 모든 테이블에 대하여 3차 정규형으로 만든다. 이렇게 하기 위하여 먼저 기본키, 보조키, 외부키를 파악하여야 한다. 그림 8.30에 표시한 것이 최종 ERD이며 정규화 한 설계이다. 정규화 하는 과정에 연관 엔티티인 RENTAL을 새로 추가하였고 M:N의 관계가 1:M 관계로 바뀌었다.

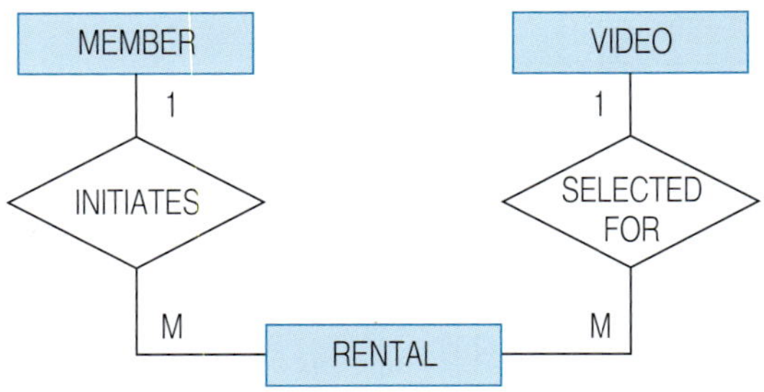

MEMBER(MEMBER-NUMBER, NAME, ADDRESS, CITY, ZIP, HOME-PHONE, WORK-PHONE, CREDIT-CARD-CODE, CREDIT-CARD-NUMBER)
VIDEO(VIDEO-ID, TITLE)
RENTAL(MEMBER-NUMBER, VIDEO-ID, DATE-RENTED, DATE-RETURNED)

[그림 8.30] 최종 ER 다이어그램과 정규화 된 테이블

4. 자료 사전의 모든 요소를 검토한다. 자료 사전에 있는 모든 데이터 엔티티들이 완전하고 바르게 문서화 되었는지 확인한다. 또한 데이터 설계 과정에 개발된 모든 코드가 자료 사전에 잘 문서화 되었는지 확인한다.

최종 ERD와 정규화 된 테이블을 생성한 후에는 데이터베이스로 변환할 수 있다.

클래스와 테이블의 매핑

데이터베이스 설계에서 정규화 이 외의 다른 이슈는 클래스 다이어그램에서 표현된 엔티티 클래스와 다중도를 관계형 데이터베이스 설계에서 테이블에 어떻게 매핑 시키느냐는 문제이다. 매핑하는 가이드라인을 소개하면 다음과 같다.

• 단순 데이터 구조를 가진 클래스는 테이블로 매핑한다.
• 객체 식별자는 기본키가 된다. 모든 객체를 위하여 유일한 식별자를 생성하며 관계형 테이블에 있는 기본키로 사용될 수 있다.
• 다른 클래스의 인스턴스를 속성으로 가지고 있는 클래스는 그 클래스를 위하여 별도의 테이블을 생성하여야 한다. 포함 클래스의 객체는 유일한 객체 식별자가 있어야 한다. 객체 식별자는 포함하고 있는 클래스의 테이블에 있는 포함된 객체를 외부키로 대치하여야 한다.
• 집합관계의 클래스는 다음과 같이 매핑한다. 컨테이너 클래스가 여러 객체를 포함하는 관계에 있을 때 2개의 필드를 가진 별도의 테이블을 생성한다. 하나는 컨테이너 클래스에 속하는 객체의 식별자를 가지며 다음 필드는 포함하는 클래스에 속하는 객체의 식별자를 갖게 한다.
• 1대 M의 관계는 집합 관계로 취급할 수 있다.
• M대 N의 관계는 별도의 테이블을 만든다. 즉 두 개의 필드를 가진 연관 테이블을 만든다. 테이블의 각 행은 객체 식별자와 연관에 참여하는 각 객체의 식별자로 구성한다.
• 1대 1 연관은 외부키 속성으로 구현된다. 각 클래스는 연관 객체의 객체 식별자를 가진 외부 속성을 갖는다.

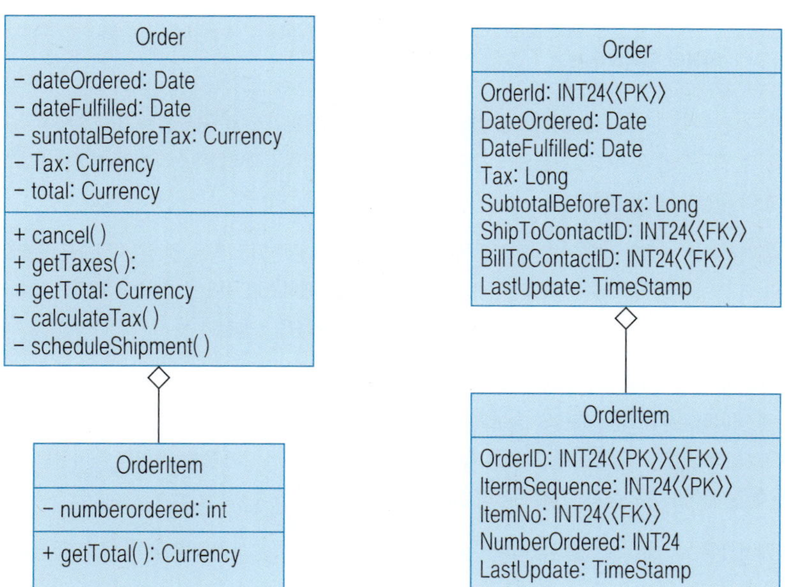

[그림 8.31] 클래스와 테이블의 매핑

그림 8.31에 있는 것이 클래스와 테이블의 매핑을 보기 쉽게 예로 든 것이다. 왼쪽의 Order 클래스는 데이터베이스의 Order 테이블로 매핑된다. OrderItem 클래스도 오른쪽의 OrderItem 테이블로 매핑시킨다. 1대 N의 집합관계는 포함되는 클래스인 OrderItem 테이블에 외부키, OrderID를 두어 식별하게 한다.

상속 관계를 관계형 데이터베이스에 표현하는 방법은 다음과 같이 세 가지가 있다.

- 슈퍼 클래스만을 테이블로 구현한다. 슈퍼 클래스의 속성은 슈퍼 클래스 테이블의 속성이 된다. 서브 클래스가 슈퍼 클래스와 다른 것이 속성보다는 동작이 더 다를 때 적합한 방법이다.
- 서브 클래스만 테이블로 구현한다. 슈퍼 클래스의 속성은 서브 클래스 테이블에 존재하게 한다. 슈퍼 클래스가 추상 클래스이어서 인스턴스가 없다면 이 방법으로 구현한다.
- 서브 클래스와 슈퍼 클래스를 별도의 테이블로 구현한다. 서브 클래스를 위한 데이터를 탐색하려면 슈퍼클래스와 서브클래스 모두를 접근하여야 한다.

애플리케이션의 요구가 어떤 것이냐에 따라 세 가지 방법 중 좋은 것을 선택한다. 다른 애플리케이션에서 데이터베이스를 사용하는 방법에 따라 달라질 수도 있다.

Box 8.3 | 데이터 웨어하우스

큰 회사는 수많은 데이터베이스를 가지고 있다. 이런 데이터베이스가 전체 구조로 링크되어 있지 않다면 정보를 빠르게 접근하기 위하여 소프트웨어 패키지를 사용하여 데이터 웨어하우스라는 특수 형상으로 자료를 구조화 하여 저장하는 것이 좋다.

데이터 웨어하우스는 기업 내에 어디에 저장되어 있든 상관없이 관련되지 않은 것 같은 정보도 포함할 수 있는 데이터의 통합 모임이다. 여러 다양한 정보 시스템과 데이터베이스를 링크할 수 있기 때문에 데이터 웨어하우스는 관리 분석이나 의사 결정을 지원하는 엔터프라이즈 관점을 제공한다.

데이터 웨어하우스는 사용자에게 어떤 측면(dimension), 또는 특성을 제공한다. 각 특성을 위한 값을 선택하여 저장된 데이터로부터 다중 측면의 정보를 가져올 수 있다. 예를 들어 홍길동이란 고객이 김동국이라는 영업사원으로부터 2010년 3월에 구입 내역을 찾고 싶다고 하자. 그림 8.32에 있는 것처럼 데이터는 여러 다른 시스템, 즉 판매 정보 시스템과 인적 자원 정보 시스템에 저장되어 있다.

데이터 웨어하우스가 없이는 사용자가 여러 정보 시스템에 펼쳐져 있는 데이터를 찾아내기가 어렵다. 분리된 시스템을 접근하는 것보다 데이터 웨어하우스는 사용자가 데이터를 쉽게 탐색하고 분석할 수 있도록 트랜잭션 데이터를 저장한다.

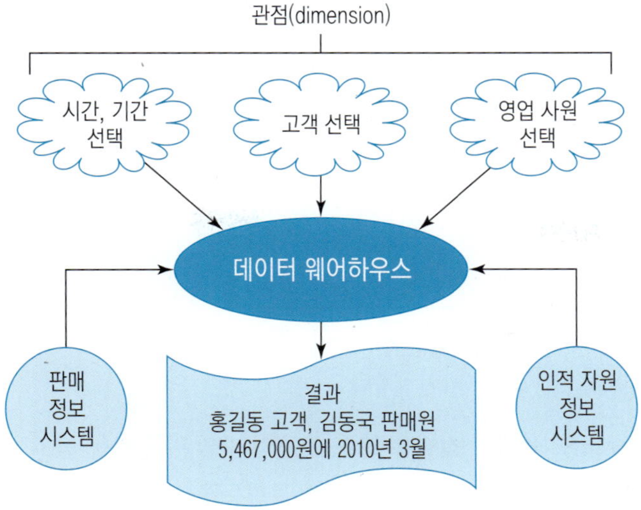

[그림 8.32] 데이터 웨어하우스

8.6 코드 설계

코드란 데이터를 간략하게 나타내기 위하여 사용하는 글자나 숫자의 집합이다. 특히 많이 사용되는 데이터를 코드화 하면 입력과 출력, 데이터의 포맷을 간단하게 할 수 있다. 데이터를 설계하는 과정에 현재 사용하는 코드를 리뷰하고 효과적으로 자료를 저장하고 처리할 수 있는 아이템이 있다면 새로 코드화 한다.

코드 개요

코드는 데이터를 표현하므로 우리 일상생활에서도 지속적으로 많이 접하고 있다. 예를 들면 학번과 같은 것은 학교에서 학생을 구별하기 위하여 부여하는 코드다. 어떤 학교에 홍길동이란 학생이 2009년에 입학하였다면 20098960이라는 고유 번호를 부여하여 입학년도와 학과, 일련번호를 함축적으로 나타내는 데 이것이 코드이다.

주민등록 번호도 대표적인 코드이다. 앞의 여섯 자리의 숫자는 생년월일을 표현하고 있다. 뒤의 앞의 일곱 자리는 여러 가지 정보를 담고 있는데 첫째 자리는 성별을 나타내며 다음 자리는 출생지역 고유번호, 동사무소 고유번호, 그날 동 사무소의 출생 순서다. 마지막 자리는 오류 검증을 위한 자릿수다. 오류 검증 자릿수의 값은 나머지 12자리의 숫자를 대입한 일정한 계산식으로 구할 수 있고 입력 오류, 위변조 등을 방지하는 데 사용된다.

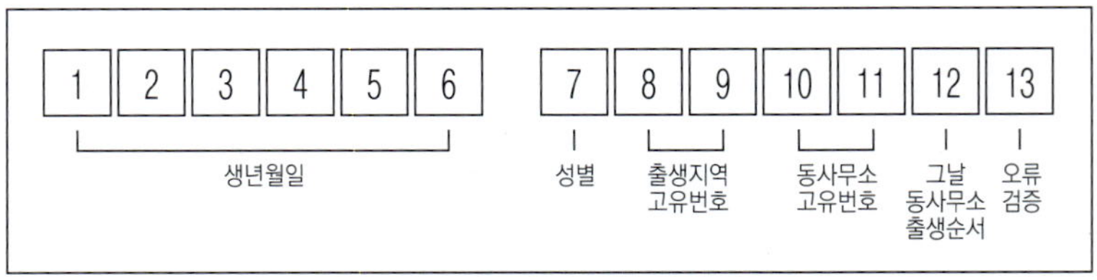

[그림 8.33] 우편번호의 코드체계

주민등록 번호의 코드 설계는 식별용 코드에 개인의 많은 정보를 담고 있다. 즉 생년월일, 성별, 출생지역이 포함되어 있다. 하지만 주민등록 번호는 고유번호, 즉 킷값으로 사용할 수 없을 수 있다. 100세 이상의 차이가 나는 두 사람이 같은 날 같은 장소에서 태어난다면 중복된 식별 코드가 발부될 수 있다. 또한 한 동사무소의 출생 인원이 10명 이상이 된다면 표현이 불가능하다. 코드 설계에서 잊지 말아야 할 것은 고유한 식별이 가능하여야 한다는 점이다.

코드는 식별하는 목적 이외에 많은 유용한 목적을 가진다. 코드는 표현하려는 데이터보다 매우 짧기 때문에 기억공간과 비용을 절약하게 한다. 우편번호는 우편물의 목적지를 분류하고 정렬하는 데 효과적이다. 또한 코드는 정보를 감출 수도 있고 드러나게 할 수도 있다. 일곱 자리의 부품 번호에 마지막 두 자리를 생산자 번호로 줄 수도 있다. 또한 소량 매매 가격표에 도매가격을 코드화 하여 일반인들은 잘 모르지만 판매상들은 알게 할 수도 있다.

결국 코드화 된 데이터는 원래의 데이터보다 기억하고 입력하기 쉽게 된다. 또한 검증된 코드만 입력을 허용하여 입력 오류를 줄일 수 있다.

코드 타입

업무 효율을 위하여 여러 가지 다양한 코딩 방법을 사용한다. 정보 시스템의 사용자는 코드화 된 데이터를 가지고 작업하여야 하기 때문에 쉽게 배울 수 있고 적용할 수 있어야 한다. 새로운 코드를 생성하거나 현재 사용되는 것을 바꾸려면 먼저 사용자로부터 의견을 받아야 한다. 다음은 흔히 사용하는 여덟 가지 코딩 방법이다.

1. **순차 코드** – 특정한 순서대로 숫자나 문자를 지정하는 방법. 순서 코드는 시스템에 입력된 순서 이외에 다른 정보를 포함하지 않는다. 예를 들어 인사팀에서 회사에 근무하는 사원을 구별하기 위하여 차례대로 사번을 배정하였다면 코드에 나타난 정보는 사원이 입사한 순서만을 나타낸다. 코드에 입사 날짜와 같은 정보는 나타나지 않는다.

2. **블록 순차 코드** – 여러 가지 다른 분류를 위한 블록화 된 숫자를 사용한다. 대학의 강좌 번호에 블록 순차 코드를 많이 사용한다. 100 단위의 강좌, Chemistry 110, Computer Science 101, Mathematics 125 등은 1학년 학생들을 위한 강좌이다. 또한 특정 블록 안에서 숫자의 순서에 또 다른 의미를 둘 수 있다. English 151은 English 152 과목의 선수과목이다.

3. **문자 코드** – 카테고리를 기반으로 개별 아이템을 구별하기 위하여 문자를 사용한다. 대부분 쉽게 기억하기 위하여 약자를 쓴다.

   a. **카테고리 코드** – 관련된 아이템을 묶어 구별한다. 예를 들면 마트에서 판매하는 상품을 구분하기 위하여 두 자리의 영문자를 사용한다면 식품은 FD(food), 공구는 HW(hardware), 책은 BK(book), 정원 가꾸기 위한 상품은 GN(gardening)으로 표기한다.

   b. **약자 코드** – 약자(abbreviation) 코드란 긴 단어를 기억하기 쉽게 문자의 특정 조합만 사용하는 것을 말한다. 항공기의 기착지를 나타내는 공항의 이름을 나타낼 때 대부분 세 자리의 약자로 표현한다. 예를 들면 인천 국제공항은 ICN, 부산 김해 공항은 PUS, 일본 후쿠오카 공항은 FUK, 미국 시카고 오헤어 공항은 ORD 등이다.

4. **유효 숫자 코드** – 십진수의 자리로 개별 아이템을 구별하는 방법이다. 우편번호 같은 것이 대표적인 사례이다. 창고 위치를 유효 숫자 코드화 한다면 그림 8.34에 있는 것처럼 2자리의 위치코드, 다음 한 자리는 층을 나타내는 코드, 다음 두 자리는 섹션 위치, 다음 한 자리는 복도, 다음 한 자리는 저장소를 나타낸다.

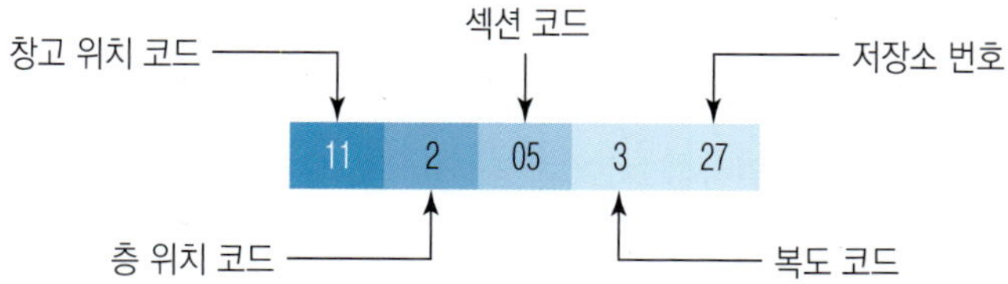

[그림 8.34] 유효 숫자 코드를 사용하는 예

5. **유도 코드** – 코드화 하려는 아이템의 속성이나 특징으로부터 데이터를 조합하는 방법이다. 어떤 잡지나 신문의 구독자에 대한 코드를 만들어 보자. 우선 우편번호 여섯 자리 다음에 구독자의 이름을 코드화 하고 다음은 집주소의 마지막 두 자리를 붙이고 구독자의 동네 이름 중 몇 개의 문자를 따서 코드화 한다.

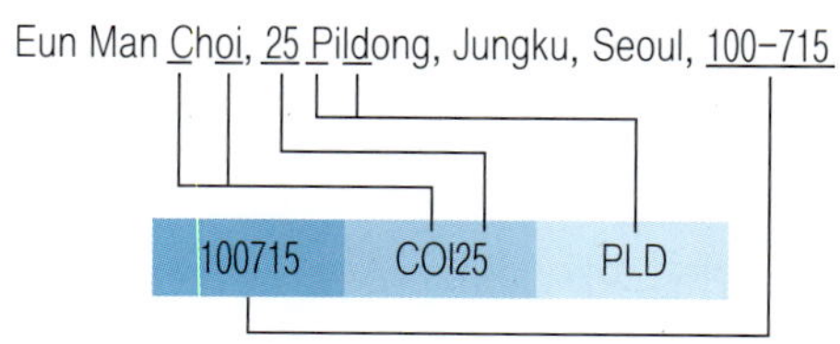

[그림 8.35] 유도 코드

6. **암호 코드** – 암호 코드는 숫자로 인코딩 하기 위하여 키워드를 사용한다. 예를 들면 소매상에서 10자의 단어(CAMPGROUND)를 이용하여 도매가격을 코드화 할 수 있다. C는 1, A는 2, M은 3으로 코드화 된다. 예를 들어 GRAND라고 코드화 된 가격은 56290원을 의미한다.

7. **액션 코드** – 관련 아이템에 어떤 액션이 취해질 것인지를 나타낸다. 예를 들어 학생 레코드 프로그램은 사용자에게 레코드를 디스플레이 하기 위하여 D(display), 추가하기 위하여 A(add), 프로그램에서 빠져 나가기 위하여 X(exit)라는 액션 코드를 입력하게 한다.

코드 개발

너무 많은 기능을 가진 코드를 개발하는 것은 기억하고 암호화 하고 검증하기 어렵다. 코드를 개발할 때는 다음과 같은 점을 주의하여야 한다.

1. **코드는 간결하게 하라.** 필요 이상으로 길게 코드를 만들지 말라. 예를 들면 250명의 고객을 구별하는 코드가 필요할 때 6 자리 코드는 필요하지 않다.

2. **확장을 허용하라.** 코드 체계는 배정될 코드의 숫자가 증가될 것을 예상하여야 한다. 어떤 회사가 현재 8개의 창고를 운영하고 있다면 한 자리의 코드를 사용하면 안된다. 3개의 창고가 추가된다면 코드가 2 자리로 확장되어야 하거나 문자 코드로 바꾸어야 한다.

3. **코드를 안정하게 유지하라.** 코드의 변경은 지속적인 문제를 일으키고 자료의 업데이트를 요구한다. 특정 코드가 나오는 부분을 모두 수정하여야 하며 과거의 코드가 나오는 모든 문서는 새로운 코드로 바꾸어야 한다. 대체로 전환 기간에는 새 코드나 과거 코드 모두 사용하게 하려면 특별 처리가 필요하다. 예를 들면 지역 코드가 바뀌면 일정 시간 동안 양쪽을 모두 사용할 수 있게 하는 것과 같다.

4. **코드를 유일하게 만들어라.** 구별할 목적으로 사용된 코드는 그 의미가 중복되지 않고 유일하여야 한다. 예를 들어 HW로 만든 코드가 공구류(hardware), 가정용품(houseware)을 모두 표시한다면 코드화 한 의미가 없어진다.

5. **정렬이 가능한 코드를 사용하라.** 상품 중에 한 가지 종류를 100 번 대, 300 번 대의 3 자릿수 코드로 코드화 하고 다른 종류는 200 번 대로 코드화 한다면 한 번의 정렬로 그룹화 할 수 없다. 또한 정렬할 때 자릿수에 유의하여야 한다. 한 자릿수의 코드가 두 자리의 코드와 함께 정렬하려면 앞에 0을 붙여 01, 02, 03과 같이 써주어야 한다.

6. **혼돈될 코드를 피해라.** 부품 번호를 일부는 두 개의 문자와 하이폰, 한 자리 숫자로 코드화 하고 또 다른 일부는 한 개의 문자와 하이폰, 두 개의 숫자로 코드화 하지 말아야 한다. 코드 안에 같은 위치에 문자, 숫자가 모두 올 수 있다면 혼란을 초래할 수 있기 때문이다. 숫자 0과 대문자 O가 혼돈되고 숫자 1과 소문자 l, 대문자 I를 구별하기 어렵다. 예를 들어 다섯 개의 문자로 구성된 코드 5Z081은 52081이나 5ZO8I, S2OBI와 혼돈하기 쉽다.

7. **의미 있는 코드를 만들라.** 코드는 기억하기 쉽고 사용자에게 유용하고 사용하기 쉬우며 인코딩 및 해석이 쉬워야 한다. 남서부 판매 지역을 SW로 코드화 한다면 14로 코드화 하는 것보다 의미를 쉽게 파악할 수 있다. 또한 영어과의 코드를 ENG로 사

용한다면 132나 XVA와 같은 코드보다 해석하고 기억하기가 쉽다.

8. **단일 목적으로 코드를 사용하라.** 두 개 이상의 관련 없는 속성을 분류하기 위하여 단일 코드를 사용하지 말 것. 예를 들어 사원의 부서와 사원의 연금보험 유형을 혼합하여 단일 코드로 만들었다면 특정 보험 유형의 모든 사원 또는 특정 부서의 사원을 구별하기가 어려워진다. 각각의 속성을 위하여 별도의 코드를 사용하는 것이 이치에 맞다.

9. **코드의 일관성을 유지하라.** 예를 들어 부서를 위하여 두 자리의 코드를 이미 사용하는 급여 시스템이 있다면 인사 시스템을 위하여 또 다른 코드화 체계를 만들지 말 것. 두 시스템이 이미 서로 다른 코드화 체계를 사용하고 있다면 통합된 코드화 체계를 채택하는 것이 사용자를 편리하게 한다.

Box 8.4 | 데이터 마이닝

데이터 마이닝 소프트웨어는 데이터 안에 있는 의미있는 패턴이나 관계를 찾는다. 예를 들면 데이터 마이닝 소프트웨어는 이전 구매 자료를 기초로 잠재 고객을 찾아내는 데 도움을 준다. E-커머스에서는 데이터 마이닝을 웹 방문자의 동작과 트래픽 추세를 분석하기 위한 도구로 관심이 집중되고 있다. 웹 호스트는 방문자를 위하여 많은 정보를 소유하고 있지만 대부분 가치가 별로 없는 것이다. 유능한 시장 분석가는 데이터 마이닝 기술을 이용하여 데이터베이스에 있는 파묻힌 패턴을 찾고 이를 보고한다.

데이터 마이닝 기술은 프라이버시 문제를 고려하여야 한다. 웹 호스트는 방문자에게 프라이버시에 대한 정의를 명확히 제시한다. 또한 데이터 마이닝은 명확하고 측정 가능한 목표를 가지고 있을 때 가장 효과적이다. 예를 들면 웹 방문자가 상품을 구매하거나 원하는 정보를 얻을 때까지 평균적으로 보는 웹 페이지 수를 측정하여 이를 줄이려는 목표가 있다. 이를 클릭 수(clicks to close)라고 부른다. 또는 방문 회수 당 결제율이나 결제 당 이윤율을 따져 이를 높이려는 목표를 세울 수 있다.

이러한 유형의 데이터 수집을 클릭스트림 저장이라 부른다. 능력 있는 웹 디자이너는 새 고객, 돌아온 고객, 구경하고 사지 않는 고객 등을 위한 프로파일을 만든다. 이런 정보는 고객의 소비 유형이나 추세를 찾아내는 데 유용하다. 이러한 데이터 마이닝은 관리자에게는 가치 있는 도구이다.

예를 들어 슈퍼마켓 할인점에서 구매 기록을 분석하였더니 맥주와 종이기저귀를 동시에 구입하는 경우가 많았다면 그 연관 관계는 설명할 수 없지만 매장에 두 가지 상품을 같은 구역에 배치한다면 매상이 더 올라갈 수 있을 것이다. 따라서 데이터 마이닝 기술을 시장 바스켓 분석(market basket analysis)이라고 부르기도 한다.

요약

- 정보 시스템이 처리하는 데이터를 어떻게 정의하고 저장 보관하느냐를 다루는 것이 데이터 설계이다.
- 저장소 메커니즘은 계층 구조로 되어 있어 추상성이 보장되어야 한다.
- 파일은 레코드로 구성되며 파일의 구조, 접근 방법에 따라 분류된다.
- 데이터를 효과적으로 저장하면서 공유하려면 데이터베이스 관리 시스템을 사용하여야 한다.
- 관계형 데이터베이스는 데이터를 테이블로 추상하여 엔티티 단위로 구축된다.
- 관계형 데이터베이스의 설계 작업은 키에만 종속되도록 정규화 하는 과정이 필요하다.
- 객체지향 시스템의 영구 저장되는 객체는 테이블로 매핑하여 각 속성과 연관 관계를 저장한다. 상속 관계는 상황에 따라 별도의 테이블로 만들기도 하고 슈퍼 또는 서브 클래스 한 쪽 테이블로 구성한다.
- 데이터를 간략하게 나타내기 위하여 숫자나 문자로 코드화 한다. 코드화 방법은 간결하고 확장 가능하며 중복되지 않고 안정성 있게 의미 있는 코드로 만드는 것이다.

퀴즈

1. 애플리케이션 프로그램의 네 가지 기능은 크게 ______________, ______________, 애플리케이션 로직, 프레젠테이션 로직으로 나눈다.

2. 응용 시스템을 위한 저장소 형식은 ______________와/과 ______________ 두 가지가 있다.

3. 파일을 구성하는 방법은 ______________, ______________, ______________ 가 있다.

3. 파일을 접근하는 방법은 ______________, 인덱스 순차 접근, ______________ 방법이 있다.

5. 근본적이고 영구 저장할 필요가 있는 데이터를 가진 파일을 ______________이라고 하며 은행에서 예금이나 인출이 일어났을 때 거래를 기록하는 파일을 ______________ 이라고 하며 레코드의 접근 속도를 빠르게 할 수 있는 파일을 ______________이라 부른다.

6. 데이터베이스에 있는 모든 필드와 테이블, 관계를 기술한 완벽한 정의를 ______________ 이라 한다.

7. 엔티티 사이의 논리적인 관계와 인터랙션을 보이는 모델은 ______________ 다이어그램이다.

8. 데이터베이스에 있는 각 테이블에 필드와 속성을 배정하는 과정에서 중복 없는 데이터를 만들려는 과정을 ______________이라 한다.

9. 반복 그룹이 포함되어 있지 않은 테이블을 ______________라고 한다. 또한 키 이외의 모든 필드가 단지 키에만 종속되는 경우 ______________라고 부른다.

10. 십진수의 자리로 개별 아이템을 구별하는 방법을 ______________라고 부르며 또한 코드화 하려는 아이템의 속성이나 특징으로부터 데이터를 조합하는 코드화 방법을 ______________ 이라 부른다.

11. 다음 중 저장소 설계를 위한 과정을 바르게 설명한 것은?

가. 파일 시스템을 선택한다면 레코드 구조의 설계가 필요하다.

나. 저장소 선택은 모델이 확정된 후에 하여도 무방하다.

다. 관계형 데이터베이스를 구축하려면 먼저 테이블 정의가 필요하다.

라. 저장소는 애플리케이션에 어떤 것이든 상관없이 선택할 수 있다.

12. 다음 중 영속성 있는 데이터와 일시적 데이터의 차이를 바르게 설명한 것은?

가. 영속성 데이터란 자료값이 변하지 않는 데이터를 말하며 일시적 데이터는 값이 변하는 데이터를 의미한다.

나. 영속성 데이터란 사용자가 영구적으로 보관하여야 할 데이터이며 일시적 데이터는 일정 기간이 지난 후에 파기 되는 데이터를 말한다.

다. 영속성 데이터란 프로그램이 수행 완료된 후에도 남아 있어야 하는 데이터이며 임시적이며 일시적인 데이터는 남길 필요가 없는 데이터를 말한다.

라. 영속성 데이터란 이미 저장소에 보관된 데이터이며 일시적 데이터는 앞으로 생성될 데이터를 의미한다.

13. 다음 저장소 메커니즘에 대한 계층 구조에 빈칸에 적합한 것은?

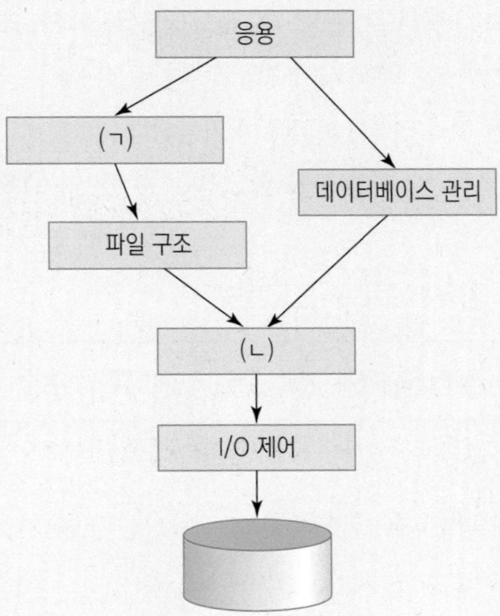

	(ㄱ)	(ㄴ)
가.	기본 파일 시스템	논리적 파일 시스템
나.	논리적 파일 시스템	기본 파일 시스템
다.	물리적 파일 시스템	논리적 파일 시스템
라.	기본 파일 시스템	물리적 파일 시스템

14. 파일 구조에 대한 설명과 장단점 중 옳지 않은 것은?

가. 연속 구조 – 파일 안의 레코드가 이어져 저장 공간의 낭비가 없다.

나. 순차 구조 – 킷값의 정해진 순서대로 연속 저장된다. 따라서 저장할 때 자기 자리를 찾아가야 하지만 탐색하기 편하다.

다. 랜덤 구조 – 저장되는 위치가 불규칙적이어서 탐색에 의하여 직접 접근이 불가능하다.

라. 인덱스 구조 – 순차적 접근을 위하여 순차 구조로 저장하고 인덱스를 이용하여 접근 속도를 높이려는 구조이다.

15. 파일 시스템을 사용할 때 발생하는 문제점이 아닌 것은?

가. 애플리케이션의 수가 늘어감에 파일이 증가되고 중복된다.

나. 불일치한 데이터가 남아 있을 수 있다.

다. 파일 저장을 위한 메커니즘이 있어야 하고 이것이 바뀌었을 때 프로그램이 매번 수정되어야 한다.

라. 파일에 대한 레코드의 정의에 정규화 문제가 발생한다.

16. 관계형 데이터베이스의 특징을 잘 표현한 것은?

가. 데이터는 이차원의 테이블로 구성되며 각 테이블은 하나의 레코드를 가진다.

나. 테이블은 키라고 부르는 공통 데이터에 의하여 링크된다.

다. 질의는 개별 또는 여러 테이블에 대하여 가능하다.

라. 키는 데이터베이스에서 유일할 수도 있고 여러 번 출현할 수도 있다.

17. 다음 테이블을 3차 정규형으로 바꾼 것은?

성적(학번, 이름, 과목 코드, 과목 이름, 담당 교수, 직위, 성적)

가. 성적(학번, 이름, 성적)
과목(과목 코드, 과목 이름, 교수이름)
교수(교수이름, 직위)

나. 성적(학번, 과목코드, 성적)
과목(과목 코드, 과목 이름, 교수 이름)
교수(교수 이름, 직위)

다. 성적(학번, 과목 코드, 과목 이름, 성적)
교수(교수이름, 직위)

라. 성적(학번, 과목 코드, 성적)
교수(과목 코드, 교수이름, 직위)

18. 정규화에 대한 설명 중 올바른 것은?

가. 각 필드에 있는 값이 원자값일 때 1차 정규형을 만족한다.

나. 1차 정규형은 반복 필드값을 허용한다.

다. 기본 키가 아닌 필드들 사이에 종속 관계가 존재하면 1 정규형을 만족한다.

라. 기본 키가 아닌 필드가 기본 키에 부분적으로 종속한다면 2 정규형을 만족한다.

19. 어떤 테이블 R이 1차 정규형이고 키에 속하지 않은 필드 모두가 기본 키에 완전 함수 종속이면 어떤 정규형인가?

가. 1차 정규형

나. 2차 정규형

다. 3차 정규형

라. 보이스/코드 정규형

20. ER 다이어그램의 구성요소에 대한 표현이 잘못 짝지은 것은?

가. 개체집합 – 직사각형

나. 관계집합 – 마름모꼴

다. 속성 – 원

라. 링크 – 화살표

퀴즈 정답

1. 자료 저장소, 자료접근 로직 2. 파일, 데이터베이스 3. 연속, 순차, 랜덤 4. 순차, 직접 접근 5. 마스터 파일, 트랜젝션 파일, 인덱스 파일 6. 스키마 7. 엔티티 관계(Entity–Relationship) 8. 정규화 9. 1차 정규형, 3차 정규형 10. 유효숫자 코드, 유도 코드 11. 가 12. 다 13. 나 14. 다 15. 라 16. 다 17. 나 18. 가 19. 나 20. 라

연습문제

1. 파일구조와 파일 접근의 여러 가지 타입 사이의 차이점을 설명하라.

2. 파일을 이용하는 애플리케이션의 개발에 대하여 데이터베이스 관리 시스템을 이용하는 장점과 단점을 설명하라.

3. 비정규형으로부터 3차 정규형으로 만들어 가는 단계를 구체적인 예를 들어 설명하라.

4. 엔티티 클래스를 관계형 데이터베이스의 테이블에 매핑시키는 과정을 설명하라.

5. 다음은 어떤 회사의 제품 주문서이다. 이 테이블을 정규화 하라. 각 단계별로 정규화가 어떻게 이루어졌지 테이블을 제시하고 설명하라.

제품번호	제품명	재고 수량	주문 번호	수출 여부	고객번호	사업자 번호	우선 순위	주문 수량
1001	모니터	1990	AB345	X	4520	398201	1	150
			AD347	Y	2341	–	3	600
1007	마우스	9750	CA210	X	3280	200212	8	1200
			AB345	X	4520	398201	1	300
			CB218	X	2341	533392	3	390
1201	스피커	2108	CB232	Y	3320		3	80

6. 다음은 학생, 지도교수, 강좌 세 가지 엔티티에 대한 ER 다이어그램이다. 또한 정규화 되지 않은 학생 테이블이 있다. 3차 정규화 하여 테이블을 정의하고 여기에 맞는 ER 다이어그램을 그려라.

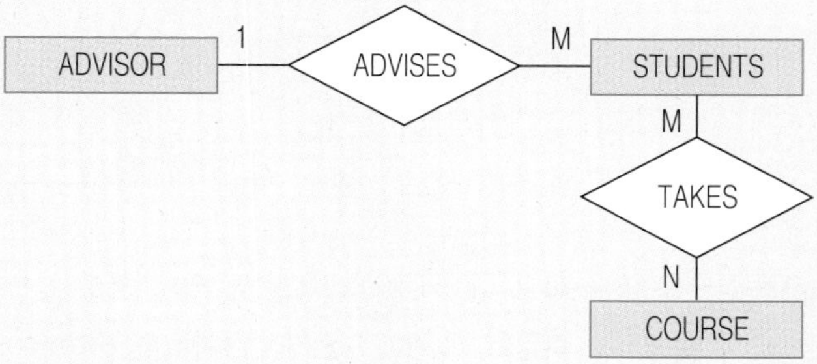

STUDENT(STUDENT-NUMBER, STUDENT-NAME, TOTAL-CREDITS, GPA, ADVISER-NUMBER, ADVISOR-NAME, (COURSE-NUMBER, COURSE-DESC, NUM-CREDITS, GRADE))

CHAPTER 09

사용자 인터페이스 설계

사용자 인터페이스(User Interface)는 시스템의 구성요소 중 사용자와 제일 가깝고 보이는 부분이다. 최종 사용자에게는 사용자 인터페이스가 시스템의 전부로 생각될 수도 있다. 이 장에서는 사람과 정보 시스템 사이의 상호작용에 대한 효과적인 설계에 대하여 소개한다. 때로는 휴먼 컴퓨터 상호작용(Human Computer Interaction)이라 불리는 이 주제는 컴퓨터 프로그래밍 작업에서 심리학과 인간 공학이 접목되어야 하는 분야이다. UI를 설계하는 원리와 방법 사례에 대하여 알아본다.

contents

09 사용자 인터페이스 설계

학습목표

- 좋은 UI 설계의 중요성을 알게 한다.
- UI 설계의 원리와 작업을 이해한다.
- UI 설계에서 메타포가 무엇인지 알게 한다.
- UI의 설계 요소가 무엇이며 어떤 경우에 사용하는지 알게 한다.
- 시나리오 기반의 UI 설계 기법을 알게 한다.

9.1 소개

소프트웨어를 사용하다보면 불편하여 화나고 짜증나는 일은 자주 있는 일이다. 명령어나 메뉴를 사용하는 방법이 어려워 사용하지 못하거나 업무에 도움을 받기 위하여 많은 시간과 노력이 들어야 한다면 좋은 설계라 할 수 없다.

컴퓨터가 발명되어 사용하던 초기에 소프트웨어 개발의 중요한 목표는 프로그램을 동작시키는 것이었다. 또한 수작업에 의하여 처리되던 일을 전산화함으로써 생산성을 극대화하려는 것이 주목적이었다. 초기의 컴퓨터와 소프트웨어는 주로 과학 계산이나 군사적 목적에 주로 이용되었으므로 사용자 인터페이스가 설계에서 중요한 문제는 아니었다. 그러나 컴퓨터의 가격이 싸지고 개인용 컴퓨터가 늘어나면서 사무 처리나 일상생활에 적용되는 소프트웨어가 많이 개발되고 있다.

하드웨어의 가격이 비싸고 기억 소자의 크기가 제한되어 있어 프로그래머는 좀 더 빠른 프로그램을 작은 기억 장소에 끼워 맞추는 기술이 필요하였다. 단지 정확하고 빠른 답을 내는 프로그램이 좋은 프로그램으로 평가받았던 것이다. 계산을 위한 하드웨어 비용이 소프트웨어를 만드는 데 드는 비용보다 비쌌으므로 사용자에 대한 인터페이스 등의 노력은 간과되었다.

오늘날은 상황이 매우 다르다. 컴퓨터 하드웨어의 성능이 향상되고 값이 싸진 반면 소프트웨어 가격과 인건비는 크게 올랐다. 컴퓨터가 적용되는 분야도 다양해졌으며 따라서 컴퓨터를 사용하는 방식도 일괄 처리로부터 다양한 형태로 바뀌었다. 소프트웨어를 개발하는 과정도 크게 변하였으므로 소프트웨어 공학 원리의 적용과 사용자의 입장이 중요하게 되었다.

최근에는 인간-컴퓨터 상호작용 분야의 활발한 연구로 사용성(usability)을 극대화한 새로운 유형의 인터페이스가 많이 개발되고 있다. 휴대폰에서 보편화된 터치스크린이 대표적인 사례이다. 또 다른 예는 영화 마이너리티 리포트에서 소개된 포인트 스크린이다.

[그림 9.1] 포인트 스크린 UI(영화 마이너리티 리포트)

벤 슈나이더맨(Ben Shneiderman)에 의하면 명령어를 배우기 위하여 얼마나 시간이 걸리는지 메뉴를 선택하기 위하여 고민하는 것은 UI를 잘 설계하지 못한 결과라고 하였다. 즉 직관적으로 사용할 수 있는 쉽고 간편한 UI가 되어야 한다고 하면서 다섯 가지 설계 조건, 일관성, 적절한 사용자 지원, 적당한 피드백, 최소의 사용자 입력, 간편한 오류 처리를 주장하였다.

컴퓨터 분야의 기술 발전과 함께 UI도 진화하여 왔다. 예전에는 시스템을 개발할 때 스크린과 출력을 먼저 설계하고 그 후에 이런 결과를 얻기 위한 입력을 설계하였다. 메인 프레임을 사용할 때 대부분 시스템은 프로세스 제어 화면으로 구성되어 있고 시스템에 명령을 내리는 과정으로 되어 있다. 따라서 UI 설계보다는 처리 중심의 개발 작업이 되었다.

정보 시스템은 대부분 중앙에 있는 데이터의 처리라는 관점이었으나 이제는 동적이며 분산된 데이터의 관점으로 옮겨지면서 사용자에 대한 중요성이 매우 커져 왔다. 그림 9.2는 전통적인 처리 중심의 정보 시스템과 최근의 사용자 중심 시스템으로 바뀐 것을 비교하고 있다.

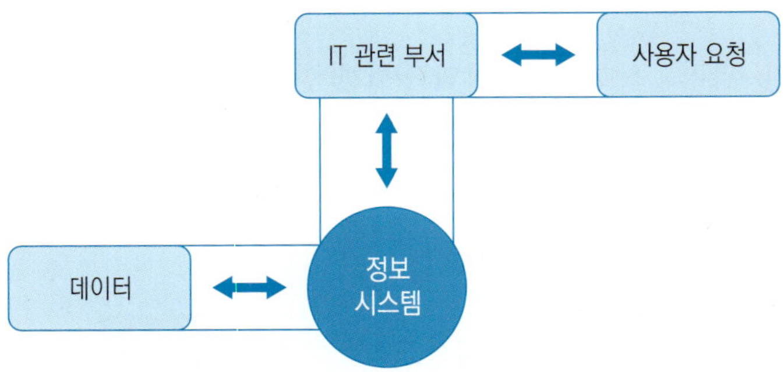

(a) 전통적인 처리 중심의 정보 시스템

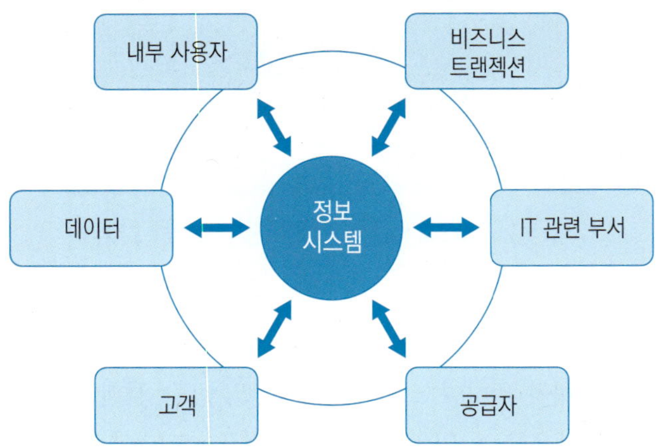

(b) 최신 사용자 중심 정보 시스템

[그림 9.2] 정보 시스템 모델의 비교

예전의 IT 관련 부서가 사용하는 UI는 주로 시스템을 유지보수하고 사용자에게 지원하는 작업에 대한 것에 국한되어 있다. 반면 사용자 중심 시스템은 입력과 출력, 인터페이스에 큰 차이점이 있다. 대부분의 사용자는 다양한 입력과 출력 스크린, 데이터 질의를 일상적인 업무에서 혼합하여 사용한다. 모든 작업들이 컴퓨터와의 상호작용을 요구하므로 UI는 시스템 설계 단계에서 매우 역동적인 요소이다.

Box 9.1 | 상호작용의 장벽 깨기

소비자들은 제품을 구입하기 전에 제품의 기능을 곰곰이 따져 본다. 따라서 제조 회사는 제품에 더 많은 기능을 넣고 이를 신제품으로 홍보하여 매출을 올리려 한다. 그러나 기능이 많을수록 사용 방법이 복잡해질 수밖에 없다. 복잡한 기능 중에 사용자는 쓰는 기능, 쓰기 쉬운 기능만 사용하게 되고 인터페이스의 복잡함 때문에 제품에 등을 돌리는 경우도 많다.

그렇다면 소비자가 제품을 더 쉽게 이용할 수 있게 하는 배려는 무엇일까? UI를 만들 때 편리함을 추구하려면 직관성을 살려야 한다. 예를 들면 누워서 텔레비전과 휴대폰을 사용할 때 상호작용에 전혀 구애받지 않는다면 좋은 인터페이스이다.

아이폰의 Siri는 상호작용의 장벽을 깨기 위한 음성인식 소프트웨어이다. 휴대폰에서 Siri야를 외치면 음성인식 보드가 되어 '음악을 틀어 줘', '오늘 날씨가 어때' 등을 알아듣고 선택된 언어가 인식되어 대답을 들을 수 있다.

최근 아마존과 구글의 AI 스피커도 이러한 상호작용의 벽을 깨기 위한 기기들이다. 음악을 듣기 위한 스피커가 음성인식 기능과 만나 AI 스피커가 되었다. PC 시대에는 마우스와 그래픽이 UI 플랫폼의 중심이었다. 스마트폰이 등장하면서 화면을 클릭할 수 있는 터치 기반 UI 플랫폼이 등장했다. 이제 텍스트 기반 입력이 아닌 '음성'이 차세대 UI 플랫폼으로 주목받고 있다.

음성을 기반으로 UI 플랫폼이 만들어지면 스마트홈으로 가는 사물인터넷(IoT) 시장을 쉽게 열 수 있다. 스마트홈은 집안 각종 가전제품, 수도, 전기사용량 등을 통신에 연결해 모니터링하고 제어할 수 있는 집을 말한다. IoT의 핵심으로 AI 스피커가 자리 잡아가고 있다. 음성 기반 플랫폼을 이용하면 손을 이용하지 않고도 편리하게 기기를 관리하거나 제어할 수 있기 때문이다.

[그림 9.3] 인공지능 스피커

9.2 UI 정의

정보시스템의 사용자는 어떤 방법으로든 상호작용을 한다. 고객이 전화로 하는 주문을 컴퓨터에 입력하고 도와주는 텔리마케팅 시스템의 직원이나 관광 정보를 얻기 위하여 터치스크린 시스템을 이용하는 일반 사용자 모두 컴퓨터 시스템과 다음과 같은 작업을 수행하여야 한다.

- 시스템을 어떻게 사용하는지 알려주는 정보를 읽고 해석한다.
- 무엇을 원하는지 나타내기 위하여 시스템에 명령어를 입력한다.
- 시스템에 데이터를 제공하기 위하여 단어나 숫자를 입력한다.
- 스크린이나 인쇄된 보고서에서 시스템에 의하여 생산된 결과를 읽고 해석한다.
- 오류에 대하여 답하고 수정한다.

위에서 나열한 작업들은 시스템을 사용하는 대부분의 사람들의 주된 관심사는 아니다. 주된 관심사는 기능, 예를 들어 고객의 주문을 받는다든지 여행자 정보를 찾는 것이다. 위에서 설명한 환경 관련 작업들이 잘 설계된 시스템은 시스템의 주된 관심사, 즉 핵심 기능을 쉽게 실행시킬 수 있다. 그러나 주변 작업이지만 이것이 잘 설계되지 못하여 주된 관심사를 방해한다면 사용자가 원하는 정보를 찾아내기 어려울 것이다.

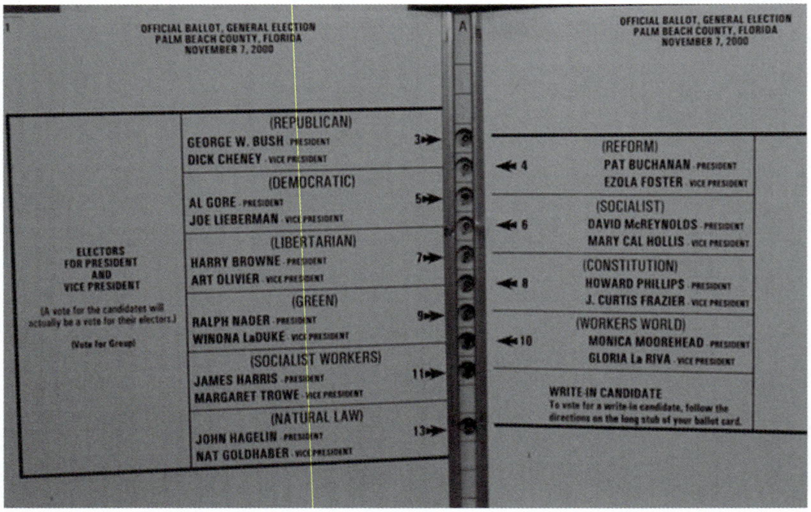

[그림 9.4] 잘못된 설계 사례 1: 나비형 투표용지

UI 설계가 잘못되어 빚은 결과는 우리의 상상을 초월한다. 그림 9.4는 2000년에 있었던 미국 선거에서 사용된 투표용지이다. 가운데 노란 부분의 구멍을 볼펜 같은 것으로 뚫어 기표를 하는 방식이다. 정확히 기표하려면 기표 용지를 바르게 끼워야 하며 잘못 끼운 용지는 지지하지 않는 엉뚱한 후보에게 기표될 수가 있다. 당시 경합을 이루었던 두 후보는 확보된 선거인단 수가 근접하여 플로리다 주의 상황에 따라 운명이 갈리게 되었다. 1개월에 걸친 검표와 재개표 후의 뒷이야기에 의하면 팜비치의 은퇴자들은 민주당 고어 후보에게 표를 더 많이 줄 것으로 예상했는데 나비형 투표용지로 부시 후보에게 더 많이 갔다는 것이다. 그 이후 이 나비형 투표용지는 잘못 설계된 UI의 대표 사례로 손꼽히기 시작하였다.

또 한 가지 잘못된 인터페이스 설계 중 2003년 대구 지하철 화재 사고 당시의 지하철 안에 있는 수동 개방 코크를 들 수 있다. 당시 지하철역의 전원이 꺼지고 화재로 인한 연기로 앞을 볼 수 없었던 희생자들에게는 문을 여는 코크는 정말 생명줄과도 같은 인터페이스였다. 이런 상황을 고려한 인터페이스가 되었다면 그 당시 아빠에게 휴대폰으로 전화하며 "아빠 문이 안 열려. 살려줘."라고 부르짖으며 죽어간 꽃다운 생명들을 살려낼 수 있지 않았을까?

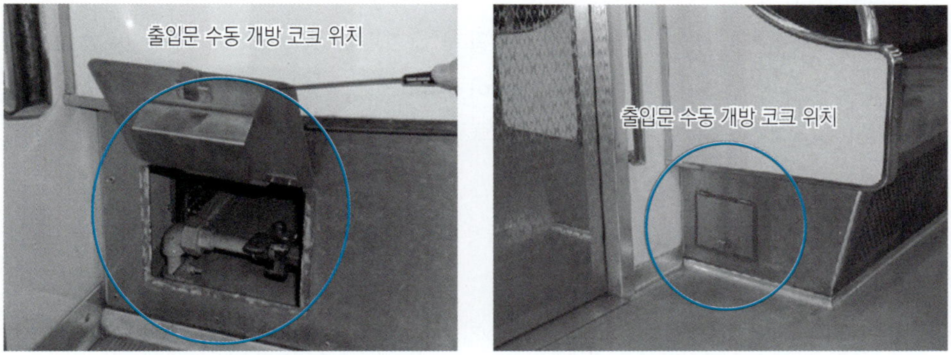

[그림 9.5] 잘못된 설계 사례 2: 지하철 출입문 수동 개방 코크 위치

정보시스템에서도 위의 사례와 같이 사용자를 배려하지 못한 UI를 많이 볼 수 있다. 정보시스템은 사용자가 컴퓨터에게 여러 가지 명령을 내리고 다양한 결과를 받아 이해하여야 하므로 설계에 보다 세심한 노력과 기술이 필요하다.

UI의 정의

인간 컴퓨터 상호작용(Human Computer Interaction) 또는 사람-기계 인터페이스(Man Machine Interface)라고 불리는 UI는 사람, 즉 사용자가 시스템과 상호작용하는 모든 수단을 말한다. 여기서 시스템은 기계가 될 수도 있고 장치 또는 컴퓨터 프로그램이나 복잡한 도구가 될 수도 있다.

ACM의 정의에 의하면 사용자 인터페이스(UI)는 "사용자와 상호작용하는 컴퓨터 시스템의 설계, 구현, 평가를 연구하는 분야"라고 한다. 이 분야에서 연구하는 영역은 사용자와 시스템간의 상호협력, 커뮤니케이션 구조, 학습성, 공학적 측면의 인터페이스 구축과 상세화 과정, 설계와 구현 작업이다.

정보시스템의 UI는 주로 프로그램이 보여주는 화상, 문자, 소리 정보로 사용자에게 전달되며 사용자는 프로그램을 조작하기 위한 수단 이를테면 컴퓨터 자판, 글쇠나 입력, 마우스 등으로 컴퓨터에 명령을 전달한다.

정보시스템에서 사용하는 인터페이스는 크게 다음 네 가지 종류로 나눌 수 있다.

- 그래픽 사용자 인터페이스(Graphic User Interface) – 사용자에게 간략화 된 작업 환경을 보여주고 그 속에 있는 그래픽과 텍스트로 이루어진 객체를 직접 조작함으로써 원하는 일을 수행시키는 인터페이스이다.
- 웹 인터페이스 – 인터넷과 웹브라우저를 통하여 페이지를 열람하고 조작하는 인터페이스이다.
- 명령어 인터페이스 – 컴퓨터 자판을 이용하여 명령 문자열을 입력하여 시스템을 조작하는 인터페이스이다.
- 텍스트 사용자 인터페이스 – 자연어에 가까운 문장을 입력하여 시스템을 조작하는 인터페이스.

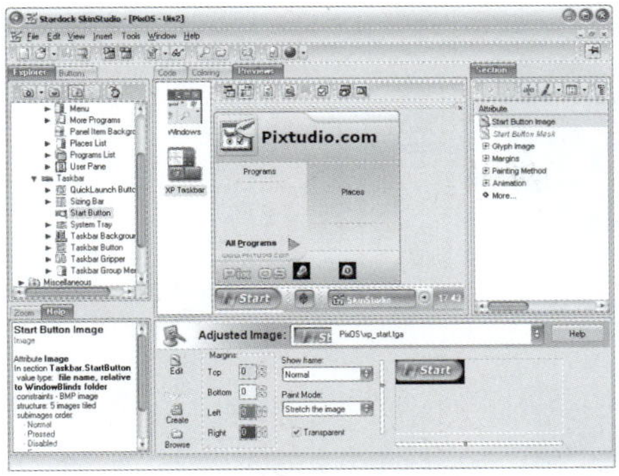

(a) 그래픽 사용자 인터페이스

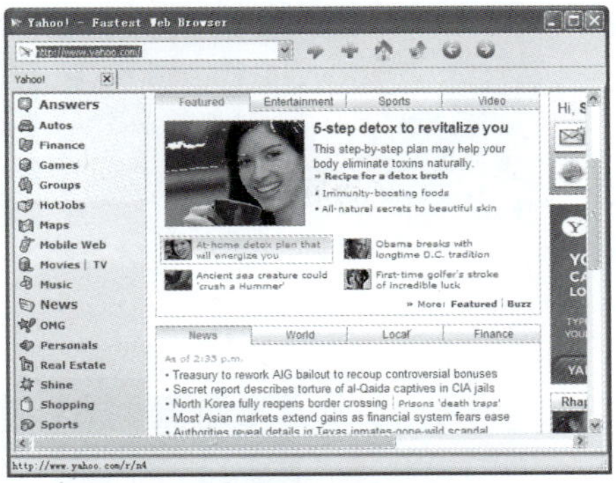

(b) 웹 인터페이스

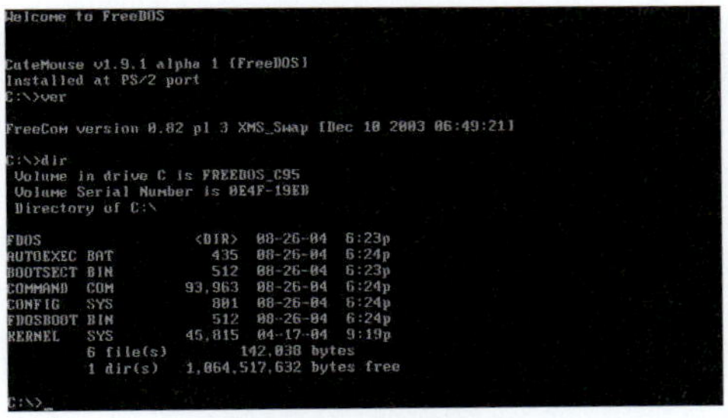

(c) 명령어 인터페이스

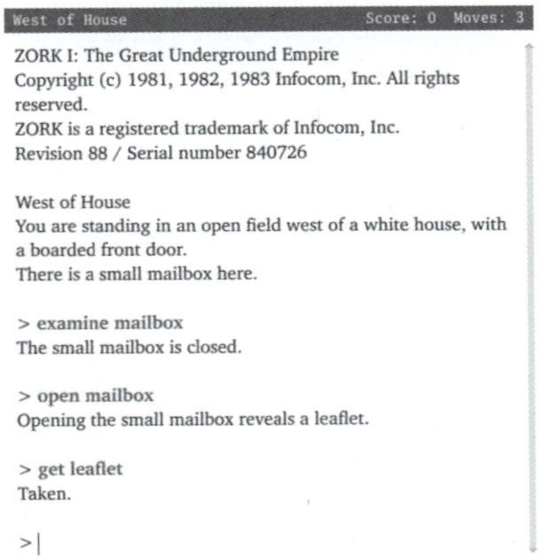

(d) 텍스트 사용자 인터페이스

[그림 9.6] 정보시스템에 사용되는 인터페이스 종류

메타포

컴퓨터 시스템을 설계할 때 사용자와 시스템 사이의 상호작용은 대화 형태를 취한다. 사용자가 시스템과 대화한다는 개념이 메타포(metaphor)이다. 메타포란 어떤 것을 나타내기 위하여 비유적으로 사용되고 직접 언급되지 않는 것을 말한다. 사람과 사람 사이에 이루어지는 실제 대화는 아니지만 사람과 컴퓨터 사이에 메시지가 전달된다. 그림 9.7은 인간-컴퓨터 대화를 체계적으로 표현한 것이다. 또한 대화에서 발견할 수 있는 메시지의 타입이 어떤 것을 의미하는지 설명하고 있다.

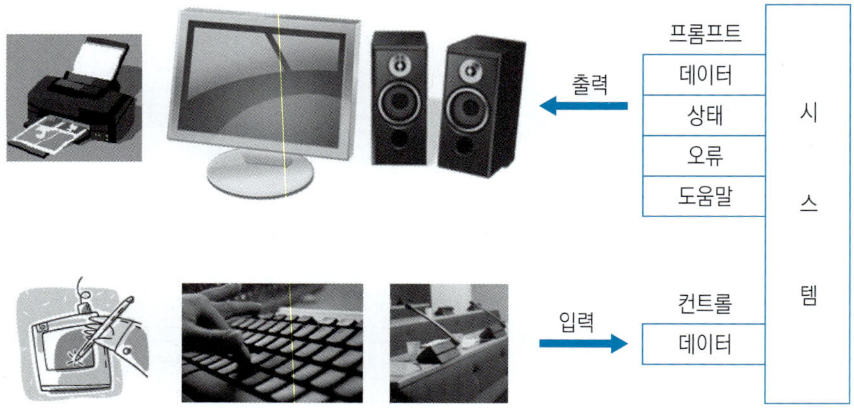

출력	프롬프트	사용자 입력을 요청
	정보	사용자 요청에 대하여 시스템이 생성한 정보
	상태	어떤 일이 일어났다는 통지
	오류	처리가 계속될 수 없음
	도움말	사용자에게 제공하는 추가 정보
입력	컨트롤	다이얼로그가 어떤 식으로 진행되는지 사용자가 지시
	데이터	사용자가 제공한 데이터

[그림 9.7] 인간 컴퓨터 대화 양식

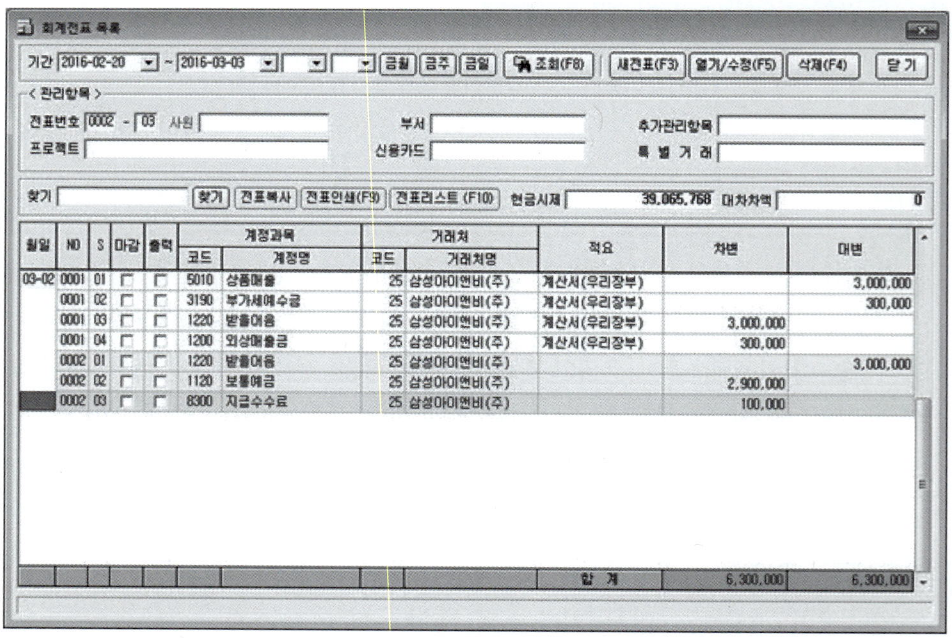

[그림 9.8] 회계전표 입력 화면

그림 9.8은 회계 시스템의 화면 레이아웃을 예로 든 것인데 여기에 사용한 메타포는 장부 또는 전표 같은 것이다. 대화는 사용자가 화면에 데이터를 입력할 때마다 똑 같지 않지만 그림 9.8에서 소개한 UI의 여러 가지 요소를 장부 또는 전표에 적듯이 나타내었다.

프롬프트는 사용자에게 입력을 요청하는 의미이며 자동으로 시스템에서 생성한 것으로 여기서는 전표 번호를 예로 들 수 있다. 데이터는 거래 날짜나 계정과목 코드, 거래처 코드와 같이 시스템이 자동으로 계산해 출력해 주는 부분이다.

처리되고 있는 전표는 화면에 하늘색으로 배경을 나타낸다. 오류나 도움말은 별도의 창으로 오류를 입력하였을 때 안내하고 오류를 알려준다. 화면의 위 부분에 여러 가지 버튼이 사용자와의 대화를 제어하기 위한 것이다. 또한 사용자에 의하여 입력된 거래처 및 금액은 작업 화면에 입력한다.

그림 9.8의 거래 입력에 대한 UI는 그림 9.9에 있는 유스케이스와 관련된 것이다. 요구분석 단계에 거래 입력 유스케이스에 대한 사건의 흐름을 기초로 사용자와의 다이얼로그를 고안해 낸다.

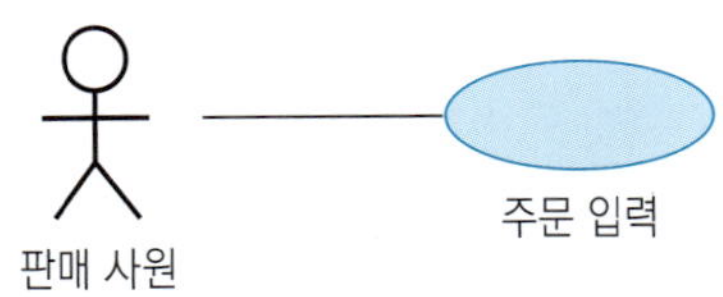

[그림 9.9] 거래 입력 사용 사례

사용자와의 다이얼로그를 고안할 때 메타포는 중요한 역할을 한다. 인터페이스 메타포란 사용자가 다른 영역에서 알고 있었던 지식을 이용하여 UI의 비주얼이나 사용 절차, 액션을 설계하는 것을 말한다. 예를 들어 그림 9.10의 인터넷 피자 주문 시스템의 경우 메뉴판이라는 것을 연상 시키려는 의도가 숨어 있다. 이것을 메타포라 한다.

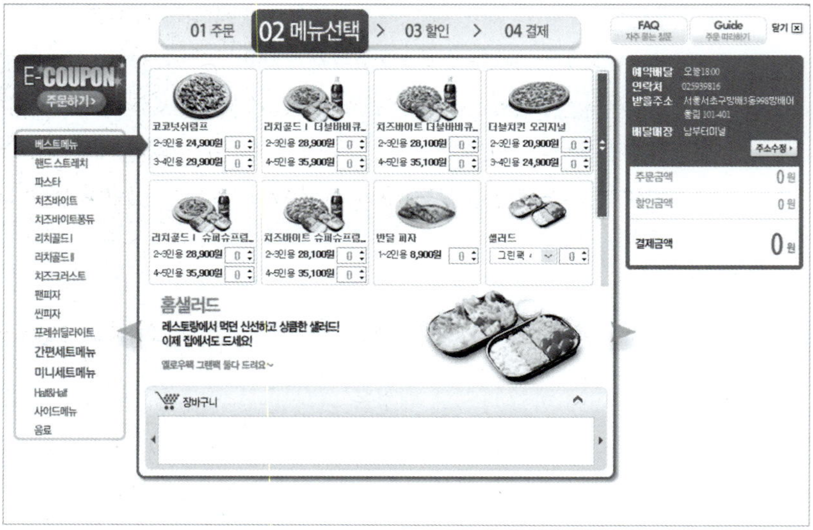

[그림 9.10] 메뉴판을 메타포로 이용한 인터페이스

UI를 설계하기 위한 메타포 중 많이 보급되어 흔히 사용되고 있는 것은 직접 조작 메타포이다. 일명 그래픽 사용자 인터페이스(GUI)로 불리고 있는 것으로 소프트웨어 패키지를 사용할 때 마우스를 이용하여 스크린에 사용된 객체를 조작하는 인상을 주는 방법이다.

메타포는 사용하는 용어의 구체적인 형태로 반영된다. 직접 조작 메타포를 사용하면 아이콘을 끌어 놓을 수 있고, 윈도우를 줄였다 넓혔다 할 수 있으며 버튼을 누를 수 있고 메뉴를 접고(pull down) 펼 수 있다.

이러한 직접 조작 형식의 인터페이스는 이벤트 중심이다. 그래픽 객체들이 화면에 보이고 운영체제의 윈도우 관리 부분이 이벤트에 반응하는 형태이다. 대부분의 이벤트는 사용자가 구동하는 액션의 결과이다. 사용자는 버튼을 클릭할 수 있고 글자를 입력하고 기능키를 누르고 메뉴 아이템을 클릭하거나 마우스 버튼을 눌러 움직일 수 있다. 이러한 상호작용을 지원하는 UI의 설계는 대화 메타포를 사용하는 텍스트 기반의 인터페이스보다 복잡하다.

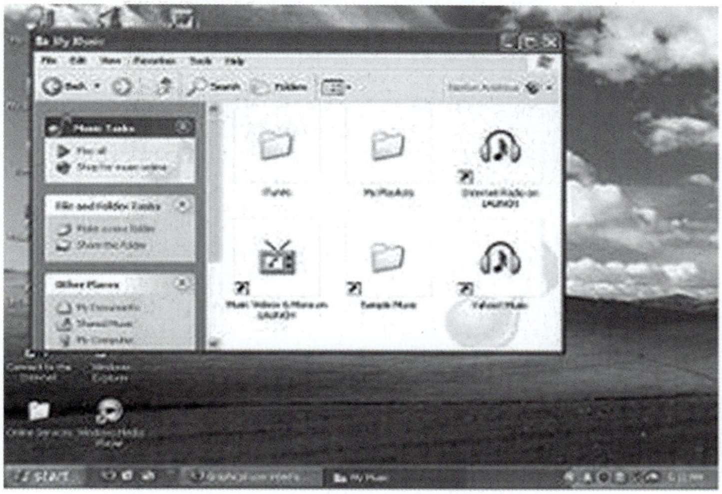

[그림 9.11] 직접 조작 인터페이스

Box 9.2 | 전자 책

태블릿 PC가 보급되면서 읽는 습관의 변화가 일어났다. 인터넷 쇼핑몰 아마존의 전자책 단말기 킨들(Kindle)의 보급이 그 효시가 된다. 2007년 말 출시된 킨들은 6인치 화면과 이동통신 기능을 갖춘 전자책 단말기다. 수만 페이지의 문서를 저장되어 가지고 다니면서 읽을 수 있다. 킨들은 100만대 이상 판매되었고 여러 차례 업그레이드 되어 전자책 시대를 열고 있다.

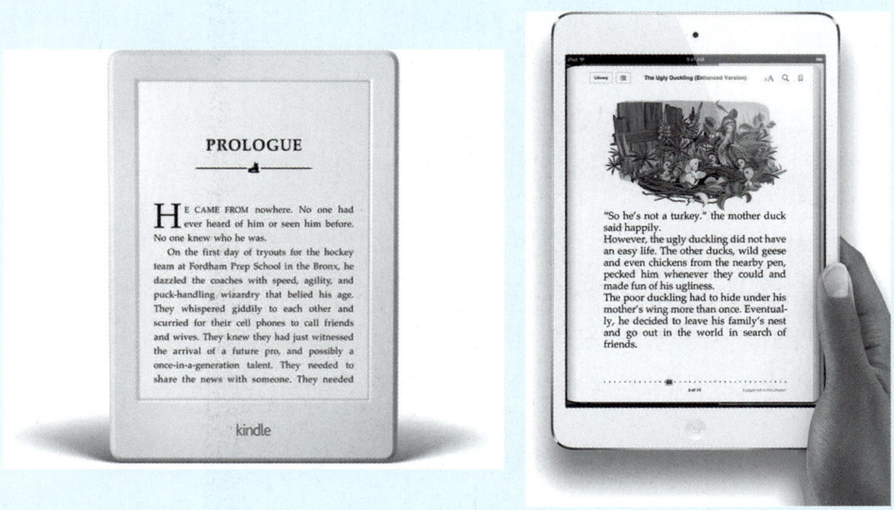

[그림 9.12] 킨들과 아이패드 패블릿

애플의 아이패드와 안드로이드 태블릿 PC도 출현하여 종이책을 더욱 빨리 디지털화하고 있다. 몇 주간의 해외출장이나 휴가를 떠나면서 비행기 안이나 호텔 방에서 읽을 무거운 책을 들고 다니지 않아도 된다. 종이책을 읽듯이 눈이 편안하고 해변이나 버스에서 필요한 책과 신문을 다운받아 읽을 수 있다. 매일 새벽 4시 어김없이 배달되는 종이 신문을 가서 집어오는 수고도 필요 없을 뿐만 아니라 뉴욕 타임즈, 원드 스크리트 저널 등 해외 신문도 종이신문보다 싼 가격에 받아볼 수 있다.

디지털 책이 보편화되면서 인터페이스는 더욱 친근한 개념으로 개발될 것이다. 단순히 버튼이나 메뉴를 클릭하여 책을 넘기고 확대하는 것보다 터치패드를 사용하여 마치 손으로 책장을 넘기듯이 조정하는 인터페이스가 이미 구현되어 있다.

9.3 UI 설계 원리

휴먼 컴퓨터 인터랙션을 다루는 대부분의 책들이 좋은 UI를 설계하기 위한 가이드라인을 제시하고 있다. 텍스트 기반이든 GUI 기반의 사용자 인터페이스이든 적용될 수 있는 일반적인 사용자 인터페이스 설계의 원리는 동일하다.

Shneiderman과 Plaisant은 UI 설계에 대하여 다음과 같은 다섯 가지 원칙을 제시하고 있다.

일관성 일관성 있는 UI가 되어야 사용자가 애플리케이션을 알 수 있고 애플리케이션의 여러 부분을 가로지르며 공통된 룰이 적용할 수 있다. 예를 들면 날짜 데이터를 입력하는 화면이 여러 곳에 있다면 그 형식이 같아야 한다. 또한 자료를 저장하는 기능키가 F2라면 어떤 화면에서든 같은 키가 파일 저장에 사용되어야 혼돈이 없다.

적절한 사용자 지원 사용자가 어떤 액션을 취하였는지 아니면 오류가 발생했는지 알지 못할 때 시스템이 적절히 지원하는 것은 중요하다. 도움말이나 오류 메시지 같은 것을 제공하여 정보를 제공하고 오류를 방지할 수 있다. 이렇게 하면 사용자가 무엇이 잘못되었는지 진단하고 오류로부터 빠져나오는 데 도움이 될 수 있다.

적당한 피드백 사용자는 어떤 액션을 하였을 때 시스템의 반응을 기대한다. 데이터를 입력하는 동안 키를 눌렀다면 스크린에 나타난 문자가 보일 것을 예상한다. 마우스로 어떤 것을 클릭하면 그것이 하이라이트로 바뀌면서 시스템에 어떤 액션이 취해진다. 시스템에 액션이 전달되었는지 불확실한 사용자는 계속 키를 누르거나 마우스를 클릭할 것이며 추가하여 누른 키와 마우스 클릭은 시스템이 받아서 다이얼로그의 일부로 간주하여 예측할 수 없는 결과를 내 놓을 것이다. 따라서 사용자와 시스템과의 상호작용이 어디에 있는지 정확히 표시하여야 한다. 텍스트 기반의 인터페이스는 커서로 현재 위치를 표시하며 직접 조작 인터페이스는 활성화 된 객체를 하이라이트로 표시한다.

최소의 사용자 입력 사용자는 불필요한 키와 마우스 클릭을 볼 때 실망하게 된다. 불필요한 입력을 줄이면 오류에 대한 위험을 줄일 수 있고 데이터 입력 속도를 빠르게 할 수 있다. 인터페이스는 사용자로부터의 입력이 최소화 되도록 설계되어야 한다. 코드나 약어를 사용하거나 값을 직접 입력하는 것보다 리스트로부터 선택하게 한다. 틀린 값이나 명령은 다시 입력하게 하는 것보다 편집하게 한다. 또한 자동으로 유추되는 정보를 입력하거나 다시 입력하지 않도록 한다.

사용자 중심의 설계 원리

IT 분야의 전문가들은 인터페이스에 대한 설계에 대하여 여러 가지 다른 관점을 가지고 있지만 대부분 다음 여덟 가지 기본 원리에 동의하고 있다.

- 배경 지식의 이해 – 인터페이스 설계는 기능 밑바탕에 깔린 배경을 이해하여야 한다. 시스템은 사용자의 작업에 도움을 주는 것이므로 작업의 배경이 되는 비즈니스 또는 응용 분야에 대한 지식이 중요하다.
- 그래픽 효과의 극대화 – 사람은 그림을 통하여 더 잘 배운다. 윈도우 형태의 GUI가 애용되는 것은 배우고 사용하기 쉬운 인터페이스이기 때문이다. GUI가 보편적으로 사용되어 주문형 소프트웨어에도 도입되고 있고 한 화면에 여러 윈도우를 올려서 동시에 작업하기도 한다. GUI는 자료 입력뿐만 아니라 프로세스 제어에도 사용되기 때문에 세심한 설계가 필요하다.
- 사용자에 대한 이해 – 시스템 사용자들의 경험과 지식, 사용 수준에 관심을 가지고 사용자 중심의 인터페이스를 개발하기 위하여 사용자의 입장에서 생각하고 설계하여야 한다. 사용자에 익숙한 단어와 메타포를 사용하여야 하기 때문이다. 또한 사용자가 현금자동인출기나 마이크로웨이브 오븐, 자동차, 휴대폰 등을 사용해 본 경험이 도움이 되도록 설계하는 것이 좋다.
- 프로토타입의 사용 – UI는 사용자가 시스템의 요소 중 가장 많이 접하는 부분이므로 중요하다. 또한 사용자의 의견을 반영하기 위하여 모델이나 프로토타입을 조기에

만들기도 한다. 처음 화면을 설계할 때 스토리 보드를 만들어 사용자에게 보여주기도 하며 사용자가 사용성 측면에서 검토하여 피드백을 제공한다.

- 이해하기 쉬운 인터페이스 – UI는 모든 작업, 명령어, 커뮤니케이션을 포함하여야 한다. 예를 들어 어떤 시스템의 메인 메뉴를 정하려고 할 때 너무 적은 숫자의 메뉴는 다음 수준에 많은 선택 메뉴를 두어야 한다. 반대로 너무 많은 선택을 첫 메뉴에 두면 사용자에게 혼란을 가져 올 수 있다. 적절한 개수의 메뉴를 두어야 내비게이션 과정이 복잡하지 않게 된다.

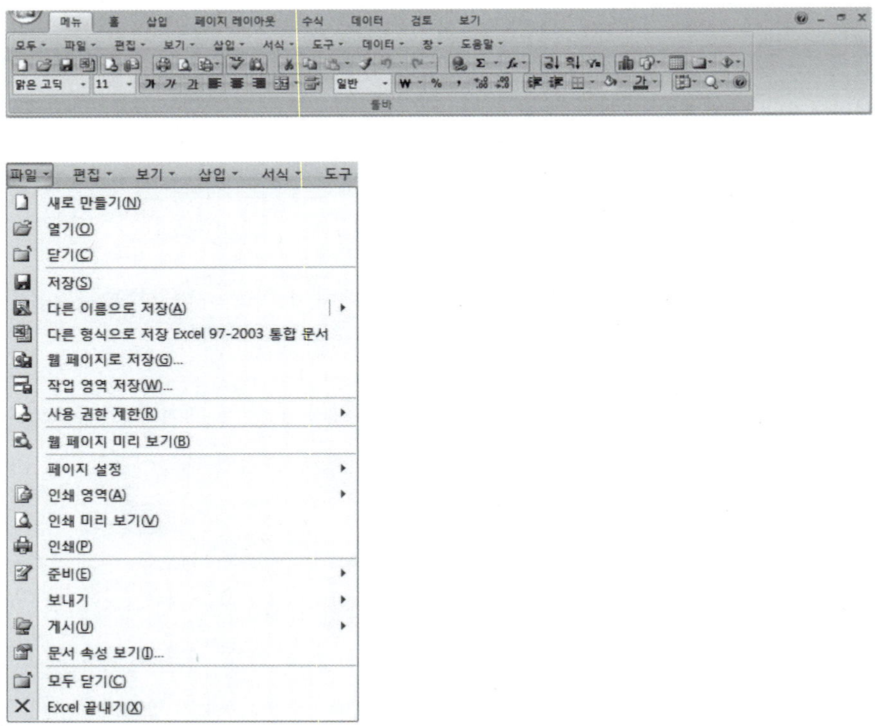

[그림 9.13] 메뉴

- 지속적인 피드백 – 시스템 운영이 시작된 후에도 계속 시스템의 사용을 모니터링하고 사용자의 제안을 구해야 한다. 시스템의 기능이 의도한 대로 사용되고 있는지 관찰하고 조사한다. 프로토타입에서는 잘 드러나지 않던 문제가 시스템을 풀가동할 때는 드러나는 경우도 많이 있다.

UI 설계 가이드라인

UI 설계에서 중요한 것은 사용하기 쉽고 매력적이며 효율적인 인터페이스로 만드는 일이다. UI를 만들 때 다음 여덟 가지 기본 가이드라인을 따르는 것이 좋다. 가이드라인은 데이터 입력 화면을 설계할 때 적용될 수 있을 것이다.

좋은 UI는 인간공학, 미학 등에 기초를 둔다. 인간공학은 사람이 어떻게 작업하고 배우고 컴퓨터와 상호작용하는지를 설명하는 분야이며 미학은 인터페이스가 얼마나 매력적이며 사용하기 편한지를 다루는 분야이다.

이 외에도 인터페이스 설계를 위하여 기술적인 사항들이 있다. UI를 구성하는 요소가 무엇이며 이들 요소를 어떤 의도로 사용하는지, 그리고 목적에 맞는 효과적인 인터페이스를 구성하려면 어떤 요소를 어떤 구조로 설계하여야 하는지를 알아야 한다.

인터페이스는 단순히 관심을 끌려는 것이 아니라 시스템 설계 목적을 달성하고 시스템 사용에 도움을 주는 것이다. 따라서 다음과 같은 기본 원리를 잘 따라서 개발하여야 한다.

- 배우기 쉽고 기억하기 쉬운 설계로 만든다.
- 사용자의 효율과 생산성을 향상시키기 위하여 인터페이스를 설계한다.
- 모든 명령어와 액션, 시스템의 반응은 일관성 있고 예측 가능하게 한다.
- 데이터 입력에서 발생할 수 있는 문제를 최소화 한다.
- 오류 입력을 쉽게 고칠 수 있게 한다.

배우기 쉽고 쓰기 쉬운 인터페이스를 만들라

- 모든 컨트롤, 버튼, 아이콘에 이름을 붙인다.
- 아이콘이나 컨트롤에 이미지를 사용한다면 사용자가 쉽게 이해할 수 있는 이미지를 선택한다. 또한 화면에 뿌리는 지시문은 논리적이고 간결하며 명확하게 작성한다.
- 메뉴 아이템의 리스트에 모든 명령어를 보여준다. 그러나 현재 사용 불가능한 명령은 흐리게 만든다.
- 메뉴 구조에 있는 모든 수준으로 되돌아가거나 찾아가기 쉽게 만든다.

효율성을 높이는 기능을 제공하라

- 명령이나 기능을 비즈니스 작업 단위와 유사하게 묶는다. 기능과 서브메뉴를 여러

단계의 계층구조로 묶어 사용자가 작업하는 방식이나 논리를 반영한다. 그림 9.14는 주문 추적 시스템의 메뉴 구조를 적절히 묶은 것이다.

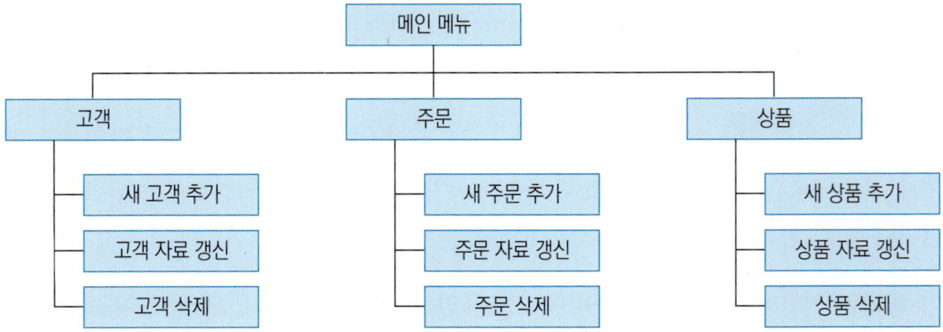

[그림 9.14] 논리적으로 묶은 메뉴의 계층구조

- 메뉴 리스트는 순서정렬 하거나 많이 사용하는 것을 맨 위에 둔다. 메뉴의 순서에 대한 일반적인 규칙은 없지만 가장 좋은 방법은 사용자에게 프로토타입을 보여주고 의견을 받아 반영한다. 최근 사용한 것을 보여주는 메뉴도 있는데 사용자에 따라 선호하기도 하고 혼란을 느끼기도 한다.
- 숙달된 사용자에게는 지름길을 제공하여 여러 단계의 메뉴를 거치는 것을 피할 수 있게 한다. Alt 키와 문자키를 눌러 핫키를 제공하면 지름길을 제공할 수 있다.
- 필드의 대부분의 값이 같다면 디폴트값을 사용한다. 예를 들어 고객의 90%가 서울에 산다면 서울을 디폴트 도시로 사용한다.
- 이전 레코드의 같은 필드로부터 값을 입력할 수 있도록 복사 기능을 사용한다.
- 몇 개의 문자만 입력하여도 후보 단어가 디스플레이되는 빨리 찾기 기능을 제공한다.

사용자가 도움을 받거나 오류를 수정하기 쉽게 하라

- 도움말이 항상 있는지 확인한다. 도움말 화면은 메뉴 선택, 절차, 지름길, 오류에 대한 정보를 제공하여야 한다.
- 사용자가 도움말을 선택하게 하고 상황에 민감한 도움말을 제공한다. 사용자 선택 도움말은 사용자가 요구하였을 때 정보를 보여준다. 사용자는 메뉴와 서브메뉴를 통하여 적절한 선택을 하여 필요한 정보를 가진 화면에 도달하게 된다. 그림 9.15는

아래아 한글의 워드프로세서 도움말 화면으로 도움말에서 찾으려는 정보의 키워드를 입력하면 원하는 정보를 찾을 수 있다.

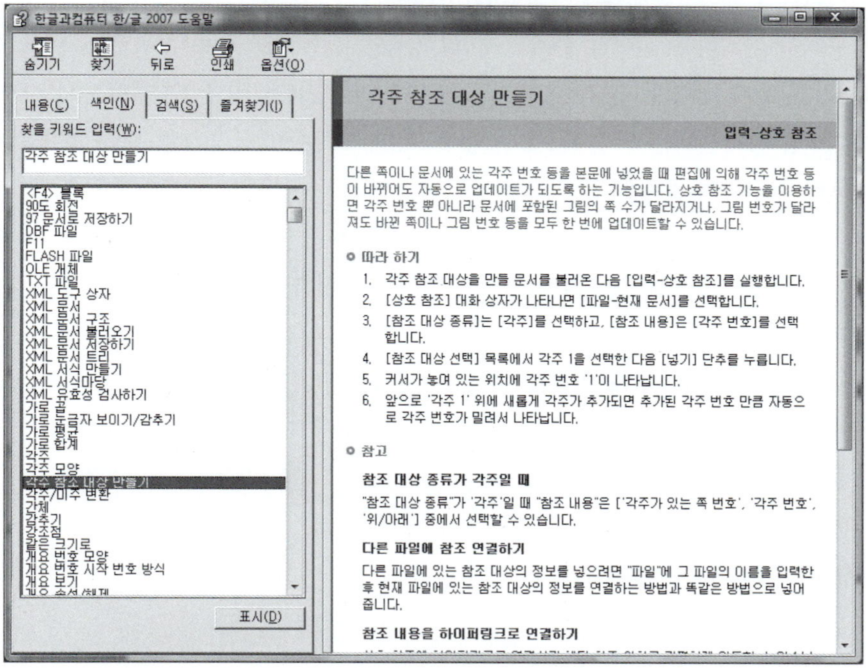

[그림 9.15] 아래아 한글의 도움말

- 사용자를 지원하기 위한 콜센터가 있다면 전화번호나 주소, 이메일 등의 연락처를 포함시킨다.
- 데이터를 삭제하기 전에 사용자에게 확인을 요청하고 부주의로 인한 삭제는 되돌릴 수 있게 한다. 중요한 자료가 수정되거나 삭제되는 것을 막는 장치를 구축한다.
- 가장 최근의 명령이나 액션의 결과를 취소하는 Undo 키나 취소 메뉴를 제공한다.
- 사용자 중심의 명령에 오류가 포함된다면 오류 부분을 강조하고 전체를 다시 타이핑하지 않고 수정할 수 있게 한다.
- 사용자가 도움말의 주제를 찾아갈 수 있도록 하이퍼텍스트를 제공한다.

입력 자료의 오류를 최소화

- 입력 데이터를 검증하는 기능을 제공한다.
- 이벤트 중심 메시지와 주의할 점을 화면에 보여준다. 상황에 민감한 도움말이 사용

자에게 적절한 것처럼 사용자가 어떤 작업을 수행할 시간이 되었을 때 적절한 메시지를 디스플레이 하는 것이 필요하다. 예를 들면 시스템에서 빠져 나올 때 입력한 데이터를 인쇄하겠는지 묻는 메시지를 띠운다.

- 사용자가 클릭하여 선택할 수 있는 미리 정해진 값을 리스트로 준비한다. 미리 정의된 값은 오자, 탈자를 방지하고 부적절한 데이터 입력을 막을 수 있어 사용자가 편하다. 입력 화면에는 받을 수 있는 값을 미리 보여주고 사용자는 단순히 가리키고 선택하기 위하여 클릭한다.
- 데이터의 일관성을 유지하기 위한 규칙을 구축한다. 예를 들어 사용자가 새 고객을 위한 주문을 입력하려 할 때 시스템이 주문 데이터를 받기 전에 고객은 추가되어야 한다.
- 사용자가 데이터를 쉽게 입력할 수 있는 템플릿이나 패턴을 이용한 입력 마스크를 사용한다. 스프레드시트의 각 셀 안에 날짜, 전화번호, 우편번호, 금액 등의 필드에 표준 입력 마스크를 제공하는 것과 같다.

사용자에게 피드백을 제공하라

- 메시지를 화면의 적절한 위치에 일관되게 뿌린다.
- 수행시간이 길거나 지연되면 사용자에게 알린다. 특히 길게 지연된다면 진행 상황에 대하여 사용자에게 보고한다.
- 수행시킨 작업이 성공되었는지 실패되었는지 사용자가 알게 하라. 예를 들면 '변경완료', '모든 트랜젝션이 게시 되었습니다' 또는 '고유번호를 찾을 수 없습니다.'와 같은 메시지를 사용하여 알린다.
- 제어 버튼에 아이콘이나 이미지를 사용한다면 설명을 제공한다. 이렇게 하면 사용자가 마우스 포인터를 아이콘이나 이미지 위에 움직일 때 제어 버튼을 식별하는 데 도움을 준다.
- 구체적이고 이해가 쉽고 전문적인 메시지를 사용하라. 암호 같고 애매한 메시지는 피하라. 예를 들면 '오류 – 허용될 수 없는 값을 입력하셨습니다' 또는 오류 DE4-16과 같이 표현하면 안된다. '1과 5 사이의 숫자를 입력하시오', '고객 번호는 숫자이어야 합니다. 숫자를 다시 입력해 주십시오'와 같이 구체적이어야 한다.

끌리는 레이아웃과 설계를 창조하라

- 화면의 여러 부분을 강조하기 위하여 적절한 색상을 쓴다. 뻔쩍거리거나 밝은 색상

은 피한다.

- 특수효과는 과하게 사용하지 않는다. 예를 들면 애니메이션과 음향이 어떤 경우에는 효과적일 수 있다. 그러나 너무 많이 사용하면 사용자가 반복하여 보게 되므로 식상하고 반감을 줄 수 있다.
- 관련 객체와 정보를 그루핑하라. 사용자가 보는 방법으로, 또한 수행하는 작업과 유사하게 화면을 만들라.
- 화면의 밀집도가 중요하다. 화면이 마음이 끌리고 읽기 쉬운 설계가 되기 위하여 충분한 빈칸을 주어 혼란스럽지 않게 유지한다.
- 제목과 메시지, 명령 등을 같은 방법으로 화면의 같은 위치에 디스플레이한다.
- 일관된 용어를 사용한다. 예를 들면 같은 명령을 내리기 위하려 삭제, 취소, 지움 등의 다른 용어를 사용하지 않는다. 마찬가지로 음향을 사용할 때도 같은 음향은 동일한 이벤트에 대한 신호가 되어야 한다.
- 명령어는 항상 같은 효과를 내는지 확인한다. 예를 들면 BACK 제어 버튼은 이전 화면으로 돌아가는 것이라면 BACK 명령은 애플리케이션 안에서 항상 같은 기능을 발휘해야 한다. 마우스 액션도 마찬가지로 같은 결과가 생성되어야 한다. 포인트, 클릭, 더블 클릭이 일관성 있고 예측 가능하여야 한다.
- 사용자가 필드에 데이터를 완전히 입력하였을 때 자동으로 다음 필드로 옮기지 말아야 한다. 대신에 ENTER 키를 누르면 입력을 확인하고 TAB 키를 누르면 입력 필드의 끝에 가게 한다.

익숙한 용어와 이미지를 사용하라

- 대부분의 사용자는 신호등의 색의 의미, 빨강색은 멈춤, 황색은 주의, 녹색은 주행을 알고 있을 것이다. 화면의 지시를 강조하기 위하여 이런 형식을 사용한다.
- 각 메뉴 명령에 대하여 File, Exit, Help 등 기억하기 쉬운 글자로 키 입력 대안을 제공하라.
- 가능하면 Cut, Copy, Paste 등 익숙한 명령을 사용한다.
- 사용자가 윈도우 기반 애플리케이션에 익숙하다면 인터페이스 설계에 윈도우 느낌을 제공한다.
- 복잡한 용어나 기술적 특수 용어의 사용은 피한다. 대신에 일상 업무에서 사용되는 흔한 용어를 선택한다.

9.4 UI 설계 요소

UI에는 여러 가지 제어 기능들이 있다. 예를 들면 메뉴바, 툴바, 다이얼로그 박스, 텍스트 박스, 체크 박스, 토글 버튼, 리스트 박스, 스크롤 바, 옵션 버튼(라디오 버튼), 체크 박스, 명령 버튼, 스핀 바 등이 있다. 이들을 UI 컨트롤이라 부른다.

UI 컨트롤은 그 의미와 의도에 맞게 사용하여야 한다. 예를 들면 나열된 항목 중 체크하게 하려 할 때 체크 박스와 라디오 버튼이 사용될 수 있다. 여러 가지 중복 체크를 가능하게 하려면 체크 박스가 좋으나 한 가지만 선택하게 한다면 라디오 버튼이 적합하다.

UI 컨트롤

- 메뉴바 – 화면의 맨 위에 메인 메뉴를 보여주는 부분이다. 어떤 소프트웨어 패키지는 사용자가 편집할 수 있는 메뉴바와 툴바를 제공한다. 메뉴 명령에 ALT 키와 문자 키의 조합으로 지름길을 지정할 수 있다. 자주 사용되는 명령에 대하여 아이콘과 버튼을 가진 툴바를 사용하기도 한다.
- 명령 버튼 – 사용자의 명령을 지시받으려 할 때 사용하는 '확인' 버튼이다. 또는 '취소' 버튼이 사용될 수도 있다. 예를 들면 양식을 인쇄하거나 도움말을 요청할 때 다이얼로그 박스가 열리면서 그 안에 명령 버튼이 들어 있다.
- 다이얼로그 박스 – 시스템이 수행할 작업에 대한 정보를 사용자에게 입력하게 한다. 주로 임시 화면이나 선택을 위한 옵션을 제시할 때, 오류 메시지나 주의 메시지를 띄울 때 사용한다.
- 텍스트 박스 – 메시지를 보여주거나 사용자가 데이터를 입력할 곳을 제공한다.
- 토글 버튼 – 버튼을 클릭하면 상태를 'on', 'off'로 변환시킨다.
- 리스트 박스 – 사용자가 선택할 수 있는 후보 리스트를 디스플레이 한다. 리스트가 박스에 맞지 않는다면 스크롤바를 제공하여 선택 가능한 아이템을 이동시킬 수 있게 한다. 스크롤이 있는 리스트 박스를 콤보 박스라 부른다.
- 드롭다운 리스트 박스 – 현재의 선택을 보여주고 사용자가 화살표를 클릭하면 가능한 선택 후보들을 펼쳐서 보여주는 리스트 박스
- 라디오 버튼 – 여러 가지 제시된 것 중 하나만을 선택할 때 사용한다. 사용자는 한 번에 하나의 후보만을 선택할 수 있고 선택된 것은 까만 점으로 표시된다.
- 체크 박스 – 그룹 중에 하나 이상의 후보를 선택할 때 사용한다. 선택된 옵션은 체

크박스 안에 X로 표시된다.

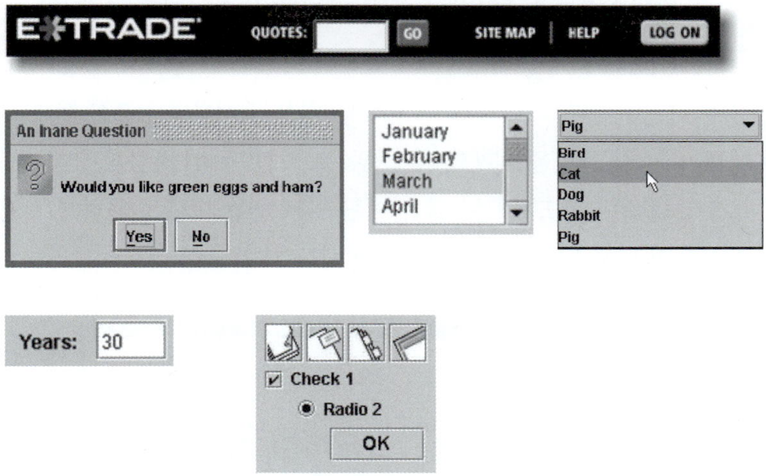

[그림 9.16] 여러 가지 UI 컨트롤

체크 박스와 라디오 버튼에 대하여 혼돈하여 사용하는 경우가 많다. 체크 박스는 다른 항목과 관련 없이 선택/거부를 표시하는 on/off 스위치이며 라디오 버튼은 여러 개의 선택 항목 중 하나의 선택만 가능한 경우 사용한다.

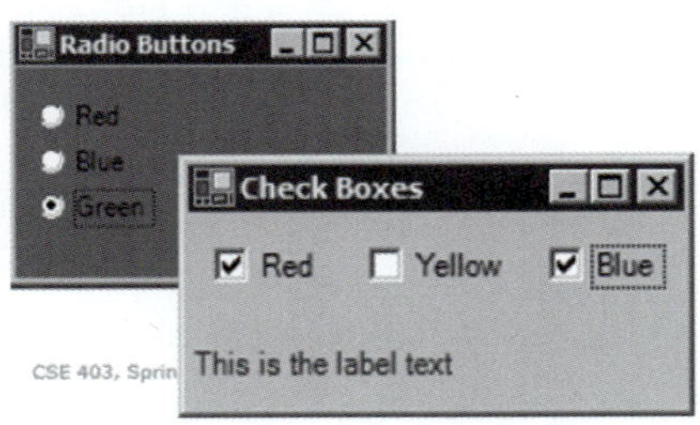

[그림 9.17] 체크 박스와 라디오 버튼의 사용

화면, 특히 다이얼로그 박스에 너무 많은 내용을 담는 경우는 여러 화면으로 나누어 표현하고 여러 화면 사이에 수시로 이동하게 하려면 탭 영역(tabbed pane)을 사용한다.

[그림 9.18] 탭 영역

화면 설계는 미적인 감각과 기술 능력이 동시에 필요하다. 화면은 매력적이며 사용하기 쉽고 작업하기 쉽게 설계하여야 한다. 또한 설계 과정에 조기에 자주 피드백 받아야 한다.

처음 화면은 특히 중요하다. 왜냐하면 애플리케이션을 소개하고 중요한 선택 사항 들을 보여주기 때문이다. 첫 화면을 설계할 때 스위치보드로 동작하는 메인 메뉴를 포함하게 한다. 스위치보드는 커맨드 버튼이나 아이콘 또는 메뉴 바를 이용하여 사용자가 시스템을 따라가게 하고 관련된 작업의 그룹을 선택하게 한다.

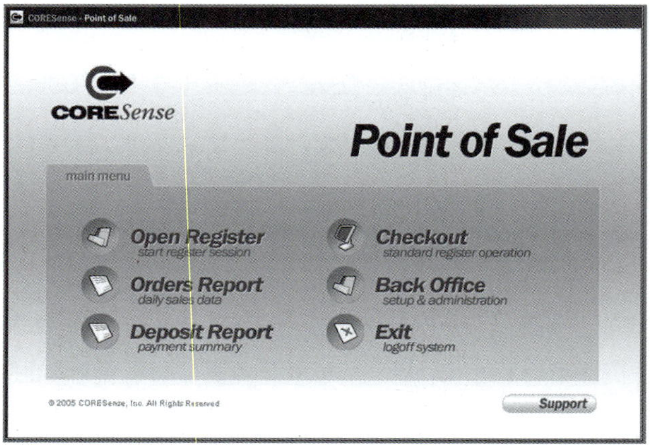

[그림 9.19] POS 시스템의 초기 화면 사례

UI 설계 사례

UI에 대한 설계를 다룰 때도 다른 설계와 마찬가지로 좋은 설계와 나쁜 설계를 비교하면 어떻게 설계 하여야 하는지 알 수 있다. 자료 입력을 위한 다음의 사례를 살펴보자. 그림 9.20에 있는 다이얼로그 박스는 몇 가지 문제를 포함하고 있다. Properties 항목에 대한 선택을 스크롤이 있는 콤보 박스로 만들어 제공하고 있는데 이러한 콤보 박스가 제대로 사용되려면 선택할 수 있는 여러 개의 아이템이 있어야 한다. 만일 Properties 항목이 20개 이상이 있다면 콤보 박스를 좀 더 크게 만들어 적어도 5 개 이상이 동시에 보일 수 있도록 하여야 한다. 그 아래 보이는 Data 항목은 옵션의 선택에 의하여 디스플레이 되는 부분으로 내용이 넘치지 않는다면 스크롤이 필요 없다.

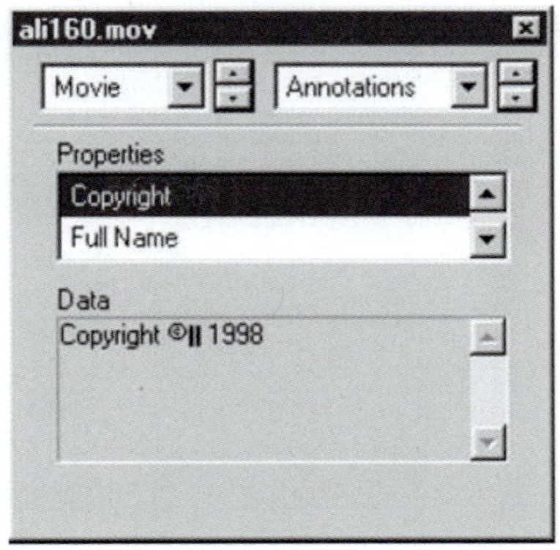

[그림 9.20] 잘못 설계된 다이얼로그 박스 사례

상장이나 증명서를 편집하고 인쇄할 수 있는 시스템의 인터페이스를 그림 9.21에 있는 것처럼 두 가지로 설계하였다. 왼쪽은 여러 종류를 수평 스크롤로 이동하게 하면서 볼 수 있게 되어 있고 오른쪽은 각 종류의 이름에 커서를 위치시켜서 그 사례를 볼 수 있게 하여 선택하게 한다. 오른쪽에 있는 설계안이 정확한 사례를 볼 수 있고 선택하게 한다는 측면에서 더 좋은 설계라 할 수 있다.

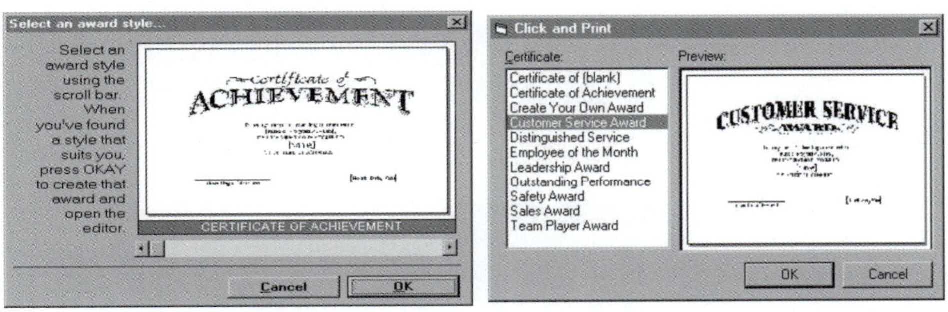

[그림 9.21] 상장, 증명서 인쇄 시스템의 UI 설계

그림 9.22에 있는 (a)는 탭을 과다하게 사용한 사례로 선택에 혼돈을 줄 수 있다. (b)는 선택을 위하여 왼쪽에 체크 박스를 제공하였지만 오른쪽의 항목들과 매칭하기 어려워 실수를 유발하기 쉽다. 스크롤이 있는 선택 박스, 즉 콤보 박스 형태로 가야 한다. (c)는 초기 매킨토시 컴퓨터에 실제 사용된 사례로 아이콘 중 디스크를 끌어 휴지통에 옮겨 놓으면 플로피 디스크가 배출되게 되어 있었다. 일반적인 상식으로는 파일의 내용을 지우는 것으로 상상할 수 있는데 아이콘의 설계에 문제가 있는 사례이다.

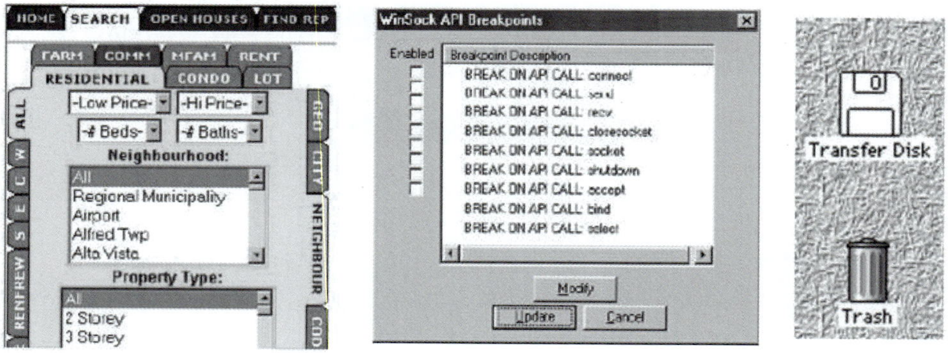

(a) (b) (c)

[그림 9.22] 세 가지 잘못 설계된 사례

오류 메시지는 UI 설계에서 중요함에도 불구하고 가장 신경을 적게 쓰는 부분이라 할 수 있다. 오류 메시지의 종류가 많고 사용자에게 노출되는 빈도가 적기 때문이다. 오류 메시지는 대부분 어떤 경고 또는 오류 사실을 팝업 창에 뿌려주고 이것을 읽은 후에 확인 버튼을 누르게 한다. 그림 9.23의 (a)과 같이 불필요한 키입력이 없도록 버튼으로 명령하게 하는 것이 좋다.

경우에 따라서는 그림 9.23 (b)와 (d)처럼 사용자의 의견에 따라 어떤 액션을 취하거나 취소하게 할 수도 있다. 이때 사용자의 의견의 가부를 정확히 표현할 수 있도록 버튼과 그 이름을 정해야 한다.

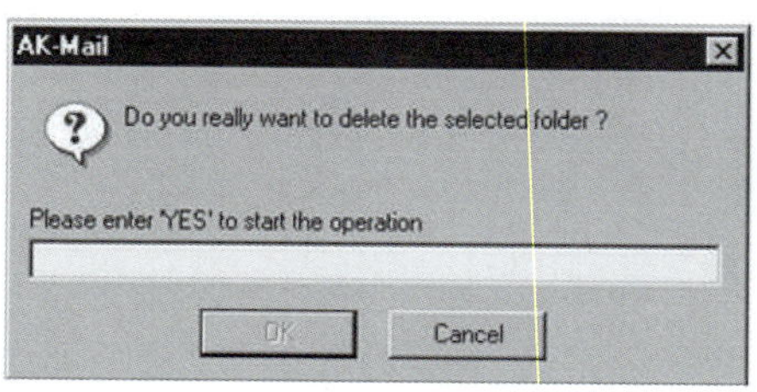

(a) 불필요한 타이핑 요구

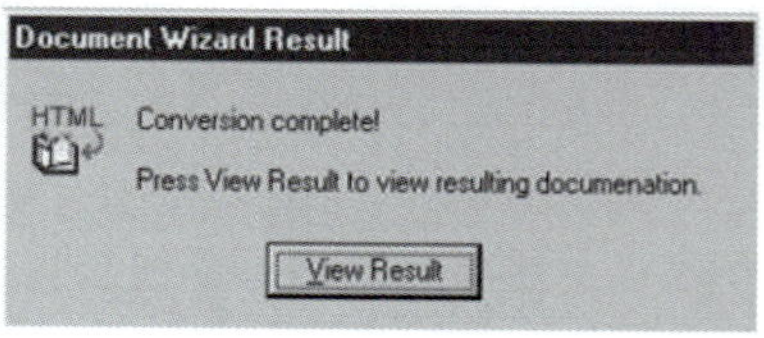

(b) 취소 버튼의 누락

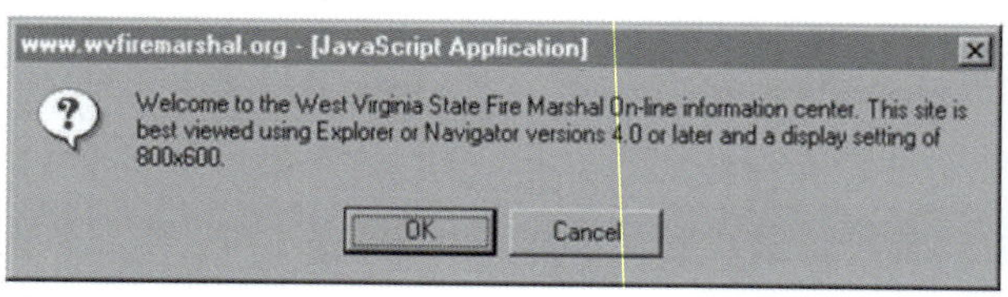

(c) 장황한 메시지

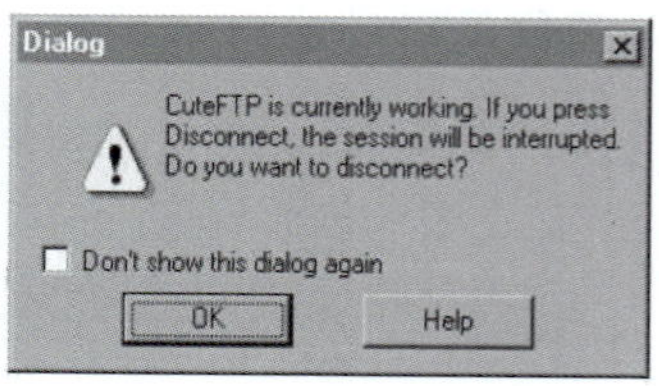

(d) 설명과 버튼의 이름 불일치

[그림 9.23] 잘못 설계된 오류 메시지의 사례

9.5 입력 설계

입력 기술은 최근 급격히 바뀌고 있다. 표 9.1에 정리한 것처럼 다양한 입력 장치들과 기술을 사용할 수 있다. 새로운 입력 기술을 도입하여 입력 과정을 가속화하고 비용을 줄이며 쉽게 입력하는 방법으로 바뀌고 있다. 펜으로 자유롭게 쓰거나 말하는 것으로 입력받는 첨단 기술을 이용한 형태로 자료를 입력받기도 한다.

정보 시스템에서 어떤 자료 입력 방법을 사용하던지 출력 품질은 입력 품질 만큼만 좋다. 많이 알려진 개념인 'Garbage in garbage out'은 결국 문제를 방지하는 가장 좋은 시점은 데이터 입력하는 단계라는 의미를 포함하고 있다. 입력 설계의 중요한 목적은 입력 자료의 품질과 정확성, 적시성을 확보하려는 것이다.

표 9.1 입력 장치 종류

입력 장치	그림	설 명
디지털 카메라		디지털 형식으로 사진을 기록하는 장치. 결과 이미지 파일이 컴퓨터로 저장, 디스플레이, 편집될 수 있음.
전자 화이트보드		화이트보드에 쓴 글자나 그림을 캡처하고 저장할 수 있는 장치
전자펜		펜으로 쓴 것을 컴퓨터가 처리할 수 있는 디지털 형식으로 바꿀 수 있는 디지털펜, 디지타이저 등.
키보드		키를 손가락으로 눌러 알파벳이나 한글 자모음을 입력할 수 있고 기능키를 눌러 컴퓨터를 제어하는 장치
마이크로폰		소리파를 저장 가능한 디지털 정보로 바꾸는 장치
마우스		콘트롤 버튼과 휠이 있어 화면에 커서를 위치시키고 화면을 스크롤 할 수 있게하는 유선 또는 무선 포인트 장치

RFID	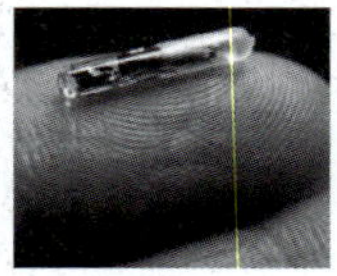	전파를 이용하여 원거리의 대상 객체를 추적하는 데 사용됨. 사람이나 물체의 움직임을 제어하는 데 사용된다.
비콘		근거리에 있는 스마트 기기를 자동으로 인식하여 필요한 데이터를 전송할 수 있는 무선 통신 장치. 블루투스 비콘(Bluetooth Beacon)이라고도 한다.
스캐너		인쇄된 바코드, 문자, 이미지를 읽어내는 장치. OCR(Optical Character Recognition)이 스캔된 내용을 디지털 정보로 바꿀 수 있다.
전화		음성메시지의 안내에 의하여 전화의 버튼을 누르게 하여 입력하게 하는 방법으로 은행, 쇼핑 주문 등에 사용한다.
터미널		스크린과 키보드를 가지고 있고 약간의 독립적인 처리가 가능한 단말기
터치스크린 터치 패드	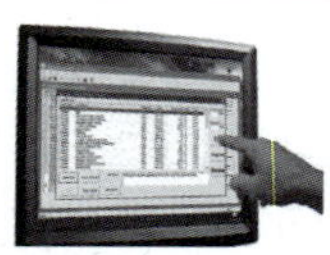	화면의 특정 부분을 터치하여 선택하는 센서가 달린 장치, 터치패드는 주로 노트북 컴퓨터에서 사용된다.
웹캠		개인용 컴퓨터에 부착시키는 화상 회의 및 화상 채팅용 카메라이다. USB, 이더넷, 와이파이 등을 통해 컴퓨터나 컴퓨터 네트워크로 실시간으로 이미지를 공급한다.

입력을 설계하는 과정에 자료를 어떻게 캡처하고 시스템에 입력되는지 결정한다. 자료 확보는 원천 자료를 찾아내기 위하여 자동이나 수동으로 장치를 가동하고 컴퓨터가 인식할 수 있는 형태로 변환된다. 데이터를 캡처하는 장치의 사례는 신용카드 단말기나 바코드 입력기 같은 것들이다. 데이터 입력은 자료를 키보드나 마우스 클릭을 이용하여 수동으로 시스템에 입력하는 것이다.

입력 설계는 다음과 같은 여섯 가지 목적이 있다.

- 적절한 입력과 자료 기입 방법의 선택
- 입력량 줄이기
- 자료 입력 화면이 관심을 끌도록 설계

- 입력 오류를 줄이기 위한 체크
- 필요한 문서의 설계
- 효과적인 입력 제어 개발

자료 입력 방법

입력 처리는 효율적이며 적시에 논리적이어야 한다. 시스템 분석가는 비즈니스 프로세스 기술을 적용하여 트랜잭션과 비즈니스 작업을 분석하여 언제 자료가 시스템에 들어와야 하는지 결정한다. 일괄 입력이냐 온라인이냐를 먼저 결정한다. 각 방법의 장단점은 다음과 같다.

- 일괄 입력 – 특정한 시각에 주기적으로 이루어지는 자료 입력 방법이다. 매일, 주마다, 월마다, 또는 더 긴 시간 간격으로 규칙적인 일정으로 입력된다. 예를 들어 급여 시스템은 주별로 근무 시간을 수집하기 위하여 타임카드를 입력한다면 이것이 일괄 입력이다. 또한 학교에서 기말에 성적을 입력한다면 이것도 일괄 입력에 해당된다.
- 온라인 입력 – 일괄 입력은 특정한 상황에 사용되지만 대부분의 비즈니스 업무에서는 온라인 자료 입력이 필요하다. 온라인 방법은 즉시 검증 가능하며 자료를 바로 사용가능하다는 장점이 있다. 온라인 입력 방법은 RFID나 자성 띠와 같은 입력 자료 자동 기입 장치가 혼합된 원시 자료 자동화 방법이 많이 사용되고 있다. 원시 자료 자동화 방식은 빠르고 정확하며 사람의 손이 가는 것을 최소화하고 있다.
  대부분의 대기업에서 원시 자료 자동화와 강력한 통신 네트워크를 사용하여 세계 여러 곳에서 이루어지는 작업을 관리하고 있다. 원시 자료 자동화에 대한 사례를 든다면 우선 바코드 스캐너와 자성 띠를 부착한 신용카드를 이용한 POS(Point of Sale)와 현금인출카드의 자성 띠를 읽는 현금자동 인출기를 들 수 있다. 또한 자성 띠를 부착한 ID 카드를 사용하여 정확한 작업 시간을 측정하여 생산 비용을 산정하는 생산 공정, 바코드를 환자의 손목에 부착하여 환자의 치료나 투약에 관한 정보를 수집하는 의료 시스템, 휴대용 바코드 스캐너를 사용하여 출고와 상품 정보의 갱신을 관리하는 도매상, 책에 광학 띠를 넣어서 스캐너로 읽어 대출과 반납을 관리하는 도서관 등이 있다.

온라인 입력은 장점이 많지만 단점도 가지고 있다. 예를 들어 원시 자료 자동화가 사용되지 않는다면 수작업 입력은 일괄 입력보다 매우 느리며 비용이 많이 든다. 그 이유는 트랜잭션이 발생하는 시점에 이루어지며 컴퓨터 사용 요구가 클 때 입력이 이루어지기 때문이다.

일괄 입력이냐 온라인 입력이냐를 결정하는 근거는 비즈니스 요구이다. 예를 들어 호텔 예약은 즉시 입력되어 처리되어야 한다. 하지만 호텔의 공실률 같은 자료는 일괄로 입력되어도 좋다. 케이블 TV의 요금 지불 같은 정보는 마감일에 주로 발생하므로 일괄 입력되어도 좋다.

입력량

입력량을 줄이려면 각 트랜잭션에 요구하는 데이터 아이템의 수를 줄여야 한다. 자료를 획득하고 기입하는 일은 노력과 시간이 필요하다. 따라서 입력 분량을 줄이면 불필요한 노동 비용을 줄일 수 있고 시스템으로 데이터를 더 빨리, 오류도 적게 투입할 수 있다. 다음은 입력 분량을 줄이기 위한 가이드라인이다.

1. 필요한 자료만 입력한다. 시스템에 의하여 필요한 것이 아니면 자료 항목을 입력하지 않는다. 예를 들어 주문 양식이 완성된 후에는 주문을 받은 직원의 이름을 포함하여야 할 수도 있다. 만일 시스템에서 이런 자료가 필요하지 않다면 사용자는 입력하지 않게 한다.
2. 사용자가 시스템에서 조회할 수 있거나 다른 자료로부터 계산할 수 있는 자료는 입력하지 않게 한다. 예를 들어 주문 시스템에서 주문을 입력할 때 주문 번호나 현재 날짜, 시각 등은 시스템에서 생성한다. 고객이 고유번호를 입력하면 시스템은 검증한다. 구매 항목과 수량을 입력하면 상품의 이름, 가격, 총액, 세금 등은 자동적으로 시스템에서 생성하게 한다.
3. 상수 자료를 입력하지 않는다. 같은 날짜에 일괄로 주문하는 것이라면 주문 날짜를 한 번만 입력하게 한다. 또한 주문을 온라인으로 입력한다면 주문 날짜가 자동으로 입력되도록 한다.
4. 코드를 사용하라. 자료 자체를 모두 입력하는 것보다 코드화하면 입력도 짧아지고 시간도 절약된다.

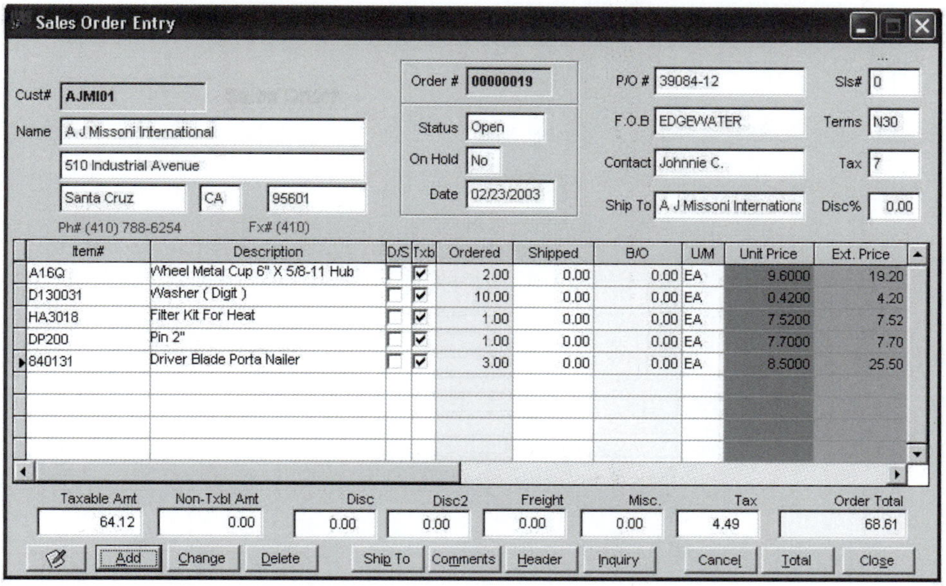

[그림 9.24] 고객 주문을 위한 자료입력 화면

자료 입력 화면의 설계

UI의 여러 가지 기능을 다 사용하는 사용자도 있지만 어떤 사용자는 대부분의 시간을 자료 입력에 보내는 경우도 있다. 이제 반복되는 자료 입력과 관련된 인터페이스 가이드라인과 개념에 대하여 알아보자.

온라인 자료 입력의 가장 효과적인 방법은 양식 채움 방법이다. 즉 원시 문서와 유사한 빈칸을 화면에서 채우는 방법이다. 사용자는 자료를 입력하고 다음 항목으로 옮겨간다. 쉽게 배울 수 있고 사용할 수 있는 자료 입력 화면을 만드는 데 도움이 되는 가이드라인을 제시한다.

1. **접근 제한** – 자료가 입력되는 화면 위치에 사용자의 접근을 제한하라. 예를 들면 그림 9.24와 같은 입력 양식에 화면에 나타났을 때 시스템은 첫 번째 자료 입력 항목에 커서를 위치시켜야 한다. 고객의 ID를 입력하고 나면 커서는 자동적으로 다음 항목으로 옮겨가야 한다. 커서는 자료가 양식에 입력된 후에만 옮겨갈 수 있다.

2. **해설 제공** – 모든 항목에 대하여 해설을 제공하여 사용자가 어디에 자료를 입력하여야 하고 요구하는 형식이나 최대 크기를 알 수 있게 한다. 일반적으로 화이트 박스

는 각 필드의 위치와 길이를 나타낸다. 항목의 위치를 표시하는 다른 방법은 밑줄, 특수 문자, 하이라이트 등이 있다.

3. **보기 예시** – 사용자가 어떤 항목에 특수한 형식으로 입력하여야 한다면 보기를 제시한다. 예를 들어 날짜 입력 양식을 알려주려면 MMDDYY와 같은 예시를 제공한다. 분리 기호를 입력하여 구별한다면 MM/DD/YY와 같이 예시할 수도 있다. 2009년 12월 4일을 입력할 때 12/04/07을 입력하게 된다.

4. **항목의 끝 표시** – 각 항목의 끝을 알리는 키 입력이 필요하다. 예를 들어 엔터키나 탭키를 누르면 항목의 입력이 끝났다는 것을 표시한다. 항목이 완전히 채워졌을 때 자동으로 다음 항목으로 옮겨가는 설계는 피해야 한다. 최대 크기보다 적은 데이터를 입력하였을 때만 끝을 알리는 키를 입력한다면 두 가지 다른 입력 방식 때문에 사용자에게 혼돈을 줄 수 있다.

5. **0으로 시작하는 수** – 숫자 항목에서 첫 자리에 0을 입력할 필요가 없다. 예를 들면 세 자리 프로젝트 번호가 045라면 45만 입력할 수 있게 한다. 그러나 날짜를 입력하는 경우 한 자리 달이나 월을 입력할 때는 예를 들어 06-03-2009와 같이 0을 입력하게 한다.

6. **소수점 아래의 수** – 소수점 이하의 값을 포함한 숫자 입력에서 짤린 0은 입력하지 않아도 되도록 한다. 예를 들어 98을 입력하면 시스템이 98.00으로 인식하여 두 개의 0을 채워준다. 또한 소수점 이하의 값이 0이 아닌 경우 소수점을 입력하게 한다.

7. **기본 설정값** – 기본 설정값을 보여주고 엔터키만 누르면 값이 입력되도록 한다. 다른 값을 입력하면 기본 설정값은 자동적으로 사라지고 변경된다. 어떤 필드가 연속되어 입력하는 레코드에서 고정된 값을 가지면 설정값으로 사용한다. 예를 들어 레코드가 날짜순으로 입력된다면 첫 트랜잭션에서 사용하는 날짜를 기본 설정값으로 사용한다. 다른 날짜가 최초로 나올 때 디폴트가 바뀌게 한다.

8. **콤보 박스 이용** – 항목에 허용되는 값을 나열하고 허용되지 않는 값을 입력하면 오류 메시지를 제공한다. 더 좋은 방법은 UI 요소에서 설명한 것처럼 드롭다운 리스트 박스, 즉 콤보 박스를 사용하여 허용하는 값의 리스트를 보여주고 사용자가 클릭하여 선택하도록 하는 방법이다.

9. **입력 중단과 취소** – 입력 양식 화면에서 현재 레코드에 입력하다가 일정한 시간 그대로 둘 수 있게 한다. 또한 사용자에게 융통성을 제공하기 위하여 여러 기능을 만들 수도 있다. 예를 들면 현재 입력 중인 주문을 취소하게 할 수도 있고 커서를 양식의 맨 처음 항목으로 옮겨 다시 입력하게 할 수도 있게 한다.

10 **저장 전 확인** – '이 레코드를 추가할까요?(Y/N)'라는 메시지를 띄워 입력한 자료의 정확성을 확인할 기회를 제공한다. 긍정하는 응답에는 레코드를 추가하고 입력 필드를 지우고 첫 항목에 커서를 위치시킨다. 부정하는 응답에는 현재 레코드를 추가하지 않고 사용자가 오류를 바로잡을 수 있게 한다.

11. **필드의 이동** – 양식 안의 각 필드를 정해진 순서로 옮겨갈 수 있게 한다. 예를 들면 사용자가 양식을 열면 커서를 자동으로 첫 항목에 위치시키고 사용자가 입력하면 확인시킨 후 다음 항목으로 넘어가게 한다. GUI에서는 사용자가 마우스나 화살표 키를 이용하여 원하는 항목으로 이동할 수 있게 한다.

12. **레이아웃** – 원시 문서 양식과 동일한 레이아웃으로 화면을 구성한다. 원시 문서 항목이 왼쪽 위부터 시작된다면 입력 화면도 같은 방식으로 설계한다.

13. **레코드의 추가, 변경, 삭제, 조회** – 주문을 입력만 가능하게 하지 말고 항목을 찾거나 고객을 찾을 수도 있게 화면을 설계한다. 고객의 고유번호를 입력하면 주문 양식이 화면에 나와 각 항목의 입력된 값들을 보여준다. 사용자는 여기에서 수정하여 주문을 할 수도 있고 주문 없이 취소할 수도 있다. 이때 '수정을 반영하겠습니까?(Y/N)' 또는 '이 레코드를 삭제하겠습니까?(Y/N)'라는 메시지를 띄워 사용자에게 확인받는다. 엔터키를 잘못 눌렀을 때 문제를 피하기 위하여 디폴트 답변을 N으로 한다.

입력 오류

입력 오류를 줄이면 자료의 품질을 높일 수 있다. 입력 오류를 줄이는 방법은 불필요한 자료의 입력을 없애는 것이다. 예를 들면 사용자가 고객 이름을 키보드로 치지 않고 고객 ID에 의하여 자동으로 입력된다면 오류가 없을 것이다. 마찬가지로 상품 가격도 손으로 입력하지 않고 마스터 파일에서 자동으로 입력하여 온다면 예전 가격을 입력하는 경우는 없을 것이다.

오류 입력에 대하여 가장 좋은 방법은 저장되기 전에 데이터 검증 과정을 통하여 오류를 바로잡는 것이다. 데이터 적합성 검사는 자료의 조건을 체크하여 오류를 배제함으로써 데이터의 품질을 높인다. 입력 도중에 검사할 수 있는 여덟 가지 사항은 다음과 같다.

1. **순서 체크** – 데이터가 일정한 순서로 입력되어야 할 때 사용한다. 사용자가 입력할 때 고유 번호의 순서가 뒤바뀌거나 시간 순서에 따라 트랜잭션이 입력되어야 하는데 순서가 틀리면 오류로 표시한다.

2. **존재 체크** – 의무 입력항목에 사용한다. 예를 들면 사원 정보에 주민번호가 필요하다면 존재를 체크하여 정상적인 주민번호가 입력되기 전에는 레코드를 저장할 수 없도록 한다.

3. **데이터 타입 체크** – 데이터 아이템이 요구된 자료 타입에 맞는지 체크한다. 예를 들면 숫자 필드에는 수나 기본 수식만 가질 수 있고 문자 필드는 문자만 입력할 수 있다.

4. **범위 체크** – 입력된 값이 최소, 최댓값 안에 있는지 검증한다. 예를 들어 시간값이라면 0부터 24 사이에 있어야 한다. 최소나 최대 한 가지만을 체크하는 것을 한계값(limit) 체크라 부른다. 예를 들면 지불 금액이 0 이상이라면 최솟값에 대한 한계 체크만 하면 된다.

5. **유효성 체크** – 특정 값을 가져야 하는 데이터에 대하여 사용한다. 예를 들면 창고 관리 시스템에서 20개의 유효한 상품 그룹이 있다고 할 때 그 안에 하나와 매치되지 않는 상품이 입력된다면 검사에 통과되지 않는다. 입력된 값이 다른 값을 지칭하고 있다면 여기에는 참조 무결성 체크가 필요하다. 다른 형태의 검사로 새로운 고객 번호가 현재 고객 마스터 파일에 저장된 번호와 일치하지 않는 새로운 번호인지 체크하는 것도 필요하다.

6. **조합 체크** – 두 개 이상의 항목에 대하여 일관성, 타당성을 체크한다. 조합 체크하는 모든 항목이 개별적으로 체크되었더라도 조합하면 일관성이나 타당성이 없을 수 있다. 예를 들어 100개 이상을 구매하여야 할인이 적용되나 30개가 주문 수량으로 입력되어 할인을 요구할 경우 오류일 수 있다.

7. **일괄 입력 제어** – 일괄 입력 검증에 사용되는 총합을 말한다. 일괄 입력할 때 레코드 개수나 숫자 필드의 총합과 같은 자료값을 체크한다. 예를 들어 주문을 일괄 입

력하기 전에 사용자는 주문 전체 개수를 계산하거나 주문 수량의 총합을 계산할 수도 있다. 주문을 일괄 입력할 때 주문 시스템은 동일한 총합을 두 번 계산한다. 시스템 총합이 입력 총합과 일치하지 않으면 자료 입력에 오류가 있었음을 의미한다. 유효성 체크와는 다르게 특정한 오류를 찾는 것은 아니다. 단지 주문 총 수량이 맞는지 체크함으로써 일괄적으로 입력되는 도중에 오류나 입력되지 않는 것이 없는지 점검하는 것이다. 일괄 입력 제어 총합은 일명 해시 총합(hash total)이라고도 부르는데 그 이유는 의미 있는 숫자가 아니라 비교 목적이기 때문이다.

원시 문서

원시 문서는 입력 자료를 요청하고 모으는 데 사용하는 양식이다. 이것으로 입력 작업을 구동시키고 승인하며 처리를 위한 레코드를 제공한다. 입력 설계 과정에 채워 넣기 쉽고 경제적인 원시 문서를 개발하여야 한다.

잘못 설계된 양식을 채워 넣기 어려워 낭비하는 시간을 생각해 보라. 충분하지 않은 입력칸, 혼돈되는 설명, 빈약한 구성, 틀린 양식 레이아웃 등을 접하게 된다. 좋은 양식은 사용자가 채워 넣기 쉽고 충분한 빈칸을 제공한다. 양식은 자료 입력 위치를 밑줄이나 박스 또는 설명 캡션을 이용하여 표시하여야 한다.

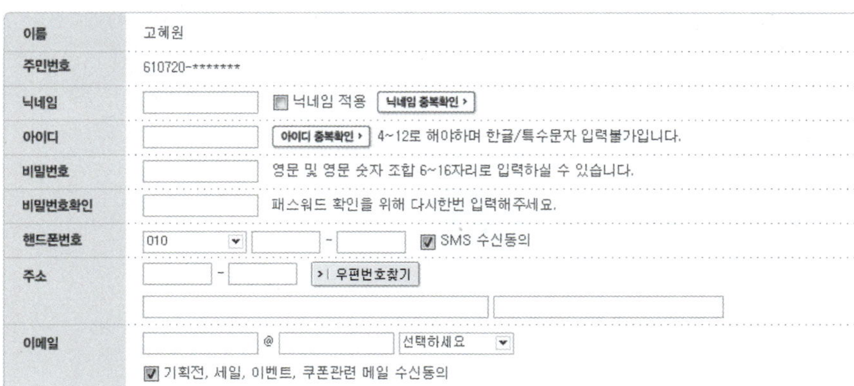

[그림 9.25] 원시 문서의 캡션 사례

양식에 포함되는 정보의 위치가 중요하다. 원시 문서는 그림 9.26과 같은 전형적인 위치가 있다. 제목 영역은 대체로 회사의 이름이나 로고 양식의 제목과 번호를 포함하고 있다. 제어 영역은 완성된 양식을 저장하는 데 사용되는 코드, 인식 정보, 번호, 날짜를 포함한다. 설명 영역은 양식을 완성하기 위한 설명을 포함한다. 본문 영역은 양식의 핵심 내용을 담고 있는 곳으로 양식의 절반 이상을 차지하고 있고 다양한 데이터를 입력하기 위한 영역과 설명을 포함한다. 총합을 양식에 포함한다면 총합 영역에 나타낸다. 승인 영역은 확인이나 사인을 요구할 때 사용한다.

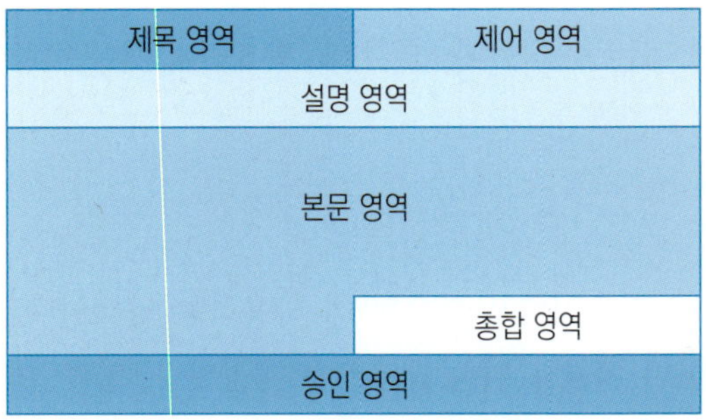

[그림 9.26] 원시 문서 구역

모든 정보는 양식의 왼쪽에서 오른쪽으로 위에서 아래로 흘러가야 보통 문서에서 읽는 순서와 동일하여 자연스럽다. 레이아웃을 이렇게 하면 양식을 채우거나 시스템에 데이터를 입력하는 개인이 사용하기 쉽게 된다.

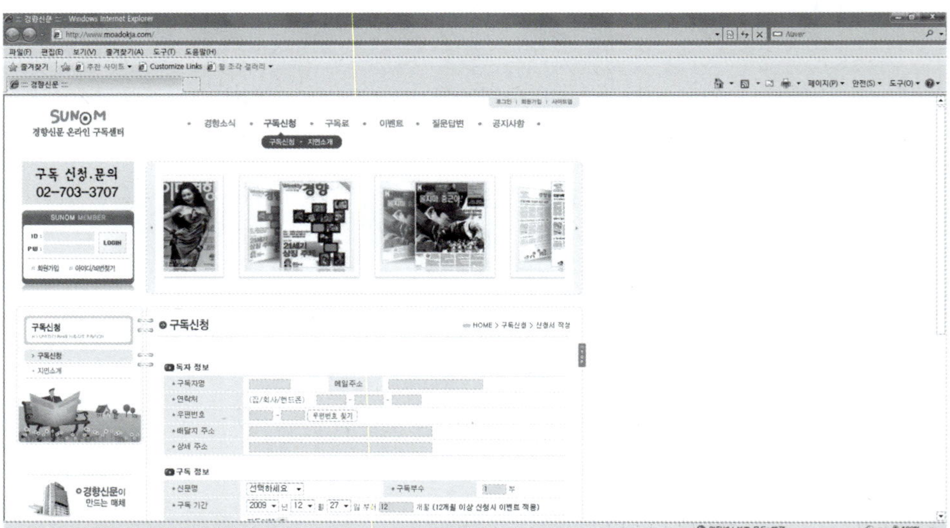

[그림 9.27] 입력 양식

레이아웃과 설계는 웹 기반 양식에서도 매우 중요하다. 그림 9.27의 온라인 구독 신청 양식에서도 드롭다운 리스트 박스를 이용하여 입력을 쉽게 돕고 있다.

입력 제어

입력 제어는 입력 자료가 정확하고 완전하며 안전한지 확신하기 위하여 필요한 측정을 의미한다. 원시 문서를 가지고 입력을 설계하는 초기 과정에 데이터의 정확성과 품질을 높이기 위하여 입력 제어에 초점을 두어야 한다. 일괄 입력 방식이 사용되면 입력된 데이터를 인식하고 문서화하기 위하여 입력 로그 파일을 생성할 수 있다.

정보의 모든 조각들은 데이터를 생성한 원시 자료까지 추적할 수 있어야 한다. 즉 감사 경로(audit trail)를 제공하여 각 데이터 항목의 원시 자료와 시스템에 언제 입력되었는지 기록한다. 원시 자료를 기록하는 것 이외에도 감사 경로는 자료가 언제 어떻게 접근되고 변경되었는지 보여주어야 한다. 모든 동작은 감사 경로 파일에 기록하고 조심스럽게 모니터한다.

기업은 자료가 시스템에 입력되기 전에 분실되는 것을 막기 위해 원시 문서를 다루는 절차를 확립하여야 한다. 외부에서 유입되는 모든 원시 문서는 받은 시간을 기록하여야 한다. 원시 문서가 부서 사이에 오갈 때도 모든 수발이 기록되어야 한다.

데이터의 보안 정책과 절차가 자료를 잃거나 손상되는 것을 막는다. 안전장치가 100 퍼센트 효과적이지 않다면 자료 복구 유틸리티가 잃어버린 자료나 손상된 자료를 복구할 수 있어야 한다. 한번 데이터가 입력되면 기업은 원시 문서를 정해진 기간 동안 안전한 장소에 보관한다. 기업은 모든 법적 요구와 영업 요구를 만족시키기 위하여 기록 보관 정책을 가지고 있다.

감사 경로 파일과 보고서는 안전하게 보관되어야 한다. 자료 파일이 손상되었을 때 잃어버린 자료를 다시 구축할 수 있는 정보를 사용할 수 있다. 데이터 보안은 승인되지 않은 접근으로부터 데이터를 보호하는 것이다. 시스템 로그인 절차는 승인되지 않은 사용자가 시스템에 들어가는 것을 막아야 한다. 여러 가지 접근 수준을 두는 것도 좋은 방법이다. 예를 들어 자료 입력 요원은 신용 한도를 볼 수만 있고 바꿀 수는 없다. 민감한 데이터는 암호화하거나 코드화하여 디코딩 소프트웨어가 있어야 사용자가 볼 수 있게 만든다.

Box 9.3 | 웹 사이트의 사용성 문제

최근 인터넷 쇼핑몰의 사용과 매출이 늘어나면서 웹 사이트를 사용하기 쉽고 잘 꾸미는 것이 얼마나 중요한가를 실감하게 되었다. 잘못된 내비게이션으로 사용에 혼돈을 준다거나 번쩍이는 화면으로 혐오감을 준다거나 읽기가 어려운 글자로 도배되어 있다면 사용자가 그 사이트를 다시 찾기 어려울 것이다.

- 웹 사이트도 UI가 중요한데 설계에서는 크게 다음과 같은 네 가지의 주요한 부분이 있다.
- 내용 – 첫 부분에 중요한 내용이 담겨야 하고 제목에 특징이 잘 표현되어야 한다. 또한 검색엔진이 인덱싱하기 쉽도록 HTML, 제목, 메타 태그, 페이지 텍스트, 링크 텍스트 등이 잘 정의되어야 한다.
- 링크 – 어디로 가는지 알려지지 않은 링크나 'Click here for more info...'와 같은 표현은 피한다. 방문한 링크는 구별되도록 하고 쓸데없이 복잡한 Javascript로 오픈되는 링크는 피해야 한다.
- 기능 – 사이트 맵이나 내비게이션할 수 있는 기능을 충분히 두고 웹 페이지가 어느 정도 규모 이상이 된다면 웹 검색 기능을 포함하는 것이 좋다. 비표준 플러그인이나 브라우저 기능에 의존하는 것은 피한다.
- 접근성 – 텍스트가 너무 적거나 클릭하기 힘든 작은 링크는 피하여야 한다. 또한 이미지를 대신할 텍스트가 없다면 이미지 다운이 실패되었을 때 문제가 된다.

9.6 출력 설계

입력출력을 설계하기 전 다음과 같은 물음을 던져보아야 한다.

- 출력의 목적은 무엇인가?
- 누가 정보를 원하며 왜 필요한가? 어떻게 사용할 것인가?
- 어떤 특정 정보가 포함되어야 하는가?
- 출력 정보를 인쇄할 것인가, 스크린에 뿌릴 것인가? 출력에 어떤 종류의 장치를 사용할 것인가?
- 언제 정보를 제공할 것이며 얼마나 자주 갱신할 것인가?
- 보안이나 비밀 관련 쟁점이 있는가?

설계 과정은 이러한 질문에 답하기 전에 시작할 수 없다. 어떤 정보는 시스템 분석 과정에 취합하여야 한다. 이해를 완벽하게 하기 위하여 사용자와 만나 어떤 종류의 출력이 필요한지 정확히 알아내야 한다. 설계 과정에 피드백을 얻기 위하여 프로토타입을 사용할 수도 있다. 질문의 답이 출력 설계의 의사결정에 영향을 줄 수 있다.

출력의 종류

비즈니스 정보 시스템은 출력을 대부분 스크린에 디스플레이하거나 인쇄한다. 하지만 기술이 발전되면서 사람들이 정보를 얻고 교환하는 방법에 영향을 많이 주고 있다. 이러한 추세는 비용을 줄이고 노동 생산성을 높이며 고객과 효과적으로 의사교환하려는 IT 기업에게는 특히 중요하다.

스크린 출력과 인쇄물 이외에도 출력은 여러 가지가 있다. 시스템 요구서에는 사용자의 출력물 요구가 파악되어 있다. 시스템 설계 단계에는 실제 양식, 문서, 기타 다른 출력물을 생성한다. 이 과정에 형식과 어떻게 배포하고 저장하고 검색할 것인지 고려하여야 한다. 출력물에는 다음과 같이 종류가 있고 다양한 기술이 사용된다.

웹 기반 출력 – 대부분의 회사가 인터넷을 새로운 고객과 시장이 만나는 도구로 사용하고 있다. 인터넷을 이용한 상거래가 확산되면서 웹 설계는 고객으로부터 입력받고 출력하는 친근한 스크린 인터페이스를 제공하여야 한다. 예를 들면 창고 시스템이 웹 사이트에 연결되어 수행 결과가 온라인 카달로그에 디스플레이 되어야 한다. 사이트에 접근한 고객은 항목을 리뷰하고 현재 가격을 알 수 있고 제품을 살 수 있는지 체크할 수 있다.

웹 기반 출력의 또 다른 사례는 제품이나 기술에 대한 질문에 맞춤형 대답을 제공하는 것이다. 사용자가 질문하거나 기술적 지원을 요청하였을 때 시스템이 제공한 지식을 바탕으로 알맞은 지식으로 반응한다. 브로드밴드 인터넷 사용자에게는 필요한 정보가 담겨 있는 파일을 다운하게 할 수도 있다. 예를 들어 브로슈어나 제품 사용 설명서, 부품 리스트 등을 접근하게 할 수도 있고 구매자에게 할부, 보험 등의 견적을 즉석으로 제공할 수도 있다.

- 이메일 – 이메일은 기업 안팎의 의사 교환을 위한 기본적인 수단이다. 직원들은 이메일을 근거리망 또는 인터넷을 포함한 광역망을 통하여 주고받는다. 기업은 새로운 제품 정보를 고객에게 이메일로 보내며 금융 서비스 회사는 이메일을 이용하여 온라인 증권거래의 확인을 받기도 한다. 직원들은 이메일을 사용하여 문서와 데이터, 일정을 주고받으며 업무 수행에 필요한 비즈니스 관련 정보를 공유한다. 대부분의 회사에서 이메일은 과거 메모나 인쇄물을 대치하여 왔다.
- 메신저 – 개인과 회사가 인터넷을 통하여 효과적으로 통신하기 위한 또 다른 방법

이다. 일부는 산만하다고 느끼지만 의사소통의 흐름을 계속 열어놓아 팀 사이에 협업을 효과적으로 할 수 있다.

- 무선 전화 메시지 – PDA나 휴대폰 등의 모발 장치에 메시지나 데이터를 전송할 수 있다. 간단하지만 긴급하고 중요한 정보를 보낼 때 문자 메시지를 이용한다.
- 디지털 오디오, 이미지, 비디오 – 사운드, 이미지, 비디오 조각을 캡처하여 디지털 형식으로 저장하고 이를 사용자에게 출력, 전송하여 재가공할 수 있게 한다. 오디오 출력은 이메일 메시지에 첨부될 수 있고 워드프로세서의 문서에 오디오 클립으로 삽입될 수도 있다.

  많은 기업에서 음성 신호를 처리하고 고객에게 정보를 줄 수 있는 자동 응답 시스템을 사용하고 있다. 예를 들면 전화기 버튼을 이용하여 고객이 항공 좌석 배정을 확약하고 신용카드 잔고를 확인하며 펀드의 현재 가격을 결정한다.

  그림 하나가 천 단어의 말보다 더 잘 전달할 수 있다면 디지털 이미지와 비디오 클립은 새로운 차원의 출력 타입이다. 예를 들면 보험 심사원이 디지털 카메라폰으로 사진을 찍어 이미지를 무선기기로 전송하고 그 자리에서 보험금을 지불하는 승인을 받게 하는 것이다. 이미지가 가치 있는 출력 형태라면 비디오 클립은 더 좋은 형태이다. 예를 들어 아파트 분양에 비디오 클립을 제공하여 사용자가 집의 구조를 줌인, 아웃하게 하면 마케팅 측면에서 집의 좋은 점들을 잘 보여줄 수 있다.

- 기타 출력 타입 – 다양한 시장 환경은 다음과 같은 특수 출력 양식을 요구한다.
  - POS(Point of Sale) 터미널은 컴퓨터 기반 신용 카드 거래를 처리하며 영수증을 발행하고 창고 관련 기록을 갱신한다.
  - 은행 거래를 처리하고 입출금 영수증을 발행하는 현금자동 인출기(Automatic Teller Machine)
  - 레이블, 사원 ID 카드, 운전면허증, 각 종 티켓을 발행하는 프린터
  - 청사진, 지도, 회로도 등의 고밀도 이미지를 인쇄하는 플로터
  - 사원 ID 카드에 탑재될 디지털 정보
  - 디지털 출력을 보여줄 수 있는 MP3 플레이어나 DVD 플레이어와 같은 프로그램 가능한 장치

인쇄 및 화면 출력

대부분의 기업은 인쇄된 종이 보고서의 회람을 줄이기 위한 노력에도 불구하고 출력물

을 완전히 없앤 경우는 드물다. 인쇄물이 휴대하기 편하며 컴퓨터가 없는 경우 필요하기 때문이다. 대부분의 사용자들은 화면 출력이 보기 편하며 회의나 논의가 필요할 때는 자료를 인쇄한다. 인쇄된 출력은 나중에 같은 시스템, 혹은 다른 시스템에 입력될 문서가 되는 데 이를 전환 문서(turnaround document)라 부른다. 예를 들면 고지서에 포함된 지로 용지 같은 것들이다. 지로 용지에 기입된 정보들이 회계 시스템에 다시 입력되어 납입 사실을 저장한다.

보고서 출력

보고서는 인쇄된 것이든 화면에 뿌려진 것이든 멋있고 이해하기 쉬워야 한다. 시스템 분석가는 관리자들이 받은 보고서의 품질로 전체 프로젝트를 판단할 수도 있다는 사실을 알아야 한다.

보고서는 사용자가 필요한 정보를 담고 있어야 한다. 사용자의 관점으로 볼만한 정보가 없는 보고서는 가치가 없다. 너무 많은 정보는 보고서를 혼란스럽게 하고 이해하기 어렵게 한다. 보고서를 설계할 때 기본적 목표는 사용자의 고유한 정보 요구에 맞는 보고서를 만들어야 한다. 업무의 성격에 따라 요구하는 것이 다른, 다음과 같은 종류의 보고서가 필요하다.

- 상세 보고서 – 상세 보고서(detail report)는 보관하고 있는 레코드에 대하여 여러 줄의 출력물을 생성한다. 인쇄된 각 줄은 상세 라인이라 부른다. 그림 9.28에 있는 것이 할인점의 직원 근무 시간을 나타낸 것이다. 한 줄에 직원 하나씩 출력되어 있고 한 레코드에 있는 모든 필드가 인쇄될 필요도 없고 레코드로 기록된 순서에 따라 인쇄될 필요도 없다.
  잘 설계된 상세 보고서는 숫자 필드에 총합을 제공한다. 그림 9.28에 있는 형식은 총합이 누락되어 있으나 그림 9.29은 중간 합과 총합이 추가되어 있다. 여기서 점포명 필드를 제어 필드라 부른다.

직원 근무 시간 1쪽
마감 날짜: 2009. 6. 22

점포명	직원 이름	직위	정규 근무 시간	초과 근무 시간	총 근무 시간
양재점	김동욱	직원	20.0	0.0	20.0
양재점	이현식	직원	12.5	0.0	12.5
양재점	최지현	부팀장	40.0	5.5	45.5
양재점	홍길동	직원	32.7	0.0	32.7
일산점	고동석	직원	20.0	0.0	20.0
일산점	박찬종	팀장	40.0	10.0	50.0
일산점	변창일	직원	40.0	12.0	52.0
목동점	김현영	부팀장	40.0	1.5	41.5
목동점	노재현	직원	32.0	0.0	32.0
목동점	이재욱	직원	4.8	0.0	4.8

[그림 9.28] 직원 근무 시간 상세 보고서

직원 근무 시간 1쪽
마감 날짜: 2009. 6. 22

점포명	직원 이름	직위	정규 근무 시간	초과 근무 시간	총 근무 시간
양재점	김동욱	직원	20.0	0.0	20.0
양재점	이현식	직원	12.5	0.0	12.5
양재점	최지현	부팀장	40.0	5.5	45.5
양재점	홍길동	직원	32.7	0.0	32.7
			중간 합 105.2	5.5	110.7
일산점	고동석	직원	20.0	0.0	20.0
일산점	박찬종	팀장	40.0	10.0	50.0
일산점	변창일	직원	40.0	12.0	52.0
			중간 합 100.0	22.0	122.0
목동점	김현영	부팀장	40.0	1.5	41.5
목동점	노재현	직원	32.0	0.0	32.0
목동점	이재욱	직원	4.8	0.0	4.8
			중간 합 76.8	1.5	78.3
			총합 282.0	29.0	311.0

[그림 9.29] 각 점포별 분리 인쇄한 직원 근무 상세 보고서

- 예외 보고서 – 예외 보고서(exception report)란 특정한 조건을 만족하는 레코드만을 인쇄한 것이다. 예외 보고서는 사용자가 어떤 조치를 취할 필요가 있는 레코

드만을 보고 싶고 나머지 자세한 것은 알 필요가 없을 때 유용하다. 예를 들면 신용 관리자가 연체료가 있는 고객을 알아내려 할 때 또는 고객 서비스 관리자가 어느 기간 내에 배달되지 않은 패키지를 찾으려고 할 때 예외 보고서를 사용한다. 그림 9.30은 초과 근무한 직원만을 포함하는 예외 보고서이다.

초과 근무 보고서 1쪽

마감 날짜: 2009. 6. 22

점포명	직원 이름	직위	정규 근무 시간	초과 근무 시간	총 근무 시간
양재점	최지현	부팀장	40.0	5.5	45.5
양재점	홍길동	직원	32.7	0.0	32.7
			중간 합 72.7	5.5	77.7
일산점	박찬종	팀장	40.0	10.0	50.0
일산점	변창일	직원	40.0	12.0	52.0
			중간 합 80.0	22.0	102.0
목동점	김현영	부팀장	40.0	1.5	41.5
			중간 합 40.0	1.5	41.5
			총합 192.7	28.0	220.7

[그림 9.30] 초과 근무한 직원의 예외 보고서

- 요약 보고서 – 고위 관리자는 총합을 보기를 원하며 자세한 사항이 필요하지 않다. 예를 들면 영업 관리자는 각 영업 사원들의 총 매출을 알기 원하지 모든 판매에 대한 자세한 사항을 원하지 않는다. 이런 경우 요약 보고서가 적당하다. 마찬가지로 인사 담당자는 각 매장에서 직원이 작업한 정규 근무 시간과 초과 근무시간을 알기 원한다. 따라서 그림 9.31에 있는 것처럼 요약 보고서가 인사 담당자에게는 적합하다.

	초과 근무 요약 보고서 마감 날짜: 2009. 6. 22		1쪽
점포명	정규 근무 시간	초과 근무 시간	총 근무 시간
양재점	72.7	5.5	77.7
일산점	80.0	22.0	102.0
목동점	40.0	1.5	41.5
	총합 192.7	28.0	220.7

[그림 9.31] 요약 보고서

보고서 설계 원리

인쇄된 보고서는 미적으로 아름답고 전문적이어야 하며 무엇보다 읽기 쉬워야 한다. 보고서를 잘 설계하려면 다른 UI와 같이 자세히 만들기 위하여 노력과 주의를 기울여야 한다. 분석가는 좋은 보고를 설계하기 위하여 보고서 머리말, 꼬리말, 열 제목과 정렬, 열 간격, 항목 순서, 그루핑 등의 사항을 고려하여야 한다.

- 보고서 – 머리말과 꼬리말 모든 보고서는 보고서 머리말과 꼬리말이 있어야 한다. 보고서 머리말은 보고서의 시작 부분에 위치하여 다른 것과 구별되기 위한 것이며 제목, 날짜 등의 필요한 정보가 포함되어 있다. 보고서 꼬리말은 숫자 필드의 총합이나 보고서의 끝에 나와야 할 정보가 포함된다.
- 페이지 – 머리말과 꼬리말 각 페이지에는 페이지 머리말과 자료를 식별할 수 있는 열 제목을 포함하여야 한다. 머리말은 간결하지만 잘 설명하여야 한다. 사용자가 잘 이해하지 못하는 약자의 사용은 피한다. 그림 9.32와 같이 일반적으로 머리말에는 보고서의 제목을 나타내고 꼬리말에는 페이지 번호를 넣어야 한다.

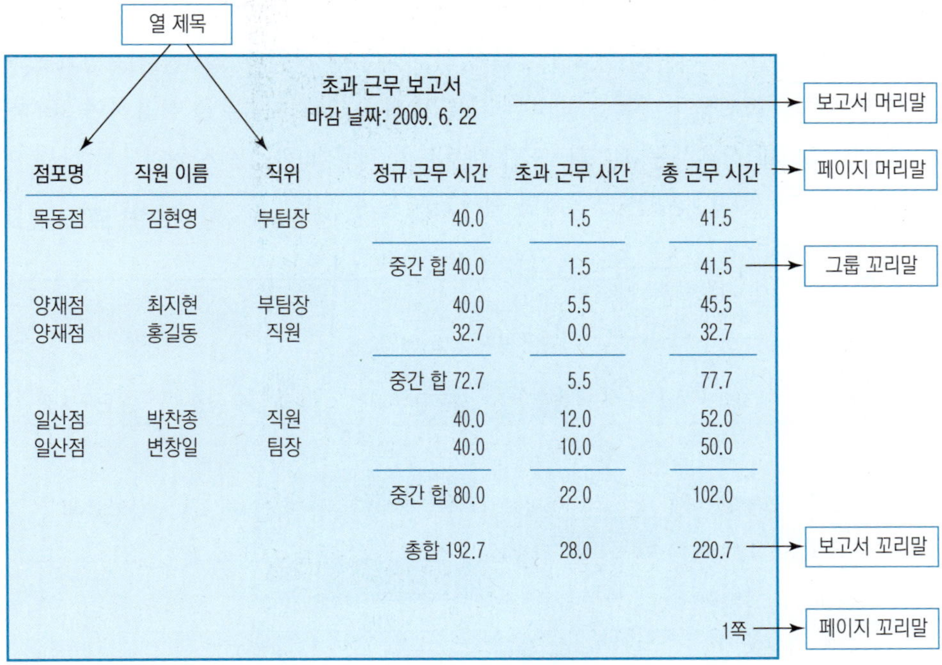

[그림 9.32] 머리말과 꼬리말

- 항목의 순서 – 항목은 논리적인 순서로 디스플레이하고 그루핑 되어야 한다. 그림 9.32에 있는 것처럼 자세한 정보를 가진 행들을 점포, 직원 성명의 가나다순으로 정렬하여 표시한다. 직위는 직원이 이름과 관련이 깊은 항목이므로 인접시킨다.
- 그루핑 – 상세한 정보들을 제어 필드를 기초로 묶어 정렬하는 것이 좋다. 예를 들어 부서 이름을 제어 필드로 하여 각 직원들을 그루핑하면 부서 별로 구별하기가 좋다. 자세한 레코드 정보를 인쇄하기 전에 그룹 머리말을 인쇄하고 마지막에 중간 합, 평균, 레코드 개수 등을 포함하는 그룹 꼬리말을 인쇄한다.

보고서 설계 이슈

그림 9.33에 있는 직원 근무 시간 보고를 개선해 보자. 이 보고서는 앞서 설명한 가이드라인을 따라 설계하였지만 아직도 개선할 부분이 많다. 페이지에 너무 많은 상세 정보가 있다면 사용자가 필요한 정보를 찾게 된다. 따라서 어떤 정보를 제거할 수 있는지 생각해 보아야 한다.

대부분의 사원은 초과 근무를 하지 않는다. 초과 근무가 없을 때 0.0이라고 인쇄하지 않아도 된다. 또한 각 직원은 점포별로 묶어 있기 때문에 직원이 소속된 점포명의 반복은 불필요하다. 점포명의 반복을 피하는 다른 방법은 그룹 머리말을 사용하여 표시하고 점포명 필드를 삭제하는 것이다. 또한 대부분의 직원의 직급은 사원이므로 사원 이외의 직급만 표시하고 사원은 생략하면 쉽게 식별할 수 있다.

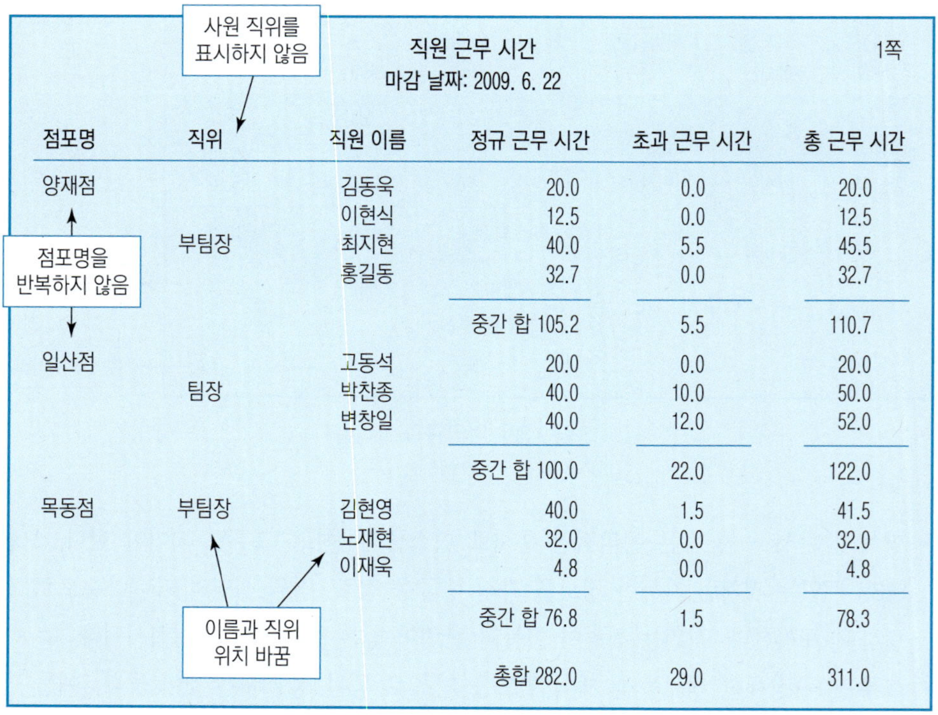

[그림 9.33] 직원 근무 시간의 개선된 버전

좋은 보고서 설계는 통일되고 일관성 있어야 한다. 시스템이 다수의 보고서를 생성할 때 각 보고서는 공통 설계 요소를 공유하여야 한다. 예를 들면 날짜와 페이지가 보고서의 같은 위치에 인쇄되어야 한다. 약자를 사용한다면 일관되어야 한다. 숫자값을 나타낼 때 #, NO, NUM과 같이 여러 가지를 혼용해서는 안된다. 보고서의 항목은 일관성이 있어야 한다. 창고위치를 인쇄할 때 어떤 보고서는 저장소 번호 다음에 선반 번호가 나오고 어떤 보고서는 선반 후에 저장소 번호가 나오면 혼돈될 것이다.

빈 종이에 인쇄하는 보고서의 설계 원리는 양식(form)에 인쇄하는 보고서에도 적용된다. 머리말에 해당되는 정보가 폼에는 인쇄되어 있다. 각 열의 머리말은 간결하게 하고 설명이 잘 되게 하며 약자는 피한다. 읽기 편하도록 열 사이에 충분한 간격을 둔다. 인쇄된 항목의 순서와 위치는 논리적이어야 하며 총합은 명확히 인식되도록 한다.

반복 인쇄되는 양식을 설계할 때는 폼 벤더와 연락하여 종이 크기, 스타일, 잉크 색상, 필드 위치, 기타 양식의 자세한 정보를 논의한다. 설계 목표는 보고서가 매력적이고, 읽기 쉽고, 유용한 양식이 되도록 적절한 가격에 만드는 것이다. 보고서 설계가 승인된 후에는 보고서 분석 양식을 이용하여 설계 사항을 문서화 한다.

요약

- 정보 시스템은 사용자와 상호작용하기 위하여 다양한 UI 방법을 쓴다.
- 정보 시스템의 UI는 주로 GUI, 웹 인터페이스, 명령어 인터페이스, 텍스트 등의 타입을 사용하며 UI 설계에는 메타포가 중요하다.
- 사용자를 고려한 UI 설계가 되어야 하며 일관성, 적절한 사용자 지원, 적당한 피드백, 최소 입력, 간편한 오류처리가 되어야 한다.
- UI 설계에는 다양한 요소가 사용되며 좋은 설계 사례들을 참조하여 컨트롤을 적재적소에 써야 한다.
- 자료 입력은 시스템이 처리해야 할 자료의 창구가 되는 부분으로 입력 방법 및 화면 설계, 오류 체크가 중요하다.
- 다양한 출력 형식에 맞추어 출력을 설계할 필요가 있다. 인쇄와 화면 출력은 대부분 보고서이며 배치와 요약, 그루핑, 항목의 순서가 중요하다.

퀴즈

1. 사람, 즉 사용자가 시스템과 상호작용하는 모든 수단을 ______________라 부른다.

2. ______________는/은 사용자에게 간략화 된 작업 환경을 보여주고 그 속에 있는 그래픽과 텍스트로 이루어진 객체를 직접 조작함으로써 원하는 일을 수행시키는 인터페이스이다.

3. 사용자가 시스템과 대화하고 있다는 개념을 ______________라 부른다.

4. 컴퓨터 자판을 이용하여 명령 문자열을 입력하여 시스템을 조작하는 인터페이스를 ______________이라 부른다.

5. 사용자 인터페이스에는 여러 가지 제어 기능들, 예를 들면 메뉴바, 툴바, 다이얼로그 박스 같은 것을 ______________라 부른다.

6. 사용자가 선택할 수 있는 후보 리스트를 디스플레이 하고 스크롤바를 제공하여 가능한 선택을 움직일 수 있게 하는 UI 컨트롤은 ______________이다.

7. 전파를 이용하여 원거리의 대상 객체를 추적하는 데 사용되는 UI 장치를 ______________라 한다.

8. 자료 입력 방법 중 특정한 시각에 주기적으로 이루어지는 자료 입력 방법을 ______________라 한다.

9. 입력량을 줄이려면 각 트랜잭션에 요구하는 ______________의 수를 줄여야 한다.

10. ______________란 특정한 조건을 만족하는 레코드만을 인쇄한 것이다.

11. 사용자가 컴퓨터 시스템에 대하여 하는 작업이 아닌 것은?

가. 무엇을 원하는지 나타내기 위하여 시스템에 명령어를 입력한다.

나. 시스템을 가동시키기 위하여 전원을 켜고 가동 시간과 가동률을 알아본다.

다. 스크린이나 인쇄된 보고서에서 시스템에 의하여 생산된 결과를 읽고 해석한다.

라. 오류에 대하여 답하고 수정한다.

12. 사용자 인터페이스에 대한 최근 추세를 설명한 것 중 바르지 않은 것은?

가. 인간-컴퓨터 상호작용(Human Computer Interface) 분야의 활발한 연구로 사용성(usability)을 극대화한 새로운 유형의 인터페이스가 많이 개발되고 있다.

나. 정보 시스템이 대부분 중앙에 있는 데이터의 처리라는 관점이므로 사용자에 대한 중요성이 매우 커져 왔다.

다. 초기에는 계산을 위한 하드웨어 비용이 소프트웨어를 만드는 데 드는 비용보다 비쌌으므로 사용자에 대한 인터페이스 노력은 간과되었다.

라. 다양한 사용자들이 시스템을 사용하게 되어 다양한 입출력 방법이 고안되었고 보다 인간 중심의 설계가 되고 있다.

13. 다음 중 정보 시스템에서 사용하는 인터페이스의 종류가 아닌 것은?

가. 그래픽 사용자 인터페이스(Graphic User Interface)

나. 웹 인터페이스

다. 명령어 인터페이스

라. 윈도우 인터페이스

14. 다음 중 UI 컨트롤과 그 사용처가 바르게 짝 지워지지 않은 것은?

가. 라디오 버튼 – 여러 가지 제시된 것 중 하나만을 선택할 때 사용한다.

나. 체크 박스 – 그룹 중에 하나 이상의 후보를 선택할 때 사용한다.

다. 텍스트 박스 – 시스템이 수행할 작업에 대한 정보를 사용자에게 입력하게 한다.

라. 명령 버튼 – 사용자의 명령을 지시받으려 할 때 사용하는 '확인' 버튼이다.

15. 입력 설계의 목표에 해당되지 않는 것은?

가. 적절한 입력과 자료 기입 방법의 선택

나. 입력량 줄이기

다. 요약 보고서의 설계

라. 입력 오류를 줄이기 위한 체크

16. 다음 중 출력 설계하기 전에 해야 할 질문이 아닌 것은?

가. 누가 정보를 원하며 왜 필요한가? 어떻게 사용할 것인가?

나. 어떤 특정 정보가 포함되어야 하는가?

다. 언제 정보를 제공할 것이며 얼마나 자주 갱신할 것인가?

라. 누가 출력할 것이며 출력량을 얼마나 할 것인가?

17. 다음 중 입력 자료의 오류를 최소화하기 위한 설계 원리가 아닌 것은?

가. 이벤트 중심 메시지와 주의할 점을 화면에 보여준다.

나. 사용자가 선택하기 위하여 클릭할 수 있는 미리 정해진 값의 리스트를 준비한다.

다. 사용자가 데이터를 쉽게 입력할 수 있는 템플릿이나 패턴을 이용한 입력 마스크를 사용한다.

라. 가능하면 사용자가 직접 입력하게 하여 확인하게 한다.

18. 다음 중 보고서 설계 원리를 잘못 설명한 것은?

가. 보고서는 머리말과 꼬리말이 있어야 한다.

나. 각 페이지에는 페이지 머리말과 자료를 식별할 수 있는 열 제목을 포함하여야 한다.

다. 항목은 논리적인 순서로 디스플레이하고 그루핑 되어야 한다.

라. 상세한 정보들은 정렬할 필요 없이 그루핑하여 인쇄한다.

19. 다음 중 출력 설계하기 전에 하여야 할 질문들로만 묶은 것은?

ㄱ. 출력의 목적은 무엇인가?

ㄴ. 누가 정보를 원하며 왜 필요한가? 어떻게 사용할 것인가?

ㄷ. 정보의 출처는 어떤 곳인가?

ㄹ. 출력 정보를 인쇄할 것인가, 스크린에 뿌릴 것인가? 출력에 어떤 종류의 장치를 사용할 것인가?

ㅁ. 언제 정보가 필요한가? 얼마나 자주 제공되어야 하나?

ㅂ. 보안이나 비밀 관련 쟁점이 있는가?

가. ㄱ, ㄴ, ㄹ, ㅂ

나. ㄱ, ㄴ, ㄷ, ㅂ

다. ㄱ, ㄷ, ㄹ, ㅁ, ㅂ

라. ㄱ, ㄷ, ㅁ, ㅂ

20. 다음 UI 설계 기법을 비교한 것 중 바르지 않은 것은?

가. 사용용이성이 제일 좋은 방법은 종이 UI 설계 방법이다.

나. 빠른 회전이 가장 좋은 방법은 종이 UI 설계 방법이다.

다. 융통성이 가장 좋은 방법은 실제 UI 설계 방법이다.

라. 실행 가능성이 제일 높은 것은 실제 UI 설계 방법이다.

퀴즈 정답

1. 사용자 인터페이스 2. 직접조작 인터페이스 3. 메타포 4. 명령어 인터페이스 5. 컨트롤 6. 리스트 박스 7. RFID 8. 배치입력 9. 데이터 아이템 10. 예외 보고서 11. 다 12. 나 13. 라 14. 다 15. 다 16. 라 17. 라 18. 라 19. 가 20. 다

연습문제

1. 최근 컴퓨터 분야에서 사용자 인터페이스 또는 인간 컴퓨터 상호작용이 왜 중요하게 되었는지 그 배경을 설명하라.

2. 사용자 인터페이스에 대하여 정의해 보고 정보시스템에서 사용하는 인터페이스의 종류에 대하여 설명하라.

3. UI 설계에서 메타포란 무엇이며 설계에서 어떤 역할을 하는지 설명하라.

4. Sheiderman과 Plasisant가 제안한 다섯 가지 UI 설계 원칙을 나열하고 설명하라.

5. 다음과 같은 기능을 갖는 도서 검색 UI를 설계 하시오.
   저자, 제목, 주제를 입력하여 검색할 수 있는 기능
   정기간행물과 책을 검색할 수 있는 기능
   검색 결과를 간행일자 또는 대출가능 순서로 디스플레이 할 수 있는 기능

6. 다음과 같은 모뎀 설치를 위한 UI를 설계 하였다. 어떤 점에서 문제가 있는지 설명하고 좋은 디자인으로 바꾸어 다시 스케치 해보라.

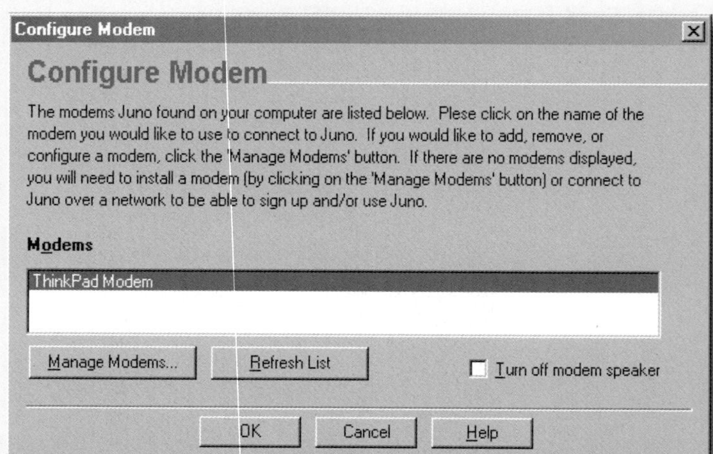

7. 사용자 중심의 설계 원리들을 나열하고 각각에 대하여 설명하라.

8. UI 설계에서 효율성을 높이기 위한 기능을 제공하는 방법을 네 가지 이상 들고 각각을 설명하라.

9. UI의 입력 화면을 설계하기 위한 원리의 하나로 입력 자료의 오류를 최소화하라는 것이 있다. 이는 무엇을 의미하며 그 방법에는 어떤 것이 있는지 설명하라. 또한 입력 오류를 체크하는 방법 여덟 가지를 설명하라.

10. 정보시스템이 출력하는 보고서의 종류를 들고 설계 원리는 무엇인지 설명하라.

CHAPTER 10

구현

시스템을 설계한 후에는 이를 구현하는 단계가 시작된다. 구현 단계에 할 작업은 코딩과 테스팅, 데이터 변환, 사용자 훈련 등이다. 시스템을 구축하는 구현 작업에는 시스템 설계 명세가 청사진으로 사용된다. 코딩 작업 전에 코딩 표준이 필요하며 이에 따라 설계 사항을 반영한 코드를 작성한다. 시스템이 릴리스 되기 전에 문서화와 테스팅이 필요하며 데이터를 변환하고 사용자를 교육하는 일이 필요하다.

contents

10 구현

학습목표

- 구현 단계에 작업해야할 내용과 과정을 알게 한다.
- 코딩 단계에 사용하는 도구가 무엇이며 코딩 표준에 대하여 알게 한다.
- UML의 각 다이어그램과 코드 사이의 관계를 알게 한다.
- 구현 단계에 필요한 컴포넌트 다이어그램과 배치 다이어그램이 무엇이며 어떤 경우에 사용하는지 알게 한다.
- 데이터 변환과 문서화 방법에 대하여 알게 한다.

구현은 분석 작업과 설계 작업 이후에 본격적으로 시스템을 구축하는 단계이다. 분석이나 설계를 주로 담당하는 분석가의 관점에서는 조금 벗어나는 작업이지만 테스팅이나 데이터 변환, 사용자 교육 등 분석가의 역할이 필요한 작업도 많이 있다. 이 장에서는 시스템 구현과 관련된 분석 및 설계가의 역할에 대하여 알아본다.

소프트웨어 시스템의 개발은 정보 시스템의 빌딩 블록이 될 프로그램, 즉 코드 모듈을 구축하는 과정이다. 논리적으로 표현된 설계를 실제 작동할 코드의 모듈로 바꾸는 과정을 의미한다. 코드를 구축하는 일은 눈에 보이는 결과를 내는 작업이므로 이것이 프로젝트의 전체인 것처럼 보일 수 있으나 전체 프로젝트에 대한 작은 부분이다. 코드에 담겨질 더 중요한 부분은 이미 요구 분석이나 설계 작업을 통하여 얻었으며 코딩 작업은 설계의 조각들을 프로그래밍 언어로 옮기는 작업이다.

그림 10.1에 표현한 것처럼 전체 계획이 확립된 후에 개별 모듈을 설계하고 설계를 바탕으로 프로그래밍 한다. 작성한 프로그램 모듈은 잘 작동되는지 테스트하고 문서화하여 전체를 통합 빌드하게 된다.

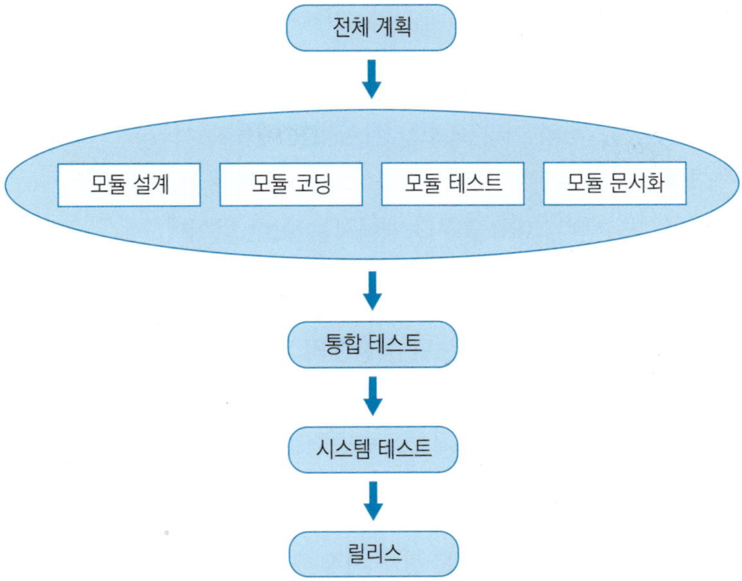

[그림 10.1] 응용 소프트웨어의 구현 과정

시스템 분석가가 구현 단계에 초점을 두어야 할 것은 설계에 표현된 사항들이 코드에 잘 반영되어 설계대로 시스템이 작동되는가 하는 문제이다. 이런 사항을 체크해 보려면 무엇보다도 설계 명세와 코드와의 관례를 잘 파악하고 있어야 한다. 즉 설계 명세에 나타낸 의미가 코드에 어떻게 반영되었는지 확인하고 거꾸로 코드를 보고 설계 명세가 반영되지 않은 것 또는 잘못 반영된 것을 찾아낼 수 있어야 한다.

설계를 나타내는 방법으로 이 책에서는 UML에 집중하였다. UML은 소프트웨어 구현을 계획하고 문서화하기 위하여 사용된다. 이 장에서는 UML의 각 모델이 코드와 어떻게 매핑되는지 살펴본다. 특히 정적 모델링 결과인 클래스 다이어그램이 코딩에 어떻게 반영되는지를 파악하는 것이 중요하다.

구현 단계에는 소프트웨어를 구현하는 데 필요한 다양한 패키지들이 필요하다. 예를 들면 컴파일러로부터 데이터베이스 관리 시스템, 형상 관리 시스템 등이다. 구현 단계에는 시스템의 여러 요소, 예를 들면 원시 코드 파일, 목적 코드 파일, 라이브러리 같은 요소들 사이의 관계가 중요하다.

또한 소프트웨어 개발 과정에 표준을 잘 유지하는 것이 중요하다. 클래스, 객체, 변수 등이 그 목적을 뚜렷하게 나타내도록 이름을 붙이고 분석에서 설계, 코드까지 잘 추적할 수 있어야 한다. 즉 프로그램이 스스로 문서화 되고 구조를 잘 갖추어야 한다.

시스템의 구현 단계를 문서화하는데 사용되는 두 가지 UML 다이어그램이 있다. 컴포넌트 다이어그램은 시스템의 여러 요소들 사이에 관계를 문서화하는데 사용한다. 또한 배치 다이어그램은 소프트웨어 컴포넌트들이 시스템의 물리적인 컴퓨터 노드와 어떤 연관이 있는지를 나타낸다. 대규모 시스템에서는 이런 다이어그램이 구현을 문서화하는 데 많이 사용되고 있다.

새로 개발한 시스템을 시험하는 것은 구현 단계의 작업 중 중요한 일이다. 테스트 작업은 개별 모듈을 시험한 후에 다른 모듈과 적절히 연동되는지 통합 시험하는 것까지 포함한다.

새 시스템을 가동할 때 중요한 또 다른 작업은 현재 시스템으로부터 데이터를 가져오거나 새 시스템으로 변환하는 작업이다. 현재 사용하는 데이터가 문서 또는 사용하던 정보시스템에 존재할 수 있다. 따라서 데이터를 어떻게 변환할 것인가를 구현단계에 신경써야 한다.

마지막으로 구현 단계에서 할 작업은 시스템을 사용할 사용자를 교육하고 사용에 대한 설명을 문서화하는 일이다. 새로운 시스템으로 전환하는 여러 가지 접근 방법에 대해서도 소개한다.

10.1 도구와 표준

소프트웨어 시스템을 구현하려면 여러 가지 도구와 구현에 관련된 표준이 필요하다. 프로젝트 관리자는 코딩 작업에 들어가기 전에 도구의 라이센스가 충분히 확보되었는지 확인하여야 한다.

대규모 소프트웨어를 구현하는 작업은 혼자서 하는 작업이 아니라 협력 작업이다. 따라서 코딩 스타일과 문서를 통일시켜야 한다. 코딩 작업을 위한 표준과 문서화 작업을 위한 표준이 필요하다.

도구

어떤 작업이든 도구를 사용하면 생산성이 급격히 향상된다. 삽질하여 땅을 파는 것과 포크레인으로 땅을 파는 것을 비교해 보라. 도구를 사용하더라도 생산성 높은 도구를 사용하는 것은 작업 효율에 큰 영향을 준다. 망치를 이용하여 못을 하나씩 박는 것과 못 박는 기계(nail gun)를 사용하는 것과는 큰 차이가 있다.

소프트웨어를 구현하는 작업에도 이러한 성능 좋은 도구가 필수적이다. 요구 분석이나 설계 작업의 결과를 잘 표현하는 모델링 도구가 있어야 하며 코딩을 하기 위한 비주얼 편집기가 필요하다. 특히 컴파일 작업에는 품질 좋은 도구와 성능 좋은 컴퓨터가 필수적이다. 객체지향 프로그래밍의 경우 클래스 정의와 상속 구조를 잘 드러내는 브라우저가 필요하다. 또한 코딩 작업의 결과를 테스트하기 위한 도구와 원시코드 파일에서 필요한 프로그램들을 컴파일하여 실행 파일을 만드는 작업(이를 빌드 작업이라 부름)을 도와주는 도구가 필요하다. 또한 최종 릴리스를 설치 패키지로 만들어 주는 도구와 데이터를 변환하는 도구, 문서화를 도와주는 도구 등이 필요하다.

- **모델링 도구** – 모델링 도구는 일명 CASE(Computer Aided Software Engineering)로 불리던 것으로 시스템의 모델을 나타내는 다이어그램을 생성할 수 있게 한다. 모델링 도구는 UML 같은 설계 방법을 이용하여 모델링할 수 있고 이를 저장한다. XML 호환 형식으로 저장된다면 다른 벤더의 도구에서도 설계된 모델을 교환할 수 있다. 프로젝트 관련 저장소에는 설계과정에서 파악된 클래스, 속성, 오퍼레이션, 상태, 관계 등이 모델링 도구를 이용하여 다이어그램으로 표현되며 이들이 문서와 잘 링크되어야 한다.

  구현이 설계 다이어그램을 정확하게 반영하고 있다는 것을 보장하기 위하여 각 도구들은 모델에서 여러 가지 프로그래밍 언어로 코드를 생성할 수 있다. 즉 비주얼 베이식, C++, C#, Java 같은 언어로 코드를 생성하는 모델링 도구가 있다. 어떤 도구는 데이터 저장소를 구현하기 위한 관계형 데이터베이스의 테이블을 생성하는 SQL 문장과 EJB나 XML 스키마를 만들어 주기도 한다. 어떤 모델링 도구는 작성된 코드에서 설계 모델로 역공학(reverse engineering) 기능을 제공하기도 한다. 이런 기능을 코드 생성 기능과 함께 사용한다면 재공학(reengineering)이 가능하다.

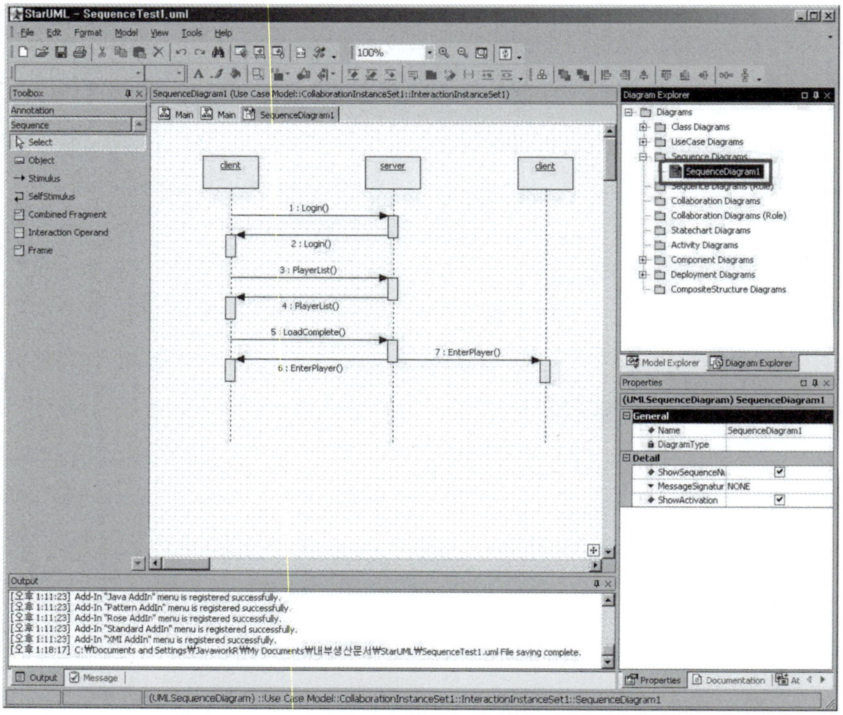

[그림 10.2] 모델링 도구 - StarUML

- **컴파일러, 인터프리터, 디버거** – 어떤 언어를 사용하든지 원시코드로 작성된 프로그램을 실행 코드로 변환해 주는 컴파일러나 인터프리터가 필요하다. C++는 타겟 머신에서 수행될 수 있는 목적 코드로 컴파일 되어야 하며 Java는 중간 바이트 코드 형식으로 컴파일하여 런타임 프로그램을 실행시킬 수 있게 만들어야 한다. 애플릿은 이러한 런타임 프로그램이 웹브라우저에 제공된 것이다.

  C#은 마이크로소프트 중간 코드(Miscrosoft Intermidiate Language) 형태의 바이트 코드로 컴파일되어 .NET 애플리케이션이 된다. 개발자에게 또 한 가지 필요한 것이 디버거이다. 디버거를 이용하여 브레이크 포인트를 설정하여 실행을 중지시키고 변수의 값을 조사함으로써 코드에 있는 문제를 분석할 수 있다.

- **비주얼 편집기와 IDE** – GUI를 손으로 일일이 코딩하는 것은 매우 힘들다. 비주얼 베이직이 출현하여 비주얼 개발 환경이 여러 가지 언어로 개발되기 시작하였다. 비주얼 개발 환경은 프로그래머가 비주얼 컴포넌트를 폼 위에 끌어놓고 윈도우 상에 표현을 제어하기 위한 매개변수를 지정함으로써 UI를 쉽게 개발할 수 있다.

대규모 프로젝트는 원시코드나 리소스 파일과 같이 여러 가지 정보를 알리기 위한 내용을 담고 있는 파일이 있다. 프로젝트를 빌드할 때 이런 파일들과 이들의 관계를 추적하고 변경되었을 때 다시 컴파일 하는 것이 통합 개발 환경(Integrated Development Environment)이 수행하는 작업이다. IDE는 멀티윈도우 편집기로 프로젝트를 구성하는 파일을 관리하는 메커니즘을 가지며 IDE 안에서 컴파일러와 링크되어 원시코드를 컴파일 할 수 있고 오류를 찾기 위하여 코드를 단계적으로 실행할 수 있는 디버거가 있다. IDE는 UI를 빌드할 수 있는 비주얼 편집기와 소프트웨어의 다른 버전을 추적하기 위한 버전 제어 시스템을 포함하고 있다. 경우에 따라 개발자가 UML로 모델링할 수 있게 하고 코드를 UML로 보여주는 모델링 도구가 포함된 IDE도 있다.

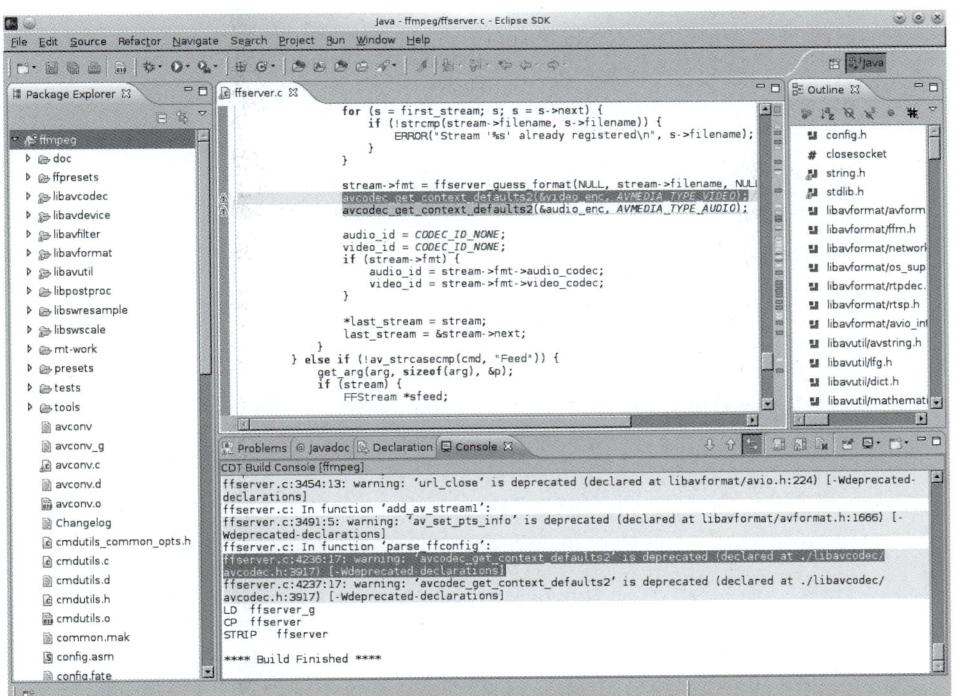

[그림 10.3] 통합 개발 환경

- **형상 관리** – 형상 관리 도구는 컴포넌트와 소스코드 버전, 소프트웨어 패키지의 특정 릴리스를 생성하는 데 사용되는 리소스 파일 사이의 관계를 추적한다. 이를 위하여 형상 관리 도구는 파일이 변경될 때마다 저장된 파일을 체크하여야 한다. 파일

이 변경되었다면 새로운 버전을 위하여 다시 체크한다. 형상 관리 도구는 계속 버전과 버전 사이의 변경을 추적하고 있다가 소프트웨어를 릴리스하여야 할 때 빌드에 사용될 모든 파일 버전을 추적한다. 동일한 버전을 빌드하기 위하여 컴파일러나 링커 등 다른 도구에 대한 버전 관리가 필요하다.

형상 관리 도구는 예전에는 Revision Control System이나 Concurrent Version System, Subversion(SVN)과 같이 간단한 것이 사용되었다. 최근에는 대규모 분산 프로젝트를 위한 도구로 Git가 많이 사용되는데 웹 인터페이스가 가능하여 인터넷 상에서 오픈소스 소프트웨어나 분산 개발이 가능하다. 형상 관리 도구 안에는 편집기, IDE, 모델링 도구의 사용자가 항목을 추가하고 삭제할 수 있는 버전 제어 시스템을 위한 표준 프로토콜이 있다.

코드 표준

프로그램을 작성한 사람도 클래스, 속성, 오퍼레이션의 이름을 정확히 붙이지 않으면 그 목적을 기억하지 못할 때가 있다. 어떤 프로젝트든 소프트웨어 개발을 위하여 협력하는 사람들은 클래스, 속성, 오퍼레이션, 다른 요소의 이름을 붙일 때 혼란에 빠지지 않도록 규칙, 즉 코드 표준(coding standard)을 정하여 따르려고 한다.

명명 규칙은 분석 작업이 시작되기 전에 협의되어야 한다. 객체지향 프로그래밍의 전형적인 코딩 표준의 예를 들면 다음과 같다.

- 클래스 이름은 대문자로 시작한다. 클래스의 이름이 하나 이상의 단어로 구성된다면 붙여 쓴다. 이름 안의 두 단어 사이를 구별하기 위하여 단어의 첫 글자는 대문자로 표시한다. 예를 들면 SalesOrderProxy와 같이 클래스 이름을 붙인다.
- 속성 이름은 첫 글자를 소문자로 한다. 클래스 이름을 붙일 때와 같이 단어를 붙여서 표시할 때는 두 번째 단어는 대문자로 시작하게 한다. 예를 들면 cuctomer OrderRef와 같은 이름은 속성이다.
- 오퍼레이션은 속성 이름을 붙일 때와 같은 규칙을 따른다. 예를 들어 getOrder Total()은 오퍼레이션 이름이다.

또 다른 표준을 든다면 C++ 언어 사용자들에게 익숙한 헝가리언 표기법(Hungarian Notation)이 있다. 속성을 표시하는 변수 이름의 앞부분을 그 변수의 타입에 따라 다른 약자를 사용하는 것이다. 예를 들면 불리언은 b, 정수는 i, 실수는 f, 버튼은 btn, 윈도우 객체의 핸들은 hand 같은 접두사를 사용한다. 이런 방법은 엄격한 타입 체크를 하지 않는 언어에서는 여러 개발자들이 같은 목적으로 같은 변수를 사용하게 되어 유용하다.

일관된 명명 규칙은 분석으로부터 설계에서 구현으로 요구를 추적하기가 쉽다. 특히 클래스, 속성, 오퍼레이션의 이름을 붙일 때 일관된 이름이 중요하다.

프로그램의 모든 것을 클래스, 속성, 오퍼레이션 이름을 읽어 유추할 수는 없다. 베버리지(Beveridge)에 의하면 Java 프로그램은 다음 다섯 가지 이유로 문서화가 필요하다.

- 코드를 작성할 때 유지보수 할 다음 사람을 생각하라.
- 작성한 코드가 교육적인 도구가 될 수 있다. 좋은 코드는 다른 사람의 이해를 도울 수도 있으나 주석도 없는 복잡한 코드는 이해를 어렵게 한다.
- 어떤 언어도 자동으로 문서화 되는 것은 없다. 하지만 좋은 명명 규칙을 따른다면 코드를 읽는 사람들에게 도움이 된다.
- Java 코딩 표준을 잘 준수하면 Java API 문서화와 같이 하이퍼텍스트 형식의 문서가 된다.
- 문서화를 자동화 할 수 있다. javadoc 같은 것을 이용하면 프로그램의 주석에서 HTML 문서를 생성할 수 있다.

Java 코딩 표준은 주석이 프로그램 안에 추가 되어야 한다. 각 클래스의 원시코드 파일 시작 부분에 클래스의 목적과 저자, 작성한 날짜 등 자세한 사항을 포함하는 블록을 포함하고 있어야 한다. 원시 파일의 수정 이력도 여기에 포함된다. 각 오퍼레이션의 시작 부분에 그 목적을 기술하는 주석을 둔다. 코드 안에 숨겨진 의미를 주석으로 문서화하여야 한다. Java 언어로 개발한다면 클래스를 위한 HTML 문서를 생성하기 위하여 javadoc 작성 규칙을 따라야 한다. HTML 태그와 javadoc 태그를 주석에 탑재하면 저자나 버전에 대한 정보를 추가할 수 있다. 예를 들어 다음과 같은 것이 javadoc 태그이다.

- @see classnane – 특정한 클래스에 대한 하이퍼텍스트 링크
- @version text – 버전 시작점

- @author name – 저자 시작점

C#도 코드 안에 주석으로 XML 태그를 사용하면 문서를 생성할 수 있다. 예를 들면 다음과 같은 태그가 있다.

- 〈see cref="classname"/〉 – 특정한 클래스에 링크
- 〈seealso cref="classname"/〉 – 〈see〉 링크에 대한 크로스레퍼런스
- 〈summary〉text〈/summary〉 – 요약 설명

개발자들에게 필요한 기술 문서뿐만 아니라 사용자를 훈련하고 사용 중인 시스템을 언급할 때 필요한 사용자 문서가 필요하다. 분석가나 특수 기술 문서 작성자가 이런 문서를 작성할 때 표준 형식이 필요하다.

```
import java.util.*;

/**
* Used to test the functionality of 〈code〉javadoc〈/code〉 on a single class file.
*
* This class also implements many of the conventions used in the "Java Coding and Documenting
* Conventions" guide within the DBA Documentation Library.
* 〈p〉
* For more information on the different features of Javadoc, visit
* 〈a target="_blank" href="http://java.sun.com/j2se/javadoc"〉Javadoc Tool Home Page〈/a〉
* @author Jeffrey Hunter
* @author 〈a href="mailto:jhunter@iDevelopment.info"〉jhunter@iDevelopment.info〈/a〉
* @author 〈a target="_blank" href="http://www.iDevelopment.info"〉www.iDevelopment.info〈/a〉
* @version 2.0,   04-SEP-2002
* @since SDK1.4
*/

public class JavadocClassExample {

/**
* A Date object used to store the date and time this object is created. It can be retrieved
* by sending this object a message to the
* {@link #getDate} method.
* 〈p〉
* In order for 〈code〉javadoc〈/code〉 to process private
* members would require the argument 〈b〉-private〈/b〉
* be passed on the command line to 〈code〉javadoc〈/code〉.
*/
private Date objectDate;

/**
* Represents the number of instances of this class.
* This integer gets incremented by one within the constructor.
*/
```

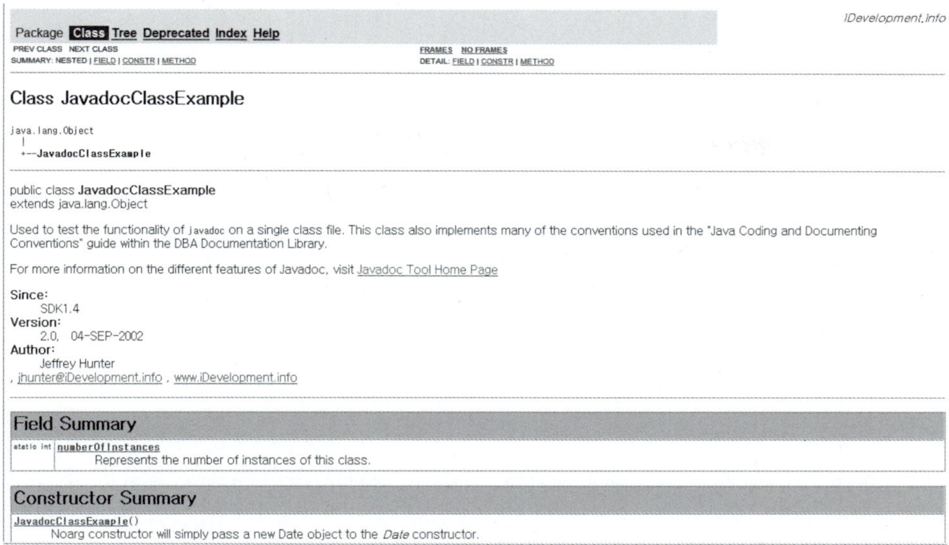

iDevelopment.info

Package **Class** **Tree** **Deprecated** **Index** **Help**

PREV CLASS NEXT CLASS — FRAMES NO FRAMES

SUMMARY: NESTED | FIELD | CONSTR | METHOD — DETAIL: FIELD | CONSTR | METHOD

Class JavadocClassExample

java.lang.Object
  |
  +--**JavadocClassExample**

public class **JavadocClassExample**
extends java.lang.Object

Used to test the functionality of javadoc on a single class file. This class also implements many of the conventions used in the "Java Coding and Documenting Conventions" guide within the DBA Documentation Library.

For more information on the different features of Javadoc, visit Javadoc Tool Home Page

Since:
SDK1.4
Version:
2.0, 04-SEP-2002
Author:
Jeffrey Hunter
, jhunter@iDevelopment.info , www.iDevelopment.info

Field Summary	
static int	numberOfInstances Represents the number of instances of this class.

Constructor Summary
JavadocClassExample() Noarg constructor will simply pass a new Date object to the *Date* constructor.

[그림 10.4] Javadoc를 사용한 문서화

10.2 정적 모델의 구현

분석과 설계 단계에 UML로 표현된 설계를 프로그래밍 언어로 바꾸는 단계를 구현이라고 하였다. UML에 포함된 여러 가지 측면의 모델 중 가장 프로그래밍 언어로 구현하는 데 밀접한 것은 정적 다이어그램이다. 클래스 다이어그램은 클래스 선언에 필요한 여러 가지 요소가 담겨 있기 때문이다. 정적 다이어그램에 속하는 패키지 다이어그램도 클래스의 그루핑 선언, Java의 패키지 선언에 밀접한 모델로 구현과 밀접하다.

프로그래밍 언어로 변환하는 작업은 설계가 얼마나 자세히 표현되어 있느냐에 따라 다를 수 있다. 예를 들어 그림 10.5와 같이 분석 단계의 클래스 다이어그램은 클래스의 속성과 오퍼레이션만을 임시로 정하여 그릴 수 있고 설계 단계로 넘어가면서 구체적인 클래스 내용이 정해지고 보다 상세한 다이어그램을 그릴 수 있다.

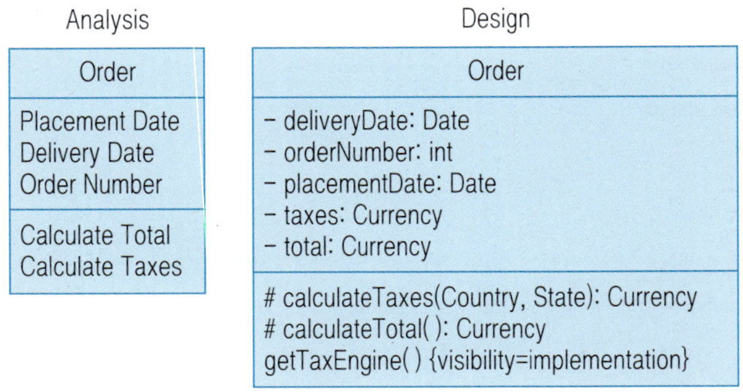

[그림 10.5] 분석과 설계 단계의 클래스 다이어그램 표현

쿡(Cook)과 대니얼스(Daniels)에 의하면 클래스 다이어그램을 그리는 관점을 세 가지 수준으로 나룰 수 있다고 한다. 요구 분석 단계에 초벌로 그리는 개념적인 수준과 설계 단계에 작성하는 명세 수준, 구현에 필요한 솔루션 클래스까지 다룬 구현 수준이다.

- **개념 수준** – 3장에 설명한 것처럼 응용 분야, 즉 도메인의 개념을 나타내는 다이어그램이다. 시스템을 구현하는 기술과 독립적인 도메인 클래스와 관련되는 개념들이다. 따라서 특정 언어에 종속된 내용은 거의 포함되어 있지 않고 코드와의 직접 매핑이 어려울 수 있다.
- **명세 수준** – 명세 수준은 개발하려는 소프트웨어의 명세적 관점, 즉 구현이 아니라 인터페이스와 타입에 집중하는 수준이다. 객체지향 개발은 프로그래밍 언어 설계에서 잘 나타나 있는 철학인 인터페이스와 구현의 차이를 강조하고 있다. 즉 클래스의 정의는 인터페이스의 선언과 그 구현을 잘 나눌 수 있고 설계 과정에 클래스의 추상, 즉 인터페이스에만 초점을 두어 단순화 할 수 있다. 대부분의 프로젝트에서 분석과 설계 작업 후에는 명세 수준의 클래스 다이어그램을 기대한다.
- **구현 수준** – 시스템 구현에 필요한 모든 클래스를 표현한 것이다. 명세 수준과 다른 점은 그림 10.6의 왼쪽에 있는 것처럼 클래스 안에 필요한 모든 메소드가 표현되는 수준을 의미한다. 또한 구현에 독립적인 도메인에 속한 클래스뿐만 아니라 구현에 종속적인 클래스, 예를 들면 데이터베이스 인터페이스나 네트워크 연결에 관련된 클래스는 설계 수준의 클래스 다이어그램에는 포함되어 있지 않지만 구현 수준에는 꼭 필요한 내용이다.

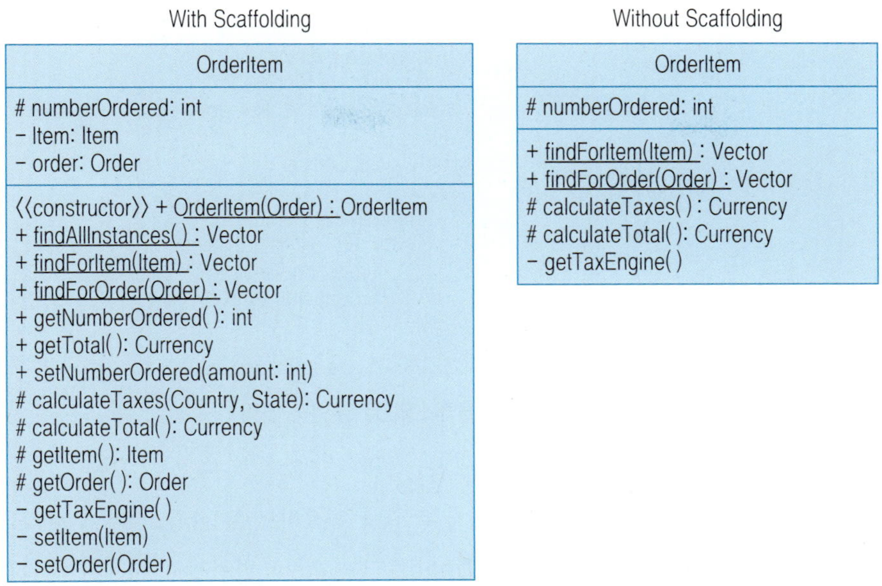

[그림 10.6] 클래스의 자세한 표현

클래스의 구현

클래스 다이어그램은 코드의 골격(skeleton)을 나타낸 것이다. 즉 클래스 다이어그램에 표현된 다음의 요소들은 프로그래밍 문법 요소 하나로 정확히 매핑된다.

- UML 클래스 – Java나 C#, C++의 Class
- UML 속성 – 클래스 안에 있는 인스턴스 변수
- UML 오퍼레이션 – 클래스 안에 있는 메소드

클래스 모든 객체지향 프로그램은 클래스의 정의로 구현된다. 클래스 다이어그램에 표시한 하나의 클래스는 애플리케이션 안에 구현될 하나의 클래스이며 그림 10.7과 같이 매핑된다.

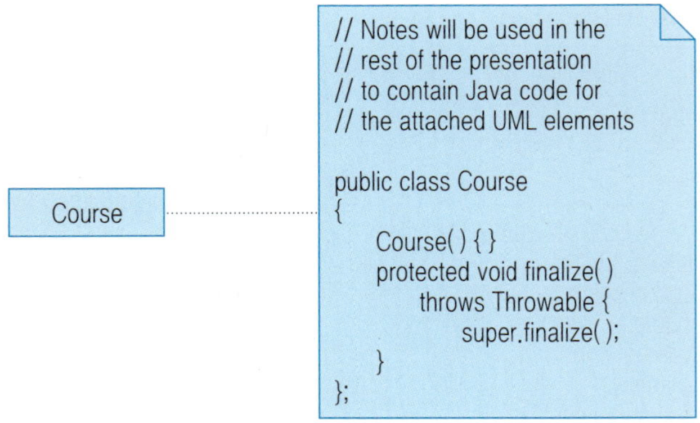

[그림 10.7] UML 클래스의 Java 언어 매핑

클래스의 인스턴스를 생성하기 위한 생성자는 항상 필요하므로 UML 설계에 나타내지 않았더라도 코드에는 포함되어야 한다. finalize()는 Java 언어에서 객체의 소멸자와 같은 역할을 하는 것으로 함수 안에 소멸되기 전에 하여야 할 작업을 적어 넣는다.

속성과 오퍼레이션 UML 클래스 안에 표현된 두 가지 요소, 즉 속성과 오퍼레이션은

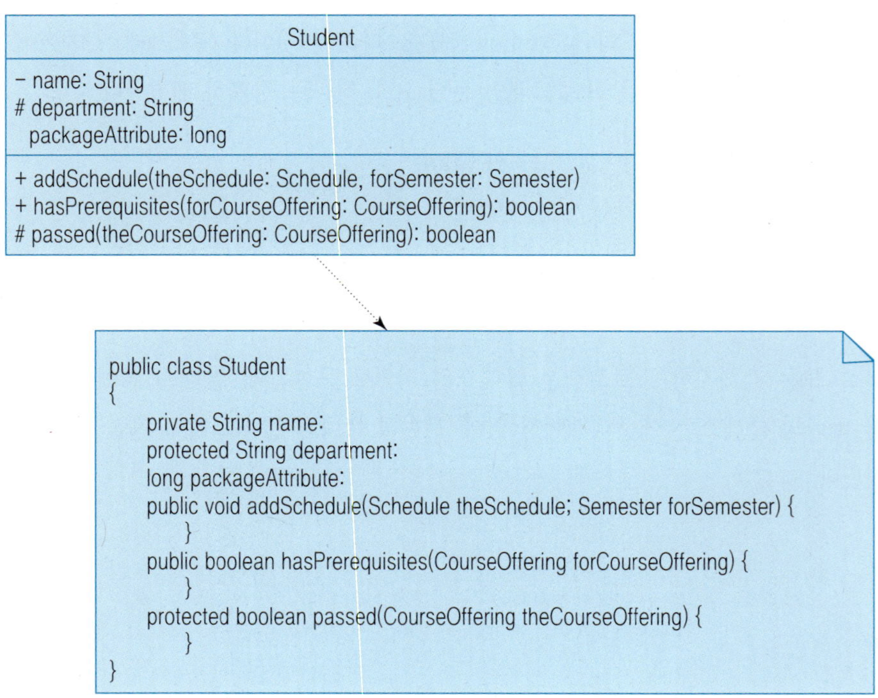

[그림 10.8] 속성과 오퍼레이션의 구현

그림 10.8과 같이 구현된다. 속성은 클래스 안의 인스턴스 변수로 선언하며 속성 앞에 표시된 접근성 표시는 +는 public으로 −는 private, #은 protected로 매핑된다. 접근성 표시를 하지 않은 것은 디폴트로 패키지 변수, 즉 같은 패키지 안에 포함된 다른 클래스에서 사용될 수 있음을 나타낸다.

클래스 변수와 오퍼레이션 클래스 안에 Static으로 선언된 클래스 변수와 오퍼레이션은 클래스에 속하는 어떤 다른 객체에서도 접근 가능하다. 인스턴스 변수는 클래스의 객체가 생성될 때 객체마다 생성되나 Static으로 선언한 변수는 클래스 수준의 정의로 공용 변수처럼 하나만 생성된다. UML 다이어그램에서 클래스 변수와 오퍼레이션은 밑줄을 그어 표시한다는 것은 이미 5장에서 언급하였다.

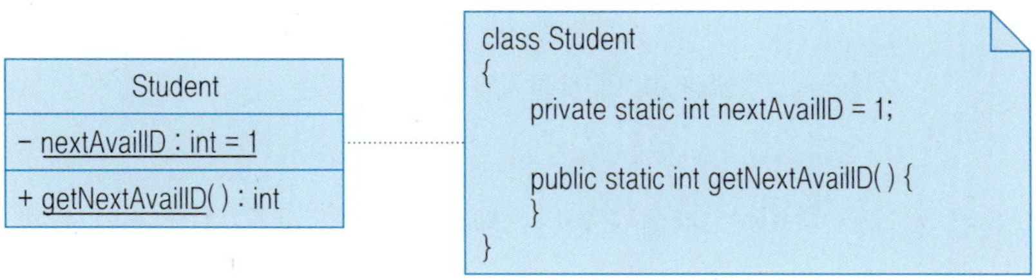

[그림 10.9] 클래스 변수와 오퍼레이션의 구현

유틸리티 클래스 클래스에 프로토타입이 표시되어 있는 것 중 유틸리티 클래스는 패키지를 포함시켜 사용하면서 유틸리티처럼 외부에서 많이 사용하는 것이다. 예를 들면 그림 10.10에 있는 삼각함수를 계산하는 클래스와 같은 것이다. 유틸리티 클래스 안에는 전역변수와 오퍼레이션이 그루핑되어 있다. 따라서 인스턴스로 만들지 않아야 한다. 또한 클래스 안의 여러 메소드들이 외부에서 클래스 이름으로 호출될 것이므로 메소드를 static으로 선언해 주어야 한다.

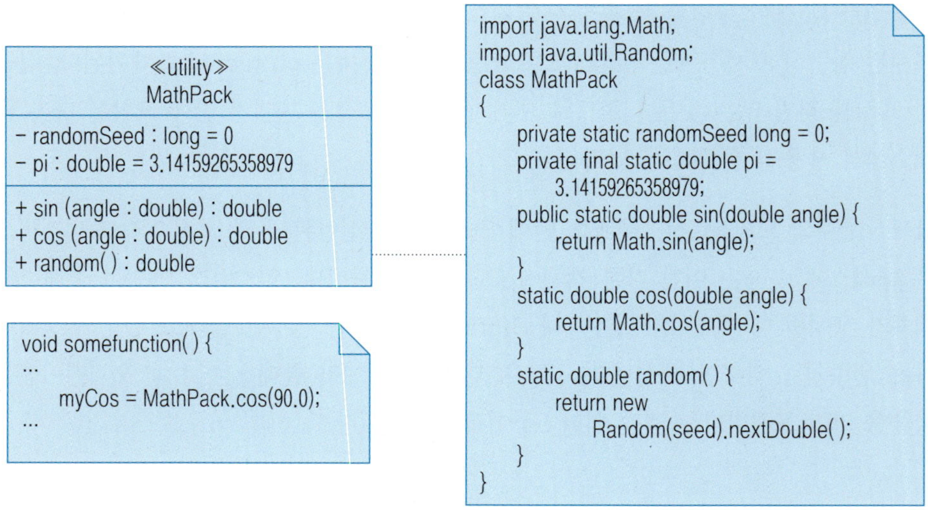

[그림 10.10] 유틸리티 클래스의 구현

상속 상속은 클래스 다이어그램에 표현된 클래스 사이의 관계 중에 제일 쉽게 구현할 수 있다. 상속의 의미가 프로그래밍 언어 문법에 그대로 반영되어 1:1 매핑이 쉽게 되기 때문이다. 대부분의 객체지향 언어에서 상속을 표현하는 문법이 있고 표현하는 방법도 유사하다. 예를 들어 Java의 경우 클래스 이름 뒤에 extends라고 쓰고 상속 받기를 원하는 클래스의 이름을 쓰면 된다.

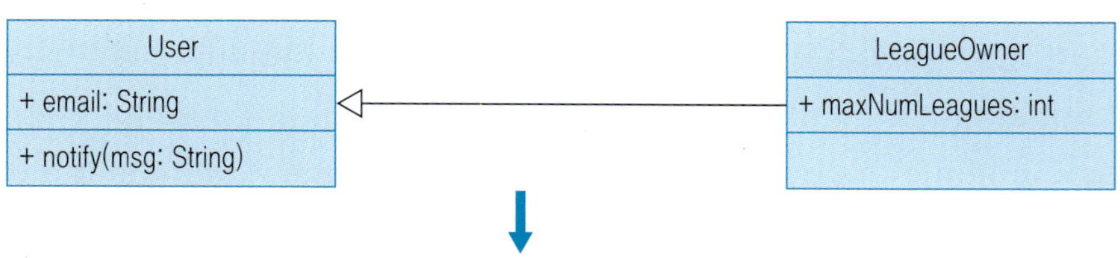


```
public class User {
    private String email;
    public String getEmail( ) {
        return email;
    }
    public void setEmail(String value) {
        email = value;
    }
    public void notify(String msg) {
        // ....
    }
    /* Other methods omitted */
}
```

```
public class LeagueOwner extends User {
    private int maxNumLeagues;
    public int getMaxNumLeagues( ) {
        return maxNumLeagues;
    }
    public void setMaxNumLeagues (int value) {
        maxNumLeagues = value;
    }
    /* Other methods omitted */
}
```

[그림 10.11] 상속의 UML 표현과 코드

연관의 구현

연관(association)은 두 클래스에 속한 객체들이 관련을 맺어 정보를 추적(navigate)할 수 있게 하려는 것이다. 따라서 추적할 수 있게 하기 위하여 속성과 같이 인스턴스 변수로 구현한다. UML 다이어그램에 역할(role)로 표시되었던 연관 클래스가 속성을 표시하는 인스턴스 변수가 된다.

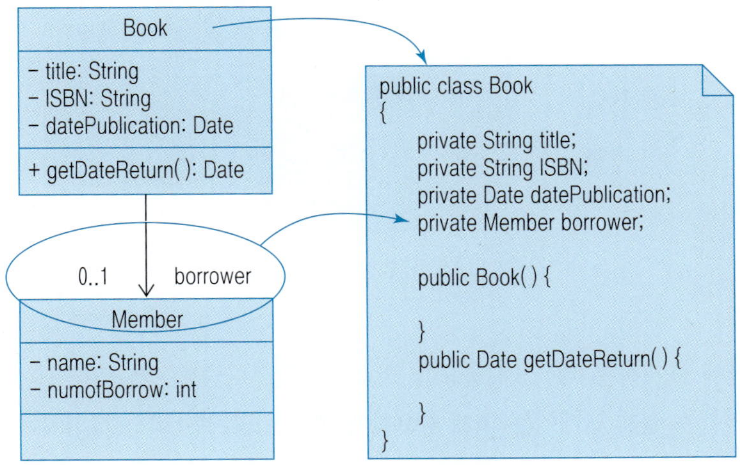

[그림 10.12] 연관의 구현

연관의 방향 연관은 양방향의 연관과 단방향의 연관이 있다. 양방향 연관은 두 클래스가 같은 패키지 안에 있어야 한다. 또한 양방향 연관은 두 클래스가 서로 상대편 객체를 알고 있어야 하므로 서로를 알기 위한 public 메소드와 private 변수가 있어야 한다.

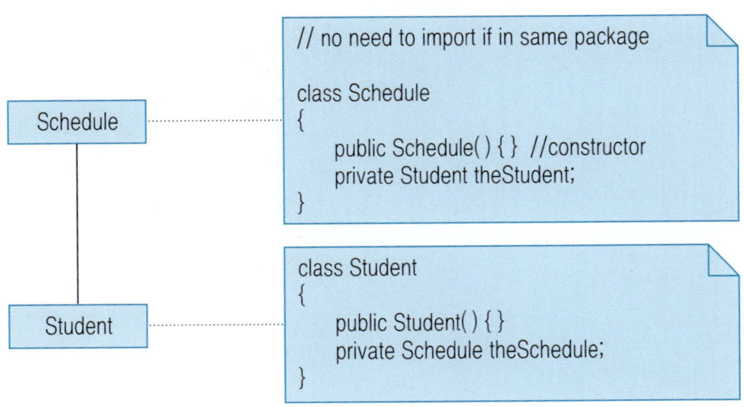

[그림 10.13] 양방향 연관 관계의 구현

단방향의 경우 화살표가 나가는 클래스에서 상대편 클래스의 연관된 객체를 알고 있어야 한다. 즉 그림 10.14에서 Student 객체가 연관을 맺고 있는 Schedule 객체를 알고 있어야한다. 또한 Student 클래스 안에서 연관을 맺으려는 Schedule 객체를 생성할 수 있어야 한다.

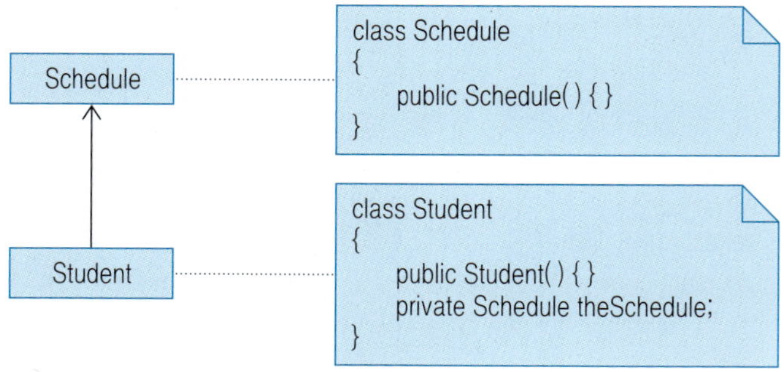

[그림 10.14] 단방향의 연관관계 구현

역할 연관에 표시하는 네 가지 중요한 요소는 역할, 다중도, 연관의 이름, 방향이다. 이 중에 역할은 설계 단계에는 크게 중요하게 여기지 않지만 코딩 작업에는 꼭 필요한 요소이다. 연관을 통하여 어떤 객체가 다른 객체를 찾아 어떤 정보를 추적하려 할 때 연관을 맺은 객체를 부를 수 있는 이름이 된다. 그림 10.15에서 CourseOffering 클래스는 연관을 맺은 객체를 부르기 위한 instructor를 레퍼런스, 즉 속성으로 가지고 있어야 한다. 또한 Professor 클래스도 연관을 맺은 CourseOffering 객체를 알 수 있도록 레퍼런스를 가지고 있어야 한다.

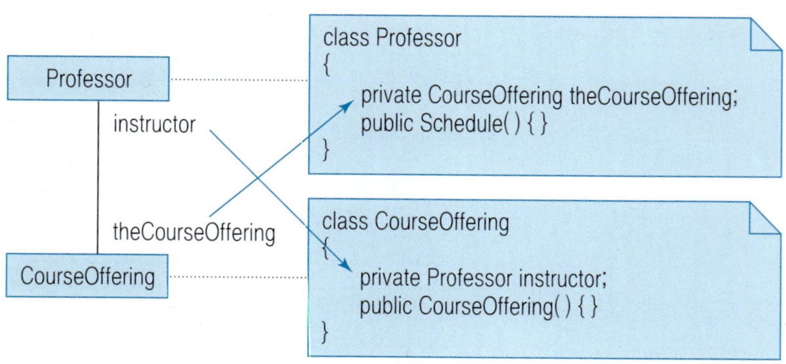

[그림 10.15] 연관 역할의 구현

다중도 연관의 다중도는 1:N 관계를 표현하기 위하여 중요하다. 즉 한 객체가 여러 객체와 연관을 맺을 때 이를 프로그램에 표현하여 연관이 구현될 수 있도록 하여야 한다. 예를 들어 그림 10.16에서 수강 시간표가 한 학기에 4 강좌까지 연관된다면 클래스 Schedule은 네 개의 CourseOffering 객체를 가질 수 있는 그릇이 있어야 한다. 그림 10.16에서는 객체의 배열로 구현하였으나 객체를 포인터 형태로 연결하여 리스트 타입으로 구현할 수도 있다.

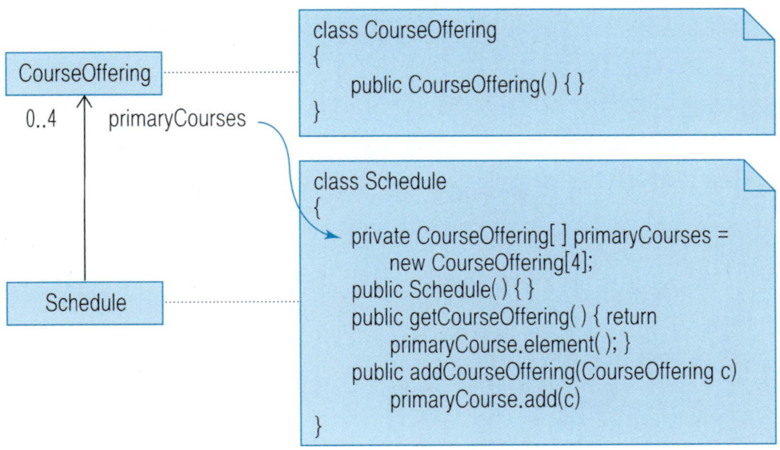

[그림 10.16] 다중도의 구현

재귀 연관 연관의 특수한 경우로 자신에 속하는 객체와 연관을 맺어야 할 때가 있다. 예를 들면 그림 10.17에 있는 것처럼 '선수 과목'이라는 연관이다. 선수 과목은 Course 클래스에 속하는 객체들 사이의 관계이다. 따라서 Course 클래스 안에 자신에 속하는 객체를 레퍼런스하는 속성이 필요하다. 그림 10.17에서는 Java 유틸리티 패키지에 있는 Vector 클래스 타입으로 객체의 배열을 관리하고 있다. Vector 타입의 객체는 사용자 정의 타입의 배열로 간주할 수 있고 copyInfo, elementAt, contains, insertEelementAt, addElement 등의 메소드를 이용하여 벡터 안의 요소들을 조작할 수 있다.

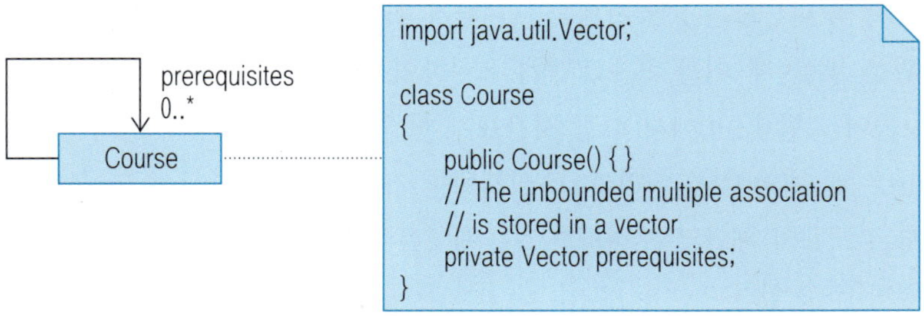

[그림 10.17] 재귀 연관의 구현

집합, 합성 관계의 구현

연관 관계의 특수한 형태로 집합과 합성이 있다는 것은 5.4절에서 설명하였다. 집합 관계와 합성 관계는 양쪽 객체가 공동운명체인가 아닌가의 차이다. 집합 관계는 서로의 존립 운명이 별개로 존재하나 합성 관계는 집합 개념, 즉 컨테이너의 존폐에 따라 종속된 개념의 객체 운명이 좌우된다. 결국 집합 관계보다 합성 관계가 더욱 강력한 결합이며 구현에서 더 고려해 주어야 할 내용이 많다.

집합 관계 집합 관계는 UML 다이어그램에서 집합 개념의 클래스 위에 하얀 다이아몬드 표시를 한다. 집합 관계는 집합 개념의 객체가 요소 개념의 객체 여러 개를 포함하고 있는 것이다. 따라서 집합 개념의 객체에 어떤 메소드가 호출되었을 때 집합에 속하는 요소들에 대하여 어떤 처리를 해야 하는 경우가 많다. 이를 전파(propagation)현상

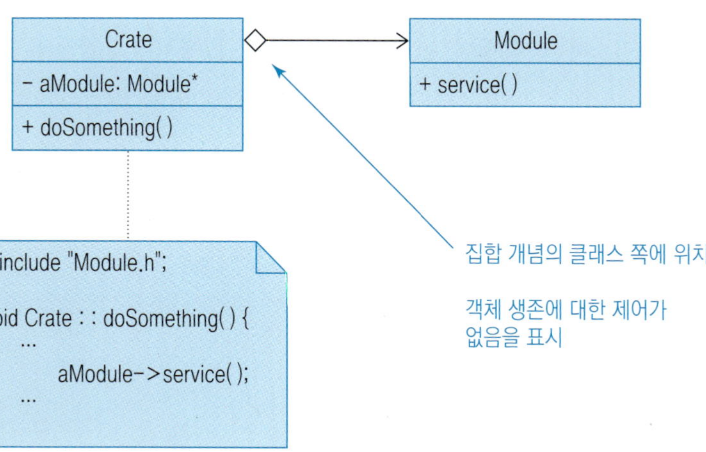

[그림 10.18] 전파 현상의 구현

이라 부른다. 예를 들면 집합 개념의 Crate 객체에 대하여 doSomething() 오퍼레이션이 호출되면 메소드 구현 안에서 집합 개념의 객체가 포함하고 있는 요소 개념의 모든 Module 객체에 서비스 오퍼레이션을 호출하게 된다.

집합 관계는 일반적인 연관을 구현할 때와 같이 객체의 배열이나 벡터 타입으로 구현한다.

합성 관계 합성 관계는 객체의 존폐에 대한 제어가 있는 집합 관계라고 할 수 있다. 즉 집합 개념의 클래스가 포함하고 있는 요소 개념의 객체들을 생성할 것인지 소멸할 것인지는 집합 개념의 클래스에 달려 있다. 경우에 따라서 집합 개념의 클래스의 오퍼레이션을 호출하는 외부 프로그램에서 요소 객체의 존폐 여부를 결정할 수도 있다. 그러나 중요한 사실은 집합 개념의 객체 Particle과 그 안에 포함된 FourVector 객체는 공동 운명체처럼 생성과 소멸이 밀접하다는 것이다.

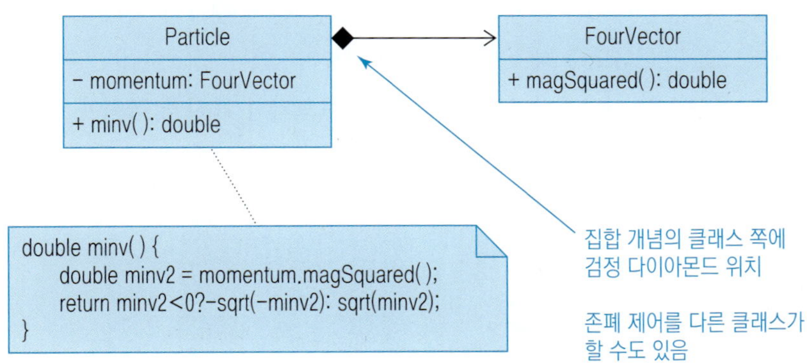

[그림 10.19] 합성 관계의 구현

상속 관계의 구현

상속 관계는 UML에서 화살표로 표시하며 객체지향 언어의 구문으로 직접 매핑된다. 상속되는 클래스(A)의 구현은 일반 클래스와 큰 차이가 없지만 상속 받는 클래스(B)는 기본 클래스에서 상속 받음을 표시하여야 한다. C++나 C# 언어는 ':' 표시 후에 상속받는 클래스의 이름을 적는다. Java 언어로 구현할 경우 extends 라는 예약어 뒤에 상속 받는 클래스의 이름을 표시한다.

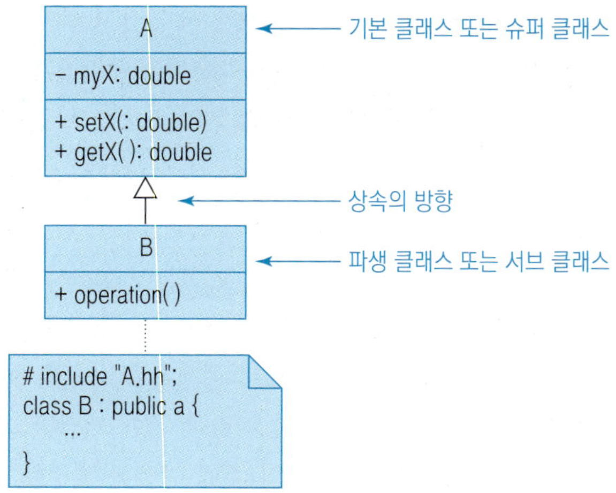

[그림 10.20] 상속의 구현

추상 클래스 추상 클래스는 구체적인 객체가 생성되는 클래스가 아니라 상속된 클래스가 구체적으로 구현하도록 메소드와 변수의 선언만 있는 템플릿이다. 따라서 UML에서도 일반 클래스와 다르게 {abstract}라는 프로토타입 표시를 하여야 하며 프로그래밍 할 때도 abstract class로 선언한다. 추상 클래스를 상속 받는 클래스는 ':' 또는 'extend' 예약어 뒤에 기본 클래스의 표시를 하고 상속 받은 오퍼레이션들에 대한 구현을 코드화 한다.

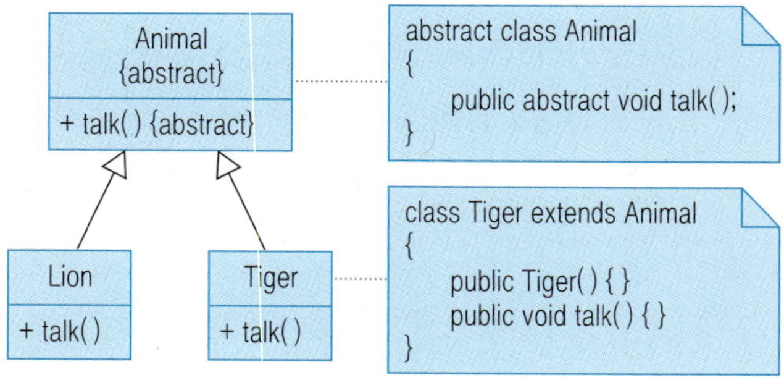

[그림 10.21] 추상 클래스의 구현

인터페이스 추상 클래스와 같이 추상 오퍼레이션들의 집합을 선언한 것을 인터페이스라 한다. 인터페이스로 선언한 오퍼레이션들은 하위 클래스에서 구현하여 사용한다. 이를 UML에서는 점선 화살표로 표시하고 Java 언어에서는 실현(realize)하였다고 부르며 implements라는 예약어를 사용하여 구현한다. 그림 10.22에서 Schedule 클래스는 Serializable 인터페이스 내부에 선언된 오퍼레이션들을 상속받아 구현하였다.

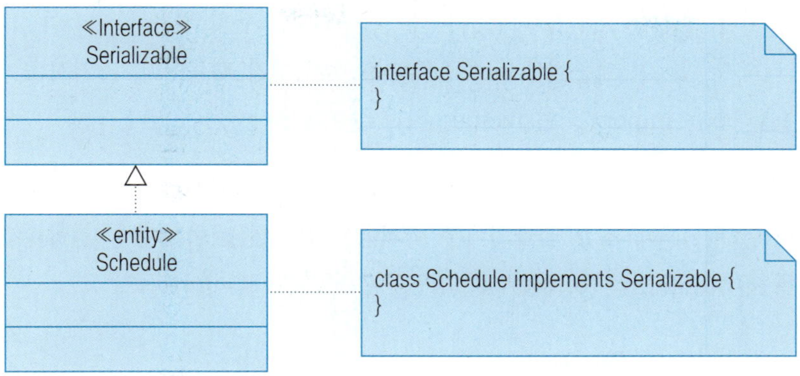

[그림 10.22] 인터페이스의 구현

파라미터 클래스 클래스에 속성과 오퍼레이션의 정의만 담아 추상화 시킨 클래스와는 다르게 클래스 안에 변동될 수 있는 부분만 파라미터로 정의하여 추후 특정 파라미터 값으로 바인딩하여 쓸 수 있게 하는 것을 파라미터 클래스라 한다. Java 언어에서는 지원하지 않으나 C++ 언어에서 사용할 수 있다. 그림 10.23과 같이 UML에서는 클래스를 나타내는 박스 위에 파라미터를 점선 박스로 표시한다. 또한 이를 바인딩하여 객체를 만든 경우 의존관계가 있다는 의미로 점선 화살표로 잇는다.

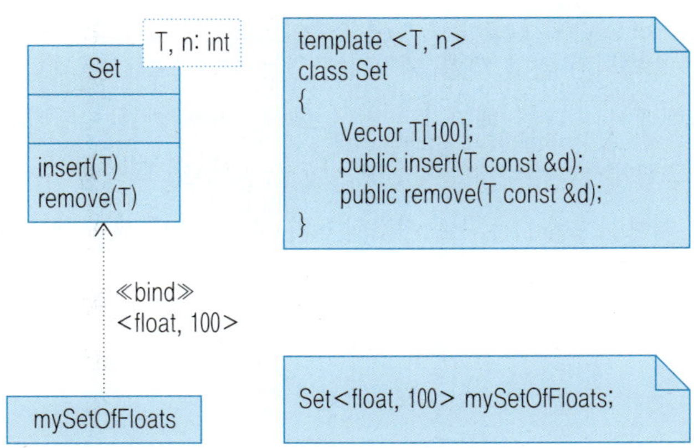

[그림 10.23] 파라미터 클래스의 구현

패키지의 구현

UML에서 패키지 다이어그램은 관련 있는 클래스들의 모임인 패키지들의 구성과 의존관계를 표시한 것이다. 이렇게 하는 이유는 대규모 시스템의 경우 클래스들을 효과적으로 관리하기 위하여 계층적으로 구조화하는 것이 좋기 때문이다. 패키지 안에 선언된 다른 클래스는 import 또는 include 하지 않아도 사용할 수 있다.

패키지 다이어그램을 구현할 때 코드로 매핑되어야 할 사항은 두 가지 뿐이다. 먼저 클래스를 선언하기 전에 소속된 패키지를 밝혀야 한다. Java 언어에서는 package라는 예약어를 사용하고 그 다음 패키지가 위치한 폴더명을 써주어야 한다.

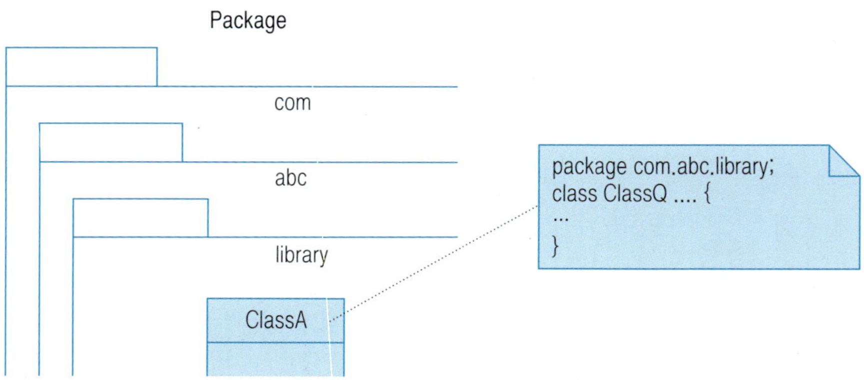

[그림 10.24] 패키지의 구현

또 다른 하나는 소속되지 않은 다른 패키지에 있는 클래스를 사용하는 경우이다. 이때 UML 다이어그램에서는 다른 패키지로 점선 화살표가 나가고 코딩에서는 의존관계를 구현한다. 프로그램에서 의존관계는 import나 include로 나타낼 수 있다. 예를 들어 그림 10.25에서 서브시스템 D는 서브시스템 B와 서브시스템 G를 import하여 그 안에 있는 클래스의 객체를 사용하고 있다.

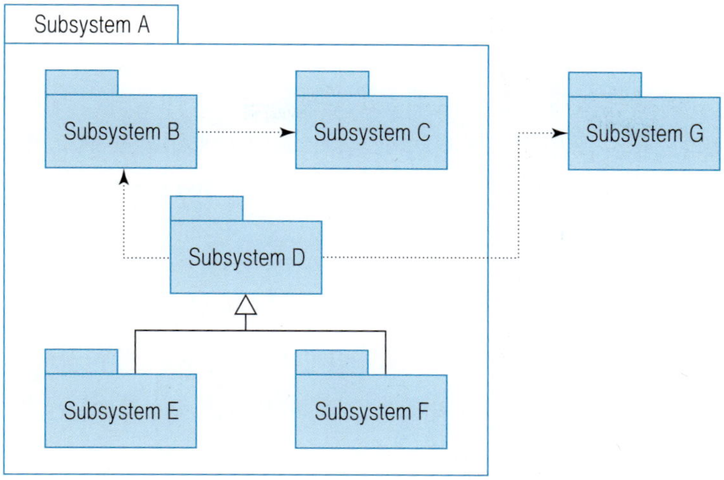

[그림 10.25] 패키지의 의존관계

패키지는 여러 개의 클래스가 모여 이루어진 서브시스템이다. 서브시스템은 독립적인 요소로 보고 외부에서는 서브시스템이 제공하는 인터페이스에 주목한다. 따라서 UML 표현에서는 그림 10.26과 같은 설계를 많이 볼 수 있다. CourseCatalog 서브시스템은 패키지로 선언되어 있고 그 안에는 ICourseCatalog라는 인터페이스가 정의되어 있다. 따라서 패키지 외부에서는 CourseCatalog 클래스가 제공하는 getCourseOfferings()라는 인터페이스로 접근한다.

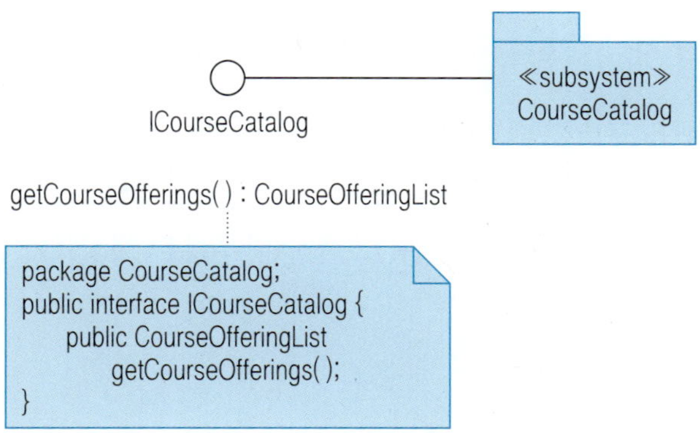

[그림 10.26] 서브시스템의 인터페이스 구현

10.3 동적 모델의 구현

소프트웨어 시스템의 동적 측면을 모델링한 설계도 코딩에 사용되는 유용한 정보들이 포함되어 있다. 예를 들면 시퀀스 다이어그램의 핵심인 메시지 호출이 어느 클래스의 어떤 메소드 구현 안에서 어떤 클래스에 속하는 객체에 이루어졌는지 표현되어 있는데 이런 설계가 코드에 잘 반영되어야 한다.

상태 다이어그램은 설계나 테스트를 위한 모델로는 널리 알려져 있으나 코딩 작업에 어떻게 연결되는지 모르는 경우가 많다. 특히 임베디드 시스템의 경우 상태를 가지는 클래스가 반드시 포함되는데 상태의 변화를 저장하기 위한 속성과 이를 제어하기 위한 액션이 메소드 안에 탑재되어야 한다.

액티비티 다이어그램은 병렬을 포함한 제어흐름을 표현하는 데 사용된다. 따라서 중요한 제어동작들을 메소드 안에 구현하여야 한다. 표현되는 내용이 흐름도와 유사하므로 코딩 작업으로 쉽게 연결될 수 있다.

시퀀스 다이어그램의 구현

시퀀스 다이어그램에 표현한 것은 협력하는 객체들 사이에 메시지 교환을 나타낸 것이다. 따라서 코딩 작업은 여러 클래스에 걸쳐 이루어져야 한다. 즉 클래스 다이어그램은 클래스 안에 담겨야할 속성과 메소드 위주로 표현되어 있어 내부 중심지만 시퀀스 다이어그램은 클래스 사이에 호출관계 위주로 표현되어 있어 외부 지향적이다.

시퀀스 다이어그램을 구현할 때 가장 주의할 것은 메시지를 나타내는 화살표가 나가는 객체에서 들어오는 객체로 호출된다는 사실이다. 따라서 메시지는 화살표가 들어오는 클래스 안에 포함되어 있어야 하며 이를 호출하는 부분은 화살표가 나가는 클래스에 구현되어야 한다.

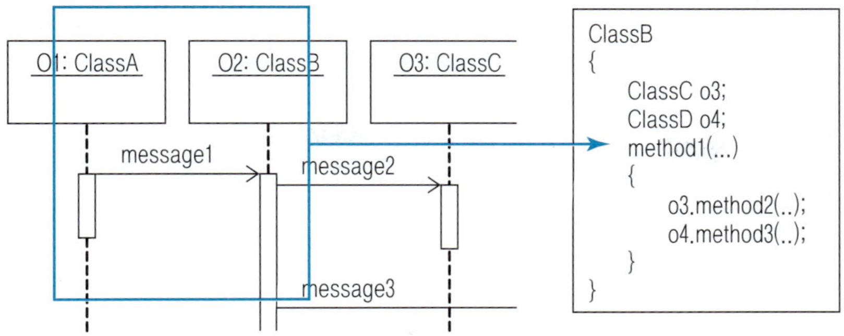

[그림 10.27] 시퀀스 다이어그램의 구현

개발하는 시스템의 모든 시퀀스 다이어그램에 담겨진 의미는 코드로 연결되어야 한다. 그림 10.28에 있는 CourseSection 클래스는 어떤 강좌를 나타내며 그 강좌에 대한 수강을 신청하면 신청하는 학생이 선수 과목을 체크하여 수강하였다면 등록시킨다.

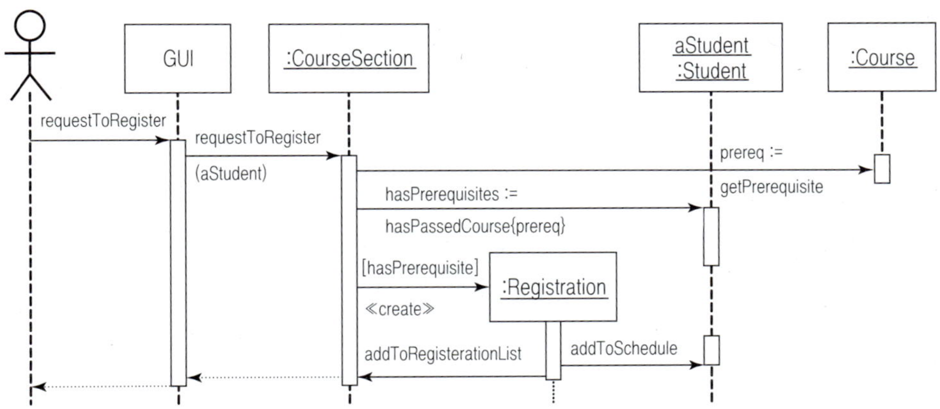

[그림 10.28] 수강 신청 과정을 나타낸 시퀀스 다이어그램

사용자가 GUI를 통하여 특정 강좌의 수강을 신청하면 그 강좌의 CourseSection 객체가 가지는 requestToRegister라는 메소드를 호출한다. 호출받는 requestToTegister 메소드 안에서는 여러 가지 일들을 수행하는데 그 기준은 CourseSection 객체의 상태에 따라 달라진다. 객체의 상태는 open과 closedOrCancelled의 변수 값과 얼마나 많은 학생이 신청하였느냐로 결정된다. 객체는 세가지 상태, 수강을 받고 있는 'Open' 상태와 수강 인원이 충분하지 않거나 사정으로 취소된 'Cancelled' 상태, 인원이 차서 등록이 끝난 'Closed' 상태로 나눈다.

강좌가 'Open' 상태라면 강좌 정보를 가진 Course 클래스에서 선수과목을 찾아보고 그 과목을 수강하였는지 aStudent 객체에 알아보는 hasPassedCourse 메소드를 호출한다. 그 결과를 보고 수강이 가능하면 등록 정보를 저장하는 'Registration' 객체를 만들고 여기에 학생과 강좌를 연결한다. 그리고 학생의 시간표에도 등록하고 강좌의 수강생 리스트에도 추가한다.

```
public class CourseSection
{
    // The many-1 abstraction-occurence association private Course course
    // The 1-many association to class Registration private List registationList
    // The following are present only to determine the state.
    // The initial state is 'Planned'
    private boolean open = false;
    private boolean closedOrCancelled = false;

    public CourseSection(Course course)
    {
        this.course = course;
        RegistrationList = new LinkedList( );
    }
    public void cancel( )
    {
        // to 'Cancelled' state
        open = false;
        closedOrCancelled = true;
        unregisterStudents( );
    }
    public void openRegistration( )
    {
        if(!closedOrCancelled)
        // must be in 'Planned' state
        {
            open = true;
            // to 'OpenNotEnoughStudents' state
        }
    }
    public void closeRegistration( )
    {
        // to 'Cancelled' or 'Closed' state
        open = false;
        closedOrCancelled = true;
        if (registrationList.size( ) < course.getMinimum( ))
        {
            unregisterStudents( );
            // to 'Cancelled' state
        }
    }
    public void requestToRegister(Student student)
    {
        if (open) // must be in one of the two 'Open' states
```

```
        {
            // The interaction specified in the sequence diagram
            Course prereq = course.getPrerequisite( );
            if (student.hasPassedCourse(prereq))
            {
                // Indirectly calls addToRegistrationList
                new Registration(this, student);
            }

            // Check for automatic transition to 'Closed' state
            if (registrationList.size( ) >= course.getMaximum( ))
            {
                // to 'Closed' state
                open = false;
                closedOrCancelled = true;
            }
        }
    }
    // Activity associated with 'Cancelled' state.
    private void unregisterStudents( )
    {
        Iterator it = registrationList.iterator( );
        while (it.hasNext( ))
        {
            Registration r = (Registration)it.next( );
            r.unregisterStudent( );
            it.remove( );
        }
    }

    // Called within this package only, by the constructor of Registration
    void addToRegistrationList(Registration newRegistration)
    {
        registrationList.add(newRegistration);
    }
}
```

[그림 10.29] CourseSection 클래스의 구현

상태 다이어그램의 구현

상태 다이어그램은 시스템의 동적 모델을 나타내는 또 다른 방법이다. 시스템이나 개별 객체들의 동작에 따른 변화를 잘 나타내는 설계 모델이다. 주어진 시점에 시스템이나 객체가 어떤 상태에 머물고 있음을 표시하고 상태의 변화를 줄만한 이벤트 또는 메시지가 호출되면 다른 상태로 변환한다.

단일 객체의 상태를 나타낸 모델은 상태 다이어그램을 하나의 클래스로 매핑한다. 상태 다이어그램 안에는 상태, 이벤트, 이벤트 조건, 액션 네 가지가 있다는 것을 6장에

서 설명하였다. 상태 다이어그램 안의 네 가지 요소들은 프로그램 언어로 다음과 같이 매핑된다.

- 상태 – 상태정보를 저장하기 위한 속성을 클래스에 추가한다.
- 이벤트 – 이벤트는 객체의 상태를 변화시키는 것으로 외부 시그널이나 객체에 소속되어 호출된 메소드로 구현된다.
- 컨디션 – 상태 변화를 일으키는 조건을 나타내는 것으로 메소드 구현 안에서 조건을 체크한다.
- 액션 – 이벤트의 액션은 메소드 안에 탑재한다.

네 가지 요소들이 구체적으로 어떻게 구현되는지 그림 10.30에 표시하였다. 상태 다이어그램에 있는 모든 상태는 상태를 나타내는 하나의 변수 안에 들어가는 값이다. 다음에는 상태의 변화를 일으키는 이벤트를 처리하는 메소드를 만들고 그 안에 현재의 상태를 체크하여 state_k에 있다면 트랜지션 중 이루어져야 할 액션을 구현하고 전이될 상태로 상태 변수를 바꾸어준다.

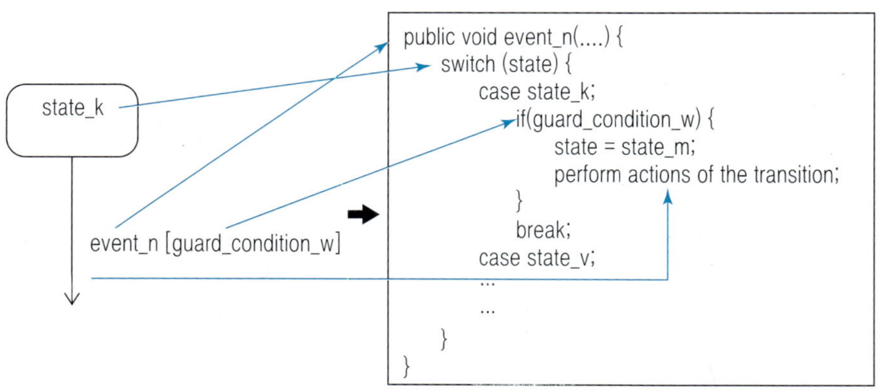

[그림 10.30] 상태 다이어그램의 구현

그림 10.31에 있는 자판기를 제어하는 클래스를 코드로 작성해 보자. 먼저 상태를 나타내는 변수, state를 정의한다. 다음에는 다섯 개의 상태를 나타내는 변수 값을 상수로 정의한다. 즉 WaitingCoin, WaitingSelection, DispensingSoftDrink, DispensingChange, EjectingCoins는 State가 가지는 값으로 static 선언을 함으로써 객체마다 따로 생성하는 것이 아니라 같이 공유하는 값들이다.

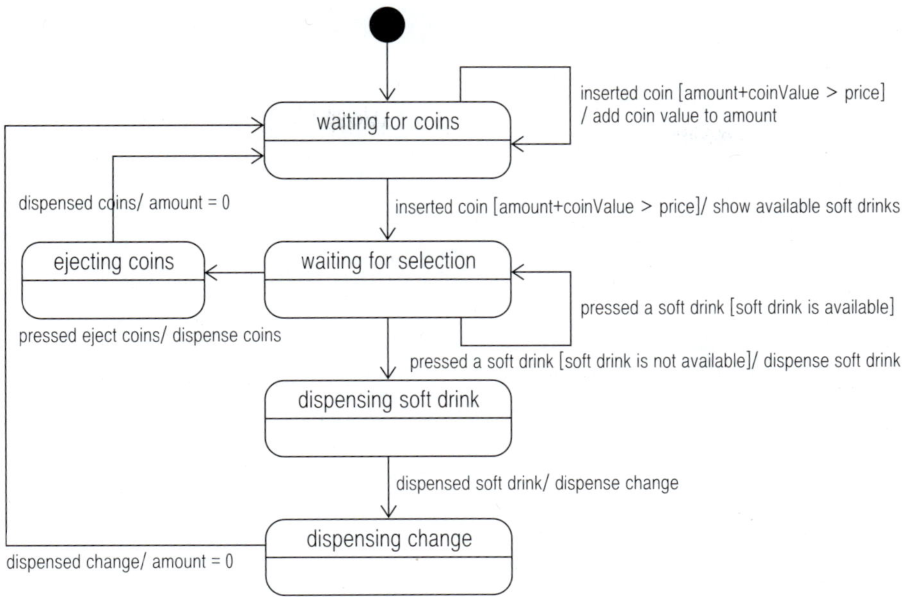


```
class VendingMachineControl
{
      int_state;
      float_amount, _price;
      static final int WaitingCoin = 1;
      static final int WaitingSelection = 2;
      static final int DispensingSoftDrink = 3;
      static final int DispensingChange = 4;
      static final int EjectingCoins = 5;
```

[그림 10.31] 자판기 제어 클래스의 상태 다이어그램과 코딩

초기 상태에서 첫 상태로 진입하는 것은 생성자로 구현한다. 이때 생성자 안에서 상태 변수와 기타 변수를 초기화 한다. 다음으로 상태를 변화시키는 이벤트는 그림 10.32(b)에서 설명한 것처럼 메소드 안에 구현한다.

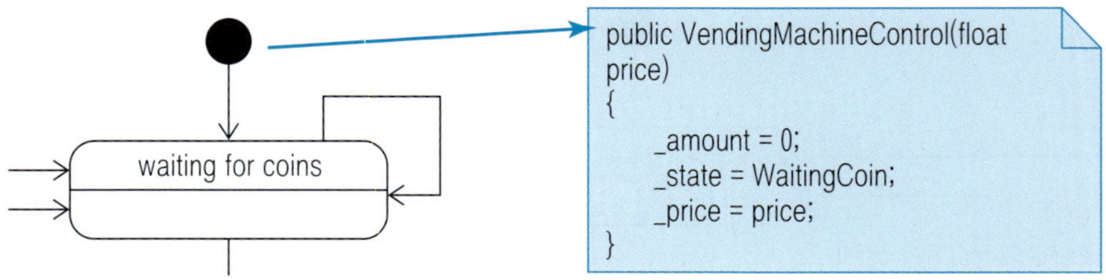

(a) 상태 초기화

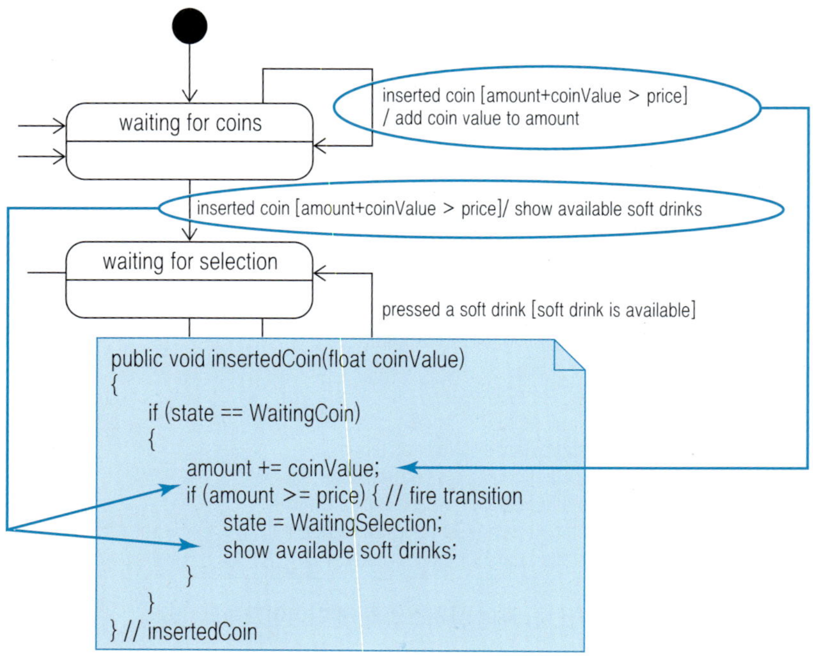

(b) 이벤트와 액션의 구현

[그림 10.32] 상태 천이의 구현

서브 상태의 구현 상태 다이어그램은 상태 안에 내장될 수 있다. 내부 다이어그램의 상태를 서브 상태라 한다. 그림 10.33은 자동판매기의 잔돈 배출, 즉 dispensing 서브 상태를 나타낸 것이다. 서브 상태를 제어하기 위하여 별도의 클래스, DispenseControl을 정의하였다. 또한 서브 상태를 저장하기 위한 변수, _state를 생성하고 변수 안에 저장될 값들을 상수로 정의하였다.

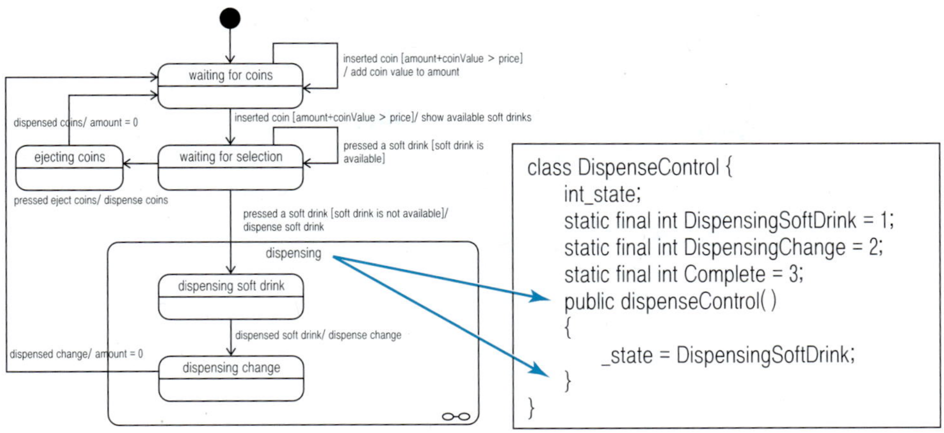

(a) 서브 상태의 생성자 구현

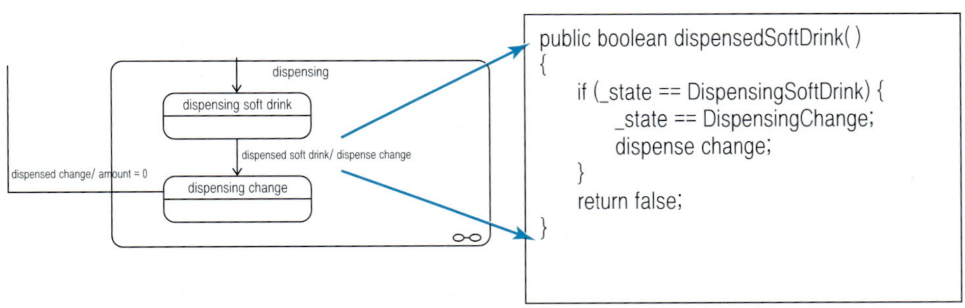

(b) 서브 상태의 이벤트 구현

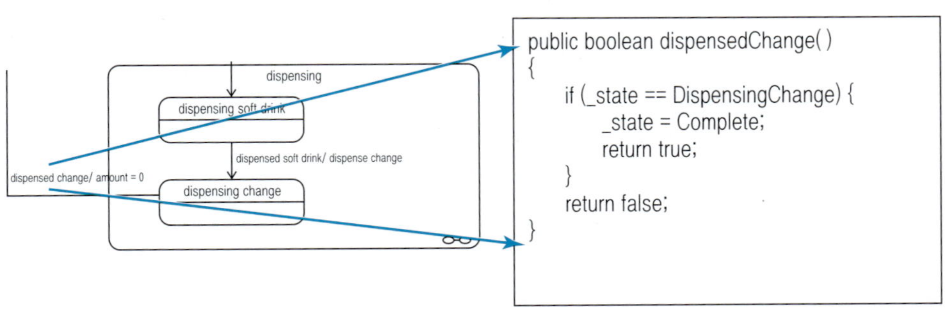

(c) 서브 상태의 종료 구현

[그림 10.33] 서브 상태의 구현

서브 상태를 구현할 때 또 한 가지 필요한 작업은 상위 상태와의 연결이다. 즉 메인 상태에 서브 상태를 나타내는 클래스를 정의하고 서브 상태를 나타내는 객체를 생성한 후 초기화 한다. 그림 10.34는 메인 상태를 나타내는 클래스에서 서브 상태를 제어하는 클래스의 객체 dispanseControl을 생성하는 과정을 코드화 한 것이다.

```
class VendingMachineControl
{
    declaration of state attribute, constants, other attributes;
    declaration of inner class dispenseControl;
    public VendingMachineControl(float price)
    {
        _amount = 0;
        _state = WaitingCoin;
        _price = price;
        _substate = new DispenseControl( );
    }
}
```

[그림 10.34] 서브 상태의 초기화

메인 상태에서 서브 상태 안으로 상태 변환하는 것은 서브 상태를 나타내는 객체의 메소드를 호출함으로 가능하다. 또한 서브 상태의 종료조건 체크 후에는 메인 상태로 전환되도록 구현한다(그림 10.35).

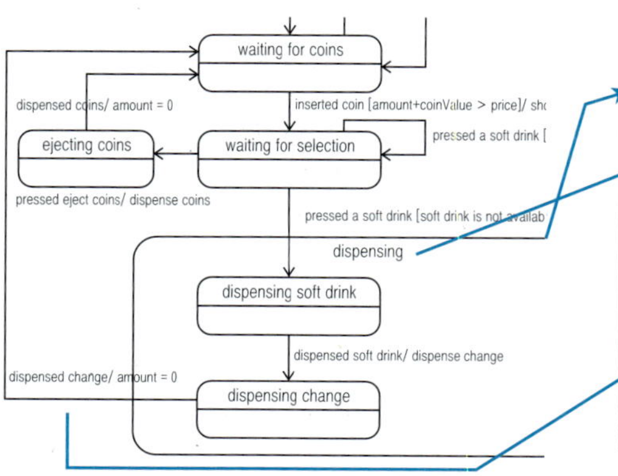

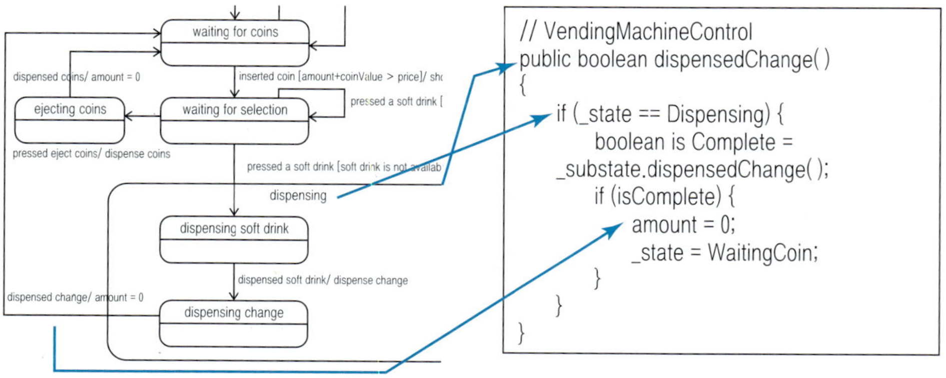

```
// VendingMachineControl
public boolean dispensedChange( )
{
    if (_state == Dispensing) {
        boolean is Complete =
    _substate.dispensedChange( );
        if (isComplete) {
            amount = 0;
            _state = WaitingCoin;
        }
    }
}
```

[그림 10.35] 메인에서 서브 상태로 전환에 대한 구현

액티비티 다이어그램의 구현

액티비티 다이어그램은 일반적으로 프로시저 안에서 수행되어야 할 액션들의 순서를 나타낸다. 즉 제어 객체나 서브시스템의 알고리즘이나 제어흐름을 나타낸다. 대부분 메소드 안에 프로그래밍 언어의 반복문, 제어문으로 제어흐름을 구현한다.

액티비티 다이어그램 안에서 출현하는 각 요소들에 대한 코딩 규칙은 다음과 같다.

- 액션 상태 – 메소드 호출이나 일반적인 계산 문장으로 구현
- 제어 노드 – if–then–else 문장으로 구현
- 병렬 노드 – 스레드로 구현
- 반복 구조 – while이나 for 루프로 구현

액티비티 다이어그램에 나오는 내용이 대부분 제어의 흐름이므로 그림 10.36과 같이 액션은 분기 없는 순차적인 문장이나 메소드 호출로 구현된다. 분기 노드에는 가드로 조건이 표시되어 있어 이를 if–then–else의 선택 문장으로 바꾸고 선택 조건을 코드화 한다. 병렬 흐름이 나타나는 경우는 스레드를 만들어 병렬 수행하도록 나타낸다.

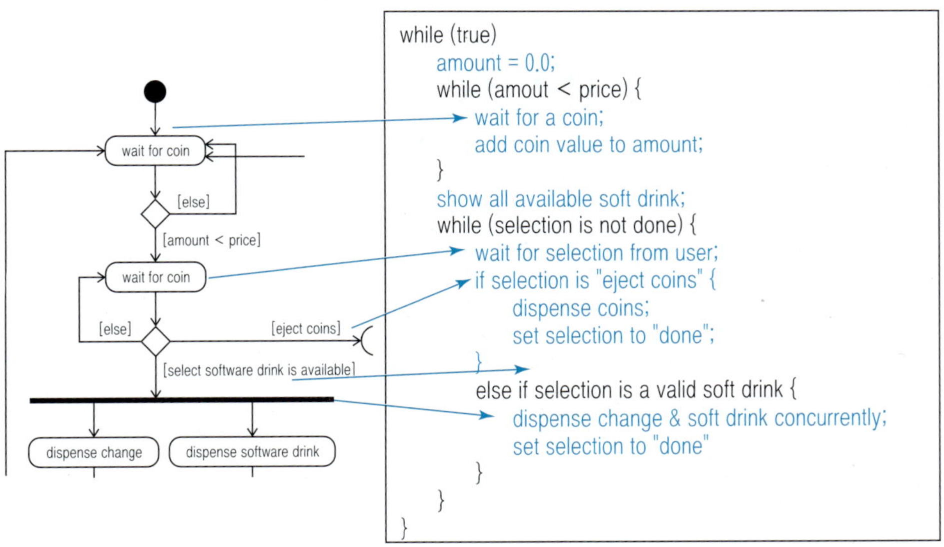

[그림 10.36] 액티비티 다이어그램의 구현

Box 10.1 | **구현에서 자주 발생하는 실수**

구현 단계에 자주 발생하는 실수 4 가지를 소개하면 다음과 같다.

- 연구 중심 개발 – 최신 가술을 이용하는 프로젝트는 새로운 기술을 탐구하여야 한다. 최신 도구와 기술이 잘 이해되지 않는 경우가 많다. 해법은 프로젝트의 시간과 비용을 늘이는 것이다. 이런 기술이 시간과 노력을 줄인다고 주장하더라고 실수를 줄이기 위하여 프로젝트 기간을 충분히 가져가야 한다.

- 값싼 인력 - 대개 지불한 만큼 얻는다. 값싼 컨설턴트나 개발 인력은 좋은 인력보다 생산성이 떨어진다. 연구에 의하면 우수한 프로그래머는 6배 내지 8배의 생산성을 낸다고 한다. 해법은 비용이 중요하더라도 최선의 베테랑 인력을 배정한다. 비용을 줄이기 위하여 초보 인력을 배정하지 않는다.
- 코드 제어 부제 - 대규모 프로젝트는 원시코드에 대하여 동시에 변경하는 것이 아니라 협조하여야 한다. 프로그래머들이 동시에 프로그램의 같은 부분을 수정하면 덧쓰여진다. 이런 문제를 피하기 위하여 전화나 이메일로 변경의 순서를 정하는 경우가 있다. 이런 불편함을 해소하기 위한 해법은 프로그램을 조사하여 동시에 작업하는 것을 금지하는 원시코드 라이브러리를 사용하거나 원시코드 버전 제어 시스템을 사용한다.
- 부적절한 테스팅 - 구현 단계에 프로젝트가 실패로 끝나는 이유 중 하나는 대충하는 테스팅이다. 즉 제대로 된 테스트 계획 없이 시스템을 테스트하는 것이 문제가 된다. 해법은 테스팅에 충분한 시간을 할애하여 계획적으로 하는 것이다.

10.4 컴포넌트 다이어그램과 배치 다이어그램

UML 다이어그램은 대부분 요구 분석과 설계 단계의 모델링 작업을 위하여 사용한다. 그러나 구현 단계에서 사용하는 다이어그램도 두 가지가 있다. 시스템을 구성하는 독립적인 컴포넌트 단위의 관계들을 정리한 컴포넌트 다이어그램과 실행될 때 각 처리 요소들이 어떤 하드웨어 노드에 설치되는지를 나타내는 배치 다이어그램이다.

컴포넌트 다이어그램

컴포넌트 다이어그램은 UML 버전 2.0이 되면서 개념과 사용에 변화가 있었다. 원시코드에 의한 실행 컴포넌트와 jar 파일과 같은 결과물(artefact) 사이에 차이가 있기 때문이다. 결과물은 UML 2.0에서 새로 소개되었으며 배치 다이어그램에 사용되고 있다. Jar 파일과 같은 결과물은 이미 개발된 컴포넌트들에 의하여 표현된다. UML 2.0에서 컴포넌트는 잘 정의된 인터페이스를 가진 모듈화 된 소프트웨어를 표현하는 데 사용된다.

컴포넌트는 논리적일수도 있고 물리적일수도 있다. 따라서 컴포넌트 다이어그램은 시스템 또는 서브시스템에 있는 컴포넌트의 개념적이고 논리적인 컴포넌트나 배치될 실제 컴포넌트를 모델링하는 데 사용한다. Cheesman과 Daiels는 컴포넌트의 여러 가지 형식을 구분하고 있다.

- 컴포넌트 명세 – 인터페이스에 의한 모듈화 된 단위 소프트웨어의 명세
- 컴포넌트 구현 – 설치 가능한 컴포넌트 명세의 구현
- 설치된 컴포넌트 – 런타임 환경에 있는 구현 카피
- 컴포넌트 객체 – 명세화 된 동작을 수행하는 설치된 컴포넌트의 인스턴스

컴포넌트 객체에 의하여 제공될 수 있는 동작의 집합을 컴포넌트 인터페이스라 정의한다. 컴포넌트 사이의 의존 관계는 그림 10.37에 있는 컴포넌트 다이어그램에 표시되어 있다. 어떤 컴포넌트가 요구하는 인터페이스는 그것을 제공하는 컴포넌트와 연결되어 있다. 그림 10.38에 있는 것처럼 Production scheduler는 Scheduling 인터페이스를 제공하며 Planning 인터페이스를 요구하는데 이는 Staff planner 컴포넌트가 제공한다. 연결은 요구 인터페이스와 제공 인터페이스 사이의 의존 화살표로 표시한다.

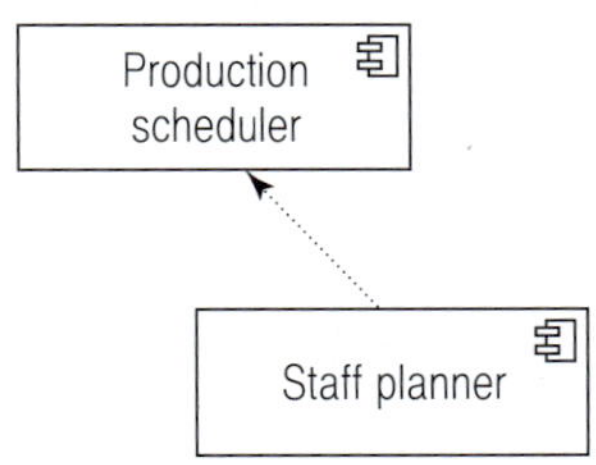

[그림 10.37] 컴포넌트 사이에 의존 관계

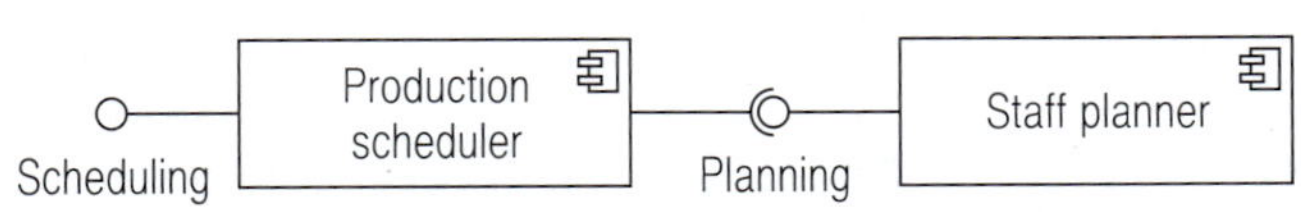

[그림 10.38] 요구 인터페이스와 제공 인터페이스 사이의 연결

컴포넌트의 인터페이스는 포트로 연결된다. 포트는 컴포넌트 접경에 작은 사각형으로 표시한다. 인터페이스가 포트에 연결되는 곳은 컴포넌트가 그 인터페이스와 관련된 동작의 책임을 내부에 있는 서브컴포넌트나 다른 객체로 위임한다는 것을 의미한다. 그림 10.39에 나타낸 것이 컴포넌트 내부 구조의 위임 관계와 내부 서브컴포넌트 사이의 연결을 나타낸 것이다.

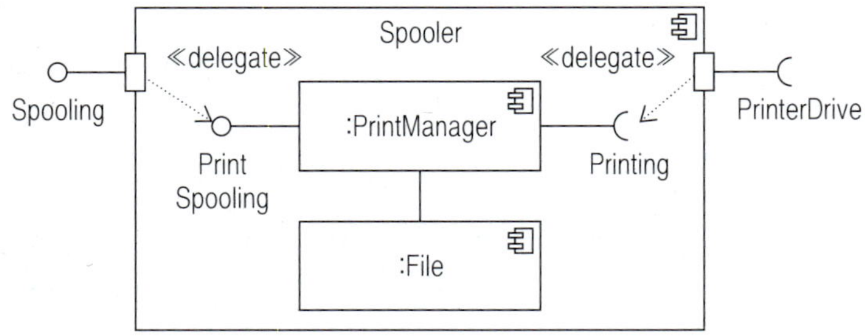

[그림 10.39] 컴포넌트 안에 있는 서브컴포넌트로 위임하는 인터페이스

배치 다이어그램

UML이 제공하는 구현 관련 다이어그램은 배치 다이어그램이 대표적이다. 배치 다이어그램은 런 타임 처리 요소의 형상과 소프트웨어 컴포넌트, 결과물, 프로세스가 어디에 위치하는지를 나타낸다. 배치 다이어그램은 노드와 커뮤니케이션 경로로 이루어진다. 노드는 컴퓨터를 나타내며 통신 경로는 노드를 잇는 네트워크와 프로토콜을 나타낸다. 노드는 사람이나 기계 등 처리하는 자원으로 본다. 노드는 육면체를 3차원으로 그리고 노드의 통신 경로를 선으로 표시한다.

배치 다이어그램은 그림 10.40 (a)에 나타낸 것처럼 컴퓨터의 타입이나 특정 노드를 나타낸다. 따라서 컴퓨터 노드 이름(swift)을 나타낼 수 있다. 또한 배치 다이어그램의 노드 안에는 jar 파일과 같은 런타임 환경에 배치를 나타낸 결과물이 존재할 수도 있다. 그림 10.40 (b)의 배치 다이어그램은 AgateClient.jar이란 결과물이 PC 클라이언트에 배치될 것이며 AgateServer.jar은 서버에 배치될 것이라는 사실을 나타낸다.

컴포넌트와 결과물 사이에 관계는 《manifest》 관계를 이용하여 나타낸다. 그림 10.41은 Agate 클라이언트와 AgateClient.jar 결과물 사이에 관계를 나타낸 것이다.

노드는 실행 환경만이 아니라 처리 장치도 나타낼 수 있다. 이들을 구별하기 위하여 stereotype을 이용한다. 실행 환경이란 실행 가능한 컴포넌트가 결과물에 의하여 배치될 수 있는 환경이다. 대표적인 예로 J2EE 응용 서버가 있다.

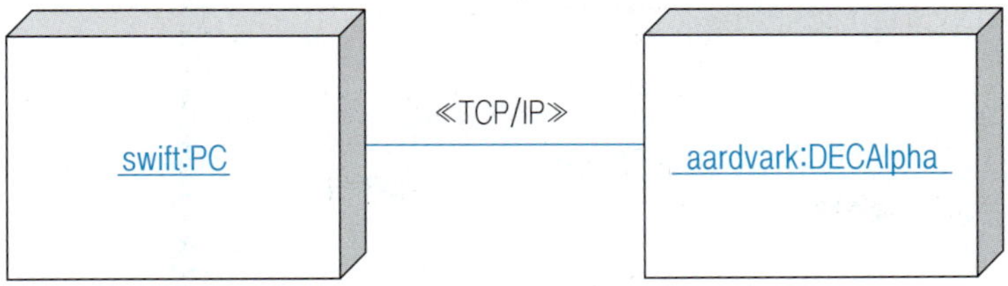

(a) 간단한 배치 다이어그램

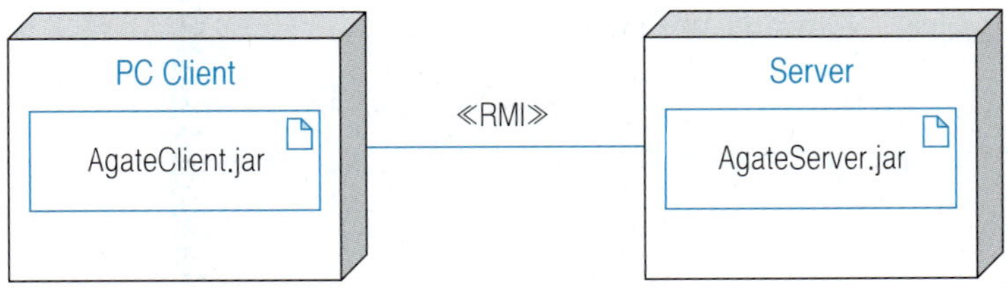

(b) 결과물이 있는 배치 다이어그램

[그림 10.40] 배치 다이어그램

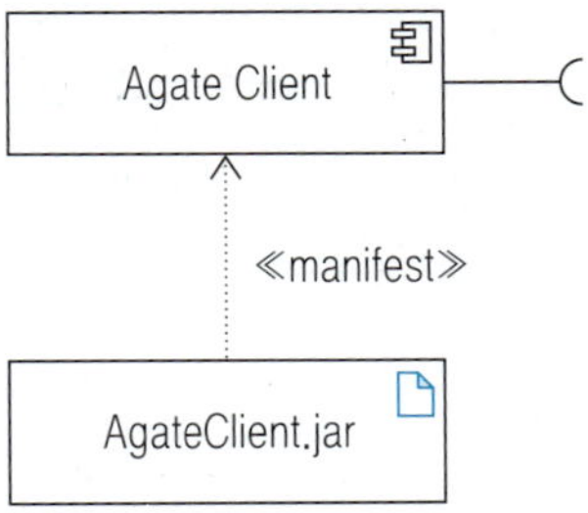

[그림 10.41] 컴포넌트와 결과물 사이의 관계

10.5 데이터와 시스템 전환 정책

현재 사용하는 시스템의 데이터는 새 시스템이 도입되면서 전환되어야 한다. 새 시스템을 사용하려는 조직은 새 시스템으로 인하여 대치되는 수작업 또는 사용하던 시스템이 있을 것이다. 이러한 데이터를 모으고 새로운 시스템에 필요한 포맷으로 변환한다. 그 시기는 전환하는 정책에 따라 다르다.

현재 시스템에서 새 시스템으로 데이터를 수작업으로 또는 소프트웨어를 사용하여 변환하기 위하여 시간과 인력이 필요하다. 이런 비용은 프로젝트 계획 단계에서 비용 수익 분석에서 파악하여야 한다.

이 장에서는 먼저 데이터 변환 작업과 전환 정책에 대하여 알아보고 데이터 변환에서 신경 써야할 보안과 관리에 대하여 설명한다.

데이터 변환

수작업 시스템에서 데이터를 모은다면 다양한 출처로부터 수집한다. 왜냐 하면 데이터가 여러 다른 파일이나 목차 카드, 카탈로그와 같은 문서에 존재하기 때문이다. 이러한 데이터들이 새로운 시스템에 수작업으로 입력된다면 정보를 모으는 데 사용할 종이 양식을 만들어야 한다. 어떤 데이터는 시스템이 오픈될 때 한 번만 입력하면 되는 것이 있다. 예를 들면 시스템에서 사용되는 코드들은 바뀌지 않는 한 처음에만 입력하면 된다.

현재 존재하는 컴퓨터 시스템의 데이터는 파일이나 데이터베이스에서 뽑아내어 새로운 시스템에 맞게 포매팅 하면 된다. 이런 기회가 데이터를 정제하는 계기가 되는데 예를 들면 오래된 기록을 삭제하고 저장된 값을 잘 정리한다. 현재 시스템에 보관되어 있는 주소나 전화번호는 사용자에 의하여 남용 또는 오용되기 쉽다. 따라서 데이터 변환 작업은 시스템 개발자에 의하여 작성된 특별 프로그램으로 하거나 전문 컨설턴트를 고용하거나 여러 형태로 자료를 읽고 쓸 수 있는 상용 소프트웨어를 사용한다.

자세한 작업 과정은 그림 10.42에 나타낸 것과 같다. 모든 데이터가 새 시스템에 입력되기 위하여 빡빡한 일정으로 변환되거나 일정한 기간이 지나야 변환되게 할 수도 있다. 이 때 상품 정보나 고객 정보와 같이 상대적으로 변경이 많지 않는 것부터 변환하는 것이 좋다. 상품주문이나 비즈니스 거래와 같은 자주 변하는 파일은 최후 마감까지 미루어도 좋다. 배송 중인 주문만 새 시스템에서 인수 받게 한다. 만일 이력 데이터가 이전 시스템에 보관되어 있다면 새 시스템이 가동된 후 일정 기간 동안 보관하게 한다. 구현 정책에 따라 변환을 위한 일정을 정한다.

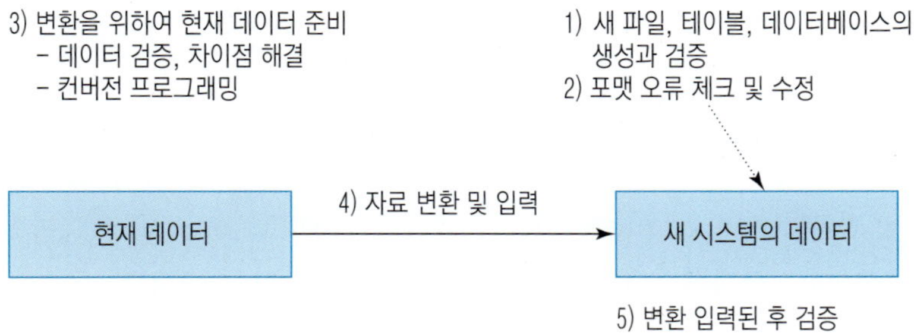

[그림 10.42] 데이터 변환 작업

실제 데이터를 변환하기 전에 항상 시범 데이터로 변환을 실시한다. 예를 들어 제조와 부품 시스템을 위한 데이터를 변환한다고 하자. 두 시스템 모두 부품의 식별자 항목에 영어를 사용하는데 대소문자를 구별하고 있다. 하지만 변환 소프트웨어는 부품 식별자의 모든 문자를 대문자로 바꾸어 버렸다. 부품의 이름을 대소문자로 구별하여 주요 조립과 부수 조립 과정에 구별하여 사용된다면 문제를 일으킬 수 있다.

이런 경우 사용하던 시스템 안에 데이터를 원하는 포맷, ASCII 코드, ODBC(Open Database Connectivity) 질의어 표준으로 바꿀 수 있는 기능이 있을 수도 있다. ODBC는 여러 DBMS 벤더들이 데이터를 교환할 수 있도록 따르는 표준 프로토콜이므로 대부분이 제공하고 있다.

데이터 변환 보안

변환 과정에 데이터는 매우 불안정하므로 잘 관리하고 유지하여야 한다. 허가되지 않은 접근으로부터 데이터를 보호하기 위하여 모든 시스템 제어가 정상적이며 오류 입력을 피할 수 있어야 한다.

데이터 변환에 신중을 기하고 입력을 관리한다 해도 오류가 발생한다. 예를 들면 중복된 고객 레코드나 통일되지 않은 부품 번호가 예전 시스템에서는 통용되었으나 새 시스템에서는 문제를 일으킬 수 있다. 대부분의 경우 사용자에게 모든 데이터를 검증하고 오류를 수정하며 변환하는 동안 없어진 데이터 아이템을 제공할 것을 요구한다. 이러한 과정은 매우 많은 시간이 필요하고 비용이 많이 들지만 새 시스템이 정확하고 오류 없는 데이터를 올리기 위해서는 필수적이다.

시스템 전환 방법

시스템 전환(changeover)이란 새로운 시스템을 온라인으로 만들고 예전 시스템을 퇴출시키는 과정이다. 전환은 신속히 할 수도 있고 천천히 할 수도 있다. 변환 방법은 네 가지, 즉시 변환(direct changeover), 병행 운영(parallel operation), 파일럿 운영(pilot operation), 단계적 운영(phased operation)으로 나눌 수 있다.

즉시 변환은 예전 시스템으로부터 새 시스템으로 즉시 대치시키는 것이다. 병렬 운영은 정해진 기간 동안 두 시스템을 동시에 실행시켜 가장 천천히 변환하는 방법이다. 파일럿 운영과 단계적 운영은 중간에 속한다.

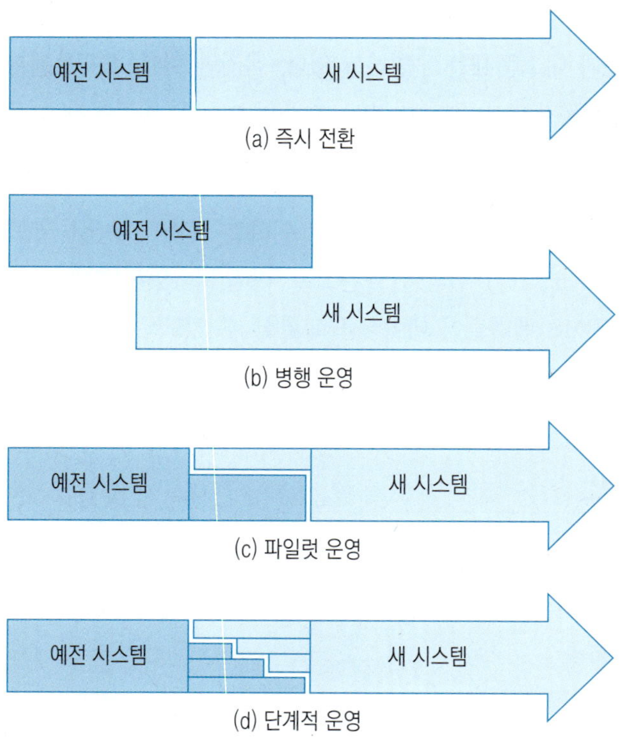

[그림 10.43] 시스템 전환 방법

- **즉시 전환** 즉시 전환은 새 시스템이 가동될 수 있을 때 즉시 새로운 시스템으로 전환하는 방법이다. 즉시 전환 방법은 가장 비용이 적게 드는 방법이며 어느 시점에 하나의 시스템만을 운영하고 유지보수 하면 된다.

하지만 즉시 전환은 다른 방법보다 위험이 높다. 완벽하고 신중하게 테스트하고 훈련한다고 하지만 시스템이 운용 상태로 들어가려면 많은 어려움이 있기 때문이다. 문제는 대부분 예상하거나 테스트하지 않은 데이터, 사용자나 오퍼레이터에 의하여 야기된 오류로부터 비롯된다. 시스템은 시험 데이터보다 아주 많은 실제 데이터가 사용되기 때문에 어려움을 겪게 된다.

초기 버전의 구현에 문제가 있을 때 네 가지 방법 중 제일 심각한 것이 즉시 전환 방법이다. 즉시 전환 방법은 사용자가 현 시스템의 출력을 예전 시스템의 출력과 비교해 볼 수기 때문에 사소한 오류를 찾는 것도 어렵다. 중요한 오류는 시스템의 가동을 완전히 중지시킬 수 있는데 즉시 전환 방법에서는 예전 시스템으로 돌이킬 수가 없다.

상용 소프트웨어를 구현 할 때는 즉시 전환 방법을 자주 사용한다. 왜냐하면 상용 패키지는 시스템이 완전히 장애를 일으킬 위험은 적기 때문이다. 상용 소프트웨어는 위험이 없는 것은 아니지만 벤더들이 충분한 지식을 가지고 대부분의 문제를 신속히 신뢰할 수 있게 해결할 수 있다.

반면 기관 내부에서 개발한 중요한 시스템은 즉시 전환한 경우 문제가 많다. 따라서 중요하지 않은 경우에만 즉시 전환 방법을 사용한다. 예전 시스템과 새 시스템을 동시에 지원하는 운용 환경이 제공될 수 없다든지 서로 호환성이 없는 경우에도 즉시 전환 방법을 사용한다.

즉시 전환 방법을 사용할 때 타이밍이 매우 중요하다. 대부분의 시스템은 주간, 월간, 분기간, 년간으로 운영한다. 예를 들면 매월 출력을 내야하는 급여 시스템을 예로 들어보자. 정기적으로 실행되어야 하는 정보 시스템이 주기의 중간에 구현되어 전환한다면 오래된 시스템과 새 시스템으로부터 모두 정보가 필요하다. 따라서 주기적으로 실행되는 시스템은 두 개의 다른 시스템으로부터 필요한 정보를 최소화하기 위하여 주기가 시작될 때 즉시 전환한다.

표 10.1 시스템 전환 방법의 비교

	즉시 전환	병행 운영	파일럿 운영	단계적 운영
장점	• 새 시스템의 도입 효과가 조직에 즉각적으로 발생 • 오래된 시스템을 고집하여 새 시스템을 약화시킬 기회를 주지 않음 • 계획이 단순함	• 새 시스템이 문제가 있다면 돌이킬 수 있음 • 과거 시스템과 새 시스템의 비교 가능	• 즉시 전환과 병행 운영의 장점을 모두 취함 • 리스크 감소, 비용 적음	• 서브시스템 각각에 주의를 기울여야 함 • 첫 단계를 잘 선택하면 투자 회수가 빠름 • 각 단계를 테스트하여 완벽한 시스템이 될 수 있음
단점	• 문제가 발생할 경우 돌이킬 수 없음 • 만일의 사태에 대한 계획이 필요	• 중첩되는 기간에 고객이 두 시스템의 비용을 지불할 경우 이중 비용 지출 • 두 시스템의 출력을 비교하는 비용 • 사용자가 친숙한 시스템을 고집하여 새 시스템을 쓰지 않을 수도 있음	• 파일럿의 성과를 정확히 판단하지 못하면 전면적인 적용에 문제가 될 수도 있음	• 초기 단계에 문제가 발생하면 새 시스템에 대한 나쁜 소문이 날 수도 있음 • 최종 전환 단계까지 수익을 오래 기다릴 수 있음

- **병행 운영** 병행 운영 방법은 예전 시스템과 새 시스템을 일정 기간 동안 병행 가동시킨다. 데이터는 양쪽 시스템에 입력하고 새 시스템의 출력은 구 시스템의 출력과 비교한다. 사용자, 관리자 등이 새 시스템이 정확하게 동작하여 만족한다면 예전 시스템을 종료시킨다.

  병행 운영의 가장 확실한 장점은 위험이 적다는 것이다. 새 시스템이 정확하게 작동하지 않으면 수정이 될 때까지 예전 시스템을 백업으로 사용할 수가 있다. 따라서 새 시스템이 정확히 동작하는지 검증하기 쉽다.

  단점은 첫째로 변환 비용이 가장 많다는 점이다. 구 시스템과 신 시스템이 모두 가동되어 병행 운영 기간 동안 양쪽 시스템을 위하여 이중으로 비용을 지불하여야 한다. 부수 업무를 위하여 임시로 직원을 고용할 필요가 생길 수도 있다. 또한 두 개의 시스템을 운용하는 것은 부담이 될 수 있고 처리의 지연을 가져 올 수도 있다.

  두 시스템이 기술적으로 호환되지 않거나 운영 환경이 두 시스템을 지원하지 않는다면 병행 운영은 적용할 수 없다. 또한 두 시스템이 다른 기능을 하거나 새 시스템이 비즈니스 수행에 새로운 방법을 채택하였다면 병행 운영은 적당한 방법이 아니다. 예를 들어 제품 추적 시스템을 새로 설치하려 할 때 회사에서 데이터 스캐너를 설치하기 전에는 사용이 불가능 하다.

- **파일럿 운영** 파일럿 운영은 새로 구현한 시스템을 기업의 한 부분에만 먼저 적용하는 방법이다. 예를 들어 판매 보고 시스템을 구현하여 어느 한 지점에만 설치하거나 새로운 급여 시스템을 어느 한 부서에만 설치하는 것이다. 새 시스템을 사용하는 그룹을 파일럿 사이트라 부른다. 파일럿으로 운영하는 동안 구 시스템은 기관 전체를 위하여 가동한다. 시스템이 파일럿 사이트에서 충분히 성공적이라 판단되면 다른 부분에도 즉시 전환한다. 따라서 파일럿 운영은 병행 운영이면서 동시에 즉시 전환 방법이다.

  구현을 파일럿 사이트에 국한시키는 것은 즉시 전환에 비하여 시스템 중단의 위험을 감소시킨다. 파일럿만을 위하여 병행 운영하는 것이 기관 전체를 위하여 병행 운영하는 것보다 비용이 적게 들기 때문이다. 또한 새 시스템을 완성시키기 위하여 병행 운영을 사용한다면 시스템이 파일럿 사이트에서 성공적이라는 확신을 가짐으로써 전환 기간을 짧게 할 수 있다.

- **단계적 운영** 단계적 운영 방법은 새 시스템을 단계 또는 모듈로 나누어 설치한다. 예를 들어 새 생산 관리 시스템을 한꺼번에 설치하는 것이 아니라 처음에는 부품 관리 시스템을 설치하고 다음에 제조 관리 시스템, 다음에 작업 비용 시스템 등으로 설치한다.

  단계적 운영과 파일럿 운영을 혼돈 할 수 있는데 두 가지 방법 모두 위험과 비용을 줄이기 위하여 즉시 운영과 병렬 운영을 결합한 것이다. 단계적 시스템은 모든 사용자에게 새 시스템의 일부를 제공할 수 있으나 파일럿 운영은 새 시스템 전체를 일부 사용자에게만 제공한다.

  단계적 운영의 장점은 오류나 고장의 위험을 구현된 모듈에만 국한시킬 수 있다는 점이다. 예를 들어 새로운 제조 관리 서브시스템이 고장 났을 때 새로 개발한 구매 서브시스템에는 영향을 주지 않고 사용하게 할 수 있다.

  단계적 운영은 완전 병행 운영보다 비용이 적게 든다. 그 이유는 시스템의 일부가

하나씩 작동되기 때문이다. 시스템이 논리적인 모듈로 쉽게 나눌 수 없을 경우 단계적 접근 방법은 부적절하다. 또한 시스템을 상당히 많은 단계로 나눌 경우 파일럿 방법보다 비용이 많이 든다.

그림 10.44는 전환 방법에 대한 위험과 비용을 그래프로 나타낸 것이다. 시스템 분석가는 각 방법의 장점과 단점을 계량하여 상황에 맞는 방법을 선택한다.

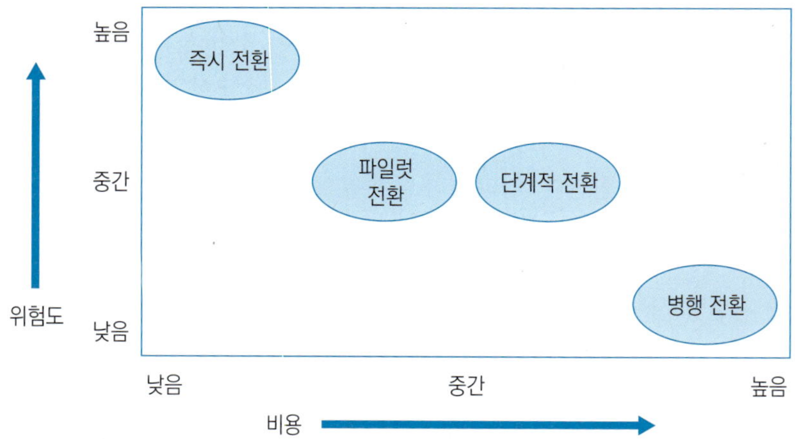

[그림 10.44] 전환 방법의 위험 및 비용에 대한 상대적 특성

10.6 사용자 교육

소프트웨어, 하드웨어, 생산 시스템 어떤 것이든 적절한 교육 없이 성공할 수 없다. 성공적인 정보 시스템이 되기 위하여 사용자, 관리자, IT 부서 직원 모두 교육이 필요하다. 시스템 개발 노력의 성패는 사람들이 시스템을 이해하느냐 못하느냐, 얼마나 효과적으로 사용할 줄 아느냐에 달려있다.

교육 계획

시스템을 개발하는 초기에 교육 계획을 세워야 한다. 문서를 작성하면서 교육할 때 어떻게 사용할 것인지 생각하여야 한다. 적시에 적절한 대상에게 적절한 교육을 제공하는 것이 중요하다. 첫 단계는 누가 교육을 받을 것인지, 무슨 교육이 필요한지 파악한다. 조직을 자세히 검토하여 시스템이 비즈니스 활동을 어떻게 지원할 것인지 누가 참석하고 영향을 받을 것인지 관찰한다. 그림 10.45는 각 그룹이 시스템을 이해하고 사용하기 위하여 필요한 배경 지식과 자세한 정보가 무엇인지 나타내고 있다.

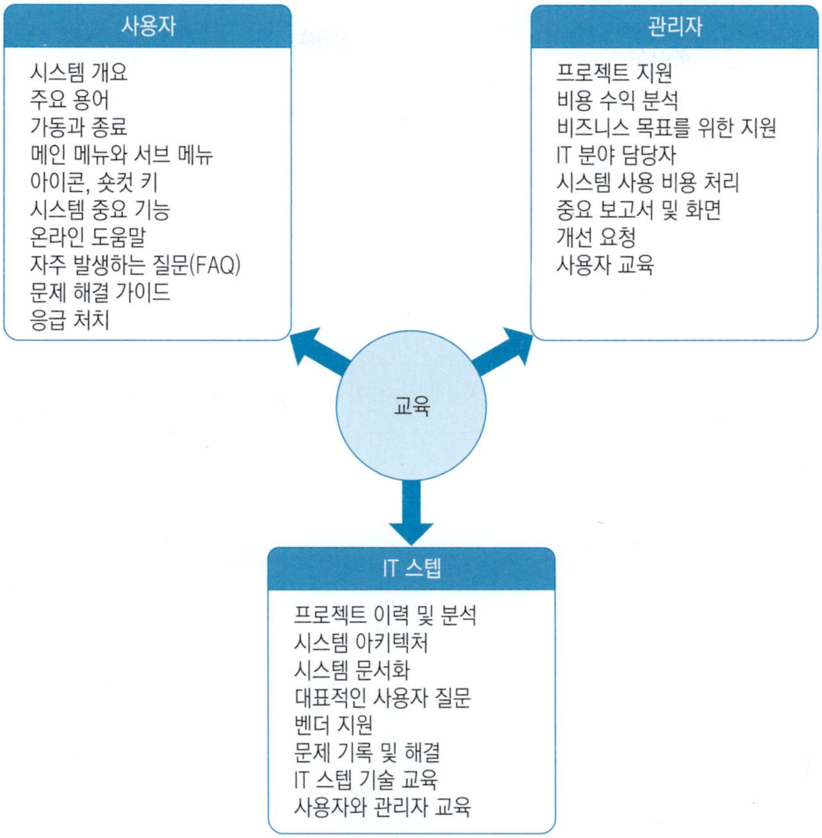

[그림 10.45] 세 가지 그룹을 위한 교육 주제

그림 10.45에 있는 것처럼 교육 대상은 사용자, 관리자, IT 스텝이 있다. 관리자는 모든 서브 메뉴나 기능을 이해할 필요는 없다. 그러나 사용자가 적절히 훈련받고 시스템을 올바로 사용하는지 확인하기 위한 시스템의 교육은 필요하다. 마찬가지로 사용자는 일상적인 업무 기능과 관련된 것은 알아야 하지만 시스템 사용에 대한 비용처리 등에 대해서는 알 필요가 없다. IT 스텝이 가장 중요하게 생각하는 정보는 다음과 같은 것들이다. 즉 새 시스템이 어떻게 작동되는지 비즈니스 요구를 어떻게 지원하는지 사용자가 시스템을 운영하고 작업을 수행시키는 데 필요한 스킬이 무엇인지를 명확히 이해하여야 한다.

목적을 파악한 후에는 교육을 어떻게 제공할 것인지 결정하여야 한다. IT 스텝이 직접 사용자 교육을 할 수도 있고 벤더가 제공하는 교육을 할 수도 있으며 외부에 위탁할 수도 있다.

내부 교육

IT 스텝과 사용자 부서는 내부에서 개발한 소프트웨어의 교육 프로그램 개발과 실행을 위하여 협력한다.

멀티미디어는 매우 효과적인 교육 도구이다. 파워포인트와 같은 프리젠테이션 소프트웨어는 슬라이드, 애니메이션, 사운드를 결합하여 교육을 설계할 수 있게 한다. 또한 키 입력과 마우스 액션을 캡처하여 스크린에 재생하는 프로그램을 사용할 수도 있다. 소속 기관에 미디어 또는 그래픽 아트 그룹이 있다면 비디오테이프나 차트 등의 교육 매체 준비에 도움을 받을 수도 있다.

교육 프로그램을 개발할 때 다음과 같은 가이드라인을 지켜야 한다.

[그림 10.46] 컴퓨터 사용자 교육

- **다른 그룹은 별도의 교육 프로그램으로 훈련** 집단 교육은 시간과 훈련 장비의 사용이 가장 효율적이다. 그룹이 작다면 다른 사람의 질문과 문제를 통하여 배울 수 있다. 교육 프로그램은 광범위한 참여자의 업무 관심사와 스킬을 다루어야 한다. 예를 들어 IT 스텝과 사용자는 매우 다른 정보를 요구한다. 문제는 기술 배경 지식이 있는 사람과 없는 사람이 나뉠 때 발생한다. 단일 프로그램은 모든 사람의 요구를 만

족시키지 못한다.

- **교육에 가장 효과적인 장소를 선택** 회사 안에서 교육하는 것은 여러 가지 장점이 있다. 사원들의 출장비용이 발생하지 않고 즉시 처리해야 할 비상 상황에 즉시 대응할 수 있으며 시스템이 운용되는 실제 환경에서 교육을 받을 수 있다. 단점은 전화나 그 밖의 업무에 방해를 받아 충분한 교육 효과를 얻지 못할 수도 있다. 또한 교육을 위하여 기업의 장비를 사용하면 정상적인 업무를 방해할 수 있으며 실제 직접 해보는 훈련의 량이 제한될 수 있다.

- **듣고 보고 경험하는 학습을 제공** 어떤 사람은 강의, 토론, 질문과 대답으로 가장 잘 배운다. 또 다른 사람들은 데모를 봄으로써, 또는 문서를 읽음으로써 잘 배운다. 그러나 대부분은 해보는 경험으로 가장 잘 배운다. 여러 가지 학습 방법을 제공하여 교육이 되어야 한다.

- **효과적인 교육 자료 준비** 사용자에게 친숙한 교육 자료는 교육의 효과를 높이고 사용자에게 가치 있는 자료를 제공한다. 교육 자료를 여러 가지 형태, 전통적인 매뉴얼, 인쇄된 유인물, 온라인 교재로 준비할 수 있다. 중요한 목표는 사용자에게 친숙하며 비용이 효율적인 교육을 제공하는 것이다. 강의 방법에 관계없이 훈련 강좌는 시스템의 모든 기능을 사용하도록 하나씩 단계적으로 강의하여야 한다

  대부분 사람들은 훈련 과정에 적극적으로 참여했을 때 제일 잘 배운다. 튜토리얼은 교재를 설명하고 사용자와 대화를 제공하는 쌍방향 온라인 강의 시리즈이다. 그림 10.47에는 학사 관리 시스템을 위한 튜토리얼 강의 사례이다. 첫 강의에서는 시스템에 들어가고 나가는 법을 배운다. 둘째 번 강의에서는 강의 계획서를 입력하는 방법을 강의한다.

  교재 안에는 모든 선택 사항과 명령어, 오류 메시지 리스트, 문제가 일어났을 때 사용자가 취하여야 할 조치 등을 요약하여 제공하여야 한다. 복잡한 튜토리얼은 사용자가 여러 가지 작업을 연습해 보고 진행을 피드백 받을 수 있는지 나타내는 상호작용이 있는 부분이다. 상호작용이 있는 튜토리얼을 개발할 자원이 없어도 도움말 정보를 다이얼로그 박스에 보여주고 사용자가 여러 메뉴 중 어떤 것을 선택할지 제안하게 할 수도 있다.

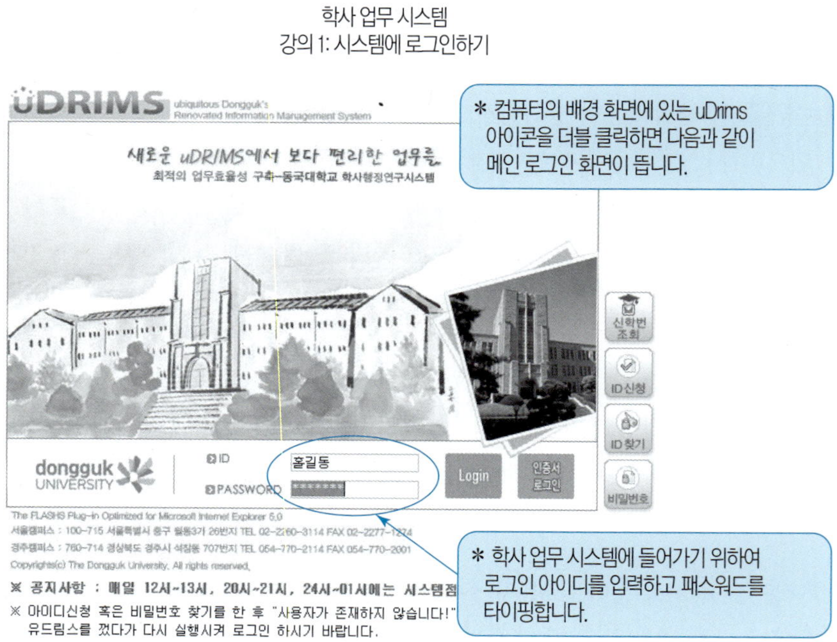

[그림 10.47] 학사 업무 시스템의 튜토리얼 사례

- **교육 받은 인력 활용** 이미 교육 받은 사용자가 다른 사람을 도와줄 수 있게 한다. 공통의 경험과 업무 책임을 공유하는 동료 직원으로부터 배우는 것이 더 효과적일 수 있다. 수강자가 수강자를 교육하는 전략을 이용하여 좀 더 잘 아는 사용자를 선택할 수 있다. 이 때 처음 교육받는 사람들에게는 시스템의 사용 방법만이 아니라 교재를 효과적으로 발표하기 위한 강의도 이루어져야 한다.

교육이 끝난 뒤에는 리허설이라 할 수 있는 기관 전체 규모의 테스트를 하거나 시뮬레이션 한다. 시뮬레이션 안에는 월말, 분기말, 년말에 이루어지는 처리 과정을 모두 포함하고 있어야 한다. 문제나 질문이 제기되었을 때 참석자는 시스템의 문서나 도움말 기타 적절한 답을 찾기 위하여 조언한다. 전체 규모의 테스트는 새 시스템과 관련 있는 모든 사람에게 가치 있는 경험과 확신을 심어준다.

요약

- 구현 작업은 설계를 바탕으로 코딩하고 테스팅하여 새 시스템으로 빌드하는 작업이다.
- 구현 작업에는 IDE와 함께 형상관리 도구가 필요하며 코딩 스타일을 표준화하기 위한 계획이 필요하다.
- 정적 모델은 클래스 안의 속성과 오퍼레이션을 구현하고 클래스 사이의 관계들을 구현한다.
- 동적 모델 중 시퀀스 다이어그램은 클래스 안의 메소드 구현에서 어떤 객체에 메시지를 호출하는지를 가이드한다.
- 동적 모델 중 상태 다이어그램은 클래스의 속성에 따른 메소드의 호출 조건과 여부를 가이드한다.
- 구현 단계에 사용되는 다이어그램은 컴포넌트 다이어그램과 배치 다이어그램이 있다.
- 시스템 전환 방법에는 즉시 전환, 병행 운영, 파일럿 운영, 단계적 운영이 있다.
- 사용자 교육은 사용자의 성격(사용자, 관리자, IT 스탭)에 따라 계획하여 실시한다.

퀴즈

1. 구현 작업은 논리적으로 표현된 ______________을 실제 작동될 ______________로 바꾸는 작업이다.

2. ______________와 ______________은 시스템의 구현 단계를 문서화하는데 사용되는 두 가지 UML 다이어그램이다.

3. 응용 프로그램을 구현하는 과정은 기본적으로 ______________과 ______________가 필요하다.

4. 구현 단계에 사용하는 도구는 컴파일러, 편집기, 디버거 등 여러 가지가 통합되어 있는데 이를 ______________라 부른다.

5. ______________는 컴포넌트와 소스코드 버전, 소프트웨어 패키지의 특정 릴리스를 생성하는 데 사용되는 리소스 파일 사이의 관계를 추적한다.

6. 구현 단계에는 여러 사람이 나누어 프로그래밍 하므로 클래스, 속성, 오퍼레이션 등 시스템의 여러 요소의 이름을 붙일 때 혼란에 빠지지 않도록 ______________을 정하여 따르는 것이 좋다.

7. 정적 모델의 연관은 객체들이 관련을 맺어 정보를 추적할 수 있도록 클래스의 ______________으로 구현한다.

8. 시스템을 완성하고 사용단계에 가기 전에 사용자 교육은 그룹별로 나누어 하는 것이 좋다. 일반적으로 세 가지 그룹은 ______________, ______________, ______________이다.

9. 예전 시스템의 데이터를 파일이나 데이터베이스에서 뽑아내어 새로운 시스템에 맞게 포매팅하는 것을 ______________라 한다.

10. ______________란 새로 구현한 시스템을 기업의 한 부분에만 먼저 적용하는 방법이다.

11. 다음 중 구현 단계에 필요한 것이 아닌 것은?

가. 컴파일러, 인터프리터, 디버거

나. 비주얼 편집기와 IDE

다. 모델 체킹

라. 형상 관리 도구

12. 코딩 표준이 문서화와 관련되는 설명 중 바르지 않은 것은?

가. 작성한 코드를 유지보수할 다음 사람을 생각하여야 한다.

나. 문서화를 자동화하기는 어렵다. 그러나 좋은 명명 규칙을 따른다면 코드를 읽는 사람들에게 도움을 준다.

다. 코딩 표준을 잘 준수하면 Java API 문서화와 같이 하이퍼텍스트 형식의 문서가 된다.

라. 다양한 사용자들이 시스템을 사용하게 되어 코드 안에 사용하는 변수 이름이나 포매팅, 들여쓰기 등을 통일하기는 어렵다.

13. 정적 모델의 대한 설명 중 바르게 설명한 것이 아닌 것은?

가. 명세 수준의 모델이 구현에 가장 가깝다.

나. 속성과 오퍼레이션에 밑줄이 그어진 것은 정적 변수와 정적 메소드로 구현한다.

다. 연관된 객체를 추적할 레퍼런스를 가지고 있어야 한다.

라. 연관을 맺은 객체를 부르기 위한 이름을 미리 모델에서 정한 것이 역할이다.

14. 다음 중 집합과 합성 관계의 구현에 대하여 바르게 설명한 것은?

가. 집합관계는 클래스 위에 검은 다이아몬드로 표시되어 있다.

나. 집합관계는 객체의 집합을 벡터 타입의 레퍼런스로 구현한다.

다. 합성관계는 클래스 위에 흰 다이아몬드로 표시되어 있다.

라. 합성관계는 클래스의 서브클래스로 구현한다.

15. 다음 그림에서 표현된 message2의 화살표는 실제 객체지향 프로그램에서 어떻게 표현되는가?

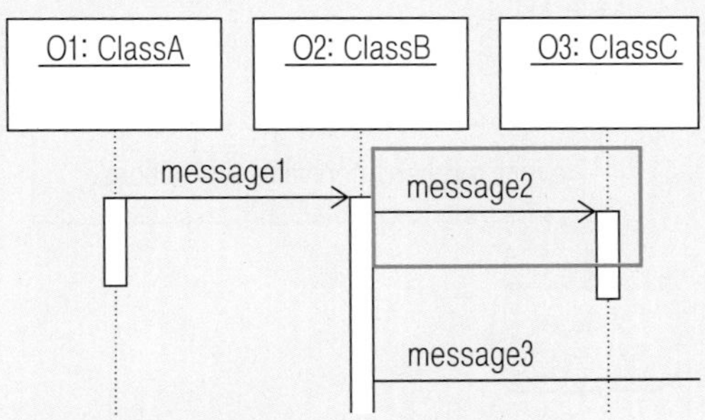

가. ClassA 안에 있는 메소드로 정의되고 ClassA 안에서 호출

나. ClassB 안에 있는 메소드로 정의되고 ClassC 안에서 호출

다. ClassB 안에 있는 메소드로 정의되고 ClassB 안에서 호출

라. ClassC 안에 있는 메소드로 정의되고 ClassB 안에서 호출

16. 다음 상태 다이어그램은 어떤 클래스의 상태 변화를 나타낸 것이다. 상태는 어떻게 프로그램에 나타내야 하나?

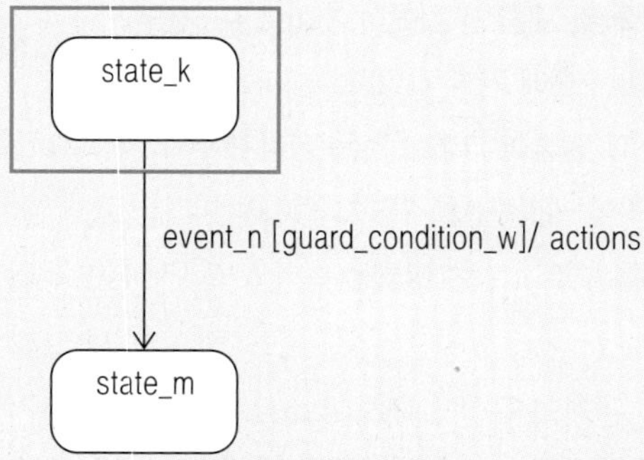

가. 클래스 안에 상태를 나타내는 일반 메소드 함수

나. 클래스 안에 상태를 나타내는 정적 메소드 함수

다. 클래스 안에 상태를 나타내는 일반 속성 변수

라. 클래스 안에 상태를 나타내는 정적 변수

17. 상태 다이어그램에서 상태의 변화를 나타내는 이벤트와 액션의 바른 구현은 무엇인가?

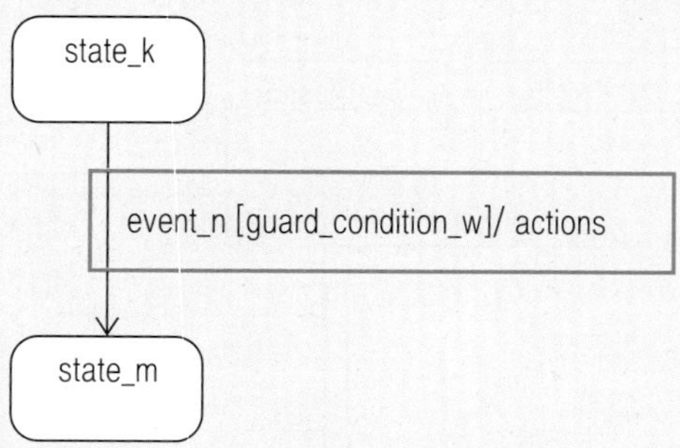

가. 이벤트는 클래스의 메소드로 구현하고 액션은 메소드 안에 있어야 할 내용이다.

나. 이벤트는 클래스 밖에서 호출하는 메소드이며 액션은 메소드 안에 있어야 할 내용이다.

다. 이벤트는 클래스의 메소드로 구현하고 액션은 메소드가 호출된 후에 구현할 내용이다.

라. 이벤트는 클래스 밖에서 호출하는 메소드이며 액션은 메소드가 호출된 후에 구현할 내용이다.

18. 구현 단계에 사용하는 UML 다이어그램을 바르게 설명한 것은?

가. 컴포넌트 다이어그램은 개발된 소프트웨어 패키지가 어떤 노드에서 실행될 것인지를 나타낸다.

나. 배치 다이어그램은 컴포넌트 안에 있는 서브컴포넌트의 배치를 나타낸 것이다.

다. 배치 다이어그램은 잘 정의된 인터페이스를 가진 모듈화 된 소프트웨어를 표현한다.

라. 컴포넌트 다이어그램은 잘 정의된 인터페이스를 가진 모듈화 된 소프트웨어를 표현한다.

19. 다음 중 시스템의 전환 방법을 비교 설명한 것으로 바른 것으로만 묶은 것은?

> ㄱ. 즉시 전환 방법은 새 시스템이 조직에 즉각적 효과를 가져 온다.
> ㄴ. 병행 운영은 새 시스템이 문제가 있다면 돌이킬 수 있다.
> ㄷ. 병행 운영은 두 시스템을 비교하게 되어 시스템의 도입을 더 빠르게 한다.
> ㄹ. 파일로트 운영은 전체 병행 운영보다 비용이 적게 들면서 즉시 전환보다는 위험을 감소시킬 수 있다.
> ㅁ. 파일로트 운영은 전체 병행 운영보다 전환 기간이 길어질 수 있다.
> ㅂ. 단계적 운영은 서브시스템 각각에 주의를 기울여야 하나 투자 효과를 빨리 볼 수 있다.

가. ㄱ, ㄴ, ㄹ, ㅂ

나. ㄱ, ㄴ, ㄷ, ㅂ

다. ㄱ, ㄷ, ㄹ, ㅁ, ㅂ

라. ㄱ, ㄷ, ㅁ, ㅂ

20. 다음은 교육 대상 그룹별 주제를 선정한 것이 바르지 않은 것은?

가. 사용자 – 가동과 종료, 메인 메뉴와 서브메뉴, 온라인 도움말

나. 관리자 – 프로젝트 기원, 비용 수익 분석, 시스템 사용 비용 처리

다. IT 스텝 – 프로젝트 이력 및 분석, 시스템 아키텍처, 벤더 지원

라. IT 스텝 – IT 분야 담당자, 중요 보고서 및 화면, 개선 요청

퀴즈 정답

1. 설계, 프로그램 2. 컴포넌트, 배치 3. 도구, 코드 표준 4. 통합 개발 환경(IDE) 5. 형상관리 6. 코드 표준 7. 속성 8. 사용자, 관리자, IT 스텝 9. 데이터 변환 10. 파일럿 11. 다 12. 라 13. 가 14. 다 15. 라 16. 라 17. 가 18. 라 19. 가 20. 라

연습문제

1. 응용 소프트웨어의 개발 과정을 차례대로 나열하고 구현 단계에서 하여야 할 일들을 구체적으로 설명하라.

2. 시스템의 구현 단계에 사용하는 UML 다이어그램 두 가지는 무엇인가? 각 다이어그램이 표현하는 의미와 용도를 기술하라.

3. 새로 개발한 시스템을 시험하는 것은 구현 단계의 작업 중 중요한 일이다. 일반적인 테스트 작업 과정을 설명하라.

4. 시스템 구현 단계에 필요한 도구에는 무엇이 있고 그 용도는 무엇인지 나열하고 설명하라.

5. 다음은 어떤 시스템의 정적 모델을 클래스 다이어그램으로 나타낸 것이다. 표현된 모든 의미를 객체지향 언어로 코딩하라.

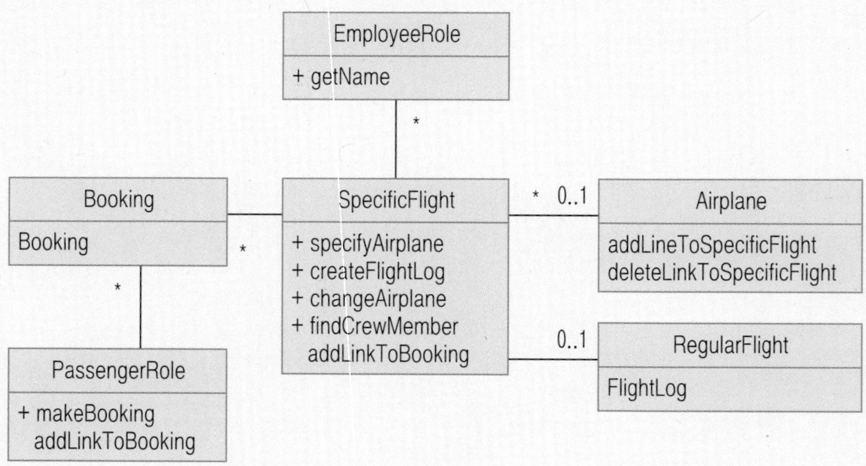

6. 다음은 인터넷 쇼핑몰의 주문 시스템에 대한 시퀀스 다이어그램이다. 다이어그램에 나타나 있는 의미를 코드로 나타내라.

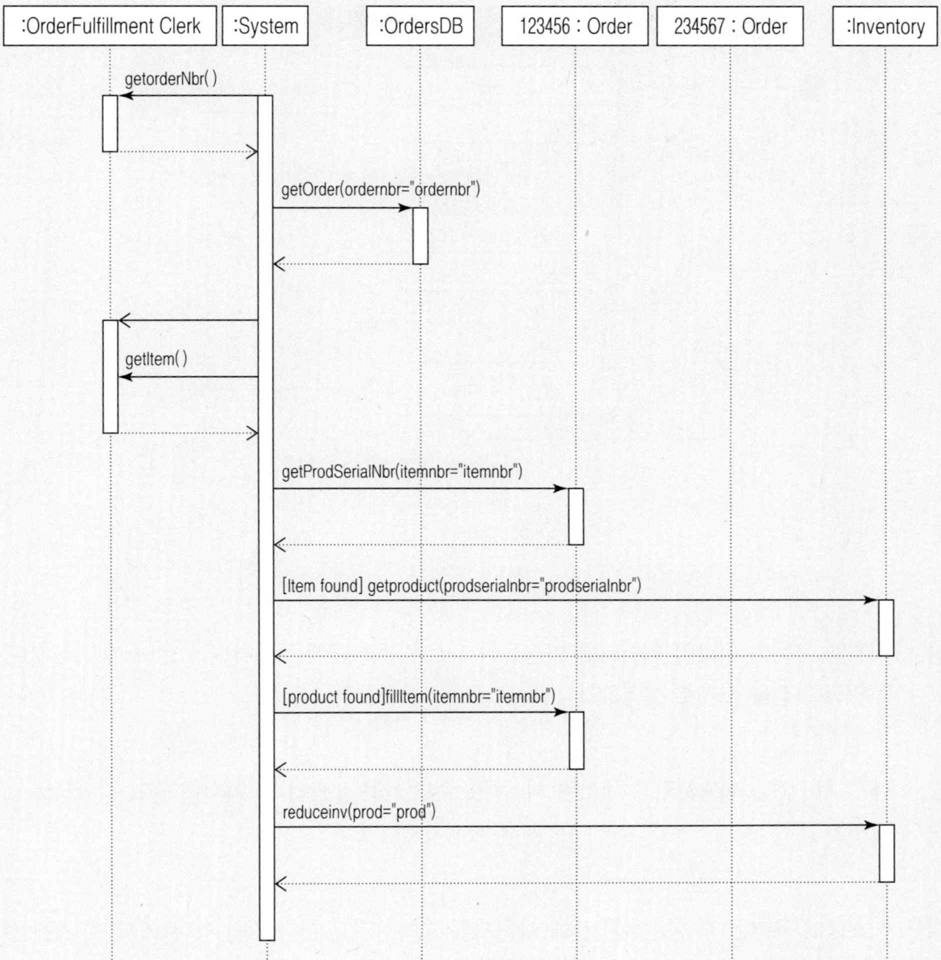

7. 다음 상태 다이어그램은 로그인 클래스가 처리하는 작업의 상태를 나타낸 것이다. 로그인 클래스를 정의하고 다이어그램에 나타낸 의미를 프로그래밍 하라.

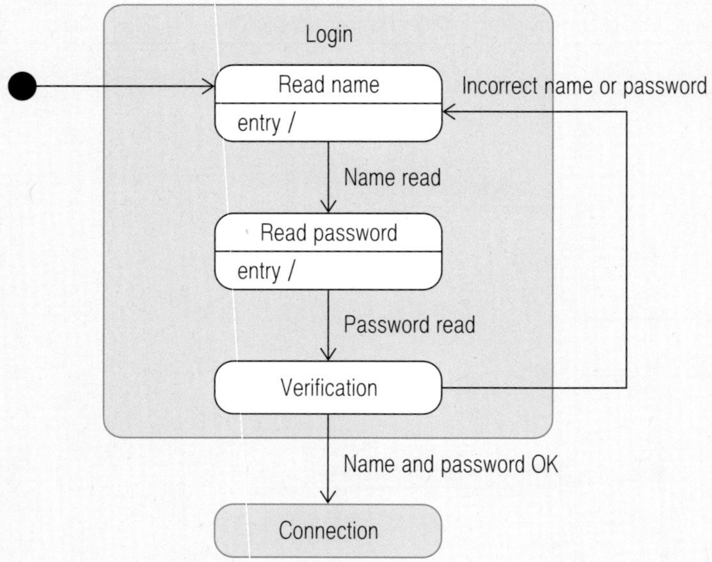

8. 시스템 구현이 끝나면 데이터를 변환하여 새로운 시스템에 로딩하여야 한다. 데이터 변환 작업의 과정을 차례로 설명하라.

9. 예전 시스템을 퇴출시키고 새로운 시스템으로 전환하는 방법 네 가지를 들고 장단점을 비교하라.

10. 시스템이 구현된 후 설치하기 전에 사용자를 교육하려고 한다. 사용자, 관리자, IT 스텝 세 가지 주체들을 대상으로 한 교육은 각각 어떤 점에 초점을 두어야 하는지 설명하라.

CHAPTER 11

시스템 운영, 유지보수, 보안

시스템이 릴리스되어 사용하기 시작하면 운영과 유지보수, 보안을 위한 작업이 발생한다. 특히 사용자를 지원하기 위한 교육과 헬프 데스크를 운영, 유지보수를 지원하기 위한 팀 구성, 형상 관리, 데이터를 백업하고 복구하는 방법에 대하여 설명한다. 또한 안전한 시스템이 되기 위한 여러 가지 수준, 즉 물리적 보안, 네트워크 보안, 응용 보안, 파일 보안, 사용자 보안에 대하여 알아본다.

contents

11 시스템 운영, 유지보수, 보안

학습목표

- 시스템 운영, 지원, 보안이 전체 시스템 개발 과정과 어떤 관계에 있는지 알게 한다.
- 교육 및 헬프 데스크 등 운영 단계에 지원할 작업이 무엇인지 알게 한다.
- 유지보수 작업의 타입과 백업, 복구 정책과 방법에 대하여 알게 한다.
- 시스템 보안을 위한 다섯 가지 수준을 알게 한다.
- 시스템이 생명을 다하는 원인을 알게 한다.

11.1 소개

시스템 운영, 지원, 보안 단계는 시스템이 가동되어 그 수명이 다할 때까지 계속 사용되는 기간이다. 개발 과정 전반에 걸쳐 유념하여야 할 목적은 효율적이고 쓰기 쉬우며 그럴듯한 정보시스템을 만드는 것이다. 시스템을 설치한 후 분석가에게는 두 가지 중요한 작업이 남아 있다. 첫째는 사용자를 지원하는 것이고 둘째는 시스템을 적절히 가동시키기 위한 유지보수 작업이다.

사용자 지원

시스템 개발을 주도한 조직은 사용자를 위하여 여러 가지 형태로 지원한다. 사용자 교육이나 헬프 데스크를 운영하여 기술적으로 지원하거나 사용에 도움을 제공한다.

- **사용자 교육** 10장에서 기술한 것처럼 새로운 시스템을 릴리스하고 소개할 때 사용자 교육을 개최한다. 또한 신입 사원이 들어오면 회사 정보 시스템 차원에서 교육을 하여야 한다. 사용하던 시스템이 많이 변경되거나 새로운 버전이 출시되었을 때에도 IT 부서에서는 사용자 교육 패키지를 개발한다. 변경의 성격에 따라 교육 패키지는

이메일에 의한 온라인 지원이 될 수도 있고 웹 사이트를 개발할 수도 있으며 사용자 가이드, 훈련 지침서를 개정할 수도 있다. 시스템 변경에 대하여 사용자를 교육하는 것은 최초 교육과 유사하다. 주요 목적은 시스템이 업무 수행에 어떤 도움을 주는지를 사용자에게 보여주는 것이다.

- **헬프 데스크** 시스템과 자료구조가 더욱 복잡해지면서 사용자는 지속적인 지원과 가이드가 필요하게 된다. 자료를 더 쉽게 접근하고 사용자에게 힘을 부여하기 위하여 IT 부서는 헬프 데스크를 운영한다. 헬프 데스크는 세 가지 목적이 있다. 시스템의 자원을 더욱 효과적으로 이용하는 방법을 보여주는 것, 기술적 및 운영 중 질문에 대답을 제공하는 것, 필요한 정보를 충족하는 방법을 알려줌으로써 사용자의 생산성을 향상시키는 것이다. 헬프 데스크는 정보 또는 도움을 요청할 때 사용자를 제일 높은 순위에 두므로 정보 센터(Information Center)라고 부르기도 한다. 헬프 데스크는 전통적인 유지보수나 지원 작업을 대치하는 것은 아니다. 대신에 헬프 데스크는 생산성을 향상시키며 회사의 정보 자원의 효율성을 높인다. 헬프 데스크의 직원은 탁월한 인간관계 및 기술적 스킬을 가지고 있어야 하며 비즈니스를 잘 이해하여야 한다. 왜냐하면 여러 부서의 사용자와 상대하기 때문이다. 헬프 데스크는 모든 질문, 지원 작업, 작업 수준을 세심하게 문서화하여야 한다. 이런 정보는 추세와 공통 문제점을 찾아내는 데 도움이 될 수 있고 기술적인 지원 지식 베이스를 조성하는 데 도움이 될 수 있다. 그림 11.1에 나온 헬프 데스크의 직원들은 다음과 같은 작업을 수행한다.

[그림 11.1] 헬프 데스크

- 데이터 질의를 생성하거나 특정한 비즈니스 정보를 디스플레이하는 방법을 사용자에게 보여준다.
- 네트워크 접근이나 패스워드 문제를 해결한다.

- 시스템이나 상용 패키지의 응용 기능에 대한 시범을 보인다.
- 사용자가 손상된 데이터를 복구하는 것을 도와준다.
- 더 잘 사용하는 팁을 알려준다.
- 문서화 되지 않은 소프트웨어 기능에 대하여 설명한다.
- 소프트웨어 라이센스와 업그레이드에 대한 질문에 답한다.
- 비즈니스 문제를 해결하기 위하여 여러 곳에서 취합한 데이터를 통합하는 방법을 제안한다.
- 데스크탑 컴퓨터와 노트북 컴퓨터 사이에 데이터의 일관성을 유지하는 방법을 알려준다.

헬프 데스크는 IT 스텝과 사용자를 연결하는 링크의 역할을 하는 동시에 모든 IT 유지보수 작업을 위한 접촉 지점이 된다. 헬프 데스크는 사용자가 시스템의 문제를 보고하거나 유지보수를 요청하고, 새로운 시스템에 대한 요청을 접수하는 곳이다. 또한 헬프 데스크는 여러 종류의 자동화 된 지원을 할 수 있다. 예를 들어 이메일 답변, 팩스, 온라인 지식 베이스, FAQ, 토론 그룹, 게시판, 자동화 음성 메일 등이다.

- **온라인 채팅에 의한 지원** 온라인 채팅 형태로 사용자에게 기술 지원을 할 수도 있다. 예를 들어 그림 11.2와 같이 HP는 고객에게 제품 전문가와 직접 채팅하여 기술 지원이나 제품에 대한 조언을 받을 수 있다.

[그림 11.2] HP의 온라인 채팅에 의한 기술 지원

유지 보수

시스템 운영, 지원, 보안은 시스템을 가동하면서 발생하는 비용의 세 가지 요소이다. 이러한 시스템 유지보수 비용이 시스템의 생명주기를 결정한다. 컴퓨터 시스템은 훈련 받은 기술자가 조심스럽게 유지보수 하여야 한다. 유지보수의 품질이 그 시스템의 투자 대 수익(Return Of Investment)에 영향을 주기 때문이다.

그림 11.3은 시스템이 사용되는 동안 운영과 유지보수 비용의 패턴을 나타낸 것이다. 운영비용은 장비 대여, 부품, 소프트웨어 리스 등이다. 그림 11.3의 아래에는 고정된 운영비용을 나타내며 위에 있는 곡선은 유지보수 비용이다.

유지보수 비용은 시스템의 생명주기에 따라 차이가 많이 나며 주로 유지보수 작업을 지원하는 비용으로 구성된다. 유지보수 작업은 주로 프로그램의 수정이나 문서의 갱신이다. 그러나 그 동기는 다양한데 시스템의 성능이나 오류를 바로 잡으려는 목적, 변경된 요구에 대하여 시스템을 적응시키기 위한 목적, 시스템을 효과적으로 운영하기 위한 목적 등이다. 따라서 유지보수 형태는 그 필요에 따라 교정형(corrective), 적응형(adaptive), 완전형(perfective), 방지형(preventive)로 나눌 수 있다.

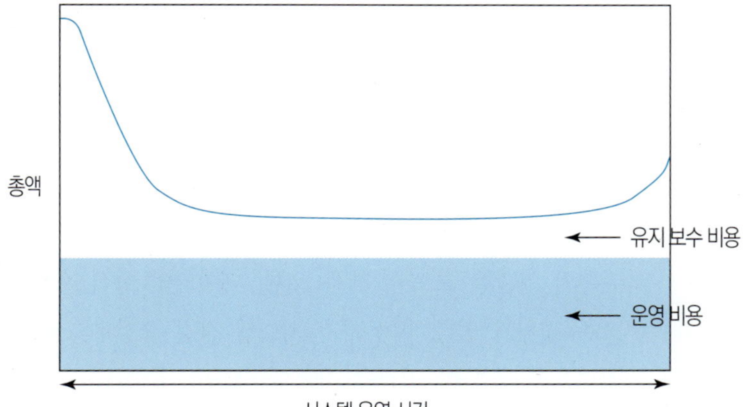

[그림 11.3] 정보 시스템의 운영비용

유지보수 비용은 시스템이 구현되고 설치된 직후에 가장 높다. 왜냐하면 많은 오류와 문제가 속속 발견되어 검사되고 수정되기 때문이다. 시스템이 안정되면서 비용은 줄어들고 약간의 적응형 유지보수가 수행된다. 궁극적으로 급변하는 비즈니스 작업 환경에서는 적응형과 완전형 유지보수 작업은 증가되기 마련이다.

시스템의 생명 주기 끝까지 가면 적응형과 교정형 유지보수 비용이 급격히 증가한다. 그러나 새로운 시스템으로 전환하는 계획이 확실해지면 완전형 유지보수는 줄어든다. 그림 11.4에는 시스템의 생명주기 동안 유지보수 작업의 네 가지 유형별 패턴을 나타낸 것이다.

	구현 후 즉시	운영 초기	운영 중기	운영 말기
교정형 유지보수	상	하	하	상
적응형 유지보수(약간의 기능개선)	없음	중	중	중
적응형 유지보수(기능개선 위주)	없음	없음	중, 상	중, 상
완전형 유지보수	하	하, 중	중	하
예방형 유지보수	하	중	중	하

[그림 11.4] 운영 각 단계에 발생하는 유지보수 타입

1. **교정형 유지보수** 교정형 유지보수는 운영하는 시스템의 오류를 진단하고 바로잡는 것이다. 시스템의 최초 버전에 있는 오류와 함께 유지보수를 위한 변경에 의하여 야기된 문제를 해결하기 위한 작업이다. 모든 유지보수 작업은 새로운 문제를 야기할 수도 있기 때문에 수정하기 전에 신중을 기하여야 한다. 가장 좋은 유지보수 접근 방법은 개발주기와 같지만 규모를 작게 하여 구현하기 전에 조사하고 분석하고 설계, 테스트하는 것이다.

   IT 지원 스텝은 문제의 성격과 심각도에 따라 여러 가지 방법으로 오류에 대하여 대응할 수 있다. 대부분의 기관은 보고서 제목 오류, 데이터의 형식 오류, 등 가벼운 오류를 처리하는 표준 절차가 있다. 사용자가 시스템 점검 요청서를 위원회에 제출하면 평가하고 우선순위를 정하여 일정을 잡는다. 요구가 승인되면 유지보수 팀이 설계, 테스트, 문서화, 구현 작업을 한다. 대부분의 큰 기업에는 시스템에 대한 요청을 위한 온라인 양식이 표준화되어 있다. 소규모 기업은 이메일 메시지를 이용하여 시스템에 변경을 요청하기도 한다.

2. **적응형 유지보수** 적응형 유지보수는 운영하는 시스템에 개선을 추구하고 시스템을 더 쉽게 사용할 수 있게 하는 것이다. 개선은 새로운 기능이나 성능을 말한다. 적응형 유지보수가 필요한 이유는 새로운 제품이나 서비스의 출시, 새로운 제조 기술 도

입, 새로운 웹 기반 운영 지원 등 비즈니스 환경의 변화이다.

규모가 작은 적응형 유지보수의 절차는 교정형 유지보수와 유사하다. 먼저 사용자가 시스템 요청을 제출하면 시스템 관리 위원회가 평가하고 우선순위를 정한다. 다음으로 유지보수 팀이 분석과 설계, 테스트, 개선 기능을 구현한다. 두 가지 유지보수 유형이 비슷하지만 적응형 유지보수가 교정형 유지보수보다 IT 부서의 자원이 더 많이 소요된다.

비중이 큰 적응형 유지보수 프로젝트는 소규모 개발 프로젝트와 같고 개발 절차가 유사하다. 적응형 유지보수는 새로 개발하는 것보다 더 어려울 수 있다. 왜냐하면 현재 시스템의 제약 안에서 기능 개선이 이루어져야 하기 때문이다.

3. **완전형 유지보수** 완전형 유지보수는 운영되는 시스템을 더욱 효율적이고 신뢰할만하고 유지보수 잘 되도록 하기 위하여 변경하는 것이다. 교정형과 적응형 유지보수의 요구는 주로 사용자로부터 제기된다. 반면 완전형 유지보수는 IT 부서에서 제기된다.

시스템을 운영하는 동안 사용자의 작업 변화나 데이터 유형의 변화는 효율을 저하시킬 수 있다. 따라서 완전형 유지보수로 성능을 회복시켜야 한다. 사용자가 성능에 관심을 둘 때 반응 시간과 시스템 효율을 높이기 위한 완전형 유지보수가 필요하다.

완전형 유지보수는 시스템의 신뢰성도 높일 수 있다. 예를 들어 입력 문제는 프로그램을 비정상적으로 끝나게 할 수도 있다. 따라서 데이터 입력 과정을 변경하여 오류가 있을 때 하이라이트로 경고하고 적합한 데이터를 넣도록 알린다. 시스템을 쉽게 유지보수 할 수 있게 되면 지원 비용은 적어지고 위험도 줄어든다. 대부분의 경우 유지보수성을 향상시키면 복잡한 프로그램을 단순화할 수 있다.

완전형 유지보수는 자주 수행하지는 않는다. 자원이 제한되어 완전형 유지보수보다 더 중요한 새로운 시스템 개발이나 적응형 유지보수, 교정형 유지보수에 할당한다. 관리자와 사용자는 완전형 유지보수를 위한 자원을 확보하기 어렵기 때문에 계속 새로운 프로젝트를 요구한다. 실제 완전형 유지보수는 다른 프로젝트의 일부로 수행되기도 한다. 예를 들면 새로운 기능이 프로그램에 추가되어야 한다면 교정형 유지보수 프로젝트에 완전형 유지보수를 포함시킨다.

완전형 유지보수는 시스템 운영 중간에 수행될 때 가장 효과적이다. 시스템 운영 초기에는 필요하지 않다. 운영 말기에는 필요하지만 비용이 많이 든다. 만일 기업이 시스템 사용 중단을 결정하였다면 완전형 유지보수의 효과는 그 가치가 떨어진다.

완전형 유지보수를 수행할 때 분석가는 소프트웨어 리엔지니어링 기술을 사용한다. 소프트웨어 리엔지니어링은 분석적인 방법을 이용하여 정보 시스템의 잠재적인 품질과 성능 향상을 파악한다. 이러한 의미에서 소프트웨어 리엔지니어링은 작업 경로를 단순화하고 비용을 줄이며 품질을 향상하는 비즈니스 프로세스 리엔지니어링과 유사하다.

4. **예방형 유지보수** 예방형 유지보수는 문제를 피하기 위하여 문제를 일으킬만한 부분을 분석한다. 완전형 유지보수처럼 IT 부서가 예방형 유지보수를 주도한다. 예방형 유지보수는 사용자 만족을 높이며 장애를 감소시키고 시스템 소유 비용을 절감시킨다. 예방형 유지보수는 다른 프로젝트와 함께 IT 인력과 자원을 위하여 경쟁하며 간혹 높은 우선순위를 받지 못할 때도 있다.

Box 11.1 | 소프트웨어 버그

모든 운영체제와 애플리케이션 시스템이 결함이 있다는 것은 두렵지만 사실이다. 시스템의 복잡성, 빠른 출시에 대한 압박, 단순한 무능력이 이런 문제의 원인이다. 소프트웨어에 버그가 있는 날이 올 것인가? MS의 윈도우 그룹 관리자 크리스 존스에 의하면 규모가 커진 소프트웨어가 버그를 더 많이 키운다고 한다. 버전이 나올 때마다 커지고 복잡해진다는 것은 버그가 숨겨질 여지가 더 많아진다는 뜻이다.

소프트웨어를 만드는 입장에서는 새 버전이 나오면 소비자가 잃는 것보다는 얻는 것이 더 많다고 생각한다. 즉 기능이 기하급수적으로 좋아지고 품질은 조금씩 떨어지기 때문이라고 여긴다. 한편 소비자 조사 결과는 버그가 없다면 기능이 더 적은 소프트웨어를 선택하겠다는 의견이 많다. 그러나 기능을 축소하면서 버그가 없는 소프트웨어를 시장에 내놓으려는 노력은 없다. 경쟁체제로 성숙되지 않는 독점 시장에서는 품질이라는 요소가 무시되기 쉽다.

11.2 시스템 지원

시스템 지원은 효과적으로 관리하여야 하며, 품질 보증 및 비용 관리가 필요하다. 이런 목표를 달성하기 위하여 기업은 여러 가지 정책을 사용한다. 예를 들면 유지보수 팀, 유지보수 요구 관리를 위한 프로세스, 형상 관리 프로세스, 유지보수 릴리스 절차 등이 있다. 또한 버전 관리와 시스템 릴리스를 추적하고 시스템 생명주기를 분석하기 위하여 베이스라인을 사용한다. 이 장에서는 시스템 지원을 위한 여러 가지 정책과 용어에 대하여 설명한다.

유지보수 팀

유지보수 팀은 시스템 관리자, 분석가, 프로그래머로 구성된다. 시스템 관리자는 기술적 전문성과 시스템에 대한 문제 해결과 구성 경험이 있어야 한다. 성공하는 분석가는 정보 시스템에 대한 배경 지식과 분석 능력, 비즈니스 업무와 관리 기능에 대한 깊은 이해가 필요하다. IT 관리자는 유지보수 팀을 구성하고 팀원을 뽑는 방법에 대하여 여러 가지 관점을 가지며 기업에 따라 그 접근 방법이 다양하다.

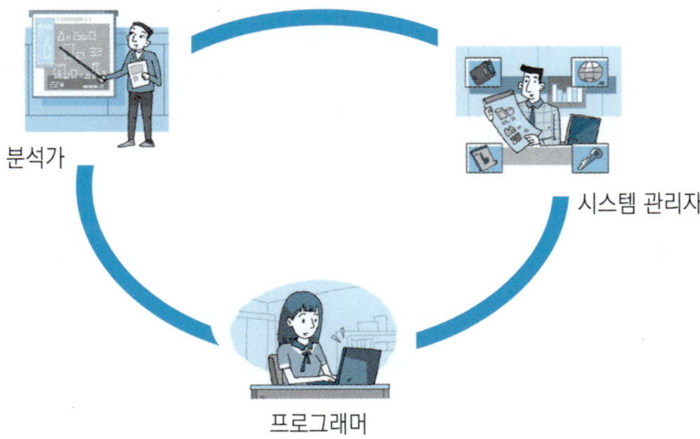

[그림 11.5] 유지보수 팀

- **시스템 관리자** 시스템 관리자는 컴퓨터와 네트워크 시스템을 관리한다. 시스템 관리자는 힘든 작업을 할 수 있고 커뮤니케이션 기술이 좋고 복잡한 문제를 정해진 시간 내에 해결할 수 있어야 한다. 대부분의 기관에서 시스템 관리자는 운영과 구축, 보안에 대하여 책임을 맡고 있다. 시스템 관리자는 운영 체제, 네트워크, 하드웨어 부품의 정기적인 유지보수 책임도 맡는다. 시스템 관리자는 대체로 서버 고장, 네트워크 고장, 보안 사고나 하드웨어 고장과 같은 응급사태를 피하기 위하여 예방 조치를 취하기 위한 관한을 가진다.
- **시스템 분석가** 유지보수 팀에 배정된 시스템 분석가는 분석 종합 능력을 이용하여 문제의 원인을 조사하고 위치를 빠르게 찾나내는 일종의 탐정과 같다. 분석이란 개별 요소를 알아내기 위하여 전체를 검사하는 것을 의미한다. 반면 종합은 전체를 이해하기 위하여 부분을 연구하는 것을 말한다. 시스템 분석가는 시스템 요소를 이해하여야 하며 전체 시스템에 영향을 주지 않고 이들을 어떻게 유지보수 할 것인지

알아야 한다. 효과적인 인간관계 및 커뮤니케이션 능력이 필요하며 창조적이며 정력적이고 새로운 지식에 대한 호기심이 많아야 한다.

- **프로그래머** 작은 조직에서는 프로그래머가 여러 가지 다양한 작업을 다룰 것으로 예상되나 대규모 조직에서는 프로그래밍 작업으로 전문화되어 있다. 예를 들어 응용 프로그래머라는 직종은 새로운 시스템의 개발과 유지보수에 집중하고 시스템 프로그래머는 운영체제나 유틸리티 소프트웨어 개발에 집중한다. 데이터베이스 관리자는 대규모 데이터베이스 시스템을 생성하고 지원한다. 대부분의 IT 부서에서는 시스템 분석과 프로그래밍 기술을 동시에 병행하며 프로그래머/분석가로 불린다.

IT 관리자는 시스템 분석가와 프로그래머를 두 그룹으로 나눈다. 하나는 새 시스템을 개발하는 그룹이며 다른 그룹은 전적으로 유지보수 작업만 한다. 이런 방법의 장점은 유지보수 그룹이 지원 기술을 잘 계발할 수 있다는 점이다. IT 스텝이 여러 다양한 종류의 프로젝트에 배정되어 좀 더 융통성 있는 방법을 사용하는 기관도 있다. 즉 개발과 지원을 통합하여 시스템을 개발하는 직원들도 유지보수를 책임지게 한다. 이 경우 프로젝트에 대하여 잘 알고 있기 때문에 별도의 훈련이 필요하지 않고 멤버들도 소속감을 느낄 수 있다.

불행하게도 대부분의 분석가는 유지보수 작업보다 개발 작업에 더 매력을 느낀다. 개발이 더 흥미롭고 창조적이라 생각하기 때문이다. 어떤 분석가는 문제 해결과 미숙한 문서화 등 다른 사람의 작업을 지원하는 일에 더 도전의식을 느끼기도 한다.

유지보수와 개발 그룹을 별도로 하는 경우 순환제를 실시하기도 한다. 분석가가 여러 가지 기술을 알고 있을 때 기관이 다양한 인재를 순환 근무하게 함으로써 변화되는 비즈니스 요구를 충족할 수 있다. 예를 들면 시스템 분석가가 유지보수 프로젝트에서 일하면 왜 유지보수가 쉬운 시스템을 설계하는 것이 중요한지 알게 된다. 마찬가지로 새 시스템 개발에 참여한 분석가는 개발 과정을 알게 되고 설계를 비즈니스 목적에 맞도록 절충하는 방법을 공감하게 된다.

순환 근무의 단점은 한 작업에서 다른 작업으로 옮기게 될 경우 적응시간으로 오버헤드 비용이 증가할 수 있다는 점이다. 시스템 분석가가 유지보수와 새로운 개발 사이를 계속 오가게 되면 한 작업에 능통한 높은 기술을 가질 기회가 적어진다. 순환제의 또 다른 단점은 개인적으로는 호감이 가지 않는 일에 시간을 허비할 수도 있다.

새로 들어온 최신 기술을 습득한 IT 스텝이 유지보수 프로젝트에 배정되는 경우가 있다. 현재 사용되는 시스템이나 문서를 공부하는 것은 경험을 얻는 좋은 기회가 된다. 또한 적응형 유지보수 프로젝트의 경우 소규모의 개발 생명주기를 가지므로 개발 절차를 익히는 좋은 기회가 될 수 있다. 하지만 유지보수 작업은 문제 해결을 위하여 다양한 경험이 필요하기 때문에 시스템 개발 작업보다 더 어려울 수도 있다. 신입 사원을 가르치고 도와줄 수 있는 경험 많은 분석가가 있는 개발 팀에 배정되는 것이 더 합리적이다.

유지보수 요청 관리

유지보수 요청은 그림 11.6에 표시한 것과 같이 여러 단계로 이루어진다. 사용자가 요청을 접수한 후 시스템 관리자가 즉시 조치할 필요가 있는지 판단하고 요청이 비용 상한선을 넘지 않는지 살펴본다. 비용 한계선을 초과하는 급하지 않는 요청은 시스템 리뷰 위원회가 평가하고 승인 또는 부결한다. 시스템 관리자는 결과에 영향을 받는 사용자에게 통보한다.

- **유지보수 요청** 사용자는 시스템이 바르게 실행되지 않을 때나 새로운 기능을 원할 때 교정형 유지보수와 적응형 유지보수 작업을 요청한다. 대체로 IT 스텝이 완전형과 예방형 유지보수 작업을 요청한다. 유지보수 작업이 완전히 기록되기 위하여 모든 작업은 사용자가 문서나 이메일로 제출한 요청 내용을 만족하여야 한다.

- **초기 결정** 사용자가 유지보수 요청서를 제출하면 시스템 관리자는 초기 결정을 내린다. 요청이 정당하고 즉시 처리하여야 할 심각한 문제가 있다면 시스템 관리자가 즉시 조치를 취한다. 정당하지만 응급을 요하는 것이 아니라면 요청이 비용 상한선을 초과하지 않고 수행될 수 있는지 검토한다. 그렇다면 유지보수 작업을 배정하고 작업을 모니터한다.

- **시스템 리뷰 위원회** 요청이 미리 결정한 비용 상한선을 넘거나 중요한 형상 변경이 필요하다면 시스템 리뷰 위원회가 승인하거나 우선순위를 배정한다.

- **작업 완료** 시스템 관리자는 유지보수 작업을 개인이나 유지보수 팀에 배정하는 책임을 맡고 있다. 상황이나 회사 방침에 따라 IT 스텝이 돌아가며 배정할 수도 있고 개인이나 유지보수 작업 팀에만 배정할 수도 있다.

- **사용자 통보** 유지보수 작업을 처음 요청한 사용자는 업무에 직접 영향을 주는 일이므로 빠른 회신을 기대할 것이다. 수정 작업이 바로 이루어질 수 없더라도 시스템 관리자의 회신과 유지보수 요청에 영향을 주는 결정이나 조치를 알려준다면 사용자가 고마워 할 것이다.

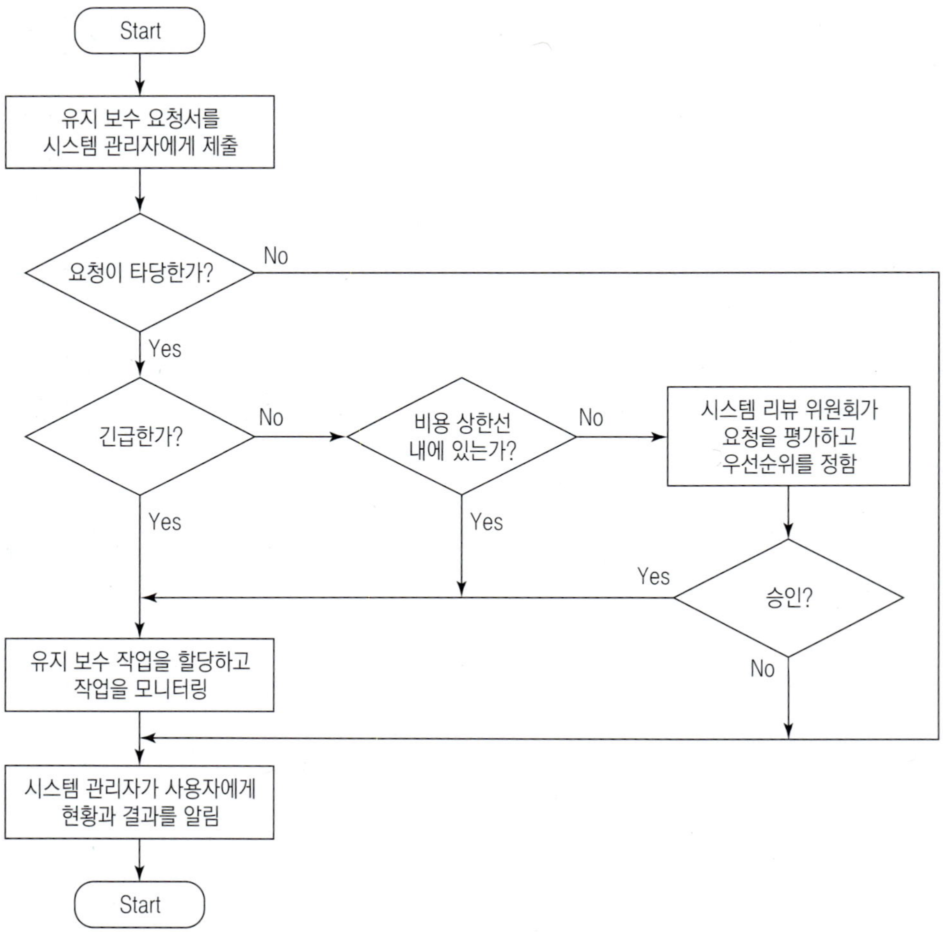

[그림 11.6] 유지보수 요청을 처리하는 절차

우선순위

일반적으로 시스템 리뷰 위원회는 새 시스템의 개발 요청과 유지보수 요청을 분리하여 요청서를 평가하고 우선순위를 매긴다. 그러나 간혹 시스템 서비스를 위한 모든 요청을 한 그룹에 넣고 같이 고려하는 경우도 있다. 유지보수 작업이던 새로운 개발이던 가장 중요한 프로젝트에 우선순위를 둔다.

대부분의 IT 관리자는 유지보수나 새로운 개발 작업이 동일한 IT 개발 자원을 이용하므로 모든 프로젝트를 같이 평가하는 것이 가장 좋은 결정이 될 수 있다고 믿는다. 시스템 분석가와 프로그래머들이 유지보수 그룹과 새 개발 그룹으로 나누어져 있다면 요청을 분리하여 평가하는 것이 타당하다. 이렇게 분리하는 방법의 또 다른 장점은 유지보수 작업이 IT 부서의 자원을 비례에 맞게 배분 받을 수 있다는 점이다.

어떤 방법이든 유지보수와 새 시스템의 개발 사이에 이상적인 배분을 보장할 수는 없다. 가장 중요한 목표는 비즈니스 요구와 우선순위를 가장 잘 만족할 수 있도록 신규 개발과 필요한 유지보수 작업 사이에 균형을 유지하는 절차를 확보하는 것이다.

형상 관리

형상 관리(configuration management)는 소프트웨어 개발 주기에서 개발 단계에 시스템 요구의 변경을 관리하기 위한 프로세스이다. 형상 관리는 시스템이 가동된 후에 발생하는 변경과 비용을 관리하는 중요한 도구이다. 대부분의 기업은 시스템 변경이 어떻게 요청되었는지를 나타내는 절차가 확립되어 있고 잘 문서화되어 있다.

전사적인 정보 시스템은 더 복잡해지면서 형상 관리가 중요해진다. 산업 표준으로 떠오르면서 많은 벤더들이 형상 관리 소프트웨어와 기술을 제안하고 있다. 그림 11.7에 있는 ANT 소프트웨어는 시스템을 이루는 여러 가지 파일과 구성요소를 잘 정리하고 빌드하는 데 도움이 된다.

여러 가지 환경에서 구현된 시스템은 플랫폼에 따라 다른 버전을 갖는다. 따라서 유지보수 작업에도 다른 변경이 요청된다. IT 스텝은 특수한 형상 관리 프로세스를 이용하여 모든 시스템 버전을 추적하고 유지보수 작업 후 업데이트를 설치하고 시스템의 모든 버전이 제대로 작동하는지 확인한다.

형상 관리는 문서를 구성하고 다루는 데 도움을 준다. 작동되는 시스템은 설치된 시스템의 모든 버전에 대한 개발과 수정, 유지보수 작업의 문서를 가지고 있다. 시스템 요청서를 비롯하여 프로젝트 관리 데이터, 종료 보고서, 자료 사전, 운영 및 사용자 지침서 등 대부분의 문서는 IT 부서에 보관한다.

대부분의 유지보수 프로젝트는 문서의 변경을 필요로 한다. 따라서 적응형 변경이나 중요한 교정형 유지보수를 수행할 때는 수정을 신중히 하여야 한다. 특히 사용자나 IT 스텝 멤버들을 놀래는 일은 피하여야 한다. 모든 문서를 추적하고 업데이트가 적절히 배포되었음을 확인하는 것은 형상 관리에서 중요한 측면이다.

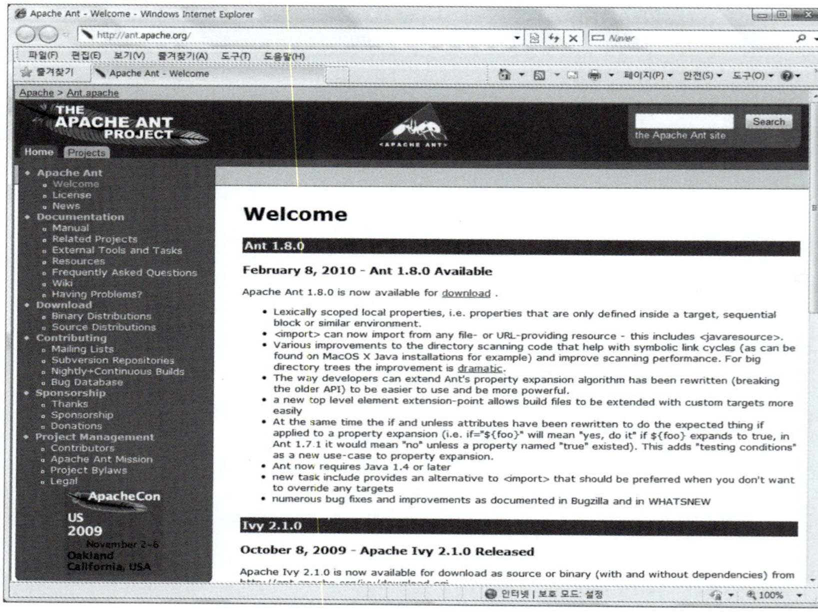

[그림 11.7] Java 형상관리를 위한 ANT 도구

Box 11.2 | 버그 많은 소프트웨어 다루기

오류가 많은 소프트웨어를 사용할 수밖에 없는 경우 다음과 같은 팁을 알아두면 도움이 된다.

1. 소프트웨어에 대한 최신 정보 – 사용하는 프로그램에 버그나 패치가 있는지 웹 사이트를 통하여 최신 정보를 알아본다.
2. 데이터 백업 – 데이터를 백업하라는 표어를 모니터 등 여러 곳에 부착하고 표어를 읽자마자 USB 메모리나 외장하드, 웹서버에 백업을 할 것을 홍보한다.
3. 업그레이드 미루기 – 소프트웨어를 최신버전으로 업그레이드하라는 유혹이 있을 때 꼭 필요한 것인지 따져본다. 사용자 그룹의 의견과 사용 경험을 듣고 업그레이드 할 것인지 결정한다. 업그레이드를 결정하였다면 적어도 한 달간 테스트한 후 전체 기관에 설치한다.
4. 베타 버전 피하기 – 베타 버전을 메일 컴퓨터에 설치하는 것은 매우 위험한 일이다. 꼭 사용하려면 보조 컴퓨터에 설치한다.
5. 불평 – 버그에 대하여 불평을 많이 할수록 소프트웨어 출시에 신경과 비용을 많이 쓰게 된다.

11.3 시스템 성능 관리

시스템의 성능은 사용자의 작업을 수행할 때 직접 영향을 준다. 비즈니스 업무를 만족스럽게 지원하기 위하여 IT 부서는 현재 시스템의 성능을 모니터하고 미래 요구를 예측한다.

데이터를 처리하는 중앙 컴퓨터를 사용하는 기관은 시스템 효율 측정이 상대적으로 쉽다. 그러나 요즘은 비즈니스 정보에 대한 요구를 지원하기 위하여 복잡한 네트워크와 클라이언트 서버 시스템을 사용한다. 클라이언트 워크스테이션에 있는 사용자는 전사적으로 배치되어 있는 다른 클라이언트, 서버, 네트워크, 데이터에 관련된 정보 시스템과 상호작용한다. 따라서 시스템의 성능을 결정하는 것은 단일 컴퓨터보다 통합된 여러 컴포넌트들이다.

시스템의 성능을 측정하기 위하여 벤치마킹 테스트를 한다. 벤치마킹이란 성능과 용량을 다른 것과 비교하기 위하여 시스템을 표준 테스트한 것이라 할 수 있다. 대부분의 소프트웨어 벤더들은 벤치마킹 테스트 소프트웨어를 제공한다.

시스템 관리는 성능과 작업부하 관리, 성능 계획, 용량 계획, 유지보수 작업과 분석을 수행하기 위한 CASE 도구를 포함한다.

성능과 작업부하 측정

작업부하를 측정하는 방법 즉 메트릭은 여러 가지가 있다. 인쇄된 라인 수, 접근한 레코드 수, 일정 기간 동안 처리한 트랜잭션의 수 등이 메트릭이다. 네트워크 기반 시스템의 성능을 측정하기 위하여 분석가는 반응 시간, 대역폭, 처리량, 많은 성능 메트릭을 고려할 필요가 있다.

- **반응 시간** 반응 시간(response time)은 시스템 작업을 위한 요청과 반응 사이에 걸리는 시간이다. 전형적인 온라인 환경에서 반응 시간은 사용자가 ENTER 키를 누르거나 마우스 버튼을 클릭한 후 요청한 화면이 나타나거나 인쇄된 출력이 완료될 때까지를 측정한다. 반응 시간은 시스템 설계, 성능, 처리 방법에 영향을 받는다. 사용자가 일괄처리 보고를 요청하면 일괄처리 일정이 반응 시간을 결정한다. 세 가지 요소가 반응 시간을 결정한다. 요청을 시스템에 전달하는 데 필요한 시간, 시스템이

요청을 처리하는 데 필요한 시간, 시스템이 결과를 다시 사용자에게 알리는 데 걸리는 시간이다. 요청이 네트워크나 인터넷 접근이 필요하다면 반응 시간은 데이터 통신 요소에 영향을 받는다.

온라인 사용자는 빠른 반응 시간을 원하며 조금 지체되거나 중단되면 참지 못한다. 여러 가지 성능 측정 방법 중 반응 시간은 사용자가 가장 관심 있고 불만이 많은 것 중의 하나다.

- **대역폭과 처리량** 대역폭(bandwidth)과 처리량(throughput)은 밀접하게 관련 있는 단어이며 때로는 혼돈하여 사용한다. 대역폭은 시스템이 정해진 시간 동안 주고받는 데이터의 량을 나타낸다. 대역폭 요구는 BPS(bit per second)로 표시한다. 시스템에 따라 Kbps(kilobits per second), Mbps(megabits per second)를 사용하기도 한다. 대역폭의 분석은 고속도로의 차선을 결정하기 위하여 주행하는 차량의 시간 당 수를 예측하는 것과 유사하다.

  처리량은 특정 환경, 즉 네트워크 부하와 하드웨어 효율에 영향 받는 실제 시스템의 성능을 측정한 것이다. 처리량은 대역폭과 같이 자료의 전송률, Kbps, Mbps, Gbps로 표시한다. 차량이 많으면 고속도로의 교통이 지연 되듯이 처리량이 제한되면 시스템의 성능과 반응속도가 느려진다.

  시스템 관리자는 성능 메트릭 이 외에도 다른 많은 성능 요소를 측정할 수 있다. 표준 메트릭은 없지만 다음과 같은 것들이 많이 사용된다.

  - 도착: 관찰 시간 동안 장치에 출현하는 아이템의 개수
  - Busy: 원하는 자원을 사용하지 못하고 대기하는 시간
  - 완료: 주어진 관찰 시간 동안 처리한 도착 작업의 수
  - 큐의 길이: 서비스를 위하여 대기하는 요청의 수
  - 서비스 타임: 특정한 작업이 큐에 도달한 후 처리될 때까지의 시간
  - 싱크 타임: 사용자가 다음 요청을 내리기까지 걸리는 시간
  - 유용도: 작업을 완료시키는 데 필요한 자원의 량
  - 대기 시간: 작업 요청이 원하는 자원을 사용 가능할 때까지 기다려야 하는 시간

- **총 처리 시간** 총 처리 시간은 청구서나 신용 카드 처리 시스템과 같은 중앙집중형 일괄처리식 운영에 적용된다. 총 처리 시간은 작업 요청을 낸 후 만족될 때까지의 시간을 측정한다. 또한 총 처리 시간은 사용자가 도움을 요청한 뒤 문제를 해결할

때까지의 시간을 측정하여 IT 지원과 서비스의 질을 판단하는 데 사용된다.

IT 부서는 시스템을 수정기 전과 수정한 후에 응답 시간, 대역폭, 처리량, 총 처리 시간을 측정하여 시스템의 성능을 평가한다. 또한 성능 데이터는 제기된 유지보수 작업의 비용 수익 분석과 시스템 사용을 중단할 때가 되었는지 판단하는 데 사용한다.

관리자는 시스템의 성능에 관한 계획을 세우기 위하여 현재의 성능과 작업부하 데이터를 사용한다.

성능 계획

성능 계획(capacity planning)은 현재 작업과 성능 수준을 모니터링하고 미래의 작업을 예측하며 서비스를 요구 수준으로 제공하기 위하여 필요한 자원을 예측하는 과정이다.

성능 계획의 첫 단계는 현재 시스템의 부하와 성능 명세를 기초로 현재 모델을 개발하는 것이다. 다음은 수요와 사용자 요구를 1년에서 3년의 미래 시점으로 추정해 보고 성능의 만족을 유지하고 요구에 맞추기 위하여 무엇이 필요한지 알아내기 위하여 모델을 분석한다. 이런 과정에 가정 분석(what-if analysis)이라는 방법을 사용한다.

가정 분석은 특정한 요소에 미치는 영향을 측정하기 위하여 모델에 있는 여러 요소를 변동 시킨다. 예를 들어 '네트워크에 PC 워크스테이션을 더 추가한다면 반응 시간이 어떤 영향을 받을 것인가?', '클라이언트/서버 시스템은 새로운 웹 사이트에 의한 판매 증가를 수용할 수 있을 것인가?', '자원을 추가하면 서버의 처리량에 영향을 줄 것인가?'라는 질문에 가정 분석을 적용해 본다.

가정 분석에는 스프레드시트 도구가 도움이 된다. 예를 들어 마이크로소프트 엑셀은 목표값 찾기 기능이 있어 특정 값에 변경을 가했을 때 다른 값이 어떤 영향을 주는지 알아낼 수 있다. 하루에 3,840 건의 웹 기반 주문을 받고 주문 한 건 당 22.5 분의 처리를 한다고 하자. 주문이 9,000 건으로 늘어난다면 처리 시간에 어떤 영향을 줄 것인지 사용자는 알고 싶을 것이다. 오른쪽 화면에서 목표 찾기를 적용하면 9.6 분에 처리하여야 한다.

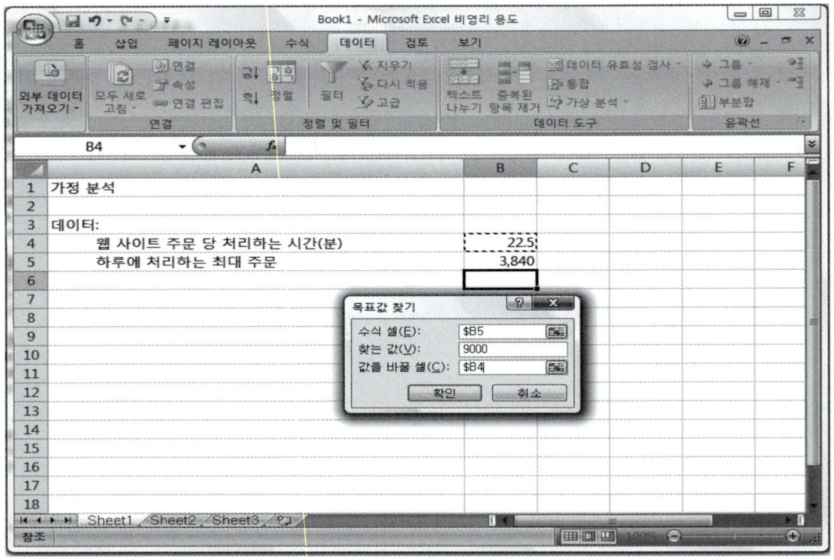

[그림 11.8] 엑셀의 목표값 찾기 기능을 이용한 가정 분석

성능 계획을 세울 때는 트랜잭션 수에 대한 자세한 정보가 필요하다. 또한 일 단위, 주 단위, 월 단위 트랜잭션 패턴과 생성하는 보고서의 개수, 타입, 크기가 필요하다. 시스템이 LAN을 사용할 때는 현재 하드웨어와 소프트웨어가 부하를 견딜 수 있는지 결정하기 위하여 네트워크 트래픽 수준을 예측할 필요가 있다. 시스템이 클라이언트/서버 구조라면 각 플랫폼에 대한 성능과 연결 명세를 조사할 필요가 있다.

가장 중요한 것은 미래 비즈니스 작업의 정확한 예측이다. 새로운 비즈니스 기능이나 요구가 예측된다면 사용자나 관리자로부터의 입력을 근거로 비상사태 계획을 개발하여야 한다. 중요한 목적은 시스템이 미래의 요구를 확신하고 비즈니스 활동을 위하여 효과적인 지원을 제공하는 것이다. 대부분의 기업은 성능 계획 소프트웨어와 서비스를 제공한다.

시스템 유지보수 도구

시스템을 운영하고 지원하는 단계에 도움을 제공하는 자동화 도구들이 있다. 대부분 시스템의 성능을 평가하거나 유지보수 작업을 도와주는 도구이다. 시스템 유지보수 도구는 다음과 같은 종류로 나눌 수 있다.

- 성능 모니터링 도구 – 프로그래밍 실행 시간과 부하에 대한 데이터를 제공한다.
- 프로그램 분석 – 원시코드를 스캔하여 데이터 요소들에 대한 참조 정보를 제공하고 프로그램 수정에 대한 영향을 평가해 준다.
- 디버깅 분석 – 프로그램 안에 있는 오류의 위치를 찾아낸다.
- 리엔지니어링 도구 – 원시 코드로부터 설계 정보를 추상화하거나 모듈 호출 관계 또는 계층 관계를 파악해 낸다.
- 자동 문서화 도구 – 원시코드에 포함된 주석으로부터 자동으로 문서를 만들어 낸다.

유지보수 단계에는 무엇보다 성능이 제대로 발휘되는지 시험하고 모니터링하는 것이 중요하다. LoadRunner와 같은 성능 테스트 도구들을 동원하여 시스템에 트랜잭션을 발생하여 부하를 주고 부하의 변경에 따라 시스템의 반응 시간이 어떻게 바뀌는지 그 추이를 살펴본다.

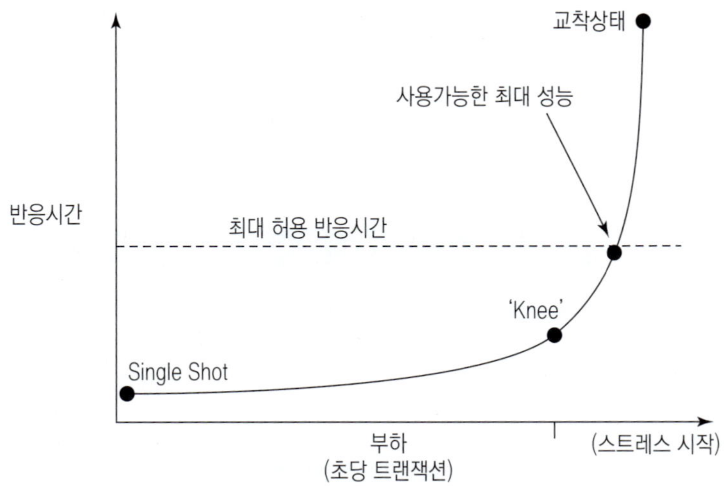

[그림 11.9] 성능 그래프

그림 11.9는 성능 테스트 작업에서 얻어진 성능 그래프이다. 이 그림은 웹 사이트의 부하 증가에 따른 응답 시간을 표현하고 있다. 부하는 다양한 방법, 즉 초당 트랜잭션 수, 초당 네트워크 처리량, 트랜잭션 클라이언트 수 등으로 측정한다. 성능 모니터링의 부하는 단일 클라이언트 부하에서 시작하고 초반에는 응답시간이 짧았으나 부하가 증가함에 따라 응답시간도 선형에 가깝게 증가한다. 여기서 단일 클라이언트에서 Knee까지의 구간은 완만히 증가하며 Knee 지점부터 성능은 기하급수적으로 저하된다.

부하를 많이 받은 시스템은 대기 큐로부터의 작업 요청을 잃는 것이 일반적이다. 이 단계에 가면 허용할만한 범위에서 작동을 하는 것처럼 보이지만 실제로 기능은 작동하지 않는다. 수용 가능한 최대 반응 시간은 SLA(Service Level Agreement)에 의해 정의되며, 다음과 같은 여러 값들과 밀접한 관련이 있다.

- 시간 범위(피크 시간 대 일반 시간)
- 보안(암호화된 페이지 대 비암호화된 페이지)
- 웹 페이지의 기능(홈페이지 대 이용이 많지 않은 페이지)

최대 사용가능 용량은 수용 가능 최대 반응시간과 부하가 만나는 부분으로 시스템이 제어될 수 있는 한계를 의미한다. 최대 사용가능 용량 이상의 로드가 계속된다면 시스템은 교착상태로 가득 찬다. 이 지점에 도달하면 웹 사이트는 트랜잭션을 처리하지 못하고 응답시간은 무한에 근접한다. 다음과 같은 일들이 발생하면 교착상태에 근접한 것이다. 로그온이 허가되지 않는다든지, 현재 사용자의 로그오프도 불가능하거나 트랜잭션 초기화가 불가능하다. 또한 중요 서비스들이 일시적으로 중지되고 자원 집약적인 서비스들이 일시적으로 중지된다. 또한 백업 사이트가 활성화 되고 Page/email 기술이 지원된다.

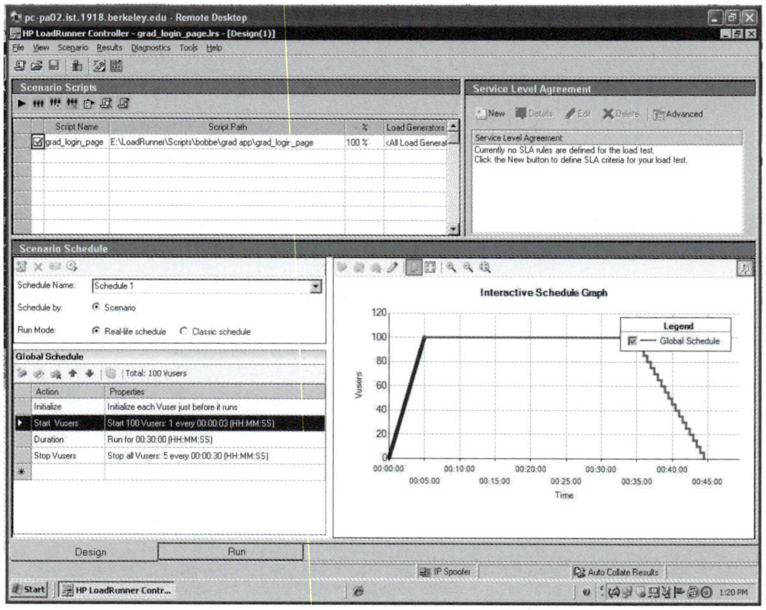

[그림 11.10] 성능 테스트 도구 사례(LoadRunner)

11.4 시스템 보안

보안은 모든 컴퓨터 시스템의 필수적인 부분이다. 이 절에서는 보안의 중요성과 기관에서 새로운 보안 도전과 위험에 대하여 어떻게 적응하여야 하는지 살펴본다. 최고경영층은 보안에 관하여 전략과 예산에 대한 의사결정을 내린다. 하지만 시스템 분석가는 권고안을 내기 위하여 전체 그림을 이해하여야 한다. 시스템 보안을 진단하기 위하여 다섯 가지 영역의 상호 연관된 수준을 분석하여야 한다. 그림 11.11에 표시한 것처럼 물리적 보안, 네트워크 보안, 애플리케이션 보안, 파일 보안, 사용자 보안 영역이다.

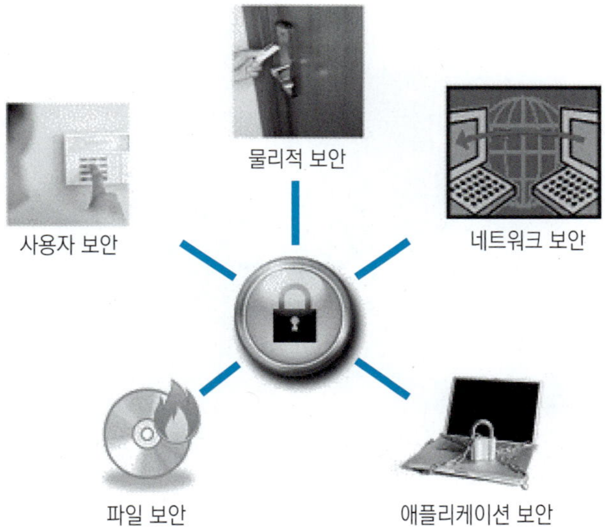

[그림 11.11] 시스템 보안 영역

물리적 보안

시스템 보안의 첫 수준은 컴퓨터 설치 공간의 물리적 환경에 관한 것이다. 중요한 장비와 서버, 데스크탑을 보호할 장치가 필요하다. 컴퓨터실은 서버와 네트워크 하드웨어 관련된 장비가 운영되는 공간이다. 대부분의 기업에서는 이런 공간을 전용으로 마련하고 있으나 사무실, 창고, 붙박이장을 사용하는 경우도 있다. 크기가 어떻든 간에 컴퓨터실은 원하지 않는 침입으로부터 특별히 보호하여야 한다. 컴퓨터실의 보안과 함께 네트워킹 되어 있는 모든 컴퓨터는 어느 정도의 물리적 보안이 필요하다. 왜냐하면 각 서버와 워크스테이션은 잠재적인 접근점이기 때문이다. 컴퓨터를 물리적으로 접근한다는 것은 시스템에 들어갈 수 있다는 것이며 따라서 통제되어야 한다.

- **컴퓨터실 보안** 컴퓨터 장비가 운영되고 있는 방은 주변 보안이 필수적이다. 물리적인 접근은 강력히 통제되어야 하며 출입은 적절한 보안 장치로 통제되어야 한다. 출입문은 안쪽에 잠금장치가 있어야 하고 전자기를 이용한 잠금장치일 경우 전원이 나갔을 때 백업 배터리 시스템이 있어야 한다. 배터리 전력이 소진되었을 때 문은 잠금 상태로 되어야 하고 비상시에 방안에 있는 사람이 문을 열 수 있어야 한다.
보안을 향상시키기 위하여 생체 스캔 시스템을 설치한다. 개인의 얼굴이나 지문, 홍채 등의 특성을 이용한 것으로 그림 11.12에 있는 것과 같다. 안구 홍채의 특징 점을 200개 이상 비교하여 판정하는 것으로 ID 카드와 같이 분실이나 파손의 위험이 없다.

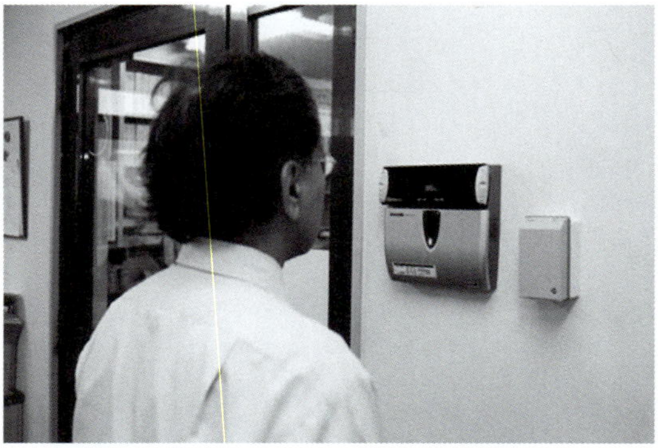

[그림 11.12] 홍채의 특징을 분석한 생체 스캔

비디오카메라와 모션 센서를 이용하여 컴퓨터실의 보안을 모니터링하고 물리적인 움직임을 문서화할 수도 있다. 모션 센서는 움직임을 탐지하기 위하여 적외선 기술을 사용하고 소리가 나거나 점멸등 경보를 울리도록 되어 있다. 컴퓨터실에 필요한 또 하나의 센서는 온도와 습도를 모니터하는 것이다. 모션 센서 경보는 컴퓨터실에 아무 동작이 없는 경우 작동하며 인가된 오퍼레이터가 비밀번호를 눌러 경보장치를 작동시키거나 해제한다.

- **서버와 데스크톱 컴퓨터** 서버나 데스크톱 컴퓨터도 가능하면 보안 장치를 하여야 한다. 간단하지만 중요한 예방으로 침입자가 서버의 하드웨어 구성을 변경하거나 피해를 입히거나 디스크를 제거하지 못하게 할 수 있다. 승인되지 않은 설치와 키보드 로깅을 방지하기 위하여 서버 선반도 잠금장치를 설치한다. 키보드 로깅 장치는 키보드와 컴퓨터 사이에 삽입할 수 있는 장치이다.

하드웨어 장치와 함께 키보드 로깅 소프트웨어도 있다. 키보드 로깅 프로그램은 해킹 프로그램으로 인터넷이나 사내 네트워크에서 다운 받을 수 있는 합법적인 소프트웨어는 아니다. 프로그램은 사용자에게 보이지 않으나 키보드 입력을 기록하고 프로그램을 설치한 누구에게나 정보를 업로드 할 수 있다.

개봉 흔적(tamper-evident)이 남는 케이스를 가능하면 사용하라. 개봉 흔적이 남는 케이스는 케이스를 열려고 하거나 열면 LED 표시가 남아 패스워드를 입력해야 해지할 수 있다. 개봉 흔적 잔류 케이스가 침입을 방지할 수는 없지만 보안이 뚫린 것을 알릴 수는 있다. 대부분의 서버는 개봉 흔적이 남는 케이스를 사용하는 것이 표준화되어 있다.

스크린을 감추고 패스워드를 삭제하는 스크린세이버가 서버나 워크스테이션에 사용되어야 한다. 컴퓨터가 시동되기 전에 BIOS 수준의 패스워드, 다른 말로 부팅 수준의 패스워드 또는 파워-온 패스워드가 사용되어야 한다. 부팅 수준의 패스워드는 승인되지 않은 사람이 CD-ROM이나 USB를 이용하여 부팅하는 것을 막는다.

- **노트북 컴퓨터** 물리적인 보안 문제를 언급할 때 노트북과 랩톱, 테블릿 컴퓨터를 위한 보안도 추가하여 고려하여야 한다. 크기는 작지만 고가이므로 범행과 산업 스파이의 대상이 되기 쉽다. 다음과 같은 여러 가지 사항이 노트북 컴퓨터의 보안을 위하여 제한되고 있다.
  - 윈도우 OS Professional과 같이 안전한 로그온, BIOS 수준의 패스워드를 채용한 운영체제를 사용한다. 이런 보호 장치가 없는 OS는 사용하지 않는다. 또한 제한된 권한을 가진 사용자 계정으로 로그온하고 작업하면서 관리자 계정을 다른 이름을 주어 막아버리면 침입자를 찾아내기가 어렵다.
  - 컴퓨터 케이스에 회사 이름과 주소를 새겨 넣거나 개봉할 수 없는 자산 태그를 붙인다. 이렇게 하면 사용하거나 판매하기 어려워 도난을 방지할 수 있고 충동 범죄를 단념시킬 수 있다. 보안 전문가에 의하면 일반 가방에 소지하고 관심을 끌만한 주문 제작 가방에 소지하지 말 것을 권고한다. 등록 카드를 완벽히 기입하여 제조업체에 제출하는 것도 확인한다.
  - 그림 11.13과 같은 지문 인식 기능이 내장된 노트북 모델의 사용을 고려해 본다.

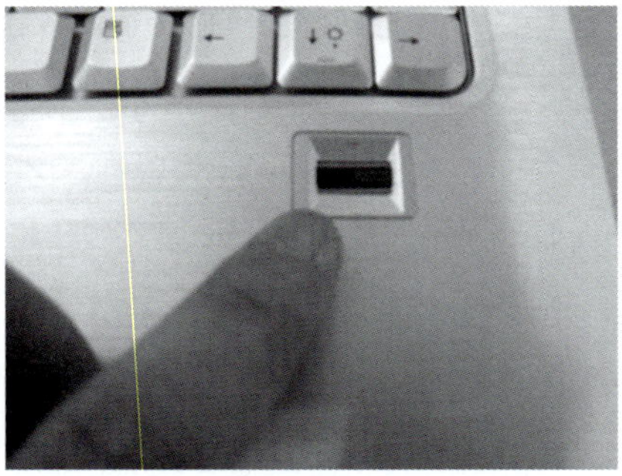

[그림 11.13] 지문 인식 기능이 있는 노트북

- 사무실 밖에서 노트북을 사용하기 전에 모든 민감한 데이터를 백업한다. 또한 하드 디스크를 사용하는 대신에 플래시 메모리 같은 착탈식 미디어에 민감한 데이터를 저장하고 이동시킨다.
- 추적 소프트웨어를 사용하여 랩톱 컴퓨터를 보안 추적 센터에 정기적으로 연결하게 한다. 노트북을 도난당하면 호출에 의하여 어떤 컴퓨터가 도난당했고 어디에 있는지 파악한다. 보안 추적 센터는 이런 정보를 가지고 관련 기관에 경계하도록 경고한다.
- 여행하는 동안 붐비는 곳, 공항의 짐 찾는 곳이나 렌트카 카운터, 보안 검색대 등에서 도난의 위험이 많은 것을 경고한다. 차량으로 여행하는 경우 트렁크나 잠금 장치가 있는 함, 즉 유리창을 통하여 보이지 않는 장소에 컴퓨터를 보관한다.
- 최소 길이, 복잡성을 요구하는 패스워드 보호 장치를 강구한다. 패스워드가 불일치할 때 시스템을 잠그기 전에 재시도 회수를 제한한다. 이런 기능을 윈도우에서는 계정 잠금 최대치(account lockout threshold)라 부른다. 시스템 관리자는 제어판을 통하여 보안에 관련된 옵션을 선택할 수 있다. 경우에 따라 민감한 파일을 보호하기 위해서 파일 암호화 정책을 수립하기도 한다.

네트워크 보안

네트워크는 데이터를 보내고 받고 공유할 목적으로 연결된 두 개 이상의 장치로 정의할 수 있다. 보내고 받는 데이터를 네트워크 트래픽이라 한다. 네트워크를 연결하기 위하여 컴퓨터는 네트워크 인터페이스를 가지고 있어야 한다. 네트워크 인터페이스란 컴퓨터 하드웨어가 네트워크와 상호 작용하게 하는 소프트웨어의 조합이다. 네트워크 트래픽의 보안을 제공하기 위하여 데이터는 암호화되어야 한다. 암호화란 데이터를 인코딩하여 인증없이 접근할 수 없게 하는 과정이다.

- **네트워크 트래픽 암호화** 네트워크 트래픽은 가로채서 변경하고 다른 곳으로 보낼 수 있으며 저장할 수 있다. 예를 들면 암호화 되지 않은 순수 텍스트나 패스워크, 신용카드 번호도 연결된 네트워크를 통하여 전달될 수 있다. 트래픽이 암호화되어 있으면 보이기는 하지만 내용과 목적이 감추어진다.
  널리 알려진 암호화 기술은 공개키 암호(public key encryption)이다. 공개키 암호 환경에서 네트워크에 있는 각 사용자는 한 쌍의 키, 공개키와 개인키를 가진다. 그림 11.14에 나타낸 것처럼 공개키는 메시지를 암호화하는데 사용한다. 사용자는 공개키를 공유할 수 있지만 개인키는 철저히 보안 유지한다. 공개키로 암호화 한 메시지는 사용자의 개인키로만 복호화 할 수 있다.

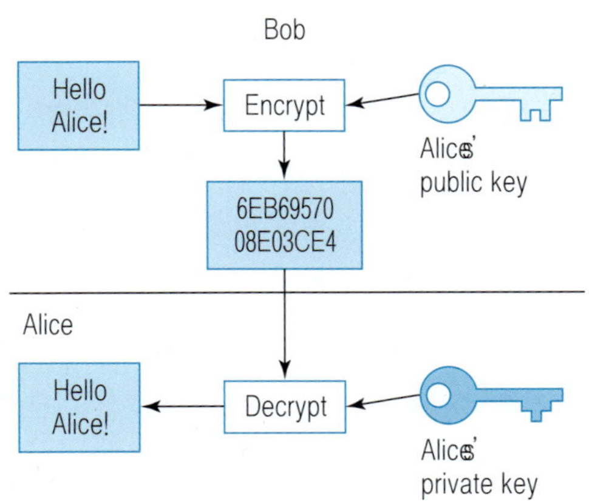

[그림 11.14] 공개키 환경

무선 네트워크에서 트래픽을 암호화하는 것은 매우 중요하다. Wi-Fi 네트워크는 트래픽을 가로채는 일을 막을 수 없는 취약성을 보이고 있다. 트래픽이 적절히 암호화되면 의도하지 않은 수신자가 가로챈 데이터도 침입자에게는 쓸모가 없을 것이다. Wi-Fi 접근 보호(Wi-Fi Protected Access)는 무선 네트워크를 보호하는데 많이 사용된다.

- **사설 네트워크** 모든 네트워크 트래픽을 보호하는 것은 비현실적이다. 불행하게도 암호화하는 것은 네트워크 입장에서는 트래픽 부담을 증가시키는 것이며 네트워크의

효율을 크게 낮춘다. 데이터베이스 서버에 링크된 웹 서버처럼 네트워크 속도가 중요한 경우는 대부분의 기업에서 컴퓨터를 연결하기 위하여 사설 네트워크를 사용한다. 이 경우 네트워크의 인터페이스 중 외부로 연결되는 것은 하나도 없다. 이런 환경에서는 암호화 되지 않은 트래픽이 안전하게 전달 될 수 있는데 그 이유는 외부 공공 네트워크에서 가로챌 수가 없기 때문이다.

- **가상 사설 네트워크** 가상 사설 네트워크는 적은 숫자의 컴퓨터를 가진 곳에서 잘 작동한다. 그러나 더 큰 그룹을 안전하게 연결하려면 가상 사설 네트워크(VPN: virtual private network)를 만들 수 있다. 가상 사설 네트워크는 원거리 사용자를 안전하게 연결하기 위하여 인터넷이나 회사 인트라넷과 같은 공공 네트워크를 사용한다. VPN은 직접 연결하는 대신에 인증을 받은 원거리 클라이언트가 특수키를 교환한다. 인증이 성공되면 클라이언트와 인트라넷 접근 지점 사이에 안전한 네트워크 연결(이를 터널이라 부름)이 확립된다. 모든 트래픽은 VPN 터널을 통하여 암호화되며 암호화와 보안 수준을 추가할 수 있다.

- **포트와 서비스** 포트는 들어오는 트래픽을 컴퓨터가 제공하는 애플리케이션에 라우팅하기 위하여 사용하는 정수 식별자이다. 인터넷과 같은 TCP/IP 네트워크에서 컴퓨터에서 받은 모든 트래픽은 도착 포트를 가지고 있다. 도착 포트는 트래픽이 어디로 라우팅 되는지 결정하기 때문에 컴퓨터는 보낼 데이터에 포함되어 있는 포트 번호로 트래픽을 순서 정렬한다. 대규모 공동 아파트에 설치된 여러 개의 우편함과 유사하다. 각 우편함은 같은 주소를 쓰지만 우편함 번호는 다르다.
  서비스는 특정한 포트를 모니터하고 신호를 청취하는 애플리케이션이다. 예를 들어 이메일 애플리케이션은 포트 25를 청취한다. 이 포트에서 받는 모든 트래픽은 이메일 애플리케이션으로 라우팅 된다. 서비스는 컴퓨터 보안에서 중요한 역할을 하며 포트 스캔과 서비스 공격을 거부하여 효과를 낼 수 있다.

- **방화벽** 방화벽(firewall)은 로컬 네트워크나 인트라넷과 인터넷 사이에 설치한 방어선이다. 방화벽은 인터넷과 적어도 하나의 인터페이스, 로컬 네트워크나 인터라넷과 적어도 하나의 네트워크 인터페이스를 가져야 한다. 방화벽은 트래픽을 패스할 것인지 말 것인지를 결정하는 조건을 규칙으로 미리 세운다. 규칙이 매치되면 방화벽은 자동적으로 트래픽을 허용하거나 거부하거나 중지한다. 방화벽이 트래픽을 거부하면 트래픽을 받을 수 없다고 회신한다. 방화벽이 트래픽을 중지하면 회신을 보내지 않는다. 방화벽은 이렇게 서비스 공격, 포트 스캔, 다른 수상한 작업을 감지하고 이

를 거부하도록 구성될 수 있다.

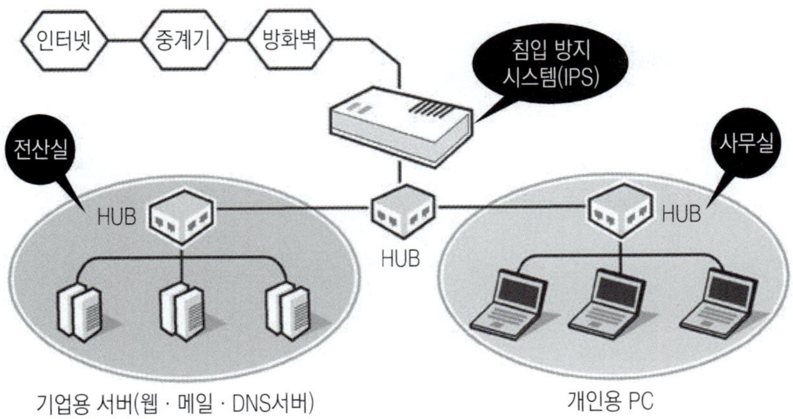

[그림 11.15] 방화벽

애플리케이션 보안

컴퓨터실을 보호하고 네트워크 트래픽을 보호한 뒤에는 서버에 수행되는 애플리케이션을 보호하여야 한다. 시스템 분석가는 각 서버의 애플리케이션과 애플리케이션에 의하여 야기될 수 있는 보안 영향에 대하여 인지하고 있어야 한다. 애플리케이션의 통합과 구성을 보호하기 위하여 시스템 분석가는 기능을 분석하고 가능한 보안 관심사를 찾아내고 모든 문서를 숙독하여야 한다. 애플리케이션 보안은 서비스를 이해하고 입력 검증 기술, 소프트웨어 패치 및 업데이트에 대한 이해가 필요하다.

- **서비스** 네트워크 보안에서 서버는 특정 포트를 모니터링하고 청취하는 애플리케이션이라는 것을 배웠다. 시스템 분석가는 어떤 서비스가 수행되어야 하는지 포트를 스캔함으로써 결정한다. 특정한 애플리케이션이 필요 없다면 사용불능 상태로 두어 시스템의 성능과 신뢰도를 높인다. 어떤 경우에는 하나 이상의 서비스 조합이 잘못 세팅되어 보안 구멍이라 불리는 취약성을 만들 수도 있다. 예를 들면 웹 서버와 파일 전송 서비스는 같은 파일을 사용하기 위하여 같은 서버에 구성될 수도 있다. 이렇게 되면 악의가 있는 사용자가 FTP 서버를 사용하여 바이러스 코드를 업로드 할 수 있고 웹서버를 이용하여 악의가 있는 코드에 접근하는 데 사용할 수도 있다.
  애플리케이션은 프로그램에 접근할 수 있는 특정 권한을 가진 사용자만 수행할 수 있게 되어 있다. 예를 들어 관리자나 슈퍼 사용자 계정은 애플리케이션의 접근에 제한이 없다. 인증 받지 않은 또는 파괴적인 변경을 방지하기 위하여 프로그램은 접근할 수 있으나 빌드인 함수나 형상은 변경할 수 없게 되어 있다. 인증이라 불리는 사용자 권한은 파일 보안에서 설명한다.

- **입력 검증** 대부분의 애플리케이션은 다른 프로그램이나 파일, 사용자로부터 입력을 받는다. 애플리케이션을 설계할 때 잠재적인 보안 문제를 줄일 수 있는 입력 검증 기능을 필수적으로 포함하여야 한다. 예를 들면 애플리케이션이 1부터 10까지의 정수를 요구할 때 문자나 숫자 31이 입력되면 어떻게 되나? 애플리케이션이 적절히 설계되었다면 오류 메시지로 반응할 것이다. 데이터 입력과 검증은 데이터의 통일성과 품질을 안전하게 유지할 수 있는 중요한 기술이다. 입력 데이터를 검증하지 못하면 출력 오류를 일으킬 수도 있으며 유지보수 비용을 증가시키고 시스템의 동작에 오류가 생길 수 있다.

- **패치와 업데이트** 운용되는 시스템에서 보안의 취약점은 언제든 발견될 수 있다. 패치는 이러한 취약점을 보수하고 서버나 애플리케이션의 취약점을 감소시키기 위한 소프트웨어 모듈이다. 패치는 새 소프트웨어 릴리스를 형상 관리 프로세스에서 시험하듯이 신중하게 테스트 하여야 한다. 패치 적용 전에 적용하지 않는다면 노출될 위험도와 패치가 시스템의 다른 부분에 영향을 줄 수 있는 가능성에 대하여 판단하여야 한다.

  내부에서 개발하지 않은 애플리케이션을 서드파티 소프트웨어라고 부른다. 서드파티 소프트웨어 벤더가 릴리스한 패치는 대체로 안전하나 패치를 적용하기 전에 잘 검토해 보아야 한다. 일일이 패치를 연구하고 적용하는 것은 시간이 많이 소요되고 비용이 많이 든다. 대부분의 소프트웨어 벤더는 애플리케이션이 벤더의 서버를 접속하여 필요한 패치를 체크하도록 자동 업데이트 서비스를 제공하고 있다. 만일 패치가 있다면 다운로드하여 사람의 개입 없이 설치한다. 형상에 따라 업데이트 과정은 완전히 자동화 될 수 있거나 IT 관리자의 허가가 필요할 수도 있다. 편리하지만 완전 자동 업데이트는 매우 심각한 위험을 가져올 수도 있어, 예상치 못한 결과나 문제를 일으키는 패치는 변경을 쉽게 원상 복귀할 수 있는 경우에만 허용한다.

Box 11.3 | 안티바이러스와 보안 업데이트

대부분 V3, 알약, 바이로봇과 같은 안티바이러스 프로그램의 설치는 하는 반면, 보안 업데이트 설치는 자주 간과한다. 우리가 알아야 할 점은 안티바이러스 프로그램이 모든 엔드포인트 보안위험에 대해 안전을 보장하지는 않는다는 것이다. 예로 2015년 발생했던 "클리앙 랜섬웨어 악성코드 유포 사례"와 같이, 단지 웹 서핑만으로도 악성코드의 다운로드 및 실행이 이루어 질 수 있다.

물론 PC 감염까지 이르기 위해서는 취약점이 패치되지 않은 상태에서 악성코드 유포사이트에 방문해야 한다. 이러한 공격행위를 익스플로잇이라 부르는데, 안티바이러스 프로그램은 이를 탐지하지 않는다. 따라서 안티바이러스 프로그램과 보안 업데이트는 각각의 역할이 있어 한쪽에 치우치는 일이 없도록 해야 한다.

보안 업데이트는 개인과 조직이 처한 상황에 따라 적용 시기가 각기 다를 수 있으나 취약점을 제거해야 한다는 점에는 변함이 없다. 보안 업데이트 적용 시기는 공격코드 공개여부, 공격영향, 공격수행 가능 위치 등을 고려한다. 긴급으로 진행해야 할 업데이트와 그렇지 않은 업데이트를 선별할 수 있는 안목이 필요하다.

파일 보안

파일에는 컴퓨터 환경 세팅, 사용자 개인 정보, 보안에 민감한 데이터가 저장되어 있다. 이런 파일의 안전성과 보호는 어떤 보안 프로그램에서도 중요한 요소이며 시스템 분석가는 개인 사용자나 그룹에게 배정될 수 있는 권한의 중요성을 고려하여야 한다.

- **권한** 파일 보호는 권한, 즉 사용자에게 특정한 파일이나 디렉토리를 접근 또는 작성, 삭제할 수 있는 능력을 부여하는 것이다. 가장 보편적인 권한은 읽기, 쓰기, 실행이다. 권한의 대표적인 사례는 다음과 같다.
  - 파일 읽기: 사용자가 파일의 내용을 읽을 수 있음
  - 파일 쓰기: 사용자가 파일의 내용을 변경할 수 있음
  - 파일 실행: 프로그램이라면 사용자가 파일을 실행할 수 있음
  - 디렉토리 읽기: 사용자가 디렉토리에 있는 내용을 나열할 수 있음
  - 디렉토리 쓰기: 사용자가 디렉토리에 파일을 추가하거나 삭제할 수 있음

  파일 권한을 배정할 때 시스템 관리자는 각 사용자가 자신의 작업을 수행하기 위한 최소의 권한만을 가지도록 하여야 한다. 어떤 기업은 시스템 관리자가 권한 수준을 배정할 때 재량권을 갖기도 하고 다른 기업은 보통 수준 이상의 권한을 가지려면 관리자의 허가가 필요하도록 만들기도 한다. 어떤 방법이든 파일 보안을 증진하고 시스템 취약점을 낮추기 위하여 잘 문서화하고 강력한 권한 정책이 필요하다.

- **사용자 그룹** 협동 작업을 위하여 파일을 공유할 필요가 있는 개별 사용자는 다른 사용자의 파일 내용을 변경할 수 있는 높은 권한을 요청하기도 한다. 시스템 관리자의 입장에서 더 좋은 방법은 사용자 그룹을 만들어 특정 사용자를 추가하고 파일 권한을 그룹에 배정하는 것이 개인별로 권한을 주는 것보다 좋다. 많은 기업이 사용자 권한을 그들의 직위보다는 맡은 책임으로 결정하기 때문이다. 직원이 부서를 옮기면 그룹을 떠나 새로운 업무를 반영하는 다른 그룹에 참여한다.

사용자 보안

보안의 마지막 수준은 시스템 사용자 파악과 사용자 관련 보안 이슈를 고려하는 것이다. 보안에 대한 주의나 기능에 관계없이 보안은 결국 시스템 사용자 자신과 사용자의 습관, 훈련, 보안 목표를 달성하려는 의지에 좌우된다. 불행하게도 많은 시스템 침입이 어떤 방법으로든 위태로운 사용자 계정으로부터 시작한다. 침입자는 위태로운 계정을 이용하여 시스템에 접근하며 권한 승급을 시도할 수도 있다. 사용자 보안은 패스워드 보호 정책, 집단행동 위험에 대한 인식, 사용자 불만을 극복하는 효과적인 방법을 포함한 계정 관리 정책이다.

- **신원 관리** 신원(identity) 관리는 정식 사용자와 시스템 컴포넌트를 파악하기 위하여 필요한 제어와 절차를 뜻한다. 신원 관리는 기술, 보안, 프라이버시에 대한 사회적 관심, 비용 효율과 사용자 생산성에 대한 비즈니스와 연관된 이익을 종합한 것이다. 신원 관리는 기업에서 집중적으로 추진되고 있는 뜨는 기술이라 할 수 있다.
  신원 관리는 사람, 기계, 장치, 애플리케이션, 서비스를 표현하는 전자 기록의 집합이라고 할 수 있다. 이러한 신원 관리의 정의는 사용자만이 아니라 시스템에 있는 각 컴포넌트가 유일한 특성을 기초로 검증 가능한 것이 되어야 한다는 의미를 담고 있다. 예를 들어 사용자 인증은 패스워드와 주민번호, 사원 번호, 직위, 주소 등의 조합을 기초로 한다. 기업은 신원 관리를 시스템 단위로 하는 것이 아니라 기업의 이슈로 언급하기 시작할 것이다. 미래에는 휴대 가능한 전사적 인증 및 제어 기술이 기업 강조될 것이다.
  침입에 의한 파괴적인 결과 때문에 IT 관리자는 신원 관리 정책과 해결방안을 최고의 우선순위로 두고 있다. 그러나 어떤 시스템이든 방어의 첫 출발은 사용자 패스워드이다. 패스워드 보호 수준을 높이는 것은 비용을 증가시키며 사용자들의 불편을 줄 수 있다. 패스워드 보호 층에 타협하지 않고 침입자가 친화력을 이용하여 시스템 보안을 침입할 수 있다.

- **패스워드 보호** 패스워드 이슈는 물리적 보안에서도 언급하였지만 보안 관련 이슈 중 매우 중요한 요소이다. 사용자는 기억하기 쉬운 단어를 선호하지만 IT 관리자 입장에서는 최소한의 길이와 대소문자 및 특수문자, 숫자를 혼용한 패스워드를 요구하는 것이 좋다. 사용자가 패스워드를 누구든 쉽게 접근할 수 있는 책상이나 게시판에 기록해 놓는 것은 위험하다. 대부분의 기업에서는 사용자에게 30일 또는 60일의 패스워드 시간제한을 둘 것을 요구한다.

Box 11.4 | 시큐어 프로그래밍

컴퓨터를 사용한 거래가 활발해지면서 금융 정보를 노리는 피싱이 급증하고 있다. 또한 웹 사이트의 취약성을 공격하는 비율도 급증하고 있다. 2009년에 발표된 각종 보안 관련 시스템 요소의 취약성 중 50% 이상이 웹 애플리케이션으로 이 중 절반은 패치도 개발되지 않았다.

일반적으로 사용자들이 안전하다고 생각하는 문서 파일에도 악성코드를 결합시키는 사례가 늘고 있으며 PDF나 엑셀 파일의 취약성이 공격의 대상이 되고 있다.

악의적인 접근이나 악성코드 결합 시도를 차단하는 방법으로 시큐어 코딩 기법이 소개되어 있다. 시큐어 코딩이란 소프트웨어의 개발 단계부터 소스코드의 보안 취약점을 고려해 프로그래밍 하는 방법이다. 예를 들어 버퍼 오버플로우는 공격의 대상이 되기 쉽다, 프로그램이 버퍼에 복사하여 입력받으려 할 때 입력값을 고의로 아주 크게 주면 버퍼 오버플로우가 된다. 이때 리턴 주소가 반환되는데 이를 이용하면 해커가 원하는 주소로 점프할 수 있다. 이곳에 악성코드를 심어 정보를 무단으로 수정 또는 이용하여 피해를 주거나 컴퓨터를 마음대로 제어하게 된다.

미국 카네기 멜론 대학의 CERT(Computer Emergency Response Team)에서는 Java와 C 언어에 대한 취약점을 정의하고 각 언어에 대한 시큐어 코딩 사례를 제공한다. 다행히 국내 행정안전부에서도 사이버 공격에 대한 시큐어 코딩 가이드라인을 마련하고 있다.

11.5 데이터 백업과 복구

시스템 백업과 재난 복구 문제는 시스템 아키텍처 전반에 대하여 계획할 때 고려되어야 한다. 미국의 911과 같은 불의의 사고와 국제 테러에 대한 경고는 많은 기업들이 백업이나 재난 복구 계획을 더욱 강화하는 계기가 되었다. 재난 복구에 대한 높은 관심은 새로운 도구와 기술의 시장을 창출하였다. 대부분의 IT 전문가들은 테러리즘에 대한 염려가 기업 전반에 걸쳐 보안에 대한 경각심을 높였고 백업과 복구에 대한 CEO의 이해와 지원을 얻어내기가 쉬워졌다. 백업과 재난 복구는 분리하여 볼 수도 있지만 대개 상호 연관되어 있다.

백업

비즈니스 데이터 보호의 핵심은 백업 정책이다. 백업 정책은 백업에 대한 자세한 작업 절차를 포함하고 있다. 백업 절차는 백업 미디어, 일정, 보관 기간이 명시되어야 한다. 효과적인 백업 정책은 비즈니스 업무를 계속 이어가게 하며 어떤 경우 회사 존속의 열쇠가 된다.

- **백업 미디어** 백업 미디어는 마그네틱테이프, 광학 스토리지 등 여러 가지 저장 매체가 있다. 재사용 미디어를 사용할 때는 백업에 레이블을 자세히 기록해 두어야 하며 반복 일정을 정확하게 정의하여 특정한 백업 테이프나 디스크가 알맞게 사용되어야 한다. 미디어를 재사용하든 일회용이든 모든 데이터의 백업은 안전하고 보안이 잘된 장소에 저장되어야 한다. 또한 홍수나, 화재, 지진과 같은 재난 상태에서 위험을 줄이기 위하여 백업 미디어를 비즈니스 업무 현장에서 안전한 곳으로 옮기는 대피 훈련을 하기도 한다. 이렇게 로컬 백업과 저장 정책은 위험을 내재하고 있어 웹 기반으로 데이터를 백업하는 방법을 사용하는 회사도 등장하고 있다.

  윈도우 운영체제는 백업과 복구를 위한 유틸리티 프로그램을 가지고 있지만 대부분의 시스템 관리자는 상업용 소프트웨어를 사용하여 백업 과정을 관리하고 있다. 그림 11.16에 있는 상용 백업 프로그램은 PC 파일을 주기적으로 외장 하드에 자동 백업하고 폴더를 동기화 한다.

[그림 11.16] PC 백업 프로그램

- **일정** 전체 백업은 시스템의 모든 파일을 완전히 백업하는 것이다. 자주 전체를 백업하는 것은 시간이 많이 소요되고 백업 후 바뀐 파일이 많지 않다면 중복되는 면이 많다. 완전히 전체를 백업받는 대신에 전체 백업 후에 변경된 부분만 저장하는 점증적 백업(incremental backup)이 효과적이고 빠르다. 하지만 데이터를 원래의 상태로 복구할 때 전체 백업을 복구하고 다음에 점증적 백업을 복구하여야 하는 불편함이 있다. 백업 일정은 전체 백업과 점증적 백업을 위한 특정한 시간으로 정한다. 대부분의 IT 관리자는 전체 백업과 점증적 백업 방법을 조합하여 데이터를 백업하는 것이 가장 좋은 선택이라 생각한다. 왜냐하면 저장 공간이 적고 빠른 방법이기 때문이다.

- **보유 기간** 백업이 저장되는 기간은 백업이 훼손되었거나 백업 미디어가 재사용 된 후 일정한 기간 동안이다. 보유 기간은 요구나 회사 정책에 따라서 수개월 또는 수년이 될 수도 있다.

재난 복구

중요한 비즈니스 데이터를 백업하는 작업과 함께 백업 사이트(또는 hot site)를 운영하기도 한다. 백업 사이트는 전원 차단, 시스템 장애, 물리적 공황 상태를 대비하여 아주 중요한 비즈니스 시스템을 별도의 안전한 장소에 운영하는 것을 말한다. 백업 사이트를 구현하려면 데이터 복제가 두 사이트 사이에 확립되어야 한다. 데이터 복제는 정상적인 운영 조건에서 주 시스템에서 발생한 트랜잭션은 모두 자동으로 백업 사이트에 전파되어야 한다. 주 시스템이 가동될 수 없다면 백업 사이트가 최근의 데이터를 받아 다운되지 않고 중단 없이 작업을 수행한다.

백업 사이트는 다른 백업 방법보다 기술적으로 우수하지만 동일한 시스템과 인프라를 갖추어야 하므로 비용이 많이 든다. 투자 분석 관점에서는 시스템의 생명주기동안 재난이 없다면 백업 사이트의 투자 대 수익(ROI)은 0이다. 하지만 백업 사이트가 재난으로 비즈니스가 중단되는 위험을 보상해 주는 최고의 보험이다. 기업에서는 이런 이유로 백업 사이트 설치를 정당화하고 필요한 비즈니스 비용으로 생각하고 있다.

Box 11.5 | 백업과 보안

온라인 비즈니스의 중요성과 영향력이 점차 커지면서 쇼핑몰, 게임 등 전통적인 온라인 중심의 기업뿐만 아니라 오프라인 기반 업체들도 온라인 비즈니스로 사업을 확장, 또는 전환하는 사례가 늘고 있다. 이러한 변화에 따라 많은 기업들이 비즈니스의 성패를 좌우하는 시스템의 장기적인 운영과 효율적인 관리를 위해서 인터넷 데이터 센터(IDC)에 입주하거나 입주를 고려하는 기업들이 증가하고 있다.

그렇지만 IDC에 입주하는 많은 기업들이 자체 보안 인력을 보유하고 있는 경우가 많지 않다. 따라서 보안을 중요시하는 기업은 IDC를 자체적으로 제공하거나 전문 보안업체와 협력 관계를 맺고 보안 서비스를 제공받고 있다.

다른 회사의 장비를 빌려 사용하는 경우 보안이나 백업을 소홀히 하는 경우가 있다. 강력한 시스템 보안을 위하여 IDC가 제공하는 보안 서비스와 함께 주기적으로 운영되는 시스템의 최신 패치와 안티바이러스를 이용한 감시가 병행되어야 한다.

보안의 기본은 백업이다. 기업의 주요 자산을 유지하고 비즈니스를 안정적으로 지속시키기 위하여 필요한 것은 보안이다. 그러나 보안 사고나 장애로 인하여 기업의 자산인 데이터의 유실이 발생되었을 때 이를 정상으로 되돌릴 수 있는 방법은 평소에 주기적으로 백업을 하는 방법 외에는 없다. 특히 온라인 비즈니스를 경영하는 기업의 경우 비즈니스 연속성 유지를 위한 백업은 선택 사항이 아니라 필수다.

11.6 시스템의 소멸과 미래

아무리 완벽한 지원이 있더라도 시스템은 소멸된다. [그림 11.17]에 있는 펀치카드는 1960년대 데이터를 관리하고 프로그램을 입력하는 최첨단 장치였다. 종이로 된 카드에 위치 조합으로 구멍을 뚫어 기계에 읽히면 특정한 자리에 구멍이 있느냐 없느냐에 의하여 입력값이 결정된다. 가장 큰 크기의 카드가 80자를 저장하므로 1메가바이트를 저장하려면 12,000장의 카드가 필요하다.

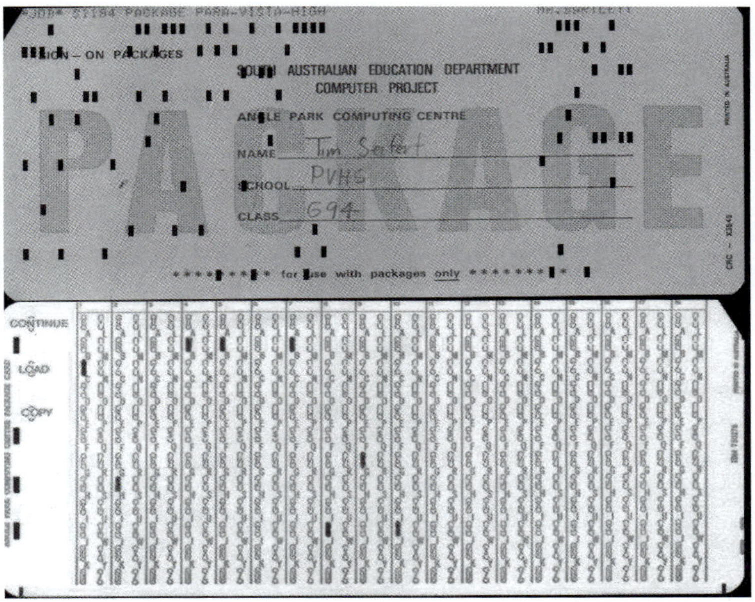

[그림 11.17] 펀치 카드

50년 이상 지난 오늘날 펀치 카드 기술은 거의 찾아볼 수 없고 더 새롭고 개량된 기술로 빠르게 대치되었다. 계속적으로 변화하는 기술은 모든 시스템의 생명에는 한계가 있다는 뜻이다. 분석가와 관리자는 시스템이 항상 완벽하게 유지될 수는 없고 언젠가는 소멸될 수도 있다는 것을 염두에 두어야 한다.

시스템은 사용자가 더 이상 기능을 필요로 하지 않거나 플랫폼이 없어지면 소멸된다. 시스템이 중단되는 대부분의 공통된 이유는 경제적으로 유용한 기간의 끝에 왔다는 것이며 다음과 같은 표시로 감지할 수 있다.

1. 시스템 유지보수 이력을 보면 적응형 유지보수와 교정형 유지보수가 계속 증가한다.

2. 운영비용이나 실행 시간이 급격히 증가하며 정기적인 완전형 유지보수가 역전되거나 떨어지지 않는다.
3. 새 소프트웨어 패키지가 나와서 현재 시스템과 비교하여 동일하거나 추가된 서비스를 제공하고 더 빠르고 좋으며 저렴하다.
4. 새로운 기술을 이용하여 동일한 또는 추가된 기능을 더 효과적으로 제공한다.
5. 유지보수 변경이나 추가가 어렵고 비용이 많이 든다.
6. 사용자가 비즈니스 요구를 지원하는 새로운 기능을 요청한다.

시스템 운영과 지원은 대치 시스템이 설치될 때까지 계속된다. 시스템 운영 생명주기의 끝에 이르면 사용자가 적응형 유지보수를 위한 새로운 요구를 하지 않는다. 왜냐하면 새로운 릴리스를 기다리기 때문이다. 마찬가지로 IT 부서도 시스템에 대하여 비용 지출의 정당함을 주장하기 어렵기 때문에 완전형 또는 예방형 유지보수를 수행하지 않는다. 시스템이 최종 단계에 가면 시스템의 운영만을 위한 교정형 유지보수만 요구한다. 시스템의 종말 단계에 가면 표 11.1과 같이 유지보수 작업의 유형이 달라진다.

표 11.1 생명주기 소멸 단계의 유지보수 작업 유형

작업	교정형 유지보수	적응형 유지보수 (개선 적음)	적응형 유지보수 (개선 많음)	완전형 유지보수	예방형 유지보수
작업 수준	적음	없음	없음	없음	없음

사용자 만족은 시스템의 생명주기를 결정한다. 어떤 시스템이든 중요한 성공 요인은 사용자와의 운영 또는 비즈니스 목표를 성취하도록 도와주느냐 못하느냐에 달려 있다. IT 부서 직원은 시스템 개발 과정 내내 사용자와 관리자로부터 의견을 받았을 것으로 예상한다. 따라서 모든 부정적인 피드백을 조사하고 문서화 한다. 이것이 시스템 소멸의 첫 신호일 수도 있기 때문이다.

시스템 운영 기간의 어느 시점에서든 유지보수 비용은 증가한다. 또한 사용자는 더 많은 기능과 성능을 요구하고 새로운 시스템 개발을 요청하면 새로운 소프트웨어 생명주기가 시작된다.

시스템의 미래

미래에 대하여 확실한 한 가지 사실은 계속 변한다는 사실이다. 변환 그 자체는 좋은 것도 나쁜 것도 아니다. 중요한 것은 사람이나 기업이 다가올 도전과 기회를 어떻게 다루느냐이다.

지도와 계획이 없이 오랜 여행을 떠나는 사람은 없을 것이다. 정보 시스템을 사용하는 기관은 2장에서 언급한 것처럼 정보 기술의 미래를 찾기 위하여 전략적 계획이 필요하다. 이 절에서는 시스템의 미래 설계를 위한 예측, 즉 인력 확보를 비롯하여 전략적 계획의 중요성에 대하여 논한다.

- **예측** 아무도 자세히 예측할 수는 없지만 기관이나 기업의 경쟁이 더 심해지고 경제적, 사회적, 정치적 불안정 속에 국제적으로 변화가 지속될 것이라는 것은 확실하다. 정치적 불안정 속에 국제적으로 변화가 지속될 것이라는 확실하다. 대부분의 IT 전문가는 이런 환경 속에 기업의 업무와 데이터에 대한 안전과 보안은 가장 높은 우선순위에 있다고 믿고 있다.
  전문가들은 IT 시장의 빠른 성장은 고객 중심 애플리케이션과 공급 체인 관리에서 이루어지고 있다고 주장한다. 많은 기업에서 미국 911 테러 이후 보안에 대한 투자를 많이 하고 있다. 기업이나 개인 데이터를 위하여 분산 컴퓨터 네트워크 스토리지, 최악의 시나리오 계획을 세우고 있다.
  IT를 위한 장기적인 전망은 무엇이며 시스템 분석가의 역할은 무엇인가? 기술의 발전은 비즈니스를 성장시키고 생산성을 높이는 것이다. 기술 그 자체가 핵심은 아니다. 발전 동력은 기술이 어떻게 강인해지고 적용될 것인가라는 질문이다. 기술은 단지 도구이며 목표 지점 도착에 도움을 주는 지팡이다. 잘 만들어진 지팡이가 우리가 갈 길까지 찾아주지는 못한다.
  빌 조이(Bill Joy, 윌리엄 넬슨 조이)에 의하면 기술의 발전이 매우 빨라 인간이 따라가지 못하게 되고 분명한 것은 IT의 미래 세계는 숙련된 전문가에 의하여 계획되고 창조될 것이라고 한다. 따라서 진정한 도전은 기술과 지식, 자격, 경험을 잘 갖추는 것이다.

- **전략적 계획** 기업에서 IT 분야에 대한 투자는 금융 투자와 마찬가지로 장기적이며 뚜렷한 목표를 정하여 해 나가야 한다. 이러한 목표를 성취하기 위하여 전략적 계획이 필요하다. 다음과 같은 전략적 계획에 대한 질문의 답을 찾는 것이 출발점이라

할 수 있다. 지금부터 3, 5, 10년 후에 시스템은 어떤 위치에 있을 것이며 무엇을 하기 원하는가?

장기 목표로부터 거꾸로 셈하여 중간 마일스톤을 정하고 이를 달성하기 위한 프로젝트의 작은 목표와 내용을 계획한다. 이런 작업은 로드맵을 정하는 작업이며 2장에서 설명한 간트차트나 PERT/CPM 네트워크를 이용하여 나타낸다. 계획이 수립되면 현재의 작업이 일정대로 진행되고 있는지 주기적으로 모니터링한다.

시스템에 대한 계획을 세우는 것은 높이 자랄 때까지 오랜 시간이 걸리는 나무를 심는 것과 같다. 원하는 높이와 매년 자라는 비율을 안다면 언제 나무를 심을지 결정할 수 있다. 마찬가지로 시스템의 목표를 세우고 현재의 상황을 비교해 보았을 때 2년 정도 걸린다고 하면 목표 시스템을 위한 개발 프로젝트를 시작하여야 한다.

요약

- 시스템 운영, 지원, 보안 단계는 시스템이 가동되어 수명을 다할 때까지 계속되는 기간이며 사용자 자원과 유지보수 작업이 중요하다.
- 유지보수는 교정형, 적응형, 완전형, 예방형으로 나눌 수 있다.
- 시스템을 지원하기 위하여 팀, 유지보수 요구, 형상관리, 프로세스를 관리하여야 한다.
- 시스템의 성능을 관리하기 위하여 작업 부하를 측정하고 성능을 계획하여야 한다.
- 시스템의 보안을 위하여 다섯 가지 영역을 분석한다. 물리적 보안, 네트워크 보안, 애플리케이션 보안, 파일 보안, 사용자 보안 영역이다.
- 데이터의 백업과 재난 복구를 위하여 시스템과 인프라를 갖추어야 한다.
- 시스템이 오래 사용되면 소멸되는 시기가 있다. 이를 잘 예측하고 미래를 잘 준비하여야 한다.

퀴즈

1. 시스템이 가동되기 시작하여 그 수명이 다할 때까지 계속되는 기간은 ______________ 이다.

2. 시스템 개발을 주도한 조직은 사용자를 위하여 여러 가지 형태로 지원한다. 그중 사용자의 기술적 또는 운영 중의 질문에 대한 대답을 제공하는 기능을 ______________라 부른다.

3. 유지보수 형태는 그 필요에 따라 ______________, ______________, ______________, ______________으로 나눈다.

4. 유지보수 팀은 ______________, ______________, ______________, ______________ 로 구성된다.

5. 작업 부하를 측정하는 방법에는 ____________, ____________, ____________ 세 가지가 있다.

6. ____________ 은/는 현재 작업과 성능 수준을 모니터링하고 미래의 작업을 예측하며 서비스를 요청하는 수준으로 제공하기 위하여 필요한 자원을 예측하는 과정이다.

7. 공공 네트워크를 이용하여 원거리 사용자를 안전하게 그룹으로 연결하는 방법을 ________________________ 이라 한다.

8. 정식 사용자와 시스템 컴포넌트를 파악하고 관리하기 위한 제어와 절차는 ________________ 이라 부른다.

9. 비즈니스 데이터 보호의 핵심은 __________________ 정책이다.

10. ____________ 는(은) 전원 차단, 시스템 장애, 물리적 공황 상태를 대비하여 아주 중요한 비즈니스 시스템을 안전한 별도의 장소에 운영하는 것을 말한다.

11. 다음 중 사용자 지원 방법으로 적당하지 않은 것은?

가. 사용자 교육

나. 헬프 데스트

다. 사용법에 대한 검사와 자격증 부여

라. 온라인 채팅에 의한 지원

12. 다음 중 헬프 데스크의 작업이 아닌 것은?

가. 데이터 질의를 생성하거나 특정한 비즈니스 정보를 디스플레이하는 방법을 사용자에게 보여 준다.

나. 네트워크 접근이나 패스워드 문제를 해결해 준다.

다. 문서화되지 않은 소프트웨어의 기능에 대하여 설명해 준다.

라. 사용자 대신 비즈니스 데이터를 입력하고 작업 결과 리포트를 작성해 준다.

13. 시스템의 운영 단계에 발생하는 유지보수 작업은 타입에 따라 다르다. 구현 후 바로 운영되는 시점에는 어떤 유지보수가 제일 많은가?

가. 교정형 유지보수

나. 적응형 유지보수

다. 완벽형 유지보수

라. 예방형 유지보수

14. 다음은 유지보수 요청의 처리 작업들을 나열한 것이다. 그 순서를 바르게 나열한 것은?

㉠ 유지보수 요청서를 제출 ㉡ 시스템 리뷰 위원회가 요청을 평가하고 우선순의 정함 ㉢ 시스템 관리자가 사용자에게 현황과 결과를 알림 ㉣ 유지보수 작업을 할당하고 작업을 모니터링

가. ㉠ → ㉡ → ㉢ → ㉣

나. ㉠ → ㉢→ ㉡ → ㉣

다. ㉠ → ㉡→ ㉣ → ㉢

라. ㉡ → ㉠ → ㉣ → ㉢

15. 다음 중 시스템 보안을 진단하기 위한 다섯 가지 핵심 영역에 포함되지 않은 것은?

가. 성능 모니터링 도구

나. 프로그램 분석 도구

다. 리엔지니어링 도구

라. IDE

16. 다음 중 시스템 보안을 진단하기 위한 다섯 가지 핵심 영역에 포함되지 않은 것은?

가. 물리적 보안

나. 파일 보안

다. 네트워크 보안

라. 패스워드 보안

17. 웹 사이트의 성능은 SLA(Service Level Agreement)에 의하여 결정된다. 이를 결정하는 요소가 아닌 것은?

가. 태그 언어의 호환성

나. 시간대

다. 보안

라. 웹 페이지의 기능

18. 생명주기 소멸 단계의 유지보수 각 유형의 작업 수준을 바르게 적은 것은?

	교정형 유지보수	적응형 유지보수 (개선 적음)	적응형 유지보수 (개선 많음)	완전형 유지보수	예방형 유지보수
가.	적음	없음	많음	없음	없음
나.	없음	적음	없음	없음	없음
다.	없음	적음	많음	없음	없음
라.	적음	없음	없음	없음	없음

19. 다음 백업에 대한 언급 중 바른 것으로만 묶은 것은?

㉠ 백업 정책은 백업에 대한 자세한 작업 절차를 포함하고 있다.

㉡ 백업 절차는 백업 미디어, 담당자, 폐기 일정이 명시되어야 한다.

㉢ 재사용 미디어를 사용할 때는 백업 테이프나 디스크가 알맞게 사용되어야 한다.

㉣ 미디어를 재사용하든 일회용이든 모든 데이터의 백업은 안전하고 보안이 유지된 장소에 저장되어야 한다.

㉤ 전체를 백업받는 대신에 전체 백업 후에 변경된 부분만 저장하는 점증적 백업(incremental backup)은 비효율적이지만 비용이 적게 든다.

㉥ IT 관리자는 전체 백업과 점증적 백업 방법을 조합하여 데이터를 백업하는 것보다 하나의 방법을 일관되게 사용하는 것이 가장 좋은 선택이라 생각한다. 왜냐하면 저장 공간이 적고 빠른 방법이기 때문이다.

가. ㉠, ㉢, ㉣

나. ㉠, ㉡, ㉥

다. ㉠, ㉢, ㉣, ㉤, ㉥

라. ㉠, ㉢, ㉤, ㉥

20. 다음 중 시스템의 생명이 다했음을 감지할 수 있는 표시가 아닌 것은?

가. 유지보수 이력을 보니 적응형 유지보수와 교정형 유지보수가 감소한다.

나. 운영 비용이나 실행 시간이 급격히 증가하여 장기적인 완전형 유지보수가 역전되거나 떨어지지 않는다.

다. 소프트웨어 패키지가 나와 현재 시스템과 동일하거나 추가된 서비스를 제공하여 더 빠르고 좋으며 저렴하다.

라. 유지보수 변경이나 추가가 어렵고 비용이 많이 든다.

퀴즈 정답

1. 운영, 지원, 보안 단계 2. 헬프 데스크 3. 교정형, 적응형, 완전형, 예방형 4. 프로그래머, 시스템 분석가, 시스템 관리자 5. 반응 시간, 대역폭/처리량, 총 처리 시간 6. 성능 계획세스 7. 가상 보안 네트워크 8. 사용자, 관리자, IT 스텝 9. 백업 10. 재난 복구 11. 다 12. 라 13. 나 14. 다 15. 라 16. 라 17. 가 18. 라 19. 가 20. 가

연습문제

1. 시스템을 개발한 후 설치하고 운영하는 단계에 분석가가 해야 할 중요한 두 가지 작업은 무엇인가? 구체적으로 설명하라.

2. 정보 센터라 불리는 헬프 데스크가 가지는 세 가지 중요한 목적은 무엇인가? 또한 헬프 데스크에서 하는 작업의 구체적인 사례를 들어 보라.

3. 시스템이 사용되는 동안 운영과 유지보수 비용의 패턴에 대하여 설명하라. 또한 시스템이 운용되기 시작할 때와 중간 단계, 소멸 단계에 각각 많이 발생하는 유지보수의 유형은 어떤 것이며 왜 그런지 설명하라.

4. 시스템 유지보수 단계에 필요한 도구에는 무엇이 있고 그 용도는 무엇인지 나열하고 설명하라.

5. 시스템 개발과 유지보수를 위한 조직을 별도로 구성하는 것과 순환 근무제에 의한 통합 조직의 장단점을 논하라.

6. 유지보수를 요청하고 이를 처리하는 과정을 흐름도로 그려서 자세히 설명하라.

7. 시스템의 성능을 측정하기 위하여 사용하는 반응 시간, 대역폭, 처리량, 총 처리 시간 각각을 정의하고 어떻게 측정하는지 설명하라.

8. 웹 기반 시스템의 성능을 측정하기 위한 방법을 설명하라.

9. 네트워크 보안을 강화하기 위한 여러 가지 방법을 나열하고 각각의 장단점을 비교 설명하라.

10. 재난 복구를 용이하게 하는 백업 시스템이란 무엇이며 어떻게 운영되는지 설명하라.

찾아보기

ㅅ

ㅇ

ㅎ

기타